KB068566

# 역사의 연구

## A STUDY OF HISTORY

Volume Two

| 신축약판 |

# 역사의 연구

# A STUDY OF HISTORY

## Volume Two

아놀드 토인비 지음 | 김진원 엮음

바른북스

「역사의 연구」 전권(全卷)의 목차(目次)

## 《제1부 ; 서론》

역사적 사고의 상대성
역사 연구의 분야
문명의 비교연구

## 《제2부 ; 문명의 발생》

문명 발생에 관한 문제
문명 발생의 성질
문명 발생의 원인
도전과 응전의 범위

## 《제3부 ; 문명의 성장》

문명 성장의 문제

문명 성장의 본질

문명 성장의 과정


## 《제4부 ; 문명의 좌절》

문명 좌절의 문제와 본질

문명 좌절의 원인

## 《제5부 ; 문명의 붕괴》

문명 붕괴의 문제
문명 붕괴의 성질
문명 붕괴의 과정

## 《제6부 ; 세계국가》

목적인가, 수단인가
목적으로서의 세계국가
수단으로서의 세계국가

## 《제7부 ; 세계교회》

세계교회와 문명의 관계
교회에 대한 문명의 역할
지상(地上)에서의 투쟁이라는 도전(挑戰)

## 《제8부 ; 영웅시대》

경계선(境界線)의 발생

사회적 언제(堰堤)

압력의 증대

대홍수(大洪水), 그 후에 계속되는 것

시(時)와 진실

## 《제9부 ; 문명의 공간적 접촉》

연구 영역의 확대

동시대 문명의 조우(遭遇)에 대한 개관(槪觀)

동시대 문명의 조우극(遭遇劇)

방사(放射)와 수용(受容)의 과정

동시대 문명의 조우가 초래하는 결과

## 《제10부 ; 문명의 시간적 접촉》

르네상스와 그 개관(槪觀)

르네상스라는 드라마

사자(死者)의 영혼을 불러일으키는 과정

사자(死者)와의 소통이 초래하는 결과

## 《제11부 ; 역사에서의 법칙(法則)과 자유(自由)》

문제의 제기

자연의 법칙에 대한 인간사상(人間事象)의 복종(服從)

자연의 법칙에 대한 인간사상(人間事象)의 저항(抵抗)

신의 법칙 – 인간의 영혼(靈魂)은 자유(自由)다

## 《제12부 ; 서구문명(西歐文明)의 전도(前途)》

이 탐구의 필요성

아프리오리에 의한 대답의 불확실성

문명사(文明史)의 증언(證言)

기술(技術), 전쟁(戰爭), 정부(政府)

기술(技術), 계급투쟁(階級鬪爭), 고용(雇用)

전도(前途)에 놓여진 난제(難題)

---

## 《제13부 ; 역사가의 영감(靈感)》

역사가의 사상적 각도(角度)

역사적 사실(事實)들의 매력(魅力)

역사적 사실들을 탐구하려고 하는 충동(衝動)

역사적 사실들에서 시(時)를 구하는 감정(感情)

역사적 사실들의 배후에 있는 의미(意味)

*2권은 4~5부까지로, 6부부터 다음 권에서 계속 이어집니다.

제2권의 목차(目次)

# 《제4부 ; 문명의 좌절》

## 문명 좌절의 문제와 본질　　　　　　15

## 문명 좌절의 원인　　　　　　18

### 1. 잔인(殘忍)한 운명의 여신(女神)인가
### - 결정론과 숙명론

1) 우주(宇宙)의 노화설(老化說)　　　　　18

2) 유기체적(有機體的) 설명　　　　　　19

3) 인종적(人種的) 퇴화설(退化說)　　　　21

4) 순환설(循環說)　　　　　　　　26

5) 진보(進步)의 발걸음　　　　　　　32

## 2. 환경(環境)에 대한 지배력의 상실(喪失)인가

1) 자연적 환경에 대한 지배력　　　　　　　　　34

2) 인간적 환경에 대한 지배력　　　　　　　　　43

　(1) 야만(野蠻)과 종교(宗敎)의 승리인가 · 43 ｜ (2) 외래 문명
　의 승리인가 · 55


## 3. 자기결정(自己決定) 능력의 상실

1) 미메시스의 기계적 성질　　　　　　　　　　76

2) 유연성(柔軟性)이 없는 제도(制度)들　　　　82

　(1) 낡은 가죽 부대에 새 포도주 · 82 ｜ (2) 우리 사회의 이상사
　태(異常事態) · 83 ｜ (3) 역사적 사례들 · 102 ｜ (4) 종교(宗
　敎)와 문명(文明) · 111

3) 창조성(創造性)의 네메시스　　　　　　　　119

　(1) Peripeteia의 문제 · 119 ｜ (2) 노 젓는 손을 멈추고 · 125
　｜ (3) 코로스-휴브리스-아테 · 196

# 《제5부 ; 문명의 붕괴》

## 문명 붕괴의 문제　　271

## 문명 붕괴의 성질　　274

## 문명 붕괴의 과정　　277

## 1. 붕괴의 기준

1) 방침(方針)　　277

2) 분열(分裂)과 재생(再生)의 운동　　282

3) 사회체(社會體)의 분열　　288

　(1) 지배적 소수자 · 288 ｜ (2) 내적 프롤레타리아트 · 298 ｜ (3) 외적 프롤레타리아트 · 365 ｜ (4) Inspiration의 두 기원(起源) · 420

4) 영혼(靈魂)에 있어서의 분열　　429

　(1) 방종(放縱)과 자제(自制) · 438 ｜ (2) 탈락(脫落)과 순교(殉敎) · 440 ｜ (3) 표류의식(漂流意識) · 443 ｜ (4) 죄의식(罪意識) · 448 ｜ (5) 혼효의식(混淆意識) · 452 ｜ (6) 통일의식(統一意識) · 495 ｜ (7) 복고주의(復古主義) · 511 ｜ (8) 미래주의(未來主義) · 532 ｜ (9) 초탈(超脫) · 550 ｜ (10) 변모(變貌) · 558

5) 재생(再生)　　569

## 2. 붕괴의 분석

1) 붕괴에 돌입한 문명과 그에 속한 개인의 관계　　573

(1) 구세주(救世主)로 출현하는 창조적 천재 · 573 ｜ (2) 칼을
가진 구세주 · 575 ｜ (3) 타임머신을 가진 구세주 · 589 ｜ (4)
왕의 가면을 쓴 철학자 · 606 ｜ (5) 인간으로 화신(化身)한 신
(神) · 615

2) 붕괴기에 나타나는 개인 간의 상호작용(相互作用)　　629

(1) 붕괴의 리듬 · 629 ｜ (2) 헬레닉 사회의 리듬 · 633 ｜ (3)
중국사(中國史)의 리듬 · 636 ｜ (4) 정교 기독교 세계의 리듬 ·
638 ｜ (5) 극동사회의 리듬 · 640 ｜ (6) 서구사(西區史)의 리
듬 · 641

## 3. 붕괴를 통한 규격화

제4부

# 문명의 좌절

# A. 문명 좌절의 문제와 본질

앞에서 사멸한 16개의 문명과 현존하는 10개의 문명을 자세히 살핀 것은 문명의 발생과 성장에 이어 문명의 좌절을 새로운 문제로 정함에 있어 하나의 실마리를 제공(提供)한다. 그에 따르면 문명 좌절의 문제는 문명의 성장을 넘어 문명의 발생에 관한 문제와 마찬가지로 확실(確實)하고도 명백한 문제로 성립된다. 우리가 앞에서 주목했던바 문명 붕괴의 현저한 징표는 붕괴에 돌입한 문명이 강력한 통합으로 세계국가라는 틀을 형성하고 그 속에 들어가 멸망에 대한 한시적(限時的)인 유예를 받는 현상인데, 세계국가의 전형(典型)인 로마제국은 헬레닉 사회가 그 공백기(空白期)[1] 이전에 달성한 강제력에 의한 통합으로 성립된 것이다. 우리는 앞에서 세계국가의 배후를 소급하는 작업으로 사멸한 문명들의 존재를 살폈으나 직접적인 관찰로 그 존재를 확인할 수 있는 현존 문명에 있어서는 두 개의 문명이 이미 세계국가 단계를 지났고 세 개의 문명이 세계국가를 가졌었음[2]을 인정하게 된다. 그리고 세계국가 현상을 문명 쇠퇴의 증거로 받아들인다면 위 5개의 문명은 서구사회의 영향을 받기 전에 이미 좌절되어 있었다는 결론을 내릴 수 있는데 이 결론은 우리 서구문명의 현상(現狀)은 어떠한지를 돌아보게 한다. 외적 증거로서 1938년에 서구사회를 괴롭힌 내셔널리즘의 발작(發作)은 서구사회는 아직 세계국가 단계에 돌입하지 않았고 향후 정치적 통합을 위해 더 큰 대가를 치러야 할 것임을 시사하고 있다. 그러나 세계국가는 문명 붕괴의 마지막 단계가 아니듯이 그 최초의 단계도 아니므로 이전(以前)에는 앞에서 살핀 것과 같은 동란시대(動亂時代)가 있었고

---

1. 헬레닉 사회의 소멸과 서구사회의 탄생 사이의 기간.
2. 세계국가 단계를 지난 것은 정교 기독교 세계의 오토만 제국과 그 러시아 분지의 두 공국(公國). 세계 국가를 가졌던 것은 무굴제국과 영국인 제국(帝國)의 힌두사회 및 극동문명(極東文明)의 두 유목민 제국(帝國)과 그 분지(分枝)

그 뒤로는 공백기가 이어졌다. 이러한 견지에서 본다면 서구사회는 동란시대에 돌입한 것으로 여겨지는바 그것은 루크레티우스의 통찰[3]에 합치되는 것이리라. 더하여 우리는 경험적이 검증(檢證)으로 지리적 팽창을 사회적 붕괴의 한 징후라고 판단할 수 있는 근거를 발견했고, 그에 따라 서구문명의 전지구적(全地球的) 팽창은 이 문명의 수명이 한계에 도달했음을 의미하는 것일 수 있다고 판단했다. 우리들의 문명은 이제껏 좌절이나 쇠퇴의 단계에 들었다는 증거를 나타내지 않고 있으나 그 시대가 계절로 치면 봄이라고 할 확증 또한 없다. 우리가 알고 있는 다수의 문명이 사멸했고 살아남은 문명들도 이처럼 쇠퇴 중이거나 죽음에 직면해 있는 현상을 보면서 우리 사회의 여명(餘命)도 얼마 남지 않았음을 생각할 때 우리는 시인이 포착한 무서운 주제[4]를 우리 역사의 전경에서 읽어내게 되는 것이다. 그리고 "그러므로 죽음의 문은 하늘에도 태양에도 땅에도 깊은 바다에도 닫혀있는 일은 없고 그뿐이랴! 거대한 입을 벌리고 바라보는 것이다"라는 루크레티우스의 외침과 같이 문명의 좌절은 하나의 문제(問題)로써 우리를 응시(凝視)하고 있다.

이리하여 명백하게 성립된 문명 좌절의 문제에 있어서 그 원인을 조사하려면 먼저 이 문제의 성질에 관한 의견을 일치시켜 놓는 것이 좋을 것이다. 돌아보면 우리는 앞에서 우연히 그 성질을 규명했었는데, 이 좌절은 사회적 동물인 인간이 원시적인 수준에서 성자(聖者)와 교류하는 것과 같은 어느 초인의 경지에 오르려는 대담한 기도에서 실패하는 것을 의미하는 것이다. 우리는 이 대사업에 따르는 재해를 일방 통행로에서 역주행하는 운전자 및 추락하거나 멈춰서 이러지도 저러지도 못하는 등반자에 비유했고, 창조적 개인이나 소수자의 창조적인 능력의 상실이라는 관념적인 설명으로써 지배자가 활력을 상실하는 것은 대중을 감화시키고 따르게 하는 마력(魔力)이 사라지는 것임을 확

---

3. "세계에는 이처럼 많은 결함이 원래 있는 것이 아닌가?"
4. 〈프란시스 보몬〉의 시(詩). "죽음에 이를 자여 보고 무서워하라! 여기 육신이 그 얼마나 변하고 또 변했는가!"

인했다. 창조가 없는 곳에는 미메시스도 없으므로 창조력을 상실한 지도자가 민중을 과거의 자력적(磁力的)인 매력 대신 물리적인 힘으로 강제하려고 하면 대중은 추종에서 적극적인 반항으로 돌변할 것이고 그의 실패는 더 빠르고 확실하게 초래될 뿐이다. 어느 사회에서도 창조적 소수자가 지배적 소수자로 전락(轉落)하여 감당할 수 없게 된 지위(地位)를 강제적인 힘으로 유지하려고 할 때 지배계층의 그 운명적인 성격 변화는 이면에 있는 프롤레타리아트의 이반을 초래하는 것인바, 우리는 앞에서 그들이 내적 P와 외적 P라는 두 부류로 갈라진다는 사실을 확인했다. 문명이 성장하는 동안에는 엄격한 구분으로 분열을 낳을 까닭도 없고 심연으로 서로 단절되는 일도 없는 사회를 이루지만 문명의 좌절은 이처럼 사회적 통일체 속에 계급전쟁을 일으키는 것이다. 그러므로 우리는 문명 좌절의 성격을 창조자가 창조력을 상실하는 것, 다수자가 소수자에 대한 미메시스를 철회하는 것, 사회적 통일이 무너지는 것 등으로 집약할 수 있다.

# B. 문명 좌절의 원인

## 1. 잔인(殘忍)한 운명의 여신(女神)인가 -결정론과 숙명론

### 1) 우주(宇宙)의 노화설(老化說)

실패로 인한 굴욕감을 자존감으로 바꾸려는 시도(試圖)로써 실패의 원인을 인간의 한계를 초월한 어떤 힘의 작용으로 돌리려고 하는 것은 철학의 위안(慰安)[5] 중에서 가장 위험한 것인 동시에 인간이 가진 원초적인 약점이다. 헬레닉 사회의 철학자들[6]은 사회적 쇠망기에 처하여 한스럽지만 막을 수 없었던 사회적 쇠퇴를 우주의 노화로 인한 불가피한 결과라고 설명했다. 그들이 고심하여 다루었던 주제는 300년 뒤에 한 교부(敎父)의 저작[7]에 다시 나타나고 있다. 틀림없는 노쇠의 피할 수 없는 결과로 죽음이 찾아온다는 그 생각은 우주는 끝내 파멸될 운명에 처해 있다는 것을 논증하는 시를 쓸 때 루크레티우스의 마음속에 있었던 관념이다. 루크레티우스는 물질적 우주에 대해 공포와 환희가 뒤섞인 말로 에피쿠로스류의 선고[8]를 내리고 있는데, 그의 판결은 루크레티우스나 키프리아누스와 같은 사람에게 정신적인 해방(解放)[9]을 주었을 것이다. 이 우주적 죽음의 선포는 과학자가 물질이 방사선으로 바뀌는 것을 말할 때[10] 들

---

5. 〈Boethius〉가 지은 한 저작의 명칭.
6. 대표적인 인물은 루크레티우스인데, 그의 이 생각은 「사물의 본성에 관하여」 제2권에 피력되어 있다.
7. 카르타고의 주교로서 발레리아누스의 박해로 참형(斬刑)을 받은 키프리아누스는 「데메트리아누스에 관하여」를 저술했다.
8. "이렇게도 다른 세 개의 외모 이렇게도 복잡한 세 개의 조직은 어느 날인가 망한다. 오랜 연월이 지난 뒤 우주의 이 위대한 덩어리와 복잡한 조직은 망하는 것이다"
9. 의식을 소멸시키거나 영성화(靈性化)를 달성하는 것으로 얻게 되는 해방.
10. "우주 속에 쏟아 넣을 수 있는 방사선의 양으로 판단할 때 우주가 방사선을 수용하는 능력은 무한하다. …물질은 방사선으로 변할 수 있지만, 방사선은 물질로 돌아갈 수 없다. …모든 물질이 방사선으로 변하는 날이 틀림없이 올 것이다. 그것이 모든 피조물이 그 방향으로 움직여 마침내 틀림없이 도달할 최종적인 종말이다"〈James Jeans〉

게 되는 것이어서 낯설지 않지만 서구의 신중한 경험주의자에게는 그런 전망이 주어져 있지 않다. 서구사회의 운명(運命)은 물질적인 우주의 명운(命運)과 결부되어 있으므로 눈에 보이는 좌절의 징후가 우주의 파멸을 의미하는 것임을 믿으라고 한다면 우리들의 이교적(異敎的)인 정신은 절망에 빠질 것이다. 그러나 이 시대의 우주학자는 헬레닉 사회의 동료와는 판이한 입장에서 인간의 역사(歷史)와 우주의 유래(由來)는 그 척도(尺度)가 다르므로 서로 무관하다고 여길 수 있는 시간의 도표[11]를 제시하고 있다. 이러한 계산과 같이 인류의 앞날이 지금까지 생존한 기간의 8,517배라면 문명이라는 종(種)으로서의 사회의 수명은 지금까지 지내온 기간보다 훨씬 긴 것이고 앞으로 발생할 문명도 그 수명이 지난 문명들의 그것과 같다면 앞으로 17억 4,300만 개의 문명이 명멸할 만큼의 시간이 있다는 것을 앞에서 확인했다. 이렇게 본다면 물질적 우주의 소멸이 필연(必然)이라고 해도 그것은 문명 좌절의 문제에는 아무런 시사(示唆)를 주지 않는다.

## 2) 유기체적(有機體的) 설명

위와 같은 이유로 오늘날의 서구인은 문명이라는 제도(制度)의 운명을 물질적인 우주의 운명에 연관시키는 대신 노화와 죽음의 파장이 더 짧은 법칙, 즉 예정설 또는 결정론으로 문명의 좌절을 설명하려고 한다. 슈펭글러[12]는 그 근거로서 저술을 통해 문명에 대한 사형을 구형하고 있으나 빈약한 사실로부터 보편적이고도 확고부동인 법칙을 끌어내려는 그 논조(論調)는 일종의 사술(邪術)로 취급될 수 있다. 그것은 터무니없는 귀납(歸納)의 기초로 삼은 증거의 불충

---

11. "인류를 70년을 수명으로 하는 인간으로 간주하면 인간이 태어난 집은 70년이 지났고, 인류는 이제 생후(生後) 3일이 되었을 뿐이므로 우리는 전혀 경험이 없는 존재이며, 문명의 서광이 비취기 시작한 위치에 있는 셈이다. …장차 아침과 점심을 지나 저녁이 되고 그 빛이 영원의 밤을 예고하는 땅거미에 자리를 양보한다고 해도 우리 여명의 아들들이 먼 훗날의 일몰을 걱정할 필요는 없는 것이다"〈James Jeans〉

12. 저자는 슈펭글러를 1차 세계대전 이후 역사 철학의 가장 고명한 대표자라고 평가했다.

분(不充分)을 문명을 유기체에 비유하는 것으로 감추는 것인데, 문학적 수법으로는 용납될지 모르나 의논(議論)의 연쇄(連鎖)에 관한 약점을 숨기려는 비유의 남용임이 간파될 때 우리는 그것이 사실에 기초하지 않은 것임을 지적하지 않을 수 없다. 우리는 앞에서 사회는 살아 있는 유기체가 아니라는 사실을 확인했거니와 생명체로 보이는 Leviathan이 한 무리의 기체 덩어리거나 산문적인 무생물이듯이 사회는 주관적(主觀的)으로는 역사 연구에 있어서 이해 가능한 하나의 분야이며 객관적(客觀的)으로는 개개인의 활동에서의 공통된 기반(基盤)이다. 살아 있는 유기체인 개인은 자기 그림자의 교차(交叉)로 자기들을 닮은 사회라는 거대 구조물을 만들어 내지만 그 실체 없는 존재에 생명의 입김을 불어 넣을 수는 없다. 한 사회의 구성원이 되는 모든 인간의 개인적 에너지가 시간적인 폭을 포함하여 그 사회의 역사를 창조하는 활력이며, 이 모든 출연자의 수 성격 역할 상호작용 등은 미리 정해져 있지 않고 미리 정해질 수도 없는 것이다. 그러므로 결정론자(決定論者)는 수법을 바꿔서 역사를 유기체가 아니라 유기체의 어느 종(種)이나 속(屬)에 비유하는 것[13]으로도 그 주장을 보강할 수 없다. 슈펭글러는 그 비유를 강조하는 것으로써 "개개적 인간의 수명인 70년과의 비례로 생각되는 천 년이라는 문명의 이상적인 수명이 의미하는 것은 무엇일까?"라는 의문을 제기하고 있거니와 그 의문에 대한 결정적인 대답은 사회는 유기체가 아닌 것처럼 그 종이나 속이 아니라는 것이다. 그것은 하나의 사회는 그 속을 대표하는 종이고 사회의 구성원인 인간도 다른 속 또는 종의 대표이기 때문인데, 우리 인간이 개체로서 이루고 있는 속은 특정 사회 또는 사회속(社會屬)의 일반이 아니라 바로 인간속(人間屬)이다. 인간속이 지구에서 번식할 수 있는 기간이 한정되어 있고 상술(上述)한 우주의 노화설이 타당하다고 선입견 없이 가정해도 이 행성의 생물속(生物屬)과 종(種)이 오늘날까지 지속해

---

13. 〈오스발트 슈펭글러〉는 문명을 인간의 생애에 비유하고, 그 각 단계를 미술 양식의 변화에 대비(對比)했다.

온 기간을 생각해 보면 어느 문명의 좌절과 붕괴를 인간속에 주어진 기한(期限)의 만료라는 가설과 연계하는 것은 문명의 좌절을 우주적 노화로 설명하는 것처럼 불가능하다는 것을 알 수 있다. 문명의 6천 년과 인류의 30만 년을 비교할 때 인간속이 30만 년을 더 지속하지 않을 것이라고 여길 근거가 없는 것이다. 또한 문명의 좌절은 그 순간에 그 구성원인 개개적 인간의 육체적 정신적 퇴폐를 수반(隨伴)한다는 증거도 없는 것인바, 기원전 431년의 파국에 휩쓸린 아테네인[14]은 육체와 영혼에 있어서 기원전 490년의 세대[15]에 비해 열등했던 것이 아니다. 이로써 우리는 문명의 좌절을 수명이 한정된 유기체의 운명으로 설명하려는 시도를 일축할 수 있다.

### 3) 인종적(人種的) 퇴화설(退化說)

플라톤은 가상(假像)의 학문인 우생학(優生學)의 견지에서 문명 좌절의 원인을 종족(種族)의 타락으로 단정하여 그 타락의 원인은 결정론적(決定論的)인 것이 아니라 지배적 소수자가 일으키는 모종(某種)의 착오에 있다고 주장했다. 그러나 그는 기분에 따라 도덕적 착오를 지적 오류로 묘사했는데 기술의 실패를 의미하는 그 착오는 실제에 있어서 수학(數學)의 오류였다. 플라톤은 그 착오로 인해 이상사회(理想社會)가 좌절된다고 했으나 실패는 인간의 정신적 육체적 조직의 악화 때문이 아니라 인간의 행동력 저하, 즉 제기된 도전에 적절히 대응하지 못하는 데 있는 것이다. 또한 사회적 좌절이 쇠퇴로 귀결되는 인과관계를 플라톤에 따라 종족의 퇴화로 설명하는 것은 그 퇴화가 이 연쇄관계(連鎖關係)에서의 이차적인 연쇄에 불과하다고 해도 이를 받아들일 근거는 없다. 자손의 생물학적 형질은 조상의 그것과 다르지 않고 선대의 업적은 후손이 도달할 수 있는 범위 밖에 있는 것이 아니므로 설혹 후예의 신체가 조상의 그것에 미치

---

14. Socrates, Euripides, Thucydides, Pheidias, Perikles 등.
15. "마라톤 전투에서 페르시아를 격퇴함으로써 비극적인 후대와의 대조로 인해 더 찬란하게 보이는 환상 때문에 실제보다 더 빛났던 세대"

지 못한다고 해도 그것은 사회의 쇠퇴 때문이 아니다. 퇴폐기의 아이들을 곤고와 쇠사슬에 매어놓는 것[16]은 그들의 인간으로서 타고난 능력이 마비된 탓이 아니라 사회적 유사이 좌절되거나 유실(遺失)되었기 때문이고 그로 인해 그들은 능력을 발휘하여 효과적이고도 창조적인 행동을 하기에 방해를 받는 것이다. 사회적 구조의 파괴가 그들의 성질을 억눌러 가두고 구속하는 것인바 구속복[17]을 입힌 결과와 같이 자손이 난쟁이로 바뀌는 것은 사회적 좌절의 결과일 뿐 그 원인은 아니다.

종족의 퇴화가 사회적 좌절과 쇠퇴의 원인이라고 하는 이 수용하기 힘든 가설은 "이 일 후에, 따라서 그 일로 말미암아"라는 논리[18]에 따라 신생 문명이 성장기에 새로운 창조력을 발휘하는 것은 만족(蠻族)의 순수한 원천으로부터 새로운 피를 받기 때문이라는 주장에 의해 지지를 받는 경우가 있다. 그것에 따르면 선행 문명이 창조력을 상실하는 것은 건강한 새 피를 주입하는 요법(療法)이 아니면 고칠 수 없는 일종의 빈혈증이나 농혈증(膿血症)에 걸렸기 때문이라고 추리된다. 이탈리아의 역사에는 얼핏 보기에 이 견해를 지지하는 것으로 보이는 사례가 있는데, 자세히 살피면 그 진위를 확인할 수 있을 것이다. 이탈리아인은 기원전 4세기 이후의 400년 동안과 기원 11세기 이후의 600년 동안에 탁월한 능력과 창조력을 발휘했다. 그들은 그 첫 기간에 헬레닉 사회에 결정타를 가한 후 그 자리에 로마제국이라는 세계국가를 건설했고 다음 기간에는 인퇴를 통해 그것이 알프스 이북으로 퍼졌을 때 새로운 서구사(西歐史)의 시작을 촉진한 문화를 이룩했다. 그 누구에 의해서도 능가(凌駕)되지 않을 위업을 성취(成就)한 두 시대 사이의 1000년의 기간에는 그들의 모든 장점이 사라진 듯이 보이는 퇴폐와 쇠약과 회복의 과정이 놓여 있는데, 인종론자들은 이 성쇠(盛衰)의 교대(交代)는 고트족과 롬바르드족의 때 맞춘 도래와 혼혈의 역사에서 단서를 찾아야만 설명된다고 주장한다. 그

---

16. "흑암과 사망의 그늘에 앉으며 곤고(困苦)와 쇠사슬에 매임은"〈시 107:10〉.
17. 고대 이집트에서 체격이 좋고 건장한 아이들을 왜소하게 변형시키려고 입혔던 옷.
18. "먼저 일어났으므로 그것이 뒤에 일어난 것의 원인이 된다"라고 하는 엉터리 논리.

들은 이 새로운 만족의 피는 때가 되자 르네상스라는 이탈리아의 재생(再生)을 낳은 영약이 된 것이고, 공화정 시대에 그 정력을 귀신처럼 발휘한 이탈리아가 제정 시대에 생기를 잃고 있었던 것은 새로운 피가 부족했기 때문이며, 첫 기간에 솟구친 정력은 미노스 이후의 민족이동으로 이탈리아에 흘러든 만족의 피 때문이라고 주장한다. 그들의 이런 주장은 이탈리아 역사의 그 시점까지는 그럴 듯도 하지만 고찰(考察)을 16세기로부터 현재까지 계속하면 그 역사는 그런 주장을 무효로 하는 상황에서 되풀이되었음을 알 수 있다. 이탈리아는 16세기부터 18세기까지 다시 쇠퇴에 빠진 후 19세기에 새로운 회복을 달성했는데, 리소르지멘토[19]는 그 이름이 암시하는 바와 같이 이탈리아에 있어서 르네상스에 비견되는 재생의 위업이었다. 그러나 그를 통해 새로운 창조력이 발현되고 있었던 19~20세기의 이탈리아에는 인종론자의 주장대로 그것을 가능케 한 새로운 피의 주입은 없었다. 그러므로 이탈리아의 르네상스 이후의 쇠퇴와 그에 이은 근간(近間)의 회복을 설명하려면 인종론이 아닌 설명을 모색해야 하는데 그것은 그다지 어려운 일이 아니다. 앞에서 우리는 이탈리아가 16세기 이후로 쇠퇴에 빠진 것은 이탈리아 정치가가 실패했기 때문이라고 단정했다. 이것이 이탈리아의 쇠퇴를 설명하는 것이며 리소르지멘토는 일시적이나마 나폴레옹 제국에 합병된 것에서 받은 자극으로 설명된다. 더하여 이탈리아의 기원전 마지막 2세기의 쇠퇴와 20세기 초의 융성에 대한 인종론자의 설명을 반박하는 것도 그다지 힘든 일이 아니다. 그 쇠퇴는 로마의 군국주의가 원인이 된 네메시스[20]에서 비롯된 것으로서 이 군국주의가 한니발 전쟁이라는 재앙과 그에 뒤따른 일체(一切)의 재난을 초래한 것이고, 융성은 이탈리아 종족의 베네딕투스나 그레고리우스와 같은 창조적인 인물들의 사업에서 말미암은 것이다. 그들은 그 융성의 근원일 뿐만이 아니라 중세 이탈리아인이 거기에 동참한 서구사회의 모체(母體)이다. 우리는 미노스 문명 이후의 민족

---

19. Risorgimento. 원래의 의미는 부활인데, 해방통일 운동이라는 의미로 통용되었다.
20. Nemesis. 응보, 천벌.

이동으로 이탈리아에 주입된 이른바 새로운 피가 로마 공화국의 융성에 아무런 기여도 하지 못했다는 것을 증명함으로써 인종주의자의 마지막 근거를 박탈할 수 있다 기원에서 거슬러 1000년 동안 로마인과 이탈리아인[21]이 흥영(興盈)했던 것은 그리스인과 에트루리아인 식민자의 도전에 대한 응전으로 설명된다. 이탈리아 주민은 동포처럼 죽지 않으려면 굴종하거나 동화해야 한다는 강요에 굴하지 않고 식민자의 문화를 과감히 수용하여 힘을 기르고 침입자에 맞서서 자신을 지켰으며 그 결단으로 이후의 위업(偉業)을 달성했다.

이 이탈리아의 부활과 쇠퇴 및 리소르지멘토와 같은 성쇠(盛衰)에 대응하는 것은 헬레닉 사회 아나톨리아의 그리스인 도시국가들이 경험한 성쇠의 과정이다. 헬레닉 사회사의 첫 단계에서 개척자로서 창조력을 발휘한 이오니아인과 아이올리스인은 불운을 당하여 기원전 6세기에 리디아와 아케메네스 제국에 복속되었다. 그에 있어서 기원전 479~494년의 실패한 반란은 밀레투스의 함락과 약탈이라는 재앙을 초래했고 아테네인에 의한 해방은 그들에게 고난을 더했을 뿐이다. 이후로 그들은 지중해를 지배한 그리스의 열강(列强)과 아케메네스 제국의 압제로 고통을 받았으며 아테네가 위대한 시대를 누린 기간(期間)에 이오니아는 쇠퇴에 빠져 있었다. 그러나 이오니아는 알렉산더가 헬레스폰트[22]를 건넜을 때 시작된 헬레닉 사회의 새로운 역사에서 주목할 만한 부활을 이루었는데 이오니아의 이 개화(開花)[23]는 제정 시대에도 지속되어 헬레니즘 자체와 운명을 함께했다. 이오니아의 심한 쇠퇴와 빛나는 재흥의 이유는

---

21. 텍스트에는 "로마인 및 그 밖의 그리스와 에트루리아의 식민 이전의 이탈리아 주민"으로 적혀 있는데, 이것은 "로마인 및 그리스인과 에트루리아인이 식민(植民)되지 않은 지역의 이탈리아인"의 오역(誤譯)일 것이다.
22. Hellespont. 다르다넬스 해협의 옛 이름.
23. 아테네가 크리모니데아 전쟁의 패배로 피폐에 빠졌을 때 에베소는 통상권을 멀리 소아시아 내부로까지 확대했다. 또 이오니아의 〈안테미우스〉와 〈이시도루스〉는 아폴로 신전이나 아르테미스 신전의 고전 양식과 다른 것으로서 타의 추종을 불허하는 걸작인 콘스탄티노플 대성당을 건축했다.

무엇일까? 기원전 5~4세기의 그리스인[24]은 이오니아인이라는 말을 유약하다는 의미로 통용했는데, 그렇다면 인종론자의 주장대로 종족의 퇴화라는 암(癌)이 청동인(靑桐人)[25]의 후손을 망가뜨린 것일까? 마그네시아의 에우튀데모스는 기원전 6세기에 선조[26]와 용맹을 다투어 박트리아에 왕국을 세워 아들에게 전했고, 그것을 물려받은 데메트리오스는 펀자브를 정복함으로써 판도를 갑절로 늘렸다. 그런데 이 국면에서 지난날 쇠퇴에 빠졌던 그들에게 새로운 피가 주입된 것일까? 우리는 거기에 해당하는 것으로 알렉산더 대왕에 종속(從屬)된 대륙 오지의 아시아인을 들 수 있으나 인종론자는 당시의 헬레니즘에 심취(深醉)한 자들과 마찬가지로 그것을 맹렬하게 비난할 것이다. 에우튀데모스의 혈관에 흐른 피는 400년 전 선조의 피와 틀림없이 같은 것이었으므로 이오니아의 역사는 인종론으로는 설명이 불가하다. 우리가 이탈리아의 파란(波瀾) 많은 역사를 해명(解明)하기 위해 찾아낸 설명은 이오니아사를 설명하는 것에도 좋은 단서를 제공해 준다. 15세기 말에서 16세기 초의 이탈리아 정치가가 내환(內患)을 해결하느라고 주변 열강들의 도전에 응전할 수 없었듯이 이오니아 정치가들도 기원전 6세기 말에서 5세기 초에 걸쳐 비슷한 실패를 겪었던 것인데, 주변 강국들[27]의 각축에 있어서 이오니아의 처지는 16~17세기에 전개된 이탈리아의 상황[28]과 다르지 않았다. 또한 16세기의 이탈리아가 오스만 제국의 레반트 정복과 통상(通商)의 중심이 지중해에서 대서양으로 옮겨진 것으로 인해 빈곤하게 되었듯이 이오니아도 기원전 5세기에 페이레우스[29]가 교역

---

24. 아테네인, 스파르타인, 테베인, 페르시아인 등.
25. 「헤로도토스」 제2권. 이들은 BC 7세기에 이집트인에게 청동으로 만든 검을 팔았다고 함.
26. 마그네시아의 이오니아인 용병(傭兵)으로서 아부심벨 남쪽에 현존 최고(最古)의 그리스어를 새긴 거상(巨像)을 세웠다.
27. 아테네, 스파르타, 테베, 아케메네스 제국.
28. 롬바르디아가 프랑스, 스페인, 오스트리아의 전장이 되고 레반트의 제노바와 베네치아의 전초기지가 오스만리에 의해 점령되었던 상황.
29. 아테네의 항구.

의 중심지로 자리 잡은 것과 아테네와 아케메네스 제국 사이의 새로운 경계선 때문에 아시아와의 교역로가 단절된 것으로 인해 빈곤하게 되었다. 이 비교를 더욱 진행해 보면 테베와 아테네 및 스파르타가 마케도니아의 필리포스에 의해 타도되었고 아케메네스 제국이 알렉산더의 침공으로 멸망한 것은 필요한 변경만 더하면 나폴레옹에 의한 유럽 구체제(舊體制)의 전복이나 레반트가 다시 유럽에 연결된 것과 실질적으로 같은 효과를 가진 것이었음을 알 수 있다. 알렉산더 이후의 이오니아는 나폴레옹 이래의 이탈리아와 마찬가지로 자기들이 속해 있었던 사회의 주류로 복귀했던 것인데, 아시아의 그리스인 도시들에 대해 알렉산더와 그 후계자들이 베푼 정치적 처우는 아테네의 징세관이나 스파르타와 페르시아 총독의 그것에 비해 훨씬 온유한 것이었다. 또한 에게해 동쪽 기슭에서 아시아 내륙으로 가는 길이 다시 열린 것은 그 도시들에 경제적 이익을 주었는데, 그것은 인도와 중국에 이르는 레반트를 경유하는 해로(海路)가 재개된 것으로 인해 이탈리아가 얻은 이익보다 큰 것이었다. 이렇듯이 이오니아와 이탈리아가 성취한 부활의 역사는 한때 빛나는 업적을 달성한 후 퇴폐한 국민이 인종적인 구성(構成)에 변화를 일으키는 일 없이 사회적 건강을 회복할 수 있음을 보임으로써 사회가 좌절하는 원인이 인종의 퇴화에 있다는 가설은 믿을 것이 못 된다는 것을 증명하고 있다.

### 4) 순환설(循環說)

문명의 수명과 우주나 인류 또는 인간의 수명 사이의 가상적인 비유를 논리적 귀결로 끌어가는 또 하나의 결정론적인 가설은 우주가 본연의 성질로 갖는 법칙에 따라 문명의 탄생과 죽음이 교체되는 주기(週期) 속에서 영원히 계속된다는 주장인데 이 순환설을 역사에 적용하는 것은 순환에 관한 천문학적 발견에 따른 것이다. 그에 따르면 천체의 운동에 있어서 그 세 가지 천문학적 순환만이 주기적으로 반복되는 것이 아니라 태양과 더 큰 별들도 질서적인 운동을 하는 것이며 그 하모니가 자아내는 천체의 합창은 태양년(太陽年)보다 무한히 큰 순환을 이루어 처음과 정확히 일치하는 화음을 이루면서 완전한 한 바퀴를 도는 것이다. 그것으로 볼 때 태양년의 순환에 지배되는 지구상의 식물이 해마다 되풀이하는 탄생과 죽음에 대응(對應)하는 것으로서 우주적 주기라는 척도에 따라 반복되는 만물의 탄생과 죽음도 분명히 존재한다. 이러한 사고방식에 사로잡힌 사람들은 이 주기성을 사고(思考)의 모든 대상에 투영하는 경향이 있는데, 플라톤은 그런 관점에서 인류의 역사를 해석하는 것을 마음에 두었음이 분명하다. 그는 「Laws」에서 순환의 가설(假設)을 대화 형식으로 간단히 해설하고,[30] 「Politicus」에 수록(收錄)한 또 하나의 신화로써 재액과 부흥의 교체가 반복된다는 관념을 전우주(全宇宙)에 적용한 데 이어서 신학적 관점으로까지 확장했다. 베르길리우스는 그와 다름이 없는 종교적 순환설을 시로 표방[31]했는데 그 천재를 이끌었으되 사로잡지 못했던 완전한 반복의 철학은 고타마 싯다르타를 비롯한 동시대의 인도인과 힌두교도의 정신을 지배하게 되었다. 〈찰스 엘리엇〉은 그에 대해 명민(明敏)한 분석을 내고 있는데, 힌두교의 풍성한 상상이 이 시대의 한 천문학자가 공들여 계산한 수치와 가깝다는 것은 흥미로운 일이다. 이러한 순환의 철학은 힌두교나 신플라톤주의의 영향을 받은 이슬람교 신비주의자의 정신을 통해 시원(始原)과 종말(終末)에 관한 신화 속으로 교묘히 파고들었다. 〈이븐 할둔〉에 의하면 〈이븐 아비 와틸〉은 역사는 3단계의 반복되는 순환으로 전개된다고 설명하고 있다. 그것은 예언자 또는 성자의 출현

---

30. 간단한 해설은 "Q-고대의 전설에는 진실성이 있다고 생각하시나요? A-어느 전설 말인가요? Q-홍수나 전염병 및 기타의 재난 때문에 인류가 몇 번이나 망하고 극소수만이 살아남았다는 전설 말입니다. A-그런 전설은 벌써 누구나 확신하고 있는 것인걸요"라는 가공의 대화. 플라톤은 「대화편」에서 등장인물인 이집트 승려가 "헬라스인은 영원의 아이들이다. 늙은 헬라스인 같은 것은 존재하지 않는다"라고 말하게 하고 그것을 하나의 신화로써 정당화시켰다.

31. 〈베르길리우스〉의 「목가」 "예언에 일러진 최후의 시대가 이르고 있노라. 누대에 걸친 커다란 시대가 새로 생겨나는 것으로써 처녀와 황금의 시대가 복귀하고 있고, 새로운 종족은 하늘에서 내려오고 있다"

과 칼리프의 통치 및 그릇된 신앙인 기독교의 일시적인 지배인바 대망하는 구세주의 재현(再現)은 현시(現時)에 역행(役行)하고 있는 무하마드가 다음 시대에 그것을 되풀이하게 되는 상태라는 것이다.

여기서 우리는 매우 중요한 물음으로써 "이방인의 이 무익한 되풀이[32]는 우주와 문명사의 참된 법칙일까?"라는 의문을 품게 되는데, 그 답이 긍정이라면 우리는 "인류는 영원히 계속되는 우주의 장난에 바쳐진 희생자다"라는 결론을 면하기 어려울 것이다. 그리하여 장난은 우리를 괴로움을 감수하고 곤란을 극복하며 죄를 씻는 운명에 얽매이게 할 것이다. 게다가 무의미하게 긴 시간의 자동적이고도 필연적인 경과는 우리가 아무 일도 하지 않은 것처럼 여전(如前)한 상태를 무한히 반복(反復)함으로써 인간의 모든 노력을 무효로 한다는 것을 묵인(默認)토록 할 것이다. 영원한 반복을 짓는 우주에 있어서 인간의 인내(忍耐)는 Tityos나 Ixion의 고난과 같은 것이 되며, 모든 행동은 Tantalos의 부질없는 몸짓이나 Danaides(Danaids)의 허망한 노동으로 귀결(歸結)된다.[33] 이 결론은 같은 문제를 별다른 괴로움을 느끼지 않고 처리한 소크라테스와 같이 지극히 낙천적인 기질과 꿋꿋한 지성을 갖춘 인간이라면 무난히 감당할 수 있을지도 모른다. 그러나 베르길리우스는 「목가(牧歌)」 속에서 유사(類似)한 순환의 이치(理致)를 다루어 그것을 트로이 전쟁에 적용할 때 인간의 사상(事像)에 대해 악몽과 같은 환영을 느끼고 문학적인 묘기를 발휘하여 거기서 슬며시 물러났다. 베르길리우스는 폴리오[34]가 집정관이 된 해로부터의 12세기를 거슬러 오르면

---

32. "또 기도할 때 이방인과 같이 중언부언하지 말라 그들은 말을 많이 하여야 들으실 줄 생각하느니라" 〈마 6:7〉

33. 그리스 신화의 Tityos는 명부(冥府)의 밑바닥에 묶여 독수리에게 간(肝)을 쪼이는 형벌을 받았다. Ixion은 제우스의 아내인 헤라에게 마음을 둔 죄로 영원히 회전하는 바퀴에 매달렸다. 제우스의 아들인 Tantalos는 제신(諸神)의 비밀을 훔친 죄로 목까지 물에 잠기는 지옥에 갇혀서 물을 마실 수도, 머리 위의 과일을 먹을 수도 없는 벌을 받았다. 아르고스의 다나오스와 그의 여러 아내가 낳은 50명의 딸인 Danaides는 남편이 된 Aigyptos의 아들들을 살해한 죄로 밑 빠진 독에 물을 채우는 벌을 받았다.

34. 〈Gaius Asinius Pollio, BC 75~AD 4〉는 집정관을 역임한 로마의 정치가, 호라티우스와 베르길리우스를 보호한 것으로 유명하다.

서 살핌에 있어 두 운동의 교체라는 플라톤류의 기상(奇想)을 포착하여 기묘한 수법으로 트로이 전쟁을 일별(一瞥)했거니와 그 뒤로 돌리는 운동을 기적적으로 지속(持續)시켜 12세기에 걸친 역사적 사상(事象)을 시인의 상상 속에서 약속된 아이의 탄생과 그가 성년이 되는 것으로 마무리했다. 거기서 그는 재발한 트로이 전쟁을 늙은 아담의 일시적 재현이라고 하여 가볍게 넘기고 그것을 급속하고도 확실하게 재래(再來)하는 황금시대의 하찮은 장식으로 처리했으나 그 묘기로도 자신이 불러일으킨 환영을 깨끗이 털어버리지 못했다. 그는 지상낙원의 회복이라는 백일몽에서 깨어나 괴로워하는 그 세대의 무거운 정신적인 짐을 다룰 때 지난날 아카이아인이 벌인 영웅적인 전투가 연속하는 카르마(業)의 사슬을 통해 로마 무장에 연결되어 멸망으로 향하는 전쟁을 낳은 것이라고 술회(述懷)했다. 트로이 전쟁은 무한히 반복되고 인간은 그때마다 악과 비애의 사태를 겪을 운명에 처해 있는 것일까? 〈P. B. Shelly〉는 베르길리우스가 직면하기를 꺼렸던 이 물음에 그리스 시인과 같은 회상(回想)으로 시작하여 자기 특유의 음조로 끝나는 코러스 속에서 해답을 주고 있다. 우주의 법칙이 변화될수록 같아지는 것이라면 이 시인이 존재로 말미암는 윤회(輪廻)로부터 불교적인 해방을 외치는 것은 당연한 일이다. 사실 이 윤회는 별의 운행을 지배하는 것만으로 본다면 아름다울지 모르지만, 우리 인간의 발로는 밟기 어려운 답차(踏車)일 것이다. 우리의 이성(理性)은 별들의 회전운동이 인간의 역사운동이기도 하다는 것을 믿도록 우리를 강제(强制)할 수 있는 것일까? 순환설의 노련한 창도자(唱導者)는 사회의 순환은 거대하여 긴 시간을 요(要)하는 물질적 우주의 그것과는 직접적 관계가 없다는 우주학자들의 주장을 일단 인정하고 나서 인류의 역사와 우주의 운행에 주기성의 징후가 일률적(一律的)인 것으로 되는 것은 우연의 일치라고 하기에는 너무나 뚜렷한 부합이므로 그것은 오히려 이 주기성이 바로 존재의 율동임을 의미하는 것이라고 주장할 것이다. 그리고 우리도 이 연구를 진행하면서 그런 율동의 실례(實例)를 자주 목격했는데, 우리가 식별하고 밝혀서 지적 희열을 느꼈던 〈음과 양〉 〈도전과 응전〉 〈후퇴와 복귀〉 등의 운동은 모두 주기적인 운동의 다양한 변주라고 할 수도 있을 것이다. 그러나 논리를 그런 방식으로 전개하는 것은 일종의 변증법적(辨證法的) 술책(術策)인바 그에 대해 우리는 상대방의 논점은 인정하되 그들이 그것에서 끌어내려는 추론에 반론을 펴는 것으로 대응할 수 있다. 북(紡錘)이 방직기에서 영원히 왕복하듯 역사의 그물을 짜는 모든 운동에 회귀적(回歸的)인 요소가 있는 것은 사실이지만 천을 짜는 운동은 북의 단순하고도 무한한 반복이 아니라 목적으로 향하는 진보가 분명하게 전개되는 것이고, 우리는 그것을 역사에서의 〈음과 양〉 〈도전과 응전〉 〈후퇴와 복귀〉에 대해 경험적으로 연구한 결과로써 알고 있다. 음에서 양으로의 추이는 같은 행동의 반복이기는 하지만, 그 반복은 새롭고 비할 데 없는 창조 활동의 필요조건(必要條件)이므로 허무한 것도 아니고 진부한 것도 아니다. 마찬가지로 하나의 도전이 그에 대한 응전을 낳고 그것이 또 새로운 도전을 초래하는 율동은 순환소수의 무한한 반복과 같은 순환운동을 지속하는 것이지만 우리는 사회적 성장에 대한 Prometheus적인 비약(飛躍)을 가능하게 하는 것은 바로 이런 종류의 응전[35]이라는 것을 상고(詳考)했다. 더하여 사회와 공동체에서 떠났다가 거기로 되돌아오는 개인이나 소수자의 후퇴(後退)와 복귀(復歸)는 단조로운 과정으로 보이지만 이 창조적인 존재의 경험과 행동 덕분에 사회가 성장하는 것임을 살폈거니와 그들은 후퇴의 기간에 그런 창조적인 힘을 얻음으로써 복귀하여 즉시 그 힘을 행사할 수 있는 것이다. 이와 같이 정통한 후퇴와 복귀의 순환은 반복할 때마다 개성의 다시없는 변용과 능력의 증진 및 기회의 향상을 가져오는 것이다. 율동에 관한 모든 분석에 있어서 우리는 부분의 운동과 전체의 운행 및 수단의 성질과 목적의 특성을 구별해야 하는데, 목적은 수단과 같은 성질을 가져야 한다든가 전체는 부분과 같은 운동을 해야 한다는 기정조화(旣定造化)의 법칙은 존재하지

---

35. "뒤에 계속될 것을 위해 준비함으로써 순환운동을 개시하는 응전"

않는다. 이 이치는 모든 순환 철학에 대한 최초의 직설적인 비유이자 항구적 상징인 차바퀴의 예를 보면 즉시 밝혀지는 것인데, 바퀴의 운동은 바퀴와 축의 관계에 있어서는 분명한 반복이지만 그 회전 때문에 차가 전진한다는 점에서 그것은 단순한 회전운동 이상의 것이다. 그리고 차의 움직임은 바퀴의 움직임에 따르지만 차가 나아가는 방향은 운전자가 결정하는 것이므로 바퀴는 회전을 중지하는 것으로 차를 멈추게 할 수 있다는 이유만으로 어떤 신비로운 능력을 통해 차가 정해진 궤도(軌道)를 돌게 하는 힘을 가지고 있다고 생각할 수 없다. 바퀴와 차, 부분과 전체 또는 수단과 목적이 어떤 법칙에 지배된다 해도 그것은 동일성의 법칙이 아니라 다양성의 법칙이며 그 법칙에 따라서 반복적인 운동이 비반복적(非反復的)인 운동을 유발하는 것이다. 반대로 같은 수단의 반복적인 사용과 표준부(標準部)의 반복적인 병렬 및 바퀴의 반복적인 회전으로 목적은 그 독자적인 현실화를 성취하고 전체는 독특한 개성을 얻으며 차는 지향하는 목표에 도달하는 것이다. 두 개의 서로 다른 운동, 즉 반복하는 작은 운동과 그 힘으로 발생한 비복귀적(非復歸的)인 대운동(大運動)의 조화가 아마도 율동이라고 부르는 것의 본질일 것이다. 우리는 이 힘을 인간이 만든 기구의 기계적인 율동 속에서만이 아니라 생명의 유기적(有機的)인 율동들 속에서도 마찬가지로 인정할 수 있다. 식물의 위축과 회생을 수반하는 해마다 일어나는 계절의 변화는 식물계의 진화를 낳았고, 생(生)과 재생(再生) 및 죽음의 대를 잇는 순환은 인간에 이르는 모든 고등한 종(種)을 진화시켰다. 두 발을 교대로 움직이는 것으로써 보행자는 나아가는 것이고 폐와 심장의 박동으로 동물은 생존하는 것이다. 음악과 시와 극은 소절과 행(行) 연(連) 편(篇) 및 장(章)과 막(幕)으로 주제를 전개하는 것이며, 기도(祈禱)라는 바퀴와 같은 순환적인 회전(回轉)에 의해 불교도는 소승(小乘)이나 대승(大乘)이라는 차를 타고 열반(涅槃)이라고 하는 목표를 향해 전진한다. 그리고 해탈(解脫)을 통해 벗어나고자 하는 윤회(輪廻)마저도 한 화신(化身)의 주기로부터 다음 화신의 주기로 넘어감으로써 평범한 순환을 비극적인 역사로 변형시키는 카르마(業)의 영속적이고 누적적인 고뇌를 만들어 낸다. 이제 순환론(循環論) 전체의 기원이라고 할 수 있는 대년(大年)[36]이 성우주(星宇宙)의 궁극적이고 일체를 포괄하는 운동이라고 잘못 생각하는 일은 없다. 반복하는 천체(天體)의 음악은 엄청난 속도로 서로 멀어져 가는 성운(星雲)과 성군(星群)으로 구성되어 팽창하는 우주에서 그 음이 점진적으로 죽어가며, 시공간 구조의 상대성은 광대한 별의 배치가 연속된 각 위치에 살아 있는 인간을 출연자로 하는 극에서의 극적인 상황이라는 되돌릴 수 없는 역사적 독자성을 부여하고 있다. 앞에서 우리는 문명의 과정을 분석하면서 주기적으로 반복되는 운동을 발견했는데, 그것은 이들 운동이 상대적으로 공헌(貢獻)한 과정 자체가 같은 주기로 순환한다는 것을 의미하는 것은 아니다. 반대로 이 소운동(小運動)의 주기성(週期性)에서 우리가 도출할 수 있는 결론은 대운동은 그 단조로운 소운동으로 지탱되고 있으나 그것과는 종류가 다른 것으로서 반복적인 것이 아니라 전진적(前進的)인 것이라고 추론(推論)하는 것이다. 이것으로 우리는 익시온과 시시포스에게 걸린 마력을 깨트리고 순환설이라는 숙명론을 효과적으로 배척할 수 있게 되었는데, 이 순환설은 우리가 싸웠던 필연론의 최후의 형태였다.

## 5) 진보(進步)의 발걸음

죽음의 문은 닫혀 있지 않은 것[37]이고 그의 기념비를 보려면 주위를 보라[38]는 말과 같이 사멸한 문명이 운명이라는 배의 갑판 위에 흩어져 있다. 우리가, 다만 우리만이 남겨져 있는 것이다.[39] 우연의 법칙에 따라 10/16 또는 1/25

---

36. 바빌로니아인이 발견한 개념. "플라톤 연(年)"이라고도 하며 세차운동(歲差運動)이 일순(一巡)한다는 약 2600년의 주기.
37. 루크레티우스, 「사물의 본성에 관하여」 제5권 373행.
38. 성 바울 성당 등 다수의 유명한 건축을 남긴 〈크리스토퍼 렌〉을 위해 세운 기념비에 새긴 문구.
39. 〈왕상 18:22, 19:10~14〉을 참조할 것.

의 비율로 만물을 평등하게 하는 죽음이 우리 위에도 얼음처럼 차가운 손을 놓을 것인바 이 불안스러운 숫자를 생각하면 우리는 역시 저 유명한 비가(悲歌)[40]에 깃든 애수(哀愁)의 마음으로 한탄하고 싶어질 것이다. 그러나 "자연의 모든 현상은 불변의 항상성(恒常性)을 갖지만, 인간은 세기(世紀)마다 변화한 정경과 새로운 사건을 끝없이 만들어 낸다. 철학의 눈으로 본다면 인류는 거대한 전체를 이루고 있으며 그 전체는 개체와 마찬가지로 유년기와 그 진보를 가진다"라는 선언[41]은 오늘날 광대한 역사의 바다에 홀로 떠다니고 있는 우리에게는 격려의 계시(啓示)인바, 절망적이고 우울한 고경(苦境)에 있다고 해도 숙명론적인 신조(信條)의 몽마(夢魔)에서 해방되었다는 사실은 우리에게 원기(元氣)를 더해줄 것이다. 왜냐하면 그 증명되지 않은 신조는 죽음 속의 생에서도 요행을 바라기 때문인데, 우리가 싸워야 하는 여신(女神)은 죽음을 부르는 잔인한 운명의 여신[42]이 아니라 개연성(蓋然性)의 여신에 불과한 것이다. 디오메데스가 아프로디테를 물리친 것[43]처럼 인간의 용기는 인간의 무기를 휘둘러 개연성의 여신을 패퇴시킬 수도 있을 것이다. 마술에 걸린 바다에 떠있는 저주받은 배 안에서 늙은 수부(水夫)가 암호로 쓰는 말은 스코틀랜드 시인의 애가가 아니라 그리스 항해자의 묘비명(墓碑銘)[44]인 것이다. 사멸한 문명은 운명에 의해 죽은 것이 아니므로 살아 있는 문명 또한 난파된 수많은 동류에 포함되도록 운명지어져 있는 것이 아니다. 10/16 또는 1/25의 비율처럼 터무니없는 낭비가(浪費家)인 자연은 새로운 변종(變種)을 창조하기 전에 한 종의 대표를 무수히 죽이기를 다반사(茶飯事)처럼 할지도 모르지만, 우리는 우리를 둘러싸는 죽음의 그림자

---

40. 스코틀랜드 시인 〈William Dunbar, 1465~1530〉의 비가(悲歌).

41. 프랑스의 진보적 중농주의자(重農主義者) 〈안 로베르 자크 튀르고, 1727~1281〉의 말.

42. 호라티우스, 「가집(歌集)」 제1권 제35 송시 17행.

43. 「일리아드」 제5권 330~354행.

44. "나는 난파된 뱃사람의 무덤, 그러나 너는 배 타러 가거라. 우리가 죽은 때에도 다른 배는 항해를 중단하지 않았으므로" 「일리아드」

로부터의 위해(危害)를 무서워할 것까지는 없다.[45] 그것은 우리 운명을 개연성의 맹목적인 재결(裁決)에 맡기도록 강요받은 것이 아니고 우리의 내면에는 창조력의 불씨가 가득 차있기 때문이다. 그러므로 우리가 그것을 다르게 하려는 미덕을 가지고 있다면 궤도를 운행하는 별들[46]도 목표에 도달하려는 우리의 노력을 허사로 돌리지 못하는 것이다.

## 2. 환경(環境)에 대한 지배력의 상실(喪失)인가

이상으로써 우리는 문명의 좌절은 숙명론이라고 하는 결정론으로는 설명할 수 없는 것임을 확인했으되 아직 이 인간적 파국의 참다운 원인을 찾아낸 것이 아니므로 이후로는 인간의 행동[47]에 주목하여 인간이 환경에 대한 지배력을 상실하는 것이 문명 좌절의 참된 원인인지를 확인해야 한다.

### 1) 자연적 환경에 대한 지배력

사회가 자연적 환경을 지배하는 정도는 그 사회의 기술 수준으로 측정되는 바, 우리는 2부에서 문명과 기술의 소장(消長)을 나타내는 두 곡선은 일치하지 않을뿐더러 가끔 심하게 어긋난다는 것을 확인했다. 그것은 자연적인 환경에 대한 지배력의 증대는 문명의 성장을 뜻하는 것이 아님을 입증함으로써 자연적 환경에 대한 지배력의 상실이 문명 좌절의 기준이 아니라는 것을 우연히 증명한 것이다. 이 탐구의 필요에 따라 그것을 완성하려면 두 곡선이 예외적으로 일치하는 몇몇 사례에 있어서 그 일치는 기술과 문명의 하향적인 운동이 서로 원인과 결과로 관련된 것이 아님을 증명해야 한다. 그리고 거기에 어떤 인과관계(因果關係)가 있다면 그것은 문명의 쇠퇴는 원인이고 기술의 쇠퇴는 그

---

45. "내가 사망의 음침한 골짜기를 다닐지라도 해를 두려워하지 않을 것은"〈시 23:4〉
46. "별들이 하늘에서부터 싸우되 그들이 다니는 길에서 시스라와 싸웠도다"〈삿 5:20〉
47. 인간의 활동과 그 분야가 겹쳐진 공통 영역에 문명을 낳는 행동.

결과나 징후라는 사실일 것인데, 기술이 버려지는 것은 사회적이거나 경제적인 이유로 인한 정책적 결정이지 기술력의 저하[48] 때문인 것은 아니다. 이 가설적인 지배력의 상실이 문명 좌절의 원인이라고 하는 주장은 인과관계의 참된 순서를 바꾸는 것이므로 기술의 후퇴는 문명 좌절의 징후일 뿐 그 원인이 아님이 분명하다. 이에 관한 명백한 사례인 로마의 도로(道路) 방기(放棄)는 제국 분열의 원인이 아니라 결과, 즉 로마제국으로 일체화된 헬레닉 사회가 좌절을 일으킨 원인이 아니라 그 결과였다. 이 사회적 병폐로 인해 5세기에서 18세기까지 그런 도로를 유지하는 것은 득보다 실이 많게 되었던 것인데, 서구사회가 그 도로를 부활시키고 있는 19세기 이후에도 같은 사례[49]가 발생하고 있다. 시야를 경제와 생활에 관련된 기술적인 기구(機構) 전반으로 넓혀도 헬레닉 문명의 쇠퇴와 몰락은 기술의 쇠퇴 때문이 아니라는 사실이 확인된다. 헬레닉 사회의 그 쇠퇴는 경제적 요인으로 말미암은 것이 아니라 테오도시우스 법전에 명시되었고 근간의 연구로 확증된바 시정(施政)의 실패와 중산계급의 몰락 때문이었다. 이 사회적 좌절이 그 도로의 방기만이 아니라 다른 기술적 기구의 방기를 설명해 준다. 예를 들면 로마의 아프리카로의 해운(海運)[50]도 그 무렵에 중단되었는데, 사회적인 원인에서 추론할 수 있는 기술의 쇠퇴는 우리의 조사 대상인 사회적 쇠퇴에 대해서 아무런 설명도 제공하지 않는다. 같은 시대의 또 다른 사례는 티그리스-유프라테스 유역의 충적층 델타에서 오래된 관개시설(灌漑施設)이 버려진 것인데, 그것은 7세기에 과거의 빈번했던 홍수보다 크지 않았던 홍수로 훼손된 채 방기되다가 13세기에는 전면적으로 버려졌다. 이라크 주민이 선조가 대를 이어 유지해 온 설비(設備)를 버려둔 이유는 무엇일까? 그것은 그들이 기술을 상실했기 때문이 아니라 7세기와 13세기에 이

---

48. 자연적 환경에 대한 지배력 상실의 지표.
49. 영국이 19세기에 보호령이었던 이오니아 제도에 건설한 도로, 연합군이 20세기 초에 마케도니아에 건설한 도로 및 같은 시기에 영국이 페르시아에 건설한 도로 등.
50. 지중해의 아프리카에서 재배되는 곡물을 로마 시민의 식량으로 수송했던 것.

라크의 시리악 문명이 크게 쇠락(衰落)한 것으로 인해 시나르(Shinar)의 인구와 번영이 크게 감퇴[51]했기 때문이다. 이렇게 보면 기술적인 요인을 검토하는 것으로는 시리악 문명의 쇠퇴와 몰락을 설명하기 어렵다. 그 사회의 쇠퇴와 몰락은 이라크의 관개시설이 6, 7, 13세기에 차례로 황폐한 것으로 말미암은 결과가 아니라 그 원인이라는 것이 역사적 선례에 의해 확증된다. 합당한 설명은 드디어 그 영토가 된 시나르 지역에 있어서 시리악 사회는 바빌로닉 사회[52]의 상속자였는데, 고대 우르 도시국가의 영역인 시나르의 배수로와 관개로는 바빌로니아 문명의 임종기에 파괴된 후 복구되지 않았다는 것이다. 우리는 바빌로닉 사회가 시리악 사회에 흡수된 것과 유프라테스의 수로(水路) 변화로 인해 우르의 관개시설과 영농이 파괴된 것에서 문명의 쇠퇴와 기술의 쇠퇴가 병행된 것을 보는바, 여기에서도 재해를 복구할 수 없었던 것이 기술을 잃었기 때문이라는 증거나 그로 인해 사회가 붕괴했다는 징후는 어디에도 없다. 그들이 물을 지배할 수 없게 된 것은 기술이 쇠퇴한 탓이 아니라 바빌로닉 문명이 그 재해가 일어난 당시에 심히 노쇠했기 때문이다. 또 다른 예로써 스리랑카에 대한 경험적인 관찰을 더 진행하면 오늘날 그 문명의 유적을 가지고 있는 지역은 가뭄이 극심한 곳과 같을 뿐만 아니라 말라리아가 창궐하는 지역과도 일치한다는 것이 발견된다. 앞에서 우리는 이 기묘한 환경에 주목하여 그 대답을 도전과 응전이라는 관점에서 찾았다. 스리랑카로 흘러든 문명은 대규모 저수지와 관개시설 없이는 존속할 수 없는 지역에서 최고의 업적을 이루도록 자극되었던 것인데, 한때 그 시설들과 농경지가 들어차 있던 지역이 불모지나 말라리아의 온상으로 되어 있는 이유는 무엇일까? 그 주민이 거대한 사

---

51. 로마-페르시아 전쟁, 이슬람교도 아랍인의 침입, 몽골의 침공 등의 재액으로 말미암은 것.

52. 바빌로니아 사회의 동란 시대는 아시리아의 군국주의라는 사회적 병폐로 초래되어 신바빌로니아 제국에서 아케메네스 제국과 셀레우코스조로 이어진 세계국가로 응결되었다. 그리하여 빈사의 바빌로니아 사회는 점차 그것을 포위하고 있던 시리악 사회에 흡수되었고, 그 특이한 문화의 흔적은 기원전의 마지막 세기에 말소되었다.

업에 열중했던 때에 이미 말라리아가 번성하고 있었다는 것은 선험적으로 있을 법한 일이 아니며, 실제로도 말라리아가 창궐하게 된 것은 관개시설의 황폐화로 말미암은 결과였다. 그러므로 우리는 그 지역이 그렇게 된 것은 스리랑카의 인도문명이 꽃피던 시대 이후의 일이라는 것을 입증할 수 있다. 〈Still, J〉는 스리랑카의 이 지역에 말라리아가 창궐하게 된 것은 관개시설의 도괴(倒壞)로 수로(水路)가 썩은 물웅덩이로 변하고 아노펠레스 모기의 애벌레를 잡아먹는 물고기가 사라졌기 때문이라는 것을 밝혔거니와 우리가 그 문명의 쇠퇴와 몰락의 원인을 찾다가 마주친 기술적 요인으로써 수리시설(水利施設)이 망가진 것[53]은 기술의 쇠퇴 때문이 아니라 사회적 쇠퇴 때문이었다. 침입자는 적을 굴복시키기 위해 수리시설을 고의적으로 파괴했고 전쟁이 계속되는 동안에 제방이 무너지고 물길이 막혔던 것이므로 인도문명의 그 쇠퇴와 몰락에 대한 설명은 사회적 원인으로서 전쟁이라는 병폐에서 찾아야 한다. 그리고 이 문제의 관건인 사회적 병폐 자체가 관개시설의 황폐 속에 나타나 있는 자연적 환경에 대한 지배력 상실의 원인이지 그 결과는 아니라는 것을 증명하고 있다. 이상과 같은 예는 지중해 지방의 헬레닉 문명의 역사에서도 발견되는데, 한때 가장 빛나는 생활을 영위하며 정력을 활발하게 발휘한 지방의 일부가 말라리아가 창궐하는 늪지대로 되었다가 최근에 재건된 것이 알려졌다. 한때 오르코메노스[54]의 곡창이었던 보이오티아의 코파이스 소택(沼澤)은 적어도 2000년 동안 질병이 창궐하는 황무지로 방치되었다가 1887년 이후에 다시 개척되었고 같은 기간에 방기된 후 무솔리니에 의해 다시 개척된 폰티노 소택은 보스키인의 도시와 라틴인의 식민지가 있었던 곳이다. 이 보이오티아와 라티움에서도 스리랑카와 마찬가지로 헬레닉 문명의 전성기가 지난 후에 말라리아의 지배가 시작되었다고 믿을 만한 근거가 있다. 정통한 연구자는 말라리아가 그리스

---

53. 이 요인은 경작 가능성을 급감시킴으로써 직접적인 작용을 했음에 더하여 물줄기를 음험한 질병의 근원이 되는 썩은 물웅덩이로 바꿈으로써 간접적으로도 작용했다.
54. 미케네 및 그리스-로마 시대에 보이오티아 동쪽에 있었던 도시.

의 풍토병이 된 것은 아테네-펠로폰네소스 전쟁 발발 이후라는 사실을 밝혔는데, 라티움 주민이 이 병에 걸린 것은 한니발 전쟁 이후의 일인 것으로 생각된다. 같은 사례는 지중해 지역에서도 발견되는데 우리는 그로 인해 헬레닉 문명은 말라리아에 의해 쓰러졌고 그 말라리아는 토목 기술의 쇠퇴로 말미암은 것이라고 단정해야 할 것일까? 폰티노 지방이 버려진 시대는 로마가 최대의 토목사업을 벌인 시기였는데, 우리는 로마로부터 제국의 변방까지 방사형으로 조성된 도로나 알바노와 사비니의 산지(山地)에서 로마로 물을 공급하는 수도는 말할 것도 없고 클라우디우스 황제의 유명한 수리와 토목사업[55]을 생각해 낼 수 있다. 이렇듯 푸치노 호수를 간척했던 당국자가 소택을 개간한다는 간단한 토목사업을 수행할 기술이 없었다고 생각할 수 없으므로 위와 같이 단정하는 것은 합리적이지 않다. 폰티노가 그렇게 방기된 원인은 기술적인 것이 아니라 사회적인 것으로서 아테네-펠로폰네소스 전쟁과 한니발 전쟁 및 뒤를 이은 로마의 약탈 전쟁과 내전으로 말미암은 사회적 독소[56]때문에 농민 경제와 문화가 침해를 당하고 마침내 일소되었기 때문이다. 이 사회적 해악의 결합은 한니발의 세대로부터 베네딕투스의 시대에 걸친 7세기 동안에 이탈리아에서 농부가 후퇴하고 아노펠레스 모기가 진출하게 된 이유를 충분히 설명하는 것이다. 그리스를 보면 이탈리아와 같은 종류의 해악[57]이 폴리비오스 시대에 이르기까지 극단적인 인구 감소를 초래했다. 폴리비오스는 자기 이름을 붙인 저술에서 낙태나 영아살해(嬰兒殺害)로 가족의 수를 제어하는 관행이 그 시대의 그리스가 몰락하게 된 주요한 원인이라고 지적했고, 그리스 전체에 명백

---

55. 그는 마르시 산맥에 터널을 뚫어 푸치노 호수의 물길을 갈리아노 강으로 돌리고 그 호상(湖床)을 경작지로 바꿨다.
56. 한니발에 의한 이탈리아 남부의 황폐화 및 농민이 대량으로 군역에 차출된 것, 자유농민의 자급농업이 노예노동에 의한 대규모 환금농업(換金農業)으로 바뀐 것, 농민이 도시로 대량으로 이주한 것, 분배의 불균등으로 조성된 사회적 불안이 국가의 무상급식으로도 해결되지 않은 것.
57. 단순히 한니발의 시대만이 아니라 그보다 2세기 전인 BC 431년의 펠로폰네소스 전쟁이라는 재해로까지 거슬러 올라가는 것.

히 나타난 그 붕괴의 징조는 보이오티아가 극단적이었다고 기술하고 있다. 이 특별한 보이오티아의 징후는 법의 집행이 25년 동안 유예된 것, 빈곤에 대한 공적급여(公的給與)가 있었다는 것, 부유한 소수자가 재산을 자신이 소속된 단체에 유증(遺贈)하는 관습이 생긴 것 등에서 찾아볼 수 있다. 이러한 사례로 볼 때 코파이스 들판이 폰티노 평야와 마찬가지로 곡창지대(穀倉地帶)에서 모기의 소굴(巢窟)로 바뀐 채 방치된 이유는 기술의 퇴보라는 가설로는 설명될 수 없음이 분명하다. 이라크, 실론, 이탈리아, 그리스의 사례에 대한 우리의 분석은 현재 중국에서 일어나고 있는 일들에 대한 관찰로 구체적인 지지를 받게 된다. 중국에서는 20세기의 10~20년대에 3개의 큰 강 유역에 설치된 시설(施設)과 전국의 철도가 훼손된 채 방치되고 있었는데, 이 경우 기술의 쇠퇴가 그 원인일 수 없음은 명백하다. 그 이유는 당시의 중국에는 뛰어난 토목기술자가 많았기 때문인데 그 젊은 기술자들이 기술을 자유롭게 발휘할 수 있었다면 그들은 과거에는 볼 수 없었을 정도의 관개와 철도시설을 구축했을 것이다. 그러나 당시에 구미(歐美)에서 값비싼 교육을 받은 기술자의 대다수는 직업을 가져본 일 없이 세월을 보냈고 그들의 눈앞에서 중국의 그 시설들은 급속히 무너지고 있었다. 이것을 어떻게 설명해야 할까? 근대 중국의 이 사례에 있어서 그 사회의 현상(現狀)은 수수께끼를 푸는 열쇠인바, 당시의 중국에서는 기술이 진보하는 중에도 기술의 성과인 시설물은 쇠락(衰落)하고 있었다. 극동문명과 서구사회의 조우(遭遇)는 토목기술의 영역에서 이처럼 중국인의 기술을 증대시켰으나 동시에 중국인의 본래적 생활 전체를 뒤엎어 무정부 상태와 사회적 동란 및 정신적 격동[58]을 일으키고 있었다. 중국에서 토목시설이 근래에 황폐화(荒廢化)된 것은 극동사회의 붕괴(崩壞)를 초래한 원인이 아니라 그 부수적이고도 역설적인 결과였다. 그리고 이 사회적 붕괴의 원인을 찾아내려면 또 하나

---

58. 신해혁명, 즉 1911년에 시작된 서구화 운동이 그 생활의 전통적인 껍질을 뚫은 이래로 줄곧 중국인을 괴롭혀 온 것.

의 사회적인 힘으로서 부식능력(腐蝕能力)이 있는 서구사회라는 용제(溶劑)의 작용을 살펴야 하는데, 중국에 있어서 구질서의 붕괴가 바로 우리가 찾고 있는 현상이라고 한다면 기술적인 요인을 조사의 단서로 잡은 것은 명백히 그릇된 것이다. 관점을 토목공사와 같은 실제적인 기술로부터 건축 조각 회화 서예 문학과 같은 예술의 분야로 돌려도 같은 결론에 도달한다. 우리는 바빌로닉 사회의 설형문자, 이집트의 상형문자 및 건축과 조각 양식, 헬레닉 사회의 건축 양식, 오토만 터키의 아라비아 문자, 중국과 일본의 한자, 사회적 전통 등의 사례들을 분석함으로써 그것을 입증할 수 있다. 현재 서구에서는 음악 회화 무용 조각의 전통적인 양식(樣式)이 젊은 세대에 의해 버려지고 있는데, 그것은 우리가 예술적인 기술을 상실했기 때문일까? 그렇다면 우리는 4~5세기 전에 서구사회를 그 역사의 제2장에서 3장으로 넘어가게 한 이탈리아와 플랑드르의 창조적 소수자가 창안한 리듬 대위법(對位法)과 원근법(遠近法) 및 규형(規形)의 규칙을 잊어버린 것일까? 위와 같은 경향은 기술적 능력의 마비에 굴복한 것이 아니라 미적 감각을 발휘함에 있어 전통적인 방식에 따르기를 중단한 젊은 세대가 그것을 의식적으로 포기한 것이므로 우리가 목격자로 되어 있는 이 물음에 대한 대답은 명백한 부정(否定)이다. 우리가 선조의 정신적 거장을 의도적으로 쫓아내고 심적 공허를 만들어 내는 방법을 터득했다고 만족하고 있는 동안 음악과 무용 그리고 조상(彫像)에서의 아프리카적인 정신이 회화와 얕은 양각(陽刻)에서의 의사(疑似) 비잔틴 정신과 결탁하여 비었되 말끔히 청소된 집에 들어가 살고 있는 것[59]인바, 미적 취향에서의 이러한 변혁 속에 나타나 있는 쇠퇴는 기술적인 것이 아니라 정신적인 문제다. 우리는 타고난 미적 감각을 감퇴시켜서 마치 만나[60]나 만난 것처럼 다호메이와 베냉[61]의 미개한

---

59. 〈마 12:43~45〉 및 〈눅 11:24~26〉
60. 〈출 16:13~36〉 "하늘에서 내린 양식"
61. 다호메이는 아프리카 서부의 옛 프랑스 식민지. 베냉은 나이지리아 남부의 도시, 그곳의 청동 조각(彫刻)은 세인(世人)을 놀라게 했다.

예술에 사로잡힐 정도로 공허하고 불모(不毛)인 상태에 빠짐으로써 정신적 상속권을 포기했음을 고백하고 있다. 우리가 전통적인 예술의 기술을 포기한 것은 어떤 정신적 좌절의 결과이므로 이 좌절의 원인을 그 결과적 징후인 현상(現狀)에서 찾을 수 없음은 명백하다. 우리는 근간에 터키인이 아라비아 문자를 버리고 라틴문자를 채용하게 된 것도 같은 관점에서 설명할 수 있다. 그것을 주도한 〈무스타파 케말 아타튀르크〉의 주장[62]을 그대로 수용하기는 어려운 것인바, 실상(實狀)은 그들이 역사적인 오토만 터키의 문헌이나 시리악 문명에서 이어받은 페르시아와 아라비아의 고전적인 문헌은 가치가 없으므로 그 퇴폐한 문명의 유산을 보존하고 있는 문자는 배울 필요가 없다고 선언한 것이다. 오스만 문명은 그 정도로 쇠퇴했던 것인데, 그 전통적인 문자를 의도적으로 폐지한 것은 오스만 문명이 쇠퇴했기 때문이고 아라비아 문자를 읽고 쓰는 기술을 상실한 것이 오스만 문명의 몰락을 촉진한 것은 아니다. 이러한 설명은 중국과 일본에서의 한자 폐지, 기원전 마지막 세기에 바빌로니아인이 설형문자를 폐기한 것, 이집트인이 3~5세기에 상형문자와 민용문자를 말소한 것과도 부합된다. 이들 각 시기에 바빌로니아와 이집트 세계에 있어서 전통적인 문자를 조정하는 기술이 상실된 것은 아니며 그 문자들은 사라진 것이 아니라 의도적으로 폐지된 것이다. 이 사실은 위의 어느 사례도 당해 문명의 쇠퇴에 대한 원인이 아니라 그 결과라는 것을 입증하는 것이다. 예술 분야의 다른 방면에서 마찬가지로 한 기술이 다른 기술로 대체되는 흥미로운 예는 4~7세기에 헬레닉 세계에서 전통적인 건축 양식이 버려지고 신식으로써 비잔틴 양식이 채용된 것인데, 그것은 그 무렵에 빈사상태(瀕死狀態)에 놓인 사회의 건축가가 원주(圓柱) 위에 처마도리를 얹는 식의 간단한 구조를 버리고 십자형인 건물에 둥근 지붕을 얹는다는 어려운 문제를 실험하고 있었기 때문이다. 유스티니

---

62. 터키 대통령, 아라비아 문자는 위치와 합자에 응하여 형태를 바꾸는 것으로 변화무쌍하여 읽고 쓰기가 어렵다는 이유로 폐지하고 라틴문자를 채택했다.

아누스[63]를 위해 이 문제를 멋지게 해결한 이오니아의 건축가들[64]이 기술이 부족하여 파르테논 스타일의 건물을 지을 수 없었다는 것은 믿을 수 없는 것인바 구식을 버리고 새 양식을 시작한 것은 옛 문명이 이 무렵에 이르러 쇠퇴했기 때문이다. 비잔틴 양식이 유스티니아누스나 안테미우스 같은 사람들의 눈에 멋지게 보였던 것은 다름이 아니라 곡선과 둥근 지붕의 구조인 그것이 직선과 평면이 직각으로 만나는 헬레니즘 양식에 대해 최대의 대조를 나타냈기 때문일 것이다. 헬레니즘의 신전은 밖을 향하여 옥외에서의 집회를 지켜보는 것임에 반해 비잔틴식 교회는 안을 향하여 내부의 회중을 지켜보는 구조인데, 하기아 소피아는 파르테논적(的)인 것에서 더 이상의 영감을 찾을 수 없게 된 시대에 대한 항의의 기념비였다. 안테미우스는 파르테논을 대신하여 하기아 소피아를 세움으로써 본질에 있어서 시네시우스나 아폴리나리우스[65]가 한낱 교양인이나 시골 신사로 그치지 않고 아우구스티누스가 일개 수사학자(修辭學者)로 머물지 않으며 암브로시우스[66]와 그레고리우스가 한낱 관리로 안주하기를 거부하여 주교가 됨으로써 달성한 것과 같은 일을 한 것인데, 이 모든 경우에 있어서 창조적 인격은 그 능력을 방해하던 전통적인 사회적 기구(機構)를 부숴버리고 그 능력에 돌파구를 제공하는 새로운 기구 속으로 들어갔던 것이다. 이것은 틀림없이 3~5세기의 이집트인 서기(書記)에도 적용되는바 그들은 지방 언어인 콥트어로 번역된 성서(聖書)를 그리스 문자로 베끼려고 과거 2천 년 동안 조상들이 사자(死者)의 서(書)[67]를 기록했던 이집트 문자로 그것을 복사하는 것을 중지했다. 우리 세대의 중국인 학생들도 시카고나 런던에서 서구의 토목

---

63. 〈유스티니아누스 1세〉, 동로마 황제(527~65). 성소피아 성당을 세웠다.
64. 트랄레스의 안테미우스와 밀레투스의 이시도루스.
65. 전자는 프톨레마이오스의 주교였던 신(新)플라톤주의 철학자. 후자는 원로원 의원이 되었다가 교회에 들어가 클레르몽의 주교가 된 인물.
66. 밀라노의 집정관이 된 후 주교를 역임한 인물.
67. 제18왕조 시대에 정립된 제도에 있어 이집트인이 죽은 사람을 매장할 때 사후의 세계에서 사자(死者)를 안내하는 것으로서 시체와 함께 매장한 문서.

공학이나 경제학 및 정치학을 연구하기 위해 전통적인 문자로 유교의 고전을 연구하는 것을 포기하고 있는데 이것은 서구의 학생들이 상술한 경향에 빠져드는 것에도 들어맞는 것일까?

우리가 이 조사에서 얻은 결론은 전통적인 예술 양식의 유기(遺棄)는 그 양식이 속해 있는 문명의 좌절 원인이 아니라 그 문명의 좌절이 쇠퇴로 접어들어 이제는 붕괴하고 있다는 것을 의미하는 것으로 생각된다는 것이다. 우리는 창조적 인물이 예술적인 활동의 모든 분야에서 전통 양식을 버리고 그 대신 이국적인 양식을 채용하는 경향을 나타내면 그가 등을 돌린 세계는 그야말로 파멸의 도시[68]인 것으로 생각해도 좋다. 난파된 배가 가라앉으려고 진동을 일으킬 때 살려는 의지를 가진 선원은 침몰하는 배 위에 머무르기를 거부하고 대담히 물속으로 뛰어들어 있는 힘을 다해 헤엄쳐 달아나는 것이다.

## 2) 인간적 환경에 대한 지배력

### (1) 야만(野蠻)과 종교(宗教)의 승리인가

인간적 환경에 대한 지배력은 이 연구의 첫 부분에서 문명의 성장을 살필 때 주목했었고 그 정도(程度)는 지리적 팽창을 기준으로 측정할 수 있음을 확인했다. 그리고 경험적인 검증을 통해 지리적 팽창은 사회의 성장과 연계되는 것이 아니라 사회의 붕괴와 연관되어 있음을 알아냈다. 이 귀납적인 결론은 동족상쟁의 발생과 문명의 사회적 방사라는 두 선험적인 조사에 의해서 인정된다. 한집안의 아이들이 동족상쟁이라는 스스로 저지르는 자멸 행위를 중단하고 무기를 외부로 돌린다면 그들이 내전으로 달성한 전쟁기술의 진보를 통해 이웃을 널리 지배하게 된다는 것은 충분히 있을 수 있는 일이다. 이질적인 사회로 파고드는 사회적 방사의 침투력은 방사의 제 요소가 따로따로 방사될

---

68. 성서에서의 '소돔과 고모라의 운명에 빠져들고 있는 도시' 또는 플라톤의 '모든 것에 균형을 잃고 끝없는 심연에 빠져드는 도시'

때 가장 강력한 것이어서 일반적으로 경제적인 분자(分子)의 침투에 정치적인 요소가 뒤따르고 이어서 문명의 정수인 문화적인 요소가 맨 뒤에 와서 빼앗은 땅을 점령하고 조직하는 것인데, 한 문명의 사회적 방사선이 질과 파장이 다른 별개의 광선으로 회절(回折)하는 것은 문명의 좌절과 붕괴로 말미암은 결과이다. 문명이 성장하고 있는 한 그 모든 요소는 응집하여 하나의 불가분한 전체를 형성하므로 문명은 전체로서 외부로 방사하거나 아니면 전혀 방사하지 않을 것인데, 문명이 전체로 방사되는 일은 거의 없으므로 문명의 방사가 격렬히 일어난다는 것은 당해 문명이 이미 좌절하여 붕괴 과정에 돌입했다는 사실의 증거 또는 그 징조라고 단정할 수 있다. 이 선험적인 고찰과 경험적인 증거의 일치가 지리적 팽창으로 측정한 인간적 환경에 대한 지배력의 증대는 좌절과 쇠퇴의 결과이자 그 징후라는 사실을 입증하는 것이라면 이 좌절과 쇠퇴의 원인이 반대의 경향, 즉 외래의 인간적인 힘의 침입이 인간적인 환경에 대한 지배력의 감소를 초래하는 경향 속에서 발견되는 일은 있을 수 없다. 그러나 문명은 미개사회와 마찬가지로 외세(外勢)의 공격으로 멸망한다는 견해가 널리 유포되어 있는데, 〈Edward Gibbon〉의 「로마제국 쇠망사」는 그 견해를 대표하는 저술이다. 이 책의 주제는 Gibbon이 그 이야기를 회고적(回顧的)으로 요약해 놓은 "나는 야만과 종교의 승리를 서술(敍述)했다"라는 문장 속에 표명되어 있는바, 그는 "양(兩) 안토니누스[69] 시대인 전성기의 로마제국으로 구현된 헬레닉 사회는 두 개의 다른 전선에서 쇄도하는 적(敵)[70]으로부터 동시에 공격을 받아 멸망했다"라고 서술하고 있다. 그러나 줄거리를 밝히려고 당대(當代)에 관해 장려한 묘사를 펼치고 있는 그 저작의 유명한 일절에는 쇠망에 대한 해석의 열쇠가 드러나 있는데 이 연구의 저자는 그 걸작을 읽을 때는 언제나

---

69. 〈안토니누스 피우스, 138~61〉와 〈마르쿠스 아우렐리우스 안토니누스, 161~80〉

70. 라인강과 도나우강에 접한 나라들의 경계에서 떨어진 무인 지대에서 기어 나온 북유럽 만족 및 정복되기는 했으나 동화하지 않은 로마의 오리엔트 영토에서 발생한 기독교.

어느 늦가을에 코네티컷 계곡의 정경(情景)을 본 경험[71]을 떠올리게 된다. 1764년의 어느 날 초저녁에 양(兩) 안토니누스 시대의 장려(壯麗)한 영상(影像)이 기본의 마음에 떠올라 글을 쓸 생각이 일어났을 때 그도 역시 이런 환상에 사로잡혔던 것은 아닐까? 20세기의 그가 살았던 30년대에 서구사회가 폐허처럼 변해버린 상황 속에서 명상(瞑想)하며 집필하고 있는 서구의 역사가는 기본이 그 경험에 따라 이 유명한 일절에서 그린 안토니누스 시대의 색채와 분위기 속에서 오래된 퇴폐와 다가오는 붕괴를 절감하는 것인바 그 시대는 헬레닉 사회의 회춘기(回春期)인 것이 아닐까? 자신의 노력이 아니라 200년이라는 시간의 혜택으로 더욱 폭넓은 지식과 깊은 통찰력을 갖게 된 20세기의 역사가는 장려했던 안토니누스 시대의 감명 깊은 풍경에서 볼 수 있는 징후를 18세기의 위대한 선인(先人)보다 더 똑똑히 읽어낼 수 있을 것이다. 뉴잉글랜드인 안내자가 그 가을색이 의미하는 죽음의 예고를 알고 있었기에 영국인 여행자의 감동에 무관심할 수 있었던 것과 마찬가지로 2세기 헬레닉 세계의 풍경을 관찰하는 20세기의 서구인은 18세기의 문인이 품었던 환각에 언제까지나 사로잡혀 있을 수는 없을 것이다. 그는 기본의 판단에 따르기는커녕 양 안토니누스 시대의 이면에 감추어진 것을 관찰하여 그 진실성에 대한 신념에 생명을 건 선인들의 날카로운 눈을 통해 바라보려고 노력할 것이다. 그 바라본 것은 〈그레고리우스 1세〉의 설교[72] 속에 생생히 그려져 있는데, 그레고리우스와 마찬가

---

71. 그 글자가 다음과 같은 경험. "나는 처음에 너무나 황홀하고 영원한 기쁨으로 남을만한 경치에 큰 감흥을 느꼈으므로 뉴잉글랜드인 안내자가 말하는 그곳의 겨울 정경을 믿기 어려웠으나 시간이 지나자 그 동행자의 눈은 나의 눈을 속인 아름다움에 속지 않았던 것으로서 늦가을의 그 정경은 일종의 회춘이고 그 짧은 화려함이 축복하고 있는 것은 프로메테우스와 같은 생명의 약진이 아니라 죽음의 무한한 진격이었으며 빛나는 색을 띤 나뭇잎이 말없이 선언하는 것은 〈클라우디우스 21장〉에 언급된바 '이제 곧 죽으려는 우리가 그대에게 인사한다'라는 것임을 깨달았다. 그 나뭇잎은 그토록 아름답게 빛났지만 이미 사형선고를 받아 조금이라도 바람이 불거나 한 번이라도 서리를 맞으면 곧 검게 오그라져서 떨어질 것이다"

72. 겉보기로는 황금시대였으나 실제로는 2세기의 회춘이었던 양 안토니누스 시대의 두 기독교 성인을 추모하여 헬레닉 문명의 겨울에 해당하는 6세기를 살았던 그레고리우스 1세가 행한 연설. "오늘날에는 곳곳에 죽음과 슬픔 그리고 황폐가 있고 우리는 가는 곳마다 얻어맞으며 우리의 잔은 쓴 액체

지로 근대 서구 역사가의 정신에는 6세기의 성자가 내린 준엄한 판정이 18세기 영국 철학자의 관대한 칭찬보다 더 큰 무게를 가질 것이다. 자기 보물을 다른 곳에 쌓아둔 기독교의 소수자만이 아니라 자주색 옷을 둘러 입은 마르쿠스로부터 당나귀 가죽을 입은 루키아노스[73]에 이르는 허다한 이교도(異敎徒)의 마음에도 그 시대는 시든 것으로 여겨졌는데, 후자들은 쭉정이로 변해버린 헬레니즘 외(外)의 보고(寶庫)를 여는 열쇠를 가지고 있지 않았으므로 전자들보다 더 심각한 괴로움을 당해야 했다. 기본이 큰 착각에 빠졌었다는 사실[74]은 「로마제국 쇠망사」라는 그 대작(大作)의 표제에 잘 표시되어 있다. 로마제국은 세계국가로서의 그 자체에 구현된 헬레닉 사회의 더욱 악화(惡化)된 쇠퇴의 기념비였고 그런 점에서 볼 때 그는 그 이야기를 종막에 가까운 시점에서 시작한 것이다. 이야기 전체를 고려할 때 로마제국의 급속한 몰락은 조금도 놀라운 것이 아니고 제국이 영속했다고 하면 그것이야말로 놀라운 일이다. 그것은 이 제국은 건설되기도 전에 이미 파멸될 운명을 지니고 있었기 때문인데, 그 건설은 로마제국이 일시적으로 구현한 헬레닉 사회의 불가피한 멸망을 얼마간 늦출수는 있었어도 그것을 막을 수 없었던 일시적인 정지에 불과했으므로 그 제국은 처음부터 멸망할 운명이었다. 기본이 자신의 천재에 걸맞은 주제를 발견했을지도 모르는 이야기는 로마제국이 아니라 헬레닉 사회 자체의 좌절과 붕괴였다. 그리고 그 긴 이야기를 발단(發端)에서부터 서술하려고 했다면 그는 야만과 종교의 승리는 그 이야기의 줄거리가 아니라 에필로그에 불과하다는 것, 즉 그것은 좌절의 원인이 아니라 오랜 붕괴 과정의 말미에서 일어나는 멸망에 따른 불가피한 동반자였음을 발견했을 것이다. 더하여 그는 승리한 교회와 만

---

로 채워져 있다. …그러나 지금 우리가 서있는 묘에 묻힌 성자들은 번영의 시대를 살면서도 당대가 이미 시들어 가고 있음을 간파하여 그 물질적인 번영을 정신적으로 경멸했다. 그 시대는 이미 이들의 마음속에서 시들어 있었다"

73. 그리스의 풍자적 문인, BC 115~200.

74. 루키아노스와 아풀레이우스의 작품에는 회춘기의 빛나는 색채가 표현되어 있는데, 기본은 그들로부터 다른 실마리를 얻을 수도 있었다.

족은 외적(外敵)이 아니라 헬레닉 사회 자체의 아이들[75]이었음도 알아냈을 것인 바, 그가 비극의 참된 발단에까지 소급하여 그 검시(檢屍)를 시행했더라면 다른 판단을 내리지 않을 수 없었을 것이다. 그리하여 그는 안토니누스 시대의 헬레닉 사회는 구제할 길이 거의 없는 자상행위(自傷行爲)의 치명적인 결과를 되돌리려고 애쓰는 자로서 아우구스투스 시대의 회복이 3세기의 용태(容態) 악화에 밀려나 그 환자가 그 행위의 후유증 때문에 죽음의 문턱에 이르렀을 때 자기네 아이들의 공격을 받아 사망했다고 보고했을 것이다. 그 죽음에 대한 검시관의 역할을 담당하는 역사가는 이 에필로그에 주목할 것이 아니라 그 행위자가 처음으로 자기에게 폭력을 가한 것은 언제이고 어떻게 했으며 이유는 무엇인지를 파악하는 일에 집중할 것인데, 그 연대를 추정한다면 그는 아마 기원전 431년의 아테네-펠로폰네소스 전쟁을 지적할 것이다. 그 사회적 재액[76]이 된 무서운 죄[77]를 어떻게 범했는지를 보고함에 있어 그 검시관은 국가 간과 계급 간의 전쟁이라는 두 악을 함께 거론할 것인바 그것들은 의도된 것은 아니지만 결과적으로 역도태(逆淘汰)가 진행되는 길을 터놓은 것이었다. 27년에 걸친 그 전쟁은 동란 시대의 첫 단계에 불과했으나 사회적 좌절에서 시작된 그 무서운 해악은 그것이 다 끝나기도 전에 이미 치명적인 결과를 낳고 있었다. 국가 간의 전쟁을 자극한 잔학정신(殘虐精神)과 계급 간의 관계에 나타난 사악(邪惡)한 정신을 나타내는 예들[78]로 미루어 보면 헬레닉 사회는 기독교와 만족(蠻族)으로부터 안토니누스 이후의 시대에 치명상(致命傷)을 받은 것이 아님이

---

75. "페리클레스 시대의 좌절과 아우구스투스 시대의 회복 사이에 있었던 동란 시대의 진행에 있어서 지배적 소수자로부터 소외되어 있었던"
76. 「투키디데스」 제2권 제12장. 어느 스파르타인은 그것을 "헬라스의 커다란 악의 발단"이라고 저주했다고 알려져 있다.
77. 그들 및 그들과 함께 이 세상에 온 목적에 대한 죄. 〈요 18:37〉을 참조할 것.
78. 그 사례는 BC 416년에 아테네인이 Milos 도민(島民)에게 자행한 만행, BC 413년에 시라쿠사인이 아테네 원정군 생존자에게 행한 악행, BC 404년에 아테네 해군을 격파한 스파르타인이 아테네인 포로를 잔혹하게 학살한 것 등. 사악한 정신의 사례는 BC 427~425년에 코르키라 주민이 스스로 욕되게 한 살인적인 당파 싸움.

명백한바 치명상은 적어도 600년 전에 주어진 것이고 그것을 준 손은 이 희생자 자신의 손[79]이었다. 우리는 아직 "이 희생자가 어째서 당시에 그런 자살의 열병에 걸렸을까?"라는 의문에 대답하지 못하고 있으나 그것은 타살이 아니라 자살이었다는 사실을 적극적인 해답이 아니라 소극적인 결론으로 제시할 수 있다.

우리는 검시의 범위를 다른 문명으로 확대해도 같은 판결을 내려야 한다는 것을 알게 된다. 예를 들면 수메릭 사회의 쇠망에 있어서 함무라비의 황금시대는 우리가 본 헬레닉 사회의 양(兩) 안토니누스 시대보다 더 늦은 단계의 회춘[80]이었다. 당대(當代)의 그 퇴폐한 사회는 겨울의 첫 폭풍우가 왔으나 빛나는 잎을 단번에 떨어뜨린 것도 아니고 땅 위에 눈 덮개를 남긴 것도 아닌 무렵의 뉴잉글랜드의 숲과 같은 것이었다. 따라서 우리는 사계제국(四界帝國)을 습격한 변경 저쪽의 만족들[81]을 수메릭 문명을 살해한 자로 보지 않고, 그로부터 900년 전에 일어난 사건으로서 동란(動亂)을 유발한 라가시의 우루카기나[82]가 신관(神官)들과 싸웠던 전쟁과 루갈자게시[83]의 군국주의를 그 사회에 가해진 치명적인 타격이라고 판정한다. 마찬가지로 미노스 사회의 쇠퇴와 몰락에 있어서는 후기 미노스 시대 제2기의 궁정양식(宮廷樣式)에서 안토니누스 시대와 같은 회춘의 증거를 찾을 수 있다. 우리는 그 사회를 멸망시킨 책임을 그 시대의 제3기에 에게해를 휩쓴 만족(蠻族)에게 돌리지 않는다. 미노스 해양국가(海洋國家)는

---

79. BC 431년으로부터 옥타비아누스와 안토니누스가 싸운 BC 31년까지의 4세기에 걸친 헬레닉 사회의 자살 행위는 스파르타 왕 〈클레오메네스 1세〉의 자살에 관한 〈헤로도토스〉의 소름 끼치는 서술에 쓰인 말로 묘사될 것이다. "클레오메네스는 칼을 손에 넣자 다리의 장딴지로부터 위를 향해 신체를 베기 시작하여 살을 세로로 잘랐다. 그리하여 칼은 넓적다리에 이르고 이어 엉덩이와 옆구리를 거쳐 마침내 배에 이르렀다. 그리고 배를 갈빗대가 나오도록 난도질하여 죽은 것이다"
80. 함무라비는 수메릭 사회의 역사에 있어서 트라야누스나 심지어 마르쿠스 아우렐리우스가 아니라 디오클레티아누스나 콘스탄티누스와 같은 존재였기 때문.
81. 시나르를 휩쓸고 시리아로 들어간 아리아인, 한때 바빌론을 약탈한 히타이트인, 썩은 고기에 몰려든 카시족 등.
82. BC 24세기에 〈루가루 안다〉의 왕위를 빼앗아 누적된 폐해를 복고적으로 개혁했다.
83. 〈Lugal-Zage-Si〉는 우루크와 움마를 기반으로 삼아 라가시를 합병한 후 수메르 제국을 건설했다.

그 사회의 세계국가로서 동란시대[84]에 뒤따른 사회적 회복의 징후였다. 그 재액은 형제가 서로 죽이는 것과 다름없는 국가 간의 전쟁이라는 사악한 정신에서 말미암은 것인데 그것으로 본다면 미노스 문명의 좌절은 아카이아인과 도리아인이 출현한 때로부터 500년 전의 일이어야 한다. 중국사회의 쇠퇴와 멸망에서의 만족과 종교의 승리[85]도 헬레닉 사회를 침탈한 만족과 기독교의 승리와 마찬가지로 죽어가는 사회의 내적, 외적 하층계급(下層階級)의 승리에 불과했다. 중국사회는 쇠망의 어떤 과정에서도 외세(外勢)에 의해 완전하게 정복된 일이 없으므로 하층민의 그 승리는 이야기의 마지막 장면(場面)이며 그 세계국가는 동란시대 이후에 사회적 회복을 구현한 제도(制度)라고 판단할 수 있다. 기원전 221년에 진시황이 가한 결정적인 타격으로 끝난 전국시대(戰國時代)라고 하는 이 동란기는 기원전 479년[86]에 시작되었다고 하나 실제로는 진나라와 초나라 사이의 패권을 다투는 큰 전쟁이 일어난 기원전 634년에 시작되었다고 생각할 수 있는데, 그것은 야만과 종교의 승리가 완성된 때보다 900년 이상 앞선 일이었다. 인도사회의 쇠망에 있어서 회춘기는 굽타왕조의 황금시대(黃金時代)였으며 이후(以後)에 그 사회는 훈족과 구자르(Gujar)족의 침입으로 인해 황폐하게 되었는데 당시에 만족과 승리를 나누어 가진 하층민의 종교는 외래의 것이 아니라 그 사회 고유의 종교인 힌두교였다. 5세기에 발생한 훈족의 침입은 인도사회가 첫 좌절을 겪은 뒤의 일이고 헬레닉 사회의 침입은 굽타제국의 성립(375년)과 마우리아 제국[87]의 몰락 사이에 일어났으며 마우리아 제국 이전에 개시된 내전(內戰)은 기원전 7세기에 이미 한창이었다. 그러므로 인도사회 최초의 좌절을 드러내는 징표(徵標)는 그것을 확인할 수 있다

---

84. 중기 미노스 시대 제2기 말미(末尾)에 크노소스와 페이스투스의 궁전이 최초로 파괴된 때가 그 정점이었다.
85. 유라시아 유목민이 3세기 말부터 4세기 초에 걸쳐 황하유역에 중국 세계국가의 후계국가를 건설한 것과 그 무렵에 대승불교가 중국 사회로 침입한 것.
86. 공자가 사망한 것으로 전해지고 있는 연도.
87. 인도 최초의 세계국가, BC 185년에 몰락했다.

면 기원전 7세기 이전, 즉 훈족의 침입보다 1100년 이상 앞서서 시작되었음이 밝혀질 것이다. 바그다드의 아바스조 칼리프국으로 회춘기(回春期)를 누리고 터키족과 몽골족의 침략에 맞서서 그들을 이슬람교로 개종시킴으로써 야만과 종교의 승리를 체험한 시리악 사회의 쇠망도 헬레닉 사회의 침입에서 시작하여 거의 10세기[88] 동안 계속된 드물게 보는 긴 기간에 걸친 것이었다. 시리악 사회가 좌절한 연대(年代)를 알려면 그 세계국가가 아케메네스 제국으로 구현된 때로부터 거슬러 올라 키루스에 의한 평화 이전의 동란시대에 주목해야 하는데, 좌절 전의 짧은 성장기에 세 가지 중요한 발명으로 천재를 증명하고 생기를 발휘한 이 사회를 좌절시킨 것은 무엇일까? 얼핏 보면 우리는 드디어 여기에서 문명이 외래의 인간적인 세력의 충격으로 무너진 사례를 만난 것으로 생각할 수 있을 것이다. 여기에 있어서 명백한 첫 진단은 그 문명은 기원전 9~7세기에 아시리아 군국주의에 의한 잇따른 타격 때문에 좌절했다는 것이지만, 자세히 살피면 그들에게 시리아를 빼앗을 마음을 불어넣고 그 기회를 제공한 것은 그들의 골육상쟁(骨肉相爭)[89]이었으므로 그 진단은 잘못된 것이다. 〈살마네세르 3세〉의 사례[90]는 당시에 시리악 사회의 정치가들이 시편(詩篇)의 말씀[91]을 명심했다면 그 군국주의를 막아낼 수 있었다는 것을 보여주는 것인바 시리악 사회의 멸망은 헬레닉 사회와 마찬가지로 결국은 자살이되 타살은 아니었다. 아시리아의 거인이 투기장에 발을 들여놓기 전에 시리아의 여러 민족은 그들끼리의 끔찍한 투쟁을 벌이고 있었던 것인데, 그들의 사회가 좌절하기 시작한 것은 〈아슈르나시르팔 2세〉가 기원전 876년에 유프라테스를 건넌 때부터가 아니라 시리악 사회를 주도했던 솔로몬이 기원전 937년에 죽은

---

88. 알렉산더 대왕의 침입으로부터 우마르의 역정복(逆征服)까지의 기간.
89. 바빌로니아와 이집트의 중간에 있었던 히브리인, 페니키아인, 아람인, 히타이트인의 여러 주(州)와 도시국가를 이스라엘의 패권 아래 정치적으로 통합하려고 했던 기도가 실패함으로 인해 발생한 내전.
90. 〈살마네세르 3세, BC 858~24)가 이스라엘 다마스커스 등의 군주들이 일시적으로 연합한 군대에 굴욕적으로 패배한 것.
91. "보라 형제가 연합하여 동거함이 어찌 그리 선하고 아름다운고" 〈시 133:1〉

후 그의 패권이 붕괴된 때라고 해야 한다. 정교 기독교 사회에 있어서는 변경으로부터 세계국가인 오토만 제국의 심장부로 몰려들어 후계국가를 세우려고 했던 세력들[92]의 실패한 기도에서 그 사회에서 실현된 야만의 승리에 대한 징조를 발견하는 것이며 이보다는 적으나 눈에 띄는 종교의 승리를 드러내는 징조는 이슬람교를 갱신(更新)[93]한 후 제국 건설자의 종교인 수니파 이슬람교와 라이예의 정교 기독교를 몰아내려고 했던 몇 번의 기도[94]에서 볼 수 있다. 그러나 오스만에 대한 수니파의 선교(宣敎)와 알바니아인의 야만성이 일으킨 소란은 북유럽 만족과 기독교가 로마제국을 정복한 승리와 같은 것이므로 수니파 이슬람교도의 포교(布敎)나 알바니아인이 모레아를 유린(蹂躪)한 민족이동을 정교 기독교 문명을 좌절시킨 원인이라고 주장할 사람은 없을 것이다. 분별력을 갖춘 연구자[95]는 정교 기독교 문명은 오스만의 지배에 굴복할 정도로 약해져서 오스만의 평화라는 쓴 약에서 사회적 이익을 구해야 할 만큼 병이 깊어지기 전에 좌절되고 있었을 뿐만 아니라 붕괴의 길을 걸었다고 생각하겠지만, 그와 동시에 로마의 평화가 헬레닉 사회를 위하고 영국인의 평화가 힌두사회를 위해 수행한 것과 마찬가지로 오스만의 평화도 정교 기독교 사회를 위해 적극적이고 불가피한 역할을 했음을 인정할 것이다. 그러나 오늘날의 일반적인 견해는 정교 기독교 사회의 모든 불행은 터키인의 정복에서 기인했다는 것인바 근대 그리스의 국민주의적 역사가는 터키인의 침략을 정교 기독교 사회를 파멸시킨 원인이라고 간주하여 11세기의 하반기에 있었던 동로마 제국의 아나톨리아 침략을 재액(災厄)의 발단이라고 단정할 것이다. 노르만인이 동로마 제국의 이탈리아 영토를 습격한 것(1017)은 셀주크족이 아나톨리아를 침공

---

92. 알바니아인, 마니교도, 쿠르드인, 아라비아의 여러 부족민 등.
93. 정교 기독교와 이슬람교를 절충하여 두 종교 사이의 깊은 단절을 극복하고 화해를 이루려고 했던 것.
94. 베드렛딘의 호전적인 운동, 사파비조의 시아파에 대한 이마아미교의 전파, 벡타시와 하아지가 주도한 수니파 이슬람교 이단의 선교 등.
95. 종교적 또는 문화적 선입관 때문에 오스만 제국이 정교 기독교 사회의 세계국가라는 사실을 인정하는 것에 방해받지 않는 연구자.

한 것보다 20년이나 앞섰고 정교 기독교 문명에 있어서 라틴인의 콘스탄티노플 정복(1204)은 터키인의 정복(1453)보다 더 큰 재앙이었음은 분명하다. 그러므로 이 가공의 그리스 학자가 교황의 삼중관(三重冠)이 예언자의 터번만큼이나 바람직하지 않다고 하는 정교도(正敎徒)의 감정을 가졌다면 그리고 스스로 계몽된 서구와 동일시하려는 근대 그리스의 허영에 물들지 않았다면 그는 터키인에 더하여 라틴인에게도 정교 기독교 사회를 파멸시킨 죄를 물으려고 할 것이다. 정교 기독교 사회가 외적의 손으로 죽어 문제는 다만 피고석에 있는 터키인과 라틴인에게 각자의 책임을 묻는 것이라면 서구의 정직한 연구자는 자기 조상이 최초의 타격을 주었을 뿐만 아니라 희생자의 심장을 찌른 점에서도 터키인보다 죄가 무겁다는 것을 인정하지 않을 수 없다. 그러나 양자의 11세기 이후의 역할을 자세히 살피면 우리는 이 희생자가 죽은 참된 원인을 규명하지 못했음을 알게 되며 그에 따라 검시를 더욱 철저히 한다면 정교 기독교 사회는 때와 장소는 다를지라도 시리악 사회와 마찬가지로 자객이 등장하기 전에 스스로 자신에게 폭력을 가하고 있었음을 알 수 있다. 라틴인과 터키인의 범죄적 의도는 생각되고 있듯이 흉악했지만, 자세히 살피면 그 희생자는 스스로 입힌 상처 때문에 이미 죽어가고 있었으므로 그 죄상(罪狀)은 재고할 필요가 있다. 정교 기독교 사회가 좌절에 빠진 시기는 노르만인과 셀주크족의 침입이 있기 전에 그 내부에서 일어난 사건에 의해서 지시(指示)된다. 그 사회의 동란시대는 로마-불가리아 대전이 일어난 977년부터 시작되었다. 두 대국 사이의 이 내전은 어느 일방의 패배로 끝난 것이 아니라 그 정치적 존재의 일방이 없어질 때까지 계속되었고 불가리아는 1019년부터 150년 이상에 걸쳐 동로마 제국에 병합되어 정치지도에서 자취를 감추었다. 그 사회에서 두 번째로 큰 국가에 초래된 이 커다란 정치적 재액은 그 사회 전체에 심각한 충격을 주었을 뿐만 아니라 승리한 동로마 제국의 재정에도 막대한 손실을 끼쳤다. 동로마 제국은 1019년의 결정타로 발칸의 영토를 크게 늘렸으나 그것은 아나톨리아에서의 엄청난 희생을 대가로 얻은 군사적 승리에 불과했다. 913~927년의 전쟁으로 야기된 아나톨리아 동부와 중부의 사회적 병폐[96]는 977~1019년의 대전쟁으로 크게 악화(惡化)되었다. 불가리아인의 살육자 〈바실리우스〉는 유럽에 있는 만만치 않은 자매국가에 대한 소모전에서 군사적 승리를 거두었으나 그 승리는 아시아의 영토에서 계속된 반란으로 인해 망친 것이 되었다. 그리하여 아나톨리아 주민은 심각한 경제적 궁핍과 정치적 불만을 빈번하고도 지속적인 폭동으로 표출했는데, 그것은 동로마 제국이 유럽에서의 광범위한 정복으로도 메울 수 없는 손실이었다. 제국의 견고한 중핵이었던 아나톨리아는 대전이 끝났을 때 조금만 손을 대도 곧 쓰러질 정도로 피폐해 있었고 발칸반도에서 새로 얻은 영토는 여전히 힘으로 억눌러야 했으므로 당시의 동로마 제국은 아랍군이 콘스탄티노플을 포위하려고 아나톨리아를 가로질러 진군하던 716년에 비해 허약했다. 그에 반해 〈시리아인 레오〉는 지난날 아나톨리아 군단과 아르메니아 군단의 힘을 통합하여 정치적으로 바실리우스가 도저히 따를 수 없는 성공을 달성함으로써 조금도 다치지 않은 아나톨리아의 군사력으로 제국의 수도에 대한 아랍군의 습격에 태연히 맞설 수 있었다. 이들 각 시기에 있어서 동로마 제국 내부의 실력 차이에 관한 이 평가는 아랍인의 침공이 있었던 한 시기와 셀주크족의 공격이 있었던 다른 시기의 각 결과에 따라 입증된다. 아랍인은 717년에 콘스탄티노플 성벽에서 격퇴될 때 보스포루스 해협에서 타우루스 산맥 아래로 단숨에 후퇴했고, 그 후 2세기에 걸쳐 매년 제국의 변경을 습격했으나 아나톨리아에 발판을 마련하지는 못했다. 그러나 셀주크족은 1097년에 동로마군과 라틴 십자군에 의해 니케아의 전초지에서 쫓겨났을 때 코니아까지 후퇴했을 뿐이고 Rum이 기독교 세력에 포위되어 있던 100년 동안에도 아나톨리아 중부에 발판을 유지하고 있었다. 이후로 정

---

96. 토지 소유와 생산물의 배분이 불평등하게 되고 그에 따라 전원지대 전체가 점차 가난하게 된 결과 농민과 대지주가 반목한 것에 더하여 그 지역 전체가 콘스탄티노플에서 이탈하게 된 것.

교 기독교 사회의 쇠퇴가 더욱 진행된 것[97]은 12세기까지 아나톨리아 중부를 지키고 있던 그들에게 13세기 말에서 14세기 초에 걸쳐 아나톨리아 전역(全域)을 지배하는 길을 열어주었다. 그러므로 14세기에 그 후계국가 중의 하나[98]를 정교 기독교 사회의 세계국가로 변화시킨 정치적 위업은 12세기에 셀주크 터키족이 코니아를 기반(基盤)으로 하여 드러낸 참을성에 의해 달성된 것이다. 셀주크족이 니케아와 스미르나에서는 그처럼 간단히 쫓겨나면서도 아나톨리아 중부에서는 끝까지 발판을 유지할 수 있었던 이유는 무엇일까? 12세기에 동로마 제국이 수복(收復)할 수 없었던 지역은 정교 기독교 사회의 동란이 한창이던 시기(10~11세기)에 경제적 궁핍과 사회적 불만의 병폐에 시달렸던 지역과 일치한다는 사실은 이에 대한 하나의 설명을 제시한다. 셀주크족의 정복은 지역민을 지주(地主)의 압제와 세리(稅吏)로 대표되는 콘스탄티노플 정부의 중압으로부터 해방한다는 사회적 효과가 있었으므로 아나톨리아 중부에서의 셀주크족의 힘은 그 지역 농민의 지지 또는 소극적인 묵종을 바탕으로 하고 있었다고 생각할 수 있다. 믿을 수 없는 터키인의 허리보다 굵은 새끼손가락[99]을 가진 정교 기독교도 황제의 복위를 그들이 어떻게 기원(祈願)할 수 있겠으며 관리와 사교 및 지주(地主)라는 몽마(夢魔)로부터 해방된 그들이 어째서 계속 정교 기독교의 전례(典禮)를 실천하며 그리스어를 배우겠는가? 12세기 이후로 아나톨리아 중부의 정교 기독교도 농민은 집단적(集團的)으로 이슬람교를 수용했고 세습신앙을 지키는 사람들도 그리스어를 버리고 터키어를 배우게 되었는데, 카라만리의 사례[100]와 같이 6세기부터 아나톨리아에서 전적으로 쓰이고 있던 그

---

97. 당시에 그리스인과 라틴인이 콘스탄티노플과 데살로니카라고 하는 보다 눈부신 목적물을 잡으려는 길고 격렬한 투쟁으로 지쳐 있었던 것도 이에 해당한다.
98. 오스만 터키족의 왕국인 '술탄의 외뉘'.
99. "함께 자라난 소년들이 왕께 아뢰어 이르되 이 백성들이 왕께 아뢰기를 왕의 부친이 우리의 멍에를 무겁게 하였으나 왕은 우리를 위하여 가볍게 하라 하였은즉 왕은 대답하기를 내 새끼손가락이 내 부친의 허리보다 굵으니"〈왕상 12:10〉
100. 아나톨리아 중부지방의 정교 기독교도의 자손. 이들은 아나톨리아 전쟁 후 그리스와 터키가 각자의

리스어는 아나톨리아 전쟁[101] 전에는 안티-타우루스 요새와 고원 동남변의 몇몇 촌락에만 남게 되었다. 20세기 초에 한때 그리스어를 쓰던 지역의 심장부에 남았으되 급격히 줄어들고 있는 이 그리스어의 작은 섬들은 언어학이나 음성학 연구자들에게는 좋은 채집장(採集場)이 되었던바 그들은 거기서 살아 있는 한 언어가 다른 언어로 대체되는 모습을 살피면서 생생한 연구를 수행했다. 우리는 정교 기독교 문명의 좌절은 10세기의 내전으로 말미암은 것이고 그 이후에 단행된 라틴인과 터키인의 공격으로 인한 것이 아님을 충분히 논증했는데, 그에 있어서 종교적인 공세와 만족의 민족이동도 그 세계국가였던 오토만 제국의 단말마(斷末摩)적인 고민이었을 뿐 그 좌절의 원인이 아니다.

## (2) 외래 문명의 승리인가

우리는 위에서 야만과 종교의 승리라고 여겨지는 사례들을 고찰했는데, 오토만 제국에서의 그 두 운동은 쇄도하는 서구의 거센 물결 때문에 실패했다. 정교 기독교 사회가 다른 문명과 접촉하는 일 없이 무너졌다면 오토만 제국의 영토를 승계하여 후계국가가 되었을 만족들은 서구의 압력으로 인해 내셔널리즘을 기반으로 하여 재편(再編)되고 있었던 국제사회의 구성원으로서의 민족국가라는 이국적인 형태를 취하게 되었다. 오토만 제국이 러시아인을 몰아내려고 끌어들인 알바니아인은 1769~1779년에 모레아를 점령했고, 세르비아의 이슬람교도 슬라브인과 알바니아의 게그족은 〈허쉬드 아흐메드〉가 얀니나의 〈알리〉[102]를 토벌한 원정에 동참하여 마니의 정교 기독교도에게 보복을 시도했다. 이것은 4~5세기에 걸쳐 로마제국이 분열을 일으킨 첫 단계에 있었던 사건에 비유된다. 이 비유에서 쿠르드족과 와하브파는 이사우리아족과 미

---

자국민 소수자를 교환할 때까지 고향에 남아 선조의 그리스어를 완전히 잊어버리고 정교 기독교의 예문까지 터키어로 기록했다.

101. 명맥만 유지하던 아나톨리아의 정교 기독교 사회에 최후의 일격을 가한 전쟁(1919~1922).
102. 1741~1822. 알바니아인으로서 러시아에 대한 전쟁에서 공을 세운 후 얀니나의 파샤로 임명되어 발칸에서 영향력을 행사했으나 프랑스, 영국, 러시아와 동맹하여 독립을 꾀하다가 토벌되었다.

개 이슬람교도에 비교될 수 있고 얀니나의 〈알리〉와 카발라의 〈메흐메드 알리〉[103]는 〈클로비스〉나 〈테오도릭 1세〉[104]에 비견(比肩)된다. 그런데 이 무장들이 알바니아인을 루밀리와 이집트의 지배자로, 쿠르드족을 아나톨리아 주인으로, 와하브파를 시리아와 이라크의 통치자로 만들지 못한 이유는 그들의 배후에서 힘차게 팽창 중이던 서구문명이 거세게 다가오고 있었기 때문이다. 오토만 제국의 분열을 일으킨 실질적인 과정은 야만과 종교의 승리가 아니라 서구화의 승리였다. 그래서 그 후계국가들은 만족(蠻族) 제후국(諸侯國)이라는 일반적인 형태를 취하지 못하고 형성(形成)에 이어 곧바로 위와 같은 길을 걷게 되었다. 세르비아인의 민족국가는 1804년에 세르비아 오지만족(奧地蠻族)이 일으킨 반란으로 말미암은 것이며 그리스인의 국민국가는 1821년에 마니의 고지민(高地民)이 일으킨 반란에 의한 것이다. 그러나 서구화의 영향이 미약하여 국민주의로 나갈 수 없었던 만족들은 기회를 놓친 벌을 받게 되었다. 알바니아인은 19세기에 발칸반도에 방기(放棄)된 오스만 제국의 유산을 주위의 3개국에 빼앗겼고, 쿠르드족은 마흐무트 2세에게 굴종(屈從)했으며, 와하브파는 메흐메드 알리에 복속(服屬)된 후 그 사막에 가두어졌다.[105] 오토만의 평화가 끝에서 두 번째 막(幕)이었던 정교 기독교 사회의 역사에서 그 끝 막은 결과적으로 야만과 종교의 승리가 아니라 죽어가는 사회를 삼켜 그 조직을 자기 조직에 병합한 이문명(異文明)의 승리였다.

여기서 우리는 동화(同化)에 의한 멸망에 이어서 빈사(瀕死)의 문명이 마침내 그

---

103. 마케도니아와 트라키아의 국경 근처의 항구도시인 카발리아에서 태어난 알바니아계의 이슬람교도로서 1805년에 이집트 총독이 되었음. 1818년에 아라비아 와하브파의 반란을 진압하고 1841년에 오스만 제국으로부터 독립하여 이집트에 왕조를 세웠음.
104. Clovis는 메로빙거 왕조의 창시자. Thëodoric은 이탈리아에서 동고트족 정권을 창건한 자.
105. 〈마흐무트 2세〉와 〈메흐메드 알리〉로부터 100년이 지난 현재 와하브파의 제국이 사우디아라비아로 남았으나 〈나지드와 와하브파의 왕〉은 이라크와 시리아의 왕위를 차지할 전망이 없었고 오늘날 쿠르디스탄 전역을 터키와 이라크 및 페르시아가 분할하고 있는 것에서 보는바 쿠르드족의 운명은 더욱 비참하다. 그래서 100년 전에 오스만리의 뒤를 이어 소아시아의 지배자가 될 가능성이 있었던 이 만족은 현재 자기들의 집조차 세우지 못하고 있다.

독자성을 상실하는 또 하나의 과정에 봉착한 것인데, 이 두 과정에 있어서 그 상실은 성격과 정도를 달리한다. 야만과 종교의 승리는 내외의 하층민이 새로운 문명을 위한 터전을 얻으려고 일으키는 반란 때문에 빈사의 문명이 버려지는 것이며, 그로 인해 사라져 가는 사회는 모자관계(母子關係)를 통해 자기의 대신이라고 할 수 있는 새 문명의 품속에서 살아가는 것이다. 버려지지 않고 다른 문명에 동화되면 붕괴의 고통을 겪거나 역사적 연속성이 극단적으로 단절되지 않은 채 다른 사회에 병합되는 방식으로 그 실체를 다소간(多少間) 유지할 수 있지만, 문명의 존재 이유인 창조성을 상실한다는 점에서 그 독자성의 상실은 더욱 현저하다.

17세기의 4/4분기 이후로 서구사회의 문화적 방사로 인해 분열을 일으키고 18세기의 마지막 25년 동안에 서구로 합병된 정교 기독교 사회가 바로 이 동화의 길을 걸었다. 이것은 정교 기독교 사회의 러시아 분지, 이슬람 사회, 힌두사회, 극동사회 등의 현대사인 동시에 현존하는 발육이 정지된 사회들[106]의 역사다. 그리고 16세기의 상반기에 중앙아메리카 문명과 안데스 문명을 압박했던 서구사회가 17세기 말에 정교 기독교 세계를 아우르고 18세기 말에는 여타의 비서구세계를 망라(網羅)한 사실로 알게 되듯이 이미 멸망한 문명도 역사의 마지막 장에서는 같은 방법으로 독자성을 상실했다. 바빌로니아 사회는 헬레니즘의 방사로 인해 고유의 문화에 대한 장악력을 잃어버리고 기원전의 마지막 세기에 시리악 사회에 동화되었다. 그리고 헬레니즘의 파괴력은 3~5세기에 이집트 사회가 시리악 사회에 흡수되는 길을 열었다.

현재 서구에 동화되고 있는 문명들에 있어서 그 속도는 분야에 따라 다르게 나타나는데, 그것을 경제와 정치 및 문화로 살펴보면 다음과 같다. 경제면에서는 그 문명들은 서구의 산업주의가 전 지구적으로 펼친 그물에 망라된 것으로 보이며 정치적인 면으로는 빈사 상태에 빠졌음이 분명한 이 문명들의 후예는 서구가 형성한 국제사회의 일원이 되려고 노력하고 있다. 오토만 제국의

---

106. 전자는 한국과 일본 분지를 포함하는 극동사회, 후자는 에스키모와 유목민 및 폴리네시아인.

후계국가들은 근대 서구사회를 모본(模本)으로 하는 민족국가로 변모하는 중이고 내셔널리즘의 영향으로 범이슬람주의의 꿈이 사라진 이슬람 세계의 여러 족속은 서구의 정치적 울타리 속으로 다가서면서 서구의 일반적인 양식에 따르는 개별국가로 나가고 있다. 정교 기독교 세계의 러시아 분지와 극동사회(極東社會)의 일본 분지를 보면 그들은 서구의 충격을 느끼기 시작했을 때 모스크바 제국과 에도막부로 정치적 통일을 유지하면서 17세기와 19세기 말 이전에 국제사회에 참여했고 힌두사회와 극동사회는 독립을 지키려고 애를 쓰면서 그와 같은 길을 지향하고 있다. 근간의 서구화에 있어서 경제적인 면에서의 일양성(一樣性)이나 정치에서의 다양성과 달리 문화적인 면에서는 일정한 경향을 찾기 어렵다. 정교 기독교 세계에 있어서 오토만 제국의 종속민(從屬民)[107]은 오토만 터키의 후예와 마찬가지로 경제와 정치에 이어 문화적인 서구화도 환영하고 있으나 그것은 예외적인 것으로 여겨진다. 그 외의 대부분은 서구의 문화를 수용할 때 의식적이고도 도덕적인 유보(留保)를 덧붙이고 있는데, 그것은 자기들의 비서구적인 정신을 지키면서 경제와 정치적 참여에 지장이 없도록 타협을 모색하는 것이다. 러시아인은 문화적인 서구화의 단계를 거쳐 서구에 대한 반동(反動)을 시작했는데 그것의 빠른 표현은 친슬라브 운동이고 늦은 표출은 공산주의의 한 측면에서 찾을 수 있다. 이렇게 보면 서구화를 추구하는 현재의 경향은 그리 멀리 나간 것도 아니고 성공이 보장된 것도 아님을 알 수 있으나 사멸한 4개의 문명은 동화에 의한 독자성의 상실이 자(子)에 해당하는 사회를 낳은 문명들[108]과 마찬가지로 완전하고도 결정적일 수 있음을 보여주고 있다.

한편 좌절된 문명의 쇠망에 있어서 그 최후의 국면은 외래 문명의 승리였으나 우리가 알아낸 그 사실 또한 문명 좌절의 원초적인 원인은 아니다. 어느 경

---

107.  그리스인, 세르비아인, 루마니아인, 불가리아인.
108.  전자는 중앙아메리카 문명, 안데스 문명, 이집트 문명, 바빌로니아 문명. 후자는 헬레닉 문명, 인도 문명, 중국문명, 미노스 문명, 수메르 문명.

우에나 독자성의 상실은 오랜 쇠퇴의 최종적인 결과이므로 좌절의 근본적인 원인을 파악하려면 이 쇠퇴를 그 시초로까지 더듬어 올라가야 한다. 예를 들면 오토만 제국의 여러 민족이 서구화에 굴복한 것은 만족의 민족이동 이후였으나 정교 기독교 세계가 서구사회에 흡수되어 독자성을 상실하기 시작한 것은 그 공백기 이후였다. 정교 기독교 세계에 있어서 그리스와 세르비아는 17세기의 4/4분기에, 오토만 터키는 그로부터 100년 이상이 지난 때에 서구화를 시작했다. 이 두 연대(年代)는 동로마-불가리아 전쟁(977~1019)까지 거슬러 오르는 쇠퇴의 역사에 비교할 때 상당히 지연된 것이라고 할 수 있다.

이집트 문명이 처음으로 좌절한 때로부터 이집트가 기독교로 개종함으로써 독자성을 잃은 시기와 좌절한 극동사회가 서구의 문화적 방사를 받기 시작한 시기 사이에는 더욱 큰 시간적 차이가 있다. 그렇지만 이 두 문명은 외래의 영향이 미치기 전에 좌절하여 동란을 겪은 후 세계국가와 그것의 재현이 특이하게 오래 지속되었다는 공통점을 가지고 있다. 이집트 문명의 좌절은 피라미드를 건설한 자들의 죄가 그들의 후계자에 대한 벌(罰)로 나타나 고왕국(古王國)이 무너진 것으로 시작되었는데, 그 이후로 피폐한 다수의 제후국(諸侯國)으로 분열되었던 시기가 바로 이집트 사회의 동란기였다. 그 세계국가는 두 토지의 통합자라고 자칭한 11왕조의 〈멘투호테프 2세〉가 건설한 중제국(中帝國)이었고, 힉소스인의 침입이라는 만족의 승리는 12왕조가 중제국의 회춘을 달성한 이후의 공백기에 실현되었다. 이집트 사회는 이 단계에서 붕괴하여 새로운 사회가 탄생할 길을 여는 것을 완강히 거부하고 신제국으로 세계국가를 회복한다는 특별한 전기(轉機)를 나타냈다. 이 사회는 미노스 이후의 민족이동으로 사멸할 수도 있었으나 미라와 다를 바 없었던 신제국은 온 힘을 다해 만족의 승리를 거부했다. 이후로 그 사회를 침공한 아시리아와 아케메네스조는 힉소스인과 마찬가지로 누웠던 시체가 일어서자 차례대로 쫓겨났고 그로 인해 이집트는 끈질긴 생명력으로 15세기 동안이나 존속했다. 그래서 로마제국이 헬레니즘이라는 강력한 용제(溶劑)가 이집트를 녹일 준비를 할 때까지 이집트를 눌러두지 않았다면 프톨레마이오스 왕조도 마찬가지로 쫓겨났을 것이다. 그 후 이집트 사회는 3~5세기에 기독교로 개종함으로써 독자성을 상실했고 이어서 그리스도 단성론으로 기독교에 귀의(歸依)했다가 다시 이슬람교로 개종함으로써 시리악 사회에 흡수되었는데, 그것은 그 최초의 좌절로부터 3000년 이상이나 지난 때였다.

극동문명의 좌절과 서구화의 시작을 보면 그 시간적 간격은 이집트의 그것보다 짧지만 내용에 있어서는 유사한 점이 있다. 9세기의 마지막 4/4 반기에 시작된 쇠퇴로 말미암은 그 좌절과 뒤를 이은 동란 시대[109]는 송(宋)의 멸망(1279) 다음 해에 금(金)을 대신하여 중원을 장악한 몽골인에 의해 종결되었다. 대원제국(大元帝國)의 쿠빌라이가 몽골의 평화와 함께 극동사회에 제공한 세계국가는 그것을 용인하지 않는 중국인에 의해 100년도 채우지 못하고 축출되었다. 그것은 힉소스인이 이집트에서 구축(驅逐)된 것과 유사한 것인바 이집트 18왕조의 발흥과 마찬가지로 명제국(明帝國)이 성립된 것도 만족의 지배라는 불명예와 만풍(蠻風)에 대한 거부반응이었다. 중국이 서구사회와 접촉하기 시작한 것은 명나라 말기의 16세기였고 그 압력을 절실히 느끼기 시작한 것은 19세기의 청나라 말기였는데, 이른바 만족이 중화 왕국의 문호를 쳐부순 아편전쟁(1840~42)은 극동사회의 좌절을 상징하는 사건[110]에서부터 1000년에 가까운 시간이 지난 뒤의 일이었다.

극동문명의 일본 분지와 러시아 정교 기독교 문명의 쇠퇴에 관한 역사에 있어서 서구화의 노력은 그들이 굳은 결의로 자발적인 서구화를 과감히 단행함으로써 성공적으로 수행되었다고 볼 수 있다. 그 결과 그들은 중앙아메리카와

---

109. 이 동란기는 중국에 대한 거란 유목민과 고지 주민이 세운 금나라의 침공으로 일관되었으나 이들의 침입이 그 원인이 된 것은 아니다.
110. 동란(動亂)의 일파가 878년에 항주에 있었던 아랍인과 페르시아인의 상관을 약탈한 사건. 그로 인해 아랍과 페르시아와의 교역이 중단된 것은 극동문명의 쇠망을 촉진했다.

안데스의 종족들처럼 매몰되거나 인도의 힌두교도나 이슬람교도와 같이 서구의 정치적 지배로 떨어지지 않고 독립을 유지했다. 메이지 유신 세력과 표트르 1세가 국제사회의 일원으로서의 민족국가로 변화시키려고 했던 에도막부와 로마노프 왕국은 정상적인 수명을 누리고 있는 젊은 존재로서 아직 공백기에 들어가지 않은 세계국가였으므로 그들에 있어서 서구화의 흐름은 문명의 생애에 있어서 비교적 빠른 단계에서 시작되었다. 일본보다 200년 빨리 시작된 러시아의 서구화에 있어서 그 결과를 경험할 시간도 그만큼 길었던 러시아의 근대사를 살필 때 아직은 표트르의 정책이 옳았다고 속단하기 어렵고 근간의 추이는 일본이 수행하고 있는 서구화의 2기가 1기보다 험난할지도 모른다는 것을 암시하고 있다. "끝을 생각하라"라는 〈솔론〉의 경구를 생각할 때 아직은 그들의 정책이 합당했다고 단정할 수 없는 것인바, 이 두 나라의 사업이 불행하게 끝난다면 그에 대하여 양국이 서구와 접촉한 것은 치명적이었다는 변명이 나올 수 있을 것이다. 그러나 양국의 서구화 이전의 역사를 검토할 때 우리는 그 가설적인 변명을 즉각 반박할 수 있다. 서구화에 대비할 시간도 짧았고 여건도 좋지 않았던 점을 고려한다면 그들의 접근은 감탄할 만한 것이었다. 그들은 16세기 중엽에 서구와의 관계를 수립했으나 17세기에 들어서자 곧바로 서구로부터 정복의 압력[111]이 가해졌다. 스페인인의 손으로 멕시코와 페루를 휩쓸고 19세기에 영국인의 손에 의해 인도를 휩쓴 운명이 17세기에 러시아와 일본을 덮친 것이다. 그에 대해서 러시아는 민중이 봉기하여 폴란드인을 축출했고 일본은 가톨릭을 박해하고 통상을 금지하여 선교사와 상인을 추방했으나 머지않아 그것이 실책이었음을 간파하고 정책을 변화시켜 영구적인 목적을 추구하여 서구화의 길로 나갔다. 그들은 낡은 은둔(隱遁)의 왕국으로부터 의식적으로 탈피하여 국가를 서구화된 대국(大國)으로 변형시켜 서구로

---

111. 러시아는 서구의 군사적 침략에 이어 모스크바를 점령당했는데, 그것은 러시아 황제를 참칭(僭稱)한 가짜 드미트리를 지원한다는 것을 구실로 삼은 폴란드-리투아니아 연합군에 의한 것이었다. 포르투갈과 스페인 선교사에 의해 수많은 일본인이 기독교로 개종한 것은 잠재적인 위협이었다.

부터의 갱신되고 배가된 압력에 맞섰다. 그러나 이 두 사회는 포르투갈의 배가 나가사키에, 영국인의 배가 아르한겔스크에 모습을 드러내기 전에 이미 좌절되고 있었음을 입증하는 증거[112]가 있다. 러시아의 동란기는 그들이 말하는 것과는 달리 두 공국의 통일에 의한 세계국가 수립에 앞서 일어난 고난의 시기[113]였고, 마찬가지로 일본의 동란시대는 노부나가와 히데요시와 이에야스에 의한 통일과 평화의 사업에 앞서서 나타난 혼란과 내란의 시기[114]였다. 동란시대에 대한 이 분석이 받아들여진다면 우리는 그 기원을 지적하여 그것을 서구가 가한 충격 이전의 원인으로까지 더듬어 가야 할 것인바, 그럴 때 정교 기독교 사회와 극동사회의 사례[115]와 같이 중세에 일어난 러시아 정교 기독교 문명의 좌절에 대한 러시아인의 설명[116]은 인정되지 않는다. 우리가 정교 기독교 사회와 극동사회를 조사할 때 유라시아 유목민에게 그들을 좌절에 빠트린 죄를 물을 수 없었듯이 몽골인[117]은 그 Melodrama의 악역이 아니었고 지금까지 우리는 그들에게 그렇게 큰 범죄적이고도 중요한 역할을 할당해 주지도 않았다. 러시아인은 몽골인이 1238년에 볼가강을 건너기 전에 스스로 자기들의 좌절을 만들어 냈다고 생각할 수 있는바 우리는 몽골인의 폭발이 극동문명 일본 분지의 좌절을 낳은 원인이 아니라는 사실을 통해 그것을 확증할 수 있

---

112. 그 이전에 자살적인 동란이 자행되었다는 것.
113. 러시아인은 그 세계국가의 1기와 2기 사이인 17세기 초에 전개되었던 로마노프 왕조 이전의 난세를 동란기로 판단하고 있지만, 그것은 헬레닉 세계에 있어서 아우구스투스의 평화와 디오클레티아누스의 평화 사이의 3세기 중엽에 일어난 혼란기에 상당하는 것이다. 실제로 러시아의 진정한 동란기는 노브고로드와 모스크바 공국의 통일(1478)에 의한 러시아 세계국가 수립에 선행한 고난의 시대였다.
114. 〈요리토모〉가 가마쿠라에 공문소를 설치한 때(1184년)로부터 〈히데요시〉가 죽은 해(1597년)까지의 가마쿠라 시대와 아시카가 시대.
115. 앞에서 보았듯이 정교 기독교 문명과 극동문명의 좌절은 셀주크와 거란족의 침입으로 말미암은 것이 아니라 동로마 제국이 불가리아와 싸운 전쟁과 875~960년의 사태 때문이었다.
116. 두 공국의 통일은 유라시아 유목민의 압제를 종식한 것이고, 동란 시대를 부른 러시아 정교 기독교 사회의 좌절은 칭기즈칸의 손자인 바투가 러시아를 유린(蹂躪)한 해(1238년)에 시작되었다는 것.
117. 러시아에 나타난 몽골인은 중국으로 몰려든 거란족과 여진족의 4촌에 해당하는 몽골인이었다.

다. 만나는 모든 적을 쳐부순 일본은 침입한 몽골인에 대해서도 아테네가 페르시아를 쳐부순 것과 같이 극적인 승리를 거두었는데 지리적 이점을 능가하는 심리적 요인[118]이 있었음에도 일본이 승리한 것은 그들이 100년 동안 지속된 내전으로 단련되어 있었기 때문이었다. 그러나 일본이 패배했다고 해도 그들이 좌절에 빠진 것은 그 이전의 사건으로 말미암은 것이다. 왜냐하면 몽골인의 침입 이후로 3세기 동안이나 계속된 동족상잔과 아이누족을 유린하고 경계를 확대한다는 힘든 과정을 거쳐 크게 발흥한 봉건귀족이 야마토(大和)의 옛 사회를 향해 간토(關東)에서 일어난 새 사회의 군사적 우위를 주장한 12세기 말에 일본의 동란기를 드러내는 내전이 시작되었기 때문이다. 일본의 극동 사회를 좌절시킨 원인이 된 재해는 1156~1185년 사이에 세속으로부터 격리된 정권[119]을 무너뜨리고 무정부 상태를 조성한 장기간의 군사적 격동이었다. 13세기의 러시아는 동시대의 일본과 달리 몽골인 침입자의 상대가 되지 못했는데, 이것만 제외하면 역사의 많은 부분에서 일본과 닮은 러시아는 일본과 마찬가지로 몽골인의 침입보다 1세기나 앞서서 분열하여 싸우고 있었다. 상쟁하는 지방의 제후들은 러시아인 개척자가 북동부의 깊숙한 삼림에서 핀인(Finns)을 축출하고 러시아의 변경을 확대했던 싸움에서 익힌 군국주의적인 수법으로 키예프[120]에 이식된 콘스탄티노플발(發) 이국적인 문화의 효력을 말살하고 있었다. 러시아 역사의 이 부분에 있어 드네프르강 유역의 키예프는 일본의 교토에 해당하며 블라디미르를 중심으로 하는 볼가강 유역과 북극권 드비나강 유역의 전초지(前哨地)는 일본의 변경 봉토(封土)에 해당한다. 정치적 지배권이 기품있고 평화로운 내지(內地)에서 거칠고 호전적인 변경으로 옮겨짐에 따라 이식(移植)된 러시아 문명은 좌절에 봉착했다. 그 변화는 11세기가 12세

---

118. 지리적 이점은 섬나라였던 것, 심리적 요인은 몽골인의 전투력이 유라시아 대륙 전역에서 공포의 대상이었기 때문인 것.
119. 〈Cloistered Emperors〉 텍스트에의 '볍황정권'은 '벽황정권(辟皇政權)'의 오기(誤記)일 것임.
120. 10세기 말의 러시아에 있어서 세력의 본원적인 중심이었다.

기로 바뀔 즈음에 일어났는데, 블라디미르가 키예프를 대신하여 러시아의 종주권을 장악한 1157년은 그 변화가 완료된 때였다. 그리하여 러시아의 동란(動亂)은 바투가 그것을 이용할 때까지 한참이었다. 그러므로 그 재앙이 발단은 몽골인이 초래한 것이 아니라 러시아인이 스스로 만들어 낸 것임이 분명하다.

힌두, 안데스, 바빌로니아 사회의 쇠퇴와 몰락에 있어서 다른 사회의 이질적인 조직으로 동화되는 과정은 통상적으로 쇠퇴에 돌입하여 세계국가 단계에 들어갔을 때 시작되었다. 그러나 그들은 러시아나 일본과 달리 독립을 상실하여 자발적인 변화를 달성하지 못한 채 이질적인 사회에 정복되었다. 힌두사회에 있어서 영국인이 몰아낸 것은 무굴의 평화가 아닌 무굴제국 이후의 무정부 상태였음에 주목할 때 1세기에 걸친 영국의 지배는 인도인의 관념 속에서 회춘기의 고요한 아름다움으로 빛나고 있을지도 모른다. 영국인이 힌두사회에 제공한 평화는 그로부터 2세기 전에 악바르가 조성한 평화에 비해 보편적이고도 효과적이었으나 무굴제국의 통치가 인도 자체의 것으로 되었음에 비교한다면 영국인의 통치는 도덕적이라는 평가를 받을 수 없다. 그 두 통치를 창시한 인물은 모두가 이질적인 존재였다. 그래서 힌두인은 영국의 통치에 유리한 판결을 내리지 않겠지만 영국인에게 힌두사회를 좌절시킨 죄를 물을 수는 없을 것이다. 이처럼 영국인의 통치가 무죄라고 한다면 힌두사회를 좌절에 빠뜨린 책임은 터키인에게 있는 것일까? 〈악바르〉는 세계국가를 만들려고 했던 최초의 시도를 힌두사회에 제공한 공로를 인정받을지 모르지만 결국 그는 터키인 바부르의 손자(孫子)였다. 이 연이은 터키인의 침입이 힌두사회를 좌절에 빠뜨린 원인일까? 힌두교의 쇠퇴와 몰락을 변명하는 힌두인은 정교 기독교 세계를 변호하는 그리스인처럼 입에 담기도 싫은 터키인이 바로 그 범인이라고 목청을 높일 것이다. 그러나 가즈니의 파괴자 마흐무드에서 인도인의 보호자 악바르에 이르는 일련의 터키인 침입자와 아나톨리아의 셀주크인 침입자로부터 정교 기독교 세계에 세계국가를 제공한 오토만 제국에 이르는 터키인 침입자의 두 계열은 극동문명의 쇠망에 관계된 거란족과 여진족 및 몽골인이라는 계통에 비교된다. 앞에서 우리는 정교 기독교 문명과 극동문명을 좌절에 빠뜨린 책임이 그들에게 있지 않다는 것을 확인했다. 이 비유를 염두에 둔다면 힌두사회의 비극도 같은 유형에 속한다는 것을 알 수 있다. 12세기가 13세기로 바뀔 즈음에 완료된 터키인의 정복은 줌나강을 따라 내려가 단번에 벵골 연안까지 석권했는데, 기원전 2세기에 박트리아의 그리스인이 감행한 힌두스탄 정복에 해당하는 것은 같은 지역에 대한 터키인의 광범위하고도 영속적인 점령(占領)이었다. 터키인의 본격적인 침입 이전의 2세기 동안에 있었던 세부크테긴이나 마흐무드와 그 후계자의 침략은 인도의 역사에 지난날 알렉산더가 단행한 침공과 같은 정도 이상의 영향을 미치지 않았다. 힌두사회에 대한 터키인의 침입에 있어 1191년의 침공은 결정적이었으나 변경(邊境)의 권력자들은 이 재난에 앞서 12세기 중엽에 이미 서로 죽이고 죽는 전쟁에 돌입해 있었다. 터키의 강도(强盜)가 힘으로 밀고 들어올 수 있었던 것은 힌두사회의 그 치명적인 분열 때문이었는데 그에 앞서 8세기에 일어난 이슬람교도의 침공은 힌두사회의 여러 세력이 라지푸트의 지도에 따라 결집하여 격퇴했다. 이 훌륭한 자위는 4세기 후 라지푸트의 후예가 터키인에게 굴복한 사건과 교훈적인 대조[121]를 이루고 있다. 다가오는 터키인의 홍수를 경고하는 작은 물줄기가 힌두쿠시를 넘어 카불강 유역으로 흘러왔을 때 라지푸트가 결성한 동맹군은 991년이라는 늦은 시기에도 힘을 합쳐 거기에 대항할 수 있었던 것인바 이 사실은 12세기에 라지푸트가 칼을 내부로 돌려 사회적 활력을 고갈시키지 않았다면 힌두사회는 터키인을 격퇴하여 자신의 운명을 자력으로 이루어 갈 수 있었으리라는 것을 시사한다. 그래서 우리는 힌두사회도 타살된 것이 아니라 자살했다는 사실을 확인하게 된다.

---

121. 힌두사회의 잠재적인 힘은 유아기(800년대)가 청춘기(1200년대)보다 강하지 않았고, 이슬람교도의 종교적 열정과 우마이야조의 물질적인 힘은 9세기에 힌두사회가 격퇴한 아랍인 침입자를 12세기에 모든 적을 격퇴할 수 있었던 터키인보다 더 강력한 세력으로 만들고 있었다는 것.

바빌로니아 사회는 신바빌로니아 제국[122]이 아시리아의 멸망에 이어서 아케메네스 제국에 합병된 후 아케메네스조와 그 뒤를 이은 셀레우코스조의 지배를 받으면서 점진적으로 시리악 사회에 흡수되었다. 알렉산더와 그 후계자가 들여온 헬레니즘이라는 용제(溶劑)는 의도와 달리 바빌로니아 사회의 붕괴를 촉진했으나 그로 인해 고유의 문화가 사라진 바빌로니아를 장악한 것은 시리악 사회였다.[123] 이렇게 본다면 키루스에 의한 바빌론 정복은 5세기 후에 바빌로니아 사회의 독자성을 말살한 사건의 발단이지만, 누구도 바빌로니아 문명의 쇠망에 관한 이 최후의 사건을 그 첫 좌절과 동일시하거나 키루스의 이름이 들리기 전에 아시리아 군국주의가 초래한 파괴를 아케메네스조의 탓으로 돌리지 않는다. 바빌로니아 문명 좌절의 명백한 원인은 그 사회의 중요한 두 세력이 지속한 투쟁이었는데 그 치명적 내분의 근원은 군사적으로 우월했던 아시리아가 늘 침략적이었고 문화적으로 앞섰던 바빌로니아는 그 침략에 격렬하게 반항했음에 있다. 아시리아 군국주의는 시리아와 바빌로니아를 동시에 정복한다는 초인적인 군사 행동을 감행했는데, 칼데아 부족민이 자기들을 받아준 나라를 위해 일어섰을 때 아시리아와 바빌로니아의 불화는 자살적인 파괴력을 가지게 되었다. Merodach Baladan[124]이 아시리아에 도전했을 때

---

122. 바빌로니아 제국은 아무르인이 바빌로니아에 제1왕조를 세운 후 함무라비 시대에 바빌로니아 전역을 지배한 고대 왕국인데, BC 1595년에 카시트 왕조로 바뀐 후 왕조가 2~3회 교체된 후 아시리아에 병합되었다. 이후 〈나보폴라사르〉가 기원전 625년에 신바빌로니아 제국을 세웠고 최고의 영왕(英王)으로서 성경에 '느브갓네살'이라고 기록된 〈네부카드네자르〉를 거쳐 바빌로니아 사회의 세계국가로 성장했으나 〈나보니두스, BC 555~39〉 시대에 페르시아인의 손에 의해 멸망되었다.

123. 그것은 아케메네스 제국이 바빌로니아 문화가 아니라 시리악 문화를 전파하는 도구가 되었기 때문이다. 수메르인이 메소포타미아 북서쪽에 건설한 이 도시의 수호신은 월신(月神)이었는데, Harran에는 수메릭 사회에서 유래된 바빌로니아 신앙이 지속되고 있었다. 근처의 에데사가 기독교의 요람이었음을 생각할 때 언제나 시리악 문명의 충격에 노출되어 있었던 하란에 바빌로니아 문화의 화석이 남아 있었다는 것은 특이한 일이다.

124. 성서에 '발라단의 아들 바빌론의 왕 므로닥발라단' 〈왕하 20:12〉 "발라단의 아들 바벨론 왕 므로닥발라단" 〈사 39:1〉 등으로 기록된 〈Melodach Baldan〉은 아라비아 스텝에서 바빌로니아로 흘러든 칼데아족 족장. 지금의 Babylon인 우르(Ur)는 수메르 제국의 수도였는데, 칼데아인이 바빌론으로 들어온 후 칼데아 우르로 명명되었다. 성서에는 "갈대아인의 우르" 〈창 11:28~31, 15:7〉

그는 아시리아 제국의 파멸과 아시리아인의 멸망으로 이어진 백년전쟁을 시작한 것이었다. 그리하여 아시리아 군국주의는 바빌로니아 세계와 아시리아 자체를 차례대로 파멸시켰는데 아시리아가 정복전(征服戰)을 감행한 것은 바빌로니아 사회를 해치고 시리악 문명을 이롭게 한 것[125]이었다. 그 내전의 마지막 싸움에서 메디아와의 동맹이 절실했던 바빌로니아는 아시리아에서 탈취한 전리품 중 최상의 것을 메디아에 할양했고, 그것은 메디아인의 4촌으로서 장차 메디아를 대신하게 되는 페르시아인이 바빌로니아를 병탄할 빌미를 제공했다. 그리하여 서남아시아의 패자로 등극한 페르시아인과 메디아인[126]은 아시리아에 의해 추방된 사람들의 종교로 개종함으로써 시리악 문명의 새로운 운명을 형성했다. 바빌로니아 세계국가는 키루스가 기원전 539년에 바빌론을 점령하자 바빌로니아 문명과 함께 멸망했는데 이 비극은 침입자가 유발한 것이 아니라 바빌로니아 사회가 스스로 초래한 것이었다. 아시리아 군국주의가 바빌로니아인에 대한 폭행과 바빌론 유폐(幽閉)라는 자살적인 범죄를 저지르지 않았다면 키루스는 정복자로서 바빌론에 들어가지 못했을 것이며 시리아계 포로가 이란고원으로 옮겨지지 않았다면 이란의 만족이 바빌론을 급습(急襲)했을지라도 그들은 시리악 문명에 귀의한 자들이 아니라 바빌로니아 문명의 사도(使徒)로서 자기들이 택한 문화의 수도(首都)에서 파괴가 아니라 건설하는 것을 사명으로 삼았을 것이다.

안데스 사회의 역사에 있어서 그 세계국가인 잉카제국이 스페인인이 가한 충격으로 급격하게 멸망한 것[127]은 명백한 사실이다. 그 세계국가 수립이 잉카

---

"갈대아 우르" 〈느 9:7〉 "갈대아 사람의 땅" 〈행 7:2〉 등으로 기록되어 있는데, 〈텔 무가이어, 석수장이의 언덕〉이라고 하는 그곳은 아브라함이 태어난 곳이다.

125. 아시리아 제국이 피정복민을 본거지의 반대쪽 변경으로 유폐하여 자기들의 정복을 확고히 하려고 했던 것은 뜻하지 않게 메디아와 페르시아인에게 시리악 문화의 효모(酵母)를 접종시켰고 그 결과로 그 두 민족은 서남아시아를 지배하게 되었다.

126. 성경은 페르시아를 〈바사〉로, 메디아를 〈메대〉로 기록하고 있다. 〈에스더 1장〉 및 〈단 6:8〉

127. 잉카제국은 스페인의 콩키스타도르가 당도하기 전에 안데스 사회 고유의 세계국가로서 그 사회 전

파차쿠텍이 감행한 치무왕국 정복과 같은 것이라고 해도 잉카제국이 그 사회의 세계국가 역할을 한 것은 스페인의 콩키스타도르(Conquistador, 정복자)가 몰려온 때까지 1세기에 불과했다. 이후로 16세기의 2/4 반기에 최대의 판도를 구축하여 전성기를 구가한 잉카제국은 서구인이 대서양을 건너지 않았다면 몇 세기는 더 존속했을 것이므로 그 당당하고 능률적인 정치조직이 멸망한 책임을 스페인인에게 돌릴 수 있을 것이다. 그러나 안데스 사회의 멸망은 안데스 세계국가의 붕괴와는 다른 문제였는데, 그 흉악한 범죄를 스페인인에게 씌우는 것은 사고(思考)의 혼란에서 기인한 것이다. 잉카제국의 정치 군사적 흥륭(興隆)은 안데스 사회의 성쇠와 궤를 같이한 것이 아니다. 잉카인의 사업은 그 본거지에서도 티아우아나코에 현저한 기념비를 남긴 초기의 고지 문화를 몇 세기 동안이나 피폐(疲弊)케 한 후 부분적으로 복구했을 뿐인데 그것마저 고유의 것이 아니라 선행(先行)한 해안지방의 문화를 차용(借用)한 것이었다. 도전에 맞서서 안데스 문명을 해안지방의 두 요람-치무와 나스카-에 발생시킨 응전은 스페인인의 침공보다 1500년이나 앞선 기원의 초엽에 이루어진 것인바 콩키스타도르를 따라다닌 스페인의 연대기 작가도 잉카인이 안데스 세계의 패권을 장악한 한 세기는 그 사회의 황금기가 아니었다고 적고 있다. 그리고 더 많은 정보를 입수하여 평정한 마음으로 잉카인이 안데스 사회의 패자였던 시기를 살피는 역사가의 눈에 〈잉카의 평화, Pax Incaica〉는 이미 겨울의 기운을 띠고 있었다. 그 시대는 회춘의 시기였던 것인데, 그 사회의 역사에 있어서 참다운 여름이 가을로 변한 것은 티아우아나코의 고지 문화와 해안지방의 문화가 동시에 쇠퇴하기 시작한 때보다 500년이나 빨랐다. 이 시대에 안데스 문명의 좌절을 낳은 근원적인 원인은 알려지지 않았으나 안데스 세계국가는 자체를 하나의 우주로 여겨 외부와 교류하지 않았음[128]은 명확히 밝혀져 있다.

---

체를 단일의 정치조직으로 통합하고 있었는데, 그것이 스페인인에 의해 급격하게 타도된 것은 문명이 외래의 충격으로 붕괴할 수 있다는 사실의 전형적인 예증이다.

128. 원저에는 "고고학자는 어떤 일에 대해서는 많은 것을 말하되 역사의 이해에 있어서 중요한 문제에

그러므로 안데스 문명도 다른 문명들과 마찬가지로 자신의 손에 의해 치명상을 입었다고 추론할 수 있고, 그에 더하여 그 화(禍)의 시초는 산지 주민과 해안 주민 사이의 내분이었다고 결론지을 수도 있을 것이다.

중앙아메리카 문명과 이슬람 문명의 역사로 눈을 돌리면 이 두 사회는 공히 세계국가 달성 이전의 동란기에 외래 문명에 의한 동화에 봉착했다는 사실이 관찰된다. 코르테스가 중앙아메리카에서 발견한 것은 아즈텍 세력이 아시리아를 능가하는 군국주의로써 그 사회를 괴롭히면서 세계국가를 수립하려고 했던 동란(動亂)이 최후의 발작을 일으킨 것이었다. 그는 그런 상황에서 그 중요한 세력 중 유일하게 정복되지 않은 틀락스칼라와 결탁하여 아즈텍을 무너뜨리고 중앙아메리카에 스페인 총독의 지배를 들씌워 본토인에 의한 세계국가 수립을 앞질러서 막은 것이다. 이슬람 사회에 침입한 서구문명은 이미 상당히 진행된 서구화로 인한 유리한 입장에서 쇠퇴 중인 사회의 때 이른 동란기에 그 쇠망의 흐름을 서구에의 동화로 바꿈으로써 이슬람 사회의 모든 사상(事象)이 자연스러운 과정을 밟는 것을 방해했다. 멕시코와 유카탄 사회의 좌절[129]을 12세기 말에 톨텍족 용병이 유카탄에 대한 지배를 확립한 것과 동일시한다면 중앙아메리카 사회의 동란은 코르테스가 도착했을 때 이미 4세기 동안 진행되고 있었고, 이슬람 사회에 대한 서구의 압력이 지배적 요인이 된 18세기의 4/4 반기는 16세기 초의 두 사건[130]에서 3세기에 약간 미달하는 기간이 지난 때였다. 서구의 침입이 일어났을 때 중앙아메리카 사회와 이슬람 사회의 이러한 상이점은 이후로 그 두 사회가 역사적으로 다른 길을 걸은 이유를 설명한다. 중앙아메리카 사회는 그 정치적 통일을 완수한 스페인인의 제국

---

대해서는 애가 탈 정도로 침묵하는 속성이 있다. 그러나 우리는 고고학을 통해 안데스 세계가 그 외적 P인 아마존과 칠레 중부의 만족 외의 다른 이웃을 알지 못했다는 소극적이지만 중요한 지식을 얻고 있다"라고 기술되어 있다.

129. 톨텍족 용병은 12세기 말에 유카탄에 대한 지배를 확립하고 유카탄과 멕시코 사회를 아울러 중앙아메리카 사회로 통합했다.

130. 이란사회가 분열된 것, 오스만이 아랍에 대한 지배를 확립한 것.

[131]이 멕시코 공화국으로 대체되었을 때 하나의 정치적 존재로 국제사회에 진입했다. 그러나 이슬람 세계는 서구화가 두드러지게 진행되는 동안에 자체적인 세계국가 수립의 움직임을 보이지 않았고 외세에 의한 그 대용품이 없었으므로 단일조직으로 국제사회에 진입하지 못했다. 20세기의 전환기에 논의된 범이슬람주의는 순간적인 꿈에 불과했고 내분으로 인한 혼란은 서구와 러시아의 제국주의라는 악마에게 손쉬운 먹을거리[132]를 제공했다. 오스만 제국의 아랍인 후계국가들은 보호정치나 위임통치를 덮어씌우려는 영국과 프랑스의 음모를 뿌리치고 이집트 이라크 사우디아라비아 등 지방적인 왕국으로 그 모습을 나타냈는데, 이라크는 세계적인 시아파 정권을 창설(創設)하려고 했던 〈샤 이스마일〉의 유산된 시도가 지방화한 결과로 나타난 페르시아인의 제국이다. 그 쇠망에 있어서 다른 조건에서 다른 결과를 초래한 이 두 문명의 사회적 동화는 다른 문명에 비해 상당히 빠른 단계에서 시작되었지만 우리는 그들의 동란기를 서구의 압력이 압도적인 것으로 된 때보다 수 세기나 앞선 시기[133]에 일어난 내적 재앙에 관련지을 수 있다. 〈이스마일 샤 사파비〉와 오스만 제국 〈셀림 1세〉 시대의 이란사회와 아라비아 세계에는 서구적인 요소가 미미했고 12세기 말의 멕시코와 유카탄 사회는 대서양 건너에 다른 세계가 있다는 것도 모르고 있었다. 이런 관점에서 우리는 중앙아메리카 문명과 이슬람 문명을 이미 길어진 자살자 명단에 넣지 않을 수 없다.

마야문명의 좌절과 그 세계국가였던 제1제국의 붕괴 원인은 밝혀지지 않았으나 우리는 그것이 외래의 문명에 흡수된 것이 아니라 새로운 두 사회[134]의 모체(母體)로 종결되었음을 알고 있다. 내전이나 전쟁의 흔적이 없는 점으로 보아 이 사회는 전체적으로 평화로웠는데, 언젠가는 밝혀지겠지만 그 좌절의 원

---

131. 정복자들이 몬테수마에 자리한 웅장한 야망의 폐허에 세운 스페인의 총독령.
132. 캅카스산맥, 트란스카스피아, 트란스옥사니아의 후미진 곳이었던 마그레브.
133. 중앙아메리카 사회에서는 12세기 말, 이슬람 세계에서는 16세기 초.
134. 유카탄 사회와 멕시코 사회.

인은 외래의 문명에 의한 충격이 아니었음이 분명하다.

기원전 15~13세기에 외세와 격렬하게 충돌한 히타이트 사회는 기원전 12세기에 급격한 형태로 전복된 히타이트 제국[135]과 운명을 함께 했다. 이 사회는 그와 같이 외세에 의해 타도된 것이지만 그 역사를 거슬러 올라가면 히타이트 제국을 그처럼 철저하게 무너지게 한 원인은 더 강력한 세력과의 오랜 투쟁으로 인해 그 사회가 극도로 피폐해 있었다는 사실에서 발견된다. 시리아를 영유(領有)하기 위한 이집트 신제국과의 100년에 걸친 전쟁은 노련하고 경제력이 풍부한 이집트보다는 신생의 히타이트 사회를 피폐케 했고, 그로 인해 히타이트 제국은 이상할 만큼 쉽게 무너져서 존재를 상실했다. 그 파국은 이집트의 아시아 영토에 대한 〈수필룰리우마 1세〉의 침입으로 말미암은 것이므로 외세에 의해 강요된 것이 아니라 히타이트 사회가 자초한 것인바 오래되고 강력한 세력을 무모하게 침공한 것은 겨우 200년을 지나온 히타이트 사회에 발생한 재앙의 발단이었다. 이것은 외세의 충격이 한 문명의 쇠망에 있어서 그 원인이었을 뿐만 아니라 좌절을 낳은 원초적 원인이었던 사례라고 생각할 수 있다. 그러나 알려지지 않은 그 사회 초기의 역사에 있어서 백년전쟁 이전에 사회적으로 그보다 더 심각한 내분이 있었음을 암시하는 단서(端緖)가 있다. 그것으로 보면 히타이트 제국이 그 사회에서 확립한 군사적 우위는 그 역사의 초기에 이미 기정사실로 되어 있었다. 히타이트 제국이 어떻게 강성했는지는 알기 어렵지만 히타이트 사회는 언어와 지역적 다양성을 바탕으로 지방자치를 지향(指向)했음을 볼 때 거기에는 격렬한 투쟁이 수반되었을 것이다. 그리고 그 사회가 서구사회와 유사했음을 고려한다면 히타이트 제국의 성격은 샤를마뉴의 제국과 같았을 것인데, 샤를마뉴가 롬바르드족과 색슨족의 저항을 제압함으로써 서구사회에 떠안긴 과부하(過負荷)는 카롤루스 왕조의 급격한

---

135.  히타이트 제국은 미노스 이후의 민족이동에 있어서 마지막이면서도 최대였던 격랑에 의해 격렬하고도 급격한 양상으로 타도되었고, 좌절된 히타이트 사회는 Cilicia(킬리기아)와 시리아 북부를 유랑하다가 소멸(消滅)되었다.

몰락을 초래했다. 그런데 지붕만 거대한 건물이 무너져 그 몽마(夢魔)가 제거되지 않고 활발히 성장했다면 샤를마뉴의 프랑크족 후계자들은 승리로 자극된 정복욕으로 인해 동로마 제국에 대한 100년 전쟁을 일으켰을지도 모른다. 카롤링거 왕조에 대한 이러한 가설은 히타이트 제국 건설 이전에 발생하여 히타이트와 이집트 사이의 백년전쟁이 일어나게 한 사건을 발견하는 단서가 될 수 있을 것이다. 그러므로 우리는 히타이트 사회가 이집트 신제국이라는 거대한 석조건물을 들이받은 결과로써 만족(蠻族)의 희생이 되기에 앞서 유년기에 집안싸움으로 몸을 망쳤다고 생각할 수 있다.

아라비아 문명의 역사에 있어서 그 출현(出現)으로부터 오스만의 정복으로 인한 몰락까지의 기간을 살필 때 그 사회는 유년기에 스스로 몸을 망쳤다는 증거가 없으므로[136] 우리는 일반적으로 생각하는 것처럼 그것이 외래의 암살자에 의해 타도되었다고 단정할 수 없다. 그 사회는 오스만이 일으킨 홍수에 묻히기 전에 전도가 유망하다는 징후를 보이지는 않았으나 드러난 사태들[137] 속에는 성장 중인 사회의 왕성하고 의미 있는 진보가 숨겨져 있었는지도 모른다. 아라비아 사회의 그 역사에는 오스만의 정복이 그것을 훼방하지 않았다고 해도 그 사회가 꽃피지 못했을 것이라고 단정할 증거가 없는 것이다. 이것은 아라비아 문명이 외적 충격으로 인해 좌절했다고 주장할 근거가 되는 사례라고 생각할 수 있을 것이다. 그러나 아라비아 사회에 대한 외적 충격으로서의 오스만의 지배는 완전한 것이 아니었고, 오스만리로 대표되는 이란은 아라비아 사회를 동화(同化)시킨 것이 아니라 일시적으로 매몰(埋沒)했을 뿐이다. 이프

---

136. 아라비아 사회의 유년기는 13세기의 4/4 반기로부터 16세기의 1/4 반기까지의 250년 동안인데, 우리는 충분한 기록을 통해 그 기간에 발생한 사상(事象)들을 자세히 살필 수 있다.
137. 아라비아 사회의 전도가 유망하지 않았다는 것은 〈이븐 할둔〉이 단 하나의 별이었으되 그 빛은 그가 속한 창공이 어두웠기 때문에 찬란했다는 것으로 확인된다. "드러난 사태"는 맘루크 왕조 치하(治下)의 이집트가 생기가 없었다는 것과 하프스 왕조 당시의 이프리키아가 무정견(無定見)한 소란 상태에 빠져 있었다는 것.

리키아[138]의 오스만 세력은 해안 지대에 산재(散在)하는 몇몇 요새만 장악했을 뿐이었으므로 오스만의 정복은 이집트 사회를 근본적으로 변화시키지 못했다. 이집트에서의 상황은 아이유브 왕조가 맘루크를 도입한 뒤로 이집트를 깔고 앉은 외래의 군병(軍兵) 위에 예니체리라는 동류(同流)의 계급이 더해진 것이었는데, 이집트의 아라비아 원주민 사회는 이 이국적인 조직의 겉껍질 밑에서 여전히 자족적인 분업을 영위하고 있었다. 오스만의 정복(征服)을 통한 아라비아와 이란사회 수니파의 강제적 통합은 사회적인 융합(融合)을 달성하지 못했다. 아랍인과 오스만리는 마음속으로는 언제나 남남이었고 어떤 문화적 수수(授受)가 있었다면 아랍인은 그 한도 안에서 오스만의 정복자를 사로잡았다. 그러므로 서구에 정면으로 맞서서 우리에게 당당한 인상을 남긴 이슬람 사회는 일종의 환상(幻像)이었던 것인데, 근래에 낡은 오토만 제국의 상층구조가 무너져 흙이 되고 그 흙이 서구에서 불어온 강한 바람에 날려감에 따라 아랍의 여러 민족은 다시 두각을 나타내고 있다. 이 아라비아 사회의 재출현(再出現)은 최근의 일이므로 그 사회적인 상황을 정확히 진단하기는 쉽지 않다. 또한 드러난 외적 징후가 암시하는 것처럼 이 사회가 붕괴기에 돌입한 것인지 단지 일시적인 충격으로 인해 괴로운 경험을 하고 있는지를 단정하는 것도 불가능하다. 그러므로 우리는 히타이트 문명에 대한 판정을 보류(保留)했듯이 아라비아 문명에 대한 최종적인 판단을 유보(留保)해야 할 것이다.

발육이 정지된 문명은 성장과 좌절 모두를 경험하고 있지 않으며, 내버려 두어도 과도한 피로로 인해 쓰러질 것이다. 그래서 환경과 돌이킬 수 없이 정확하고 견딜 수 없도록 가혹한 평형(平衡)을 이루었을 때 이 사회들이 어떤 길을 걸을지에 관한 사항은 중요한 것이 아니다. 그리고 그 탄생이 도전에 대한 응전에 좌우되어 유산(流産)된 문명들은 어쩔 수 없도록 강한 도전에 직면한 것

---

138. Efrikia는 현재의 튀니지에서 알제리에 이르는 북아프리카의 중서부를 지칭하는 역사적 지명(地名)이다.

인데 우리가 파악한 네 문명도 지나치게 강한 인간적인 환경의 도전을 받았다고 알려져 있다. 그러나 그 유산은 태아기에의 어떤 내적 결함 때문이고 유산을 초래한 임신 당시의 충격은 기존의 허약함을 표출시킨 것에 불과할 것이다. 그러므로 우리는 유산된 문명도 외적 충격으로 생명을 잃었다고 생각할 수 없다.

유산된 문명과 발육이 정지된 문명은 논외(論外)로 하고 두 문명[139]에 대한 판단을 유보한다면 17개의 문명은 자살적인 행위로 인해 좌절에 빠졌고 외적(外敵)은 죽어가는 자살자에게 마지막 칼질을 했거나 그 시체를 처리했을 뿐이다. 히타이트 문명과 아라비아 문명에 있어서 그 최후의 국면만이 아니라 최초의 좌절도 외적의 소행(所行)인 것 같지만 그것도 확실한 것은 아니다.[140] 이렇게 보면 문명 좌절의 원인은 인간적 환경에 대한 지배력의 상실에서 찾을 수 없다고 결론지어도 무방할 것인데, 실질적으로 외세의 침입이 폭력적일 때 침략당한 사회는 파괴적인 영향이 아니라 적극적인 자극을 받는 것으로 나타나 있다. 다른 예들[141]을 대표하여 서구 기독교 세계를 살핀다면 북유럽 만족과 마자르인의 공격은 잉글랜드 왕국과 프랑스 왕국의 건설과 신성로마 제국의 재건에 필요한 용기와 활력을 제공했고 이어진 제국주의의 압제는 도시국가와 신흥 강국들의 반응[142]을 유발했다. 외침이 성장기에 있었던 사회에 가해진 위의 예들과는 달리 이미 좌절된 사회도 외적의 공격으로 일시적 자극을 받은 사례가 있는데 이 경우에 있어서 자극의 효과는 더욱 확연하다. 이집트

---

139. 마야문명은 자료가 부족하고 서구사회는 현재 진행 중이므로 판단을 보류한다는 것.
140. 히타이트 문명은 그 초기의 역사적 기록이 없고 아라비아 문명은 오스만의 침략과 서구화의 충격이 어떻게 작용했는지가 아직 명확하지 않기 때문.
141. 유아기의 힌두사회는 원시 이슬람교도 아랍인의 공격으로 자극받았고 아랍인이 가한 압력은 바빌로니아 세계의 변경에서 아시리아를 자극했다.
142. 도시국가라는 소세계(小世界)는 호엔슈타우펜가와 프랑스의 시도에 자극을 받았고, 영국과 네덜란드는 스페인의 제국주의에 자극받아 스페인이 선점한 신세계에서 더욱 능률적인 상업조직과 식민제국을 건설했다.

는 같은 자극에 대한 한결같은 반응을 2000년 이상 계속했던바 이집트 역사의 길고 긴 종장(終章)은 이미 공백기에 진입하여 소멸할 것으로 예상된 시기에 시작되었다. 그 죽은 것 같았던 사회는 힉소스인 침입자를 응징하려는 충동으로 부활하여 행동을 재개했는데, 이 자극은 강력했으므로 이집트는 병실이 아니라 이미 죽어서 묘지로 향하는 관 속에서 급하게 일어났다. 같은 자극이 몇 번에 걸쳐 여전한 반응을 낳은 것[143]으로 본다면 이 사회는 오랫동안 찾고 있던 불로불사의 영약을 이 마력적인 외세 혐오증에서 발견한 듯하다. 극동문명의 쇠망사(衰亡死)에서도 명제국(明帝國)이 몽골인을 추방한 것은 이집트 신제국의 테베 왕조가 힉소스인을 쫓아낸 것과 같은 반응이었고, 중국의 국민당 정부가 만주족의 멍에를 벗어던질 수 있었던 것은 아케메네스조에 대한 이집트인의 반응과 다름없는 집요한 외세 혐오증 때문이었다. 이것과 유사한 반응은 헬레니즘에 대해 일련의 종교적 반응에서 성공한 시리악 문명과 인도문명 및 북유럽 만족의 침입에 대한 헬레닉 사회의 반응[144]에도 나타나 있다. 우리는 외적의 침공은 위와 같은 사례 외에도 붕괴기에 진입한 사회가 힘을 합쳐 세계국가를 건설할 정도로 자극적인 반응을 일으키는 경우가 있음을 알고 있다. 그것은 앞에서 보았듯이 공공연히 붕괴의 징조를 드러낸 이집트 사회, 수메릭 사회, 정교 기독교 사회의 러시아 분지 등에서 살필 수 있다. 이 예들은 알렉산더 대왕의 침입은 〈찬드라굽타〉의 정치적 모험에 이용되어 마우리아 제국 건설에 도움이 되었으며 북유럽 만족과 오리엔트인의 침공은 〈아우구스투스〉의 사업에 활력을 제공했다고 생각하는 것을 가능하게 한다.

이상의 예증들은 외적 타격이나 압력의 일반적인 결과는 자극적이지만 파

---

143. 이집트인이 힉소스인을 추방한 대업은 이후로 미노스 이후의 민족이동을 제압한 것, 아시리아와 아케메네스조를 격퇴한 것, 프톨레마이오스 왕조가 헬레니즘의 침입에 저항한 것 등으로 반복되었다.
144. 5세기에 북유럽 만족이 로마제국 서부를 침공한 것은 6세기에 유스티니아누스가 반달족과 동고트족을 정벌한 반응을 불러일으켰다.

괴적인 것은 아니라는 명제를 충분히 지지하는 것인데, 이 명제가 용납된다면 그것은 인간적인 환경에 대한 지배력의 상실이 문명 좌절의 원인이 아니라는 결론을 확증하는 것이다.

## 3. 자기결정(自己決定) 능력의 상실

### 1) 미메시스의 기계적 성질

우리는 문명 좌절의 원인에 대한 이상의 조사에서 현행의 통상적 설명들[145]
은 모두 합당한 답이 아님을 확인했는데, 그것은 우리가 아직 이 탐구의 목적을 달성하지 못하고 있음을 말해주는 것이다. 그러나 위의 조사는 우리에게 하나의 단서를 제공하고 있는바 그것은 문명 좌절의 원인은 타살이 아니라 문명 자체의 자살적인 행위에 있다는 것이다. 한 시인이 직관의 섬광으로 포착한 그 진리[146]는 19세기 서구의 지성이 발견한 것은 아니다. 〈C. F. Volney〉의 천재(天才)는 18세기에 "재액의 근원은 인간 자신에게 있다"라는 직관으로 인간성에 내재하는 신성(神性)과 자동적인 향상(向上)이라는 통설(通說)을 타파했고, 그리스의 희극과 복음서[147]는 그 진리를 더욱 명백하게 밝히고 있다. 인간의 생애에 관한 이 진리는 헬레닉 사회의 한 철학자[148]가 간파한 것과 같이 사회의 일생에도 마찬가지로 적용된다. 이러한 통찰은 인간의 공동체도 인생과

---

145. 우주의 노화설 유기체론 인종적 퇴화설 순환론 등의 숙명론, 인간적 자연적 환경에 대한 지배력의 상실.
146. 〈George Meredith〉는 "비극적인 삶에는 하나님이 아시듯이 악역은 필요치 않다. 격정이 줄거리를 엮어가는 것이고 우리는 우리 속에 있는 허위에 의해 배신당한다"라고 설파했다.
147. BC 3~4세기 그리스 신 희극의 대표자인 〈메난드로스〉는 "사물은 근본적인 자체의 악으로 썩고 위해를 낳는 것은 모두 안으로부터 시작된다"라고 했고, 〈마 15:17~20〉에는 "입으로 들어가는 모든 것은 배로 들어가서 뒤로 내버려지는 줄을 알지 못하느냐 입에서 나오는 것은 마음에서 나오나니 악한 생각과 살인과 간음과 음란과 도둑질과 거짓 증언과 비방이니 이런 것들이 사람을 더럽게 하는 것이요 씻지 않은 손으로 먹는 것은 사람을 더럽게 하지 못하느니라"라고 기록되어 있다.
148. 아리스토텔레스의 제자 〈디카이아르코스〉는 실전(失傳)된 저작에서 인간에 대한 최대의 적은 인간이라고 주장했다고 알려져 있다.

마찬가지로 한정된 수명과 일정한 곡선을 가지고 있다는 주장을 타파하는 것인바 18세기 서구의 천재가 자기의 직관을 정치에 적용한 것[149]도 그것과 다르지 않다. 같은 직관을 정치에 적용한 것으로는 3세기의 한 교부철학자의 논문[150]이 있는데, 그는 같은 진리를 사회생활의 모든 분야에 두루 적용하고 있다. 그는 헬레닉 문명의 성장을 중단시켜 그 사회를 좌절에 빠뜨린 참다운 원인을 설명[151]하고 있는바 성장 중인 문명을 도중에 넘어지게 하여 프로메테우스적 Elan(약진)을 잃는 위험에 노출하는 약점은 무엇일까? 그 약점은 문명의 좌절에 있어서 근본적인 요인임이 분명하다. 성장을 체험한 21개의 문명을 고려한다면 우리는 죽어서 매장된 13개의 문명과 쇠퇴한 7개의 문명을 제외할 때 나머지 하나인 우리의 문명이 이미 전성기를 지나고 있는지도 모른다는 현실에 직면해 있다. 성장하고 있는 문명이 따라야 하는 길에는 어디에나 그 속성에 의해 위험이 숨겨져 있으므로 문명이 살아간다는 것은 자체로써 위험하고도 격렬한 활동일 것이다.

문명이 걸어가는 진로(進路)는 소수의 사람만이 그것을 발견하는, 생명에 이르는 좁은 길[152]인 것은 아니다. 왜냐하면 이 길을 찾아내는 소수자는 문명을 움직이고 전진시키는 창조적 개인이지만 그들은 인간이 지향하여 노력하되 목표를 향한 그 확실한 길을 줄곧 뛰어갈 수는 없기 때문이다. 환언(換言)하면 대중이 따라주지 않으면 창조적 개인은 그 간단한 길을 걸을 수 없게 되는 것

---

149. 볼네이가 "재액의 근원은 인간 자신에게 있다"라는 직관을 정치에 적용하여 "정치체의 생명 속에는 보편적이고도 항구적인 법칙의 존재를 나타내는 기계적인 장치가 존재하지만, 그것을 인간의 삶에 비유하는 것은 통탄할만한 오류를 초래하는 것이다. 정치체가 파멸하는 것은 입법의 오류로 인한 결함의 결과일 뿐이다"라고 설파한 것.
150. 성 키프리아누스는 "한탄할 것은 외적의 침입, 흉작과 기아, 가뭄, 악인이 아니라 압제, 착취, 곡물을 꺼내지 않는 곳간과 분배의 불평등과 냉담한 탐욕이다"라고 설파했다.
151. 키프리아누스의 논문에 나타나 있는바 "헬레닉 문명은 문명의 성장에 의해 형성되는 개인들의 상호작용이 성장 중인 이 사회 내부의 어떤 부분에서 고장을 일으켰기 때문에 좌절된 것이다"라는 설명.
152. "생명으로 인도하는 문은 좁고 길이 협착하여 찾는 자가 적음이라" 〈마 7:14〉

이며 역사적으로 창조적 소수자가 비창조적인 다수자를 한꺼번에 자기처럼 일양(一樣)하게 변모시킨 예는 없다. 사회에 내재하는 이 사정(事情)으로 인해 돌연변이의 고귀한 인격은 일종이 놀라운 개주를 부여야 한다는 노선[153]을 받게 된다. 앞에서 말한 플라톤의 방법은 그 재주를 부리는 것이 불가능하지 않을 뿐더러 완전하게 달성될 수 있다는 것을 시사하지만 그것은 성자가 탄생하는 것만큼이나 기적적인 사건이므로 결국 하나의 이상일 뿐이다. 창조적 인격이 스스로 자아를 발견하고 활동을 펼쳐야 하는 이 세계는 보통의 인간들도 함께 하는 사회이므로 그의 책임은 플라톤이 인정하고 있듯이 주위의 범인(凡人)들이 자기를 추종(追從)하게 하는 것이다. 이때 그 따르는 사람들은 미메시스라는 원시적이고도 보편적인 능력을 활용함으로써 비로소 스스로 초월적인 목표를 향해 움직이게 된다. 왜냐하면 이 미메시스는 일종의 사회적 교련(教鍊)이며 오르페우스의 영묘한 음조(音調)를 이해하지 못하는 범인(凡人)도 교관(教官)의 호통은 들을 수 있기 때문이다. 대중(大衆)은 지름길이 아니면 성자를 따를 수 없으나 파멸에 이르는 넓은 길로 나갈 수 있으므로 그들이 생명의 탐구에서 부득이 그 길을 걸을 때 그 행진(行進)이 때때로 파멸에 이르는 것은 이상한 일이 아니다. 미메시스가 하나의 훈련이라면 그것을 행사하는 것에는 분명한 약점이 있다. 그것은 교련이 인간의 운동과 생활을 기계적인 것으로 만들기 때문인데, 기계적이라는 말은 물질에 대한 생명의 승리 또는 환경에 대한 의지의 승리라는 관념을 불러일으킨다. 역사적으로 획기적이었던 몇몇 발명(發明)을 생각할 때 인간은 긍지와 자신감에 의한 쾌감을 맛보게 되는바 그것은 기계화된 인간을 지휘할 때 하나의 브리아레오스[154]로 변하는 교관처럼 생명이 없는 것을 움직여 환경에 대한 인간의 지배력을 강화하는 것이기 때문이다. 인간에 앞서 기계적인 장치를 활용함으로써 은연중에 인간이 가진 발명의 재능을 고

---

153. 피조물인 하나의 종(種)을 창조적인 노력을 실행하는 존재로 고치고, 정체(停滯)인 것에서 하나의 움직임을 만들어야 한다는 도전.
154. 그리스 신화의 Briareos. 100개의 팔과 50개의 머리를 가진 거인 삼 형제 중의 하나.

무해 온 자연이 대담하고도 광범위하게 활용한 기계장치는 자연의 걸작인 인체(人體)에 있다. 자연은 심장과 허파에 이런 종류의 모범이 되는 두 개의 자동 조절기를 만들었다. 그 기계화의 승리에 따라 인간은 Danaides의 일에서 해방되어 운동과 감각과 사고라는 본질적인 것을 행할 수 있게 된 것이다. 이것이 생명의 진화에 있어서 자연이 정밀한 유기체를 만들기에 성공한 비결인바 자연은 그 과정에서 오르페우스가 훈련 사관의 방법에 호소하는 것과 같은 기법을 활용했다. 자연은 하등(下等)의 유기체가 고등한 생명으로 되어가는 과정에서 최대한의 훈련, 즉 기계화의 수법을 도입(導入)했다. 자연의 목적은 생명의 새로운 진보를 달성하는 길을 모색하기 위한 장치[155]를 마련하는 것이며, 같은 원리에 의해 유기체와 사회는 공히 창조적 소수자와 비창조적 다수자라는 두 구성원으로 이루어져 있다. 성장하는 유기체는 성장하는 사회와 마찬가지로 다수자가 소수자의 지도에 기계적으로 따르도록 훈련되는 것이다. 이러한 자연과 기계의 승리를 칭송하는 중에 기계라는 말에는 물질에 대한 생명의 승리가 아니라 생명에 대한 물질의 지배라는 관념이 포함되어 있다는 것을 생각하면 당황하게 되는바, 우리는 그 반전으로 인해 자신감과 긍지의 기쁨이 아니라 굴욕과 불안의 충격을 느끼게 된다. 우리는 기계의 성질에 내포된 이 야누스적인 특질을 볼 때 배신감을 느끼는 것이지만 기계적 장치라는 것은 생명과 물질 사이의 줄다리기에 있어서 중립적인 수단에 불과하다. "위험 없이는 승리도 없다"라는 원칙에 따른다면 어떤 것을 목표로 삼는 존재는 승리의 영광을 지향하는 경기에 참여한 대상(代償)으로써 패배의 위험을 감수해야 한다. 기계적 장치를 자연적인 환경이 아니라 인간적인 환경에 사용할 때 그 위험은 더욱 증대될 것[156]인데 우리는 이 연구의 서두에서 생물을 무생물처럼 취급하는 비정화(非情化)의 오류를 경계한 바 있다. 인간이라는 사회적 동물이 이

---

155. 유기체가 수행하는 기능의 90%를 자동적인 것으로 하여 정력의 소비를 최소화하고 10%의 수동적인 기능에 최대한의 정력을 집중하게 한 것.

156. 생명의 활동에 있어서 자체로 위험한 생명이 그 위험한 것을 다른 생명에 이용하는 것이기 때문.

렇게 그릇된 전제에 따라 행동하도록 강제된다면 그 행위는 파멸적인 결과를 초래할 것이 예상되는 것이다. 그러므로 인간성이라는 매개물을 기계화(機械化)하는 수단이 미메시스를 사용하는 데에는 본질적인 파멸의 위협이 있음이 명백하다. 그리고 미메시스는 외적 암시에 따르는 기계적인 반응이므로 미메시스에 의해 이루어지는 행동은 자발적인 것, 즉 자기결정에 의한 것이 아니므로 본질적으로 불안정하다. 그로 인해 좌절이 일어날 위험에 대한 하나의 안전장치는 미메시스의 행사를 습관이나 습관과 비슷한 것으로 굳히고 미메시스라는 칼의 양날을 관습의 껍데기로 싸매는 것인데, 문명에 의해 정지의 상태가 동적인 운동으로 변화되는 것은 그 관습의 껍데기가 깨어지는 것이다. 그리하여 날이 드러난 미메시스는 더욱 효과적으로 사용되지만 한편으로는 성장을 위해 그것을 사용한 문명의 성장에 대한 지속적이고도 절박한 위험으로 작용하게 된다. 그리고 인간의 노력이 지향하는 것을 추구함에 있어서 미메시스에 따르는 위험을 회피하는 방안에 대한 보증은 있을 것 같지 않다. 그러는 동안에 기계화되었으되 지도자를 잃은 인간의 행렬은 행진을 중단하거나 혼란에 빠지는 위험에 노출된다. 급박한 상황에서는 꾸밈없는 대중의 원시적인 모습을 덮고 있던 문명의 가면이 벗겨지는 것이다.[157]

문명의 선구자로서 미메시스라는 기계적인 행위에 의지하는 창조적 인격은 두 가지 실패를 무릅써야 하는 위험에 직면한다. 필요에 따라 추종자에게 조성한 최면상태에 지도자 스스로 감염되는 것인 소극적 실패는 자발적인 미메시스가 지도력을 상실한 지도자의 강요에 의한 추종자의 복종으로 바뀌는 결과를 초래하는데 성경 기록[158]에는 그 요체가 명료하게 밝혀져 있다. 상기한

---

157. "위험 속에서 그 사람을 보게 되며, 역경 속에서 그 인품을 알게 된다. 왜냐하면 그럴 때 비로소 진실된 목소리가 마음에서 솟아 나와 가면은 벗겨지고 진실만이 남게 되는 것이므로" 〈루크레티우스〉의 「사물의 본질에 관하여」

158. "그냥 두라 그들은 맹인이 되어 맹인을 인도하는 자로다 만일 맹인이 맹인을 인도하면 둘이 다 구덩이에 빠지리라 하시니" 〈마 15:14〉 및 "너희는 세상의 소금이니 소금이 만일 그 맛을 잃으면 무엇으로 짜게 하리요 후에는 아무 쓸 데 없어 다만 밖에 버려져 사람에게 밟힐 뿐이니라" 〈마 5:13〉

자연의 방책에 있어서 10%의 수동적인 기능마저 환경의 기계적인 리듬으로 바뀌는 것은 자연이 발휘한 창조성의 네메시스인바 그것이 바로 성장하고 있는 문명과 발육이 정지된 문명의 차이다. 발육이 정지된 문명에 있어서 인간성을 초월한 것으로 보이는 단련은 동물성(動物性)으로 복귀하는 것[159]으로 여겨진다. 지도자가 겪을 수 있는 적극적 실패는 마술적인 매력을 방사함으로써 동질의 정신을 유인하는 창조적 인격이 오르페우스의 음악을 버리고 권력과 강제력으로 훈련병(訓鍊兵)의 미메시스 능력에 작용하는 교관(敎官)의 말을 사용하게 되는 것이다. 지도자와 지도받는 사람의 상호적 작용에 있어서 미메시스와 권력은 상관(相關)된 것이므로 권력은 남용되지 않고는 좀처럼 행사되지 않는다. 그러므로 권력을 쥐고 있는 사람이 지도력을 상실한다면 권력을 가지고 있는 것 자체가 권력의 남용이다. 지휘관이 부대원을 지나치게 지배하려고 하면 반란이 일어나고 오르페우스가 수금(竪琴)을 버리고 크세르크세스의 채찍을 휘두르면 혼란이 일어나 이스마일적인 무정부 상태[160]가 초래된다. 우리는 미메시스에 따르는 이 적극적 실패를 프롤레타리아트가 지배적 소수자로 전락(轉落)한 지도자에게서 이탈하는 것으로 살폈는데, 예언자가 훈련 조교를 거쳐 테러리스트로 변하는 일련의 변모는 지도력이라는 관점에서 살핀 문명의 쇠퇴와 몰락을 여실히 말해주고 있다. 관계나 상호작용이라는 관점으로 본다면 프로메테우스적인 약진의 감퇴는 조화의 상실로 나타난다. 생명의 운동에 있어서 전체가 원활하게 움직이기 위해서는 전체에 속한 각 부분이 조화를 이루어야 하지만 생명이 기계화되고 있는 중에는 그런 조화가 달성되지 않는다. 부분 사이의 조화가 상실되는 것은 전체로써 자기결정 능력을 잃게 하는바 그

---

159. 〈톨스토이〉는 군대의 열병식을 가까이서 지켜본 어느 아이가 어머니에게로 달려가 "엄마, 내가 무엇을 보았다고 생각해? 저 군인들은 이전에는 사람이었어!"라고 소리쳤다는 일화를 전하고 있다.

160. "그가 사람 중에 들나귀 같이 되리니 그의 손이 모든 사람을 치겠고 모든 사람의 손이 그를 칠지며 그가 모든 형제와 대항해서 살리라 하니라"〈창 16:12〉

리하여 쇠퇴의 길을 걷게 되는 문명의 운명은 베드로에 대한 예수의 예언[161] 속에 묘사되어 있다. 우리가 이 연구의 서두에서 도출한 결론[162]과 마찬가지로 자기결정 능력의 상실이 곧 좌절의 궁극적인 기준이다.

## 2) 유연성(柔軟性)이 없는 제도(制度)들

### (1) 낡은 가죽 부대에 새 포도주

앞에서 살핀 바 사회를 구성하는 부분들이 조화를 상실하고 그로 인해 사회가 자기결정 능력을 상실하는 흐름에 있어서 사회적인 제도들이 일으키는 부조화는 기존의 제도에서는 예상치 않았던 새로운 힘[163]이 사회생활에 도입되는 것에 원인이 있다. 새로운 것과 낡은 것 사이에 공존하는 부조화가 초래하는 파괴적인 효과는 그리스도의 유명한 말씀[164]으로 지적되어 있는데, 가정 경제에서는 글자 그대로 실천할 수 있는 그 가르침은 사회적 경제에서 그 실행이 현저하게 제한된다. 이상적으로는 사회적인 조화를 유지하기 위해 사회에 새로운 힘이나 창조적인 운동이 도입되면 기존의 모든 제도가 개조되어야 하며 시대착오적인 제도는 최소한 문명의 좌절을 방지하기에 필요한 만큼 개조 또는 조정되어야 한다. 그리고 기존의 사회구조가 새로운 힘과 조화를 이루지 못하고 여전한 형태로 유지되면 새로운 힘은 낡은 제도를 새로운 제도나 목적에 도움이 되는 쪽으로 변화시키고 거기에 새로운 돌파구를 제공하는 수가 있다. 그러나 그렇지 않을 때 그것을 증기기관에 비유한다면 새로운 힘은 강력한 압력으로 증기기관을 파괴하거나 거기에 지나친 압력을 가할 것이다.

---

161. "내가 진실로 진실로 네게 이르노니 네가 젊어서는 스스로 띠를 띠고 원하는 곳으로 다녔거니와 늙어서는 네 팔을 벌리리니 남이 네게 띠 띠우고 원치 않는 곳으로 데려가리라" 〈요 21:18〉

162. "성장의 기준은 자기결정 능력을 지향하는 전진"이라는 것.

163. 태도, 감정, 관념 등.

164. "생 베 조각을 낡은 옷에 붙이는 자가 없나니 이는 기운 것이 그 옷을 당기어 헤어짐이 더하게 됨이요 새 포도주를 낡은 가죽 부대에 넣지 아니하나니 그렇게 하면 부대가 터져 포도주도 쏟아지고 부대도 버리게 됨이라 새 포도주는 새 부대에 넣어야 둘이 다 보전되느니라" 〈마 9:16~17〉

이 비유를 사회생활에 적용한다면 낡은 가죽 부대의 파열이나 증기기관의 폭발은 시대착오적인 제도를 엎어버리는 혁명이고 증기기관이 지나친 압력으로 난폭하게 다루어지는 것은 시대착오적인 제도가 발생시키는 사회적 이상(異常)이다. 그리고 혁명(革命)은 늦추어졌기에 더욱 격렬하게 되는 미메시스 행위라고 정의할 수 있고 사회적 이상은 미메시스가 늦어지거나 불능이 될 때 사회가 치러야 할 벌금이라고 생각할 수 있다. 혁명에 있어서 미메시스의 요소와 지연(遲延)은 그 본질이 되는 것인데, 생명의 새로운 운동은 억압될수록 폭발력이 강해지므로 혁명의 두드러진 특색인 폭력을 설명하는 것이 지연이다. 사회적 이상사태(異常事態)에 있어서 기존의 제도는 새로운 힘으로 조정됨으로써 조화를 이루거나 폭력적으로 제거될 수 있으나 그렇게 되지 않으면 사회적 극악사태가 발생한다. 일반적으로 기존의 제도와 새로운 힘의 충돌에 의한 이 세 가지 결과는 사회의 각 부분에서 동시다발적으로 발생하는바 그것들의 상대적인 비율은 사회의 운명을 결정한다. 조정이 우세하다면 사회는 성장을 지속할 것이고 지배적인 결과가 혁명이라면 사회는 위험과 기회에 봉착할 것이며 극악사태가 발생한다면 중대한 혼란으로 인해 사회적 좌절이 발생할 것이다.

제도에서의 도전과 응전의 원리에 입각한 이 작용은 문명의 좌절에 있어서 중요한 역할을 하고 있다. 그러므로 우리는 당면한 목적을 위해 비유를 통해 선험적으로 공식화한 그것을 경험적으로 조사하여 명확히 밝혀야 한다.

### (2) 우리 사회의 이상사태(異常事態)

#### ① 산업주의가 노예제도에 미친 영향

산업주의와 민주주의의 영향은 새로운 사회적 힘이 낡은 제도와 충돌할 때 다양한 결과가 발생한다는 사실을 입증하는 역사적인 사례인바 이 두 새로운 힘이 낡은 제도 중에서 처음으로 파고든 것은 노예제도였다. 헬레닉 사회의 몰락에 지대한 영향을 끼친 농원노예제(農園奴隷制)는 그 사회와 생사를 같이하여 서구사회로 끼어들지 못했는데, 그 사악한 제도가 민주주의와 산업주의 체제가 형성되기까지 지배적인 제도로 자리 잡지 못한 것은 서구의 자랑이자 이점이다. 헬레닉 사회의 농노제도는 15~16세기에 서구사회가 해외로의 팽창을 시작했을 때 슬며시 부활했으나 18세기와 19세기의 전환기[165]에 이르기까지 서구에 정착될 기미가 없었으며 해외에서도 퇴조하고 있었다. 그러나 산업주의는 노예제도의 수명을 연장하여 자연스러운 소멸 가능성을 배제했고 그로 인해 선택의 기로에 선 서구사회는 노예제도 폐지운동(廢止運動)을 시작하여 몇 가지 의미 있는 성공[166]을 거두었다. 그리하여 노예제도에 대한 산업주의의 충격은 그때까지 평화적인 조정(調整)을 통해 해결되고 있었으나 문제는 북미의 면화지대에서 발생했다. 면직과 방직산업[167]은 메이슨-딕슨선(線) 이남의 노예 노동에 의한 면화 생산을 촉진했는데, 이러한 산업주의의 추진력에 힘입은 남부의 특수한 제도는 30년이라는 짧은 기간에 북미대륙을 압도할 만한 괴물로 성장했다. 북미의 노예제도는 드디어 구축되었으나 근절(根絶)이 지연된 것은 파괴적 혁명이라는 대가(代價)를 요구했으므로 남북전쟁(1861~1865)으로 시작된 그 혁명은 참혹한 비극 속에서 진행되었다. 패배한 남부는 사회와 경제적 붕괴로 인한 쓰라린 고통을 겪어야 했고 승리한 북부는 재건을 위해 편법을 묵인함으로써 그 승리의 의미를 훼손했다. 그 파괴적인 영향은 오늘날에도 미국인의 생활 속에서 엿볼 수 있는바 노예를 해방하여 자유민으로 만든 그 불행한 방법은 합중국의 백인종과 흑인종 간의 사회적인 관계에 영속적인 영향을 끼치고 있다. 그것은 그 사악한 제도를 몰아내는 것이 늦추어진 것으로 인한 형벌이지만 그나마 근절되어 사회적 이상사태를 발생시키지 않은 것은 다행이었다. 그 행운은 산업주의에 앞서서 성립된 민주주의[168]에 의한 것이

---

165. 민주주의와 산업주의라는 새로운 힘이 영국으로부터 방사되기 시작한 때.
166. 국제적인 노예교역을 금지한 것, 영국과 프랑스의 식민지 및 라틴아메리카의 국가들이 노예제도 자체를 폐지한 것.
167. 산업주의가 초기에 최대의 기술적, 재정적인 승리를 달성한 분야.
168. 노예제도에 대립하는 인도주의적인 제도로서 산업주의가 추진력을 부여하는 노예제도를 폐지하려는 움직임을 고무하는 힘.

었는데, 민주주의라는 영감(靈感)은 노예 폐지운동이 사회적 이상사태라는 파국을 막기에 한걸음 늦기 전에 노예제를 몰아내는 일에 공헌했다. 그것은 기원전 5세기에 성립된 헬레닉 사회의 농원노예제가 조정되지 못하여 파괴적인 영향을 끼친 것에 대비되는 것이다.

② 민주주의와 산업주의가 전쟁에 미친 영향

서구의 근대사에서 노예제도를 박멸하려는 노력은 위와 같이 성공을 거두었으나 전쟁을 근절하려는 노력은 성공에 이르지 못하고 있는데, 그것은 노예제도에 상충(相衝)한 민주주의와 산업주의라는 두 세력이 하나같이 전쟁을 추진하는 힘으로 작용했기 때문이다. 실질적으로 노예제도를 타파하기 위한 전쟁이었던 남북전쟁은 그 목적에 대해서는 결정적이고 은혜로운 것이었으나 서구의 전쟁사에서는 불길한 것이었다. 북부는 그 전쟁에서 산업주의의 산물(産物)에 더하여 민주주의가 제공한 힘을 활용[169]했는데 민주적인 국가가 인민을 위한 전쟁을 수행했을 때 전제주의 국가도 시도하지 못했던 인적자원의 강제적인 징집(徵集)이 실현되었다. 산업주의와 민주주의라는 새로운 두 힘은 오래된 사회악에 새로운 추진력을 제공했고 그로 인해 남북전쟁이 끝났을 때 전쟁은 더욱 무서운 재액으로 변했다. 18세기의 서구사회에 있어서 전쟁은 노예제도와 마찬가지로 퇴조하고 있었는데, 그것은 앞선 세기에 계몽주의가 이루어 놓은 전쟁과 종교의 분리에 힘입어 종교적 광신으로 악랄해진 전쟁을 혐오하고 있었기 때문이다. 16세기 초에 기독교가 분열되었을 때 전쟁에 파고든 후 17세기 중반까지 서구의 모든 전쟁을 자극하여 그 해악을 증대시킨 종교적 광신이라는 추진력은 동세기 말에 종교적인 통찰이 아니라 냉소적인 환멸에 의해 추방되었다. 그리하여 18세기 서구사회에서는 전쟁의 해악이 크게 줄어들었는데 남북전쟁 이후 150년에 걸쳐 전쟁이 더욱 격렬하게 된 것은 산

---

169.   산업주의는 노예제도에 추력을 불어넣은 동시에 북부에 철도와 신식무기를 제공했고 민주주의는 북부의 정부에 징병의 권리를 부여했다.

업주의가 아니라 민주주의 때문이었다. 그것은 비행기 잠수함 탱크 등 현대적인 무기가 없었던 16~17세기의 종교전쟁이 서구사회를 파멸 직전으로 몰아갔으며 무기가 원시적이었던 허다한 문명의 군국주의가 사회적 자살을 훌륭히 완수했음에서 알 수 있다. 이들 모든 사례에서 전쟁에 치명적인 추진력을 부여하는 것은 물질적인 힘이 아니라 정신적인 힘이었던바, 19세기 이후로 서구의 전쟁을 보다 더 격렬한 것으로 변화시킨 책임은 산업주의가 아니라 민주주의에 있다.

18세기의 전쟁이 19세기 이후의 전쟁에 비해 잔학성이 적었던 것은 전쟁이 교회의 정책적인 수단으로 쓰이지 않게 되었으며 정책적인 도구로가 아니라 왕들의 도박 정도로만 사용되었기 때문이다. 종교적인 진리를 위한다거나 국가의 존립이 걸린 싸움이라는 것을 납득(納得)시킬 수 있다면 국민을 전쟁터로 내몰 수 있고 그 병사들은 모든 희생을 감수하면서 승리하기 위해 어떤 잔학행위도 저지를 것이다. 그러나 전쟁이 몇몇 특권층의 오락과 같은 것이라면 전쟁의 당위성을 내세우기가 어려울 뿐만 아니라 전쟁을 수행함에서도 윤리와 절도 및 군사적 행동의 한계를 지켜야 한다. 그에 대해서는 〈G Ferrero〉가 명철하게 설명하고 있거니와 여기에서 18세기 전쟁의 특색이 생겨난 것이다. 징병제가 시행되지 않은 18세기의 군대는 점령한 나라를 약탈하거나 패전국을 말살시키지 않았고 지휘관들은 전쟁이라는 놀이의 규칙을 준수했으며 정부는 전쟁의 목적을 온건하게 설정했다. 당시의 전쟁에 관한 세심한 격식은 영국과 프랑스 근위대가 퐁트네(Fontenay) 전투에서 전쟁을 시작하는 의식(儀式)을 치렀다는 유명한 이야기에서 엿볼 수 있는바 18세기의 군인들은 상대방에 대한 예의와 비전투원에 대한 배려를 준수했다. 위대한 역사가인 〈Edward Gibbon〉은 당시의 전쟁이 온건했다는 사실을 「로마제국 쇠망사」에 기술(記述)했는데, 그가 그것을 인쇄에 돌린 1781년에 영국은 반란을 일으킨 13개의 식민지에 더하여 프랑스 스페인 네덜란드와 싸운 전쟁에서 패배에 직면해 있었다. 그리고 그 패배로 인한 1783년의 강화(講和)는 기번의 신념이 옳았음을 입증했다. 싸움의 당사자들은 처음에 세웠던 목표만을 추구하되 이전의 패배를 보복하거나 부당한 이익을 탐하지 않았다. 서구사회는 종교적 광신이라는 악령을 몰아내고 18세기의 전쟁[170]을 위와 같은 것으로 변화시킴으로써 자아도취적인 만족감을 드러내고 있었으나 100년 후에 민주주의와 산업주의라는 새로 태어난 정령(精靈)이 거기서 발견한 것은 비어 있되 깨끗이 수리된 집[171]이었다. 전쟁을 국왕의 오락으로 취급한다는 편법(便法)으로 그 해악을 줄이려고 했던 사회는 지난날의 진지함을 전쟁에 도입한 사회적 힘이 초래한 전쟁을 막을 수 없었고 그로 말미암은 재앙은 종교적 광신으로 인한 16~17세기의 추악함을 재현했다.

프랑스 의회는 1790년에 대의정체(代議政體)가 군주정체보다 호전적일 것이라는 〈미라보〉의 경고를 받았고 〈괴테〉의 민감한 귀는 Valmy에서 울려 퍼진 포성 속에서 전쟁에 동원된 민주주의의 위협적인 음성을 듣고 있었다. 프랑스가 최초로 채택한 징병제도[172]는 구체제를 일소한 독일의 해방전쟁이라는 역습에 대처하기 위해 투기장을 정비한 것이었다. 미국의 혁명전쟁과 나폴레옹 전쟁에서 울려 퍼진 음조(音調)가 남북전쟁과 프로이센 전쟁에서 더욱 고조되는 것을 본 그는 산업주의와 민주주의에 의한 추진력을 전쟁에 적용했을 때 초래되는 무서운 결과를 알고 있었을 것이다. 19세기가 되자 전쟁은 국왕의 오락이 아니라 민주주의가 불러일으키는 모든 열광과 산업주의가 만들어 내는 모든 무기로 무장한 여러 국민의 진지한 사업으로 변했기 때문에 지금 우리 세대를 응시하고 있는 문제는 우리의 조부들이 당면한 문제였다. 그리하여

---

170. 〈볼테르〉는 「풍속에 관한 에세이」에서 이 점을 명료하게 설명하고 있다.
171. "더러운 귀신이 사람에게서 나갔을 때 물 없는 곳으로 다니며 쉬기를 구하되 쉴 곳을 얻지 못하고 이에 이르되 내가 나온 내 집으로 돌아가리라 하고 와 보니 그 집이 비고 청소되고 수리되었거늘" 〈마 12:43~44〉
172. 프랑스 공안위원회는 독일의 반격에 대응하려고 1793년에 개최한 회의에서 징병제를 채택했는데, 19세기에 그것을 조직적으로 적용한 것은 프로이센군의 참모본부였다.

그들은 전쟁이 유례없이 극악한 것이 되도록 방치할 것이 아니라면 그것을 몰아낼 적극적인 조치를 강구(講究)해야 한다는 양자택일적인 기로(岐路)에 서게 되었고, 1861~1871년의 전쟁은 노예제(奴隷制)를 폐지하려고 하는 것처럼 강하고도 지속적인 반전운동을 유발했다. 우리 세대에 있어서 19세기 말의 여러 전쟁은 몇 가지 특성[173]으로 인해 그런 운동을 유발하지 못했으나 산업주의와 민주주의라는 새로운 추진력에 의해 가공스러운 양상으로 진행되어 우리를 놀라게 한 1차 세계대전은 국제연맹이라는 열렬하고도 적극적인 전쟁 폐지론을 불러일으켰다. 그러나 1871년이 아니라면 1815년에는 시작됐어야 했던 이 운동은 1차 세계대전 이후라는 늦은 시기에 일어남으로써 중대한 장애(障礙)에 부딪쳤다. 이 운동의 성공 여부는 신만이 아는 문제지만 이 단계에서 우리는 서구사회에서의 전쟁은 조만간 어떤 수단에 의해서든 폐지될 것이라고 확신할 수 있다.

분쟁이 평화적인 조정이 아니라 전쟁에 의한 결정적인 타격으로 폐지된다면 유일한 강국이 다른 모든 국가를 멸망시킴으로써 결정적으로 승리하게 될 것이다. 핵과 화학물질을 사용하게 될 그 전쟁이 초래할 결과에 대해서는 장황한 설명이 아니라 1927년에 프랑스에서 제정된 법률을 상기하는 것으로 충분하다. 그 법률은 프랑스인이 특유의 명민함으로 다가올 전쟁의 성격을 직관하고 그에 대비하기 위해 가능한 한 모든 조치를 강구[174]한 것인데, 그것이 바로 참을 수 있었던 18세기의 전쟁이 민주주의와 산업주의의 충격으로 인해 치명적인 것으로 바뀐 이상사태이다. 민주주의는 국왕의 오락을 여러 국민의 매우 중요한 사업으로 바꾸었고 19세기 이후의 서구인은 16~17세기에 종교전쟁에 뛰어든 그들의 조상과 같이 격정적으로 전쟁에 뛰어들고 있다. 프랑스의 법규와 같이 모든 것을 징발하여 동원하는 전쟁에서는 전투원이 아닌 인간

---

173. 19세기 하반기에는 교전국이 둘을 넘지 않았고 러시아-터키 전쟁, 미국-스페인 전쟁, 앵글로-보어 전쟁, 러시아-일본 전쟁 등과 같이 전쟁 뒤에는 반세기 간의 평화가 이어진 것.
174. 가능한 한 모든 인적자원과 재화를 징발할 수 있게 한 것.

과 전략물자가 아닌 재화는 없으므로 전쟁에 있어서 상대국의 모든 것은 공격
대상이 된다. 전선(戰線)에 국한된 전쟁이 인간과 물자의 일체를 망라하는 지역
전쟁으로 바뀌었고 그 결과로 서구의 운명은 상기한 양자택일적인 선택에 놓
이게 되었다.

### ③ 민주주의와 산업주의가 지방적인 주권에 미친 영향

우리는 위에서 산업주의는 노예제도와 전쟁 모두를 부추겼으나 민주주의는
전쟁을 악화시켰으되 노예제도는 완화(緩和)했음을 확인했다. 산업주의와는 달
리 민주주의가 드러낸 이러한 모순은 역사적인 사례에서 명백히 드러나지만[175]
인간의 정신적 능력으로는 그것을 정확히 설명하기 어렵다. 민주주의는 베
르그송이 설파한바 사랑이 복음서의 정신을 호흡하는 민주주의의 원동력이
라고 하는 그 본질과 달리 전쟁에 추진력을 부여했는데, 노예제도와 충돌했
던 민주주의가 전쟁을 부추긴 이유는 서구의 민주주의가 전쟁에 앞서 지방적
인 주권과 충돌했기 때문이다. 산업주의와 민주주의라는 새로운 추진력을 지
방국가(地方國家)라는 낡은 기계에 적용한 것은 정치와 경제에 결부된 내셔널리
즘을 낳았는데 민주주의가 전쟁을 부추긴 것은 그 영묘한 정신이 내셔널리즘
이라는 매체를 통과할 때 나타나는 파생적이고도 저속한 형태에서였다. 대부
분 결혼으로 왕가(王家)를 계승했으되 부득이하게 전쟁에 호소하는 때에도 그
것을 모든 국민의 공사(公事)가 아니라 왕가의 사적인 문제로 취급한 18세기의
경향은 국제정치를 보잘것없는 것으로 만들었으나 사회적으로는 소극적이지
만 유익한 봉사로써 애국(愛國)의 열광을 약하게 하고 애국이라는 편견을 몰아
냈다. 18세기의 전쟁은 아리스토텔레스의 생각[176]에 반하여 인간을 정치적 동

---

175. 아티카의 노예 주인들은 아케메네스조의 전제(專制)에 항거했고 버지니아의 노예 소유자들은 링
컨의 정책을 전제적이라고 비난했는데, 전자는 자기들을 작은 크세르크세스로 여기지 않았고 후
자는 '무정한 하인의 비유'를 마음 깊이 새기지 않았을 것이다. 인간의 정신이 이처럼 분야에 따라
모순되게 반응하는 것은 심리적 구획화에 의한 것이다. "무정한 하인의 비유"는 〈마 25:14~30〉
을 참고할 것.
176. 아리스토텔레스는 인간을 정치적인 동물이라고 불렀다.

물성에서 벗어나게 한다는 사회적 효과를 가지고 있었던 것인바 소극적이지만 세계적이었던 그 기질의 전형은 〈로렌스 스턴〉의 저작[177]에 표출되어 있다. 인도주의적인 이 18세기의 정신은 적어도 1904년까지 건재했으나 민주주의가 지방적인 주권에 가한 충격으로 발생한 정치적 내셔널리즘은 그것을 한 세기 반 사이의 기간[178]에 걸쳐 일소했다. 지역적이 아니라 보편적이고 전투적이 아니라 인도적이며 생명 자체의 경계 외에는 어떤 경계도 모르는 우애의 정신인 민주주의는 바로 그 특질에 의해 왕조 체제가 바라거나 갖지 못했던 힘을 행사하게 된다. 인간의 영혼을 움직여 충성과 헌신과 열광을 불러내는 그 힘은 왕조적인 정치원리가 비교적 덜 해롭게 적용된 영역을 침범했는데 그 새로운 힘이 18세기 말 이전에 여러 지방국가를 침범한 것은 정신적으로는 동적이고 사회적으로는 파급력을 가진 민주주의가 지방적인 주권에 봉사한다는 이질적 수단으로 왜곡되는 결과를 초래했다. 강력한 정신적 추진력인 민주주의가 자연스럽게 활동할 수 있는 영역은 전 인류를 포함하는 영역이고 그 정신력은 이 범위에서 자비롭게 발현되는 성향(性向)을 가지고 있다. 그러므로 지방주권이라는 좁은 영역에 적용된 민주주의는 자비롭지 않을 뿐만 아니라 유해(有害)한 파괴력으로 바뀐다. "최고의 것이 부패하면 최악이다"라는 격언과 같이 지방국가에 갇힌 민주주의는 내셔널리즘으로 타락하는 것인바 이 불행한 부패가 우리 사회의 정치적인 생활을 해치고 있다. 프랑스와 영국의 정치적 수완에 의해 아메리카 혁명전쟁이 온건한 투쟁으로 귀결되었듯이 18세기에 서구의 지방정부는 종교를 비롯한 모든 면에서 획일성을 추구하지 않았고 그런 문제에 민감했던 정치가들은 다방면(多方面)에서 용의주도했다. 여러 사례가 있거니와 16~17세기에는 종교적 광신에 의한 추악한 만행이 자행되었는

---

177. 「감상적 여행」 영국과 프랑스의 7년 전쟁 중 〈스턴〉은 전쟁 중임을 잊은 채 비자 없이 프랑스로 갔는데, 입국 후 수일이 지나서야 경찰이 찾아왔고 프랑스 귀족의 도움으로 통행증을 받았으며 이후로 자유롭게 여행했다는 내용.
178. 「감상적 여행」이 출판된 때로부터 1914년까지의 기간.

데, 종교가 아니라 국적에 따른 만행은 1755년에 첫 사례[179]가 발생한 후 아메리카 혁명전쟁에서는 더욱 악질적인 형태로 나타났다. 그 전쟁에서 승리한 미국은 전쟁 중에 영국 국왕을 지지했던 사람들을 캐나다로 추방했는데 북미의 왕당파가 성조기 아래서 살 수 없게 된 것은 당시의 미국인들이 내셔널리즘에 물들었기 때문이다. 용치(龍齒)[180]의 종자(種子)는 혁명전쟁과 나폴레옹 전쟁을 통해 유럽에 뿌려졌고 그것이 불러일으킨 국민적인 격정과 잔인성에 감염된 국제정치는 절제라는 18세기의 정치적 미덕을 상실했다.[181] 그리하여 우리는 1914년 이래로 세계를 황폐화하고 있는 국가 간의 자살적인 항쟁에 있어서 19세기에 뿌려진 씨앗의 잔혹한 결실을 거두고 있다. 1775년에 북아메리카의 샘에서 솟아나 인류에게 새 생명을 약속했던 민주주의라는 물줄기는 전쟁(1775~1783) 중에 지방주의라는 낡은 수로(水路)로 무리하게 들어감으로써 파괴적인 분류(奔流)로 바뀌었다. 독립선언 속의 인권선언[182]에서 시작된 운동은 또 하나의 지방국가를 수립하는 결과를 낳은 것에 불과한 것으로써 널리 인류에게 부여되어야 했던 민주주의라는 열광을 새로운 우상에 고정함으로써 무자비한 내셔널리즘을 일으켰다. 민주주의는 다국체제(多國體制)의 사회를 충격함으로써 내셔널리즘으로 바뀌었고, 그 전도(顚倒)된 형태에서 전쟁에 새로운 추진력을 주입한 것이다.

---

179. 유트레히트 조약에 따라 프랑스에서 영국으로 주권이 이양(移讓)된 뒤 아르카디아인이 영국에 의해 추방된 사건. 영국은 프랑스의 선동(煽動)에 따라 반란을 일으킨 아르카디아인을 추방했다.
180. 코끼리나 코뿔소의 화석, 한방에서는 약재로 쓰이기도 함. 그리스의 전설에서는 이것을 카드무스의 땅에 뿌리면 투사로 변한다고 하는데, 페니키아의 왕자(王子)인 Cadmus는 테베를 건설하고 그리스에 알파벳을 전했다고 알려져 있다.
181. 프랑스를 필두로 스페인, 독일, 러시아, 벨기에, 이탈리아에서 발흥한 내셔널리즘은 프랑스의 징병제도, 스페인의 게릴라전, 모스크바 소각, 독일의 해방전쟁, 벨기에 혁명, 이탈리아 해방운동 등을 유발했다. 비스마르크가 1866년에 합스부르크 왕국에 제시한 강화조건은 18세기적인 마지막 사례로 알려져 있으나 그 비스마르크도 프랑스에 승리한 후 내셔널리즘의 압력으로 인해 알사스 로렌을 강취(强取)하지 않을 수 없었다.
182. "우리는 다음의 진리를 자명한 것으로 믿는다. 즉 모든 인간은 평등하게 되었고, 창조주에 의해 어떤 불가침의 권리를 부여받고 있다. 그 권리 중에는 생명 자유 행복의 추구가 포함되어 있다"

이 시대에 정치적 내셔널리즘과 같은 정도의 큰 해악으로 성장한 경제적 내셔널리즘도 산업주의의 타락으로 인해 발생했다. 이 시대의 경제적 내셔널리즘은 중상주의(重商主義)에서 그 고전적인 표현을 얻었으나 18세기의 경제적 투쟁은 상인들의 오락으로써 왕들의 정치적인 유희(遊戱)와 비슷한 것[183]이었다. 촌락공동체를 넘지 않는 영역에서 전통적인 생활을 영위한 농민에 있어서 국가 간의 경제적 경쟁은 그다지 중요한 것이 아니었는데 산업주의는 소규모로서 긴장도가 낮았던 18세기의 경제적 평형을 격렬하게 동요시켰다. 협동적인 노동체계인 산업주의는 전 인류를 포함하는 우애의 정신인 민주주의와 마찬가지로 그 성격상 세계의 통일을 요구하는바, 그것이 바라는 사회체제는 이 새로운 경제 기술의 개척자에 의해 "자유롭게 만들게 하라! 자유롭게 통과하게 하라!"라는 표어로 천명되어 있다. 그러나 18세기 서구사회는 넘기 어려운 경제적 장벽을 갖춘 수백 개의 경제단위(經濟單位)로 분할되어 있어서 궁극적으로는 경제적 세계통일을 지향하는 산업주의가 질식하여 죽을 것으로 여겨졌다. 산업주의는 이러한 상황 속에서 150여 년에 걸쳐 지방적인 경제단위의 수를 줄여서 규모를 크게 하고 그 사이의 장벽을 낮추려고 노력했다. 약 1세기 동안 지속된 그 노력은 민주주의의 지지와 원조에 힘입어 경제적인 세계통일에 있어서 상당한 진보를 달성했으나 19세기의 70년대 이후로 그 리듬은 반대 방향으로 흐르고 있다. 산업주의의 추진력은 민주주의가 그랬듯이 경제적 세계통일을 지향하는 것이 아니라 정치적 지방주의를 강화하는 방향으로 전환되었다. 그것은 1870년대까지의 1세기와 그 이후로 1938년까지의 기간을 살펴볼 때 명백히 밝혀질 것인데 먼저 그 전환기 이전 1세기의 상황을 살펴보

---

183. 18세기에도 자원과 시장의 공급원을 확보하려는 투쟁은 심각하게 되는 경향이 있었지만, 중요한 계급으로 성장했으되 사회적 구성에 있어서 소수자였던 상인의 성쇠와 대외관계에서의 상업적인 문제는 국가적으로는 그다지 중요한 문제가 아니었다. 영국이 외교에 있어서 상업적인 이익을 정치적인 문제보다 중요시했던 것은 영국의 내적인 사정에 의한 것으로써 국제적으로는 예외적인 일이었다.

자. 잉글랜드와 스코틀랜드의 통일(1707)은 영국을 유럽 최대의 자유무역지역으로 만들었고 독립을 쟁취하여 연방을 결성한 북미의 영국 식민지는 급속히 팽창하여 세계 최대의 자유무역지대로 도약(跳躍)했다. 그것은 산업주의와 협력하는 민주주의의 작용으로 인해 전대미문의 크기를 가진 경제단위가 형성된 사례인바 뒤를 이은 프랑스 혁명이나 독일과 이탈리아의 통일[184]도 같은 결과를 지향하는 비슷한 협력의 실례(實例)이다. 그리하여 1871년까지 대규모 경제단위는 그 수가 현저하게 증가했고 영국은 19세기의 40년대에 관세를 철폐했다. 영국이 자유무역 제도를 채택하고 이어서 독일과 프랑스가 관세를 낮추는 정책을 추진하자 경제적 조약의 그물이 확대된 19세기 중엽에는 국제적 경제 관계에 있어서 새로운 시대가 열릴 것으로 여겨졌다. 국제경제에 있어서 아메리카 혁명전쟁의 시작과 보불전쟁의 종결까지의 1세기 동안에는 관세의 인하(引下)만이 아니라 상품과 자본의 자유로운 유통(流通)을 방해하는 장벽도 제거되었다. 이상이 한 세기 동안의 경제적인 상황이었으나 그것은 1871년 이후로 역전되어 경제단위의 숫자가 늘어나는 대신 그 규모는 작아졌고 그들 상호 간의 장벽은 높아졌다.

1871년 이래의 추이(推移)는 일련의 통일로 나타난 집합운동은 예외적이었고 주된 흐름은 유럽과 서남아시아에서 발생한 분열[185]임을 말해주고 있다. 그 신생 민족국가들은 극심한 경제적 내셔널리즘의 분위기에 빠져 있는바, 그 분위기는 1871년 이래의 경향이 산업화(産業化)된 세계에 초래한 혼란을 크게 악화시켰다. 경제적 내셔널리즘은 여타 인류의 희생으로 지방국가의 이익을 추

---

184. 프랑스 혁명은 민주주의의 이념으로 촉발된 정치 운동이었으나 주도자가 처음에 행한 일의 하나는 프랑스를 여러 지역으로 분할한 관세의 경계를 일소하여 프랑스 전체를 단일의 경제단위로 바꾼 것이었다. 미국의 건국이 영국 제국주의에 대한 아메리카의 독립을 주장한 것이었듯이 1815~1817년 사이에 달성된 독일과 이탈리아의 통일은 프랑스와 오스트리아의 제국주의에 대해 독립을 주장한 것이었는데, 그들은 그를 통해 정치적 통일만이 아니라 경제적 통합도 달성했다.
185. 일련의 통일은 미국, 프랑스 공화국, 이탈리아 왕국, 독일제국의 통일. 유럽과 서남아시아에서 일어난 분열로 인해 발칸반도와 그 북서 및 남동쪽에서 20개의 민족국가가 탄생했다.

구하는 것이므로 도덕적으로 건전하지 않고 경제적으로도 파괴적이다. 처음으로 전 세계를 경제활동의 무대로 삼으려는 야심을 품은 산업주의의 선구자들은 산업주의가 지방국가에 미치는 영향의 이 해로운 결과를 예견하지 못했다. 산업주의에 입각한 발흥(勃興)에 있어서 자유무역의 확립이라는 기조에 따라 산업주의자는 자유롭게 활동하고 정부는 그에 간섭하지 않는 경향이 1870년대에 성립되었는데 영국 정치가의 맨체스터학파[186]는 전 세계가 그 경향을 추종할 것이라고 기대하고 있었다. 그러나 시간이 지남에 따라 국가별 산업화의 시기적인 차이로 인해 영국식 자유무역은 예외적인 것이 되었으므로 영국도 1932년에 시대적인 조류에 편승했다.[187] 영국이 소중한 제도의 하나인 자유무역 제도를 포기한 것은 경제적 내셔널리즘이 그 시대를 지배했다는 증거인 것이다.

민주주의와 산업주의가 지방적 주권에 미친 영향에 대한 이 개관(槪觀)은 우리의 시대가 무해(無害)했던 18세기의 지방국가를 몰아낸 내셔널리즘이 맹위를 떨치고 있는 이상사태에 직면해 있음을 말해준다. 민주주의와 산업주의가 침투한 이 시대의 지방국가들은 국민의 생활에 광범위한 영향을 끼칠 것인데, 이미 모습을 보이고 있는바 전체주의적인 지방국가들[188]이 출현한 것은 이 시대의 이상사태이다. 전체주의적인 지방국가로 내달리는 것은 세계적으로 작용하는 사회적인 힘을 각기 다른 요구와 상이(相異)한 조건에서 수립된 지방적인 주권에 가두려고 하는 기도(企圖)인데 이 이상한 제도는 매우 격렬한 사회적

---

186. 19세기 전반에 맨체스터에서 활동한 자유무역 운동의 실천가 그룹. 〈R Cobden〉과 〈J Bright〉가 중심이 되어 〈A Smith〉와 〈D Ricardo〉의 이론을 근거로 곡물법 철폐를 주장하는 등 자유무역 운동을 전개했다. 이들의 활동은 영국의 산업자본이 세계적 주도권을 장악하는 계기가 되었음.
187. 영국은 1840년대에 자유무역을 확립했고 프랑스와 독일은 19세기 중엽에 저관세(低關稅) 정책을 유지했으나 미국이 남북전쟁(1861~1865) 중에 고관세 정책을 채용한 이래로 프랑스(70년대)와 독일(80년대)도 보호무역 정책을 채택했다. 그리하여 산업화의 선구자였던 영국의 자유무역주의는 미국 프랑스 독일 등 후발 산업국의 보호무역주의 때문에 사라져 버렸다.
188. 1차 세계대전 이래의 소련 공산주의, 독재주의 이탈리아, 국가사회주의 독일.

마찰을 유발함으로써 인간의 생활을 참기 어려운 것으로 만든다. 우리 사회가 전체주의에 굴복한다면 세계적인 활동 영역을 요구하는 민주주의와 산업주의의 속성으로 인해 그 지방국가들은 세계적인 대국(大國)에 흡수될 것인바 거기에 수반될 수다한 전쟁은 이 사회에 회복하기 어려운 충격을 가할 것이다. 보편성을 지향하고 세계화를 촉진하는 거대한 두 힘은 언젠가는 그것을 속박하는 존재를 파괴할 것이므로 그 파국적인 결말을 피하려면 지방적인 주권국가를 그것들의 요구에 부응하는 방향으로 변화시켜야 한다. 그러려면 의식적인 노력으로 지방국가의 이론과 실제를 수정하고 그것들 사이에 모종의 세계적 질서를 확립해야 하지만 우리가 이와 같은 교훈을 배웠을 때 내셔널리즘은 이미 상당히 강화되어 있었다. 영국인이 19세기에 벌인 사업들은 은연중에 경제적 세계질서를 쌓는 것[189]이었으나 그 주도자들은 그것을 의식하지 못했을 뿐만 아니라 그에 대한 사상적 기초를 갖추고 있지 않았다. 더하여 새롭게 형성되고 있는 세계에 어떤 종류의 정치적 조건이 갖추어지지 않으면 자기들의 사업을 발전시키는 것만이 아니라 유지할 수도 없다는 것을 생각하지 못했다. 맨체스터학파의 철학적 정치가와 정치적 철학자들은 두 새로운 힘의 출현으로 큰 전환을 맞이한 새 세계에는 새로운 세계질서가 있어야 한다는 사실을 깨닫고 있었으나 그들이 추구한 자유방임정책은 영국 실업가들의 무의식적인 활동을 돋보이게 했을 뿐이다. 그들이 바라고 추구한 것[190]에 주목하면 빅토리아 시대 영국의 자유무역 운동을 계몽된 이기주의의 부산물 정도로 여길 수는 없으나 그들은 민주주의와 산업주의가 지방국가에 미치는 영향의 효과를 생각하지 못했다. 상업주의를 주도한 영국 실업가들은 잘못된 믿음으로 본질을

---

189. 런던 금융시장은 경제적인 세계질서를 육성하려는 초보적인 시도였는데, 그 당위성을 인정받지 못하게 된 이후로 세계적인 경제조직의 중요성은 더욱 명백해졌다.
190. 그들은 세계가 영국을 중심으로 하는 세계적인 경제 관계의 사회적 통일체를 달성함으로써 정치적인 세계질서의 점진적인 증진이 촉진되기를 기대했다. 그 운동은 상품과 용역의 세계적인 교역이 평화롭게 이루어지되 그것의 증진에 따라 전 인류의 생활 수준이 향상되는 정치적 환경을 이루려 했다는 점에서 하나의 도덕적인 이념이자 건설적인 국제정책의 표현이었다.

이해하지도 못한 일을 함으로써 위험을 감수했고 맨체스터학파의 정치가와 철학자들은 도덕적 이상주의로 고취되어 인간성의 특질을 오해했을 뿐만 아니라 서구사회의 역사를 해석함에서 상당한 오류(誤謬)를 범했다.[191] 그들을 고취한 이상주의는 감리교도(Methodist)나 청교도(Puritan)의 종교적 열광을 대신하는 도덕적이고도 감정적인 대체물이었고 그들은 부지중에 자유무역 속에서 빛나는 내세의 환상을 통해 영국인의 마음을 움직였다. 그러나 그것을 의식하지 못하고 단순한 경제적 세계질서를 구축하려고 했던 그 운동은 교의(敎義)에 있어서 사람은 빵으로만 살 수 없다는 신념을 표출할 수 없었다. 빵만을 제공하는 것은 빵 대신 돌을 주는 것[192]과 마찬가지로 달갑지 않은 일이므로 그들의 주장은 처음부터 패배할 운명에 놓여 있었던 것이다.

빅토리아조(朝) 영국의 종교적 영감이 궁극적으로 유래(由來)되어 있는 서구 기독교 세계의 선구자들은 초현실적인 사명에 의한 현실적인 의무를 이행함 있어 맨체스터학파의 그와 같은 실수를 저지르지 않았고[193] 외딴 구석의 작은 사회에 불과했던 서구 기독교 사회의 조직은 그들의 노고에 의해 견고한 종교적 기반 위에 놓이게 되었다. 그것이 성장하여 현존하는 모든 문명이 그 가지에 머무는 나무로 성장한 것인데, 서구사회의 이러한 성장이 그레고리우스가 세운 경제적 건물이 겉치레가 없었기에 필요했던 종교적 기반 덕택이라고 한

---

191. 상업주의를 주도한 영국 실업가들은 산업주의와 민주주의가 내셔널리즘에 사로잡힐 것을 예견하지 못했고 상업주의를 추진하는 것은 영국의 경제와 식량을 안정적인 세계무역이라는 도박에 거는 것임을 이해하지 못했다. 그리고 맨체스터학파의 정치가와 철학자들은 나폴레옹 전쟁이 서구의 마지막 전쟁일 것이라고 믿었으며 경제적 세계질서를 추구함에 있어서는 계몽된 이기주의가 아니라 도덕적인 이상주의에 입각해 있었다.

192. "예수께서 대답하여 이르시되 기록되었으되 사람이 떡으로만 살 것이 아니요 하나님의 입으로부터 나오는 모든 말씀으로 살 것이라 하였느니라 하시니" 〈마 4:4〉 "너희 중에 누가 아들이 떡을 달라 하는데 돌을 주며" 〈마 7:9〉

193. 〈그레고리우스 1세〉를 필두로 하는 서구 기독교 세계의 선구자들은 난파된 사회의 난민을 먹인다는 의무를 행함에 있어서 세계적인 질서를 세우려고 하지 않음으로써 Cobden주의자(主義者)들의 오류에 빠지지 않았다. 그들이 세운 경제적 건축은 즉흥적인 미봉책이었으나, 그것은 경제라는 모래가 아니라 종교라는 바위 위에 세운 것이다.

다면 우리가 세워야 하는 경제에서의 세계적 질서라는 거대한 건물은 탐욕스러운 경제적 이해(利害)라는 자갈 위에 구축되지는 않을 것이다. 이상의 고찰은 맨체스터학파가 실패한 원인을 설명하는 것인바 이것은 위기에 봉착하여 같은 시도를 반복하도록 도전받고 있는 우리에게 하나의 경고로써 도움이 될지도 모른다.

④ 내셔널리즘이 정치도(政治圖)에 미친 영향

산업주의와 민주주의는 지방적 주권국가와 충돌하여 내셔널리즘으로 변화함으로써 우리의 세계를 이처럼 피폐(疲弊)하게 하는바 민주주의와 지방국가의 조우로 말미암은 민족운동은 기존의 정치체제를 분열시키거나 합병하여 그 자체를 위한 새로운 정체(政體)를 확보하려는 경향을 나타내고 있다. 새로운 정치체제를 이루는 데에는 원심력(遠心力)과 구심력(求心力)이 작용하는데 우리는 그 두 운동이 동시적이거나 개별적으로 작용한 사례들[194]을 분별할 수 있다. 이리하여 내셔널리즘은 정치적 판도의 변경을 요구하는 것인바 기존의 정체(政體)가 거기에 순응하지 않으면 내셔널리즘에 상처를 입히거나 격렬한 혁명으로 분쇄되는 결과가 발생한다. 서구사회에서는 지난 150년 동안 혁명적인 사태가 발발한 사례가 많았음에 반해 민족운동을 억압하기에 성공하거나 그 정당성을 자발적으로 인정한 예는 드물었고, 그 요구에 순응하여 정치적인 분리를 즉각적으로 허용한 사례[195]는 극히 희소(稀少)했다. 기존의 정체(政體)와 민족운동 사이의 조정(調整)에 있어서 주권의 절대적이고도 즉각적인 분리보다

---

194. 미국의 건국은 원심운동에 따라 13개의 식민지가 영국에서 분리되는 것으로 시작되어 구심운동에 의한 그들의 연합에 의해 연방(聯邦)이라는 정치체를 형성함으로써 완성되었다. 더하여 브라질 공화국, 캐나다 자치령, 오스트리아 공화국, 아프리카 연방 등의 성립에도 그 두 운동이 동시에 작용했다. 그리고 이탈리아 왕국과 독일제국의 성립에는 구심운동이 작용했고 신세계에서의 스페인 제국의 잔해에서 18개의 후계국가가 출현한 것과 구대륙에서 오스만, 합스부르크, 호엔촐레른, 로마노프 등의 제국에서 20개의 후계국가가 출현한 것에는 원심운동이 작용했다.

195. 이 경우의 현저한 사례는 영국이 1864년에 이오니아 제도(諸島)에 대한 보호정치를 포기하여 그 주민이 그리스 왕국과 결합하는 것을 허용한 것과 스웨덴 왕국이 1905년에 병합한 노르웨이를 완전한 주권국가로 독립시킨 것이다.

흔하게 채택되는 것은 주권을 부분적으로 이양(移讓)하는 것이다. 자치령과 이민족 소수자를 보호하는 영국식 조약이 조정의 양극이라면 스위스와 소비에트 연방은 중간적인 방안을 채택하고 있다.[196] 정치가가 내셔널리즘에 이렇게 양보하는 것은 격렬한 혁명으로 인한 파국적인 결말을 피하려는 것인바 근대 서구사회에서는 민족국가를 달성함에 있어서는 그 방법에 의존한 사례가 가장 많았다. 그리고 그 사례[197]를 연대순으로 나열하면 그 격렬함은 그것이 지연된 기간에 비례한다는 것을 알 수 있다. 아직도 정치적 표현을 확보하지 못한 여러 민족운동[198]에서 보듯이 내셔널리즘이 민족운동을 통해 요구하는 권리가 거부된 것을 1914~1918년의 전쟁을 능가하는 비상사태라고 간주한다면 위의 사례들은 하나같이 정치적 판도에 대한 내셔널리즘의 충격이 조정과 혁명 모두를 일으키지 못하고 비상사태를 만들어 낸 사례이다.

⑤ 산업주의가 사유재산 제도에 끼친 영향

사유재산은 가족이 경제활동의 통상적인 단위로 되어 있는 사회에 수립되는 제도인바 가족 체제가 중요한 가치를 지닌 제도로 되어 있는 사회에서는 경제활동을 그 권리를 인정받는 사유재산제(私有財産制)에 합치되는 방향으로 운영하는 것이 바람직할 것이다. 그러나 하나의 체제로써 세계적 지배력을 확립한 산업주의는 경제활동의 자연적인 단위를 가족이나 민족국가가 아닌 개인으로서의 전 인류로 바꾸었고 그에 따라 서구화된 사회에서의 경제는 논리

---

196. 영국은 캐나다나 오스트레일리아와 함께 영연방에 속한 국가에 자치령의 지위를 부여했고, 유럽과 아시아의 민족국가들은 독립을 달성하는 조건으로 이민족 소수자를 보호하는 조약을 체결했다. 스위스는 역내에서 사용되는 모든 언어를 공용어로 인정함으로써 연방을 달성했고, 소련은 연방을 구성하는 국가의 사회와 경제적 자치권은 허용하지 않으면서도 민족적 자치는 요구하기도 전에 허용하거나 촉구했다.

197. 〈기번이 온건했다고 판정한 미국 혁명전쟁〉-〈라틴아메리카, 벨기에, 이탈리아, 독일의 민족적 열망을 달성한 19세기의 전쟁〉-〈동유럽과 서남아시아에서 여러 민족국가를 출현시켰으나 서구사회를 좌절 직전으로 몰고 간 전쟁〉

198. 1938년을 기준으로 〈독립투쟁 중인 Catalonia〉 〈카스티야 제국주의에 독립을 빼앗긴 Basque Country〉 〈주권을 인정받지 못한 우크라이나, 아르메니아, 시리아, 쿠르디스탄〉 등의 민족운동.

적으로 사유재산이라는 가족적 제도를 초월하게 되었다. 근간의 산업주의는 사유재산제를 무의미한 것으로 만들었으나 그 충격은 산업주의의 물질적 추진력과 인간의 본능에 따라 더욱 비대한 사유재산의 형성을 촉진했다. 그리고 그 결과로서 자산가의 경제적인 힘이 증대(增大)되었음에도 그 사회적 책임이 감소한 것은 사유재산제를 무의미한 것을 넘어 해로운 것으로 변화시켰다. 그리하여 우리 사회는 전래의 사유재산제도를 산업주의라는 새로운 힘의 작용에 적응하도록 조정해야 하는 상황에 직면해 있는데 그에 실패한다면 혁명으로 인해 사유재산제도 자체가 말소되거나 사회가 치명적인 위험에 노출된다는 이상사태가 초래될 것이다. 조정에 성공한다는 것은 사유재산에서 거두어들인 세금으로 사회적 공공재를 제공함으로써 산업주의의 충격으로 인한 사유재산의 편재(偏在)를 완화하는 것인바 여기에 있어서 현시적(現時的)으로 성공했다고 단언할 수는 없으나 성공하지 못할 이유는 없는 듯하다. 산업주의에 있어 사유재산제도에 의한 재산(財産)과 부(富)의 편재(偏在)는 감당키 어려운 사회적 해악이므로 위와 같은 조정이 실패할 때 혁명이라는 해법은 습격을 감행하여 사유재산제도를 폐지하거나 소멸과 유사할 정도로 축소시킬 것이다. 그러나 하나의 사회적 유산으로 여전히 실행되고 있는 사유재산을 완전하고도 급격하게 폐지하는 것은 사회적 전통의 비참한 단절을 초래할 것이므로 러시아의 실험이 시사하는바 공산주의라는 형태의 국가적 개입은 더욱 치명적인 해악이 될 것이다.

⑥ 교육에 가한 민주주의의 충격

민주주의가 초래한 중대한 변화의 하나는 이전에는 특권층의 독점물이었던 교육이 일반적인 것으로 보급된 것이다. 의무교육을 아동의 생득권(生得權)으로 여기고 있는바 영예로운 지위를 추구하는 모든 국가의 중요한 이상이나 목적으로 되어 있는 이 새로운 제도는 전 인류를 위해 행복과 복지의 새 시대를 열 것으로 기대되는 정의와 계몽의 승리로서 환영받았다. 그러나 돌아보면 그 기대는 바라는바 황금시대에 이르는 길에 가로놓인 장애물을 계산에 넣지 않았음을 알 수 있다. 하나의 장애는 가르칠 것을 분할하고 발췌할 때 교육을 통한 지적 성과가 빈약해지는 것이바, 민주주의가 박애의 정신으로 모든 아동에게 지적인 생활의 영약(靈藥)을 주려는 노력은 결국 그것을 희박하게 하는 것을 피할 수 없다. 제2의 장애는 교육이 모든 사람의 손이 미치는 곳에 놓일 때 그 성과는 공리(空利)를 탐하는 자가 악용하는 경향이 있다는 것이다. 초등 국민 보통교육이 시작된 이래로 값싸게 던져졌거나 비싸게 산 것이거나 간에 하나의 진주(眞珠)[199]인 교육을 세속적인 욕심이나 경박한 오락의 도구로 하여 그것을 공급하는 기업가가 이윤을 추구하는 수단으로 삼는 경향이 생겨났다. 그리고 그런 경향은 우리의 교육가가 떡을 물 위에 던질 때 기대한바 여러 날 후에 도로 찾으려고 했던 것[200]을 속여서 빼앗는다는 제3의 장애를 만들어 냈다. 예컨대 교육적 박애주의자의 사랑의 노고를 영리의 수단으로 악용한 황색신문[201]은 보통교육이라고 하는 떡이 사회생활이라는 물 위에 떨어지자마자 한 무리의 상어가 나타나 아동들의 양식을 탐욕스럽게 먹어버린 것이다.

헬레닉 세계에 있어서 학문은 보급됨에 따라 불모화(不毛化)하는 경향이 있다는 것을 밝힌 연구[202]가 있는데, 우리도 우리 시대에 있어서 교육에 끼친 민주주의의 충격이 초래하는 이상사태를 경험하고 있다. 우리는 이른바 신문왕(新聞王)들이 1914~1918년의 전쟁 중에 우리에게 전제정치로 인한 고통을 안겼

---

199. "거룩한 것을 개에게 주지 말며 너희 진주를 돼지 앞에 던지지 말라 그들이 그것을 발로 밟고 돌이켜 너희를 찢어 상하게 할까 염려하라"〈마 7:6〉, "또 천국은 마치 좋은 진주를 구하는 장사와 같으니 값진 진주 하나를 발견하매 가서 자기의 소유를 다 팔아 그 진주를 사느니라"〈마 13:45~46〉

200. "너는 네 떡을 물 위에 던지라 여러 날 후에 도로 찾으리라"〈전 11:1〉

201. 데일리 메일은 영국이 의무교육을 시작한 해(1870)로부터 20여 년 뒤에 창간되었다. 황색신문(Yellow Press)은 저속한 오락과 선정적인 기사를 주로 하는 신문을 일컫는다.

202. 헬레닉 사회는 3세기에 초등교육을 광범위하게 보급했는데, 〈David hume〉과 〈Rostovtzeff, M〉은 아우구스투스(BC 27~14) 베스파시아누스(AD 70~79) 등의 황제나 퀸틸리아누스와 유베날리스의 저작 및 그 시대상에 관한 연구로 발흥한 학문은 일반화되면서 퇴보하는 경향이 있다는 사실을 논증했다.

음을 알고 있다. 그것은 사회적 긴급사태에서 자행된 것이어서 이후로 정치에 있어서 그들의 힘은 현저히 감소했으나 몇 가지 문제[203]가 해결되지 않는다면 그런 사태는 우리 사회의 항구적인 특징이 될지도 모른다. 실제로 전후(戰後)의 이 시대에 있어서 황색지(黃色紙)와 대중오락을 통해 부당한 이득을 얻는 영화 등 그 아류들의 불법 행위는 혁명을 통해 그것을 일소하려는 시도를 자극하고 있다. 민주주의가 교육에 가한 충격에 대한 이 혁명적인 반응[204]은 사적 이윤을 얻기 위해 대중의 정신을 착취하는 신문과 영화를 압수하고 조종한다는 구제조치를 단행했다. 그러나 그 이후로 전체주의적인 정부가 초등교육을 받은 대중의 정신을 사로잡기 위해 신문과 영화라는 도구들을 정책적인 수단으로 사용했을 때 그 전제(專制)의 영향력은 더욱더 파괴적이었다.

이렇듯이 보통교육이 시행되는 나라의 국민은 모종의 지적인 전제에 사로잡힐 위험에 직면하게 되는데, 그와 같은 사태를 모면하는 방법으로서 그러한 교육을 받은 대중의 교양을 일괄적으로 높이는 것은 쉬운 일이 아니다. 초등교육을 받은 정성에 대한 선전은 파괴하기 어려운 악순환을 만들어 내는 것인 바 그것을 타파하지 않으면 대중의 교양이 저하되는 것은 물론이고 도덕적 퇴보를 수반하는 지적 퇴보에 직면하게 된다. 다행히 오늘날에는 이해를 초월한 몇몇 교육기관[205]이 선전(宣傳)의 뜻대로 되는 위험으로부터 대중의 정신을 구제하는 힘을 초등교육에 부여하는 문제에 맞서고 있는데, 이 시도들이 가까운 장래에 어떤 성공을 달성한다면 서구사회는 노스클리프라는 스킬라와 히틀러라고 하는 카리브디스[206] 사이의 좁은 수로를 지나 교육이라는 위험한 항로로

---

203. 전쟁상태나 냉전이 계속되는 것, 부실한 교육으로 대중이 부패한 영향을 받아 타락에 빠지는 것, 신문이 대중에 대한 지배력을 유지하거나 강화하게 되는 것 등.
204. 전체주의에서 무기를 발견한 이 반응은 공산주의 러시아, 파시즘의 이탈리아, 사회주의 독일에서 혁명적으로 발현되었다.
205. 영국의 노동자교육회와 방송협회, 덴마크의 농업 노동자 고등학교, 여러 대학의 공개강좌 등.
206. 〈Scylla〉와 〈Charybdis〉는 이 연구의 1권 176P에서 언급한 괴수(怪獸)지만 여기서는 각각 '지중해의 이탈리아 동쪽에 있는 바위'와 '스킬라 옆에 있는 급격한 소용돌이'를 지칭한다.

행진하는 일에서 성공을 거둘지도 모른다.

### (3) 역사적 사례들

#### ① 이탈리아의 능률이 알프스 이북의 정치에 끼친 영향

이탈리아의 능률(能率)이 알프스 이북의 정치에 가한 충격은 중세에서 근세로 이행하고 있는 서구에서 하나의 부조화를 발생시켰다. 그 정신에 어울리지 않는 이탈리아의 정치적 절대주의가 알프스 이북에 도입된 것은 혁명적인 반동을 일으키는 사태를 만어 낼 위험이 있었던 것인데, 알프스 이북의 정치적 능력을 시험하는 그 도전에 대한 응전은 낡은 정치제도를 조정함으로써 독재정치라는 편법의 발생을 예방하는 것이었다. 영국은 다소간의 곡절을 거쳐 그 응전에 성공하여 여타의 알프스 이북의 제국(諸國)이 따를 길을 제시했으나 그들이 그 길을 따르는 것은 순조롭지 않았다. 영국은 이탈리아식 독재를 추구한 경향 이후에 단행한 격동적인 역전을 통해 의회가 전통적인 여러 제도를 희생함 없이 국왕이 했던 것과 같은 능률적인 지배를 구현할 수 있음을 과시했다.[207] 아메리카인과 프랑스인은 영국과 같은 것을 성취하는 과정에서 큰 대가를 치러야 했는데 이 지연(遲延)의 네메시스를 가장 혹독하게 겪은 것은 독일이었다.[208] 비스마르크 제국 헌법에 의회주의적인 요소가 상당하게 주입되어 있었음에도 20세기까지 16세기 독재제(獨裁制)의 잔재를 청산하지 못한 독일은 자기만이 아니라 서구사회 전체를 1914년의 파국으로 몰아넣었다.

---

207. 영국이 그 응전에 성공할 수 있었던 것은 의회제도가 고도의 능률적인 단계로 진입했기 때문이다. 영국도 이탈리아 문화의 방사를 받아 〈헨리 7세, 1485~1509〉부터 〈찰스 1세, 1625~49〉까지의 150년 동안 국왕의 독재를 강화하는 움직임이 있었으나 그 추세는 청교도 혁명(1642)과 명예혁명(1688)에 의해 역전되었다. 이후 〈조지 3세, 1760~1820〉의 초창기에 독재가 부활했음을 고려하면 영국에서 의회정치가 정립되기에는 신세계에서의 아메리카 혁명전쟁까지 필요했다고 생각할 수 있다.
208. 아메리카는 혁명전쟁(1775~1783)을 겪었고, 프랑스는 1789년부터 1871년까지 계속된 일련의 정치적인 폭발을 일으켰으며, 1871년이 지나기까지 정치에 독재적인 요소가 남아 있었던 독일은 1차 세계대전의 원인을 제공했다.

② 솔론의 경제혁명이 도시국가의 정치에 끼친 영향

서구사회의 이 사례에 대응하는 것은 헬레닉 사회에 있어서 기원전 7~6세기에 인구증가의 압력에 대한 응전으로 달성된 경제적 능률이 그 사회의 정치에 끼친 영향인데[209] 그것은 각 도시국가의 내정에 대한 효과와 국제정치에 대한 영향으로 살필 수 있다.

솔론이 불 피운 경제혁명은 직인(職人)과 부르주아(Bourgeois)라는 새로운 계급에 참정권을 부여한다는 문제를 제기함으로써 헬레닉 도시국가의 내정에 혁신적인 변화를 요구했다. 그런 요구에 따라 낡은 체제와 새로운 세력의 조우에서 발생하는 긴장을 원만하게 조정하지 않으면 혁명이나 이상사태가 발생할 수 있었다. 바람직한 조정은 가병(家柄)에 의한 시민권을 재산에 의한 시민권으로 전환하는 것이었는데 아테네는 솔론의 세대와 페리클레스의 세대에 걸쳐 그것을 효과적으로 달성했다. 그러나 기타(其他)의 헬레닉 사회는 온건한 조정을 시의적절하게 달성하지 못했으며 그들이 아테네가 달성한 것과 같은 조정을 지연시킨 형벌은 〈Tyrannis-獨裁〉의 발흥(勃興)으로 나타났다. 코린토스는 오랜 독재 끝에 안정적인 과두정체(寡頭政體)를 형성했으나 정치적 변화를 달성하지 못한 도시국가들은 그 대가로 만성적 내분이라는 정치적인 이상사태로써 혁명적인 계급전쟁(Stasis)을 겪었다. 예를 들면 시라쿠사는 스타시스와 독재를 반복하다가 멸망했고 케르키라는 스타시스의 해악으로서 유례없는 살육을 자행한 내전에 빠져들었다. 더하여 아르고스는 독재로 오랫동안 침체를 겪은 후 늦게나마 한 번의 도약으로 그런 변화를 달성하려는 시도를 일으켰고 스파르타는 헬레닉 사회의 일반적인 진로에서 벗어나 라코니아의 길을 추종함으로써 군국주의에 의한 사회적인 억압이라는 이상사태를 초래했다.

기원전 725~525년에 달성된 헬레닉 문명의 지리적 팽창에 따라 헬레닉 사

---

209. 그 경제적 능률은 자급자족이 아니라 교환이나 매매를 목적으로 하는 농업생산의 전업화(專業化)에 의한 것이었는데, 그 혁명을 거친 도시국가들은 서로 의존하여 고립을 유지할 수 없게 되었다.

회로 끌려든 로마는 개종(改宗) 후에 정치와 경제에서의 헬레닉 스타일에 따르는 과정에 돌입하여 아테네보다 150여 년 늦게 각 단계를 거쳤다. 이 지연으로 인해 로마는 가문(家門)을 기준으로 권력을 장악한 Patricii(귀족)와 재력으로 권력을 잡으려고 했던 Plebs(서민) 사이의 격렬하고도 오랜 스타시스를 겪어야 했다. 기원전 5세기에 시작된 로마의 스타시스가 극단적인 단계에 이르렀을 때 Plebs 운동가들은 스스로 분리하여 공화국에 대립(對立)한 국가를 수립하기도 했다. 로마가 공화국과 그 대립국가를 통합함으로써 무법적인 정치 상황을 끝낸 것은 외적인 압력과 고통스러운 정복 전쟁으로 형성된 정치구조 덕분이었다. 그리하여 로마인은 파트리키와 플레브스로 이루어진 제도의 융합되지 않은 합금을 공화국의 궁극적인 정치구조로 받아들이고 있었으나 그것은 새로운 사회적 조정을 위한 정치적 수단으로서는 적당하지 않았다. 그래서 로마는 150년의 휴식기를 거친 후 기원전 133~131년에 짧기는 했으나 더욱 가공스러운 제2의 스타시스를 겪고 한 세기에 걸친 분열 뒤에 항구적인 독재에 몸을 맡겼다. 그리고 로마는 당시에 헬레닉 세계의 정복을 완료하고 있었으므로 아우구스투스와 그 후계자들의 Tyrannis는 부수적인 결과로써 헬레닉 사회에 세계국가를 제공했다. 로마인이 외방(外邦)을 정복하고 조직하며 유지하기에는 탁월한 능력을 발휘했으나 내정 문제의 처리에 시종 어리석음을 연출한 것은 군국주의와 제국주의가 그들의 타고난 능력을 표현한 것임에 반해 그 정치적 제도들은 헬레닉 사회를 모방한 것이기 때문일 것이다.

헬레닉 스타일은 원래 그것을 만든 자의 손에 의하지 않고는 제대로 운영되지 않았던 것인데, 아테네가 급히 필요했으되 400년 뒤에 로마가 수립한 국제적인 질서를 5세기 전에 창조하기에 실패했으나 국내의 정치에서 스타시스를 추방함에는 비할 데 없는 성공을 거둔 것은 주목할 일이다. 아테네는 모든 분야에서 최대의 업적을 달성한 200년(BC 507~308) 동안 온건한 정체(政體)에서의 생활과 정치적 온건함이 중단되는 일이 없는 정부를 향유(享有)했다. 예외로서 400인과 30인이 자행한 압정(壓政)을 들 수 있으나 재발한 그 독재는 기원전 431~404년의 불행한 전쟁이 불러온 비상(非常)한 긴장으로 말미암은 것으로서 아테네의 통치를 증명하는 예외일 뿐이다. 국제적 관계에 있어서 아테네의 그 정치적 비운은 막중한 것이었음을 생각할 때 불가피한 불운으로서 내정에 대한 영향이 일시적이었다는 것은 놀랄만한 일이다.

### ③ 솔론의 경제혁명이 헬레닉 사회의 정치에 미친 영향

도시국가가 모든 분야에서 자급자족했던 시기에 단행된 솔론의 경제혁명은 농업에 있어서 매매나 교환을 목적으로 하는 전문적인 생산으로 전환함으로써 헬레닉 도시국가들의 경제적 자급자족을 불가능하게 했다. 그로 인해 그들의 경제활동은 도시국가의 경계를 넘어 헬레닉 사회 전체와 이집트 아프리카 스키티아 유럽 등을 아우르는 세계적인 규모로 확대되었다.[210] 이러한 확장은 헬레닉 사회의 경제적인 문제를 해결했으나 그 방책은 머잖아 국제적인 정치 문제를 유발했다. 그것은 경제적인 면에서의 활동은 도시국가의 범위를 넘어섰으나 정치의 통상적인 단위는 여전히 도시국가였고 선박이나 항해의 안전 등 경제적인 문제가 정치적인 문제에 의존하게 되었기 때문이다. 그래서 솔론의 경제혁명은 헬레닉 사회에 국제적인 정치 질서를 수립할 필요를 제기[211]했으나 경제적 성공이 정치에서의 그 이전(移轉)을 달성하게 한다는 보증은 없었다. 도시국가의 지방적 주권이라는 전통적인 정치제도는 그 이전을 방해하는 장애요인이었는데, 그 장애를 극복하는 것은 운명이 기원전 5세기의 헬레닉 사회에 부과한 사업이었다. 그러나 그런 상황 때문에 지방적 주권의 존재 기반이 흔들리게 되고 그것을 지키려는 애착의 증대로 인해 그 장애는 더욱 견

---

210. 솔론의 경제혁명이 일어났다는 것은 경제활동의 분야가 실제로 그렇게 확장되었음을 의미하는 것이다. 실제로 BC 5세기 초에는 아테네의 포도주 제조자, 올리브유 생산자, 도기 제조업자, 상인, 선원 등이 이러한 지역을 경제활동의 터전으로 삼고 있었다.

211. 경제면에서 기정사실이 된 자급자족의 폐지가 유사한 정치적 변화를 요구한 것으로서 정치에서도 경제와 마찬가지로 지방적인 범주에서 세계적인 범위로 이전할 필요가 생겨난 것.

고해졌다. 그러므로 기원전 5세기 이후의 헬레닉 사회는 도시국가 주권을 초월하려는 노력과 그에 대한 저항의 관점에서 살필 수 있는데, 그 노력으로서 아테네가 시도한 첫 기도를 5세기 말 이전에 실패로 돌린 저항은 헬레닉 문명을 좌절시키고 있었다. 아테네가 시도한 것은 다소 변경된 형태로 로마에 의해 달성되었으나 그것은 시기적으로 너무 늦은 것이어서 헬레닉 사회가 붕괴로 접어드는 것을 막지 못했던 것인바 우리는 솔론의 경제혁명이 헬레닉 사회에 끼친 영향인 이 결과에도 조정과 혁명 그리고 이상사태라는 세 길이 있었음을 알 수 있다.

헬레닉 사회에서는 기원전 5세기 전반에 도시국가들의 자발적인 협약으로 각자의 주권을 제한하는 쌍무적인 협정이 널리 시행[212]되었는데 상호 의존적인 경제적 관계를 위해 설정한 초보적인 그 국제적 규정은 하나의 충분하지 않은 편법이었지만 시행되는 한 유용성은 발휘되었다. 그러나 국제적인 교역로였던 크리사에 만(灣)의 항행(航行)을 보장(保障)하려면 그 지역의 모든 국가를 하나로 묶어 이전과 같은 조약을 넓게 펼쳐야 했던바 그것을 헬레닉 사회 전체로 확산시키는 것은 프시케의 노역[213]과 같은 것이었다. 헬레닉 사회에 모종의 질서를 수립하려는 이들 기도에서 그물처럼 펼쳐진 쌍무조약은 세계질서라는 구조가 세워진 몇 개의 기반 중 하나에 불과했는데, 이 대체로 성공적이었던 실험에서 조약의 체결은 긴급사태로 인한 자극과 지배적인 강국의 지도(指導)로써 보강되었다.[214] 이러한 상황이 보여주는 바와 같이 헬레닉 사회에 있

---

212. 그 예증으로써 그리스 반도 북서쪽 오지의 두 도시국가가 기원전 5세기 중반에 체결한 조약을 새긴 동패(銅牌)가 발굴되었는데, 〈투키디데스〉가 그 지역을 암흑시대 헬레닉 사회의 살아 있는 박물관이라고 말한 것으로 미루어 볼 때 헬레닉 사회에서는 기원전 5세기 무렵에 도시국가들의 협정이 널리 시행되었다고 생각할 수 있다.

213. Psyche, 그리스 신화 에로스(사랑의 신)의 연인. 헤어진 에로스를 찾으려다 아프로디테(에로스의 어머니)의 강요로 온갖 힘든 일을 했다.

214. 예로써 델로스 동맹은 아케메네스 제국의 압박이라는 긴급사태에 대하여 강한 해군을 육성한 아테네의 주도로 결성되었고, 로마제국은 한니발의 침공 등 헬레닉 사회를 와해시키기 위한 전쟁이라는 긴급사태와 헬레닉 사회의 강국들을 압도한 로마인에 의해 수립되었다.

어서 조정에 의한 정치적 세계질서의 수립은 혁명이나 이상사태가 혼합되지 않고는 시도되지 않았다. 여기에 있어서 혁명적인 방법은 힘을 바탕으로 도시국가 주권을 강압적으로 폐지하고 모든 땅에 세계국가라는 공통의 지붕을 덮는 것이며 이상사태는 조정이나 혁명을 통해 세계질서를 수립하지 못한 대상(代償)으로 한 국가가 총력을 기울여 다른 도시국가들을 이기적으로 지배하는 불공평한 도시국가 연합이 생기는 것이다.[215] 헬레닉 사회에 있어서 군사적 우위와 세계적인 통일을 바라는 요구를 이중으로 이용하여 다른 도시국가를 지배하는 도시국가는 그 행위를 패권[216]이라는 이름으로 미화했으나 실상은 폭군의 도시로써 도덕적인 비난을 피할 수 없었다. 델로스 동맹은 외적으로 자발적인 조정을 추구하기는 했으나 내용에서는 스파르타의 패권과 아케메네스 제국의 통제를 선례로 삼고 있었다.[217] 그러므로 델로스 동맹이 실패한 것은 그다지 놀라운 일이 아니며 뒤를 이은 같은 종류의 시도들도 패권이라는 악의적인 요소가 자유라는 건전한 요소를 압도했으므로 도덕성을 상실한 잡종이었다. 그래서 델로스 동맹은 반세기 만에 아테네 제국의 압정으로 타락했으나 아테네의 채찍은 한니발 전쟁에 뒤따른 2세기 동안 로마 제국주의가 자행한 전갈 채찍에 의한 징치(懲治)[218]에 비하면 가벼운 것이었다. 정치적 세계질서를

---

215. 헬레닉 사회의 도시국가 연합은 기득권이 애착하는 지방적 주권과 그것을 극복해야 할 필요 사이의 타협을 이룸에 있어서 저항이 적은 방법이기는 했으나 전례 없는 이기주의를 바탕으로 지역적 할거주의를 확대하고 강화했다는 점에서 하나의 이상사태였다.

216. 나치독일은 이 책이 집필되던 시절에 이 패권(Supremacy)을 "Führerzip-지도자 원리"라는 말로 천명했다. 헬레닉 사회에 있어서 패권이라는 이상사태는 예전부터 익숙한 현상이었으나 델로스 동맹은 도시국가 연합을 통해 세계적인 질서를 수립하는 일에 실패하고 있었다.

217. 스파르타의 패권이 폐기된 것을 계기로 기원전 478년에 델로스 동맹이 결성되었을 때, 아테네는 아리스테이데스의 행적에서 보는바 그 동맹을 스파르타식 패권의 분위기 속에서 운용했다. 또한 아케메네스 제국에 편입되었던 헬레닉 사회의 도시국가 연합을 위한 새로운 질서를 만듦에 있어 그가 아케메네스적인 요소를 차용한 것도 당연한 일이다. 델로스 동맹이 연합 해군을 운영한 방법이나 아테네가 동맹국과의 조약이라는 엉성한 그물로 동맹국에 대한 사법권을 행사한 것은 아케메네스 제국의 선례를 따른 것이 분명하다.

218. "내 아버지께서 너희에게 무거운 멍에를 메게 하였으나 이제 나는 너희의 멍에를 더욱 무겁게 할지라 내 아버지는 너희를 채찍으로 징계하였으나 나는 전갈 채찍으로 너희를 징계하리라 하소서"
〈왕상 12:11〉

창조하기 위해 헬레닉 사회가 기울인 노력의 역사는 봄의 짧은 햇살과 같은 페리클레스 시대와 스쳐 간 회춘의 햇빛이었던 안토니누스 시대에 의해서 어둠이 걷히지 않은 비극이었다.

④ 지방할거주의(地方割去主義)가 교회에 미친 영향

헬레닉 사회는 전통적인 지방할거주의를 극복하지 못한 죄로 좌절하여 붕괴했으나 서구사회는 세계주의에 반하는 지방할거주의로 인해 문명에서의 귀중한 요인인 사회적 연대를 유지하기에 실패하고 있다. 4~5세기 전에 발생한 이 변화에 있어서 중세의 세계주의는 시대정신과 괴리되어 과거의 망령으로 바뀌었는데, 새로 발흥한 지방할거주의는 지적으로는 풍자적이었고 도덕적으로는 저급했으되 성향으로는 정직하고 실행에 있어서는 효과적이었다. 이러한 변화는 서구의 생활과 제도에 다양한 영향을 끼쳤으나 종교적인 면에서는 중세 가톨릭과 격렬하게 충돌했다.[219]

그리하여 교황의 교회는 중대하고도 긴급한 문제에 당면하게 되었는데 그 문제는 교황제의 기반이 여전히 굳건했을 때 시도한 조정에 의해 해결될 수 있었을지도 모른다. 로마교회는 지역주의적인 기조에 대응하는 일련의 수용 정책[220]을 실행에 옮기고 신성로마 제국의 세속적인 요구에 대해서는 그것을 묵살하고 교황의 승려정치(僧侶政治)를 관철했으나 외연(外延)의 왕국들에 대해서는 융통성을 발휘했다.[221] 그리하여 근대에 이르러 크게 성장한 Caesar주

---

219. 지방할거주의는 정치에서 새로운 지방적 주권국가라는 형태로, 문학에서는 다양한 지방어 문학으로, 종교에 있어서는 교황제의 세계주의적인 원리를 배격하는 것으로 나타났다. 지방할거주의가 특히 로마교회와 격렬하게 충돌한 것은 교황의 승려정치를 위해 정성스럽고도 강하게 조직된 교회가 세계주의 체제에서 가장 중요한 제도였음에 더하여 지방할거주의가 교황제의 터전이었던 이탈리아의 도시국가를 묘상(苗床)으로 삼아 성장하고 있었기 때문이다.

220. 로마교회는 문화면에서의 지방적 충동에 대응하여 정교회와 경쟁하던 변경(邊境)에서 교회의 전례문(典禮文)을 지방어로 번역하는 것을 비교적 빨리 수용했다. 다음 시대에는 기독교 정교회, 그리스도 단의론, 그리스도 단성론, 네스토리우스파 등에서 배교한 자들의 귀순을 허용하여 이들 동방의 가톨릭교도가 로마교회의 지상권(至上權)을 인정하고 따르는 한 그들의 예배형식을 폭넓게 용인했다.

221. 교황은 영국이나 카스틸랴 등 변방의 군주들이 교회의 사교구(司敎區)와 무관하게 주장하는 지방

의(主義)가 이탈리아 도시국가와 알프스 이북의 군주들에게서 확립되고 있었는데, 여기에서도 교황청은 가이사의 것을 가이사에게 돌리는 것[222]을 터득하여 더욱 진보한 조정의 방책을 시행하고 있었다.[223] 그러나 교황청과 기독교도 주민을 지배한 지방 군주들의 협약은 유산된 기독교 공회가 열매 맺게 한 사해(死海)의 과실[224]이었는데, 세 회의(會議)[225]를 통한 공회의 운동에 반대했을 때 교황제는 세계주의적인 전통과 지방할거주의라는 새로운 사고(思考)를 제대로 조정할 기회를 놓쳐버렸다. 13세기에 제권(帝權)을 전복함으로써 교황제가 획득한 무한정의 권력은 교황제를 중요한 제도로 하는 사회와 교황제 자체에 해로운 것이었다. 공회의 운동은 그런 권력에 대한 구제책과 교황청의 정치가에게 천재일우의 기회를 제공했는데 기독교 공화체(共和體)가 거부한 그 문제는 영국이 몇 번이나 따끔한 맛을 본 뒤에 받아들인 것과 같은 방법으로 해결되었다.[226] 교황은 15세기 초에 고통으로 말미암은 지혜를 통해 영국 국왕이 얻은

---

적인 주권을 묵인했고 그 군주들에게 교회의 교구를 늘릴 것을 강요하지 않았다.

222. "이르되 가이사의 것이니이다 이에 이르시되 그런즉 가이사의 것은 가이사에게, 하나님의 것은 하나님께 바치라 하시니" 〈마 22:21〉

223. 교황청은 교회의 승려정치에 대립하는 주권을 주장하되 교회에 대한 충성은 부인하지 않는 지방 국가들과 여러 협정을 체결했다. 그러나 양보 정책의 극단을 보여주는 무솔리니와의 조약(1929)과 히틀러와의 조약(1933)이 시사하는 것은 교황과 지방적 주권의 협약은 참된 조정이 아니라 사실로 굳어진 혁명으로부터 체면을 살리려는 타협 내지는 묵종이라는 사실이다.

224. 사해(死海) 근방의 산물로써 외양은 아름답지만 손에 쥐면 연기가 나면서 재가 된다고 함.

225. 두 교황이 동시에 선출된 이래의 분립을 종결시키기 위해 1409년에 소집된 파사 회의에서는 대립하는 두 교황을 공히 이단으로 단정하여 파면하고 〈알렉산더 5세〉를 새 교황으로 선출했다. 그러나 교회는 그 회의가 교황의 소집에 의하지 않았다는 이유로 그것을 인정하지 않았다. 이어서 1414~1418에 개최된 콘스탄스 회의는 대립하는 세 교황을 모두 폐위시키고 〈마르티누스 5세〉를 교황으로 선출함으로써 분립을 종결시키고 협약에 따라 교회와 국가 간의 문제와 위클리프 파로 대표되는 이단 문제를 해결했다. 이어서 1431~1449에 개최된 바젤 총회의는 콘스탄스에서 논의한 내용을 계승하여 공회의 운동을 출범시켰다.

226. 신성로마 제국은 실체를 유지하고 있는 한 동종의 세계적인 권력으로써 교황제에 대한 균형추로 작용하고 있었는데, 호엔슈타우펜가(家)의 몰락에 이어 바빌론 유폐와 대분열 기간에 급속한 하락과 타락을 겪은 교황제에 있어 공회의 운동은 지방할거주의를 배격하되 지방적인 주권에는 어느 정도의 권리를 이양해야 한다고 주장했다. 그 운동을 불러일으킨 가장 중요한 요인은 교황의 끊임없는 비행과 추문이었지만, 기독교 공화체에 의회제를 도입할 것을 주장함에서 교황이 행정장관

교훈[227]을 배웠으면 좋았겠으나 역대의 교황들은 공회의 운동에 부딪힐 때마다 마음을 경화(硬化)시켰다. 그런 태도는 공회의 운동을 무산시킨다는 목적은 달성했으나 그 불모의 성공은 참다운 조정의 기회를 내던지고 서구 기독교 세계를 세계주의적인 유산과 새로운 지방할거주의의 대립 때문에 분열되는 운명으로 몰아넣었다.

이 알력은 서구사회에 혁명(革命)과 이상사태(異常事態)라는 비통한 결과를 초래했다. 그 분쟁을 해결하려는 혁명의 본질은 개인적인 양심의 권위가 교황제의 권위를 대치하는 것이었지만 신교도 제국(諸國)에서는 교황청으로부터 빼앗은 권력이 지역적인 국가에 귀속된다는 결과가 발생했다. 신교도 지역에서의 그 변천은 대부분 과격한 혁명으로 달성되었으나 구교도 지역에서는 협약을 통해 비종교적인 국가와 자유로운 국가에서의 자유로운 교회를 구현한다는 공식에 따라 대체로 온건하게 수행되었다. 그리고 〈합스부르크가의 요셉 2세〉〈코르시카의 나폴레옹〉〈로마인 무솔리니〉〈오스트리아인 히틀러〉 등은 모두 순수한 가톨릭적 분위기 속에서 성장한 인물이었다. 정치적 독립에 더하여 종교에 있어서 교황과 같은 권위를 확립하려는 지방의 군주들과 정치적 투기장에 입장함으로써 주권국가라는 옷을 입고 세속으로 추락한 사교공국(司敎公國)이 출현한 것은 세계교회와 지방할거주의가 초래한 이상사태였다. 이 사태에 있어서 가톨릭교회의 세계적인 지배권에 모순되고 세속적 관심이 교회의 초세속적(超世俗的)인 사명에 배치되어 악몽과 같은 모습을 보인 알프스 이북의 사교공국은 세속적인 여러 나라의 영토욕에 희생되어 최종적으로 멸절되었다. 이어서 이탈리아의 교황국가도 나폴레옹 제국과 나폴레옹의 이탈리아 왕국에 분할되었다가 현재의 이탈리아 왕국에 병합됨으로써 같은 운명에

---

이 되는 것을 거부하지는 않았다.
227.  영국 국왕들은 감금된 후 강요에 따라 퇴위한 〈리처드 2세, 1377~1399〉와 같이 13~14세기에 의회제에 대항하다가 몇 번의 수난을 겪은 후 긴 안목으로 보면 의회를 동반자로 삼는 것이 자기들의 입장을 강화하는 것임을 깨달았다.

빠졌다. 로마교회의 견해가 어떤 것이든 간에 가톨릭교도가 아닌 사람들은 그 것이 교회의 이득(利得)이 되었다고 생각할 것이다. 그러나 같은 관점으로 볼 때 바티칸이라는 좁은 영역에서 교황의 세속적 주권이 회복된 것은 교황의 정 치적인 착오(錯誤)에 의한 것임이 분명하다. 지방할거주의가 인간의 행복에 있 어서 중요한 장애이자 인류의 대적이 된 때에 교황이 지방적 주권을 회복한 것은 교황체(敎皇體)를 선망하던 지상의 왕국을 탈취함으로써 바티칸의 수인(囚 人)이라는 훌륭한 역할을 맡긴 천사 편에 서기를 거부하고 유해하고도 시대착 오적인 제도에 가담한 것이었던바 비가톨릭교도는 그것을 유감으로 여기지 않을 수 없을 것이다. 신교도 지역의 군주들이 교황에 의한 승려정치(僧侶政治) 를 배척하고 그 권위를 찬탈하려고 했던 시도는 왕권신수설(王權神授說)이라는 환상적인 학설을 낳았는데, 그것은 국민국가에 대한 이교적(異敎的) 숭배라는 무서운 형태로 서구사회에 큰 재앙을 초래하고 있다. 그 이교적인 주장은 정 치에의 필연적인 결과로써 영토에 속한 사람에게 종교도 속하게 된다는 기괴 한 공식(公式)을 낳았으며 그동안 오래도록 지속된 종교전쟁에 있어서 첫 휴전 은 그 공식에 의해 실현되었다. 신교도 제국(諸國)에 왕권신수설과 기타의 기괴 한 공식이 생겨난 것은 지방의 주권이 지배하는 영토의 지역적인 교회가 불가 분적 하나인 가톨릭교회를 부인하는 사태를 초래했다.

이런 상황에서 아무리 자유롭게 상상의 날개를 편다고 해도 지방할거주의가 기독교회에 미친 영향은 이러한 사태에 구현된 것 이상으로 기독교의 본질에 예리하게 충돌하고 있다는 사실을 떠올리게 되는 것은 매우 난감한 일이다.

### (4) 종교(宗敎)와 문명(文明)

#### ① 통일의식이 종교에 미친 영향

전 인류에 대해 사명을 갖는 고등종교는 몇몇 문명이 좌절과 붕괴를 거친 후에 출현했으므로 역사의 무대에는 비교적 새롭게 등장한 것이며 선행(先行) 이 없는 문명의 종교는 미개사회의 종교와 마찬가지로 지역을 기반으로 하는 세속의 제도에 결부되어 있다.[228] 미개 종교는 시야가 좁고 종족 간에 반목을 초래한다는 제한과 결점을 내포하고 있기는 해도 하나의 중요한 이점으로써 여러 종족이 공존하는 사회에 상생의 정신을 함양한다. 어떻게든 하나로 통합된다는 것은 상상조차 하지 못한 미개사회에 있어서 독립적인 지방사회가 여럿인 것은 항구적인 사태로써 당연한 일이고 각 지방을 대표하는 신들은 인간과 동등한 입장에서 그 사회의 성원으로 인정되므로 여러 사회가 공존하는 상황을 받아들이는 것은 다수의 지방신(地方神)을 수용하는 것과 같다. 이러한 사회적 상태에서 인간의 영혼은 신의 통일성과 편재성에 대해서는 맹목(盲目)이지만 바로 그 때문에 그들은 신을 형태와 명칭을 달리하여 숭배하는 타인과의 관계에 있어서 관용에 반하는 유혹에 빠지지 않는다. "신은 하나이기 때문에 인류는 동포다"라는 인식을 종교에 도입한 것은 영혼의 섬광(閃光)이지만 동시에 그것이 인간의 영혼(靈魂)을 종교적 불관용과 박해라는 죄에 빠지게 한 것은 역사에 있어 가장 통렬(痛烈)한 풍자일 것이다.

통일을 위한 불관용과 박해라고 하는 이 이상사태는 고등종교가 발현된 곳이라면 어디에서나, 언제나 그 무서운 모습을 나타냈다. 그리고 전염성이 강한 그 정신은 그에 맞서는 사람의 영혼에도 같은 정신을 일으키는 것인바 창조적 인격과 일반적인 대중 사이에는 그 관계적 본질에 따르는 긴장으로 말미암아 항쟁을 위한 전장(戰場)이 형성된다. 우리는 최고로 중요한 삶의 영역에서 가장 치열하게 전개되는 그 항쟁의 격정이 일신교의 비전을 이집트에 부과하려고 했던 〈이크 나톤〉의 기도(企圖)에서 불타올랐음을 알고 있다.[229] 더하여 열

---

228. 신교도 제국에서의 그 이전은 지방적 주권이라는 근대적인 제도의 발현을 부추겼으나 근대적인 지방주권의 원천은 신교도가 발을 들이지 않은 이탈리아 도시국가였다. 그리고 알프스 이북에서의 지방주권은 구교도와 신교도의 구분 없이 모든 지역에서 출현했는데, 이 사실은 세계교회와 지방할거주의가 일으킨 충돌을 해결하려는 혁명은 신교도의 과격한 혁명만이 아니라 구교지역에서의 은근한 변화로도 표출되었음을 의미한다.

229. 예언자 황제의 고압적인 태도와 그의 노력을 좌절시킨 승려들이 표출한 증오는 고고학적 발굴(發掘)로 명백히 밝혀졌다.

렬한 광신이 유대교의 발생과 그 여정에 무서운 빛을 비췄는데 유대교도가 같은 권역에 속한 여러 민족의 신앙을 맹렬하게 거부한 것은 여호와 숭배를 영성화(靈性化)하여 일신교로 고양한 업적의 이면(裏面)으로 되어 있다. 그것은 이스라엘과 유다 예언자들의 정신적 위업이지만 그 격렬한 정신이 언어에서 행동으로 옮겨져서 결실된 것은 Maccabée의 반란과 헬레니즘에 대한 쟁투로 말미암은 결정적 타격이었다. 유대교는 언제나 그 야누스적이고 불쾌한 얼굴을 헬레닉 사회의 이웃에게 돌리고 있었던바 〈유베날리스〉는 그런 이유로 유대인을 반사회성과 미신의 화신으로 인증(認證)했다. 그는 추종자들을 악명높은 전투성(戰鬪性)에 빠뜨린 이 종교의 숭고함을 알지 못했음이 분명하지만, 자세히 살피면 기독교의 역사에서도 광란의 정신이 격발(激發)했음을 알 수 있다.

이로써 명백해지는바 통일의식이 종교에 미친 영향은 종교적 불관용과 박해라는 형태의 정신적 이상사태를 유발하는 성향(性向)을 가지고 있다. 그러므로 이 사태는 합당한 조정이 이루어지지 않을 때 극단적인 혁명을 초래할 것이다. 도덕적인 조정은 관용의 덕(德)을 인정하고 실천하는 것이며 관용의 정당한 동기는 종교의 본질을 직관적으로 인정하는 것[230]이다. 이 직관에 따른다면 어떤 종교가 차원이 높다는 이유로 야만적인 수법으로 교세를 확장하는 것은 종교 특유의 도덕성에 반하는 일이다. 역사적인 사례로써 무하마드가 정립한 이슬람교의 관용은 종교적이라는 것이 명백하지만 불관용(不寬容)인 기독교의 역사에 드리운 관용의 막간극은 가치(價値) 있는 것이 아니다. 무하마드는 정복된 기독교도와 유대교도를 이슬람교도와 마찬가지인 천계(天啓)의 서(書)를 가진 사람들로 관용할 것을 명령했는데, 그것이 조로아스터교에 대해서도 시행된 사실은 이슬람교를 움직인 관용의 정신을 여실히 드러내는 것이다.[231] 그

---

230. 모든 종교는 동일의 정신적 목표를 탐구하는 것이므로 그 목적에 있어서 다르지 않고, 각각의 Inspiration에 의한 진보의 정도만 다를 뿐이라는 사실을 인정하는 것.
231. 무하마드를 계승한 우마이야 왕조가 시행한 관용은 재정적인 사유에 의한 것일 뿐 종교적인 관용과는 거리가 멀었다.

러나 3세기에 시행된 로마제국과 기독교의 모든 관용(寬容)[232]은 정책에 의한 것인 동시에 힘의 균형에 의한 것이므로 물질적인 우세(優勢)를 확보하면 어느 쪽이든 그것을 선제적으로 폐기했다. 4세기 말 이전에 기독교도가 자행한 불관용은 1300년 동안 계속되면서 선조의 죄에 대한 형벌이 자손에게 내릴 때까지 서구인의 영혼을 붙들고 있었다. 서구교회가 통일로 인해 전능했던 기간에 교회의 이름으로 자행한 잔학 행위들[233]은 교회와 지방할거주의가 일으킨 충돌 이래로 150년에 걸쳐서 넘치도록 보수(報讎)되었다. 서구사회는 여전한 불관용의 정신과 함께 그 분열적인 운동에 사로잡혀 이교도에게 행했던 잔학 행위를 구교와 신교로 나뉜 자기들의 사회로 돌렸는데, 동족상쟁 특유의 잔인함으로 싸운 신교도와 구교도의 종교전쟁은 17세기 후반까지 서구사회를 괴롭혔다. 종교에서의 그 불관용은 절대적인 악(惡)이었을 뿐만 아니라 극심한 시대착오였다. 신교도와 구교도가 150여 년에 걸친 종교전쟁을 갑자기 중단함으로써 17세기의 하반기에 시작된 종교적 관용의 시기는 지나치게 늦었을 뿐만 아니라 로마제국의 종교적 관용보다 견유적(犬儒的)이었다. 그들이 자각(自覺)한 것은 종교전쟁이 무익한 죄라는 사실이 아니라 어느 쪽이든 승리할 가망이 없으며 스스로 교리나 교회의 지배를 위해 희생할 생각이 없다는 것이었다. 선조들이 2세기 동안 향수(享受)했으되 이제 우리로부터 사라지고 있는 종교적 관용의 체제는 매우 취약한 기반 위에 세워진 것이었다. 그렇지만 관용(寬容)은 통일의식이 종교에 미치는 영향으로 말미암는 광신에 대한 최고의 해독제인바 이 평범한 보호 수단이 부족하거나 사라지면 그 네메시스가 광신(狂信)의 무서운 발흥이나 종교에 대한 혁명적인 반응으로 나타난다. 광신의 발흥

---

232. 〈콘스탄티누스 1세〉가 311년에 기독교에 대한 관용령(寬容令)을 내린 것, 〈콘스탄티누스〉와 〈리키니우스〉가 313년에 밀라노 칙령으로 기독교를 공인한 것, 기독교도 황제들이 382~392년에 여러 종교에 시행한 일시적 관용, 〈율리아누스〉가 시행한 이교도에 대한 관용.

233. 교회가 그 이름으로 프랑스 남부의 카타리파, 카스티야의 유대교도와 이슬람교도, 발트해 연안의 이교도 등에게 자행한 잔학 행위.

은 유대교도 시카리파의 만행(蠻行)과 스페인이 자행한 이단 심문의 역사에 그 사례가 있고, 혁명적 반응은 "종교는 이 정도로까지 악을 유혹할 수 있었다"라는 말과 "파렴치한을 타도하자"라는 격문(格文)으로 입증되어 있다.

### ② 종교가 카스트 제도에 미친 영향

종교의 해악을 지적한 위의 견해들은 인도와 힌두사회의 종교가 카스트 제도에 미친 불길한 영향에 의해 지지(支持)될지도 모른다. 한 지역에 공존하는 사회적 집단들을 격리(隔離)하는 카스트 제도에 있어서 인도의 형편은 세 사례 중 가장 불행한 것이다. 카스트 제도와 종교 사이에 본질적인 관련이 있는 것은 아니지만 아리아족의 종교적 행태를 보면 인도의 카스트에는 처음부터 어떤 종교적인 차이가 있었다고 추론할 수 있다. 그리고 그 종교적인 요인은 인도문명이 힌두사회에 전달한 종교적인 경향(傾向)을 형성했을 때 강화되었음이 분명하다. 그것으로 볼 때 인도인의 강렬한 종교심은 카스트 제도에 중대한 영향을 끼쳤을 뿐만 아니라 그 해악(害惡)을 더욱 증대시켰음이 분명하다.

언제나 사회적 이상사태를 유발하는 경향을 지니고 있는바 카스트 제도가 강렬한 종교심에 억눌린 사회에서 종교적인 해석과 승인으로 고무될 때 잠재된 그 경향은 성격과 규모에서의 병적인 성장을 초래하는 것이다.

### ③ 문명이 분업에 끼친 영향

미메시스와 함께 하나의 사회적 특징을 이루는 분업은 미개사회와 문명을 구분하는 기준은 아니지만 그 사회적 영향은 문명의 진전에 따라 변질(變質)되는 경향이 있다. 미개사회에서 분업에 대해 중화적(中和的)이었던 미메시스의 능력은 사회가 문명화함에 따라 분화를 촉진하는 경향이 있는바 문명이 그런 방법으로 분업에 끼친 충격은 분화를 심화시켜 사회적 손실을 초래할 수 있다. 이 효과는 창조적 소수자를 비교(祕敎)에 빠뜨리고 대중이 균형을 상실하게 함으로써 그 사회의 문화를 위축시키는데, 우리는 창조적인 존재의 실패를 의미하는 비교화(祕敎化)와 균형 상실에 의한 대중의 정신적 기형화(畸形化)를 살핀 바 있다.

비교화는 인퇴(引退)와 복귀(復歸)로 형성되는 창조의 율동에 있어서 인퇴의 운동이 영속됨으로써 율동의 흐름이 일체(一切)의 목적이자 참다운 달성을 위한 최종적인 운동을 일으키지 못하는 것이다. 태만(怠慢)하여 창조의 행위가 될 수 있는 것을 이처럼 무산(霧散)시키는 소수자에게 엄습(掩襲)하는 형벌은 활동만이 아니라 삶의 필수 조건인 행동의 터전을 상실하는 것이다. 그러므로 비교에 빠지는 것은 소수자가 자기에게 내리는 죽음의 선고와 같다. 이 형벌은 그 비교화가 어떤 형태든 마찬가지로 냉혹한 것인데, 비교에 굴복한 소수자가 악몽에 취해 방기(放棄)한 대중에게는 지위와 수준의 항구적인 저하라는 형벌이 부과된다. 이것이 바로 위에서 살핀 사례들[234]이 증언하는 사회적 위험 [235]인 동시에 오늘날 서구사회의 대중이 직면한 상황이다. 이것이 바로 비교화에 따르는 형벌인 것인바 여기에 있어서 창조적 존재가 스킬라를 피하려고 하면 부지중에 카리브디스에 빠질 수 있다. 왜냐하면 미메시스에 호소하여 대중을 자기와 같은 수준으로 올리려고 하는 창조적인 존재의 노력은 특화된 훈련에는 성공할지라도 대중의 자연스럽고 조화있는 발달을 저해할 수 있기 때문이다. 복귀한 창조자의 이러한 노력에 대해 대중은 어떻게 하더라도 자기들의 수준을 그처럼 향상할 수 없다는 사실에 직면하게 된다. 이러한 상황에서 창조적인 존재가 범인(凡人)에 대해 그 전인격적(全人格的)인 면은 도외시하고 특정의 능력을 함양하려고 하는 지름길을 취한다면 그것은 그들을 끌어올리는 것이 아니라 편벽(偏僻)된 방향으로 무리하게 발달시키는 것이 된다. 범인의 특정한 능력을 이상한 형태로 발전시킴에 있어서 미메시스라는 술책에 의지하거나 기계적인 작업에 몰입하게 하는 것은 그다지 어려운 일이 아니다. 이로써

---

234. 피라미드를 건설한 자들의 시대와 뒤를 이은 이집트 농민들이 봉착한 상황, 로마제국의 망령인 동로마 제국이 건설된 이후로 아나톨리아의 정교 기독교도 농민이 직면한 상태, 표트르가 러시아에 서구화된 상부구조를 덧씌운 이후로 러시아 농민에게 초래된 상황, BC 5세기에 헬레닉 사회의 노예와 여성에게 강요된 것, 힌두사회에서 저급한 카스트와 천민이 감수해야 했던 상황.

235. 그것이 사회적인 위험인 이유는 비교에 빠져 지배적인 존재로 변한 소수자의 억압으로 인해 대중이 프롤레타리아트로 분리되는 것은 사회적 붕괴의 확실한 징조이기 때문이다.

수많은 인간이 기계와 같은 존재로 전락하여 불구적(不具的)인 편벽성을 나타내고 있는데, 이 피상적인 방책에 의한 희생자는 대중만이 아니라 사회적 율동의 주관자로 여겨지는 계층에서도 발견된다.[236] 위에서 살폈듯이 제재당한 자들이 다른 부분에서는 인간 이하의 수준으로 추락하는 것을 감수하고 한 분야에서 특화한 비극은 바로 이 시대에 기술적으로 전문화한 대중이 당면한 문제다. "너희 중에 누가 염려함으로 그 키를 한 자라도 더할 수 있겠느냐"라는 말씀은 신체에만이 아니라 정신에도 적용되는 것인바 정신력의 한 부분을 비정상적으로 발달시키는 것은 보편적인 정신력의 감퇴를 초래한다. 대중을 창조적인 존재의 수준으로 올리려는 잘못된 방법의 네메시스인 이 정신적 불구화의 병폐는 형제를 비판하지 말라는 진리를 무시하여 아우를 지킬 책임을 부인하는[237] 창조적 존재의 비교화(祕敎化)와 함께 분업에 대한 문명의 충격이 초래하는 중대한 사회적 이상사태(異常事態)다. 그리고 예수의 꾸짖음을 받은 서기관이나 바리새인의 죄와 〈이븐 할둔〉이 경계한 군주의 지나친 엄격함도 동일한 사태인바 뒤진 자에게 무리를 강요하여 자기에게 맞추려고 하는 개척자는 〈Pâté de foie gras〉[238]를 만들기 위해 지나친 먹이를 주어 거위를 괴롭히는 자들과 같은 괴물일지도 모른다.

창조적 소수자의 비교화와 대중의 정신적 기형화에 의한 황폐화(荒廢化)는 사회적으로 중대한 사태인바 그러한 상황에서는 조정(調整)이나 혁명(革命)으로 그것을 저지하려는 운동이 일어나는 경향이 있다. 그 운동은 문명의 성장하는

---

236. 이 편벽성(偏僻性)은 제재의 도전에 대한 응전을 살필 때 고찰한 것. 우리는 민주주의와 산업주의를 주도한 자들과 개척자적인 정치가나 실업가가 정치, 경제, 과학, 문예 등의 방면에서는 탁월했으나 차원 높은 인간성의 발현인 신앙과 박애 등 정신적 능력을 발현함에는 부실한 경우가 많다는 것을 알고 있다.

237. "네가 어찌하여 네 형제를 비판하느냐 어찌하여 네 형제를 업신여기느냐 우리가 다 하나님의 심판대 앞에 서리라"〈롬 15:10〉, "여호와께서 가인에게 이르시되 네 아우 아벨이 어디 있느냐 그가 이르되 내가 알지 못하나이다 내가 아우를 지키는 자니이까"〈창 4:9〉

238. 거위의 간을 재료로 하는 지방(脂肪)이 많은 음식.

활력이 강할수록 사회적 위험에 대해 민감하게 반응한다. 이 민감성은 기원전 5세기에 정점(頂點)을 향하고 있었던 헬레닉 사회가 발현(發顯)한 성질(性質)이었는데, 그 성향(性向)은 〈Idiotes〉와 〈Banausos〉를 비난하는 것으로 표출되었다. 이디오테스는 타고난 재능(才能)을 자기만을 위해 사용하는 죄를 의미하는 말인바, 거기서 유래된 〈Idiot〉는 그러한 행동에 대한 당시의 시각이 어떤 것이었는지를 말해주고 있다. 〈Idiot〉가 백치(白癡)와 바보를 의미하게 된 것은 이디오테스의 함축성(含蓄性) 때문이지만 그 참된 의미에 주목할 때 그 단어(單語)는 칭찬의 말로 사용될 수 있다. 그럴 때 이 말은 기업(企業)을 통해 재산을 증식하는 일에 몰두하는 유능한 사람을 의미하는 것인바 당시의 헬레닉 사회가 극도로 혐오한 것은 바로 서구사회의 이러한 영웅이었다. 이디오테스의 반극(反極)인 바나우소스는 보편적인 발달(發達)을 희생함으로써 특정한 기술에 특화(特化)하는 것을 의미하는 말인데 그들이 이 경멸적인 용어(用語)를 사용할 때 염두에 둔 것은 개인적인 이익을 위한 수공(手工)이나 기계(機械)의 일이었다. 치부(致富)를 위한 근면을 악덕으로 여기고 자신만을 위한 기술을 혐오했던 헬레닉 사회[239]가 강력히 표출한 Banausia(Banausos의 복수형)의 위험에 대한 민감성은 다른 사회에서도 확인할 수 있다. 예를 들면 안식일은 일주일의 6일 동안 개인적 이익을 위한 일에 전념해 온 사람들이 그 공허한 반복을 멈추고 하루만이라도 창조주를 생각하면서 영적인 삶을 살게 하는 것이다. 또한 산업주의의 발흥과 동시에 영국에서 성행된 각종 스포츠가 세계로 퍼진 것은 영혼을 파괴하는 분업의 영향에서 벗어나 Recreation을 도모(圖謀)하려는 것이었다. 그러나 스포츠를 통해 생활을 산업주의에 적응시키려는 근간(近間)의 시도는

---

239. 보이오티아에서는 그 이름의 낙인(烙印)으로 정치적 자격을 박탈했고, 스파르타는 자유민이 개인적 이익을 위한 공예를 익히는 것과 경기대회를 대비한 연습을 금지했으며, 헬레닉 사회의 제전(祭典)에서 상으로 수여한 것은 풀이나 나무로 만든 화환이었다. 여기에 있어 하나의 역설은 스파르타인이 전쟁기술에 직업적으로 전문화함으로써 바나우시아의 화신(化神)이 된다는 불행한 결과를 초래한 것이다. 그러나 이 함정에 빠지지 않은 아테네는 천재적인 능력으로 살라미스 해전을 승리로 장식한 테미스토클레스의 전문화된 기술을 비난하기를 마다하지 않았다.

스포츠의 본질이 확장된 산업주의의 정신과 율동에 오염되었기 때문에 실패하고 있다. 그것은 스파르타인이 엄격히 금지했던 바나우시아가 경계(境界)를 벗어나 그들의 독특한 전쟁기술에 접목된 것과 같은 것인바 오늘날에는 직업적인 경기자가 극도로 전문화하여 바나우시아의 극치를 나타내고 있다. 전문화된 선수들이 거대한 경기장에서 펼치는 축구경기(蹴球競技)는 유희(遊戲)가 아니라 산업주의가 기능을 상실한 해독제인 스포츠에 대한 승리를 자축(自祝)하는 것일지도 모른다. 이에 대응하는 헬레닉 사회의 행태(行態)는 아마추어 경기자[240]가 원형 경기장의 직업적인 검투사로 교체된 것인데, 사회적 이상(異狀)이 조정되지 않은 채 이처럼 방치된다면 철학자가 그것을 일소하기 위해 혁명적인 방법을 모색하는 것은 당연한 일이다. 플라톤은 외부와 교류할 수 없고 자족농업 이상의 경제적 유인(誘因)이 없는 내륙에 유토피아를 건설함으로써 바나우시아의 뿌리를 뽑으려고 했다. 이어서 Erewhon이라고 하는 이야기로 그 사조(思潮)를 풍자한 〈Samuel Butler, 1835~1902〉는 유토피아 주민이 모든 기계를 파괴한 상태를 상상하고 있는데, 그것은 인류가 기계의 노예로 전락하는 것을 경계한 것이다. 기계와 인간의 관계가 역전된다는 상상은 대중을 창조적인 소수자와 같은 수준으로 끌어올린다는 덧없는 시도로써 다양한 능력을 희생시켜서 한가지 능력을 특이하게 발달시킬 때 인성(人性)의 조화가 무너져서 발생하는 사태에 대한 적절한 우화이다.

## 3) 창조성(創造性)의 네메시스

### (1) Peripeteia의 문제

미메시스의 기계적 성질과 제도의 경직성에 이어서 창조성의 네메시스를 살피는 것은 문명 좌절의 원인에 대한 고찰의 마무리가 될 것이다. 역사적으

---

240. 그리스 시인 〈Pindaros, BC 522~442〉는 운동경기에서 승리한 자를 찬양하는 불후(不朽)의 송시를 남겼다.

로 하나의 도전에 성공적으로 응전한 개인이나 집단은 이어지는 도전에 대한 응전에 실패하는 경향이 있다. 당혹스럽지만 명백히 정상적인 이 사태는 아티카 희극의 중요한 주제였는데 아리스토텔레스는 신약성서의 중요한 주제인 이 문제를 역할의 역전(逆轉)이라고 하는 Peripeteia로 다루었다. 신약성서의 드라마에 있어서 헬레니즘에 대한 영웅적인 반항을 주도하는 것으로 두각을 드러낸 율법사와 바리새인은 인간으로 출현하여 대망(待望)의 메시아를 그리스도 신앙으로 실현한 그리스도를 부인했다. 그들을 지도적인 지위에 올려놓은 통찰력과 고결함은 유대인만이 아니라 인류의 운명에 있어서 중대한 의미를 갖는 위기에서 그들을 버렸고 참된 메시아의 탁선(託宣)을 이해하고 수용한 것은 세리와 매춘부였다. 메시아 자신은 이방인의 땅[241]에서 오셨던 것이며 메시아가 남긴 유언을 집행하여 그 가르침을 헬레닉 사회의 심장부로 들이는 것도 타르수스에서 출생한 바울의 역할이었다. 페리페테이아라는 테마의 이 기독교적인 묘사(描寫)에서 역전(逆轉)의 역할은 유대민족의 엘리트였던 바리새인과 유대인으로부터 추방된 사람들에 의해 이행되고 있다.[242] 포도원의 품꾼과 나쁜 농부의 비유에서 강조된 교훈은 여러 다른 비유에도 담겨 있고 예수와 백부장(百夫長)의 마주침은 예수께서 두로(Tyra)와 예루살렘에서 행하신 만남과 대등한 것이다.[243] 그리고 메시아에 대한 이방인의 이 접근은 예수께서 자기가 준행하는 사업의 결실에 관한 예언을 선포하는 기회가 되고 있다.

---

241. "전에 고통받던 자들에게는 흑암이 없으리로다 옛적에는 여호와께서 스불론 땅과 납달리 땅이 멸시를 당하게 하셨더니 후에는 해변 길과 요단 저쪽 이방의 갈릴리를 영화롭게 하셨느니라"〈사 9:1〉"스불론 땅과 납달리 땅과 요단강 저편 해변 길과 이방의 갈릴리여"〈마 4:15〉

242. 나사렛 회당에서의 설교에서 보는 것처럼 바리새인과 세리의 역할은 때때로 유대인 전체와 이방인에게로 확대된다. 예수는 거기에서 기근 때 파견된 엘리야가 구조한 여인은 이스라엘인이 아닌 시돈인이고 엘리사로부터 나병을 치료받은 사람은 유대인이 아니라 다마스커스 사람이었다는 사실을 상기시켰다.〈눅 4:16~32〉

243. 포도원의 품꾼과 나쁜 농부의 비유는〈마 20:1~16〉과〈마 21:33~44〉를 참조할 것. 여러 다른 비유는 「누가복음」에 기록된 탕자의 비유, 부자와 나사로의 비유, 바리새인과 세리의 비유, 착한 사마리아인의 비유, 큰 잔치의 비유를 지칭함. 예수는 경외(境外)인 두로에서 시로페니키아 여인을 만났고, 예루살렘에서는 헬라인과 마주쳤다.〈마 15:5~28〉및〈요 12:20~22〉을 참조할 것.

신약성서에 이와 같은 비유와 사건이 수록된 역사적 배경(背景)에서 기독교가 표방한 페리페테이아는 유대교 성전(聖典)에 함축된 표현의 변형이다. 구약과 신약에서 연출된 비극의 공통된 줄거리는 신의 귀중한 선물[244]이 그것을 취득할 수 있었을 사람으로부터 그럴 가망이 없는 사람에게 옮겨진 것인데, 〈에서〉와 〈야곱〉의 역전은 신약성서의 여러 곳에서 페리페테이아의 문제를 제시하고 있다.[245] 그 비극들은 자체로도 중대한 의미를 갖지만, 역사에서 예증(例證)되는 신비의 우화로는 문자적인 의미보다 더 큰 의미를 지니고 있다. 그러므로 예수께서는 페레페테이아의 원리를 시공을 초월하는 말씀[246]으로 선포하신 것인데, 그에 있어서 역전의 당사자는 바리새인과 세리 또는 유대인과 이방인이 아니라 성인(成人)과 유아(乳兒)이다. 불손한 자와 순전한 자가 지어내는 페리페테이아의 이 역설은 바울의 기쁨에 넘치는 말 가운데서 우화의 칼집 밖으로 튀어나오고 있다.[247]

우리는 아티카와 신약성서의 드라마 속에서 현저한 역할을 하는 원리를 어떻게 설명할 것인가? 인간사에 있어 모든 사상(事象)의 작인(作因)을 신에게서 찾아내는 것이 미신(迷信)의 요체인바 소박한 정신은 인걸(人傑)의 몰락을 인간

---

244. 성서에서 신은 초자연적인 유산을 인간에게 전하는 수단으로 간주(看做)되어 있다.

245. 에서는 야곱에게 생득권(生得權)을 팔았으나 다음에는 역할을 바꿔서 야곱이 에서에게 조상 전래의 재산을 넘겨주고 있다. 신약성서에는 야곱의 자손인 유대인이 그리스도를 거부하는 것을 주제로 하는 몇몇 장을 통해 페리페테이아를 제시되어 있다.

246. "예수께서 앉으사 열두 제자를 불러서 이르시되 누구든지 첫째가 되고자 하면 뭇사람의 끝이 되며 뭇사람을 섬기는 자가 되어야 하리라 하시고"〈눅 9:35〉, "누구든지 자기를 높이는 자는 낮아지고 누구든지 자기를 낮추는 자는 높아지리라"〈마 23:12〉, "이와 같이 나중 된 자로서 먼저 되고 먼저 된 자로서 나중 되리라"〈마 20:16〉, "그들에게 이르시되 누구든지 내 이름으로 이런 아이를 영접하면 곧 나를 영접함이요 또 누구든지 나를 영접하면 나를 보내신 이를 영접함이라 너희 모든 사람 중에 가장 작은 자가 큰 자니라"〈눅 9:48〉, "예수께서 이르시되 너희가 성경에 건축자들이 버린 돌이 모퉁이의 머릿돌이 되었나니 이것은 주로 말미암아 된 것이요 우리 눈에 기이하도다 함을 읽어 본 일이 없느냐"〈마 21:42〉

247. "그러나 하나님께서 세상의 미련한 것들을 택하사 지혜 있는 자들을 부끄럽게 하려 하시고 세상의 약한 것들을 택하사 강한 것들을 부끄럽게 하려 하시며 하나님께서 세상의 천한 것들과 멸시받는 것들과 없는 것들을 택하사 있는 것들을 폐하려 하시나니 이는 아무 육체도 하나님 앞에서 자랑하지 못하게 하려 하심이라"〈고전 1:27~29〉

적인 기질과 초인적인 힘을 지닌 존재의 작용으로 설명하는 경향이 있다.[248] 이러한 정신에 매료된 헬레닉 사회는 그 원시적인 관념을 세련되게 하는 독창성과 그것을 고집하는 보수성에서 현저했다. 우리는 소박함과 세련됨의 혼합에 있어서 유례가 없는 헬레닉 사회의 견해를 헤로도토스와 호라티우스의 생각에서 살필 수 있다. 〈크세르크세스〉의 오만과 몰락을 묘사한 「헤로도토스 서곡」이 말하는 명제는 신의 질투(嫉妬)에 대한 간결한 언급이며 이어서 방자(放恣)를 드러낸 크세르크세스에게 닥치는 위대한 신들의 질투가 자세히 표방되어 있다.[249] 패배의 도상에서 자기의 대군(大軍)을 바라보면서 자신을 신과 같은 존재라고 선언할 때 크세르크세스는 자신의 운명을 돌이킬 수 없는 정도로 결정한 것이었는데, 이후에 크세르크세스가 육체의 유한함을 생각하여 비통에 빠진 것으로는 신의 질투를 누그러트릴 수 없다는 사실이 연출되어 있다. 헤로도토스는 그 장면에서 제기된 명제를 〈크로이소스〉와 〈폴리크라테스〉의 우화(寓話)에 더욱 진지한 태도로 상정했다.[250] 그의 신은 전자(前者)의 우화에서 다소 인간적인 친절을 보이고 있지만 후자(後者)의 이야기에서는 앙심과 악의를 노골적으로 표출하고 있다. 헤로도토스의 그런 태도는 호라티우스에 의해 다시 포착되었으나 신의 질투라는 관념을 미개사회로부터 계승한 문명은 헬레니즘만이 아니다. 중국사회의 동란기에 출현한 도덕경(道德經)은 우주의 작용

---

248. 소박한 견유주의(犬儒主義)로서 '신들의 질투'를 전제로 하는 냉소적인 답변.
249. 그 서곡은 크세르크세스의 숙부(叔父)인 아르타바누스의 말로 처리되어 있다. 크세르크세스는 페르시아 전쟁에 앞서서 "이 계획을 달성하면 페르시아 제국은 하늘과 접경하게 될 것이다. 그 이유는 이후로 태양 아래에 우리와 경계를 접하는 나라가 없을 것이기 때문이다"라고 말했다고 함. 헤로도토스는 헬레스폰트에 다리를 놓으려는 것에 대한 포세이돈의 질투, 우주의 지배를 호언장담한 것에 대한 제우스의 질투, 영토를 일출하는 곳에서 일몰하는 곳까지 넓힌다는 것에 대한 헬리오스의 질투를 크세르크세스에 대한 신들의 질투로 제시했다.
250. 헤로도토스는 아르타바누스가 비통에 잠긴 크세르크세스와의 대화에서 "인생은 비참한 것이고 죽음은 그로부터의 기꺼운 탈출이 된다"라고 말하게 함으로써 신의 질투에 의한 죽음의 명제를 도출했다. Lydia의 〈크로이소스, BC 560~546〉는 영화를 자랑하며 솔론이 제시한 신탁(神託)을 외면함으로써 〈키루스 2세〉에 패하여 죽을 위기에 빠졌으나 처절한 회한으로 목숨을 건졌고, 〈폴리크라테스〉는 사모스의 참주로서 해상을 제패했으나 모함에 걸려 사형에 처해졌다.

을 견유적(犬儒的)으로 설명하고 있으며, 헤로도토스보다 300년이나 앞선 시리악 사회의 동란기에 기록된 예언서에는 아르타바누스의 입에 담긴 말과 이상할 정도로 닮은 표현이 있다.[251] 그리고 같은 철학을 설명하고 있는 「전도서」는 헬레니즘의 영향을 받고 있는지 모르겠으나 그로부터 2세기가 지나서 기록된 복음서에도 동일한 생각이 드러나 있다.[252]

페리페테이아의 원인은 외적인 힘의 개입이 아니라 고통받는 자의 뒤틀린 영혼에 있는 것인데 이 결함은 신의 질투가 아니라 인간의 죄라는 진리를 밝힌 사람은 그리스인이었다.[253] Aeschylos가 피력한 바와 같이 죄인은 신의 행위에 의해서가 아니라 자신의 행위로 인해 파멸로 이끌어지는 것이다. 그의 죄는 창조주와 경쟁하는 것이 아니라 창조주로부터 자기를 구별하는 것에 있는바 인간의 이러한 비극에 대한 신의 역할은 적극적이 아니라 소극적이다. 죄인이 파멸에 이르는 원인은 창조주가 자기로부터 분리된 피조물을 감화하거나 창조의 도구로 사용할 수 없다는 점에 있다. 페리페테이아가 외적 행위자의 질투나 힘에 의해서가 아니라 정신적인 도덕률의 작용으로 일어나는 것이라면 우리는 이 심리적인 비극의 줄거리를 어떻게 해석해야 할까? 이 드라마의 전개를 분석하면 이 비극은 인간이 한편으로는 적절하지 않은 수동성에

---

251. "대저 만군의 여호와의 날이 모든 교만한 자와 거만한 자와 자고한 자에게 임하리니 그들이 낮아지리라 또 레바논의 높고 높은 모든 백향목과 바산의 모든 상수리나무와 모든 높은 산과 모든 솟아오른 언덕과 모든 높은 망대와 모든 견고한 성벽과 다시스의 모든 배와 모든 아름다운 조각물에 임하리니 그 날에 자고한 자는 굴복되며 교만한 자는 낮아지고 여호와께서 홀로 높임을 받으실 것이요" 〈사 2:12~17〉

252. "내가 다시 해 아래에서 보니 빠른 경주자들이라고 선착하는 것이 아니며 용사들이라고 전쟁에 승리하는 것이 아니며 지혜자들이라고 음식물을 얻는 것도 아니며 명철자들이라고 재물을 얻는 것도 아니며 지식인들이라고 은총을 입는 것이 아니니 이는 시기와 기회는 그들 모두에게 임함이니라 분명히 사람은 자기의 시기도 알지 못하나니 물고기들이 재난의 그물에 걸리고 새들이 올무에 걸림 같이 인생들도 재앙의 날이 그들에게 홀연히 임하면 거기에 걸리느니라" 〈전 9:11~12〉. "그의 팔로 힘을 보이사 마음의 생각이 교만한 자들을 흩으셨고 권세 있는 자를 그 위에서 내리치셨으며 비천한 자를 높이셨고 주리는 자를 좋은 것으로 배 불리셨으며 부자는 빈손으로 보내셨도다" 〈눅 1:51~53〉

253. 헤로도토스보다 앞선 시대의 에스킬루스는 「아가멤논」에서 그와 같은 통찰을 피력했다.

의해 그릇되고 다른 면으로는 파멸을 구하여 능동적으로 돌진하는 것이다. 하나의 성취에 수반되는 수동적인 착각은 이전의 노고로 인해 장래의 삶이 보장되었다는 몽상에 빠져 노 젓는 손을 놓고 쉬는 일인데 그런 우를 범하지 않는다고 해도 이전의 성공에 도취된 승리자는 변화된 다음의 도전에 대해 과거의 방식으로 응전하는 경향이 있다. 그것은 환경을 지배해야 하는 창조적 존재가 오히려 환경에 예속된 발육정지의 상태로 돌입하는 것이다. 우리는 앞에서 발육이 정지된 문명은 환경이 불변인 동안에는 그 태도를 유지할 수 있으나 환경이 바뀌면 재앙에 봉착하게 된다는 것을 관찰했다. 승리를 자랑하되 과거의 방식에 집착하여 변화를 구하지 않는 존재에게 임하는 창조성의 네메시스는 스스로 제우스처럼 폭군의 왕좌에 앉거나 파우스트가 경계한 것처럼 게으름뱅이의 긴 의자에 눕는 것이다. 바울의 경고(警告)가 창조적인 정신을 덮치는 이 수동적인 착오의 교훈이라면 솔로몬의 통찰(洞察)은 패망을 구하여 돌진하는 사람들의 묘비명(墓碑銘)이다.[254]

패망으로 돌진하는 드라마의 줄거리는 그리스 문학에서 코로스(κόρος) 휴브리스(νβρις) 아테(άτη)로 알려진 비극인데, 그리스어의 이 말들은 각각 〈포만(飽滿)〉〈무법 행위〉〈재난〉이라는 언어적인 의미에 더하여 〈성공으로 인해 조장된 심리상태〉〈정신적 균형의 상실〉〈불가능한 일을 기도하는 억제 불능의 충동〉이라는 함의(含意)를 지니고 있다. 이 3막으로 전개되는 심리적 파국이 바로 그리스 비극의 공통된 주제인데, 「시편」과 〈플라톤〉은 그것을 시적인 언어와 학술적인 말로 표현했다.[255] 하나의 줄거리에 대한 이 두 시론(時論)에서 창조성의 네메시스를 인정하게 되는바 이 비극의 발생이 현실의 다반사(茶飯事)라면 우리는 여기에서 문명 좌절의 강력한 원인을 규명한 것이다. 창조성의 네메시스는 사회생활이라는 연극에서 창조적인 존재를 현저히 감소시키거나 그들을 지배

---

254. "그런즉 선 줄로 생각하는 자는 넘어질까 조심하라" 〈고전 10:12〉 "교만은 패망의 선봉이요 거만한 마음은 넘어짐의 앞잡이니라" 〈잠 16:18〉

255. 〈시 82:6~7〉과 「법제편」의 〈691C〉를 참조할 것.

적 소수자로 변질시키는 방법으로 사회적 좌절을 초래하는 것이다.[256]

　다수의 문명이 발육정지에 빠지지 않고 성장한 것에 비추어 보면 이 창조성의 네메시스는 피할 수는 있으나 그 좁은 길을 찾아내는 것은 성서에 기록되었듯이 쉬운 일이 아니다.[257] 하나의 도전에 대한 응전에 성공한 창조적인 존재는 영혼의 재생(再生)을 통해 몰려오는 도전에 맞설 태세를 갖추게 될 것인가? 이 물음에 대한 답을 찾기 위해서 우리는 전과 같이 경험적인 조사라는 방법에 따르는 것이 좋을 것이다.

## (2) 노 젓는 손을 멈추고

### ① 일시적인 자기의 우상화

#### ㉠ 우상숭배란 무엇인가?

　노 젓는 손을 멈추는 태도는 창조성의 네메시스에 대한 수동적인 굴복이며 그에 따른 행동은 소극적이지만 그렇다고 해서 거기에 도덕적인 결함이 없는 것은 아니다. 현실에 대해 수동적이라는 것은 지난 일에 마음을 빼앗기고 있는 것인데, 히브리인의 종교 관념에 있어 지난날에 심취(心醉)하는 것은 하나님의 보복을 가장 효과적으로 초래하는 우상숭배의 죄에 속한다.[258] 그 죄는 신이 만든 숭고한 창조물을 서지 못할 곳에 선 멸망의 가증한 것[259]으로 바꾼다는 악의적인 기적을 행하여 인간이나 사회가 스스로 우상(偶像)이 되거나 특정한 제도와 기술을 우상으로 삼는 사태를 초래한다. 사람이 죽은 자신을 디딤돌로 삼아 보다 높은 것을 향해 올라갈 수 있다는 것이 진실이라면, 그 죽은 존재를 디딤돌이 아니라 기둥으로 여기는 잘못을 범하는 우상 숭배자의 양태

---

256. 그 이유는 새로운 도전은 이전의 도전에 대해 성공적으로 응전했던 자를 배제하는 경향이 있고, 지난날의 지도자에게서 다른 무엇을 달성하는 힘을 빼앗는 과거의 업적이 그들을 현재의 중요한 지위에 앉히기 때문이다.

257. "생명으로 인도하는 문은 좁고 길이 협착하여 찾는 자가 적음이라"〈마 7:14〉

258. "너는 다른 신에게 절하지 말라 여호와는 질투라 이름하는 질투의 하나님임이니라"〈출 34:14〉

259. "그러므로 너희가 선지자 다니엘이 말한바 멸망의 가증한 것이 거룩한 곳에 선 것을 보거든(읽는 자는 깨달을진저)"〈마 24:15〉

(樣態)는 에베소 사람에게 보낸 바울의 편지에 기록된 것과 같다.[260]

ⓛ 유대인

일시적인 자기 우상화의 가장 유명한 사례는 페리페테이아의 문제를 살필 때 폭로한 유대인의 과오(過誤)일 것이다.[261] 이스라엘 자손들이 황야에서 솟구치는 화산의 마력적인 모습에서 편재하는 신의 현현(顯現)을 깨우친 것은 정신적 직관에 의한 불멸의 위업이었다. 그들은 역사의 한 장(章)에서 유례없는 정신적 통찰의 혜택과 뒤따른 시련을 통해 절대적인 진리를 발견했으나 그 위대한 발견에 취하여 반진리(反眞理)의 포로로 전락하는 사태를 피할 수 없었다. 그들은 자기들이 유일하고도 참된 신을 발견한 것은 이스라엘 자손이 신의 선민(選民)임을 증명한 것으로 생각했다. 그리고 그 반진리에 속아 고심하여 도달한 정신적 성취를 신이 부여한 특권으로 간주하는 오류에 빠졌다. 유대인은 치명적 오류인 그 환상 속에서 알렉산더 이후로 헬레니즘의 충격이 제기한 도전에 응전해야 했을 때 노 젓는 손을 멈추고 있었다. 받은 달란트를 땅에 감춘 그들은 신이 주려는 더 큰 재보(財寶)를 거부했던 것인데, 유대인이 위대한 정신적 유산을 배반하여 인자가 신의 아들임을 믿을 수 없다고 하는 것은 그리스인이 예전에 부인한 헬레닉 사회의 콩트[262]를 받아들인 것일까? 사람의 아들로 태어난 메시아에 대한 유대인의 대답을 위한 질문은 위와 같이 짜여야 할 것인바 갈릴리 사람에 의해 설파(說破)된 예수의 복음은 그 동류인 이방인의 마음에 새겨지게 된 것이다.

ⓒ 아테네

이스라엘이 선민이라는 일시적인 역할에서 자기를 우상화함으로써 창조성

---

260. "그들의 총명이 어두워지고 그들 가운데 있는 무지함과 그들의 마음이 굳어짐으로 말미암아 하나님의 생명에서 떠나 있도다"〈엡 4:18〉

261. 이웃인 아랍인, 페니키아인, 팔레스타인인의 정신을 꺾은 시련을 통해 전취(戰取)한 정신적인 재보(財寶)를 자랑으로 삼은 유대인은 그 정신적 성장의 일시적인 국면을 우상화하는 죄를 범했다.

262. 제우스의 정사(政事)에 관한 전설을 지칭하는 표현.

의 네메시스를 겪었다면 아테네는 헬라스의 교육이라는, 마찬가지로 한시적인 역할에 열중함으로써 같은 운명에 빠져들었다. 아테네가 두 현안을 멋지게 해결함으로써 그 유명한 칭호를 얻었음은 상술(上述)했으되 〈에네아크루니〉는 〈야곱의 샘〉과 같이 영원토록 솟아나는 샘물은 아니었다.[263] 아테네가 성취한 것이 완전한 것이 아니었음은 헬라스의 교육이라는 칭호가 만들어진 사정(事情)[264]에 천명되어 있거니와 아테네-펠로폰네소스 전쟁이 발발한 것은 솔론의 경제혁명이 초래한 문제[265]가 아테네인이 다룰 수 있는 범주(範疇)를 넘었기 때문이었다. 그러므로 페리클레스는 당시에 그러한 연설을 통해 청중을 자기예찬으로 심취시킬 것이 아니라 자신을 혐오하여 티끌과 재 가운데서 회개하는[266] 마음을 일으키게 해야 했다. 기원전 404년의 굴욕적인 패배와 부활한 민주주의자인 소크라테스를 살해한 일로 자초(自招)한 도덕적 패배는 플라톤으로 하여금 페리클레스 시대의 아테네와 그의 모든 사업을 부인(否認)하게 했다. 그러나 그 아테네의 천재가 아티카의 수치(羞恥)를 표방함에는 성급함과 과시적인 면이 있었으므로 아테네 시민은 그에 호응(呼應)하기 어려웠다. 기원전 4~5세기에 아테네의 민주주의를 부활시킨 사람들은 아무것도 잊지 않고 어떤 것도 배우지 않는[267] 죄를 범했던 것인바, 그러한 풍조에 따라 아테네가 죽은 자아를 형상화한 것은 바울의 단죄[268]를 자초한 것이었다.

페리클레스가 가르친 신성한 이기주의[269]가 막대한 정치적 불행을 초래했

---

263. "에네아크루니"는 아테네에 있었던 9개의 샘물. "우리 조상 야곱이 이 우물을 우리에게 주셨고 또 여기서 자기와 자기 아들들과 짐승이 다 마셨는데 당신이 야곱보다 크니이까" 〈요 4:12〉, "내가 주는 물을 마시는 자는 영원히 목마르지 아니하리니 내가 주는 물은 그 속에서 영생하도록 솟아나는 샘물이 되리라" 〈요 4:14〉

264. 아테네의 '헬라스의 교육'이라는 칭호는 아테네 정치가 페리클레스에 의해 창안되었다.

265. 헬레닉 사회의 정치적 질서를 확립해야 한다는 문제.

266. "그러므로 내가 스스로 거두어들이고 티끌과 재 가운데에서 회개하나이다" 〈욥 42:6〉

267. 〈쉬비리에 드 파나〉의 서한에 기록된 유명한 일절(一節).

268. "하나님 앞에서 네 마음이 바르지 못하니 이 도에 네가 관계도 없고 분깃 될 것도 없느니라" 〈행 8:21〉

269. 헬라스에 대한 지난날의 봉사가 아테네에 영구히 교화(敎化)하는 자격을 주고 있다는 것.

으나 아테네는 역사의 종장까지 그것을 버리지 못했다. 그러한 이기주의에 따라 델로스 동맹을 아테네 제국으로 바꾼 것은 아테네의 정치적 위신을 추락시켰을 뿐만 아니라 헬레니즘의 좌절을 초래했다. 아테네인이 지난날의 실책에서 배움을 얻지 못했으므로 첫 아테네 제국의 역사를 똑같이 반복한 그 제2제국의 붕괴는 변방(邊方)의 마케도니아가 압도적인 강국으로 성장하는 길을 열었다. 그리스에서 달성한 〈필리포스〉의 정치적 업적은 이탈리아의 로마인과 아시아에서의 〈알렉산더〉에 의해 배가적(倍加的)으로 달성되었고 그로 말미암은 정치적 판도의 급격한 확대는 헬레닉 사회의 역사에 새로운 국면을 열었다. 그러나 과거의 자기를 우상화한 아테네가 거대한 제국의 새로운 세계에서 헬레닉 사회의 대국(大國)으로 자처할 수 없다는 것을 깨닫기에는 76년이라는 시간이 필요했다.[270] 아테네는 헬레닉 사회를 등지고 로마에 빌붙어 헬레닉 도시국가들의 영토를 구걸하기도 했으나 끝내 자기 우상화에서 벗어나지 못해 불나비와 같았던 카파도키아에 가담했다가 로마의 강습을 받았다.[271] 〈플루타크〉는 〈술라〉가 지난날의 영광을 헤아려 아테네를 전멸시키지 않았다고 기술(記述)했으나 아테네가 정치적으로 명예롭지 못한 종말을 맞이한 것은 일시적인 자아(自我)를 우상으로 삼은 것에 대한 보응(報應)이었다. 헬라스의 교육이었던 아테네가 그와 같이 몰락한 것은 과거에 심취한다는 도덕적인 과오 때문이었던바 자기 우상화에 빠진 아테네의 태도는 팽창하는 헬레닉 사회에 적합한 것이 아니었다. 팽창하는 사회의 중심부에 자리 잡은 소국에 대한 마키아벨리적인 해법을 구사한 것은 도시국가 연합을 달성한 아카이아(Achaea)와 아르카디아(Arcadia)인의 영지(英智)였는데, 그것은 각 도시국가의 자치권(自治權)을

---

270. 아테네는 첫 타격으로써 BC 338년에 마케도니아의 필리포스에게 패했고, BC 262년에는 마케도니아의 안티고노스 2세에 대패했다. 그들은 BC 229년경에 마케도니아의 점령에서 벗어났을 때 아카이아 동맹에 참여하라는 요구를 거절하고 고립에 빠짐으로써 그리스 도시국가들이 로마에 의해 무너지는 것을 방관했을 뿐만 아니라 이웃을 배신하고 사욕을 채우기도 했다.
271. 카파도키아의 미트라다테스는 그리스 도시국가들을 로마의 압제로부터 해방했는데, 그를 정벌하여 독재관이 된 〈술라, BC 38~78〉는 카파도키아 편에 가담했던 아테네를 응징했다.

보장하면서 연방정부에 충분한 권한을 부여하는 것이었다. 기원전 3세기에는 그리스의 모든 정치가가 그 방책에 수긍하고 있었으나 아테네인은 Sicyon의 〈아라투스〉나 메갈로폴리스의 〈리디아다스〉가 채택한 길을 걷지 않았다. 그것은 스파르타인마저도 특유의 경직성을 던져버리고 헬레닉 사회를 위해 나름대로 공헌한 것에 확연히 대비(對比)되는 것이다.

아테네가 그 역사의 말미에서 드러낸 소극성은 우리의 주의를 정치에서 문화로 돌릴 때 더욱 현저하게 드러난다. 아테네를 대표하는 철학자들[272]의 영혼에 있어서 아테네-펠로폰네소스 전쟁으로 초래된 역경(逆境)은 도덕적 비약을 일으킨 도전이었고 아테네 역사의 가을을 보게 된 기원전 4세기는 그 문화에서의 성하(盛夏)였다. 이어서 재인(才人)의 출현이 줄어든 기원전 3세기에도 그 학문적 우월성이 기존의 명성(名聲)에 의해 보증되는 것으로 보였기 때문에 아테네는 여전히 외지의 식자들[273]을 끌어들이고 있었다. 그러나 폴리비오스가 「세계사」를 집필한 당시에는 아테네가 헬레닉 사회의 문화를 독점하고 있었다고 주장할 수 없게 되었다. 아테네인이 바울을 거부한 것은 유대인이 예수를 부인한 것에 비견되는바, 과거에 심취한 아티카인에 있어서 부활에 대한 바울의 설교는 넘기 어려운 장애(障礙)였던 것이다.[274] 우상이 가득한 도시[275]에 대한 바울의 첫인상은 바로 그 시대에 아테네가 빠져 있었던 상태에 대한 직관(直觀)이었다. 아테네를 버리고 떠난 바울의 탁선(託宣)[276]은 한때 아테네와

---

272. Euripides, Thucydides, Socrates, Platon.
273. 스타게이로스의 아리스토텔레스, 키티움의 제논, 사모스의 에피쿠로스. 이 아테네의 정신적인 양자(養子)들은 페리파토스 학파, 스토아 학파, 에피쿠로스 학파 등으로 플라톤의 아카데미아를 보강했다.
274. "그들이 죽은 자의 부활을 듣고 어떤 사람은 조롱도 하고 어떤 사람은 이 일에 대하여 네 말을 다시 듣겠다 하니 이에 바울이 그들 가운데서 떠나매 몇 사람이 그를 가까이하여 믿으니 그중에는 아레오바고 관리 디오누시오와 다마리라 하는 여자와 또 다른 사람들도 있었더라 그 후에 바울이 아덴을 떠나 고린도에 이르니"〈행 17:33~18:1〉
275. "바울이 아덴에서 그들을 기다리다가 그 성에 우상이 가득한 것을 보고 마음이 격분하여"〈행 17:16〉
276. "알지 못하던 시대에는 하나님이 간과하셨거니와 이제는 어디든지 사람에게 다 명하사 회개하라

경쟁했으나 당시에는 〈Gaius Iulius Caesar〉가 식민(植民)한 해방 노예의 땅
으로 바뀐 Corinth에서 받아들여졌다. 아테네는 오래된 철학적 관록(貫祿)으
로 감당할 수 있었던 정신적인 사명을 거부했던 것인바, 헬레닉 사회의 철학
과 시리악 세계의 종교가 혼융(混融)되는 묘상(苗床)의 기능은 아티카가 아니라
소아시아에서 수행되었다. 난폭(亂暴)했던 Ephesus인과 둔박(鈍朴)한 Galatia
인 사이에 뿌려진 종자는 3세기 후에 무르익어 변방인 카파도키아까지의 아
시아인이 그 결실을 거두었다. 배교자 율리아누스는 카파도키아의 교부(敎父)
들이 교회를 중심으로 하는 새로운 질서를 세우고 있었던 때에 아테네에서 얻
은 영감에 기독교적인 형태를 덧입혀 아카데믹한 이교(異敎)를 구상하고 있었
다. Academic이라는 말은 시체적(時體的) 의미로만이 아니라 사전적 어의(語
義)로 율리아누스의 실패와 아테네가 문화의 영역에서 초래한 운명을 증언하
고 있거니와 사도의 계시를 그처럼 가볍게 무시한 도시가 교수(敎授)들의 교사
(敎唆)에 따라 정치적으로 엉뚱한 길을 걸어간 것[277]은 이유가 없는 것이 아니
다. 정신적 고착에 빠진 아테네는 헬라스의 교육이라는, 시대에 뒤떨어진 역
할에 집착하여 대학도시로 변모함으로써 불행히도 그 이상을 글자 그대로 실
현(實現)한 것이다. 아테네는 이교도(異敎徒)의 마지막 보루로써 기독교의 세계
적인 홍수에 맞서고 있었으나 5세기에는 학문적 주지주의(主知主義)와 복고적
으로 부활한 미신(迷信)이 묘한 동맹을 이루는 무대로 바뀌고 있었다. Joannes
Khrysostomos 당대의 교수들은 강의실에서 아리스토텔레스를 논하면서도
아티카의 들판에서는 공손히 Bullroarer를 돌리고 있었다.[278] 헬레니즘이 아

---

하셨으니" 〈행 17:30〉

277. 아테네는 아리스티온을 필두로 하는 교수들의 교사(敎唆)에 따라 파르티아 제국의 미트라다테스
와 동맹을 체결했다.

278. 안티오키아에서 태어난 〈요하네스 크리소스토모스〉는 수사학을 공부한 후 세례를 받고 콘스탄티
노플 대사교가 되었다. Bullroarer는 판자에 끈을 묶은 것인데, 그것을 세차게 돌리면 소의 울음소
리와 비슷한 소리는 낸다. 아테네의 교수들은 이 마술이 농작물의 생장에 도움을 준다고 믿고 있
었다.

티카의 요새에 몰려 있었던 시대에 그 사회적 전통의 최저의 요소와 최고의 요인이 아테네에서 그와 같은 동맹을 맺고 있었던 것은 당시의 아테네 시민이 선조(先祖)에 심취해 있었음을 입증한다. 이교(異敎)의 공식적인 금지에도 불구하고 아테네에서 현학자(衒學者)에 의한 무지의 시대가 오랫동안 계속된 것은 로마의 위정자들이 그 상황을 간과했기 때문이지만 당국의 그러한 관대함도 노쇠한 아티카의 현학이 헛된 것으로 귀결되는 것을 막을 수 없었다. 그리고 헬레닉 사회의 창조적 영혼은 오래전에 그 학구적인 집단에서 떠나버렸으므로 로마 당국이 유보해 두었던 이교금지법(異敎禁止法)을 529년에 시행함으로써 교수들의 업무가 폐지되었을 때 아테네에서의 학문적 손실과 창조적 사고의 위축은 발생하지 않았다. 유스티니아누스의 아테네 대학 폐지가 초래한 유일한 효과는 이 기독교도 황제의 무관용을 널리 알린 것과 호스로[279]에게 관대함을 자랑할 기회를 준 것이었다. 추방된 아테네의 교수들은 9세기 동안 계속된 '플라톤의 황금 사슬'이 끊어진 것에 상심하여 지난날 7현인[280]이 지혜를 구했던 동양으로 피난했다. 당시에 〈호스로 1세 아누시르반〉이 압정(壓政)의 희생자들을 보호함으로써 대적(對敵)의 면목을 실추시키는 것은 어렵지 않았으나 망명한 학자들에게 아티카에 조성되었던 것과 같은 학문적 분위기를 제공하는 것은 그의 능력 범위에 속한 것이 아니었다. 그들은 자기 이익을 추구하는 지배자를 별로 삼아 복종함으로써 태양을 등졌을 때 자기들의 왕을 찾아내지 못할 것인바 아테네 최후의 교수들은 생활에서의 이득을 위해 우주적 율동의 기적적인 역전[281]을 허락받지 못했다. 별들은 그 궤도에서 정당하게 싸웠

---

279.  사산조의 왕, 〈아누시르반 1세, 531~579〉. 조로아스터교도. 유스티니아누스와 싸우면서 세력을 흑해와 코카서스까지 넓혔으나 나중에는 결정적으로 패배했다.

280.  플라톤이 처음으로 거론한 그리스의 칠현인에 대해서는 여러 기록이 있으나 디오도로스와 파우사니아스는 〈핀토스의 클레오블로스〉〈아테네의 솔론〉〈스파르타의 킬론〉〈프리에네의 비아스〉〈밀레토스의 탈레스〉〈미틸레네의 피타코스〉〈코린토스의 페리안도로스〉를 거명했다.

281.  "여호와께서 아모리 사람을 이스라엘 자손에게 넘겨 주시던 날에 여호수아가 여호와께 아뢰어 이스라엘의 목전에서 이르되 태양아 너는 기브온 위에 머무르라 달아 너도 아얄론 골짜기에서 그리

던 것[282]인데 침입해 온 시리악 문화의 원천을 향했던 그들이 크테시폰으로 이주함으로써 시리악 문화가 우세한 곳에서 활동하는 것이 불가능하게 되었음에도 시리악 무화의 본질을 헬레니즘에 반발하는 것으로 표출하던 조로아스터교의 영역에서 생활한 것은 어떻게 해석될 것인가? 대우가 좋은 이락(離落)으로 도주한 아테네인이 고풍스러운 몸짓으로 발에서 먼지를 털어낸 Rum의 차가운 세계에 대한 고통스러운 향수(鄕愁)에 빠졌다고 해도 놀랄 일이 아니다. 그러나 그들을 받아들인 호스로가 그들의 배은망덕에 화를 내기는커녕 그 기묘한 손님들의 절망에 동정을 표시한 것은 주목할 만한 일이다. 페르시아 전제군주의 관용 때문에 그들의 비극은 해피엔드로 끝났으나 우상숭배라는 아티카의 과오(過誤)는 그 최후의 대가(代價)인 교수들과 함께 죽어 없어지지 못했다. 죽은 도시에 대한 아테네인의 심취[283]는 기독교 체제에서도 살아남아 헬레닉 사회 이후의 공백기를 연명(延命)했다. 우상파괴 운동이 처음으로 발생한 후 정교 기독교 세계에서 우상의 명예를 회복시킨 이레네[284]가 아나톨리아가 아니라 아테네 태생인 것은 우연한 일이 아니다.

ⓡ 베네치아

기원전 4~5세기의 아테네가 헬라스의 교육이라는 칭호를 사용할 자격을 가지고 있었다면 14~15세기의 이탈리아는 서구 기독교 세계의 교육으로 자처할 수 있었다. 근대사를 돌아볼 때 서구사회가 달성한 능률은 이탈리아가 그 원천이었다. 서구사회는 알프스 이북의 유럽으로 방사된 이탈리아 문화에 자극되어 진보의 추력을 얻었던 것인데 서구사회가 역사의 새 장을 열 수 있었던 것은 14~15세기의 이탈리아 문화가 다른 지역에 비해 우월했기 때문이

---

할지어다 하매 태양이 머물고 달이 멈추기를 백성이 그 대적에게 원수를 갚기까지 하였느니라 야살의 책에 태양이 중천에 머물러서 거의 종일토록 속히 내려가지 아니하였다고 기록되지 아니하였느냐" 〈수 10:12~13〉

282. "별들이 하늘에서부터 싸우되 그들이 다니는 길에서 시스라와 싸웠도다" 〈삿 5:20〉
283. 성 바울에게 충격을 준, 새겨진 상(像)에 대한 아테네인의 경외심.
284. 동로마 제국의 여황(女皇) 〈이레네〉는 아나톨리아 태생이 아니라 아테네 태생이었다.

다. 그러나 이탈리아가 1475년 이후로 400년에 걸쳐 문화적으로 부진했던 것은 이탈리아 또한 아티카의 역설에 빠졌음을 입증하는 것이다. 이 이탈리아의 쇠퇴는 그 문화의 모든 중심지[285]에서 확연했으나 그중에서도 베네치아의 사례는 당시에 이탈리아를 괴롭힌 병폐를 날카롭게 예증하고 있다.

베네치아는 이탈리아 전체가 혼란스러웠던 시대에도 성공적인 길을 걷고 있었는데[286] 그들이 발휘한 정치력은 같은 상황에 놓였던 아테네와의 대비를 통해 음미할 수 있다. 베네치아의 성공이 제국주의를 지향하되 전제(專制)에 빠지지 않고 끝까지 공화제를 유지한 것이라고 한다면 그것은 그들이 제국주의가 그 길을 걷는 사회에 부과하는 무거운 짐을 회피하거나 줄일 수 있었기 때문이다.[287] 그리고 베네치아는 강대국에 둘러싸인 중심부의 소국이 살아남는 방법을 구함에 있어 아테네와 같은 어리석음을 범하지 않았다. 그러나 베네치아의 성공은 상대적이고도 소극적이었으므로 자기들이 요행히 살아남은 사회에는 어떤 식으로든 공헌하지 못했다. 그 사실은 베네치아도 아테네와 마찬가지로 창조성의 네메시스에 굴복한 사실로 설명된다. 죽은 자기에 대한 심취는 베네치아에 소극적인 성공을 부여했으나 결과적으로는 이탈리아가 제정(帝政)에서 벗어나 공화정(共和政)을 기반으로 하는 연방(聯邦)으로 성장하는 것을 방해한 것이다. 피렌체와 네덜란드를 반면교사로 삼아 국력의 피폐를 경계했던 베네치아의 조심성은 중세 베네치아 제국을 우상으로 삼은 과실(過失)로 인해 무너졌는데 레반트에서의 그 실책은 그들의 세력을 항구적으로 약화하는 결

---

285. 피렌체, 베네치아, 밀라노, 시에나, 볼로냐, 파두바.

286. 베네치아는 정치적인 환경이 이탈리아의 도시국가들에 불리했던 상황에서도 알프스 이북의 정복자들에게 독립을 빼앗기지 않았고, 비스콘티가에 맞서서 제국주의의 길을 걸을 때에도 중북부 이탈리아 대부분을 통합하고 있었다. 그것은 비스콘티가가 자취를 감추고 밀라노가 프랑스에서 스페인을 거쳐 오스트리아의 수중에 떨어진 것에 대비되는 것이다.

287. 베네치아는 "쉬운 멍에와 가벼운 짐, 〈마 11;30〉"을 부과했으므로 속민(屬民)인 파두바와 브레시아 주민은 그 지위를 밀라노, 볼로냐, 피사 주민의 그것과 바꾸려 하지 않았다. 그것은 아테네가 동맹국에 압정을 자행하여 그 예속민이 스파르타나 아케메네스 제국의 멍에를 선호했음에 대비된다.

과를 초래했다.[288] 레반트 요새의 현상(現狀)은 자기 우상화에 빠진 베네치아인의 정신이 그 성채의 바위에 붙어 있는 삿갓조개처럼 끈질긴 것이었음을 천명(闡明)하고 있는바 사리에 밝았던 베네치아가 전통적인 조심성에서 벗어나 레반트를 지키기 위해 터키에 맞선다는 어리석음에 굴복한 것은 자기 우상화의 병폐를 여실히 나타내는 것이다.

중세 베네치아의 창조성에 기인(起因)한 근대 베네치아의 네메시스는 그들이 레반트에 남긴 위압적인 요새처럼 준엄한 것이었으나 그 성벽에 새겨진 '절박한 재난의 징후'라는 글귀가 풍기는 우수(憂愁)의 사조(思潮)는 프란체스코 모로시니[289] 시대의 예술품에 뚜렷이 나타나 있다. 그 음악과 회화에서 보듯이 우아하되 경박한 삶을 영위한 17~18세기의 베네치아인이 Candia 성벽(城壁)에서 싸우다 죽은 병사들의 동포였다는 사실은 믿기 어렵지만, 자세히 살피면 베네치아인이 레반트의 영광 속에 죽어버린 자기에게 심취함으로써 짊어진 부담은 그 대가로써 Epicureanism에 의한 이완(弛緩)을 강요했음을 알 수 있다. 후대의 베네치아인이 그런 방식으로 일순간의 쾌락을 구한 것은 그것이 활력 감퇴의 표현인 점에서 헬레닉 사회의 원형과 닮았다. 우리는 〈카날레토〉가 성심껏 그린 베네치아 풍경화의 볕이 흐린 대기에서 〈티치아노〉와 〈틴토레토〉의 활발한 색채를 맛본 시대 이후로 베네치아의 활력을 태워버린 화산이 남긴 재를 보는 기분을 느끼는 것인바, 〈브라우닝〉은 〈발다사레 갈루피〉의 Toccata 속에서 먼지와 재를 떠올리는 리듬을 듣고 있었다.[290] 갈루피가 만가

---

288. 피렌체와 네덜란드는 프랑스의 팽창에 맞서다가 피폐에 빠졌고 베네치아는 중세 베네치아 제국의 레반트를 지키려고 오스만리에 맞선 전쟁으로 국력을 소진했다.

289. 베네치아 최후의 출중한 무장으로 일컬어지는 인물(1618~1694) 모레아를 정복한 것으로 유명하다.

290. 〈Canaletto, 1697~1768〉는 베네치아의 풍경을 주로 그린 화가, 〈Tiziano Vecellio, 1490~1576〉는 뛰어난 사실성 및 명쾌한 색채와 더불어 격정적인 운필로 많은 걸작을 남긴 베네치아 화가. 〈Tintoretto, 1518~1594〉는 미켈란젤로와 티치아노를 본으로 삼아 르네상스 양식과 바로크 양식을 잇는 다리 역할을 한 화가. 〈Robert Browning, 1812~1889〉은 빅토리아 시대를 대표하는 영국 시인. 〈Baldassare Galuppi, 1706~1785〉는 베네치아 근처인 브라노 섬에서 탄생한 작곡가.

(挽歌)를 쓰고 카날레토가 기중문표(忌中紋標)를 그렸으나 베네치아의 이 에피메테우스적 일장(一章)은 베네치아가 서구사회의 생활에 참여한 마지막 국면(局面)이 되지는 않았다. 그것은 베네치아가 19세기에 일어난 이탈리아 통일운동에 의해 18세기의 산 죽음에서 구출되었기 때문이지만 그것이 중세 이탈리아를 우상으로 삼은 도시국가들이 그 네메시스를 극복했음을 나타내는 것은 아니다. 3세기 그리스의 회복을 위한 계획이 실패로 돌아간 것과 근대 이탈리아가 19세기에 재흥(再興)을 달성한 것은 내적인 요인이 아니라 국제적 세력균형과 정치적인 상황에 의한 것이었다.[291]

　알프스 이북의 여러 나라는 서구의 근대가 끝날 즈음에 이탈리아가 만족(蠻族)으로 여겼던 자기들에게 제공한 은혜의 빚을 갚을 태세를 갖추고 이탈리아인이 부여한 달란트를 지혜롭게 투자하여 달성한 산업주의와 민주주의를 이탈리아로 전파하고 있었다. 그리하여 18세기가 19세기로 바뀔 무렵에 방향을 전환하여 이탈리아로 흘러든 알프스 이북의 문화적 방사(放射)는 이탈리아 통일운동을 점화시켰다. 이탈리아가 알프스 이북에서 받은 최초의 정치적 자극은 나폴레옹 제국에 합병된 것이었고 뒤따른 경제적 자극은 나폴레옹의 이집트 침공으로 서구와 인도를 연결하는 무역로가 재개된 것이었다. 그러나 통일운동을 무르익게 한 이탈리아의 창조력이 싹튼 곳은 중세 이탈리아 문화를 꽃피운 땅이 아니었다.[292] 비스콘티가(家)나 메디치가와 같은 공화제의 전제군주(專制君主)가 아니라 신성로마 제국의 봉건제후(封建諸侯)였던 Savoy가(家)는 거점

---

291.　마키아벨리는 타고난 재능에도 불구하고 아라투스가 달성한 것을 성취하지 못했고 이탈리아에서는 그리스의 리디아다스를 닮은 희생자나 아기스와 클레오메네스를 본받은 순교자가 출현하지 않았다. 그리스 회복 운동은 로마가 헬레닉 사회의 세계국가를 건설하는 물결에 휩쓸렸으나 이탈리아는 기번이 말한바 16~18세기의 온순한 전쟁으로 인해 파멸을 모면했다.

292.　예를 들면 서구의 해상무역에 최초로 가담한 이탈리아의 항구는 베네치아나 제노바가 아니라 토스카나 대공이 스페인과 포르투갈의 유대교도를 식민하여 일으켜 세운 리보르노였고 이탈리아 통일은 알프스 이북에서 근근이 연명하던 피에몬테의 Savoy가(家)가 주도했다. 피에몬테는 이탈리아 도시국가들의 영향력에서 벗어나 있었으므로 사보이 공국의 팽창은 70~80개의 도시국가를 10여 개로 통합한 정치적 운동의 일환이 아니었다.

을 이탈리아로 옮긴 후에도 전통과 사조에 있어 알프스 이북의 나라로 머물러 있었다. 유서 깊은 도시국가들은 Savoy 일가가 베르첼리를 장악하기까지 사보이 공국(公國)에 포섭되지 않았는데 마조레호(湖)로부터 포강과 합류하기까지의 티치노강 전체가 사르데냐 왕국의 동쪽 경계가 된 것은 겨우 1748년의 일이었다.[293] 더하여 중세 이탈리아 도시국가에 대한 사보이가(家)의 영향력 행사는 1814~1815년의 강화(講和)에서 제네바 공화국을 합병하는 것으로 시작되었던바 사르데냐의 기풍은 그때까지도 봉건주의적이어서 제네바를 완전히 포섭하지 못하고 있었다. 이 왕조는 이후로 지방적인 왕조로서의 아집을 버리고 이탈리아 전체를 통합하려는 운동을 시작함으로써 이탈리아인의 신망을 얻었다. 피에몬테가 1848년에 롬바르디아와 베네치아의 오스트리아 정권을 침공한 것은 이탈리아의 여러 도시가 도나우 합스부르크 왕국에 대해 폭동을 일으킨 것과는 성격이 달랐다. 베네치아와 밀라노에서의 봉기는 자유를 구하는 것이었으나 그들을 격려한 정신은 중세적인 과거에 대한 회고였을 뿐 명예롭지 못했다고는 해도 실행함으로써 이탈리아 통일운동을 무르익게 한 것은 피에몬테였다.[294]

ⓜ 사우스캐롤라이나

유사한 창조성의 네메시스가 북아메리카에서 발견되는데 이는 겨우 2~3세기 전의 자기를 우상으로 삼았으므로 더욱 주목할 만한 것이다. 남북전쟁이 발발했을 때 남부연맹에 가맹하여 패배에 휩쓸린 여러 주가 전쟁 후에 걸어온 길을 살필 때 회복에 있어서 각자가 나타낸 차이는 전전(戰前)에 그들을 구별한 차이와 정확하게 반대임을 알 수 있다.

---

293. Vercelli는 피에몬테의 수도, 마조레호는 이탈리아와 스위스에 걸쳐 있는 호수, 사르데냐 왕국은 사보이 왕가가 창건한 왕국.
294. 베네치아와 밀라노의 장거(壯擧)가 본질적인 면에서는 유의미한 것이었다 해도 그 기반이 된 추력은 여전히 죽은 자기를 우상화하는 것이었으므로 자기만을 위한 그들의 싸움은 처음부터 실패의 운명에 놓여 있었다. 그러나 피에몬테는 우상으로 삼을 과거가 없었으므로 민족주의에 따라 이탈리아인의 국민국가를 창건하는 사업에 매진했다.

남북전쟁이 끝난 후 70년이나 지난 지금 묵은 남부에서 회복의 징후나 가망이 적어 보이는 곳은 버지니아와 사우스캐롤라이나인데, 그 두 주에서는 1861~1865년의 재난에 대한 기억이 바로 어제의 일인 듯 생생하다. 20세기의 버지니아와 사우스캐롤라이나 주민은 저주에 묶여 시간이 정지된 사회에서 생활하고 있다는 인상을 준다. 그리고 그들의 대화에서 전쟁이라는 말은 1차 세계대전이 아니라 남북전쟁을 의미하며 1세기 전의 인물이나 사건이 주된 화제로 되어 있는 것은 놀라운 일이다. 그러나 리치먼드와 찰스턴 사이에 있는 노스캐롤라이나는 그 두 주와 예리한 대조를 보이는바 여러 걸출한 인물을 배출한 이 주는 새롭게 일어서는 대학과 활력이 넘치는 기업을 가지고 있다.[295] 노스캐롤라이나의 생명력이 이처럼 싹트고 있음에도 이웃들의 생명이 노랗게 마른 잎과 같게 된 이유를 밝히기 위해 과거를 돌아볼 때 지금의 상황은 노스캐롤라이나가 사회적 불모지였고 이웃한 두 주가 활력적이었던 남북전쟁 이전의 상황과 반대라는 것을 알 수 있다. 그 두 주는 〈Robert E. Lee〉와 〈George Washington〉 사이의 시기에 북부의 매사추세츠나 펜실베이니아에 필적(匹敵)한 존재였으나 같은 100년 동안 노스캐롤라이나의 이름은 외부에 들려지지 않았다.[296] 항구가 없고 척박한 땅인 노스캐롤라이나로 이주한 사람들은 버지니아와 사우스캐롤라이나에서 실패한 이민자들이므로 그들과 이웃한 두 주가 보여준 남북전쟁 이전의 대조는 당연하지만 이후로 형세가 역전된 원인은 노스캐롤라이나의 장점에서가 아니라 몰락한 두 주의 단점에서 찾을 수 있다. 그 두 주가 남북전쟁에서 넘어져 다시 일어나지 못한 것은 그 무서운 재액으로 추락하기 전에 누렸던 영광을 잊을 수 없었기 때문이다. 누구든지 자기를 높이면 낮아지고 자기를 낮추면 높아진다는 것은 변치 않는 진

---

295. 리치먼드는 버지니아주의 주도(主都), 찰스턴은 사우스캐롤라이나의 주도.

296. 두 주는 부(富)와 지력(知力)과 인물에 있어서 남부의 지도적인 주로서 연방의 정치에서 지배적인 발언권을 얻고 있었다. 〈조지 워싱턴〉은 1789년에 초대 대통령으로 취임했고 남군 사령관이었던 〈로버트 리〉는 1865년에 북군에 항복했는데 두 사람은 모두 버지니아에서 출생했다.

리(眞理)인 것이다.[297]

ㅂ 아일랜드(Eire)

북미의 두 주에서 살핀 죽은 자기에 대한 최면의 작용은 앞에서 살핀바 극서 기독교 문명으로서 순간적인 빛을 발(發)한 아일랜드의 역사에서도 같은 방식으로 움직였음을 알 수 있다. 여기에 있어서 우리는 자기들의 역사를 연구한 아일랜드인이 "게일 문학의 특성은 그것이 연속되는 역사적 현재를 다루고 있다는 것이다"라고 주장한 것이나 〈David Lloyd George〉가 "아일랜드에는 과거가 없다. 모든 것이 지금일 뿐이다"라고 말한 것을 상기하게 된다.[298] 영국-아일랜드 협정의 조정자였던 저자의 한 지인(知人)은 아일랜드인이 치를 떨고 있는 영국인의 행위가 그 협정 이전에 발생한 사건이 아니라 〈Oliver Cromwell〉의 군대가 17세기에 자행한 만행이었음을 알고 놀라움을 금할 수 없었다. 아일랜드인의 생각에서 크롬웰의 병사들이 자행한 짓은 영국 경비대가 20세기에 저지른 행위로 인식된다는 것이다.[299] 포도를 거두어 하나님의 술 틀에 넣었을 때[300] 시간이 흐름에 따라 포도주가 그 독한 기운을 잃을 것이라는 영국인의 생각은 포도주는 보존됨으로써 더 독해진다는 아일랜드인의 논리에 맞지 않는 것이었다. 영국 정치가를 절망시킨 아일랜드인의 과거에 대한 집념은 영국이 실현한 새로운 나라들의 심리적 유연성과 예리한 대조를 이루고 있다. 원주민과 그들을 정복한 자들의 땅에 식민한 사람들이 통일된 공동사회를 세우는 것은 영국 정치가 아일랜드만이 아니라 캐나다와 남아프리카에서도 직면한 문제였던바, 게일인의 후예인 가톨릭교도와 크롬웰 둔전병(屯田兵)의 자손인 신교도는 서로 물과 기름처럼 생각했던 것이다. 유럽에 있

---

297. "무릇 자기를 높이는 자는 낮아지고 자기를 낮추는 자는 높아지리라" 〈눅 14:11〉
298. 〈데이비드 로이드 조지, 1863~1945〉는 아일랜드가 독립을 달성한 영국-아일랜드 협정(1921) 당시의 잉글랜드 수상(首相)
299. 〈올리버 크롬웰, 1599~1658〉은 영국의 군인, 정치가. 청교도 혁명이 발발한 1642년부터 군주제를 폐지한 1658년까지 잉글랜드, 스코틀랜드, 아일랜드를 통치했다.
300. "천사가 낫을 휘둘러 땅의 포도를 거두어 하나님의 진노의 큰 포도주 틀에 던지매" 〈계 14:19〉

어서 심리적 유연성(柔軟性)을 바탕으로 다민족 국민국가를 창조한다는 실험에 성공한 사례는 스위스인데 그것을 모방한 벨기에는 그와 같은 조화와 단결을 이루기에 실패했다. 내셔널리즘이 불타오른 시기에 민족의식으로 각성(覺醒)된 국민국가가 제국주의 영국과 오스트리아 제국에서 분할되었을 때, 통합을 유지하려는 노력을 기울이기는 했으나 제국주의는 결국 그 시도를 무력으로 제압하는 것이 상책이라는 결론에 도달했다. 이후로 그에 따른 합스부르크 정부와 영국의 군사적 대응의 결과가 다르게 나타난 것은 남유럽과 남아프리카의 심리적 유연성의 차이 때문인바[301] 그 유연성에 있어서 구세계가 신세계에 뒤지는 것은 유명한 두 국경의 이력에서도 입증되고 있다. 미영전쟁(1812~1815)이 끝날 때까지 캐나다와 영국령 식민지 사이의 경계는 독일과 프랑스의 국경과 마찬가지로 끊임없는 전쟁의 무대였는데 이후로 전자는 헨트조약(1814)으로 평온을 찾았으나 후자는 1870년의 전쟁 이후로 고조된 긴장이 2차 세계대전까지 이어졌다.[302]

㉧ 나르키소스의 자기최면

위와 같은 자기 우상화로 인한 창조성의 네메시스는 앞에서 살핀바 사회적 성취도(成就度)에 있어서 새로운 땅이 오래된 땅을 능가(凌駕)하는 경향을 새로운 견지에서 돌아보게 한다. 앞에서 살핀 모든 사례[303]에 공통된 이 현상에 있어 새로운 땅은 어디서나 적당한 시기에 묵은 땅의 불모성(不毛性)을 보상하는 수확을 얻었다. 우리는 그것을 개척에 따른 시련이 부여하는 자극의 효과

---

301. 합스부르크 왕국에서는 세르비아와 몬테네그로가, 제국주의 영국에서는 트란스발 공화국과 오렌지 자유국이 독립을 주장했다. 이에 대한 군사적인 제압에 있어서 영국은 양자를 남아프리카 공화국으로 통합했음에 반해 합스부르크 제국은 분쇄되었는데, 그 이유는 남유럽의 역사적 기억이 무력을 막아내는 철갑(鐵甲)으로 작용했기 때문이다.

302. 북아메리카의 국경에 비견되는 것은 남미의 아르헨티나와 칠레의 국경인데 라틴아메리카인의 이 업적은 안데스 산중의 그리스도상(像)으로 기념되어 있다. 프랑스와 벨기에의 경계는 수다한 전투 끝에 평화를 회복했으나, 20세기 유럽의 국경을 대변하는 것은 프랑스와 독일의 국경이다.

303. 그리스도 시대의 유대인과 이방인, BC 3세기의 아테네와 아케아, 이탈리아 통일운동에서의 피에몬테와 다른 국가들, 남북전쟁 후의 사우스캐롤라이나와 노스캐롤라이나, 아일랜드와 해외의 영국령.

로 설명했는데, 이 사례들은 새로운 땅이 활력을 발휘한 것에는 시련으로 인한 자극의 작용이라는 적극적인 요인만이 아니라 보완의 법칙에 따른 심리적 현상이라는 소극적인 요인도 내재해 있음을 말해주고 있다. 이 소극적 요인은 새로운 땅이 오래된 땅에 깃든 기억의 몽마(夢魔)에서 벗어나 있음에 기인하는 것인바 새로운 땅은 그러한 심리적 상황에서 경험과 지식의 결여라는 도전과 함께 경험의 속박에서 벗어난다는 보상을 제공한다. 지난날에 발휘한 창조성의 네메시스는 나르키소스와 같이 자기의 모습에 매혹되는 것인데 그것은 창조적인 존재가 지배적 소수자로 전락하는 이유를 설명한다. 창조적 소수자가 이 파멸적인 악을 향하도록 운명 지어져 있는 것은 아니지만 창조성을 가지고 있다는 것은 적어도 그에 대한 지향성을 지니고 있다는 것을 의미한다. 도전에 대한 성공적인 응전의 보수인 창조적 능력은 최면작용을 통해 그 창조성에 집착하는 자에게 유례없이 무서운 도전이 되는 것이다.

◎ 전시내각(戰時內閣)

창조적인 존재가 지배적 소수자로 변모하는 현상의 현저한 사례는 전쟁을 승리로 이끈 지도자가 패자에게 강화(講和)를 강요할 때 엄습하는 도덕적, 지적 무능(無能)에서 발견된다. 직무가 요구하는 특수한 능력을 바탕으로 승전을 기획한 정치가는 창조적 천재임이 분명하지만 정밀하게 응축된 목적과 지침에 집중하되 그로 인한 험난한 모험과 고도의 긴장을 감수해야 하는 그 능력은 야만적(野蠻的)인 것에 속한다. 그러나 교전자의 미덕이 평화의 일에는 악덕이라는 점에서 전쟁에서의 귀한 재능인 그 야만성은 강화의 일에는 치명적일 정도로 부적합하다. 전쟁이 발발하면 강화에 필요한 능력을 지닌 정치가는 구축되고 승전을 이끈 정치가는 강화에 필요한 전권(專權)을 얻지만, 그들은 무지함으로 인한 잘못된 강화로 승전의 공로를 상쇄하거나 그 이상의 폐해를 초래한다.

강화에 임하는 자는 악의가 아니라 나름대로 선의에 따라 행동하는 것이므로 허다한 사례[304]와 같이 강화가 해로운 것으로 되어 그 악행이 폭로되는 것은 강화자(講和者)의 치명적인 맹목성으로 말미암는 것이며 교묘한 수법으로 승리를 쟁취한 자가 이처럼 어설픈 강화자로 변모하는 것은 그에 관계된 모든 자에게 엄습하는 비극이다. 역사적 경험에 따라 강화는 인간의 능력에서 벗어나 있는 것이어서 성공적으로 체결될 가망이 없으나 그 일이 전쟁을 주도한 정치가에게 맡겨지면 성공할 확률은 무(無)에 가깝고 그 실패의 응보는 무한으로 증가한다. 전승자가 화해를 구하는 것은 전쟁이 부과하는 재해 중에서도 가장 악질적인 재앙이라고 해도 지나치지 않다.

ⓩ 인류애

지금까지 검토한 일시적인 자기 우상화는 특정 집단에서 형성된 것이지만 근래에 전파되고 있는 무신론 철학은 인류가 스스로 자기의 우상이 되는 문제를 살필 필요를 제기한다. 이 리바이어던에 대한 숭배는 〈오귀스트 콩트〉[305]에 의해 진지하게 주창되었는데 그가 시도한 인류교(人類敎)는 교회의 살아 있는 몸에서 벗겨낸 옷을 입혀서 마네킹에 생기를 불어넣으려는 것이었다. 그는 복고주의적인 술책을 사용한 그 냉정하고도 현란한 수법에서 기대한 만큼의 성과를 올리지 못했다. 그러나 근래에는 그와 궤를 같이하되 보다 새로운 인류숭배가 공산주의의 본질적인 요소로서 널리 전파되고 있다. 공산주의는 실증주의가 필요하지 않다고 단정한 신에 대한 믿음을 광신적으로 배척했으나 근래에는 신조와는 달리 인류 일반에 대한 봉사를 외면하여 국지적인 내셔널리즘

---

304. 수많은 사례 중에서도 1792~1815년의 전쟁 후의 강화와 1차 세계대전 후의 강화는 실패한 것으로 유명하다. 메테르니히는 전자에서 시대착오적인 왕조 체제를 옹호하고 여전히 이웃을 침공할 나라는 프랑스일 것으로 오판하여 독일제국과 이탈리아 왕국의 기반이 된 프로이센 왕국과 사르데냐 왕국의 확장을 승인했다. 후자의 강화를 주도한 사람들의 맹목성은 세인의 웃음거리로 되어 있는바 그들은 1차 세계대전의 책임을 독일에 전가함으로써 2차 세계대전의 빌미를 제공했다.

305. 〈August Conte, 1798~1857〉. 프랑스의 사회학자. 사회학이라는 용어와 사회학의 원리를 창안하고 「실증철학 강의」와 「실증정치체계」를 저술했다. 종교의 대체물로 실증주의를 제시하고 '인류교'를 창시하여 스스로 그 사제가 되었다.

으로 바뀌었다. 인류를 우상으로 삼으려는 기도들은 이렇게 변화되었으나 현학적인 사고에 물든 실증주의자와 공산주의자는 그것이 덧없는 인간의 허망한 우상숭배임을 인정하지 않을 것이다. 그러나 소련에서 일어나고 있는 변화는 공산주의가 실증주의와 마찬가지로 세계교회로 성장하는 것이 아니라 지역적인 우상으로 전락하리라는 것을 시사한다. 이 두 이설(異說)의 전도는 이처럼 어둡지만 그 신기루와 같은 주장이 널리 퍼져 있음을 고려할 때 이 변질로 인해 인류 일반의 자기 숭배가 종식될 것이라고 단정하는 것은 곤란하다. 이 두 이설만이 아니라 인문주의적인 사상가나 인도주의를 신봉하는 사람들의 입에는 셀커크가 했다는 말이 맴돌고 있겠으나 그렇게 표류(漂流)하는 자들은 그 대상(代償)으로써 황폐하게 하는 가증한 것인 정신적 고독에 빠져 있다.[306]

② 일시적인 제도의 우상화

㉠ 헬레닉 사회의 도시국가

이와 같은 일시적인 자기의 우상화는 일시적인 제도나 기술의 우상화라는 형태를 취하는 경우가 있다. 그것은 자기를 우상화하는 것에 비해 규모는 작을지라도 창조주에게 바쳐야 할 숭배를 활동의 파편에 불과한 것으로 돌린다는 점에서 마찬가지로 무서운 죄가 된다. 그것이 위험한 것이라는 사실은 발육이 정지된 문명을 살필 때 개관했는데 그 사례들은 제도를 우상화한 결과와 기술을 우상으로 삼은 행위의 보응(報應)을 예증하고 있다.[307]

먼저 제도의 우상화를 살필 때 그 전형적인 사례는 도시국가에 대한 헬레닉 사회의 태도인데 도시국가라는 우상이 헬레닉 사회를 괴롭힌 상황을 살피면 우상화라는 행위가 그 사회의 좌절과 붕괴에 어떻게 작용했는지를 개관할 수

---

306. 〈Alexander Selkirk, 1676~1721〉는 조난자(遭難者)로 4년 동안 무인도에서 생활한 스코틀랜드 선원. 〈Daniel Defoe〉는 그를 소재로 「Robinson Crusoe」를 썼다는 설이 있다. 영국 시인 〈쿠퍼〉는 셀커크가 "나는 내가 보고 있는 모든 것의 군주, 나의 권리에 항거하는 자는 존재하지 않는다"라고 외친 것으로 처리했다. '황폐하게 하는 가증한 것'은 〈마 24:5〉를 참조할 것.
307. 제도를 우상화한 결과는 노예 궁정의 오토만 제국과 스파르타의 리쿠르구스 제도에 나타나 있고, 기술을 우상으로 삼은 결과는 유목민 에스키모 폴리네시아인의 운명 속에 그 예증이 있다.

있다. 헬레닉 사회가 봉착한 중대한 문제로서 세계적으로 확대된 경제체제를 뒷받침하는 정치적 세계질서를 수립해야 한다는 도전은 솔론의 경제개혁이 헬레닉 사회의 정치에 가한 충격으로 말미암은 것이었다.[308] 그것은 도시국가 주권제(主權制)라는 과거의 체제를 고수할 수 없게 되었다는 것이었는데, 그에 대해 충분한 대책을 수립할 수 없었던 것이 헬레닉 사회를 좌절에 빠뜨린 사실은 앞에서 살핀 바와 같다. 이 피할 수 없는 문제가 해결되지 않은 채 헬레닉 사회를 괴롭혔던 시기에 그것으로 말미암은 부차적인 문제가 헬레닉 사회를 엄습했던바 앞에서 보았듯이 헬레닉 사회의 생활에 있어서 물질적 규모가 급격하게 증대한 것은 그 가시적인 징후였다. 국제적 법질서를 확립한다는 문제를 해결하지 않은 채 급격히 팽창한 사회에서 도시국가는 규모가 너무 작았던 것인데 그런 상황은 헬레닉 사회가 지방주권의 몽마를 벗어던질 기회로 활용될 수 있었다. 그러므로 알렉산더가 키티온의 제논이나 사모스의 에피쿠로스와 협력할 수 있었다면 헬레닉 사회의 운명을 결정한 도전에 대해 성공적으로 응전하여 도시국가에서 곧바로 세계도시(世界都市)로 이행할 수 있었을 것이다. 그러나 알렉산더의 때아닌 죽음은 헬레닉 사회를 협잡꾼들[309]의 뜻대로 되게 했으며 주인이 남긴 땅을 나누려고 했던 그들은 상쟁하여 자기들의 재능과 아케메네스 제국의 유산을 지방적인 주권(主權)을 옹호하는 일에 낭비했다. 그러나 물질적 규모가 크게 증대된 헬레닉 사회에 있어서 알렉산더 이후의 전통적인 도시국가 주권은 도시국가 규모를 초월하는 지방국가의 형성을 위해 초극(超克)되어야 했다. 해체기의 헬레닉 사회가 봉착한 이 두 문제는 로마의 응전으로 동시에 해결되었다. 그에 있어서 로마제국의 성립은 지방주권을 폐지

---

308. 솔론의 경제혁명은 헬레닉 사회를 괴롭힌 인구증가의 문제를 해결했는데, 그로 인해 확대된 경제체제는 그것을 뒷받침하는 정치적 세계질서의 수립을 요구했었다.

309. 그리스어로는 Diadochoi, 알렉산더의 후계자들을 지칭하는 말. 알렉산더가 후계자를 지명하지 못한 채 급서(急逝)하자 제국 통합파를 제압한 분리파의 분쟁을 거쳐 Antigonus의 마케도니아 안티고노스 왕조, Seleucus의 셀레우코스 왕조, Ptolemeios의 프톨레마이오스 이집트 왕조가 정립되었다.

하고 그 국제적 관계를 종식함으로써 세계적인 질서를 수립한다는 문제를 해결한 것이었다.[310]

　로마의 응전과 여타의 시도들은 도시국가 주권이라는 우상에 심취하지 않은 나라들의 사업이었는데 로마가 도시국가에서 세계적인 공화국으로 성장하는 것을 가능하게 한 이중시민권 제도는 도시국가 주권제(主權制)의 우상화와 상충하는 것이었다.[311] 이 창조적인 타협은 도시국가 주권제라는 우상이 시민의 심정과 정신을 압박하지 않는 곳에서만 달성될 수 있었던 것인바 이 심리적인 조건의 중요성은 로마의 천재가 완성한 역사에서 그 정치적 발명이 진전시킨 사정을 상기할 때 명백하게 된다. 이중시민권에 의해 도시국가 연방을 건설(建設)하려고 했던 시도들[312]에 있어서 구성 분자만이 아니라 그것을 포괄하는 정체가 하나의 도시국가였던 칼키디케 스타일은 로마 공화국의 모범이 되었으나 도시국가를 초월하는 정체를 건설하려고 했던 그리스의 시도는 이전의 보이오티아 동맹으로 복귀하려는 것이었다.[313] 기원전 3세기에 시작된 그리스의 이 시도들은 외변(外邊)에서 일어난 대국들의 압력으로 말미암은 것이었다. 그 나라들은 본질에 있어서 그리스의 두 연방과 비슷했으나 그 일부는 보이오티아의 원형에서 벗어나 있었다. 칼키디케 스타일의 로마도 그 대국의 하나지만 대표적인 사례로서 카르타고와 셀레우코스 제국은 로마의 결정적인 타격으로 종식되었다. 로마를 헬레닉 사회의 세계국가로 변모시킨 승자의 정치적 재간은 멸망한 대국의 정치적 발명을 이용한 것이었다. 칼키디케

---

310. 그 문제는 헬레닉 사회의 정치가가 해결하지 못하고 방치한 것인데 그에 대한 로마의 응전은 늦은 만큼 과격했고 과격한 만큼 생소했다.
311. 로마의 국가적 구성원리인 이중시민권 제도는 시민의 충성이 모국인 도시국가와 그것을 통할하는 대국(大國)에 조화롭게 분산되는 것이었다.
312. 테베의 이기주의 때문에 붕괴한 보이오티아 동맹, 보이오티아 동맹을 재건하려 했으되 제국주의를 지향한 테베, 스파르타에 의해 멸망했으나 로마에 갈 길을 제시한 칼키디케 공화국.
313. 아이톨리아 동맹과 아케아 동맹은 상당히 개방적이었지만, 그 구조는 도시국가를 구성 분자로 하는 민족공동체였으므로 그 본질은 보이오티아 스타일이었다.

의 방책은 아우구스투스 제국의 정치구조에 있어서 중요한 구성원리로 되어 있었던 것인바 이 건물의 규모가 실상(實狀)과 같이 증대되자 그 건축자는 이 중시민권의 관대한 원칙을 압제적인 제국주의로 보충하여 건물 전체를 신성한 왕권이라는 굴레로 졸라매야 한다는 생각을 품게 되었다. 로마의 이 상황에서 정점에 달한 정치적 시도가 잇따른 무대를 돌아볼 때 하나의 공통된 특징은 그 땅들은 모두 도시국가 주권제를 더 큰 규모의 정치조직에 종속시키는 것을 심리적으로 거부하지 않은 곳이었다는 것이다. 헬레닉 사회의 외연에서 발흥한 연방(聯邦)들은 도시국가와 도시 이전의 공동체를 하나의 정체로 통합한다는 구조적인 특징을 가지고 있었는데, 로마와 셀레우코스조는 자의식이 강한 현존 도시국가를 병합한 것이 아니라 주민을 이주시켜 식민지를 개척하거나 토착민을 교화(敎化)하여 제국의 단위 조직이 되는 도시국가를 창출했다. 이 경우 셀레우코스조의 군주나 로마제국 행정관의 창조적 행위를 표창(表彰)한 사례들에서 보듯이 개척자의 이름에 따라 명명된 도시의 시민은 그들의 군주인 안티오코스 신과 여신(女神) 로마에 대하여 그의 백성이요 그의 기르시는 양이라는 감정을 가질 것이다.[314] 이렇게 느끼는 공동체는 사회적 유연성과 정치적 순응성을 가지고 있었을 것인바 로마와 셀레우코스의 정치적 건축은 영국의 사례와 같이 새로운 땅에 의해 달성된 승리였다. 영국이 사용한 소재가 캐나다와 오스트레일리아를 포함하는 것이 아니라 모두 아일랜드와 같은 곳이었다면 영연방은 달성되지 않았을 것이다. 같은 원리로 로마에 Isernia나 Venusia가 아닌 Capua 같은 곳만 있었고 셀레우코스에 라오디케아와 안티오크가 아닌 스미르나 같은 곳만 있었다면 로마제국의 이탈리아와 셀레우코

---

314. 〈안티오코스 4세〉, 에피파네스는 다니엘의 예언과 같이 자기를 신으로 숭배할 것을 강요했는데, 그것이 마태복음과 데살로니가서에 '멸망의 가증한 것'과 '하나님의 대적'으로 기록되었다. Epipanes는 헬라어 'Deos Epipanes-명백하게 나타난 신'에서 차용(借用)한 말인데, 세인들은 그를 'Epimanes-미친 자'라고 불렀다. "여호와가 우리 하나님이신 줄 너희는 알지어다 그는 우리를 지으신 이요 우리는 그의 것이니 그의 백성이요 그의 기르시는 양이로다"〈시 100:3〉

스 제국의 아시아는 있지 않았을 것이다. 카푸아를 보면 로마 공화국을 파멸시킬 뻔했던 그 우상의 도시는 타렌툼과 같은 도시에 하나의 선례를 제공했고 [315] 셀레우코스 제국은 람푸사쿠스, 스미르나 등의 도시국가들이 로마에 셀레우코스를 축출해 줄 것을 호소한 것으로 인해 종말에 봉착했다. 지난날의 영광을 우상화함으로써 주권의 진정한 회복이 무엇인지를 생각하지 않은 그들의 행동은 로마가 헬레닉 세계 전체를 지배하는 계기를 조성했다. 그리하여 헬레닉 사회의 도시국가들은 지방적인 도시국가 주권제를 초극(超克)하려는 기나긴 노력에 해악을 끼쳤는데 그것은 이기(利器)였던 도시국가라는 제도가 해악으로 바뀐 시대에 그것을 우상화한다는 사악한 정신에 의해 촉발되었다. 그 우상숭배가 헬레닉 사회의 광명을 흐리게 했을 때 누군가가 수행해야 했던 정치적 건설은 하늘에서 빛난 별[316]이 아니라 그림자가 희미해진 공동체에 의해 조잡하고도 고통스럽게 달성되었다.

18세기의 서구사회가 헬레닉 사회와 마찬가지로 도시국가를 우상으로 삼을 위험에 처했을 때 해결책을 제시한 것은 도시국가 세계의 전통에서 벗어나 하나의 왕국을 정치적 표준으로 삼아 봉건적인 의회제(議會制)를 채택한 영국이었다. 스위스와 네덜란드도 연방제를 통해 영국의 창조적 활동에 병행하는 정치적인 사업을 수행했는데, 영국의 정체적(政體的) 달성에 뒤진다고 해도 헬레닉 사회의 아이톨리아 동맹과 아카이아 동맹에 대응하는 그들의 시도는 역사적으로 흥미로운 것이다. 정치적 건축에 있어서 스위스와 네덜란드의 실험은 영국의 사업에 병행하여 서구사회가 일시적인 자기 우상화에 빠지는 것을 저지하고 있으나 우리는 정치적인 파탄을 이처럼 모면하고 있는 것에 만족하여 노 젓는 손을 멈춰서는 안 된다. 우리가 이 시점에서 일시적인 자기 우상화와의 싸움에서 패배한 헬라스인보다 우월하다고 생각하려면 헬레닉 사회의 영

---

315. 아시아의 셀레우코스 제국령인 이들 왕년의 도시국가들은 로마가 마케도니아에 종속된 그리스 도시국가의 주권을 회복시켰을 때 자기들도 같은 혜택을 받으려고 로마에 호소했다.
316. 아테네, 코린토스, 칼키스, 밀레투스.

지(英智)[317]를 상기해야 할 것이다. 어쨌거나 헬라스인의 승부는 종결되었지만 우리에게는 이 승부의 중요한 부분이 지금부터 시작되고 있는 것으로 생각된다. 지금까지의 추이로써 물질적인 생활 규모의 급증이라는 도전에 대한 우리의 응전이 같은 도전에 대한 헬라스인의 시도에 비해 성공적이라고 해도 지금의 우리는 헬레닉 사회에 대한 로마의 결정적 타격과 같은 재앙에서 벗어났다고 단언할 수 없다. 매일같이 고라 자손처럼 두려워하고 모세처럼 갈망하는바[318] 우리는 지금 헬라스인과 마찬가지로 정치적 세계질서를 수립하는 문제의 해결(解決)에서 실패하고 있다.

ⓒ 동로마 제국

일시적인 제도를 우상으로 삼은 전형적인 사례는 정교 기독교 세계가 로마 제국이라는 망령에 현혹된 것인데, 정교 기독교 문명이 출현(出現)한 후 겨우 300년이 지났을 때 좌절(挫折)한 것319은 자매격(姉妹格)으로서 같은 시기에 출현하여 1000년이 지난 지금까지도 성장하고 있는 것으로 여겨지는 서구사회에 비추어 볼 때 이상한 생각이 든다. 같은 환경에서 동시에 출현하여 10세기 중반에는 반대로 예견되었던 이 두 사회의 운명이 이토록 극명하게 갈린 이유는 어떻게 설명되어야 하는가? 10세기 중엽의 관찰에 있어서 정교 기독교 사회의 힘과 활력의 원천은 로마제국의 망령을 불러내기에 성공한 것이었다. 현존하는 기록을 남긴 관찰자는 이사우로스 〈레온 3세, 717~741〉의 공업(功

---

317. 헤로도토스가 극(劇)에서 솔론의 말로 처리한 문구. "현상을 평가하려면 그것이 끝날 때의 상황에 주의를 기울여야 한다. 신이 대중에게 행복을 엿보게 하는 것은 그들을 철저히 파멸시키려는 것이다"

318. "내가 어릴 적부터 고난을 당하여 죽게 되었사오며 주께서 두렵게 하실 때에 당황하였나이다"〈시 88:15〉의 「고라 자손의 찬송시」 "너는 밤에 찾아오는 공포와 낮에 날아드는 화살과 어두울 때 퍼지는 전염병과 밝을 때 닥쳐오는 재앙을 두려워하지 아니하리로다 천 명이 네 왼쪽에서, 만 명이 네 오른쪽에서 엎드러지나 이 재앙이 네게 가까이 하지 못하리로다"〈시 91:5~7〉의 「모세의 기도」

319. 정교 기독교 문명에 있어서 그 좌절의 현저한 징후는 로마-불가리아 전쟁(977~1019)의 발발이었다. 정교 기독교 사회가 헬레닉 사회의 공백기 이후에 출현하여 겨우 300년이 지났을 때 엄습한 이 재난은 그 세계의 성장기를 가려울 정도로 짧은 것이 되게 했다.

業)320이 효과적이고도 영속적일 것으로 생각했을 것인바, 그것은 2세대 후에 서구사회에서 샤를마뉴가 같은 것을 시도하여 참담하게 실패한 양상을 그들에게 제시했을 것이다. 그러나 정교 기독교 세계에 있어서 레오의 그 성공은 전체적으로 그릇된 것이었다. 그것은 과도한 도전에 대한 지나친 응전이었는데 그 놀라운 재주로 인한 과로(過勞)는 사회적 기형이라는 응보를 초래했다. 그 외적 징후는 생활에 있어서 국가가 다른 모든 제도의 희생을 통해 지나치게 비대해진 것이었고 내적인 착오는 신생 사회를 구조하기 위해 무덤에서 불러내어 과거의 명예로 장식한 제국을 우상화한 것이었다. 로마제국 역사의 마지막 장321에서 제국의 두 지역에서는 극심한 분화가 일어났는데 라틴의 여러 주에서 사회적 붕괴가 일어나고 제국의 기반이 무너져 교회가 돌파구를 찾고 있을 때 동로마 제국은 그리스와 오리엔트에서 그 붕괴의 물결을 뛰어넘는 데 성공했다.322 동로마 제국은 〈레오 대제〉와 〈아나스타시우스〉가 단행한 개혁과 부단한 노력323에 의해 서로마의 패배주의와 극명한 대조를 보이는 활력을 유지했고 그러한 노력은 당분간 훌륭한 성공으로 보장된 것으로 여

---

320. 로마의 유서 깊은 도시 게르마니키아에서 출생한 〈이사우로스〉는 〈유스티니아누스〉에 의해 발탁되어 아나톨리콘의 사령관이 된 후 〈테오도시우스 3세〉가 황제가 된 것에 불복하는 반란을 일으켜 717년에 황제가 되었다. 이후로 그는 동로마 제국의 혼란을 종식하고 군세를 규합하여 아랍인의 공세를 성공적으로 저지했다. 황제로서는 교황 〈레오 3세〉와 구별하기 위해 〈레온 3세〉로 칭한다.

321. 로마제국은 테오도시우스 대제의 죽음과 더불어 그 역사의 마지막 장에 접어들었는데 로마의 평화가 종식된 것을 기준으로 한다면 그 기점은 로마군이 고트족에 패한 378년이 된다.

322. 동로마 제국령 발칸반도에서 후계국가를 건설하려고 했던 서고트족의 알라릭과 동고트족의 테오도릭은 서로마 제국이 버려둔 영토로 쫓겨났다. 그리고 제국의 정규군을 동원하여 제위를 찬탈하려고 했던 가이나스와 아스파르는 그 싹이 자라기 전에 분쇄되었는데, 이들은 서로마 제국의 리키메르나 오도아케르와 같은 존재가 될 수 있었던 인물이었다.
  *리키메르-서로마 제국의 게르만족 장군, 〈아비투스〉를 폐위하고 〈마요리아누스〉를 황제로 옹립(擁立)하여 실질적인 주권자로 행세했다.
  *오도아케르-서로마 제국의 게르만족 용병대장, 서로마 제국을 멸망시켰다.

323. 〈레오 대제, 457~474〉는 반역의 기미를 보이는 무장들을 제거하여 용병에 의존하는 관행을 척결했고, 후계자인 〈아나스타시우스〉는 세제를 개혁했다.

겨졌다. 그러나 〈유스티니아누스〉의 치세에 이르러 5세기의 그 대조는 피상적이고 일시적인 것으로 판명되었다. 유스티니아누스는 사라져 버린 콘스탄티누스와 아우구스투스의 제국을 우상화하여 그를 모방한 샤를마뉴와 같은 야심에 몰두함으로써 선대의 황제들이 비축한 것을 날려버리고 제국에 불행한 결과를 초래했다. 제국 붕괴의 신호였던 유스티니아누스의 죽음 이후로 동로마 제국의 사회적 조직은 150년이라는 짧은 공백기에 그 두 배의 기간에 이루어진 서부에서의 파괴보다 더 철저히 파괴되었다. 바야흐로 격랑이 일었을 때 고난이 극심했음은 그 기간에 연발한 전쟁324의 길이와 격렬함으로 측정할 수 있다. 로마제국은 테오도시우스 사후에 서부에서 실질적으로 사멸했듯이 그로부터 170년이 지난 유스티니아누스의 죽음 후에 중부와 서부의 여러 주에서도 사실상 사멸했다.

어떻게 보더라도 7세기에는 자매사회(姉妹社會)인 서구 기독교 세계가 출범(出帆)하고 있었으며 정교 기독교 세계는 훗날 샤를마뉴가 빠져든 길에 결정적으로 발을 들여놓을 징후를 보여주고 있었다. 제국이 서부에서 붕괴했을 때 복수(複數)로 늘어난 정치적 권위는 제국과는 대조적으로 그 존재와 통일을 함께 유지했던 세계교회의 권위에 의해 압도되어 있었고 교회가 그 통일을 표현하는 상징과 그것을 주장하는 수단으로 서부에 제공한 것은 교황제(教皇制)라는 옛 제도였다. 교황제는 제국이 소멸한 후 교황구(教皇區)에 속한 여러 주에서 서구 기독교 세계의 지방적 공동체325에 대한 지배를 확립했던바 근대 서구의 지방적인 국가들이 교황권에 대해 주권을 주장하게 된 것은 16세기에 접어든 때로부터였다. 정교 기독교 세계는 7세기에 이미 그 길에 발을 들였는데, 그

---

324. 페르시아에 대한 두 번의 전쟁(527~591, 603~628)과 632년에 시작되어 2차 콘스탄티노플 포위 공격으로 이어진 이슬람교도 아랍인과의 생사를 건 투쟁. 동로마 제국은 중단 없이 계속된 이 전쟁에서 유스티니아누스가 아프리카 북서부에서 정복한 땅과 오리엔트의 여러 주를 상실했고, 그가 이탈리아와 발칸에서 정복한 땅 대부분은 롬바르드족과 슬라브족의 밥이 되었다.
325. 로마제국의 단명한 후계국가였던 카롤링거 제국 및 동시대 웨식스 왕국의 후계국가들. 현존하는 서구의 여러 국가는 이들의 후예이다.

것은 〈헤라클리우스〉와 〈콘스탄스 2세〉의 천도정책(遷都政策)[326]으로 표방되었다. 그 후 콘스탄스 2세의 아들이자 후계자로서 콘스탄티노플에서 자색 옷을 부여받은 〈콘스탄티누스 4세〉는 오리엔트의 공세를 서부의 본거지가 아닌 동부의 전초지(前哨地)에서 요격했다. 그로 인해 아랍군이 공격의 방향을 지브롤터 해협과 피레네 저편으로 돌린 것은 서구 기독교 세계의 희생을 초래했거니와 아랍군이 보스포루스에서 패한 것은 40년 후에 운명적인 천재 〈레오 시루스〉가 주도한 정교 기독교 세계의 역사에 새로운 회전(回轉)을 주는 상황을 형성했다. 헤라클리우스와 콘스탄스 2세의 기도(企圖) 중 어느 것 하나라도 성공했더라면 시간이 흐름에 따라 카르타고와 시라쿠사는 요새(要塞)가 아니라 함정(陷穽)이었음이 밝혀지고 테오도시우스의 동쪽 계열은 7세기가 끝나기 전에 소멸했을 것이다. 분명한 것은 왕조에 대해 치명적인 행위가 되었을 그 성공이 신생 정교 기독교 사회를 말살하는 결과를 초래하지는 않았으리라는 사실인데, 만족 침입자의 홍수[327]가 진압되었을 때 정교 기독교 사회는 의연히 존재하여 서부의 자매사회와 같은 모습으로 성장했을 것이다. 그리하여 이 가정의 사태에서 테오도시우스 유산의 유기된 동부는 서부와 같이 다수의 후계국가에 의해 영구히 분할되었을 것이다.

　정치적 복수제(複數制)와 지방주의라는 서구사회의 두 경향이 정교 기독교 사회에도 나타났다면 정교 기독교 세계에서도 제국의 통일을 유지하려고 하는 경향이 종교적인 영역에서의 같은 경향으로 인해 상쇄되었을 것이다. 정교 기독교 사회에서 서구 기독교 세계의 교황제와 같은 것을 추진하려고 했던 시

---

326. 617~641년을 재위한 〈헤라클리우스〉는 초인적인 노력의 첫 10년이 끝나기 전에 명목뿐인 제국의 소재지를 고향인 카르타고로 옮기려고 했으나 콘스탄티노플 총주교인 세르기우스의 제지로 중단한 후 10년의 노력을 페르시아 원정으로 장식했다. 그러나 그 승리는 페르시아를 대신한 이슬람교도 아랍인이 침공하는 길을 열었는데, 그에 대해 헤라클리우스의 손자 〈콘스탄스 2세〉는 가족을 인질로 남기고 시칠리아의 시라쿠사로 철수했다.

327. 아랍족, 슬라브족, 아바르족, 불가리족 등의 만족은 헬레닉 이후에 일어난 민족이동의 말미(末尾)에 정교 기독교 사회로 쇄도했다.

도가 없었던 것은 아니지만 그것은 〈세르기우스〉의 특이한 재능으로 인해 실패로 귀결되었다.[328] 콘스탄티노플 총주교 세르기우스는 〈그레고리우스 1세〉에 맞먹는 인물이다. 헤라클리우스가 그의 손에서 그레고리우스의 〈마우리키우스〉와 같이 꺾인 갈대였다면 그는 그레고리우스가 로마에서 행한 것과 같은 일을 콘스탄티노플에서 수행했을 것이다.[329] 그렇게 되었다면 콘스탄티노플 주교구(主敎區)는 로마 교황구와 같은 이력을 갖추었을 것이고 그의 의지에 의한 자극과 영감의 영향에 의해 또 다른 기독교 문명의 성장과 확대를 도모함에서 로마 교황에게 뒤지지 않았을 것이다. 그리고 그것은 불순(不純)하게 난립(亂立)한 여러 사회체에 정신적인 조화와 종교적 질서를 부여함으로써 정교 기독교 문명이 불모의 혼돈에서 벗어나 풍요한 다양성을 갖추게 했을지도 모른다. 그러나 세르기우스가 그레고리우스에 의해 구상되고 시작된 장대한 사회구조로서의 기독교 연방을 정교 기독교 사회에 부여하기에 실패한 것은 당면한 목표를 지향(指向)했던 그레고리우스의 실패에 대비되는 그 자신의 성공 때문이었다. 빈사에 빠진 제국의 망령과 같은 몸에 생기를 불어넣음으로써 헤라클리우스를 영웅으로 바꾼 세르기우스는 그 놀라운 재주로 그레고리우스가 수행한 영웅적인 역할의 기회를 스스로 박탈했고 나아가 100년 후 정교 기독교 사회의 역사에 서구 기독교와 다른 회전을 주는 수단을 레오를 위해 확보했다. 세르기우스의 위업은 로마제국을 정교 기독교 세계의 땅에 재건한다는

---

328. 그 첫 시도는 콘스탄티노플 총주교인 〈요하네스〉가 자기의 직책이 세계적이라는 것을 주장하여 직함에 그 용어를 넣은 것인데, 〈세르기우스, 610~638〉는 그 칭호가 실없는 것이 아님을 행동으로 증명했다. 그 세계 총주교는 수도를 카르타고로 옮기려고 했던 〈헤라클리우스〉를 만류하고 응원하여 사산조의 〈호스로 2세〉를 격파하게 했고, 황제의 그 원정 중에 침공한 페르시아와 아바르족에 대하여 콘스탄티노플을 지켜냈다. 이어서 페르시아와의 강화에 임하여 오리엔트의 여러 주가 제국에서 이탈한 원인이었던 그리스도 단성론자와 타협을 시도했다.

329. 꺾인 갈대라는 표현은 〈마 12:20〉의 "상한 갈대를 꺾지 아니하며 꺼져가는 심지를 끄지 아니하기를 심판하여 이길 때까지 하리니"에 의한 것으로서 본문에서는 "도움을 받지 못해 살해되거나 쫓겨난 황제"를 의미한다. 동로마 황제 마우리키우스는 콘스탄티노플 총주교에 관한 일로 그레고리우스 1세 교황과 대립했고, 지나친 긴축정책을 펼치다가 찬탈자(포카스)에 의해 살해되었다.

레오의 사업에 필요한 재료를 만든 것이었고 그로 인한 제국의 회복은 콘스탄티노플 주교구의 발흥에 치명적인 것으로 작용했다. 그리하여 두 기독교 사회는 다른 길을 걷게 되었으나 흥미로운 점은 그레고리우스도 세르기우스 못지않게 제국이 자기 임지(任地)의 지방적인 분야에서 일정한 의무를 수행하게 하려고 했다는 것이다. 세르기우스가 헤라클리우스에게 콘스탄티노플을 수호(守護)할 것을 강요했듯이 마우리키우스에게 로마를 지켜달라고 요청한 그레고리우스는 그 희망이 사라지자 마지못해 직접적인 행동에 돌입했다. 그는 원하지 않은 책임을 떠안고 롬바르드족과의 협상에 나섰던 것이지만 세르기우스의 방책을 쓸 수 있었다면[330] 그레고리우스도 역시 본의는 아니라도 마우리키우스를 영웅으로 만들었을 것이다. 제국 정부에 전통적인 의무의 수행을 요구하는 그레고리우스의 정책은 그가 사망한 이후로도 후계자들에 의해 400년 동안이나 끈질기게 반복되었는데 교황구(敎皇區)의 경험에 있어 콘스탄티노플 정부는 번번이 거기에 의지하려는 자의 손을 찔렀음에도 교황이 콘스탄티노플에 원조를 요청하는 것이 관습으로 되었던 것은 놀라운 일이다. 그레고리우스는 두 선임자가 유스티니아누스에게 모욕을 당했음을 알면서도 마우리키우스에게 호소하기를 중단하지 않았으며 〈스테파누스, 752~757〉 교황도 일련의 불쾌한 사건에도 불구하고 동로마 제국의 〈콘스탄티누스 5세, 718~772〉에게 호소하기를 단념하지 않았다.[331] 스테파누스는 동로마 제국의 성상 파괴주의자들에게 접근하기 어렵다는 것을 절감했을 때 프랑크족에게 눈을 돌려

---

330. 그레고리우스가 세르기우스의 방책을 쓸 수 없었던 이유는 그의 임지가 로마에 있었으므로 동로마 황제와 직접 만날 수 없었고, 당시의 로마는 당시에 전략적 요충지로 인정받지 못했기 때문이었다.

331. 그레고리우스의 선임자였던 〈실베리우스, 536~537〉는 동로마 제국과 그리스도 단성론에 대항하려던 동고트족 국왕에 의해 교황으로 옹립되었으나 2년 만에 동로마 제국 황제 〈테오트라〉에 의해 추방되었다. 그 이후에 선출된 〈비르질리오, 537~555〉는 삼장법(三章法) 문제로 동로마 황제 유스티니아누스로부터 모욕을 당했다. '불쾌한 사건'은 콘스탄스 2세가 〈마르티누스 1세〉 교황을 폐위한 것, 유스티니아누스 2세가 〈세르기우스 1세〉를 폐위시키려 했던 것, 동로마 황제 〈레오 3세〉가 주도한 성상 파괴 및 반대에 대한 보복 행위 등을 지칭한 것.

그들에게 정치적 정통성을 부여한다는 방책을 동원했다. 그는 이탈리아를 원정하라고 설득할 때 국왕인 피핀만이 아니라 두 아들인 카를로만과 샤를에게도 황제(皇帝)에 준(準)한 〈Patrician, 대관(戴冠)〉의 칭호를 부여했는데 그로부터 반세기 후인 800년에 〈레오 3세〉는 샤를에게 〈로마인의 아우구스투스인 황제〉라는 칭호를 주어 그 당사자를 놀라게 했다. 교황제는 콘스탄티누스 5세의 나태(懶怠)와 피핀의 호의(好意)에 의해 교황구에 부여된 주권 독립의 지위를 기뻐한 것이 아니라 견딜 수 없는 집 밖에서의 자유로 여겼던 것인바 교황은 50년 동안 그 고통을 경험한 후 익숙해진 제국의 지붕 밑으로 들어감으로써 정치적 냉혹함에서 벗어나려고 했다. 세속의 정권에 의존한다는 교황제의 태도는 샤를마뉴의 과대망상증(誇大妄想症)에 따르는 네메시스로서 카롤링거조(朝) 이후의 공백기라는 참혹한 상황에서도 여전했다. 그래서 교황 〈요아네스 13세〉는 선임자를 모방하여 작센인 오토에게 대관했는데 그것은 이후로 이따금 지명권(指名權)으로 남용된 교황 선출에 대한 황제의 거부권을 확립하는 단서(端緒)가 되었다. 〈그레고리우스 7세, 1073~1085〉의 불굴의 정신이 종사(宗師)가 신탁(信託)한 고통스럽고 위험한 지위에 오른다는 대망을 달성하려는 용기를 교황제에 불어넣은 것은 그 이후의 일이었다. 교황들은 2세기에 걸쳐 제권의 횡포와 호족이나 공화파의 무법 행위에 맞선다는 위험을 감수함으로써 그레고리우스 1세의 생애가 지향(指向)한 운명을 받아들였다. 로마 교황구는 자신의 운명을 받아들임으로써 서구 기독교 세계의 역사에 새로운 장을 열었다. 교황제는 에피메테우스적인 장(章)이 아닌 프로메테우스적인 새 장에서 〈교황제 아래서의 기독교 연방〉이라는, 자족적 추진력을 갖춘 제도를 창출하기 위해 거센 풍파에 자신을 노출했다. 교황제가 드디어 실현된 그 운명을 받아들이기까지 483년[332]이라는 기간이 필요했던 것은 그레고리우스 1세의 생애가 지향한 길이 의도적인 것이 아니었고 후계자들이 끊임없이 제국의 보호를 갈

---

332. 그레고리우스 1세가 제위에 오른 590년으로부터 그레고리우스 7세가 즉위한 1073년까지의 기간.

망하여 그 우상화의 네메시스에서 벗어나지 못했기 때문이다. 교황제에 의한 기독교 연방은 교황의 권세와 제권(帝權)의 생사를 건 투쟁을 통해 수립된 것이었는데, 교황제는 이 투쟁을 위해 윤리적 균형을 상실하고 쫓아낸 우상에 대하여 새로운 우상을 세운다는 과오를 범했다. 교황제는 제국의 우상화에서 도피하여 자기의 우상화에 빠져든 것인바 하나의 도전에 훌륭하게 응전하여 서구 기독교 세계의 지배적인 제도로 성장한 세력의 이 비극적인 착오는 휴브리스(Hubris)의 전형적인 사례이다.

정교 기독교 세계는 서구사회가 두 번의 시도에서 실패했던 놀라운 재주를 부리는 일을 첫 시도에서 성공함으로써 수동성의 네메시스를 맞이했다. 8세기에 성공적으로 불러낸 로마제국의 망령은 500년에 가까운 수명의 견고하고 능률적인 중앙집권333을 달성했는데, 동부의 이 부흥된 지배권은 그 특징에 있어서 그것이 당초에 목표로 삼은 것으로 조성되었다. 정치적 건설에서 정교 기독교 세계가 달성한 그 우수성(優秀性)은 그들에 대한 원시 이슬람교도 아랍인의 공세가 서구 기독교 세계에 대한 공격에 비해 막강했고 천재적 능력을 갖춘 〈레오 3세〉와 〈콘스탄티누스 5세〉의 58년에 걸친 통치의 효과가 누적된 결과였다. 레오와 콘스탄티누스가 통합하여 안돈(安頓)한 넓은 영토334는 동로마 제국에 물질적인 힘을 제공했고 레오의 후계자들은 무모한 전쟁에 뛰어드는 것을 자제함으로써 사회적 활력을 보존하는 것을 정치의 본령으로 삼고 있었다. 견고한 동체(動體)들을 하나로 결합한 능력과 사회적 활력을 보존한 정치

---

333. 동로마 제국은 아우구스투스, 디오클레티아누스, 콘스탄티누스, 테오도시우스, 유스티니아누스 등의 로마제국을 재현한 것. 서구 기독교 세계에 8세기의 동로마 제국에 비견되는 국가가 출현한 것은 이탈리아의 정치적 능률이 알프스 이북으로 방사된 15~16세기의 일이므로 그것은 서구 기독교 사회의 정치적 발전에 비하면 700~800년이나 앞선 것이었다.

334. 레오 3세는 별개의 공국으로 분열 중이었던 콘스탄티노플과 자신의 아나톨리아와 아르타바스두스의 아르메니아 군단 지구를 하나로 통합했고, 콘스탄티누스 5세는 부친이 사망했을 때 아르메니아의 분리독립을 주장하여 제도(帝都)를 탈취하려고 했던 아르타바스두스를 분쇄하여 그 통합을 공고히 했다.

적 재능은 상비군과 문관제도로 말미암은 것인바 1000년이 넘도록 서구사회에 알려지지 않은 그 제도들은 중앙집권적인 재정(財政)과 지속적인 고등교육제도에 의해 뒷받침되고 있었다.[335] 교육된 직업군인과 문관은 제국의 능력과 활력을 함양하고 보존하기에 중요했을 뿐만 아니라 정교 기독교 사회에서 부활한 로마제국의 망령이 가장 현저하고도 불행한 승리를 달성한 요체였다는 점에서 중요한 것이다. 그 승리는 국가가 교회를 종속시킨 것인바 그것으로 인해 두 기독교 사회의 역사는 교회와 국가의 관계에 있어서 중대한 차이를 보였다. 레오와 그 후계자들이 달성한 것은 샤를마뉴를 위시한 서구사회의 야심가들이 교황의 묵인을 얻고도 근접하지 못했으며 그 아류(亞流)들이 교황의 저항 때문에 달성하지 못한 목표였다.[336] 동로마 제국 황제들은 콘스탄티누스 대제가 교회를 자신의 비호 아래에 놓으려고 했을 때 생각한 것[337]을 실행에 옮겼다. 그러므로 동로마 제국은 로마제국을 부흥시킨다는 계획의 중요한 일부를 실현하고 있었던 것인바 국가와 교회에서의 이 체제는 근대에 들어 〈황제-교황주의〉라는 이름을 얻었다. 이 말은 콘탄티누스가 행한 사업의 결과를 카타콤 기독교도의 견지에서 적절하게 표현한 것이다. "가이사의 것은 가이사에게, 하나님의 것은 하나님께 바치라"라는 말씀으로 명백해진 원시 기독교

---

335. 동로마 제국의 재정은 대리인이 수납하여 국고에 귀속한 후 관료와 군대의 급료로 지급되었는데 유통에 쓰인 금화는 서구와 시리악 사회에서도 신망이 높았다. 교육제도는 사관을 위한 군대의 교육과 바르다스가 설립한 학원 및 콘스탄티누스 9세가 창설한 콘스탄티노플 대학의 문관을 위한 교육으로 이루어졌다.

336. 동로마 제국의 황제들은 교회를 국가에 속한 하나의 부서로 바꾸고, 총주교는 종무를 관장하는 관료로 임명했다. '서구사회의 야심가'는 아들에게 제관을 직접 수여함으로써 제권이 교황권보다 우월하다는 것을 시위한 샤를마뉴, 사교 서임권을 장악하여 성직자를 자기에게 예속시킨 오토 1세, 3인의 교황을 폐위시키고 클레멘스 2세를 교황으로 삼은 하인리히 3세를 지칭한 표현. '그 아류들'은 교황이 황제의 사교 서임권을 박탈한 것에 반항하다가 파문된 하인리히 4세, 교황을 압박하여 황제의 사교 서임권을 승인받은 하인리히 5세, 알렉산더 3세 교황을 폐위시키고 3인의 대립교황(代立敎皇)을 옹립한 프리드리히 1세, 교황권에 도전했다가 파문된 프리드리히 2세.

337. 〈콘스탄티누스 대제, 306~337〉가 기독교를 공인한 것은 교회를 황제의 권위에 예속시키려는 의도에 의한 것이었는데, 그것은 그로부터 동로마 제국 유스티니아누스의 치세까지에 걸쳐 실질적으로 실행되었다.

도의 이 격리(隔離)는 여신(女神)과 신군(神軍)[338]을 숭배하기보다는 자진하여 생명을 희생한 순교자들의 결의에 따라 실행되었다. 기독교도의 견지에서 이 황제-교황주의는 신이 나눈 것을 짝짓는 오만함[339]을 상징하는 것이겠으나 로마제국에 있어서 콘스탄티누스의 이 사업은 매우 다른 양상을 띠고 있었다. 로마제국의 위정자(爲政者)가 볼 때 오만한 행동은 로마가 지고(至高)한 정치적 제도일 뿐만 아니라 종교적 숭배 대상임을 인정하지 않는 것이었다. 그래서 제국을 종교적으로 부정(否定)하는 기독교도의 행동에 분노한 로마 제국주의자들은 기독교도를 무신론자로 규정하고 그들을 박멸하는 것을 자기들의 의무라고 생각했다. 그러므로 제국의 기독교 박해는 진심이었고 그에 대한 신(神)의 대응(對應)은 그곳을 떠나는 것이었다. 그러나 제국주의자들은 3세기가 4세기로 바뀔 무렵에 영내(領內)의 신을 외부에 빼앗기는 것은 견딜 수 없다는 것을 깨달았다. 신이 없는 제국은 아테나가 사라진 아테네처럼 맥없고 메마른 것이 될 것이기에 신들의 그 이탈은 회복(回復)되어야 했다. 그리고 비어 있는 신전을 다시 신으로 채움에 있어서 제국이 할 수 있는 일은 기독교에 대한 정책을 변화시키는 것이었다. 교회가 자신을 탄압함으로써 정치와 종교에서의 세계적인 통일을 유지하려고 했던 제국의 기도(企圖)를 꺾었다면 그로 인해 파괴된 통일은 대담한 외교적 반격에 의해서만 회복될 수 있었다. 그것은 외적(外的)으로 교회를 있는 그대로 제국의 품속으로 받아들인다는 정책이었으나 그 속내는 무법자에서 시대의 총아로 바뀐 것으로 안도(安堵)한 교회가 제국이 바라는 것을 스스로 요구한다고 착각할 것을 의도한 것이었다. 콘스탄티누스가 기획하고 뒤를 이은 기독교도 황제들이 계승한 이 방책은 의식적으로 위선적이지 않았고 의도적으로는 정직했으므로 상당한 성공을 거두었다. 콘스탄티누스가 교회와의 협약을 결정했을 때 그가 배려하는 태도로 설계(設計)한 위치로 추락

---

338. 여신은 로마, 신군(神軍)은 아우구스투스.

339. "그런즉 이제 둘이 아니요 한 몸이니 그러므로 하나님이 짝지어 주신 것을 사람이 나누지 못할지니라 하시니, 〈마 19:6〉"를 반대로 표현한 것.

한 교회는 제국이 제공한 정치의 껍질 속에 안주한 후 그 껍데기의 분열로 말미암아 행동하지 않을 수 없게 될 때까지는 껍질 밖에서 생활하려는 움직임을 보이지 않았다. 헬레닉 사회사(社會史)의 최후의 장에서 콘스탄티누스가 구상한 체제와 뒤따른 공백기 이후로 그 체제를 회복하려고 했던 시도는 배후에 헬레닉 사회가 정치와 종교의 통일을 달성함으로써 사회적 건강을 지켰던 전통을 가진 것이었다. 여기에 있어서 놀라운 것은 그 체제가 양분된 제국의 동부에서 성공적으로 재건된 것이 아니라 서부에서의 두 시도가 실패로 끝난 것인데 그 이상한 실패는 서구 기독교 사회의 〈교황제 기독교 연방〉이라는 특이한 체제를 창조했다. 그 체제에 있어서 교회와 국가는 충분히 분화되었으되 상호적이었고 통합은 다수의 국가가 사회적 통일의 원리이자 권위의 원천인 세계교회에 종속하는 것으로 구현되었다. 전적으로 새로운 창조였던 이 정치적 구성은 이탈리아 도시국가 체제와 더불어 서구 기독교 사회가 그 역사의 제2장에서 달성한 위대한 창조적 업적인바 정교 기독교 사회의 이에 상당하는 기간에는 이에 비견되는 창조의 행위가 이루어지지 않았다. 역사의 그에 앞선 장에서 로마제국을 회복한 정교 기독교 사회는 제도의 우상화라는 쉽고 편한 길을 택하여 창조의 기회를 잃었고 자연적이었지만 불행했던 그 착오 때문에 때아닌 시기에 몰락했다. 정교회가 로마제국의 망령을 우상화한 불행을 통해 동로마 제국에 종속된 것은 중대한 사태였는데 우리는 스스로 지휘관인 동시에 사제라고 천명한 레오에서 콘스탄티누스가 주창했던 것과 같은 황제-교황주의를 존대(尊大)한 어조로 말하고 있는 것을 듣는다. 더하여 레오가 자기 주장(主張)을 정교 기독교 사회에 강요하기에 성공한 것이 2세기가 차기 전에 정교 기독교 문명의 좌절로 끝난 인과적(因果的)인 사슬의 첫 고리였음을 발견하는 것은 놀랄 일이 아니다.

정교 기독교 사회의 비극을 논할 때 교회를 국가에 예속시킨 레오의 행위는 파괴적인 결과를 초래했다. 그 일반적인 결과는 정교 기독교 사회의 성격을 불모(不

毛)의 것으로 만든 것이었는데 그로 인한 피해의 정도는 사회적 성장의 같은 단계에서 서구사회가 달성한 업적을 살피는 것으로 측정할 수 있다. 우리는 성장기의 정교 기독교 사회에서 〈힐데브란트〉[340]의 교황제에 상당하는 개혁만이 아니라 서구의 여러 대학에서 일어난 지적 활동과 이탈리아 도시국가와 같은 자치적인 정치제도의 융성을 찾을 수 없고 시대적 조류였던 봉건제(封建制)는 정권에 의해 효과적으로 억압되고 있었다는 사실을 발견한다. 사회적 풍토가 서구사회와 크게 다르지 않았던 정교 기독교 사회는 무성한 숲을 이룰 것을 기대하여 많은 나무를 심었으나 거기에서 특이하게 성장한 황제의 독단적 지배권이라는 나무가 주변의 모든 식물을 압도하게 된 것이 불행이었다. 황제-교황주의가 정교 기독교 사회의 생활에 끼친 해로운 영향은 교회와 봉건제도가 드디어 자유를 얻었을 때 제대로 된 활력을 발휘하지 못했다는 사실로 드러나 있는바 우연히 제국의 압제에서 벗어난 곳에서 발현된 창조적 섬광(閃光)의 희귀한 사례는 그것을 예증하고 있다. 동로마 제국의 압제가 미치지 않은 지역에서 창조성을 발휘한 사례로는 마케도니아 아토스산에 건설된 여러 수도원과 이탈리아 동남부에서 발흥한 바실리우스파 수도회를 들 수 있으며 제국의 압제가 약해졌을 때 창조성이 발현된 사례는 데살로니카에서 시도된 도시적(都市的) 자유의 실험과 정교회의 신비주의적인 종교운동이 대표적이다.[341] 〈성 닐루스〉로 대표(代表)되는 바실리우스파 수도사들은 그들의 문화적 영향을 크게 넓힌 점에서 칼키디케와 코린토스의 개척자에 비견되는데, 개인적인 모험심과 사회적 견실성을 겸비했다는 점에서 정교 기독교 세계에서의 이들에 필적하는 것은 극서 기독교 세계 아일랜드의 수도승뿐이

---

340. 〈Hildebrand〉는 〈Gregorius Ⅶ, 1073~1085〉의 세명(世名). 157대 교황으로서 신성로마 제국 〈하인리히 4세〉의 카노사의 굴욕을 초래한 후 파문당한 황제의 반격으로 폐위되었으나, 성직매매와 성직자의 결혼 및 평신도(황제)의 성직자 임명을 금지한 그의 개혁정책은 후임 교황들에 의해 성공적으로 추진되었다.
341. 로도페 서쪽의 아토스산에 성채처럼 세워진 정교회의 여러 수도원은 황제-교황주의를 타파하기 위한 전초지였다. 이탈리아 동남부에 자리 잡은 바실리우스회 수도원은 동로마 제국이 방치한 이슬람교도의 침공을 저지함으로써 이탈리아의 발끝에 Magna Graecia를 재현시켰다.

다.[342] 이탈리아 수도사들은 아일랜드 수도승과 마찬가지로 한 세대에 걸쳐 탁월한 학자라는 정신적 후사(後嗣)를 낳았다. 아일랜드의 대가(大家)인 〈요하네스 스코투스 에리우게나〉에 상당하는 인물은 롬바르디아의 〈요안네스 이탈로스〉인바 이들은 철학적 사변(思辨)을 신학적 교의(敎義)의 속박으로부터 해방하려는 대담한 합리주의를 추구했다. 라틴 기독교도로서 정교 기독교 세계에서 큰 물의(物議)를 일으킨 이탈로스에 이어 피오레의 〈요아킴, 1132~1202〉은 비잔틴적인 풍조에 반대되는 자유론으로 서구 기독교 세계를 흔들었고 정교 기독교 사회의 전초지(前哨地)였던 칼라브리아가 낳은 〈성 바를라암〉은 합리주의(合理主義)로 헤시카즘[343]을 공격함으로써 정교 기독교 사회를 진동시켰다. 더욱 중요한 것은 동로마 제국의 통치권이 약해진 곳에서 타오른 정교 기독교 사회의 천재적 섬광(閃光)이다. 창조적이었던 닐로(Lilus)의 사업과 데살로니카에서 개화하여 남이탈리아로 번진 도시적 자유의 실험은 헬레닉 사회의 도시국가에 필적하는 활력을 발휘했고 헤시카즘은 인간을 국가에 종속시키는 도구로 사용된 교회를 신에게 신도(信徒)를 인도하는 사다리로 돌리려고 했다. 그러나 그 창조적 섬광 가운데서 가장 놀라운 것은 이전(以前)의 코라 수도회(修道會)에 조성된 모자이크일 것이다. 오늘날 우리는 비잔틴 예술가가 다루기 힘든 재료로 약동과 생기의 효과를 극대화한 정교 기독교 미술의 극치를 보고 있는바 암울한 사회적 해체를 배경으로 삼아 타오른 14세기의 이 창조적 섬광들은 특이한 인상을 주고 있다. 그 불꽃이 내전으로 좌절에 빠진 사회가 400년 동안 고통을 겪은 후 오토만의 지배라는 엄숙한 평화로 들어가려던 시기에 불타오른 것은 당시의 생활이 개선되었기 때문이 아니라 지

---

342. 칼키디케와 코린토스의 개척자들은 헬레니즘을 레기움과 시라쿠사에서 에트루리아와 라티움에 전달했다. 성 닐루스와 그의 동료들은 칼라브리아에 새로운 그리스를 건설한 것에 만족하지 않고 로마의 초청에 응하여 서구식 수도원의 모델이 된 수도원을 세웠다. 아일랜드 수도승과 바실리우스 수도사들의 활동기는 각각 6~7세기와 9~10세기였다.

343. Hesychasm, 신비적 정적주의. 그리스 아토스산을 본거지로 하는 수도사단의 일파로서 기도로 정적에 들면 안개 속에서 그리스도를 감싸는 빛을 보게 된다는 신비주의를 주창했다.

난 시대에 점화되어 말(斗) 아래에 숨겨졌던 등불[344]에서 발화(發火)한 것이었다. 14세기의 이 섬광들이 동로마 제국의 납으로 된 옷이 벗겨지고 오토만의 관의(棺衣)로 덮이려는 순간에 정교 기독교 세계 본연의 정신에 의해 발광(發光)된 것이라면 우리는 16세기의 그 사회에 지평선 아래에서 빛나는 북극광과 같은 것이 있었음을 알 수 있다. 정교 기독교 사회의 크레타섬은 〈El Greco〉[345]라는, 아토스 정통파의 엄격한 규율과 정반대인 예술을 창조한 화가를 주었다. 비잔틴 양식을 찾아 서구로 갔지만 귀화한 사회에서 이해하기 힘든 조화(造化)의 장난을 부리는 자로 치부된 것으로 본다면 엘 그레코의 영감(靈感)은 본고장의 원천에서 얻어진 것임이 명백하다. 우리는 그의 문장(紋章)[346] 속에서 정교 기독교 문명이 드러낸 운명의 시간적인 풍유(諷諭-Allegory)를 인식하는바 교차광(交叉光)을 조종하는 이 크레타의 마술사에게는 일식이 그의 성향에 적합한 주제였음이 분명하다. 달이 일식(日蝕)에 즈음하여 그것을 비추는 발광체를 덮기 때문에 그 배후에서 타오르는 천체(天體)를 인식하지 못하는 것인데, 우리가 엘 그레코에 의해 묘사된 우주의 특이한 모습을 상상할 수 있다면 우리의 시각적 비유는 완전하게 된다. 정교 기독교 세계는 식(蝕) 때의 발광체이고 동로마 제국은 그것을 덮은 납빛의 원반이며 달의 가장자리로 새어 나오는 광채는 위에서 거론한 섬광인바 코로나는 얼마나 위대한 광명이 어느 정도로 슬픈 장애물에 의해 방해되고 있는지를 우리에게 알려주고 있다. 우리는 엘 그레코의 사례에서 정교 기독교 사회의 비극적 특징을 떠올리게 되는데, 그것은 선악을 불문하고 그 가련한 사회가 행한 일들이 다른

---

344. "사람이 등불을 켜서 말 아래에 두지 아니하고 등경 위에 두나니 이러므로 집 안 모든 사람에게 비취느니라" 〈마 5:15〉

345. 〈도미니코스 테오토코풀로스, 1541~1614〉가 예명(藝名)으로 삼은 〈El Greco〉는 "그리스 사람"이라는 뜻. 크레타에서 출생했으나 사실주의가 만연한 서구를 떠나 비잔틴식 화풍이 살아 있는 스페인에 정착한 화가. 대표작은 「오르가스 백작의 매장(埋葬)」인데, 생시에는 인정받지 못했으나 19세기에 피카소와 같은 전위 예술가에 의해 재평가되었다.

346. 엘 그레코의 문장(紋章, Emblem)은 〈부딪히는 물체를 꿰뚫기 위해 반투명의 막의 배후에서 쏘아지는 선명한 광선〉이다.

사회에 이익을 끼쳤다는 것이다. 로마와 톨레도에서의 엘 그레코와 마찬가지로 바실리오 수도회는 칼라브리아와 라치오에서 서구 기독교 사회의 이익을 위해 개척자적인 역할을 감당했다. 그처럼 생각 없이 행해졌으되 이웃에 이익을 끼친 행위의 더 자세히 알려진 사례는 정교 기독교 사회가 헬레닉 문화의 기념물을 정성껏 보존하여 서구의 르네상스에 전달한 것이다.[347] 이 강력한 정신적 강장제(强壯劑)는 15세기 이탈리아의 활발한 정신적 환경으로 전해지기까지는 본연의 자극적 효과를 낳지 못했는데, 그렇게 하여 결과적으로 정교 기독교 사회는 서구사회를 위해 가상(嘉尙)한 문화적 노고를 이행했다. 정교 기독교 세계는 주어진 달란트를 땅에 감추어 바깥으로 쫓겨난 종처럼 쓸모없는 역할을 했고 저축된 보물을 취하여 이익을 얻은 서구사회는 풍족함을 성취했다.[348] 정교 기독교 사회의 나쁜 소행으로써 서구에 이익이 된 것으로 유명한 사례는 바울파를 멸절시킨 것이다. 성상파괴운동(聖像破壞運動)은 그 불행한 시종본말에 의해 본연(本然)의 창조력을 상실하여 정교 기독교 사회의 종교를 불모화(不毛化)했으나 헬레닉 사회사의 말미에 기독교의 묘상(苗床)으로 성장한 아나톨리아의 종교적인 기질은 바울파로 구현(具現)되어 있었다.[349] 바울파가 9세기에 동로마 제국과 아바스조 칼리프국 사

347. Toledo는 마드리드에서 남쪽으로 70㎞ 떨어져 있는 스페인 중부의 도시. Lazio는 로마를 포함한 이탈리아 중심부. Carabria는 이탈리아 남서부의 지중해에 접한 지역. 바실리오회는 성 바실리우스가 창시한 수도사회. 정교 기독교 사회는 헬레닉 사회의 걸작들을 정성껏 보존했으나, 그것에서 문화적 자극을 받은 것은 고대인에 대한 이른바 책의 전쟁을 일으킨 서구사회였다.

348. "그 주인이 대답하여 이르되 악하고 게으른 종아 나는 심지 않은 데서 거두고 헤치지 않은 곳에서 모으는 줄로 네가 알았느냐 그러면 네가 마땅히 내 돈을 취리하는 자들에게나 맡겼다가 내가 돌아와서 내 원금과 이자를 받게 하였을 것이니라 하고 그에게서 그 한 달란트를 빼앗아 열 달란트 가진 자에게 주라 무릇 있는 자는 받아 풍족하게 되고 없는 자는 그 있는 것까지 빼앗기리라 이 무익한 종을 바깥 어두운 데로 내쫓으라 거기서 슬피 울며 이를 갈리라 하니라〈마 25:26~30〉

349. 성상파괴운동은 정교 기독교 사회가 구현한 풍요한 종교 생활의 유산이었으나 레오 3세(시리아인)와 레오 5세(아르메니아인)에 의해 황제-교황주의를 추구하는 수단으로 전락하여 창조적인 기능을 상실했다. 동로마의 제권은 그 투쟁의 전진(戰塵)이 가라앉고 황제-교황주의의 옥좌를 차지한 후 태연히 성상파괴주의를 폐기했다. 그 결과로써 아나톨리아에 구현되었던 종교 생활의 풍요함과 다양성은 크게 위축되어 외연부의 요새로 숨어들었다. 7~9세기에 아르메니아와 아나톨리아 동부에서 번성한 바울파는 인간으로 탄생한 예수가 성령에 의해 하나님의 아들이 되었다는 양자론(養

이의 무주지였던 할리스 강과 유프라테스의 분수계에 세운 말일 성도의 전투적인 공화국은 아나톨리아 이단자에게 피난처를 제공했다. 이 흥미로운 바울파 공동체는 황제-교황주의에 반(反)한 요소를 정교 기독교 세계에 전파함으로써 그 불쌍한 사회의 생명을 구원했을지도 모른다. 정교 기독교 사회의 종교적 천재를 구성하는 요소는 제도(帝都)였던 콘스탄티노플과 바울파의 본거지인 테프리케로 나뉘어 있었는데, 성상파괴주의자와 성상숭배주의자의 싸움이 끝났을 때 〈바실리우스 1세, 867~886〉는 바울파 공화국에 대한 섬멸전을 대대적으로 전개했다. 그리하여 테프리케의 박별은 콘스탄티노플의 꿀벌에 의해 축출되었으나 동로마 제국의 그 멋진 승리는 정교 기독교 사회의 총체적인 패배에 지나지 않았다. 동로마 제국은 바울파를 제거함으로써 이후로 종교를 탄압한 정권들이 초래한 것[350]과 같은 해악을 아나톨리아에 가했던 것인데 그 피해의 정도는 그로 인한 난민이 망명한 나라에 끼친 은혜로 측량할 수 있다. 제국의 유럽 쪽 변경으로 추방된 바울파는 동로마인 정복자에게 메디아로 옮겨진 유대인이 아시리아에 행한 것과 같은 방법으로 복수했다. 더 좋은 땅을 얻은 바울파는 대부분 불가리아에 정착한 후 슬로베니아에서 전도지(傳道地)를 발견했으며 보고밀파를 통해 수정된 바울파는 불가리아 제국의 북서쪽 변경을 넘고 보스니아와 슬라브어 지역을 거쳐 서구 기독교 세계의 롬바르디아와 랑그도크루시용에 착근(着根)했다.[351] 이 양 떼 사이의 염소에 대한 전투적인 반격[352]은 파멸적인 결과를 초래했으나 서구의 응전은 피레네 저편의 〈성 도미니크〉와 아펜니노 너머의 〈성 프란체스코〉에 의해

<hr>

子論)을 추종한 이단파, 그 명칭은 〈사모사타의 바울, 200~75〉에서 유래되었다.

350. 우마이야 칼리프국을 계승한 여러 기독교국이 유대교도와 이슬람교도를 추방함으로써 이베리아에 끼친 해악, 루이 14세가 위그노 교도를 추방했을 때 프랑스에 끼친 해악, 나치 정권이 유대인과 자유주의자를 추방하여 독일에 가한 해악.

351. 제국의 불가리아 변경이었던 트라키아에는 바실리우스 1세의 박해 이전인 8세기 중엽에 콘스탄티누스 5세에 의해 이식된 바울파가 있었는데 불가리아에 대한 그들의 전도는 불가리아 이단파의 수장으로서 바울파로 개종한 〈보고밀〉에 의해 성취되었다. 아시아의 카타리파로 수정된 바울파는 남프랑스에서 롬바르디아의 파타리파와 랑그독의 알비파로 분화되었다.

352. 동로마 황제 〈바실리우스 1세〉가 자행한 폭력과 〈인노켄티우스 3세〉 교황이 일으킨 십자군.

창조적으로 달성되었다. 카타리파가 일으킨 동요는 교회가 기르는 양을 방치했기 때문임을 간파한 이 성자들은 예수의 긍휼[353]을 상기하여 도미니크와 프란시스코 수도회의 수도사를 승원에서 끌어내어 버림받은 양 떼에게 파송했다. 빛과 좋은 행실을 통해 하나님께 영광을 돌리게 하라는 사명[354]을 자각한 수도사들은 수도자의 미덕을 세상에서 실천하라는 요구에 순응했던 것인바, 이 기독교 광전사(狂戰士)는 카타리파가 일으킨 소요에 대한 서구사회의 반응이 남긴 불멸의 기념비이다. 바울파는 정교 기독교 사회에서 창조적인 활동의 기회를 부여받지 못했을 뿐만 아니라 그 사회가 창조력을 발휘하도록 자극하는 일조차 허용(許容)받지 않았던 것이다. 황제-교황주의라는 중압적인 제도가 어떤 점에서 정교 기독교 문명을 좌절로 이끈 원인이 되었는지를 살필 때 처음으로 상기하게 되는 것은 정교 기독교 사회의 좌절이 사회적 팽창과 밀접히 관련되어 있었다는 것이다. 로마-불가리아 전쟁에 있어서 불가리아가 팽창 과정에서 정교 기독교 사회에 편입된 만족 공동체의 중핵이었다는 사실에 주목하여 서구 기독교 사회의 팽창과 비교하면 정교 기독교 사회의 팽창이 사회적인 힘과 활력을 증진한 것이 아니라 당사자 모두가 망하는 투쟁을 유발함으로써 좌절을 재촉했음을 알 수 있다. 동로마 제국과 불가리아의 관계를 서구사회에 대비하여 살핀다면 동로마인을 프랑크인으로 간주하고 불가리아인은 작센인과 동등한 것으로 생각하되 작센계 서로마 황제가 신성로마 제국이라는 칭호를 얻기 위해 독일과 이탈리아에 바쳐야 할 노력과 정력을 로렌과 프랑스가 공멸하는 투쟁에 소모하고 있는 광경을 상정해야 한다. 그러나 작센인은 800년대에 서구 기독교 연방의 중핵(中核)이 되었고 프랑스와 영국의 왕국들은 기독교 연방에서 분리하여 지방적인 주권을 주장하지 않

---

353. "무리를 보시고 불쌍히 여기시니 이는 그들이 목자 없는 양과 같이 고생하며 기진함이라 이에 제자들에게 이르시되 추수할 것이 많되 일꾼이 적으니 그러므로 추수하는 주인에게 청하여 추수할 일꾼을 보내 주소서 하라 하시니라" 〈마 9:36~38〉

354. "이같이 너희 빛이 사람 앞에 비치게 하여 그들로 너희 착한 행실을 보고 하늘에 계신 너희 아버지께 영광을 돌리게 하라" 〈마 5:16〉

았다. 그러나 동시대 정교 기독교도 불가리아인은 현격한 차이에 의해 동로마 제국의 동종자(同宗者)로부터 떨어져 나갔다. 정교 기독교 사회는 만족(蠻族)의 개종을 통해 유럽 방면의 경계를 확대하는 사업에 착수한 것이 놀랍도록 늦었는데 서구 기독교 문명과의 이 극단적인 차이는 전도에 있어서 서구교회가 안고 있었던 장애를 고려할 때 매우 이상한 것으로 여겨진다. 서구 기독교 세계는 전례 용어로서 라틴어를 고수했으나 정교 기독교 세계는 전례어(典禮語)로써 그리스어를 고집하지 않았다. 그럼에도 불구하고 정교 기독교 사회가 전도에서 크게 뒤진 것은 황제-교황주의 때문이었다. 세계 총주교가 황제에게 예속된 정교 기독교로 개종하는 것은 정치적으로 동로마 제국 황제의 지배를 받는 것이므로 만족(蠻族)들은 전례어의 종속(從屬)은 감수하더라도 정치적 독립을 상실하지 않는 서구교회로의 개종을 선호했다. 그레고리우스 대교황(大敎皇)의 치세로부터 서유럽 만족의 개종을 달성한 4세기 동안 정교회가 빠져든 길을 추구했으나 은혜로 말미암아 그 불행한 운명에서 벗어난 교황제가 만족을 개종시킴에 있어서 최초의 성공을 거둔 것은 로마의 지배가 미치지 않았거나 일소된 곳에서였다. 로마 교황구를 외국 정부의 종교기관이 아니라 세속을 초월한 정신적인 힘으로 생각하고 신부(神父)를 수석사도(首席師道)의 대리자로 여긴 만족(蠻族)의 군주는 정치적 대권을 지키면서 교황구에 종교적으로 종속할 수 있었다. 교황제와 만족 개종자의 이 다행스러운 관계는 서구사회에서 로마제국의 망령이 부활한 때[355]에도 훼손되지 않았는데, 정교 기독교 세계의 팽창은 총주교의 권력이 제권에 예속된 것으로 인해 이처럼 은혜로운 길을 걸을 수 없었다. 이런 차이가 가져온 불행한 결과는 동로마 제국이 강요된 사정에 따라 불가리아를 개종시켰을 때 불현듯이 나타났는데 황제-교황주의에 내재(內在)했던 그 재액은 당시에 동로마 제국이 전통적인 자제(自制)와 신중성을 발휘하고 있었다는 사실에 의해 더욱 크게 부각(浮刻)되어 있다. 동로마

---

355. 서구사회에서 부활한 로마제국의 망령은 카롤링거 왕조와 색슨족의 왕국이었는데 이것들은 세계적이지도, 영속적이지도 않았다.

제국은 기근에 빠진 불가리아인이 저지른 약탈행위를 응징한다는 명분으로 불가리아를 침공하여 개종시켰으되 샤를마뉴가 색슨인(Saxons)에게 자행(恣行)한 것보다 미약했던 그 군사적 행위는 불가리아의 격렬한 반응을 초래했다. 불가리아의 〈보리스, 852~888〉는 동로마 제국이 제시한 강화조약이 영토할양(領土割讓)을 포함한 온건한 조건이었지만 그것은 결국 황제-교황주의에 따른 정치적 예속을 의미하는 것임을 직감했다. 불가리아의 젊은 망아지는 헛된 저항으로 호된 응징을 받은 후 동로마 제국과 강화했으나 그로부터 1년이 지나기 전에 조약을 파기하고 종교적 순종(順從)을 로마 교황구로 옮겼다. 그는 이후에 세계 총주교구로 복귀했으나 종교로 인한 정치적 소용돌이에 빠지지 않으려고 했던 그 시도는 불가리아에 닥쳐올 재앙의 징조였다. 불가리아는 이후로도 동로마 제국의 세계 총주교에 순종하는 정책을 고수했으나 보리스의 양위(讓位)로 인해 장자인 블라디미르를 거쳐 셋째 아들이 왕위에 올랐을 때 문제는 복잡한 것으로 바뀌었다.[356] 〈시메온, 893~927〉은 부친의 슬라브주의 속에서 자신의 그리스주의를 추구하기 위해 기독교 경전과 그리스 고전을 슬라브어로 편찬함으로써 자기에게 초인적인 정력이 있음을 입증했다. 그렇지만 그 시메온이 콘스탄티노플에서 받은 교육은 정력을 문화적인 면에서 정치의 장으로 옮기게 함으로써 그를 헬레닉 사회의 세계국가를 재현한다는 열망의 포로로 만들었다. 전개된 형편에 따라 동로마 제국을 처음으로 침공했을 때 시메온의 야심은 구체화 되지 않았으나 부친과 〈레오 6세〉의 죽음은 그를 치명적으로 유혹했다.[357] 시메온은 교전국 쌍방에 지

---

356. 보리스는 동로마 제국의 회유에 따라 그리스어 대신 슬라브어를 전례어로 삼고 불가리아에 슬라보네 교회를 구축하려고 했다. 그는 이후로 자기의 사업에 만족하여 블라디미르에게 양위하고 수도사가 되었으나 장자(長子)가 자기의 사업을 망치려는 기미를 보이자 셋째 아들을 제위에 앉혔다. 그러나 유목주의자였던 블라디미르와 달리 그리스주의자로서 과대망상에 사로잡힌 시메온은 보리스가 건설한 슬라브 기독교 사회체에 대해 파괴적인 성향을 지니고 있었다.

357. 정치에 눈을 돌림과 동시에 조지아의 군주라는 지위로 만족하지 못했던 시메온이 세계 총주교의 종복(從僕)인 지위에서 벗어나 정치적 독립을 얻는 유일한 길은 불가리아 왕위를 발판으로 삼아 총주교의 주인인 황제가 되는 것이었다. 그것은 보리스가 바실리우스 1세와 맺은 협정을 폐기하고 동로마 제국과 혈전을 벌이는 것이었는데 첫 전쟁(894~897)은 부친의 영향력도 작용했으므로 그

대한 영향을 끼친 제2차 침공의 첫해(913년)에 전쟁의 목적을 명확히 밝히고 콘스탄티노플 성벽에까지 진격한 후 자신의 딸을 동로마 제국의 황후로 삼기로 하여 후일을 도모하고 철군했다. 이후로 동로마 제국의 정세에 의해 목적을 달성할 희망이 사라졌으나 그는 죽을 때까지 동로마 제국과의 전쟁, 세르비아 정복, 크로아티아 침공 등으로 전쟁을 지속했다.[358] 그는 924년의 휴전(休戰)으로 동로마 제국 황제로서 세계 총주교의 주인이 될 희망이 사라지자 불가리아 황제로서 자기의 세계총주교구(世界總主敎區)를 설치했는데, 그것을 인정하지 않았던 동로마 제국은 927년의 강화에서 시메온의 아들 〈표트르〉에 대해 그 모두를 승인했다. 표트르는 그 협정에 의해 동로마 제국 황제의 손녀와 혼인하고 그에 대한 연례적인 보조금을 받게 되었으나 그 강화(講和)는 924년에 성립된 휴전의 연장에 불과했다. 그 이유는 그것이 체결된 상황과 바탕이 된 원칙이 정교 기독교 사회의 중핵인 두 제국 사이의 평화가 항구적인 것이 될 것을 저해했기 때문이다.[359] 결국 그 평화는 〈마리아 레카페나〉의 생애보다 오래 계속되지 않았는데 그때 표트르가 동로마에 여전(如前)한 보조금을 요구한 것은 두 나라를 또다시 전쟁에 빠져들게 했다.[360] 그 전쟁에서 동로마 제국이 용병(傭兵)으로 끌어들인 〈스브야토슬라프〉는 가공할 군세로 불가리아를 말살한 후 동로마 제국까지 위협했고 이후로 니키포로스와 표트르가 같은 해에 죽었을 때 〈요한 치미스키스〉는 불가리아의 심장

---

다지 큰 피해 없이 종결되었다. 보리스와 레오 6세는 각각 907년과 912년에 죽었다.

358. 시메온은 자기의 딸을 동로마 제국의 어린 황제의 비(妃)로 삼을 것을 섭정이던 총주교와 약정하여 이후로 섭정을 거쳐 황제가 되려고 했으나 그 약속은 황제의 어머니에 의해 거부되었고 동로마 제국의 제위(帝位)는 시메온의 수법을 모방한 제국 함대의 제독이 찬탈했다. 그 상황에서도 전쟁을 지속한 시메온은 지난날 페리클레스의 충고에 따른 아테네의 전략을 취하고 세르비아인을 참전시킨 동로마 제국과 휴전한 후 세르비아를 복속시켰다. 그러나 그는 곧바로 침공한 크로아티아에 결정적으로 패배한 것이 원인이 되어 이듬해인 927년에 죽었다.

359. 동로마 제국과 불가리아의 모든 전쟁과 강화의 이면에는 황제-교황주의가 깔려 있었다. 시메온은 보리스가 암암리에 추구했던 그것을 공개적으로 천명함으로써 두 나라를 전쟁에 휩싸이게 했다.

360. 동로마 제국 〈로마누스 레카페누스, 919~944〉의 손녀 마리아 레카페나는 양국의 평화가 자기에게 체현되어 있음을 보이려고 〈평화의 여신-이레네〉로 개명했는데, 표트르는 그녀가 965년에 죽었음에도 동로마 황제 〈니키포로스 포카스〉를 모욕하려고 동로마에 여전한 보조금 지급을 요구했다.

부에서 그 러시아의 스칸디나비아인 군주를 제압했다. 이 니키포로스의 아들은 동로마 제국이 반달족을 격퇴한 이후로 최대의 승리를 달성했으나 생포된 Gelimer가 고난 중에 했다는 말은 그의 굴욕보다는 유스티니아누스나 치미스키스의 승리에 적합한 것이었다.[361] 불가리아 제국이 패망한 후 972년에 서불가리아를 창건한 〈이반 시슈만〉은 불가리아 총주교구의 재건을 천명하면서 동로마 제국에 도전했다. 그를 계승한 〈사무엘〉은 바실리우스와 같은 성향을 가지고 있었는데 러시아인을 대리자로 보냈다가 낭패를 경험한 동로마 제국은 용병이 아니라 직접적인 군사행동에 돌입했다. 사무엘과 〈바실리우스 2세〉는 각자의 조상이 수행했던 것보다 파괴적인 전쟁을 자행했는데 사무엘이 불가리아를 회복하고 동로마 제국으로 진격했을 때 고착된 소모전에서는 덩치가 큰 교전국이 유리했다.[362] 그리하여 우세를 점한 바실리우스는 1001~1003년에 동불가리아를 탈환하고 사무엘의 본거지인 마케도니아로 진격했다. 그 과정에서 상당한 대가를 치른 바실리우스는 전쟁의 마지막 단계에서 적의 모든 것을 죽이고 파괴했다. 불가리아의 숨통을 끊으려고 했을 때 그의 정신이 어떤 상태였지는 일만이 넘는 포로의 눈알을 뽑되 백 명당 한 명을 애꾸로 만들어 송환한 것에 드러나 있다.[363] 그로 인한 충격으로 사무엘이 죽고 불가리아의 마지막 요새가 함락되었을 때 시메

---

361. 〈겔리메르〉는 반달족 최후의 왕이었는데, 그는 유스티니아누스의 포로로 잡혔을 때 "전도자가 이르되 헛되고 헛되며 헛되고도 헛되니 모든 것이 헛되도다〈전 1:2〉"라는 말씀을 되뇌었다. 반달족을 손쉽게 정복한 유스티니아누스는 그 승리에 고무되어 동고트족과의 16년에 걸친 소모전에 휩쓸렸고, 불가리아를 제압한 〈요안니스 1세, 치미스키스〉는 서불가리아에 대한 43년에 걸친 전쟁을 일으켜 정교 기독교 세계의 멸망을 초래했다.

362. 동로마 제국 마케도니아 왕조를 창시한 〈바실리우스 1세, 867~886〉의 후예인 〈바실리우스 2세, 958~1025〉는 960년에 부친인 〈로마누스 2세, 938~963〉의 공동 황제가 되었는데, 부황이 승하하자 모후(母后)는 그의 안전을 위해 실권자인 〈니키포로스 2세〉 포카스를 공동 황제로 옹립했다. 그는 6년 동안 황제로 군림한 니키포로스를 시해하고 7년 동안 황제로 자처한 치미스키스가 죽은 후 전권을 장악한 〈바실리우스 레카포네스〉를 축출함으로써 실질적인 제권을 확보했다. 결혼하지 않은 그는 후예를 남기지 못했으므로 그가 죽자 제위는 동생으로서 이름만의 공동 황제였던 〈콘스탄티누스〉가 승계했다.

363. 바실리우스가 불가리아의 모든 것을 죽이고 파괴한 것은 술라가 BC 81~80년에 삼니움을 파괴한 것이나 남북전쟁에서 셔먼이 조지아로 진격한 것과 유사한 것이었다.

온이 913년에 제기한 문제는 그가 전쟁을 통해 성취하려고 했던 것과 반대인 것으로 해결되었다. 세인들이 볼 때 이 100년 전쟁의 결과는 불가리아를 희생으로 삼아 동로마 제국이 완전한 승리를 거둔 것인데 그 당당한 건축물이 바실리우스의 승리로부터 50년도 지나지 않았을 때 붕괴의 길로 접어든 것은 놀라운 일이다. 그러나 역사를 개관하는 식견을 지닌 눈으로 볼 때 놀라운 점은 동로마 제국의 붕괴가 오히려 늦었다는 것이며 그것을 이해한다면 파멸에 직면했을 때 동로마 제국이 발휘한 회복의 능력이 매우 열등했던 것은 놀랄 일이 아니다. 9세기 중반 이후로 정교 기독교 세계의 중심이 유럽으로 이동한 것[364]은 913~1019년의 전쟁에 있어서 실질적인 희생자는 불가리아가 아니라 동로마 제국이었음을 의미하는바 두 교전국에 체현된 이 경험의 대조는 문명의 수준이 다른 국가들이 투쟁할 때 작용하는 하나의 사회적 법칙에 대한 예증이다. 그러한 싸움에 있어서 문명도가 낮은 교전자는 일반적으로 패배를 극복하고 생존함에 있어서 비상한 능력을 발휘함에 반해 문명 수준이 높은 쪽은 승리에 따르는 황폐에 직면하는 경향이 있다. 문명의 진보는 사회의 모든 힘을 당면한 목표에 집중하는 추력을 증진(增進)하지만 그 높여진 능력은 제신(諸神)의 선물처럼 양날의 칼과 같은 성향을 가지고 있다. 이 힘은 창조적이거나 건설적인 사업에 대해서는 그 소유자에게 유리하게 작용하되 그것을 악한 목적에 사용하는 자에게는 파괴력을 강화함으로써 그를 파멸에 이르게 한다. 무력하다는 것은 그 행위자가 높게 비상하는 것을 방해할지언정 파괴가 성행할 때 심연으로 추락하는 것을 방지하는 안전장치로 작용하는 것이다.

이 법칙의 작용은 우리의 시대에 1차 세계대전에서 패배한 나라들의 경험에 체현되어 있다. 그들 중 최고도로 조직되어 두드러진 승리를 얻은 것은 독일이었고 허약한 그릇이어서 크게 패한 것은 터키와 러시아였는데, 역사의 다

---

364.　이 이동은 불가리아가 정교 기독교로 개종한 때(864~870)로부터 셀주크 터키족이 아나톨리아를 점령한 때(1070~1075)까지의 기간에 이루어졌다.

음 단계에서 독일은 느닷없이 붕괴했음에 반해 터키와 러시아는 연합제국에 대해 이후(以後)의 전쟁을 강행함으로써 이전(以前)의 패배를 만회했다. 우리 시대의 1차 세계대전과 정교 기독교 세계의 백년전쟁을 비교하여 독일을 동로마 제국에 비견(比肩)하고 불가리아를 터키나 러시아에 견준다면 그 결말은 우리가 목격한 것을 통해 명확히 이해할 수 있을 것이다. 돌아보면 쓰러졌으되 목숨을 부지한 불가리아는 동로마 제국의 멍에를 떨쳐버리려는 시도에 있어서 두 번의 실패를 딛고 일어나 1186년에 성공을 쟁취했으나[365] 동로마 제국은 악마적인 승리의 추구를 통해 자초한 사회적 혼란에서 벗어나지 못했다. 당시의 정교 기독교 세계에 드리운 사회적 혼란은 서로를 부추기는 농업의 위기와 군국주의의 발작으로 말미암은 것인데, 그와 같은 병폐가 만연한 것은 사회적 건강에 있어서 매우 불길한 징조(徵兆)였다. 신생 정교 기독교 사회는 빈사의 헬레닉 사회에 씌워진 토지의 소유집중이라는 병폐를 면하고 있었던 바 레오 시루스나 콘스탄티누스 5세의 율법에 비친 8세기 동로마 제국의 농업생활은 유스티니아누스 시대의 사회적인 풍경과는 확연히 다른 것이었다. 젊은 정교 기독교 사회는 한주먹의 권력자와 농노의 세계가 아니라 촌락공동체에 자리 잡은 자유농(自由農)의 세계였는데 이후로 정교 기독교 문명이 2세기에 걸쳐 급속한 성장을 이룬 것은 바로 그 건전한 농업적 기반 때문이었다. 그러나 전쟁은 부의 불평등한 분배를 조장하거나 악화시키는 것인바 역사적 사례에 비추어 본다면 913~927년의 전쟁과 로마누스의 농지법은 분명한 인과관계를 가지고 있었다.[366] 불가리아와의 전쟁 중에 일어난 아나톨리아 지주들의 반란과 996년에 반포된 농지법의 결과는 바실리우스가 유스티니아누스의

---

365. 불가리아인은 독립을 쟁취하려던 두 시도에서 실패했으나 프레슬라프 왕가의 이반과 표트르는 동로마 제국의 이사키오스 2세에 맞서서 1186년에 신도나우 왕국을 건설했다.

366. 〈유스티니아누스 1세, 527~565〉와 〈로마노스 레카페누스, 919~944〉의 농지법은 동로마 제국이 전쟁을 수행한 시기에 반포되었다. 전쟁이 부의 불평등을 조장 또는 악화시킨 가장 현저한 사례는 한니발 전쟁이 이탈리아의 농업에 끼친 영향이다.

실책과 같은 행위를 자행하여 동로마 제국을 불행에 빠뜨렸음을 증명하고 있다. 동로마 제국의 불가리아 정복은 유스티니아누스가 이탈리아 정복을 통해 일리리쿰을 폐허로 만들고 발칸반도를 슬라브인의 손에 넘긴 것과 같은 결과를 초래했다. 그에 있어 가장 현저한 사례는 레오 시루스로부터 바실리우스 2세에 이르는 기간에 아나톨리아 중심부가 터키족에 의해 영구히 점령된 것이었다.[367] 동로마 제국이 그 중추적 영토를 상실한 것은 셀주크인의 무용(武勇) 때문이 아니라 그 주민(住民)이 바실리우스의 채찍보다 온화한 것으로써 셀주크족의 지배(支配)를 환영했기 때문이다. 그것은 당시에 아나톨리아의 정교 기독교도가 동로마 제국이 압도적인 몽마로 덮쳐 있던 정교 기독교 문명으로부터 정신적으로 반항하고 이탈했음을 시사하는 것이다. 동로마 제국의 농업 위기가 막대한 재해로서 그와 같은 결과를 초래한 것은 거기에 군국주의의 병폐(病弊)가 더해졌기 때문인데 동로마 정부는 시메온의 망상(妄想)으로 인해 본의 아니게 돌입한 불가리아와의 전쟁 이후에 정책을 급변하여 의도적인 침략의 길을 걸었다. 로마누스 레카피노스와 니키포로스 포카스가 926년부터 969년까지 단행한 이슬람 침공, 요한 치미스키스가 감행한 시리아 정복, 바실리우스 2세가 국내의 여러 반란을 무릅쓰고 이행한 동시다발적인 군사행동 등 바실리우스와 그 후계자들이 자행한 군사적인 모험은 1071년에 봉착한 파멸의 직접적인 원인이 되었다. 그리고 동로마 제국 군국주의가 아바스조 칼리프국을 계승한 이슬람교도 시리아인의 후계국가와 아르메니아 단성론파 교도(敎徒)의 후계국가를 타도한 것은 셀주크족이 아나톨리아로 진출하는 길을 연 것이고 시칠리아 정복을 시도한 것은 노르만족의 침공을 부추겼는데 후자는 지나친 군사

---

367. 〈바르다스 스클레루스〉와 〈바르다스 포카스〉 등 대토지 소유자들은 바실리우스가 불가리아를 원정했을 때 반란을 일으켰는데, 제국이 전쟁에 돌입한 것을 틈타 악의적인 농업정책을 폐지하거나 개정하려고 했던 그 반란들은 전쟁물자의 필사적인 조달을 위한 바실리우스의 농지법이 매우 악랄한 것이었음을 입증하고 있다. 일리리쿰과 아르메니아 군단지구(軍團地區)는 각각 유스티니아누스와 바실리우스의 병력 보충지였는데, 지독한 징용으로 인해 일리리쿰에는 한때 성인 남성이 없었다고 한다.

적 행동에 대한 분명한 경고를 무시한 것이어서 동로마 제국 자체에 대해 매우 난폭한 결과를 초래했다.[368] 926년에 시작한 아시아에 대한 공격으로부터 1071년의 파국에 이르기까지 기승을 부린 그 군국주의는 동로마 제국의 전통에 부합하지 않았을뿐더러 제국의 생존에도 치명적이었던 것인바 동로마 제국이 정책만이 아니라 그 기질까지 변화시킨 원인은 무엇이었을까? 이슬람교도가 가한 압력의 절박함으로 출현하여 정교 기독교 세계를 구출한 동로마 제국이 2세기에 걸친 전쟁의 부담을 견뎌낸 후 시리악 사회라는 어두운 그림자가 걷혔을 때 오랜 인고의 결실을 거두려고 했던 것은 인지상정(人之常情)일 것이다. 그러나 제국이 레오 시루스 이후로 200년 동안 초인적인 절제를 고수했음에 비추어 본다면 정책의 그와 같은 변화는 사회적 기질의 변화에 기인했다고 생각할 수 있는데 그 기질의 그 변화는 불가리아에 의해 콘스탄티노플 정권에 초래된 사태로 설명된다. 동로마 제국은 시메온의 과대망상증(誇大妄想症)에 의해 무장(武將)인 로마누스 레카페누스가 제위에 올랐을 때 군국주의를 발현시켰고, 이후로 무관(武官)으로써 제위를 찬탈한 니키포로스 포카스와 요한 치미스키스는 골수에 박힌 기질에 따라 군국주의를 더욱 강화했다. 이어서 전술한 반란 때문에 전제군주의 길을 걸은 바실리우스 2세는 그 왕조에서 군사적인 기질을 가장 높게 고취했다. 그리하여 60년이 넘도록 무인(武人)의 손에 장악된 동로마 제국의 군국주의는 제국을 파멸의 길로 이끌었다. 대외적 관계에 있어서 절도(節度)를 지키는 것은 정치의 본연적인 특색이었으나 동로마 제국이 그 정신을 버렸을 때 정교 기독교 세계의 악몽(惡夢)이 된 제도(制度)는 견디기 어려운 것이 되었다. 동로마 제국이 원래의 기조를 반대로 바꾸어 치명적인 결과를 초래한 것은 우연의 불합리한 작용이나 제신(諸神)의 악의적인 개입이 아니라 내적(內的)인 필연에 의한 것이었다. 하나의 집안에 로마제국의 망

---

368. 동로마 제국의 지나친 군사행동에 대한 경고는 아프리카의 이슬람교도 해적이 바리에 대한 습격을 재개한 것과 풀리아의 롬바르드족이 반란을 일으킨 것이었다. 이어서 1040년에 발생한 풀리아인과 용병들의 반란으로 인해 동로마 제국은 풀리아의 지배력을 상실했다.

령이 두 개 이상 들어갈 여지는 없었으므로 정교 기독교 사회에 동로마 제국과 빼낸 듯이 닮은 불가리아 제국이 탄생한 것은 필연적으로 양자의 투쟁을 유발했다.

우리가 동로마 제국의 우상화와 그로 말미암은 결과를 비교적 자세히 다룬 것은 이 비극적인 역사가 일시적인 제도의 우상화에 따르는 네메시스 이상의 것으로서 하나의 빛을 비추고 있기 때문이다. 그것은 충실(忠實)이 전체(全體)로부터 부분(部分)으로 전이된 것과 숭배(崇拜)가 창조주로부터 피조물로 옮겨지는 것으로서의 우상숭배 및 그것의 사악한 성질을 분명하게 보여준다. 정교 기독교 세계에 있어서는 사회 자체에 두어져야 했던 충실이 8세기 이후로 생활의 일면으로서 숭배자가 세운 제도에 불과한 제국에 한정(限定)되었는데, 10세기 이후에 팽창한 그 사회가 그리스인과 불가리아인을 포섭했을 때 복수로 늘어난 우상(偶像)은 그 한정된 충실을 더욱 좁은 것으로 바꾸었다. 927년 이래로 정교 기독교도 우상 숭배자가 정치적 대상에 바친 그릇된 신앙은 콘스탄티노플과 프레슬라프의 지방제국(地方帝國)으로 분열되었다. 그 두 제국은 공히 세계를 통할(統轄)할 권리를 부여받았다고 주장했으므로 양자의 생사를 건 투쟁은 불가피했다. 그래서 둘로 갈라진 우상 숭배자가 그렇게 싸웠을 때 그 집이 견디지 못한 것은 당연한 일이었다.[369] 우상에 불과한 정치제도에 대한 숭배의 집중과 그것이 분립(分立)된 정치제도에 따라 분산된 것은 정교 기독교 사회만의 착오는 아니었다. 서구사회는 정교 기독교 세계가 쇠퇴에 빠진 세대에 〈기독교 연방〉에서 새로운 창조로써 사회적 성장을 자극할 전망을 갖춘 제도를 찾았으나 이 다행스러운 전망은 교황제(教皇制)가 호엔슈타우펜가에 승리한 것으로 말미암은 휴브리스 때문에 훼상(毀傷)되었다. 그 창조적인 제도의 실패는

---

369. "예수께서 그들의 생각을 아시고 이르시되 스스로 분쟁하는 나라마다 황폐하여질 것이요 스스로 분쟁하는 동네나 집마다 서지 못하리라 만일 사탄이 사탄을 쫓아내면 스스로 분쟁하는 것이니 그리하고야 어떻게 그의 나라가 서겠느냐"〈마 12:25~26〉

서구사(西歐史)의 제3장에 하나의 제도적 유산을 남겼는데,[370] 그로 인해 교황제 기독교 연방의 운명이라고 여겨졌던 역할은 교황제와 제국 사이의 무인지대(無人地帶)에서 존립의 터전을 찾은 이탈리아 도시국가로 옮겨졌다. 서구사회의 장래를 여는 열쇠가 베드로를 대리하는 자의 손에서 흘러나온 후에 갑작스럽게 생겨난 이 제도는 실패한 서구 기독교 연방이 아니라 정교 기독교 세계의 부흥된 최고 지배권에 가까운 것이었다. 이탈리아 도시국가는 비잔틴의 부흥된 최고 지배권과 마찬가지로 헬레닉 사회의 죽은 과거에서 소생시킨 망령이었는데,[371] 서구사회는 이 제도가 알프스 이북에서 왕국 규모로 재편되었을 때 정교 기독교 세계에서 생사를 건 투쟁을 벌인 두 제국에 비견되는 다수의 지방적인 주권국가를 짊어졌다. 서구사회가 8세기 정교 기독교 사회의 정치적 능률에 필적하게 된 것은 11세기의 일이었고 동로마 제국과 같은 정도로 능률적인 국가를 실현한 것은 이탈리아의 능률이 알프스 이북에 전해진 15세기의 일이었다. 정교 기독교 세계의 두 제국이 서로를 멸망시켜 그들의 사회를 파괴하는데 1세기 남짓의 시간이 걸렸음에 반해 상쟁이 시작된 때[372]로부터 4세기가 지난 지금까지 생존하고 있음을 볼 때 서구사회는 자매사회를 파멸시킨 비운의 도래를 지연시키는 일에서 운이 좋았다. 하지만 우리는 이 시점에서 시간이 우리의 사형 집행을 정말로, 그리고 영원히 연기했는지는 알기 어

---

370. 서구사회에 기독교 연방을 건설하는 사업은 〈힐데브란트, 1020~1085〉에 의해 시작되었다. 토스카나에서 출생한 힐데브란트는 수도사로서 다섯 명의 교황을 보좌한 후 〈그레고리오 7세〉로 교황에 선출되어 교회의 개혁과 주권 확립에 주력했다. 기독교 연방의 실패로 인한 서구사회 역사의 제2장이 남긴 제도적 유산은 중세 서구사회의 종속적인 여러 제도의 하나로서 교황제와 신성로마 제국의 분쟁이 낳은 부산물인 중세의 이탈리아 도시국가였다.

371. 동로마 제국은 헬레닉 사회의 최후로부터 두 번째 단계에서 급조된 세계국가의 망령이었음에 반해 이탈리아 도시국가는 헬레닉 사회가 그 성장기에 이룩한 지방국가들의 망령이었다.

372. 우리(원저자)의 시대에도 종결되지 않은 서구사회에서의 일련의 상쟁은 〈프란시스 1세, 1515~1547〉와 〈카를 5세, 1515~1556〉가 시작했다. 프랑스 국왕이었던 전자는 스페인과 이탈리아에서 스페인의 〈카를로스 1세〉와 독일 황제의 자리를 다투다가 패배했고, 스페인의 카를로스 1세로서 독일 황제의 제위에 오른 후자는 이탈리아에서 벌인 프란시스 1세와의 싸움에서 승리했다.

렵다. 어쩌면 시간은 「헤로도토스」에서 솔론이 말한 것[373]과 같은 의도로 서구 사회를 살찌우고 있는 것은 아닐까? 이에 대해 우리가 억지로 하는 대답은 긍정일지 모르지만 우리는 서구사의 이 3장이 초래한 것을 요약하여 주된 제도로서의 지방적인 주권국가가 4세기에 걸쳐 사회에 대한 불길한 장악력을 착실히 강화해 왔음을 상기하지 않을 수 없다. 새로운 사회적인 힘의 잇따른 충격으로 소란한 시간의 베틀에서 시간의 정(精)이 영위하는 거창한 사업은 네소스의 셔츠를 만든다고 하는 불길한 일을 맡았다.[374] 지방주권에 대한 민주주의의 충격이 낳은 사생아인 내셔널리즘의 정신은 이 연구의 서두에서 촉루(髑髏)의 눈으로 우리를 응시했는데, 그에 대한 우리의 정의(定義)와 비난(非難)[375]이 우리 시대에 우리를 괴롭히는 죄라면 우리는 모든 무거운 짐과 얽매이기 쉬운 죄를 벗어버려야 한다. 이 시대의 우리는 전도자들의 권고[376]를 명심하여 우리의 자매사회를 굴복시킨 운명과 경쟁하기 위해 남아 있는 모든 힘을 쏟아부어야 할 것이다.

ⓒ 파라오의 왕관

일시적인 제도를 우상화하는 행위의 해로운 결과에 대한 고찰에서 우리가 검토한 우상은 모두 한 종류의 국가였지만 우상을 찾는 정신은 다른 것들[377]에

---

373. 솔론이 리디아의 크로이소스에게 했다는 말. "신이 인간에게 행복을 엿보게 하는 것은 그들을 철저히 파멸시키기 위한 것이다"

374. "사회적인 힘의 잇따른 충격"은 이탈리아의 능률이 알프스 이북의 정치에 가한 충격, 민주주의와 산업주의가 전쟁과 지역적인 주권에 미친 충격, 민주주의가 교육에 준 충격, 내셔널리즘이 정치적인 판도에 던진 충격. "네소스의 셔츠"는 헤라클레스의 아내인 데이아네이라를 빼앗으려다가 헤라클레스의 화살에 맞은 네소스가 죽기 전에 자기의 피를 헤라클레스의 셔츠에 바르면 그의 사랑을 붙잡아 둘 수 있다고 한 말을 데이아네이라가 실행했는데 그로 인해 중독된 헤라클레스가 고통에 못 이겨 자살했다는 그리스 신화에서 유래한 말.

375. 내셔널리즘을 "사회의 일부분에 불과한 것을 전체인 것으로 느끼고 생각하며 행동하게 하는 정신"이라고 했던 정의, 우상(偶像)을 "참된 신에 결부시키는 외람된 정치적 대응체"라고 했던 비난.

376. "그런즉 너희는 선지자들을 통하여 말씀하신 것이 너희에게 미칠까 삼가라" 〈행 13:40〉

377. 신처럼 행세하는 왕이나 전능을 외치는 의회(議會), 특정한 카스트, 국가를 좌우하는 수완을 지닌 계급이나 전문가 등.

도 비슷한 열의를 표하여 같은 결과를 초래한다. 한 인간에 구현된 정치적 권세를 우상화한 사례의 전형은 고왕국 시대의 이집트에 의해 제공된다. 이집트 연합왕국의 주권자가 신으로 군림하는 것이 용인되거나 강요된 것은 그 사회와 역사에서의 치명적인 실패였다.[378] 일련의 인간 우상이 이집트 사회에 강요한 압도적인 몽마(夢魔)의 상징인 피라미드는 그 건축자를 주술적으로 분별하여 신과 같은 존재로 만들기 위해 예속민을 강제로 동원했는데, 이집트의 이 국왕 숭배는 문명의 좌절이라는 불행한 결과를 낳음과 동시에 종교적 착오에 대한 도덕적인 반응을 초래했다. 이윽고 피라미드의 시대로부터 2500년이 지나서 헤로도토스의 귀에 들어간 하나의 설화(說話)는 조상의 악업(惡業)을 후회한 〈멘카우라〉가 〈에네아드〉에 맞서서 인민을 압제로부터 구제하려고 했다는 전설을 담고 있다.[379] 그리고 제5왕조의 기록에 따르면 고왕국 은(銀)의 시대에 윤리성(倫理性)을 지향한 종교가 국왕 중심주의에서 탈피하는 경향을 보이고 있었다. 이어서 동란에 돌입했을 때 사물에 대한 민중의 시각은 급격하게 변했는데 그 시대에 승리한 종교는 내적 프롤레타리아트의 마음에서 움튼 것이었다. 그것은 감당하기 어려운 압제에 대한 이집트 민중의 정신적 반응을 표현한 것이었고 그로 인한 오시리스의 전진에 따라 파라오의 신성은 후퇴하고 있었다. 피라미드가 의미(意味)했던바 물리적인 힘으로 불사(不死)를 얻으려는 노력은 동란기에 이르러 피라미드를 건설하는 따위로는 신뢰를 얻지 못하게 되었다. 그래서 피라미드 건설자들은 제관(祭官)과 승려(僧侶)를 그 분묘(墳墓)에 배치하여 부(富)와 술법(術法)으로 할 수 있는 모든 일에 몰입(沒入)했으나 그들이 지향(志向)한 것은 도공(陶工)의 물레처럼 돌아간 동란기(動亂期)에 그들이 대지(大

---

378. 제2의 도전에 응전하라고 하는 국왕에 대한 요구를 거부함으로써 이집트 사회의 성장을 비극적으로 중단시킨 것.

379. 〈Menkaura〉는 헤로도토스가 〈미케리누스〉라고 칭한 이집트 제4왕조의 왕. 〈Ennead〉는 아홉이 한 조(組)를 이루어 우주와 자연의 모든 힘을 표현한다는 고대 이집트의 구주신군(九柱神群).

地)에 남긴 재산과 함께 흩어져 버렸다.[380] 그 무질서와 폭력의 시대에 이집트 농민들은 지난날의 악몽과 담부(擔負)에 대하여 볼세비키적인 반란을 일으켰는데, 그 정신은 「예언자의 권언」이라는 시에 반영되어 있다. 이집트인의 그 정신적 경험은 이집트 세계국가 수립 이후에 보이는 지배권에 대한 새로운 태도에 함축되어 있는바 지배자와 민중 사이의 간격을 좁힌 추세는 이후로 세계국가의 분열로 말미암은 결과로써 더욱 진전된 것으로 보인다. 이어서 뒤따른 공백기를 1세기가 지나기 전에 종식한 것은 재흥(再興)된 세계국가였는데 운명에 대한 이 미케리누스와 같은 반항을 북돋운 것은 힉소스인에 대한 이집트인의 광신적인 적의(敵意)였다. 그 젤로트적인 정신은 힉소스인을 몰아낸다는 성전(聖戰)에 있어서 지배자와 민중 사이에 정신적 유대를 구축했다. 신제국에서 주권자(主權者)의 신성(神性)은 명목뿐이었고 황제들은 신이 아니라 황실의 일원으로서 인간의 삶을 살았던 것인데, 정치에 있어서 지배자가 행한 그와 같은 인간화(人間化)는 이집트 사회의 종교와 문화에서도 같은 경향을 수반했다. 종교 분야에서 특권층이 착취당하는 대중의 희생으로써 권유(勸誘)된 고왕국에서의 영생불사(永生不死)는 오시리스에 의해 모든 사람에게 제공되었고 문화에서는 고전의 사어(死語)를 폐기하고 살아 있는 지방어를 문학에 활용한다는 개혁을 단행했다.[381] 이집트는 기나긴 쇠퇴 과정에서 좌절을 초래한 착오에서 벗어나기 위해 집요하게 노력했으나[382] 그들이 거기에서 발현한 휴머니즘은 충분하지 않았다. 이집트 사회가 발휘한 휴머니즘의 묘비명(墓碑銘)은 "늦었다. 그

---

380. 피라미드를 건설한 자가 영생을 얻는 문제는 승려들이 분묘(墳墓)에서 기도를 외우고 재물을 바치는 근행(勤行)을 얼마나 지속하느냐에 달려 있었다. 파라오들은 그에 결부된 목적을 위해 모든 부(富)와 주술(呪術)을 동원했다. 녹로(轆轤)는 도공(陶工)이 쓰는 돌림판.

381. 〈이크나톤〉은 〈토트메스 3세, BC 1524~1488〉가 구축한 고전적인 통합종교를 폐기하려고 했는데, 그 시도는 고어(古語)를 폐지하고 지방어를 문학 용어로 활용함으로써 생기발랄한 문학을 꽃피웠다.

382. 그 노력은 기제의 피라미드에 묻힌 제4왕조의 〈카프라, BC 2560년경〉에 대한 이크나톤의 대조(對照)와 고왕국의 피라미드에 대비되는 신제국의 연가(戀歌)에 나타나 있다.

리고 미약했다"라는 것인바 그 미약했던 휴머니즘은 국왕 숭배의 악마적인 정력과 진지함을 극복하지 못했다. 결국 피라미드 시대 이후로 이집트를 지배한 정신은 노예국가(奴隷國家)의 것이었으되 Garden Party(園遊會)의 그것은 아니었다.

ⓓ 의회(議會)의 어머니

한 인간에 구현된 정치적 주권의 우상화는 고전적인 이집트의 사례에 표현되어 있지 않은 사회적 착오인데 서구사회의 역사에서 그 예를 찾는다면 〈루이 14세, 1643~1715〉에게서 태양신 Re의 아들인 이집트 국왕의 비속한 모습을 찾을 수 있다. 베르사유에 있는 이 태양왕의 궁전(宮殿)은 기제의 피라미드가 이집트 땅에 뻗쳐 섰던 것과 같은 무게로 프랑스 땅에 자리 잡고 있었다. 프랑스 혁명은 대지(大地)가 녹로(轆轤)의 회전(回轉)처럼 돌아간 이집트의 사회적 변동과 마찬가지로 왕권을 우상화한 죄에 따르는 불가피한 결과였다. "국가는 짐이다"라는 말은 파라오인 쿠푸가 입에 올려 "짐이 죽은 뒤에야 될 대로 될지라"라고 한 말을 〈페피 2세〉가 했다고 해도 이상하지 않을 것이다.[383]

프랑스의 이 태양왕 숭배에 비하면 그다지 놀랄만한 것은 아니지만 영국인이 〈의회(議會)의 어머니〉를 신성화한 것은 주권을 우상화한 사례 중에서 가장 흥미로운 것으로 여겨진다. 주권자를 우상화함에 있어서 웨스트민스터에 자리 잡은 의회의 어머니는 주권을 가진 개인이 아니라 하나의 위원회인바, 그 특유의 지연성(遲延性)은 서두르지 않는다는 영국의 전통과 함께 의회의 우상화를 상당히 늦추어 왔다.[384] 그러나 1938년에 세계를 바라보는 영국인은 그들의 신(神)에 대한 은근한 신앙이 충분한 보상을 받았다고 주장할 수 있었을 것

---

383. Cheopes는 이집트인이 Khufu라고 부른 〈크눔쿠푸-크눔신의 보호를 받는 자〉로서 이집트 고왕국 제4왕조의 초대 파라오, 기제의 세 피라미드 중 최대인 쿠푸 피라미드의 주인. 〈페피 2세〉는 이집트 고왕국 제6왕조의 파라오, 왕호(王號)는 "Re의 영혼은 아름답다"라는 의미의 Neferkare.

384. 하원(下院)을 숭배한 영국인은 지난날 〈클라우디우스, 41~54〉나 〈베스파시아누스, 69~79〉에게 바쳐진 것과 같은 아첨을 요구받았을 뿐이었다. 〈Tiberius Cladius Nero Germanicus〉와 〈Titus Flavius Vespasianus〉의 일대기를 참조할 것.

이다. 그런 점에서 본다면 의회의 어머니에게 충성을 바친 나라는 다른 신을 섬기는 이웃보다 행복한 것이 아닐까? 그리고 대륙의 열 지파는 평안과 번영을 찾기 위해 그 이상한 신들을 예찬하고 있었던 것일까?[385] 이 질문에 답함에 있어서 1938년의 상황은 영국인에게 유리했다. 영국인의 존경과 애착을 포착하는 비밀(祕密)인 웨스트민스터와 영국사(英國史)의 특성이 이 유서 깊은 제도를 정치적 만능약(萬能藥)으로 삼는 일을 억지했다는 것은 진실일 테지만 영국인은 서구사(西歐史)의 제2장에서 발현된 여러 제도 중에서 그들의 의회만이 중세와 근대의 과도기에 이탈리아 도시국가가 제기한 문화적 충격을 극복했다는 점에서 웨스트민스터를 자랑으로 여기는 것이다. 그러나 그 유례없는 성공은 이 오래된 제도가 긴급사태인 새로운 도전에 대응하기 위해서 다시 한번 창조적 변신을 달성하는 일에 장애가 될지도 모른다. 지역적인 선거구의 대표들이 형성하는 의회는 그 기반을 근린집단(近隣集團)으로부터 각개의 직능단체(職能團體)로 옮겼는데, 직능별 대표제는 정치제도에 있어서 미지의 세계였으므로 웨스트민스터는 모종의 변혁 없이는 그것을 수용할 수 없고 늙으신 의회의 어머니도 그것을 반기지 않는다. 의심할 것도 없이 이러한 것에 대해 있는 그대로의 의회(議會)를 예찬하는 20세기의 영국인은 "그것은 가는 것에 의해 판명된다"라는 것을 답으로 제시할 것이다. 그러나 오래된 제도를 새로운 기반에 적응시키지 않은 채로 남겨두면 모종의 중대한 혼란이 생겨날 것이라고 예견할 때 우리는 하나의 요인을 고려(考慮)하는 것을 잊고 있음을 자각할 것이다. 우리는 원(圓)을 정방형(正方形)으로 만드는 것은 불가능하다는 단정(斷定)을 당연시하여 노련가가 곡예를 부리는 기량을 셈에 넣지 않은 것인바 영국인은 자신들이 숙달되어 있으므로 여하한 상태에서도 의회제도(議會制度)를 잘 운용

---

385. 아시리아의 포로로 잡혀가서 끝내 돌아오지 못했다고 믿어지는 이스라엘의 열 지파. 본문에서의 '다른 신'은 무솔리니의 칭호였던 Duce(두체, 최고 지도자), 같은 의미의 독일어로써 히틀러에게 바쳐진 호칭인 Führer(퓌레), Kommissar(콤미사르, 소련의 인민위원회), Thirth Reich(제3제국) 등.

(運用)할 수 있다고 설명할 것이다. 우리의 영국인이 지적한 것처럼 산업제도(産業制度)가 탄생한 땅인 나라가 의회의 어머니를 낳은 땅이기도 하므로 그렇게 생각할 수 있는 것이다. 이 상황에서 영국인은 의회 숭배를 지속(持續)하되 우상 숭배자의 상투적(常套的)인 운명을 면하여 이익을 얻고, 법을 갖지 못한 사람들의 부러움을 살 수도 있을 것이다. 그러나 그런 이유로 인해 영국이 새로운 시대의 요구에 적합한 정치제도를 창조함으로써 17세기에 달성한 위업(偉業)을 장식(粧飾)하는 일은 없을 것이다.

사회구조의 변화를 필연적으로 수반하는 산업혁명의 흐름은 화산의 첫 분화가 일어난 섬 기슭에 멈춰있지 않았다. 그러므로 새로운 정치적 창조의 필요성은 다시금 박두해 있는 것인데 어떤 형편에서도 잘 운용할 수 있는 정치제도를 갖는 행운을 얻은 나라는 흔치 않기에 허다한 나라들은 생활의 새로운 상태에 적합한 정치제도를 찾아내야 하는 상황에 놓였다. 그리고 새로운 것을 찾아내지 않으면 안 될 때 그것을 발견하는 방법은 창조와 미메시스뿐인바 미메시스가 먼저 달성된 것에 뒤따르는 것임을 생각할 때 서구사회의 제4장에서 새로운 정치제도의 창조자가 되는 것은 누구일까? 이 시점에서 그것을 예측하는 것은 무의미하지만 분명한 것은 그것이 의회의 어머니를 숭배하는 영국인의 몫은 아니라는 사실이다. 일시적인 제도를 우상화하는 것은 반드시 값을 치러야 하는 죄(罪)이기 때문에.

㉫ 학자, 사제(司祭), 예니체리

이제 카스트, 특정의 계급, 전문적인 직업 등을 우상으로 숭배한 사례를 일별(一瞥)하여 제도의 우상화에 대한 이 개관을 마치기로 하자. 앞에서 발육이 정지된 문명과 카스트를 토대로 하는 두 사회를 고찰한 것은 이에 대한 하나의 단서였는데, 카스트를 우상화하는 착오가 문명의 발육을 정지시켰다면 그것은 나아가 문명의 좌절을 초래할 수도 있을 것이다. 이 단서를 근거로 이집트 사회의 좌절을 재고한다면 우상(偶像)으로 농민의 어깨를 짓밟은 고왕국의 악몽은 신격화된 파라오뿐이 아니었음을 알 수 있다. 이집트 농민들은 관료화된 학자라는 짐을 짊어지고 있었던 것인바 우리는 이집트 사회를 좌절에 빠지게 한 책임의 일부를 그들에게 돌려야 할 것이다. 왕이 신으로 숭배되려면 교육받은 서기(書記)라는 그룹이 있어야 하는바 그와 같은 존재가 없었다면 이집트 국왕은 Rephidim(르비딤)의 모세[386]처럼 대좌(臺座)에 앉아 있을 수 없었을 것이다. 연합왕국과 그 부(富)를 신격화된 왕을 위해 조직적으로 이용하는 것은 치밀한 행정 능력을 갖춘 사회가 벌이는 곡예(曲藝)와 같은 사업이었는데, 그 대규모로 조직된 정부는 학예에 능통한 문관(文官)이 없었다면 어떤 기능도 할 수 없었을 것이다. 실제로 이집트의 학자계급(學者階級)은 국왕의 배후에서 권세를 휘두른 세력이었을 뿐만 아니라 시간적으로도 국왕에 선행(先行)한 존재였다. 이집트의 관료 체제는 "파라오가 있기 전에 내가 있었다"[387]라고 자랑할 수 있었던 것인바 스스로 불가결(不可缺)한 존재임을 알고 있었던 그들은 무거운 짐을 민중의 어깨에 지우되 자기들은 그것을 한 손가락으로도 움직이려고 하지 않았다.[388] 힘들여 일해야 하는 인간의 운명에서 면제된다는 학자의 특권이 이집트 관료계급의 자기예찬(自己禮讚)의 주제였던바 그 예증은 이집트의 동란기에 쓰인 「두와프의 훈계(訓戒)」에 있다. 모든 노동을 비천(卑賤)한 것으로 여기고 서기의 일을 갈망하는 그 태도는 천 년이 지나서 신제국에서 계속되었는데 그것은 당시에 고역(苦役)으로 신음하던 민중의 등에 여전히 올라타

---

386. "그 때에 아말렉이 와서 이스라엘과 르비딤에서 싸우니라 모세가 여호수아에게 이르되 우리를 위하여 사람들을 택하여 나가서 아말렉과 싸우라 내일 내가 하나님의 지팡이를 손에 잡고 산꼭대기에 서리라 여호수아가 모세의 말대로 행하여 아말렉과 싸우고 모세와 아론과 훌은 산꼭대기에 올라가서 모세가 손을 들면 이스라엘이 이기고 손을 내리면 아말렉이 이기더니" 〈출 17:8~11〉

387. "예수께서 이르시되 진실로 진실로 너희에게 이르노니 아브라함이 나기 전부터 내가 있느니라 하시니" 〈요 8:58〉

388. "또 무거운 짐을 묶어 사람의 어깨에 지우되 자기는 이것을 한 손가락으로도 움직이려 하지 아니하며" 〈마 23:4〉 "이르시되 화 있을진저 또 너희 율법교사여 지기 어려운 짐을 사람에게 지우고 너희는 한 손가락도 이 짐에 대지 않는도다" 〈눅 11:46〉

고 있었던 관료계급이 변함없이 자기를 뽐내고 있었음을 보여준다.[389]

이집트 사회의 학자 지배와 유사한 것으로써 널리 알려진 것은 중국사회가 극동사회에 전달한 Mandarin[390]의 지배라는 악몽이다. 중국 유학자는 붓을 쥐는 것 외에는 어떤 일도 할 수 없는 손을 만들기 위해 손톱을 길게 길러 노역(勞役)에 시달리는 민중의 무거운 짐을 덜어주기 위해 손가락 하나도 움직이지 않는다는 냉혹함을 과시하고 그 압제적인 지위를 집요하게 유지했다는 점에서 이집트의 어떠한 존재에도 못지않았다. 근래에 들어서 서구의 문화는 유학(儒學)의 위신을 상당히 위축시켰으나 그러한 충격조차 중국의 학자계급을 그 지위에서 끌어내리지 못했다. 중국의 학자들은 근대의 현인이라는 이름으로 과거의 힘을 그대로 휘두르고 있는바 그들은 런던 대학이나 시카고 대학의 졸업증서를 흔들면서 중국인을 여전히 짓누르고 있다. 오랫동안 고생한 이집트 민중은 역사의 과정으로 진행된 주권(主權)의 인간화에 의해 엄중한 부담을 경감받고 있었으나 신제국의 신관(神官)은 지난날 관료계급의 짐이 민중을 짓밟기에 부족했다는 듯이 더 큰 악몽을 농민들의 어깨에 올려놓았다. 아몬-레의 제사장을 우두머리로 하여 강력한 집단으로 조직된 이 계급은 1세기 후에 일신교 수립을 도모한 〈이크나톤〉을 축출하기에 충분한 세력으로 성장했고 아몬의 제사장 〈흐리호르〉는 300년 후에 신제국이 무너졌을 때 신(神)으로서 국왕의 지위를 확보했다. 그리하여 그들의 만다린과 브라만을 등에 태운 이집트는 지친 말처럼 비틀거리면서 각축장(Arena)을 내닫게 되었으며 학자와

---

389. 「두와프의 교훈」은 '두와프'라는 이집트인이 서기 학교에 입학한 아들을 "매 맞는 자나 강제노동에 시달리는 자가 되지 않으려면 네 어머니보다 책을 사랑해야 한다. 책을 다루는 일은 그 어떤 직업보다 귀한 것이다. 농부와 석공 그리고 직공의 일은 지쳐서 죽기까지 계속되는 것이고 어부는 악어 옆에서 일해야 한다. 감시당하는 것이 아니라 스스로 지휘자가 되는 직업은 서기밖에 없다"라는 내용으로 훈계했다는 것.

390. Mandarin은 명청시대(明靑時代)의 고관을 의미하는 말, 마카오를 지배한 포르투갈인의 Mandar(명령)에서 유래되었다는 설이 있다. 더하여 중국 북부에서 쓰이는 최대의 방언으로서 명나라 이후 관리들의 공용어로 되었는데, 중화민국과 중화인민공화국은 그 만다린의 한 계열인 북경어를 체계화하여 표준어로 사용하고 있다.

신관에 이어 나팔 부는 병사가 말에 올랐을 때 발현된 군국주의는 이집트 사회를 마비시켜 버렸다.[391] 뛰어들기는 쉬웠으나 빠져나오기는 어려웠던 그 무모한 군사적 모험은 형세가 역전(逆轉)된 이크나톤의 시대에 불행한 결과를 드러내고 있었다. 이어서 19왕조가 자기 보전(保全)을 위해 급격히 쇠퇴하고 있었던 사회적 역량(力量)을 소진하고 20왕조가 미노스 이후의 민족이동 중에 연합하여 몰려든 만족을 격퇴한다는 곡예를 부린 것은 이집트 사회에 중상을 입혔다. 이집트가 2천여 년에 걸쳐 사정없이 부과된 고역에 시달리고 쓰러져 꼼짝하지도 못하게 되었을 때 손가락 하나 다치지 않고 군국주의자의 말안장에 달라붙었던 학자와 신관에게 마지막 곡예로 격퇴된 자들의 후예가 끼어들었는데, 그 11세기의 리비아인 용병에서 태동한 이집트의 군인 카스트는 이후로 천 년에 걸쳐 이집트라는 시체에 올라타고 있었다. 이 카스트는 전장에서는 예니체리나 스파르타의 병사처럼 무서운 존재가 아니었으나 그 발에 짓밟힌 농민들에게는 비할 데 없이 무거운 짐이었다.

③ 일시적인 기술의 우상화

㉠ 생존과 산업주의의 기술

앞에서 살핀바 인간적 환경의 도전으로 인해 발육이 정지된 문명은 오토만 제국의 노예궁정(奴隷宮廷)이나 스파르타의 상비군처럼 일시적인 제도를 우상화하는 죄에 부과된 형벌의 사례(事例)이며, 자연적 환경의 도전에 대해 고도의 목축과 사냥 기술을 터득한 유목민과 에스키모는 우리에게 일시적인 기술을 우상화하는 범죄에 대한 형벌의 실례(實例)를 제공했다. 더하여 같은 대목에서 우리는 이 모든 경우에 기술을 미세하고도 엄격하게 적용한다는 노력의 희생이 된 사람들은 어쩔 수 없이 인간성(人間性)의 부정(否定)인 동물성(動物性)으로의 퇴화에 직면한다는 것을 사실로 인정했다. 그리고 이 축복받은 행성(行星)

---

391. '나팔 부는 병사'는 브라우투스의 희극에서 유래된 용어. 힉소스인의 침입은 18왕조의 이집트를 군국주의에 빠뜨렸다.

의 역사에서 인류 이전의 단계를 돌아볼 때 그 역설적인 법칙의 다른 실례가 발견되는데 〈Gerald Heard〉는 그 법칙을 개관한 후 어류와 양서류를 비교하여 지나친 적응에 따른 불행한 결과를 논증(論證)했다.[392] 그 논술에 있어서 매사에 서툴고 어정쩡한 양서류가 날쌔고 과감한 어류와의 경쟁에서 이긴 상황극은 양서류의 후예인 파충류와 장차 인간을 낳게 되는 원시 포유류의 경쟁으로 재연되었다. 작고 약한 동물이었던 포유류가 뜻하지 않게 육지를 지배하게 된 것은 〈H. G. Wells〉의 설명과 같이 당시의 지배자였던 거대 파충류가 갑자기 사라졌기 때문일 것이다. 파충류가 포유류에게 밀려난 것은 양자의 충돌에 의한 것이 아니라 전자(前者)가 변화에 적응하지 못했기 때문인데, 파충류를 멸절시킨 재앙에서 포유류를 건져내어 지구를 지배하게 한 요인은 무엇이었을까? 우리는 여기서부터 포유류가 체모(體毛)를 발달시킨 것에서 그 원인을 찾고 있는 웰스의 주장이 아니라 앞에서 채택한 영성화에 입각(立脚)한 〈E. W. Barnes〉의 설명에 주목하게 된다. "포유류에 있어서 파충류에 비해 커다란 단순성을 달성한 발전이 주목할만한 것이다"라고 하는 반스의 견해는 "포유류를 구제한 장비(裝備)는 물질적인 것이 아니라 정신적 요인이었는데 그 정신적 방비(防備)의 힘은 물질적 무방비(無防備)에 있다"라고 하는 허드의 주장에 의해 지지된다.

파충류의 비극에 있어서 우리는 일시적인 기술을 우상화한 죄에 대한 형벌은 문명의 탄생에 잇닿은 발육의 정지가 아니라 성숙에 뒤따른 좌절임을 나타내는 사례를 그려낼 수 있다. 영국의 역사가는 본국(本國)에서 이 드라마의 더욱 친근한 사례를 발견할 것이다. 이는 〈의회의 어머니〉라는 별호(別號)를 얻은

---

392. "어류는 바다에서 고도한 진화를 달성했으나 진화에 있어서 성공한 것만큼 실패인 것은 없다. 한 곳에 완전히 적응한 생물은 다음의 변화에 적응할 여력이 없다. 생물이 지나친 능률을 달성하는 것은 멸종의 원인이다. 〈마 25:1~13〉에 기록된바 미련한 처녀들처럼 여분의 기름을 남겨두지 않는 것은 보응이 뒤따르는 죄인 것이다. 재빠르게 척추를 발달시킨 어류가 촉수를 지느러미로 변화시킨 것은 엄청난 능률을 달성한 것이었지만, 다음 단계의 진화에서 성공한 것은 촉수의 기능을 여전히 가지고 있는 생물이었고 양서류는 거기에서 출현했다."

영국은 의회를 우상으로 삼는 위험에 빠져 있을 뿐만 아니라 경제적 기술에 있어서 세계의 공장이라고 하는, 마찬가지로 자랑스러운 칭호를 얻고 있기 때문이다. 그러나 이 분야에서도 산업혁명을 일으킨 나라라는 위험한 명예를 얻고 있는 영국은 그에 대한 보응(報應)을 받으리라는 징후가 나타나고 있다. 생산의 산업주의적인 체제를 낳은 이 나라는 현대에 들어 기술에 대한 현저한 보수성(保守性) 때문에 조롱을 받고 있는데 그 최고의 보수주의자는 토지를 딛고 서 있는 산업주의 이전 체제의 대표자가 아니라 산업기술을 일으킨 선구자의 후예들이다. 그 개척자들은 영국만이 아니라 세계를 위해 산업주의의 선두에 섰던 것이지만 그 자손들은 그로써 선조에게 행운을 안겨준 창조적인 정신에 반하는 기질(氣質)로 인구(人口)에 회자(膾炙)되고 있다. 그들은 1세기에 걸쳐 생산품을 위한 시장 독점권을 발명자에게 부여한 기술이 최고의 것이 아니라는 사실을 믿을 수 없는 것인바, 아직도 자기들이 최고로 우량한 세계에 살고 있다는 믿음이 큰 성공을 거두고 있는 경쟁자를 앞에 두고도 사라지지 않는 것은 기묘(奇妙)한 일이다. 지난날의 핸디캡에서 벗어난 독일과 합중국이 영국에 도전한 지 50년이 지났고 일본과 프랑스도 1차 세계대전 이후로 그 대열에 합류했다.[393] 그러나 지난날 세계의 공장은 도처(到處)의 두려운 상대들과 경쟁하게 되었음에도 그들의 조상이 전인미답의 시장을 정복하는 수단으로 삼았던 기술을 재점검하거나 경쟁자들의 기술을 수용하려고 하지 않았다. 영국이 구축한 상업의 금렵지(禁獵地)에 들어선 이 나라들은 영국인이 필요를 느끼지 못했기에 생각도 하지 않았던 새로운 기술[394]을 고안해 냄으로써 영국인이 선점한 분야로 진입함에 따르는 문제를 해결했다. 그리고 그들은 과거에 능률을

---

393. 지난날 독일과 미국이 떠안은 핸디캡은 지리적 분열과 정치적 현안이었는데, 그것은 남북전쟁 보오전쟁 보불전쟁 등으로 해소되었다. 프랑스는 18세기와 19세기의 전환기에 나폴레옹의 정치적 야심 때문에 산업화의 기회를 상실했고 일본은 19세기 후반까지 서구의 기술을 알지 못했는데, 이들은 1차 세계대전 이후에 산업주의적 경쟁에 뛰어들었다.

394. 원료의 공급에서 제조와 판매에 이르기까지의 모든 과정을 하나로 통합하는 기술. 투자자와 생산자 및 각 산업과 정부 간의 전례 없는 협력관계를 구축하는 기술.

달성했으되 당시에는 낡아버린 기술을 상속한다는 핸디캡을 면하고 있으므로 영국의 선구자와 같이 자유롭게 창조적 발명을 계속할 수 있는 것인바, 그 핸디캡의 중요성은 일시적인 기술의 포로가 되어 있는 영국 산업이 봉착한 고경(苦境)으로 측정할 수 있다. 영국은 1914년 이래로 프랑스와 독일을 엄습한 전쟁과 인플레이션이라는 재액을 면함으로써 2중의 고난을 겪고 있는데 그것은 이 두 나라가 받은 것과 같은 발전적인 자극이 없었다는 것에 더하여 프랑스와 독일을 젊어지게 한 운명의 일격이 개척자의 낡은 기술이라고 하는 영국인의 우상을 파괴할 기회가 없었다는 것이다. 구식인 영국과 신식이 된 나라들의 경쟁은 중생대를 주름잡은 파충류와 신생대에 번성한 포유류 간의 경쟁과 같은 결말을 갖는 것이지만 그 줄거리는 한 가지 중요한 면에서 다른 점이 있다. 위에서 말한 두 종목(種目)의 동물은 서로 다툰 것이 아니라 각자가 자연적 환경의 도전에 맞섰으나 산업기술과 시장에서의 경쟁은 당사자들의 직접적인 결투(決鬪)로 해결되고 있다. 영국 산업가의 현재적인 견지에서 본다면 이 인간극(人間劇)의 줄거리는 현존하는 어느 과학자의 다음과 같은 말로 포착할 수 있다. "한 동물이 진화하면 그 기생물도 진화를 일으킨다. 현재 산업기술의 분야에서 벌어지고 있는 투쟁의 실상은 경제적인 전쟁이다. 그래서 우리가 사용하는 기술을 군사적인 전쟁의 형태로 살핀다면 이 불길한 인간의 접촉에 있어 기생동물은 기주(寄主)를 먹이로 삼고 있음에 반해 기주는 자기의 운명을 기생자(寄生者)의 뜻에 맡기고 있다는 것을 알게 될 것이다."

ⓛ 골리앗과 다윗

앞에서 살핀 포유류와 파충류의 생물학적 경쟁에 상당하는 것은 골리앗과 다윗의 결투일 것이다. 이 전설적인 싸움을 출발점으로 삼는다면 서구사회에서 하나의 허구로 제기된 파멸의 연쇄[395]를 떠올리게 하는, 구식(舊式)과 신식(新式)의 군사 기술 사이에서 일어나는 잇따른 쟁투(爭鬪)에서 그와 같은 드라마가

---

395. 아일랜드계 미국 소설가 〈메인 리드, 1818~1883〉가 「The Boy Hunters」에서 제시한 개념.

반복되고 있음을 알게 될 것이다.

골리앗은 그 숙명적인 날에 베틀 채와 같은 창으로 숱한 승리를 거두었으며 적의 무기를 철벽같이 차단하는 점에서 다시없는 장갑(裝甲)을 갖춘 자신을 천하무적(天下無敵)이라고 생각했다. 그러므로 자기가 쓰는 것과 같은 무기를 들고 싸우는 이스라엘인이라면 누구라도 손쉽게 제압할 수 있다고 확신한 그는 갑옷을 입지 않은 다윗이 막대기 하나를 가지고 나오는 것을 보고 조롱하는 말을 내뱉는다.[396] 골리앗은 이 젊은이의 건방져 보이는 태도는 소년다운 치기가 아니라 신중하게 고려한 작전이라는 사실을 간파하지 못했고 다윗이 멘 양치기의 주머니 속에 어떤 것이 감추어져 있는지 의심하지도 않았다. 그래서 이 불쌍한 블레셋의 트리케라톱스는 당당히 걸어 나와 자신의 이마를 다윗이 던지는 물매 돌의 표적으로 들이댄 것이다.

앞에서 언급한 파충류와 포유류 중의 일부가 중갑(重甲)을 구비(具備)한 것으로 본다면 가드의 골리앗은 생명체(生命體)의 역사에 있어서 비운을 초래한 최초의 중갑병(重甲兵)은 아니었다. 다윗과 골리앗의 전설은 생물의 진화에 있어서 보호용 장갑(裝甲)은 정신(情神)의 작용에 미치지 못한다는 것을 예증(例證)하고 있다. 이 고전적인 이야기는 인간이 무기를 개량하는 것에서 벌여온 경쟁으로 입증되는 철학적 진실을 표방하고 있으나 역사적 사실은 가드의 골리앗이나 트로이의 헥토르와 같은 중갑병은 다윗의 돌팔매나 필록테테스의 활이 아니라 미르미돈의 밀집보병대(密集步兵隊)에 굴복했다는 것이다.[397] 밀집보병대를 형성하는 각인(各人)은 개체(個體)로써 하나의 리바이어던이었던 중갑병과 다름없는 무장(武裝)을 갖추었으나 그 정신은 호메로스가 묘사한 중갑병이 지녔

---

396. "블레셋 사람이 다윗에게 이르되 네가 나를 개로 여기고 막대기를 가지고 나왔느냐 하고 그의 신들의 이름으로 다윗을 저주하고" 〈삼상 17:43〉

397. 그리스 신화의 영웅인 필록테테스는 멜리보이아의 왕이었는데, 활의 명수였던 그는 트로이 전쟁에서 헤라클레스의 활로 파리스를 죽였다고 한다. 미르미돈은 아킬레우스를 따른 부족(部族)이었는데, 제우스는 아이기나섬의 개미였던 그들에게 인간의 모습을 부여했다고 한다.

던 사고(思考)에 정면으로 반(反)하는 것이었다.[398]

「일리아드」를 통해 일별(一瞥)한 이 새로운 싸움의 기술은 스파르타에 의해 역사의 무대에 올려졌는데 그 전술을 최초로 구사(驅使)한 스파르타가 메세니아에 대한 2차전에서 얻은 승리는 결정적인 것이 아니었다. 스파르타는 200여 년 후에 벌어진 아테네-펠로폰네소스 전쟁을 돋보이는 승리로 장식하고 노 젓는 손을 멈출 생각을 품었으나 그로부터 33년이 지나기도 전에 아테네의 경장병(輕裝兵)과 테베의 종대군(縱隊軍)에 연달아 굴복했다. 아테네와 테베의 전술(戰術)은 군사적 규율이라는 전대(前代)의 유산(遺産)에 기민한 변통(變通)과 기습의 요소를 더한 것이었으나 그것으로 얻은 그들의 승리도 기능적으로 분화된 보병(步兵)과 중장기병(重裝騎兵)을 긴밀하게 배열한 마케도니아의 대형(隊形)에 의해 일거에 스러졌다. 마케도니아와 스파르타가 정복한 땅의 넓이로 그들의 전력을 비교한다면 그리스를 넘어 중앙아시아와 인도까지 진출한 마케도니아 밀집보병대(密集步兵隊)가 스파르타의 그것보다 월등(越等)했다. 이 사실을 가장 인상적으로 입증하는 것은 기원전 168년의 피드나 전투에서 페르세우스를 격파한 루키우스 아이밀리우스 파울루스가 남긴 증언이다.[399] 기원전 4세기에 기세(氣勢)를 떨친 전단(戰團)들[400]이 필립 2세와 알렉산더의 마케도니아군에 대적할 수 없었듯이 기원전 2세기의 마케도니아군은 로마군의 상대가 되지 못했던 것인바 마케도니아군이 겪은 이 극적인 페리페테이아의 원인은 1세기 반 동안 무적(無敵)이었던 전쟁기술을 맹신(盲信)했기 때문이다. 마케도니아는 아테네와 테베를 간신히 이긴 후 아케메네스 제국을 손쉽게 제압했으나 이후로 그 마케도니아의 병사들은 거주 가능한 모든 세계의 지배자로서 노 젓

---

398. 왜냐하면 밀집보병대의 본질은 그 구성원의 장비(裝備)에 있었던 것이 아니라 정연한 기동(起動)으로 전투력을 증진하는 규율(規律)에 있었기 때문이다.

399. 〈페르세우스, BC 212~166〉는 마케도니아 최후의 왕. 로마군을 지휘했던 루키우스는 "수많은 전투를 겪은 나에게 있어서 마케도니아의 밀집보병대는 최강의 적이었는데, 그들은 이 싸움에서 무서운 광경을 연출했다"라고 술회(述懷)했다.

400. 아테네, 테베, 아케메네스의 전단.

는 손을 쉬고 있었다.

　그 사이에 그들의 서쪽 경계 저편에서는 로마인이 한니발과 투쟁한 경험을 통해 전쟁기술을 재빠르게 혁신하고 있었다. 그리하여 알렉산더 이후의 마케도니아와 한니발의 카르타고를 타도한 로마의 전쟁기구(戰爭器具)가 일리리아 기병전(騎兵戰)에서 전조(前兆)를 보인 전투력의 차이는 기원전 190년의 피드나 전투에서 확인되었다. 이 승리와 패배의 원인은 구식 밀집보병대의 단점을 보완하려고 했던 양측의 시도에 있어서 경장보병(輕裝步兵)과 밀집보병(密集步兵)을 유기적으로 연계시키려고 했던 스파르타의 전술이 Cannae에서의 패배를 거울로 삼아 모든 부대와 각개의 전투원이 경장보병과 중갑병의 역할을 시의적절하게 행할 수 있게 한 로마군의 전투력을 감당할 수 없었기 때문이다. 폴리비오스가 명쾌하게 분석하고 있는바 스파르타의 밀집부대(密集部隊)는 평원에서만 실력을 발휘할 수 있었을 뿐만 아니라 상황의 변화에 적절히 대처하기 어려웠음에 반해 산병(散兵)과 중장병(重裝兵)을 효율적으로 통합하여 융통성을 극대화한 로마군은 개병(個兵)만이 아니라 군단(軍團) 전체에 탁월한 기동력(起動力)과 타격력(打擊力)을 구현했다. 그리하여 그 전술이 마리우스로부터 카이사르에 이르는 일련의 명장(名將)에 의해 완성되었을 때 로마 군단병(軍團兵)은 화기(火器) 발명 이전의 보병대가 이룰 수 있는 최고의 능률을 달성하고 있었다. 그러나 이 최강의 군대는 바로 그 순간에 경장기마궁병(輕裝騎馬弓兵)과 창기병(槍騎兵)으로부터 잇따른 타격의 첫째 것을 받았다. 카이사르가 폼페이우스를 제압한 파르살루스 전투 당시의 로마 보병술(步兵術)은 절정에 달했었는데 그 5년 전에 크라수스 군단이 파르티아 기마궁병(騎馬弓兵)에 패한 것으로 드러난 파멸의 징조는 고트족 중장병이 발렌스의 로마군을 격파했을 때 현실로 나타났다.[401] 아드리아노플에서의 불행은 군단병이 600여 년 동안 유지해 온 군사적

---

401. 크라수스가 이끈 로마 군단이 파르티아군에게 패한 것은 BC 53년의 Carrhae(카르헤) 전투. 발렌스 황제는 378년에 아드리아노플에서 고트족과 싸우다가 전사했다.

인 우위(優位)의 비참한 최후였다. 로마군에 사관(士官)으로 종군했던 역사가로서 그 전쟁의 양상을 자세히 묘사(描寫)한 〈암미아누스 마르켈리누스, 330~?〉는 로마 전쟁사에 있어서 당시의 사상자가 칸나에 전투에서 한니발의 기병대에 희생된 인원 다음으로 많았다고 적고 있다. 아드리아노플 전투는 칸나에의 교훈이 주어진 이래로 600여 년 후의 일이었음을 볼 때 로마의 군단병은 마케도니아 밀집보병대와 마찬가지로 노 젓는 손을 쉼으로써 오리엔트의 중장기병대(重裝騎兵隊)에 의해 유린(蹂躪)된 것이다. 로마인은 자기들의 보병대가 오리엔트의 기병대에 미치지 못한다는 여러 경고[402]에도 불구하고 그 문제를 해결하지 않았다. 그러다가 아드리아노플에서 결정적인 타격을 받았을 때 그들이 택한 방책은 패망한 군단을 버리고 승리한 적을 용병(傭兵)으로 채용하는 것이었다.[403] 군단병 최후의 불명예는 트라키아 평원에서 이미 구식이 된 중장병에 의해 격파된 것으로 인해 더욱 돋보인다. 카르헤 전투에서 크라수스 군단을 제압한 파르티아군은 활을 능숙하게 사용하는 기마궁병(騎馬弓兵)이었으나 아드리아노플에서 발렌스 군단을 쳐부순 사르마티아인과 고트족 중장병은 활을 쓰지 않는 창기병으로서 닥치고 돌진하는 방식으로 승리했다.

전쟁의 양상을 일변(一變)시킬 수 있었던 카르헤 전투는 수레나스가 처형된 일과 그의 기마대(騎馬隊)가 해체된 것으로 인해 이렇다 할 영향을 끼치지 못했으므로 전술적인 주도권은 파르티아군이 주도했던 중장병 체제로 넘어갔다. 그 중장병은 아시리아 보병의 갑옷을 입음과 동시에 유목민의 활을 버리고 중갑병(重甲兵)의 창을 집어 들었는데 그들은 사카족 중장병[404]과 달리 창을 들었

---

402. 크라수스가 기원전 53년에 파르티아군에 패한 카르헤 전투, 발레리아누스 황제가 페르시아에 패하여 포로로 잡힌 260년의 전투, 배교자 율리아누스 황제가 전투 중에 전상(戰傷)을 입고 요절(夭折)하게 된 사산조 페르시아 원정.

403. 〈테오도시우스 1세, 379~395〉는 381년 이후로 알라리크를 필두로 하는 고트족 무장들을 용병으로 채용했다.

404. 초기의 아시리아 중장병은 기마궁병(騎馬弓兵)이었다. 아케메네스조의 마지막 군주인 다리우스 3세를 위해 싸운 사카족 중장병은 마갑(馬甲)을 갖추었으되 활을 쏘지 않고 저돌적으로 돌진했다.

을 뿐 활을 사용하지 않았다. 파르티아인은 카르헤 전투 이후로 잇따른 기마 궁병의 승리에도 불구하고 중장병으로 싸웠던 것인데 이들의 전술은 사산조 페르시아 제국에 의해 계승되었다. 프로코피우스가 묘사한바 〈벨리사리우스, ?~565〉가 이끈 동로마 제국의 중장병은 아시리아 스타일의 기마궁병이었으나 카르헤 전투 이후로 1,200여 년 동안 말을 버리지 않은 쪽은 창기병이었으되 기마궁병은 아니었다. 이 창기병의 모습과 장비(裝備)는 동서(東西)를 막론하여 천 년 이상의 기간에 걸쳐 놀라울 정도로 비슷한 양상을 나타내고 있다.[405]

중장병이 이토록 오랫동안 광범위하게 존속한 것이 놀라운 일이라면 그것이 절정에 도달한 상태가 아니라 퇴화(退化)된 형태로만 존치(存置)된 것은 주목할 만한 가치가 있다. 이 연구의 서두에서 보았듯이 물질적 규모와 범위의 단순한 확대는 퇴폐의 발로인 경우가 많으므로 몽골 타타르군의 나신마병(裸身馬兵)이 바그다드 아바스조의 기병(騎兵)을 유린(蹂躪)한 것도 놀랄 일이 아니다.[406] 그리하여 시리악 사회에서 이루어진 골리앗과 다윗의 전설적인 만남은 3세기가 시작될 즈음에 말을 탄 거인과 소인의 싸움으로 반복되었는데 아바스조 칼리프를 그의 보고(寶庫)에서 아사(餓死)시키고 재현(再現)된 시리악 사회 세계국가의 숨통을 끊은 타타르의 카자크 군병은 기원전 8세기에 킴메르족과 스키타이족의 폭발이라는 형태로 나타난 모습 그대로인 유목민 스타일의 경장기마궁병(輕裝騎馬弓兵)이었다. 이어서 13세기에는 타타르인이 대대적으로 폭발하여 유목민의 군사 기술이 정주민(定住民)의 그것보다 우수하다는 것을 입증했다. 그것은 골리앗과 다윗이 맞붙은 싸움과 다름없는 양상(樣相)으로 전개되었는데 말을 탄 골리앗과 다윗이 조우(遭遇)한 후일담(後日譚)도 원래의 이야기와 다를 것이 없을 것이다. 그에 있어서 경갑(頸甲)을 두른 골리앗을 대신한 것은 다

---

405. 우리는 그것을 크림반도의 묘소(墓所)에 그려진 1세기의 프레스코화(畵), 이란의 파르스에 있는 사산조의 부각(浮刻), 당(唐)의 병사와 군마(軍馬)를 형용한 병마용(兵馬俑), 정복왕 윌리엄의 활약을 그린 Bayeux Tapestry 등으로 확인한다.
406. 몽골의 훌라구 칸은 1258년에 바그다드를 침략하여 아바스조를 멸망시켰다.

윗이 아니라 골리앗들이 모인 밀집보병대였는데 이들은 각개(各個)로 싸운 것이 아니라 기율(紀律)에 따르는 대형(隊形)으로 싸웠다. 기병(騎兵)의 시대가 되었어도 군단(軍團)의 기율이 개병(個兵)의 자율(自律)을 이겼던 것인바 그것은 바그다드의 성벽 밑에서 아바스조 칼리프의 기마병을 타도한 몽골 경기병(輕騎兵)이 이집트 맘루크에게 번번이 패한 것으로 알 수 있다.[407]

이집트 맘루크는 시리아의 전장(戰場)에서 몽골 기병(騎兵)을 최초로 타격하기 전인 1240년에 프랑스의 이집트 침공군을 격파하고 〈루이 9세, 1226~1270〉를 포로로 잡았다. 프랑스군의 그 패배는 성왕(聖王)의 기사(騎士)들이 자율을 엄격하게 지킨 맘루크와 달리 전공(戰功)을 다투어 기율을 준수하지 않은 것에 대한 형벌이었다. 그리하여 몽골군과 프랑스군을 제압한 맘루크는 13세기 말까지 그 세력권 내에서 피드나 이후의 로마군에 필적하는 군사적 위신을 확보했으나 바로 그때로부터 그들은 지난날의 로마 군단병과 마찬가지로 노 젓는 손을 쉬기 시작했다. 그리고 그에 있어서 새로운 기술을 터득한 숙적(宿敵)의 반격을 받을 때까지 로마군이 쉰 기간과 같은 시간 동안 쉴 것이 허용된 것은 기묘한 일이었는데 피라미드 전쟁에서의 무패(無敗)를 자랑하던 맘루크를 짓밟은 적(敵)은 그들이 얻은 명성(名聲)의 희생이 되었던 프랑스인의 후예였다.[408] 프랑스군은 기사단(騎士團)의 무질서한 행태를 지양(止揚)하고 예니체리를 표본으로 삼아 엄격한 규율을 갖춘 소총 보병대로의 전환을 달성했는데 프랑스군의 이 변신은 아드리아노플에서 로마군을 무찌른 고트족의 승리도 마찬가지로 승자가 이전에 달성한 혁신으로 말미암은 것임을 상기하게 한다. 발렌스의 군단을 짓밟은 고트족 중장병(重裝兵)은 율리우스 카이사

---

407. 맘루크와의 싸움에 있어서 훌라구의 기병대는 1260년, 1281년, 1299~1300년, 1302년에 패배했다.

408. 로마군은 기원전 168년에 피드나 전투에서 승리한 후 546년이 지난 378년에 아드리아노플에서 결정적으로 패배했고, 맘루크는 Mansurah 전투에서 승리한 1250년으로부터 543년이 지난 1798년에 엠바베 전투에서 나폴레옹에게 대패(大敗)했다.

르 군단이 손쉽게 제압한 수에비족이나 갈리아인과 다름없는 북유럽 만족(蠻族)의 후손인바 알라테우스와 사프락스가 아리오비스투스와 베르킨게토릭스의 패배를 보수(報讎)할 수 있었던 것은 로마군이 쉬었던 기간에 기마전술(騎馬戰術)을 열심히 훈련했기 때문이다. 또한 로마군이 카르헤 전투에서 받은 경고(警告)와 유사한 것은 이집트 맘루크가 세 번의 패배를 연속적으로 당한 것이라고 할 수 있는데,[409] 오토만 제국의 〈셀림 1세, 1512~1520〉가 이집트로 진격하는 동안에 맘루크가 드러낸 혼란상(混亂相)은 1250년에 이집트를 침공한 프랑스 루이 성왕(聖王)의 군대가 만수라흐에서 연출한 상황과 흡사했다. 맘루크의 퇴조는 마지막 술탄이 된 〈아쉬라프 트만바이, 1516~1517〉의 죽음으로 절정에 이르렀으나 맘루크는 셀림 1세의 정치적 판단으로 인해 목숨을 부지하게 되었다.[410] 맘루크는 이후로 오토만의 이집트 주둔군이 이슬람교도와의 통혼(通婚), 예니체리의 정원(定員)을 노예로 채우는 관행의 폐지, 예니체리 신분의 세습(世襲) 등으로 퇴폐에 빠졌을 때 그들에 대한 우세(優勢)와 이집트에 대한 실질적인 지배권을 회복했다. 이후로 쇠퇴한 오토만 정권은 그것을 묵인하면서 예니체리의 지배력을 회복시키거나 맘루크를 통제하는 등 사태를 수습하려는 노력을 기울이지 않았다. 맘루크는 특이한 운명의 전변(轉變)으로 인해 16세기 초에 상실한 이집트에 대한 지배를 회복하게 되었으나 자세히 살피면 그들은 그 2세기 반 동안에 '아무것도 잊어버리지 않고 어떤 것도 배우지 않았다'[411]는 것을 알 수 있다. 우연히 주어진 사형의 집행유예가 끝나고 파멸이 닥쳐오고 있었을 때 그들의 무기가 가진 우수성은 복장(服裝)과 기구(器具)의 조잡함, 전술(戰術)과 마술(馬術)의 유치함, 규율의 문란 등으로 인해 빛을 잃고 있

---

409. 로마군이 53년에 받은 경고는 중장병이 군단병을 압도하게 되리라는 것. 맘루크는 1516~1517년 간에 예니체리로부터 세 번의 연속적인 패배를 당했다.
410. 셀림 1세는 맘루크를 과소평가하여 그들을 이집트를 효과적으로 지배하기 위한 보조자 및 이집트에 주둔시킨 예니체리를 견제하는 세력으로 활용하려고 했을 것이다.
411. "동로마 제국"에서 살핀 〈시메온〉의 사례를 참고할 것.

었다. 그 조잡함과 유치함은 자파에서 벌어진 공방전에서 여실히 드러났는데 1776년에 돌출된 맘루크의 어처구니없는 행동[412]은 프랑스군이 만수라흐에서 돌출(突出)한 행동과 좋은 대조를 이루고 있다. 이 무렵의 맘루크는 지난날 전 세계의 프랑크인에게 맞섰던 것과 달리 작은 성곽(城廓) 하나도 공략할 수 없었는데 그들에 있어서 이 전술적인 무능보다 중차대(重且大)한 문제는 기율(紀律)이 심각하게 무너진 것이었다.

프랑스인인 〈C. F. Volney〉는 기율에 입각한 과학적인 전법(戰法)이 창조적이었다는 점을 크게 부각(浮刻)했으나 그가 맘루크에 대한 혹평(酷評)을 터키령 아시아의 모든 군단에까지 적용했을 때 그의 예지(叡智)는 이른바 '유례없는 서구'와 '불변의 동양'이라는 편견으로 흐려져 있었다. 지난 1세기의 기간에 서구가 획득한 전쟁기술은 그들의 독창(獨創)이 아니라 오토만 제국이 성취한 것의 모방(模倣)에 불과했다. 그것은 종족(種族)과 지역에 연관된 우열이 아니라 역할의 전도(顚倒)에 관한 문제였다. 볼네이가 그 견해(見解)를 「여행기」에 피력했을 때 그는 부스베크의 소론(小論)[413]이나 루이 9세의 이집트 원정에 관한 기록을 읽지 않았음이 분명한데 달콤한 꿈에 젖어 이집트 원정을 단행한 나폴레옹은 오스만리의 군사적인 무능(無能)에 대한 그의 묘사(描寫)에 현혹되었을지도 모른다. 서구의 군주들은 이 플랜더스인의 말을 열심히 청종(聽從)하여 징병(徵兵)과 훈련을 통해 예니체리와 같은 군대를 양성하고 있었음에 반해 당시의 맘루크와 예니체리는 카이로와 콘스탄티노플에서 퇴폐의 길을 걷고 있었다. 예니체리를 모방한 프랑스군은 18세기 말에 이르러 오토만 예니체리가

---

412. 시리아의 Jaffa(자파)에서 반기를 든 아랍인을 공격한 맘루크는 기병전(騎兵戰)이 어렵다는 이유로 맥없이 후퇴하여 조롱거리가 된 바 있다.

413. 〈Ogier de Busbecq, 1522~1592〉는 벨기에 태생의 학자, 외교관, 합스부르크 제국의 콘스탄티노플 대사(大使). 전성기의 오토만 제국을 자세히 관찰한 최초의 인물로 알려져 있고, 튤립 구근(球根)을 서구에 전파한 일로 유명하다. 그가 발표한 소론(小論)의 논지(論旨)는 "서구의 제국(諸國)이 오토만의 위협에서 벗어나려면 부랑자나 도적의 무리로 구성된 군대를 오토만 예니체리와 같이 기율이 있고 제대로 무장한 정규군으로 바꿔야 한다"라는 것이다.

1516~1517년에 이룩한 위업을 달성할 태세를 갖추고 있었으나 나폴레옹이 기동(起動)한 1798년의 맘루크는 1516년의 모습과 다름이 없었다. 이상과 같은 그들의 이력(履歷)을 볼 때 이집트 맘루크의 역사는 심판하는 이가 오래 참는 것은 회개(悔改)를 기다리는 것이며 평안을 누리려고 하면 멸망이 닥쳐온다고 하는 말씀[414]의 생생한 예증이다.

지금까지 우리는 최초의 장갑보병(裝甲步兵)인 골리앗에서 최후의 중장병(重裝兵)인 무라드 베이[415]에 이르는 '파멸의 연쇄'를 더듬어 왔다. 이 연쇄가 만든 최근의 고리는 자세히 알려져 있으므로 그것을 상술(詳述)할 필요는 없으나 오스만리가 창안한 보병술은 그것이 서구의 적(敵)에게 넘겨진 후 특정된 형태로 고정되거나 어느 일방에 의해 독점된 일이 없다는 것을 상기할 필요가 있다. 1798년의 피라미드 전쟁에서 맘루크를 박멸한 프랑스군은 예니체리를 모방한 초기의 서구 군대와는 다른 모습을 하고 있었다. 그것은 18세기에 소수 정예로 양성된 군대가 프로이센의 프리드리히 일가(一家)에 의해 최고도로 완성된 후 규모를 크게 늘리는 시도에 성공하여 1793년 이후로 이에 대체한 징병제(徵兵制)의 산물이었다. 그렇게 조직화(組織化)된 프랑스군은 상술한 이집트 원정(遠征)에 앞서 구식(舊式)이었던 군대를 발미에서 격파했는데[416] 거기서 드러난 우세(優勢)는 아우스터리츠와 Jena에서 확실한 것으로 확인되었다. 그리고 그 패배의 자극으로 각성(覺醒)된 프로이센의 군사적 천재는 기율을 큰 규모(規模)에 적용한다는 재주를 발휘하여 1806~1807년의 굴욕을 1813~1814년의 승

---

414. "사랑하는 자들아 주께는 하루가 천 년 같고 천 년이 하루 같다는 이 한 가지를 잊지 말라 주의 약속은 어떤 이들이 더디다고 생각하는 것 같이 더딘 것이 아니라 오직 주께서는 너희를 대하여 오래 참으사 아무도 멸망하지 아니하고 다 회개하기를 원하시느니라 그러나 주의 날이 도둑 같이 오리니 그 날에는 하늘이 큰 소리로 떠나가고 물질이 뜨거운 불에 풀어지고 땅과 그 중에 있는 모든 일이 드러나리로다" 〈벧후 3:8~10〉 "그들이 평안하다, 안전하다 할 그 때에 임신한 여자에게 해산의 고통이 이름과 같이 멸망이 갑자기 그들에게 이르리니 결코 피하지 못하리라" 〈살전 5:3〉
415. 〈Murad Bey, 1750~1801〉는 1811년의 파국(破局)으로 이집트에서 사라진 맘루크의 수장(首長)
416. 프랑스군은 1792년에 발미로 진입한 프로이센군을 격퇴했다.

리로 씻어냈다.[417] 최근의 교훈을 마음에 새기지 않은 프랑스군은 1870~1871년에 더욱 비참한 패배를 당했으나 프로이센군이 그 성공에 현혹되어 당시에 일어나고 있었던 전략적 변화를 감지하지 못하게 된 것으로 볼 때 그 전쟁에서 손실(損失)을 당한 쪽은 프랑스가 아니라 프로이센이었다. 그리하여 1차 세계대전에서 대규모의 포위 공격이라는 구식 전술을 구사한 프로이센군은 독일과 그 동맹국의 패배를 자초했는데 유럽의 위명(威名)을 떨친 강대한 군사적 세력의 이 극적인 붕괴는 18세기의 구식 수법은 참호전과 경제적 봉쇄라는 새로운 기술에 필적할 수 없다는 것을 사실로 입증했다. 그리고 전쟁에 몰입하여 사회를 파멸시킬 수 있다고 여겨지는 전쟁기술을 더욱 발전시킨다면 1차 세계대전을 승리로 이끈 기술이 이 연쇄의 마지막 고리가 되지 않으리라는 사실은 1938년에 이미 확실(確實)해졌다. 다시 한번 전쟁이 일어난다면 뛰어난 과학자들이 발명한 무기들이 모든 것을 파괴할 것이며 그 승리에 어떤 의미라도 있다면 이기는 쪽은 기율에 따라 생화학과 방사능을 교묘하게 조종하는 직업적인 군대일 것이다. 이러한 전쟁기술자의 일군(一群)은 프리드리히의 척탄병이나 셀림 1세의 머스킷 소총수가 함양한 기술과 직능에 힘입어 세계의 정복자로 나설지도 모른다. 그리고 무기를 든 스트레이커의 승리를 자랑하는 전단(戰團)이 독일 국방군이라면 서구의 군사사(軍事史)는 전변(轉變)의 한 회전(回轉)을 완료한 것이 된다.[418] 1919년의 파리강화회의에서 승전국이 독일에 요구한 직업군제(職業軍制)는 독일이 그 운명에서 벗어날 길을 제시한 것이었으나 히틀러는 베르사유 조약의 이 조항이 독일에 해(害)를 끼치는 것이라고 단정함으로써 그 운명을 독일의 것으로 만들었다. 베르사유 조약의 강요에서 벗어나는 것을 사명으

---

417. 프랑스 제1제국과 그 동맹에 대하여 영국이 연합을 결성하여 대항한 1803~1815년의 나폴레옹 전쟁에 있어서 1806~1807년의 제4회전은 예나에서 벌어졌고, 1813년에 라이프치히에서 벌어진 제6회전은 파리가 함락된 1814년에 끝났다.

418. 〈스트레이커〉는 〈버나드 쇼〉의 「인간과 초인」에서 주인공으로 설정된 인물. 독일 국방군은 히틀러를 총통으로 하는 나치 독일의 통합군.

로 삼은 그는 마침내 뜻을 이루었을 때 보유할 것이 금지되었던 군대를 만드는 것으로 독일이 베르사유의 굴레에서 벗어났음을 증명하기 시작했다. 그리고 이 절박한 심리적 충족은 1789년의 신념(信念)에 따라 조직된 후 이미 불량한 것으로 판명된 징병제(徵兵制)로서 군대의 기술적 쇠락(衰落)을 초래했다.

이상으로 우리는 골리앗과 다윗이 처음에는 도보(徒步)로 상대하고 다음에는 말을 타고 싸운 것을 살펴온 것인데 여기서 우리는 투기장(鬪技場)이 나우마키아[419]로 바뀌는 것을 살피지 않고 거기를 떠날 수 없다. 일시적인 기술의 우상화가 초래하는 파멸에 대한 개관은 해전(海戰)에서의 진기한 사건이 제공하는 실례(實例)로써 마무리하는 것이 적절할 것이다. 로마군이 기원전 264~241년의 전쟁에서 상대해야 했던 카르타고 해군은 테미스토클레스 이후의 2세기 동안에 배양된 모든 전술을 습득(習得)하고 있었다. 그리고 전해지는 말에 따르면 로마의 풋내기 수병(水兵)은 그 기술을 무시하고 지난날의 원시적인 등선육박전(登船肉薄戰)으로 카르타고 해군을 당혹스럽게 했다. 로마 수병은 그 어처구니없고 초보적인 변혁으로 싸움의 주도권을 장악하고 적이 자랑하는 기술인 함수(艦首)로 들이받는 것을 무력화시켰다는 것인바 이 이야기 속에 무슨 진리가 있다고 한다면 그것은 좌절과 우상숭배의 관련성을 여실히 보여주고 있다. 이는 숙련자(熟練者)에 의해 우상화된 기술이 어떻게 보더라도 유치한 재간(才幹)에 굴복하는 것을 보기 때문인데 이 기묘한 광경은 해로운 것은 우상을 세우는 행위일 뿐 우상화의 대상(對象)에 깃든 성질이 아니라는 것을 강력하게 시사하고 있다.

### (3) 코로스-휴브리스-아테

#### ① 군국주의의 자살성

##### ㉠ 무장(武裝)한 강자

이로써 우리는 창조성의 네메시스에 굴복하는 수동적인 형태인 '노 젓는 손

---

419. Naumachia는 로마군이 수조(水槽)로 조성한 투기장에서 시민들을 모아놓고 시행한 모의해전(模擬海戰)

을 쉬는' 착오에 대한 개관을 마쳤다. 그러므로 이제는 $κόρος$(코로스, 성공으로 인한 교만) $ύβρις$(휴브리스, 성공으로 말미암은 심리적 평형의 상실) $άτη$(아테, 평형을 상실한 영혼으로 하여금 불가능한 일을 시도하게 하는 맹목적인 충동)로 표현되는 능동적 착오를 검토해야 한다. 이 능동적 착오의 세 가지 형태는 앞에서 살핀 수동적인 착오와 마찬가지로 군사(軍事)의 분야에서 개관하는 것이 좋을 것인데, 창조성의 네메시스에 굴복하는 두 양식의 예증(例證)이 된 골리앗의 행위는 이 개관의 실마리를 제공하고 있다.

우리는 골리앗이 한때 무적(無敵)이었던 기술에 안주하여 다윗이 그것에 대해 사용하는 새로운 기술을 알아채지 못함으로써 파멸을 초래하는 것을 보았다. 동시에 골리앗의 정체적(停滯的)인 성향이 그에 상응하는 기질적 수동성(受動性)을 수반했더라면 그의 파멸은 늦추어지거나 회피(回避)될 수 있었으리라고 생각할 수 있다. 그러나 그에 있어서 그 '건방진 군인'[420]의 기술적 자만(自慢)은 자기를 낮추는 겸양(謙讓)으로 상쇄(相殺)되지 않았다. 그래서 그는 흐름에 뒤진 갑옷 속에서 녹슬어 버림으로써 자신을 스스로 들이댄 위험에 대해 무지한 상태에서 앞에서 본 행동을 자행했다. 그리하여 휴브리스는 골리앗의 타성(惰性)과 결합하여 그 거인(巨人)을 비참한 운명으로 이끌었던 것인데, 그 이름이 '준비 없음'을 뜻하게 된 이 전설적인 인물은 침략적인 군국주의자의 원형(原型)[421]이기도 하다.

군국주의의 맹목성(盲目性)은 성서에 기록된 유명한 우화[422]의 주제로 되어 있다. 군국주의는 모든 것이 무력에 의해 해결되는 상황에서 처신(處身)하는 능

---

420. 그리스 극작가 〈Titus Maccius Plautus, ?~BC 184〉의 희극인 「Miles Gloriosus」는 우리 말로 '건방진 군인'으로 옮길 수 있는 'The Swaggering Soldier'로 영역(英譯)되었다.
421. 텍스트에서는 침략적인 군국주의자의 표본으로 네델란드와 영국에 무력을 행사한 스페인의 〈펠리페 2세, 1556~1598〉 프로이센을 침공한 프랑스의 〈나폴레옹 3세, 1848~1852〉 '빛나고 눈부신 갑옷'을 입고 벨기에를 침공한 독일의 〈빌헬름 2세, 1888~1918〉 등이 거명되었다.
422. "강한 자가 무장을 하고 자기 집을 지킬 때에는 그 소유가 안전하되 더 강한 자가 와서 그를 굴복시킬 때에는 그가 믿던 무장을 빼앗고 그의 재물을 나누느니라"〈눅 11:21~22〉

력을 길렀으므로 폭력적인 체제와 조직화(組織化)된 평화의 계쟁(係爭)이 팽팽한 균형을 이룰 때 자신의 검(劍)을 저울에 던져 야만스러운 수단이 득세(得勢)하는 것을 획책(劃策)한다. 그리하여 그들은 검이 전능(全能)이라고 떠들고 다니지만 거기에 따르는 것은 더 악랄한 군국주의에 의한 자기파멸(自己破滅)이다. 상황의 이와 같은 전개는 주변의 약소국(弱小國)을 무지하게 짓밟다가 불현듯 내습(來襲)한 스페인의 콩키스타도르에 의해 파멸된 아즈텍족이나 잉카인을 보면 명확해진다. 그리고 우리들의 일을 살피는 것은 마찬가지로 계발적(啓發的)이되 그보다 더 유익하다. 헬레닉 사회의 신화에서 무장한 강자(強者)가 제 몸에 불러들이는 파멸은 크로노스에 관한 전설 속에 묘사되어 있다. 크로노스는 폭력을 행사하여 아버지인 우라노스의 지배권을 찬탈했으나 이후에는 아들인 제우스에 의해 우라노스의 경험을 맛보게 된다. 제우스는 자기보다 지혜롭고 고귀한 존재가 감내(堪耐)한 고뇌 덕으로 얼떨결에 구원을 얻은 군국주의자로 묘사되어 있다. 프로메테우스가 제우스를 구원(救援)했다는 헬레닉 사회의 이 신화(神話)는 예수께서 겟세마네 동산에서 군국주의의 죄를 범한 베드로를 구제한 이야기[423]와 좋은 대조를 이루고 있다. 구약시대의 군국주의자가 기도(企圖)했다가 실패한 것에 대한 묘사(描寫)는 Ben-Hadad과 Ahab에 관한 이야기[424] 속에 있다. 다메섹의 통치자가 이스라엘이 도읍(都邑)한 사마리아를 포위했을 때 이 군국주의자는 아합에게 모든 소유물을 내놓으라고 요구했다. 그에 대해 아합은 자신을 낮추어 온순한 반응을 보였으나 침략자의 더욱 굴욕적인 요구를 거절한 그는 벤하닷의 세 번째 전언(傳言)에 대해 갑옷 입는 자를 책망하는 말을 선포한다.[425] 상황은 벤하닷의 뜻대로 그리고 아합의 바람과는 달리 격렬

---

423. "예수와 함께 있던 자 중의 하나가 손을 펴 칼을 빼어 대제사장의 종을 쳐 그 귀를 떨어뜨리니 이에 예수께서 이르시되 네 칼을 도로 칼집에 꽂으라 칼을 가지는 자는 다 칼로 망하느니라"〈마 26:51~52〉

424. 「열왕기상」 20장을 참조할 것.

425. "이스라엘 왕이 대답하여 이르되 갑옷 입는 자가 갑옷 벗는 자 같이 자랑하지 못할 것이라 하라 하니라"〈왕상 20:11〉

한 싸움으로 종결되었는데 그 전투에서 침략자는 압도적인 패배를 자초했다. 이 이야기의 마지막 장면에서 벤하닷의 무리는 자기들이 포위된 성(城)에서 허리를 베로 묶고 나와서 아합의 자비를 빌었다. 그러나 아합은 벤하닷의 실책을 되풀이하지 않음으로써 양인(兩人)의 처지를 급변시킨 페리페테이아를 초래하지 않았다.[426]

ⓒ아시리아

이어서 아합과 벤하닷의 시대에 시리악 세계에 그늘을 드리웠던 아시리아 군국주의를 살필 때 우선하여 상기하게 되는 것은 기원전 614~610년에 아시리아 군국주의자에게 엄습한 재앙은 앞에서 본 마케도니아의 밀집보병대와 로마의 군단 및 이집트 맘루크가 겪은 재난에 비해 매우 압도적이었다는 사실이다. 아시리아 군국주의를 끝장낸 파국은 그 전쟁기구를 파괴했을 뿐만 아니라 아시리아 국가를 멸망시키고 그 국민을 전멸시켰다.[427]

페르시아 내전에 참가한 그리스인 용병들은 티그리스 좌안(左岸)을 따라 회군했을 때 칼라와 니네베의 유적(遺蹟)을 지나면서 놀라움을 금치 못했는데 그것은 그 성채(城砦)의 거대함이나 규모의 방대함 때문이 아니라 그러한 건축물이 폐허로 방치된 것을 목도(目睹)했기 때문이었다. 크세노폰은 그 폐허의 을씨년스러움을 생생하게 묘사하고 있으나 고고학의 연구에 힘입어 아시리아의 이력(履歷)을 알게 된 서구의 역사가는 그가 아시리아 역사에 관한 초보적인 사실조차 모르고 있었다는 사실에 놀라지 않을 수 없다. 크세노폰이 칼라와 니네베에 대해서 들은 것은 메디아인의 두 도시였던 그것들은 키루스가 〈아스

---

426. "그들이 굵은 베로 허리를 동이고 테두리를 머리에 쓰고 이스라엘의 왕에게 이르러 이르되 왕의 종 벤하닷이 청하기를 내 생명을 살려 주옵소서 하더이다 아합이 이르되 그가 아직도 살아 있느냐 그는 내 형제이니라"〈왕상 20:32〉

427. "휙휙하는 채찍 소리, 윙윙하는 바퀴 소리, 뛰는 말, 달리는 병거, 충돌하는 기병, 번쩍이는 칼, 번개 같은 창, 죽임당한 자의 떼, 주검의 큰 무더기, 무수한 시체여 사람이 그 시체에 걸려 넘어지니. 앗수르 왕이여 네 목자가 자고 네 귀족은 누워 쉬며 네 백성은 산들에 흩어지나 그들을 모을 사람이 없도다"〈나 3:2~3, 18〉

티아게스, BC 585~550〉의 메디아 왕국을 탈취하려고 했을 때 페르시아군의 강습(强襲)을 견뎌낸 뒤 신(神)의 특이한 작위(作爲)로 인해 폐허로 바뀌었다는 것이었다. 지나가는 그리스인 탐구자가 들은바 그 폐허에 관한 당시의 전설에 따르면 아시리아라는 이름조차 그 아시리아 제2와 제3의 도시에 결부되어 있지 않았다.[428] 그리스인 용병들이 티그리스 좌안이 아니라 그 우안을 따라 진행했다면 아시리아의 첫 도시로서 그 이름의 기원이 된 아수르의 유적을 지나면서 거기서 아시리아라는 이름과의 관계를 알고 있는 가련한 주민이 폐허에 숨어 있는 것을 발견했을 것이다. 그러나 크세노폰이 칼라와 니네베에 대해서 말하고 있는 황당무계한 이야기는 실상 아수르에 숨었던 주민이 남긴 흔적의 고고학적 발견에 의한 사실에 비해 철학적 진실에 가깝다. 그것은 기원전 614~610년의 파국이 아시리아를 완전히 말살했기 때문이며 크세노폰 당시의 아케메네스 제국에서 노예로 살아남은 아시리아인은 아시리아 군국주의가 진멸했다고 생각한 다른 종족(種族)의 생존자에 비해 매우 희소(稀少)했다.

니네바나 칼라라는 이름과 그것이 어느 나라에 속했는지조차 모르게 된 시대에 〈아슈르바니팔, BC 669~626〉이 약탈한 수사는 이 침략자의 손이 미친 것보다 광범위한 지역을 지배한 제국의 수도였다.[429] Babylon은 그 Elam의 부도(副都)였는데 그곳은 기원전 689년에 아시리아의 〈센나케리브, BC 706~681〉에 의해 침탈(侵奪)되었다. 아시리아인이 기원전 9~7세기에 괴롭힘과 강탈의 대상으로 삼았던 페니키아의 여러 도시국가는 시리악 세계국가의 자치적인 성원(成員)으로 머물러 있었고 아시리아의 몽둥이로 부서지도록 두들겨 맞은 시리악 사회의 내지(內地)나 히타이트 사회의 공동체들은 신전국가(神殿國家)로서 하나의 정체(政體)였던 지난날의 모습을 나타내고 있었다. 아시리아

---

428. "이제 사자의 굴이 어디냐 젊은 사자가 먹을 곳이 어디냐 전에는 수사자 암사자가 그 새끼 사자와 함께 거기서 다니되 그것들을 두렵게 할 자가 없었으며" 〈나 2:11〉

429. Susa는 메소포타미아의 수메르와 아카드 동쪽, 페르시아만 동안(東岸)의 이라크 남부에서 BC 2700년부터 539년까지 번성했던 엘람 제국의 수도였다.

의 몰락 이전의 2세기 동안에 그 군국주의자들이 저지른 만행은 사실상 그것을 당한 나라에 대해서는 영약(靈藥)이 되었고 그들로부터 최고도의 압제를 당한 민족에 대해서는 헤아리기 어려운 이익이 되었음이 밝혀졌다. 아시리아인은 자그로스와 타우루스 고지(高地)의 제족(諸族)을 분쇄함으로써 킴메르족과 스키티아 유목민을 위해 바빌로니아와 시리악 사회로 접근하는 길을 열었고 정복한 민족들을 원방(遠邦)으로 이주시킴으로써 자기들의 바빌로니아 사회를 시리악 사회의 포위망에 가두는 결과를 초래했다. 또한 그들은 서남아시아의 심장부에 정치적 통일을 이룩함으로써 자신의 후계국가들[430]과 그들의 계승자인 아케메네스를 위한 터전을 장만했다.

이상의 대비(對比)에서 보는바 오랫동안 공포를 조성한 결과로써 그 괴물이 희생자가 겪은 고난보다 혹독하고도 무서운 꼴을 당한 것은 무슨 까닭일까? 아시리아에 대한 Ezekiel(에스겔)의 묘사[431]에 있어서 우리는 신의 질투(嫉妬)라는 작용을 학대(虐待)받은 인간 자신의 행위라는 관점에서 풀이할 수 있을까? 일견하여 아시리아인은 마케도니아나 로마와 같이 '노 젓는 손을 쉰 것'이 아니므로 그들이 빠져든 운명은 이해하기 힘들다. 아시리아의 전쟁기구는 멸망의 날에 이를 때까지 세심하게 점검되어 충분히 보강되었고 아시리아인은 서남아시아의 패권을 잡으려던 시기인 기원전 14세기에 장갑보병의 원형을 고안(考案)했으며 멸망 직전인 기원전 7세기에 중장기마궁병(重裝騎馬弓兵)의 효시

---

430. 메디아, 바빌로니아, 리디아.
431. "볼지어다 앗수르 사람은 가지가 아름답고 그늘은 숲의 그늘 같으며 키가 크고 꼭대기가 구름에 닿은 레바논 백향목이었느니라. 하나님의 동산의 백향목이 능히 그를 가리지 못하며 잣나무가 그 굵은 가지만 못하며 단풍나무가 그 가는 가지만 못하며 하나님의 동산의 어떤 나무도 그 아름다운 모양과 같지 못하였도다 내가 그 가지를 많게 하여 모양이 아름답게 하였더니 하나님의 동산 에덴에 있는 모든 나무가 다 시기하였느니라 그러므로 주 여호와께서 이같이 말씀하셨느니라 그의 키가 크고 꼭대기가 구름에 닿아서 높이 솟아났으므로 마음이 교만하였은즉 내가 여러 나라의 능한 자의 손에 넘겨줄지라 그가 임의로 대우할 것은 내가 그의 악으로 말미암아 쫓아내었음이라 여러 나라의 포악한 다른 민족이 그를 찍어 버렸으므로 그 가는 가지가 산과 모든 골짜기에 떨어졌고 그 굵은 가지가 그 땅 모든 물가에 꺾어졌으며 세상 모든 백성이 그를 버리고 그 그늘 아래에서 떠나매"〈겔 31:3, 8~12〉

(嚆矢)를 이루었다. 아시리아의 군사적 천재는 7세기에 걸쳐 언제나 효율적이었고 4회에 걸친 역사적 전쟁의 발작에서도 최고의 효율을 발현했다. 전쟁기술에 투영(投影)된 후기 아시리아의 기질적 특징인 탁월한 발명의 재능과 끊임없는 개량의 열의는 그들의 궁정(宮廷)에서 원래의 형태로 발견되는 부각(浮刻)으로 입증된다.[432] 그래서 우리는 기원전 821년경에 끝난 제3의 전쟁기와 그로부터 200여 년 후에 종식된 제4의 전쟁기 사이에 아시리아군과 그들의 장비(裝備)에 있어서 다음과 같은 개량이 이루어졌음을 알 수 있다. 유목민을 본받아 말에 탔으되 기병(騎兵)에게는 거추장스러운 물건인 방패를 고집했던 〈아슈르나시르팔, BC 883~859〉의 기마병은 방패를 버리고 유연(柔軟)한 갑옷을 입은 중장병으로 변신했고, 그에 따라 갑옷의 개량과 무릎 보호대와 장화 등 새로운 장비가 마련되었으며, 전차(戰車)도 그 바퀴와 구조 및 탑승 인원 등에서 상당한 개선이 이루어졌다. 그렇지만 최고의 개량은 〈티글라트 필레세르 3세, BC 745~727〉나 〈사르곤 2세, BC 722~705〉가 창설한 것으로 알려진 왕국의 상비군(常備軍)이었는데 이 군대는 아시리아 국민병의 핵심으로써 아시리아군의 질적 향상을 주도했을 것이다. 파국의 전야(前夜)였던 아슈르바니팔의 시대에 이르기까지 지속된 전쟁기술의 끊임없는 개량으로 인해 분야별로 전문화된 무기와 어떤 임무라도 수행할 수 있는 군병(軍兵)이 갖추어졌던바 부각(浮刻)과 비문(碑文)으로 표방된 그 양상은 이스라엘의 한 선지자에 의해 포착(捕捉)되었다.[433]

---

432. 아시리아의 유적(遺蹟)에서 손상되지 않은 상태로 발굴되고 있는 부각에는 그 마지막 3세기 동안의 군사적 장비와 기술의 각 단계 및 군사적 행동이 정밀하고도 세밀하게 묘사되어 있다.

433. 아시리아군은 전차대(戰車隊), 중장기마궁병, 중장궁병(重裝弓兵), 경장궁병(輕裝弓兵), 장갑보병(裝甲步兵), 경장병(輕裝兵)에 더하여 공성장비(攻城裝備)를 갖춘 공병대(工兵隊) 등 분야별로 전문화된 부대들을 보유하고 있었다. "그중에 곤핍하여 넘어지는 자도 없을 것이며 조는 자나 자는 자도 없을 것이며 그들의 허리띠는 풀리지 아니하며 그들의 들메끈은 끊어지지 아니하며 그들의 화살은 날카롭고 모든 활은 당겨졌으며 그들의 말굽은 부싯돌 같고 병거 바퀴는 회오리바람 같을 것이며 그들의 울부짖음은 암사자 같을 것이요 그들의 소리지름은 어린 사자들과 같을 것이라 그들이 부르짖으며 먹이를 움켜가 버려도 건질 자가 없으리로다"〈사 5:27~29〉

아시리아군이 제국의 수도가 급습을 당하여 섬멸되는 와중에서 가망 없는 싸움을 계속하고 있었던 기원전 610년의 하란 원정(遠征)에서 독백(獨白)했듯이 나훔 선지자가 포착한 것이 바로 아시리아군의 정신이었는데 끝까지 '노 젓는 손을 쉬지' 않았던 그들이 마케도니아와 로마군 및 이집트 맘루크보다 비참한 재난을 입게 된 것은 무슨 까닭일까? 대답은 아시리아군의 정신적 적극성이 마침내 비운이 닥쳤을 때 그에 의해 증폭되었다는 것이다. 그들은 닥치고 공격한다는 적극성과 그러한 실력에 대한 확신 때문에 군국주의의 마지막 발작으로서 지켜야 할 한계를 넘었다. 그때까지 자그로스와 타우루스의 고지민(高地民)과 아람인을 저지(沮止)하는 것으로도 시리아 제족(諸族)의 연합에서 이탈하여 우라르투 왕국을 세운 아르메니아인의 반발을 초래했었는데 티글라트 필레세르는 그런 경고에도 불구하고 그 군국주의적인 공세의 최대이자 마지막이었던 발작을 일으켜 하나같이 자기들에 맞설 만한 잠재력을 가진 세력들[434]과 충돌하게 되는 행동을 자행(恣行)했다. 티글라트 필레세르가 시리아의 소국(小國)들을 복속시키려고 했을 때 그는 후계자들을 이집트와 충돌하지 않을 수 없는 운명에 빠뜨렸다.[435] 그가 기원전 734년에 팔레스타인 지방을 점령한 것은 이후로 시리아의 항복과 다마스커스 함락(陷落)을 끌어낸 묘기(妙技)였을지 모르지만, 그 팽창(膨脹)은 이집트군과의 필연적인 충돌을 초래했다. 사르곤은 기원전 720년에 국경에서 이집트군과 충돌했고 700년에는 센나케리브가 이집트군과 전투를 벌였으며 〈에사르하돈, BC 681~689〉은 675년에 시작한 원정(遠征)에서 이집트 영토의 일부를 점령했다. 그러나 그 과정에서 아시리아군은 이집트를 침공할 수는 있어도 이집트인을 항구적으로 억압해 둘 힘이 없다는 사실이 밝혀졌다. 아슈르바니팔은 이집트로 진격하던 에사르하돈의 돌연한 죽음이 초래한 이집트인의 반란을 기원전 667년에 진압했으나 그 여파로

---

434. 바빌로니아, 엘람, 이집트.
435. 이집트는 아시리아의 군세(軍勢)가 자기들에게 다가오는 것을 두고 볼 수 없었기 때문.

인해 663년에 재차 이집트로 출병하지 않을 수 없었다. 그러한 형편에 이르러서 아시리아 군국주의도 이집트에서 끝이 없는 투쟁의 늪에 빠졌음을 감지했을 것인데 그로써 이집트의 푸삼메티쿠스가 기원전 658~651년에 아시리아 주둔군을 슬며시 밀어냈을 때 아슈르바니팔은 거기에 반응하지 않았다. 그것은 현명한 처사(處事)였으나 일이 터진 후에 얻은 그 지혜는 다섯 번의 이집트 원정이 쓸데없는 것이었음을 자백한 것이었다. 아슈르바니팔의 철수는 원상을 회복시킨 것이 아니라 이집트의 포기에 이은 시리아 상실(喪失)의 서곡이었다. 그리고 티글라트 필레세르가 바빌로니아 사태에 개입한 행위의 궁극적인 결과는 그의 팽창주의가 시리아에서 초래한 사태보다 중대한 것이었다. 그는 바빌로니아의 무정부 상태가 아시리아로 번지는 사태를 예방하는 것을 변명으로 삼았을 것이고 바빌로니아인은 문화적 동종자(同宗者)인 그가 칼데아인의 침공을 막아주리라고 기대했을 것이다. 이후로 티글라트 필레세르의 후계자들은 바빌로니아에 대해 비교적 온건한 태도를 유지했으나[436] 당시의 아시리아는 바빌로니아인뿐만 아니라 칼데아인도 복속시킬 힘이 없었으므로 그 정책은 실패로 돌아갔다. 아시리아군은 칼데아인의 반란 때문에 골치를 앓았으나 그에 대하여 아시리아가 관용책(寬容策)으로 일관한 것은 그 반란을 더욱 위험하고 빈번한 것으로 이끌었다. 그리고 당시에 조성된 질서는 아시리아의 정책에 의한 것이 아니라 패배를 양분으로 삼아 착실하게 성장한 반아시리아 운동의 부산물에 불과했다. 1세기 동안 지속되어 메디아와 바빌로니아의 동맹을 낳은 이 과정의 1단계는 므로닥 발라단에 의한 칼데아 부족의 통합이 달성

---

436.  바빌로니아에 진출한 티글라트 필레세르는 나보폴라사르를 폐위시키지 않았고, 나보폴라사르가 죽었을 때 발생한 칼데아인의 반란을 진압한 후에는 바빌로니아와의 연합 체제를 구축했다. 이후로 〈살만에세르 5세, BC 727~722〉는 부친의 선례에 따랐고, 정책적 변화를 시도했던 사르곤도 칼데아인의 거센 반발 때문에 선례를 따르게 되었다. 센나케리브는 바빌로니아 왕위에 오르기를 꺼려서 친 아시리아 성향의 귀족을 왕위에 앉히고 아들인 에사르하돈을 총독으로 임명하여 바빌로니아의 독립을 상실시켰는데, 그것은 기원전 694~689년의 반란으로 말미암은 부득이한 조치였을 것이다.

된 것이고 2단계는 칼데아인과 엘람왕국이 동맹을 맺은 것이다. 불굴의 의지를 불태워 아시리아 군국주의에 대항한 므로닥 발라단[437]으로 인해 곤란을 겪은 아시리아는 그가 죽은 후에도 칼데아인의 문제를 해결하지 못했는데 그것은 엘람의 여전한 원조를 받은 칼데아인이 끊임없이 센나케리브에게 대항했기 때문이다. 센나케리브는 자신의 침략 때문에 페르시아만 근처의 늪지대로 피신한 칼데아인을 말살하려고 페니키아인을 동원했으나, 그것은 그 틈을 노린 엘람인이 바빌론을 장악하고 바빌로니아 국왕을 포획(捕獲)할 기회를 조성한 것에 불과했다. 센나케리브는 이후에 엘람을 타격하고 그 괴뢰(傀儡)를 빼앗았으나 그 궁극적인 결과는 아시리아군이 바빌론을 탈환할 능력이 없다는 사실을 폭로한 것이었다. 그리하여 준걸(俊傑)로 알려진 〈무셰지브 마르두크〉는 바빌로니아 왕위에 올라 바빌론의 사조(思潮)를 아시리아를 배격하는 방향으로 바꾸게 되었다. 아시리아는 그에 대해 칼데아와 엘람 연합군을 타격한 후 바빌론을 약탈하는 방식으로 징치(懲治)했으나 그를 통해 바빌론이 얻은 교훈은 아시리아가 주려고 했던 훈계와는 정반대의 것이었다. 그것으로 볼 때 바빌론이 기원전 693년에 아시리아 진영(陣營)에서 이탈하여 칼데아-엘람 연합으로 옮겨 간 것은 반아시리아 전선을 구축하는 과정에 있어서 결정적인 사건이었다. 아시리아인은 저희가 속한 사회의 문화적 수도에 대해 폭력적인 만행(蠻行)을 자행함으로써 바빌로니아인이 혼자의 힘으로는 이룰 수 없었던 정치적 연금술을 달성하게 했다. 그래서 바빌로니아인은 침입자였던 유목민의 화합에 이어서 단합된 그들과 하나로 융합된 바빌로니아 국민을 형성했는데 아시리아인의 만행을 잊을 수 없었을 뿐만 아니라 용서할 수 없었었던 그 국민은 압제자를 진멸할 때까지 쉬는 일이 없었다. 티글라트 필레세르가 돌출시킨 비극

---

437. 엘람과 동맹을 체결한 므로닥 발라단은 기원전 721년에 바빌론으로 진주하여 12년 동안 바빌로니아 국왕으로 군림했다. 사르곤은 기원전 710년에 그를 축출했으나 사르곤이 죽었을 때 그 불굴의 칼데아인은 아랍인과 손잡은 후 유다왕국의 히스기야와도 연계하여 기원전 703년에 바빌론에 입성(入城)했다. 그 후 그는 다시 아시리아군에 의해 축출된 망명자로서 엘람에서 생을 마감했다.

적인 과정의 이 끝에서 두 번째 단계에 있어서 아시리아는 자기들에 대한 바빌로니아인의 반감이 매우 강했으므로 왕의 형제로서 바빌로니아 왕위에 앉혀진 아시리아인을 지배하여 자기들의 뜻에 따르게 할 수 없었다.

아슈르바니팔은 자기들이 연합한 적[438]에 의해 위협을 받게 된 상황을 감지하고 있었는데, 그 연합을 주도한 인물은 아슈르바니팔 자신의 형제인 〈샤마쉬-슘-우킨〉이었다. 그가 부왕(父王)이었던 에사르하돈의 유지(遺志)를 받드는 동생에 의해 바빌로니아 왕위에 오른 것을 생각할 때 그의 그러한 행위는 이상하게 여겨질 수 있다. 이 반역자의 중요한 동맹이었던 엘람은 회맹(會盟) 전년(前年)에 아시리아군과의 싸움에서 혹독한 패배를 당했는데 그 사실은 그가 주도한 바빌로니아 국민운동이 매우 강력했음을 입증하고 있다. 아시리아는 바빌론과 엘람왕국을 각개로 격파하는 방법으로 그 위기를 극복하려고 했으나 바빌로니아인의 국민운동은 그로 인한 방해를 받지 않았고 정세는 아시리아에 불리한 방향으로 바뀌어 갔다.[439] 기원전 626년에 아슈르바니팔이 죽었을 때 바빌로니아는 새로운 지도자를 찾아냈다. 그 나보폴라사르는 엘람을 대신하는 강력한 동맹으로써 메디아 왕국을 맞이하여 메로다크 발라단이 시작한 사업을 완수하게 되었다. 그리하여 기원전 654~639년의 전쟁에서 입은 상처를 회복하지 못한 아시리아는 기원전 614~610년의 전쟁으로 말살되기에 이르렀다. 아시리아군은 죽음에 직면한 당시에도 일련의 전쟁에서 이기고 있었으나[440] 그 최후의 승리는 과시적(誇示的)인 단말마(斷末魔)의 몸부림이었

---

438. 바빌로니아 왕과 군부, 칼데아와 아람 부족민, 엘람왕국, 북아라비아인, 남시리아의 몇몇 공국, 아시리아 주둔군을 축출한 이집트의 후국(後國)들.

439. 바빌론이 기원전 648년에 아시리아에 항복했을 때 샤마시-슘-우킨은 타오르는 불 속으로 뛰어들어 생을 마감했다. 엘람왕국은 기원전 639년에 재차 궤멸적인 타격을 받았는데, 그들이 버린 영토는 페르시아 고지민에게 귀속되었다가 1세기 후에 도약한 아케메네스조의 터전이 되었다.

440. 아시리아군은 니네베와 아슈르에 이어서 하란까지 침탈된 상황에서도 이집트 사이스 왕조의 원조를 받아 유프라테스 배후지에서 바빌로니아군을 몰아내고 있었다.

다. 우리가 기원전 745년에서 605년에 이르기까지[441] 맹위(猛威)를 떨친 이 전쟁을 돌이켜 볼 때 가장 돋보이는 점은 허다한 공동체와 도시를 완전히 파괴하고 수많은 생민(生民)을 포로로 잡은 타격인데 이것은 그들의 손이 닿는 영역에서 그때까지 파멸을 면하고 있었던 도읍(都邑)은 티레와 예루살렘뿐이었다는 것을 염두에 두고 하는 말이다.[442] 그러했던 아시리아 무장(武將)은 자기들의 만행(蠻行)을 아전인수격(我田引水格)인 기록으로 남겼으나 그 파렴치하고도 어리석은 짓에 대한 최고의 비판은 악질인 교사가 채찍으로 학생을 때리면서 했다는 말일 것이다. "맞는 너보다 때리는 내가 더 아프단다"

밖에서 거둔 승리에 대한 아시리아의 상세하고도 과장된 기록이 국내에서 일어난 분쟁에 관한 드물고도 간략한 기록으로 보충(補充)되어 있는 것은 뜻깊은 것인바 우리는 이를 통해 그 승리를 위한 대가가 어떤 것이었는지를 짐작할 수 있다. 그리고 군사적 절정에 도달한 때의 이 연대기(年代記)를 살필 때 우리는 아시리아인이 거둔 승리가 그 파멸의 원인이었음을 확인하게 된다고 해도 그다지 놀라지 않을 것이다. 아시리아의 군사적 부담이 늘어남에 따라 왕실(王室)에서의 분쟁과 농민의 소동(騷動)이 빈발했는데, 그 대표적인 사례는 샬마네세르 3세에 대한 그의 아들과 기타(其他)의 반란이었다.[443] 티글라트 필레세르는 역사적인 이름으로 장식(裝飾)했으되 그 근본은 어쩔 수 없는 벼락 출세자(出世者)였다. 그가 아시리아의 마리우스라면 그 로마와의 유비(類比)는 상비군을 조직한 것이 드러내는 조짐(兆朕)은 사회적 붕괴가 상당한 정도로 진척되었다는 것이다. 마리우스 당시의 이탈리아에서 상비군이 가능해짐과 동시에 필요하게 된 것은 전쟁의 확산(擴散)으로 인해 농지로부터 이탈된 농민에

---

441. BC 745년은 티글라트 필레세르가 아시리아의 왕이 된 해, BC 605년은 바빌로니아의 〈네부카드네자르 2세〉가 〈네코 2세〉를 격파하고 그 이집트의 아시아 영토를 탈취한 해.

442. 아시리아는 다마스커스(723), 사마리아(727), 무사시르(714), 바빌론(689), 시돈(677), 멤피스(671), 테베(663), 수사(639), 니네베(612) 등을 처참하게 약탈했다.

443. 샬마네세르 3세의 아들인 〈아슈르 다닌 아푸르〉의 반란을 필두로 하여 니네베, 아슈르, 아르벨라, 칼라 등지(等地)에서 연속된 반란.

게 일자리를 제공해야 했기 때문인데 티글라트 필레세르는 마리우스와 마찬가지로 그 방법으로 국내의 분쟁을 잠재울 수 없었다. 〈샬마네세르 5세, BC 727~722〉가 아슈르 주민과 충돌한 것, 센나케리브가 바빌로니아인과 결탁한 아들에 의해 살해된 것, 샤마쉬-슘-우킨이 아시리아에 대항한 것 등으로 표출된 내부의 분쟁은 아시리아 군국주의가 자행한 대외 침략과 결합하여 거대한 분류(奔流)를 이루었다. 그리하여 그 난폭한 흐름은 아시리아를 비참한 운명으로 휩쓴 것인바, 아시리아에 닥친 그 상황에 있어서 붕괴의 내적인 국면과 외적인 장면은 구분이 불가한 것이었다.

닥쳐오는 파멸은 아슈르바니팔의 영혼에 검은 그림자를 드리우고 있었는데 [444] 그 애절하고도 신실한 고백은 곤혹에 휩싸인 점에서는 비창(悲愴)하되 그 맹목성(盲目性)에 있어서는 계발적(啓發的)이다. 그러한 기분에 사로잡혔을 때 이 아시리아 최후의 무장은 그들이 약탈한 도시와 말살한 민족의 무시무시한 목록을 헤아려 보지 않았던 것일까? 아무튼 그의 후계자 〈신 샤르 이슈쿤, BC 621~612〉의 생애에는 이처럼 끈질긴 추회(追悔)에 쫓겨서 그것을 뿌리칠 수 없는 순간이 있었을 것인바 구원의 마지막 생명줄이었던 스키티아의 동맹자가 적의 편에 서서 그 연합군이 니네베로 쇄도(殺到)하고 있다는 보고를 받은 기원전 612년에 아시리아 최후의 왕은 아이고스 포타모이 해전 이후의 아테네인과 다름없이 느끼고 행동했을 것이다.[445] 이 양자(兩者)의 이야기에 있어서 아테네는 항복하여 승자의 아량에 의해 구제되었으나 니네베의 신 샤르 이슈쿤은

---

444. "나는 죽은 이에게 음식을 올리고 조상에게 신주(神酒)를 드리는 규율을 부활시키고 살아 있는 자에게 정성을 다했다. 그런데도 왜 나에게 온갖 불행과 불운이 닥쳐오는 것일까? 나는 나라의 내분과 내 가족의 불화를 진정시킬 수 없다. 마음을 괴롭히는 사건이 빈발하고 있으며, 심신(心身)의 고통이 나를 짓누르는 중에 나는 비명을 지르며 생애를 마친다. 나는 밤낮없이 비탄에 젖어 신음을 뱉는다. 오 신이여 이 믿음 없는 자에게도 당신의 빛을 보이소서. 오 신이시여 언제까지 나를 이렇게 버려둘 것입니까?"

445. "그 패배가 알려진 아테네에서는 비탄의 울부짖음이 울려 퍼졌다. 그날 밤 모든 아테네인은 죽은 자를 애도하면서도 지난날 자기들이 저지른 악행이 저희에게 돌려질 것을 생각하여 비탄에 젖었다. 이튿날 그들은 농성에 대비하여 도시 전체를 방위체제로 전환했다."

농성(籠城)으로 끝까지 저항하다가 성을 불태우고 하란으로 도주했다. 그리하여 아슈르바니팔이 모면하기를 빌었던 비운은 그의 후계자를 엄습했던 것인데 그 것은 그의 때늦은 후회와 문화적 전향(轉向)으로는 그 비운의 도래를 막을 수 없 었다는 것을 보여준다. 아슈르바니팔이 수집한 바빌로니아 문헌(文獻)의 저장고 (貯藏庫)와 그가 새기게 한 부각(浮刻)은 기원전 612년의 니네베를 기원전 405년 의 아테네에 비길만한 문화적 보고(寶庫)로 만들었다. 아테네가 엄습한 비운 속 에서 살아남았음에 반해 그 니네베가 멸망한 것은 아시리아가 파멸의 타격을 받기 전에 이미 자살하고 있었기 때문이다. 아시리아가 국가로 존재했던 마지 막 1세기 반 동안에 그 본거지에서 아카드어가 사라진 대신 아람어가 널리 퍼 진 것은 아시리아인이 그들의 포로로 잡힌 사람들에 의해 대체(代替)되고 있었 음을 의미한다. 군국주의를 위해 치러야 했던 대가는 바로 인구의 대폭적인 감 소였다. 기원전 612년에 니네베 성벽의 외진 곳으로 쫓긴 불굴의 전사(戰士)는 갑주(甲冑)를 걸친 송장이었고 그것이 꼿꼿하게 직립(直立)해 있었던 것은 그 자 살 행위자를 질식시키고 있었던 무구(武具)가 단단했기 때문이다.

ⓒ 니네베의 비운

우리가 아시리아 군국주의를 자세히 살핀 이유는 그것이 동일(同一)한 착오 (錯誤)의 허다한 사례를 대표하는 것이기 때문이다. 전술(前述)한바 '갑옷을 입은 송장'의 양상은 기원전 371년의 스파르타 밀집부대나 1683년에 빈 근교(近郊) 의 참호(塹壕)에 웅크리고 있었던 예니체리를 떠올리게 한다. 또한 무지막지한 침략으로 자신을 파멸시키는 군국주의자의 얄궂은 운명은 카롤링거 왕조나 티무르조가 자초(自招)한 운명을 상기하게 한다. 그들은 희생자인 색슨족과 페 르시아인의 고뇌(苦惱) 위에 대제국을 건설했으나 그것은 그 건설자들이 대(代) 를 잇지 못하고 몰락함으로써 군국주의의 죗값을 치르는 것을 목격한 스칸디 나비아인과 우즈베크의 모험가들을 위해 좋은 먹잇감을 장만한 것에 지나지 않았다.

아시리아의 사례가 떠올리게 하는 또 다른 형태의 자살 행위는 여러 민족과 그 강역(疆域)에 평화를 제공한 세계국가나 대제국을 침략하고 파괴하는 군국주의자의 자멸이다. 그 정복자는 제국의 외피를 무자비하게 찢고 그 속에 깃든 무수한 인간을 어둠과 죽음의 그늘[446]이 일으키는 공포에 휩싸이게 한다. 그러나 가해자에게 닥치는 것은 어김없는 죽음의 그림자인바 황폐한 세계의 그 지배자는 탈취한 것에 취하고 퇴폐에 빠져 킬케니 고양이[447]와 같은 최후를 맞이하게 된다. 마케도니아인은 알렉산더가 헬레스폰트라고 하는 다르다넬스 해협을 건넌 때로부터 11년 이내에 아케메네스 제국을 유린(蹂躪)한 후 인도로 진격했으나 우리는 그들이 알렉산더가 급서(急逝)한 때로부터 셀레우코스 1세에 의한 리시마코스 타도에 이르는 42년 동안 여전한 광포성(狂暴性)으로써 상쟁(相爭)한 것을 주목해야 한다. 그 음험(陰險)한 행위는 10년 후에 시리악 사회에서 재현되었는데 그것은 12년에 걸쳐 서남아시아의 로마령(領)과 사산조의 영토를 침탈한 원시 이슬람교도 아랍인이 24년 동안 자행한 상잔(相殘)이다.[448] 그들은 서남아시아를 정복하던 중에도 상쟁을 일삼았던바 시리악 사회의 세계국가를 재건하는 영예와 이익이 찬탈자 우마이야조(朝)와 주제넘게 뛰어든 아바스조에 돌아간 것은 그 탓이었을 것이다.

이와 유사한 광경은 신세계에서 아즈텍과 잉카인이 스페인인에게 굴복했을 때 여전한 양상으로 전개되었다. 멕시코 세계국가와 안데스 세계국가를 무너뜨린 스페인 정복자는 남미와 북미대륙의 일부분[449]을 정벌했으나 그것은 그들이 무하마드의 동료나 알렉산더의 부장(副將)들과 마찬가지로 노획(鹵獲物)을 두고 치열하게 싸우게 된 것에 불과하다. 아시리아 군국주의가 발현(發現)한 자

---

446. "이는 우리 하나님의 긍휼로 인함이라 이로써 돋는 해가 위로부터 우리에게 임하여 어둠과 죽음의 그늘에 앉은 자에게 비치고 우리 발을 평강의 길로 인도하시리로다 하니라" 〈눅 1:78~79〉
447. 아일랜드 전설에서 서로 꼬리만 남을 때까지 싸웠다는 두 마리의 고양이.
448. 그것은 〈칼리프 오스만, 644~656〉이 암살된 일로 비롯되어 예언자의 손자 〈후사인〉의 순교(680)로 절정을 이룬 동족상쟁이다.
449. 플로리다에서 파나마 지협까지와 거기에서 칠레까지.

살적인 기질은 유기된 로마제국의 여러 주(州)를 침탈한 만족에 의해서도 발휘되었다. 서고트족은 프랑크인과 아랍인이 격발(激發)한 타격으로 쓰러졌고, 로마제국의 영국인 후계국가들은 웨식스와 머시아에 먹혔으며, 메로빙거 왕조와 우마이야조는 각각 카롤링거 왕조와 아바스조에 의해 타도되었다. 영웅시대의 이 자살적인 종언(終焉)은 근처의 노쇠한 세계국가를 휘저은 민족이동이 막바지에 이르렀을 때 드러낸 특징이기도 하다.

우리는 아시리아 군국주의에서 군국주의적 착오의 또 다른 양상을 발견할 수 있다. 앞에서 보았듯이 아시리아가 거기에 속했던 바빌로니아 사회에 있어서 아시리아인에게는 그 세계의 변경 지킴이의 역할이 주어져 있었다.[450] 그와 같은 변경(邊境)의 분절(分節)은 의도대로 작동되는 한 사회적 이익을 낳을 수 있으나 그들이 무기를 내지(內地)로 돌리면 그 미덕(美德)은 치명적인 군국주의자의 악덕(惡德)으로 바뀌게 된다. 이 착오의 해악은 자기들의 사회를 저희가 저지(沮止)해 온 외적(外敵)의 공세(攻勢)에 드러내는 것이 아니라 그들이 한 손으로 외적을 막으면서 다른 손으로는 동족을 두들기는 것인데 군사적 정력을 이처럼 그릇된 방향으로 돌리는 것은 서로 협력하면서 살게 되어 있는 이웃 사이에 공멸(共滅)하는 싸움을 초래하는 해악(害惡)이다. 변경 수호자가 내역(內域)으로 달려들 때 그것은 문자 그대로인 내전(內戰)을 일으키는 것인바 그 싸움이 다른 전쟁에 비해 격렬하고도 광포하게 전개된다는 것은 주지의 사실이다.

이것이 티글라트 필레세르 3세가 기원전 745년에 궁극적 결론으로 결단한 행동이 막중했던 이유를 설명하고 있다. 이때 그는 농지(農地)로부터 괴리(乖離)된 농민으로 강화(強化)된 아시리아군을 바빌로니아로 돌렸고 그로 인한 바빌로니아와의 100년 전쟁은 변경 지킴이의 착오에 의한 사회적 파국에 더하여 휴브리스 행위자의 파멸을 초래했다. 양치기의 조력자(助力者)로 키워진 번견이

---

450. 그 대적(對敵)은 동서 변(邊)의 약탈적인 만족(蠻族)과 남서쪽에서 압력을 넣고 있었던 시리악 사회의 아람이었다.

늑대의 기질에 물들어 자기가 지켜야 할 양을 물어뜯는다면 그 폐해는 더욱 심중(深重)할 것이지만 양의 무리는 수가 줄어들더라도 어떻게든 살아남되 그 개는 죽임을 당하는 법이므로 최대의 피해를 보는 쪽은 배신한 변견이다. 자기들이 속한 사회를 배신하는 변경민은 자기네 삶의 원천을 타격함으로써 자기들의 파멸을 자초하는 것이며 자기들이 휘두르는 칼로 제 몸을 찌르는 팔과 다름이 없다. 그것은 걸터앉은 나뭇가지를 자르는 것으로 자기 몸을 추락시키는 나무꾼과 같은 것인바 나무 자체는 가지를 잃더라도 여전히 살아 있는 것이다.

ⓔ 샤를마뉴

프랑크 왕국의 카롤링거 왕조를 개창(開創)한 피핀이 교황의 요구에 따라 롬바르디아에 대한 무력을 증강하려고 했을 때[451] 아우스트라시아인이 심하게 반발한 것은 무용(武勇)을 그릇된 방향으로 돌리는 행위의 과오(過誤)를 직관(直觀)했기 때문이었을까? 교황청은 두 개의 전선[452]에서 용맹을 떨치고 있었던 아우스트라시아 세력을 주목하다가 749년에 피핀에게 왕관을 수여함으로써 그의 야심을 부추겼다. 그리하여 아우스트라시아인은 자기들의 사명에서 벗어나 아랍인과 색슨족이 자기들에게 씌우기를 거부했던 운명을 롬바르디아인에게 강요(强要)하라는 요청을 받았다. 이탈리아의 이 모험에 대하여 아우스트라시아의 병사(兵士)들이 느낀 불안이 그 지도자의 야망보다 정당했다는 것은 그 일의 진행으로 입증되었다.

피핀은 신민(臣民)의 반대를 무릅씀으로써 아우스트라시아를 이탈리아에 결부(結付)시킨 군사와 정치적 관계의 고리를 만들었던 것인데, 롬바르드 왕국의

---

451. 피핀(Pepin)으로 알려진 프랑크 왕국의 〈피피누스 3세, 751~768〉는 카롤루스 왕조를 수립한 후 교황 〈스테파노 3세, 768~772〉의 요청에 따라 로마를 침탈하는 롬바르드족을 축출하는 일을 감당했다.
452. 라인강을 향해 남하하던 색슨족에 대한 전선(戰線)과 피레네를 넘어 쇄도하고 있었던 이슬람교도 아랍인에 대한 전선.

아이스툴프를 겨냥한 그의 이탈리아 원정은 데시데리우스에 대하여 773년에 단행한 샤를마뉴의 이탈리아 원정을 초래했다. 샤를마뉴의 모후(母后)인 〈베르트라데〉는 데시데리우스의 딸을 아들과 결혼시킴으로써 프랑크와 롬바르디아의 화합을 도모하려고 했으나 상황을 돌이킬 수 없었던 샤를마뉴는 그녀와 이혼한 후 장인이었던 롬바르디아인의 왕국을 단번에 정복하여 망부(亡父)의 야망을 성취했다. 샤를마뉴의 그 행위는 당시의 현안을 해결한 것이 아니라 교황제(教皇制)를 통제적으로 수호할 책무를 아우스트라시아에 부과했을 뿐만 아니라 자신을 알프스 이북과 이탈리아 남부에서 빈발(頻發)한 분쟁에 휩쓸리게 했다.[453]

샤를마뉴가 단행한 일을 순차적으로 살피는 것은 이탈리아에 대한 그의 정책을 바르게 평가하는 데 도움이 될 것인바 그는 알프스 이남의 문제에 끼어든 것으로 인해 색슨족과 싸운다는 변경 지킴이의 임무에서 여러 번 이탈해야 했다. 그는 프랑크 왕국을 침탈하던 색슨족을 축출하는 과정에서 결정적인 타격을 가할 기회를 몇 번이나 놓쳤는데 그것은 롬바르디아인과 바바리아의 문제 때문에 긴급히 이탈리아로 출병해야 했기 때문이다. 색슨족에 대한 소모전(消耗戰)으로 인한 피로(疲勞)는 샤를마뉴가 죽은 후에 카롤링거 제국의 분열과 색슨족이 당한 고난에 대한 스칸디나비아인의 보복으로 나타났다. 그 반격은 샤를마뉴가 죽기 전에 배태(胚胎)된 것이었으며 당시의 아우스트라시아는 라인강 저편의 색슨족만이 아니라 이베리아의 이슬람교도 아랍인과 스티리아[454] 저편의 아바르족과 대적(對敵)해야 했다. 그리하여 샤를마뉴의 이탈리아 정책은 알프스 이북에서의 야심적인 전진(前進)과 결부된 것이었으나 기왕의 무거운 짐에 5회에 걸친 이탈리아 원정이라는 감당하기 어려운 짐을 더한 샤를마

---

453. 샤를마뉴는 교황의 대관(戴冠)과 아우구스투스라고 외치는 로마 시민의 칭송을 받는다는 겉치레인 성공의 절정에 달했던 때에도 그 영예(榮譽)의 대가로 10년 이상이나 이어진 콘스탄티노플과의 분쟁에 말려들었다.
454. 라틴어의 '스티리아'는 오스트리아 동남부의 '슈타이어마르크'를 지칭한다.

뉴의 군국주의는 자살적인 것으로 끝났다.

ⓜ 티무르

우리는 샤를마뉴가 라인강 저편의 색슨족을 경계해야 할 의무를 저버리고 신생 서구 기독교 사회의 롬바르디아와 바바리아[455]로 무기를 돌려댐으로써 아우스트라시아인에게 무거운 짐을 지운 것을 살폈다. 그런데 여기서 살피는 티무르 또한 유라시아 유목민의 준동(蠢動)을 제압하는 사명에 쓰여야 할 트란스옥사니아의 빈약한 국력을 자기가 속한 사회를 침공하는 일에 낭비함으로써 옥수스강 저편의 땅에 감당하기 어려운 짐을 지웠다.

티무르가 여하(如何)히 그 일을 자행했는가에 대해서는 앞에서 살폈거니와 그는 1362~1380년에 감행한 격렬한 정벌(征伐)을 통해 이란을 중심으로 하는 사회의 유라시아 변경에서 자신의 판도(版圖)를 조성했다.[456] 그가 그러한 자신의 영토를 구축했을 때 유목민은 유라시아의 곳곳에서 패주(敗走)하고 있었고[457] 그에 따른 칭기즈칸의 유산(遺産)을 다투는 정주민(定住民)의 경쟁에 있어서 상대적으로 유리한 위치에 있었던 티무르에게는 더 큰 수확물이 목전에 다가와 있었다. 이 정주민의 경쟁에 있어서 스텝의 중심과 가까웠고 상대적으로 강력했을 뿐만 아니라 스텝 양쪽의 이슬람교도 공동체[458]와 우호적인 관계를 맺고 있었던 트란스옥사니아는 가장 유력한 경쟁자로 여겨졌다. 처음에는 티무르 자신도 다가온 기회를 인식하고 그것을 붙잡는 듯이 보였는데 그것은 그가 킵차크 유목민 집단의 내분(內紛)을 틈타 호라즘을 정복하고 그 내정(內政)에

---

455. 롬바르디아는 이탈리아 북부, 바바리아는 독일 동남부의 주(州).
456. 그것은 트란스옥사니아로 쇄도한 차가타이 유목민을 격퇴한 후 킵차크 칸국이 침탈한 호라즘을 탈환한 것으로 성취되었다.
457. 당시의 유목민은 농경지대와 사막지대를 가르는 긴 경계의 모든 곳에서 후퇴하고 있었다. 주치의 여러 속령은 몰다비아인 리투아니아인 코사크인에 의해 분할되고 있었고, 모스크바 공국은 킵차크 유목민의 멍에를 떨쳐내고 있었으며, 중국인은 몽골의 가칸(可汗)을 몰아내고 있었다.
458. 이슬람교 수니파는 당시에 유라시아 스텝의 서안(西岸)인 크리미아와 카잔 및 그 동변(東邊)인 감숙성(甘肅省)과 섬서성(陝西省)에 진출해 있었다.

간섭하여 칸(汗)의 지위를 탈취하려고 했던 토카트미시를 지원하는 것으로 나타났다. 그리하여 티무르의 봉신(封臣)이 된 토카트미시가 주치(朮赤)의 모든 속령(屬領)을 제압한 후 모스크바 공국을 다시 복속시키고 리투아니아인을 결정적으로 격파했을 때 티무르 자신은 유라시아 스텝의 서반부와 그 주변의 정주민을 실질적으로 지배하게 되었다. 그러나 이 중대한 시기에 그는 갑자기 이란세계로 무기를 들이댐으로써 남은 생애의 24년을 일련의 무익하고도 파괴적인 전쟁에 바치게 되었다. 그는 이후 토카트미시의 반역 때문에 본거지로 돌아왔으나 당시에도 그 훼방꾼을 처치한 후 자신이 택한 전장(戰場)으로 복귀했는데 이 사실은 그가 생애의 제2기로 이행한 순간에 자기에게 다가온 기회를 4반세기에 걸쳐 외면했음을 말해주고 있다.

티무르는 모굴리스탄에서 반항하고 있었던 차카타이 칸을 징계하려고 했던 1383~1384년의 원정(遠征)을 제외한 7년간을 이란과 트란스코카시아를 정복하는 일로 소비했다. 전술(前述)한바 티무르가 사마르칸트로 귀환한 것은 이란 고원의 정복을 완성하기 직전에 토카트미시가 소요(騷擾)를 일으켰기 때문인데 티무르가 토카트미시를 크게 격파(擊破)한 이후에는 그동안 등한시했던 기회가 그에게 되돌려졌다. 그러나 1392년에 사마르칸트로 개선(凱旋)한 그는 킵차크와 그 속령 전체에 대한 지배를 결정적으로 확립할 수 있었음에도 몸을 숙여 그 수확물을 거두는 대신 1388년에 중단한 서남아시아 정복을 재개하기 위해 파르스로 발진했다.[459] 티무르는 이 유명한 정복전(征服戰) 도중에 트랜스 코카서스로 침입한 토카트미시를 몰아내기 위해 모스크바와 킵차크로 출동했었다. 그 이듬해인 1396년에 복귀한 그는 1398년까지 사마르칸트에 체류했으나 이후로는 자기의 본고장인 이란사회를 침략하여 그 중심부에 이어서 남동부와 북서부를 파괴하는 과업에 착수(着手)했다.[460] 그에 대한 막료(幕僚)들의 반

---

459. 페르시아인의 본향(本鄕)으로 알려진 Pars는 이란 서남부의 한 주(州). 이 원정에서 그는 이라크와 아르메니아 및 조지아를 조직적으로 합병했다.

460. 당시에 이란 사회의 이 양쪽에서는 힌두스탄 세력과 오스만리가 각각 각각 힌두세계와 정교 기독교 세계를 희생시키면서 이란세계의 영토를 넓히고 있었다.

대를 무시한 티무르는 1399년까지 그 일에 몰입한 후 재차 자신의 군사적 생애에 있어 가장 유명한 국면으로 내달렸다. 1404년에 중국을 목표로 한 2회차의 5년 전쟁에 돌입한 것은 23년 만에 처음으로 전조(前兆)가 좋은 방향을 택한 것이었다. 티무르가 그 일에 필요한 만큼 살 수 있었다면 유라시아 스텝의 남동부를 영구히 트란스옥사니아에 귀속시킨다는 역사적인 결과를 낳았을지도 모른다. 그러나 군국주의자로서는 보기 드문 행운을 타고난 티무르일지라도 23년의 세월을 허송한 것에 대한 보응은 면할 수 없었다.

티무르의 실패를 샤를마뉴의 이력과 비교해 보면 알 수 있듯이 티무르가 자초한 파탄은 군국주의의 자살성(自殺性)을 가장 명확히 보여주는 실례(實例)이다. 이 두 사례에 있어서 변경이 내역(內域)을 정복한 것은 순식간에 불과했다. 후진적인 집단이 문명의 여정(旅程)에서 선행(先行)하고 있는 공동체를 군사적 정복이라는 조악(粗惡)한 수단으로 집어삼킨 사례는 매우 희귀하다. 티무르가 무력에 의해 이란과 이라크에 들씌운 트란스옥사니아인의 지배와 마찬가지로 샤를마뉴가 롬바르디아와 바바리아에 강요한 아우스트라시아인의 지배는 정복자의 죽음과 함께 말소되었다. 그러나 샤를마뉴의 군국주의는 특기할 만한 후과(後果)를 남겼음에 반해 티무르의 제국은 단명했을 뿐만 아니라 적극적인 것으로는 어떠한 흔적도 남기지 못했다. 티무르의 군국주의는 파멸을 향해 돌진하는 도중에 가로놓인 모든 것을 파괴함으로써 서남아시아에 정치적 진공상태를 조성한 것에 불과했다. 그래서 그리로 끌려든 오스만리와 사파비조의 충돌이 이란사회에 치명상을 입혔었다. 반면에 샤를마뉴가 아우스트라시아의 힘을 서구 기독교 세계의 내지로 돌린 것은 아우스트라시아 자체에 대해서는 치명적이었으나 아우스트라시아가 그 일부인 사회에는 같은 영향을 끼치지 않았다. 만인(蠻人)의 희생에 의한 서구 기독교 세계의 확대는 샤를마뉴 군국주의의 피해자였던 색슨족에 의해 지속되었고 이베리아의 시리악 사회를 희생시킨 확대는 서구 기독교 사회의 몇몇 카롤링거 왕조의 후계국가에 의해 계속되었다. 샤를마뉴 군국주의의 대가(代價)로서 서구 기독교 세계가 치러야 했던 것은 일시적인 정지(停止)였으되 그에 뒤따른 것은 3세기에 걸친 착실한 전진이었다. 반면에 티무르의 군국주의는 유라시아에서 이란사회를 위해 준비된 땅을 영구히 제척(除斥)하는 결과를 낳았다.

이란사회가 유목민 사회의 유산을 상실한 결과는 먼저 종교에서 나타났다. 이슬람교는 티무르의 시대로 끝나는 4세기 동안에 유라시아 스텝 주변의 여러 정착민에 대한 지배력을 강화하고 있었다. 그리고 아바스조 칼리프국 이슬람교도 군주의 정치력과 군사력이 와해(瓦解)된 10세기에도 그들의 종교는 볼가강 중류의 타타르인, 타림분지 오아시스의 터키인, 트란스옥사니아 외변의 유목 터키인 등을 개종시키고 있었다. 아바스조 이후에 오지(奧地)에 이르기까지 진동(振動)을 일으킨 유라시아 유목민은 결국 이슬람권으로 몰려들었던 것인데 그 유목민과 이슬람교도의 결합에 공헌한 몽골인의 혼합정책은 이슬람교가 중국으로 진입하는 데 도움이 되었다.[461] 이어서 14세기 초에 몽골제국의 세 속령(屬領)이 거기에 귀의했을 때 이슬람교는 유라시아 스텝 전부를 석권(席捲)할 것으로 여겨졌다. 그리고 티무르가 트란스옥사니아에서 수니파의 옹호자로 궐기(蹶起)한 때까지 스텝의 남서부에 뿌려진 이슬람교도 디아스포라는 그에게 유라시아의 이슬람 제국을 건설할 기회를 제공하고 있었다. 그러나 그러했던 이슬람교의 전파가 갑자기 중단된 것은 주목할 만한 일이다. 16세기와 17세기의 전환기에 유라시아에서 발생한 일대의 사건은 몽골인과 오이라트 계열의 칼미크인이 대승불교의 일파인 라마교로 개종한 것인데 이 사실은 당시에 유라시아 유목민 사회에서 이슬람교의 위신이 크게 추락했음을 나타내고 있다.

정치에 있어서 유라시아 유목민 사회를 정치적으로 순화(馴化)시키는 위업(偉

---

461. 거대한 영역의 여러 민족과 문화를 혼합하려고 했던 몽골인의 정책은 네스토리우스파 기독교에 물든 유목민과 이슬람교도의 결합에 도움이 되었다. 당시의 이슬람교는 타림분지 인근의 중국 북서부에 더하여 운남(雲南)으로 진출해 있었다.

業)은 정교 기독교 사회의 러시아 분지와 극동사회의 중국인에 의해서 달성되었다. 티무르가 1391년 겨울에 스텝을 횡단하여 토크타미시를 쓰러뜨린 것은 정주민이 유목민에게 내린 예속(隷屬)의 선고였으나 그 실행은 트란스옥사니아인에 의해서가 아니라 건륭제의 만주족과 모스크바 공국이 장악한 카자크인에 의해 이루어졌다. 티무르의 군국주의가 이 정복자의 고향인 트란스옥사니아를 포함한 이란사회에 끼친 해악(害惡)은 유라시아 스텝에서 새로운 영토를 획득할 권리를 잃은 데서 끝난 것이 아니다. 티무르가 죽을 때까지 24년 동안 현혹되어 있었던 군국주의가 결정적으로 나쁜 것이었던 이유는 그 자체로서 불모(不毛)였을 뿐만이 아니라 3~4대까지 대물림된 군국주의의 영향이 티무르가 군국주의에 물들기 전에 이룩한 건설적인 성취를 훼파(毁破)한 사실에서 찾을 수 있다. 티무르가 차카타이와 주치의 유목민 집단으로부터 지켜낸 사회는 군국주의자로 변한 해방자가 죽은 후 우즈베크인으로 성형(成形)된 유목민의 위협에 노출되었는데 선대(先代)의 군국주의로 인해 말라비틀어진 유산을 물려받은 티무르의 후예는 조상의 위업을 되풀이할 수 없었다. 이란사회의 심장부를 향한 우즈베크인의 돌진은 티무르의 후손이 아니라 새롭게 흥기(興起)한 사파비조의 샤 이스마일에 의해 저지되었다. 그러나 서방(西方)에 야망을 두고 있었던 그는 호라산을 침범한 우즈베크인을 축출했으되 침략자가 트란스옥사니아를 점유하는 것을 묵인했다.

그리하여 트란스옥사니아는 티무르가 차카타이 유목민을 축출할 채비를 갖춘 때로부터 1세기 반이 지난 후에 먼 곳에서 침입해 온 유목민의 굴레를 쓰게 되었다. 그리고 아시리아 군국주의에 비견될 만큼 잔혹한 공포를 흩뿌린 이 이란세계의 유라시아 변경민(邊境民)은 비할 데 없이 야만스러운 유목민의 억압으로 인해 굴종적(屈從的)인 종족으로 바뀌었다. 그 트란스옥사니아인은 19세기 후반에 우즈베크인을 몰아낸 러시아의 지배로 짐을 가볍게 하기에 이르렀는데 이 상황에서 우리가 상상할 수 있는 것은 티무르가 1381년에 유라시아를 등지고 무기를 저희 사회의 내지(內地)로 돌리지 않았다면 트란스옥사니아와 러시아의 처지는 현상(現狀)과 반대로 되었을지도 모른다는 것이다.[462] 그래서 티무르는 약속된 땅을 붙잡지 못했을 뿐만 아니라 고국(故國)과 동포를 구제(救濟)한다는 기초적인 사업조차 성공시키지 못했던 것이며, 그의 모든 파괴적인 행위[463] 중에서 최악이었던 것은 다름 아닌 자기에게 행한 것이었다. 그는 불후(不朽)의 것이 되었을 공적(功績)을 흩어버리는 것을 대상(代償)으로 하여 자기 이름을 영구히 기억되게 했다. 타메를란(Tamerlen)이나 태멀레인(Tamerlane)이라는 이름[464]은 아시리아 군국주의자들이 1세기에 걸쳐서 저지른 것과 같은 만행(蠻行)을 24년 동안에 자행(恣行)한 폭력배를 떠올리게 한다. 우리가 상기하는 것은 무수한 악행을 태연하게 저지른 괴물(怪物)이며 그렇게 여기는 사람들에 있어서 그는 아틸라(Attila the Hun)와 같은 식인귀(食人鬼)의 하나로 인정되었다. 그리고 이 살인광(殺人狂)의 과대망상증은 〈Christopher Marlowe, 1564~1593〉가 Tamburlaine(탐벌레인)의 입에 담은 대언장담(大言壯談) 속에 멋지게 묘사되어 있다.[465]

ⓑ 변경 수호자의 비적화(匪賊化)

티무르와 샤를마뉴 및 아시리아 군국주의자들의 이력에서 알게 되는 한 가

---

462. 모스크바가 사마르칸트를 지배하는 것이 아니라 크게 형성된 이란제국의 사마르칸트가 모스크바를 지배한다는 것.

463. 티무르가 자행한 파괴행위들을 다음과 같이 열거할 수 있다. 1381년에 이란의 이스파한을 소각(燒却)하여 폐허로 만든 것, 1383년에 이란의 사브제바르를 침공하여 2,000의 포로를 생매장한 것, 같은 해에 지리흐에서 오천 명을 죽여서 그 두개골을 첨탑(尖塔)처럼 쌓아 올린 것, 1386년에 루리스탄의 무수한 주민을 낭떠러지로 떨어뜨린 것, 1387년에 7만 명의 이스파한 주민을 살육하고 그 머리를 산처럼 쌓은 것, 1393년에 이라크의 타크리트 수비대를 몰살하고 그 머리로 탑을 쌓은 것, 1398년에 델리에서 10만의 포로를 살해한 것, 1400년에 튀르키예 시바스의 수비대 4천 명을 생매장한 것, 동년에 시리아에서 20개의 두개골 탑을 세운 것, 1401년에 바그다드에서 14년 전에 자행한 이스파한에서의 만행을 되풀이한 것.

464. 티무르를 '절름발이'로 비하하는 의미로 유럽에서 통용되는 이름. Timur는 터키어 Temür(테무르, 철)의 이란어(語)인데, 중국인은 그를 철목아(鐵木兒)로 칭한다.

465. 영국 극작가 〈크리스토퍼 말로〉가 1587년에 발표한 「Tamburlaine the Great」를 참조할 것.

지 현상은 한 사회가 외적(外敵)의 침입을 막기 위해 변경민의 무용(武勇)을 발달시키는 것은 그들이 무기를 그 사회의 내지(內地)로 돌릴 때 불길한 변화가 초래되어 군국주의라는 병폐를 낳는다는 것이다.

우리는 이 군국주의의 병폐에 있어서 변경 지킴이로 출발했으되 비적(匪賊)과 다름없는 존재로 끝마친 다음과 같은 사례를 떠올릴 수 있다. 브리튼에서는 머시아 왕국이 웨일스에 대한 변경의 임무를 수행하려고 벼린 무기를 로마 제국을 계승한 여타의 영국인 후계국가로 돌렸고 플랜태저넷 왕가(王家)의 잉글랜드 왕국은 켈트 외변을 정복하여 라틴 기독교 세계의 확대를 도모한다는 본래의 사명에서 벗어나 자매격(姉妹格)인 프랑스 왕국을 정복하려고 했다.[466] 그리고 시칠리아의 〈로제루 2세, 1130~1154〉는 정교 기독교 세계와 이슬람권을 정복하여 서구 기독교 세계의 확대를 이룬다는 부조(父祖)의 사업을 외면하고 롬바르디아 공국과 신성로마 제국을 정복하여 자신의 영토를 늘리기 위해 노르만인의 무력을 남용했다. 아메리카에서는 멕시코 사회의 아즈텍족이 치치멕족의 남침을 막는 대신 문화적 선진(先進)인 톨텍족을 두들기고 있었으며 안데스 세계에서는 아마존과 팜파스의 흉포한 만족(蠻族)을 경계할 사명을 띠고 있었던 잉카족이 내지(內地)를 향해 저지대의 주민과 에콰도르 고지민(高地民)을 복속시키려고 애쓴 것을 알 수 있다. 미노스 문명에 있어서 그 대륙의 전초(前哨)였던 미케네는 변경전(邊境戰)에서 익힌 무용을 문명의 본거지로 돌려서 크레타를 전복(顛覆)했다. 이어서 마케도니아인과 로마인은 변경 수호자로서의 본분을 망각하고 헬레닉 사회의 패권(覇權)을 잡으려는 상쟁(相爭)에 돌입했다. 중국사회를 보면 그 변경 지킴이로서 서부 고지대의 만족(蠻族)과 유라시아 유목민의 침입을 저지(沮止)할 사명이 있었던 진후국(秦侯國)은 내역(內域)의 분규(紛糾)에 뛰어들어 상쟁(相爭)하는 후국(侯國)들에 결정적 타격을 가했고 이집트 세

---

466. 백년전쟁은 잉글랜드 왕국의 플랜태저넷 왕가와 프랑스 왕국의 발루아가(家)가 프랑스의 왕위 계승 문제를 놓고 1337~1453년에 일으킨 분쟁을 총칭한 것인데, 기사(騎士)의 전성기를 구가한 이 전쟁은 그 제3기에 잔 다르크가 활약한 일로 유명하다.

계에서 누비아 만족을 격퇴하는 싸움으로 무용을 연마한 남부의 변경민은 그 무력을 이집트 사회의 내지(內地)로 돌려 이집트 문화를 선도하던 북왕국(北王國)을 제압했다. 이집트 문명의 발흥(勃興)을 도운 후 그것을 훼손한 이 군국주의적 행위는 나르메르의 화장용(化粧用) 석판(石板)[467]에 의기양양한 모습으로 새겨져 있다.

이 소름이 돋을 만큼 잔학한 행위를 세밀하게 묘사한 석각(石刻) 속에 우리가 지금까지 살펴온 군국주의[468]의 비극이 표상(表象)되어 있다. 그리고 오늘날에 이르기까지 6,000년 동안 계속된 이 비극의 모든 연출 중에서 가장 애절한 것은 아테네가 이른바 '헬라스의 해방자'로부터 '폭군의 도시'로 바뀐 것으로 인한 비극일 것이다. 아케메네스조의 침략으로부터 자구(自救)하기 위해-그렇게 함으로써 헬라스를 구제하게 된-해군력(海軍力)을 증강한 아테네는 그 힘을 악용하여 헬레닉 사회의 도시국가들을 압박했던 것인데 그들의 이 착오는 아테네 자신만이 아니라 헬레닉 사회 전체에 기원전 431~404년의 재앙을 초래했다. 아테네가 무력을 증강했기 때문에 그와 같이 큰 죄를 짓고 치명적인 결과를 초래한 것이라면 문화적으로 아테네에 미치지 못하되 보다 월등한 무력을 갖춘 서구의 강국 중에서 도덕적 건전성을 유지할 수 있는 나라가 몇이나 될까?

지금까지 일별(一瞥)한 사례들에 있어서 군국주의에 내포된 자살성은 앞에서 살핀 군국주의의 세 표본의 그것처럼 명백하다. 그리고 그 자살성은 무력을 내부로 돌린 변화가 낳은 파괴적인 결과에서만이 아니라 부수적인 것으로서의 사회적 변화에서도 현저하다. 내지로 돌려진 아테네와 마케도니아의 무력은 헬레닉 사회에 무서운 재앙을 초래했고, 앞에서 살핀바 세 대륙의 군국주

---

467. 이집트 제1왕조의 시조인 나르메르는 남북의 이집트를 최초로 통일했는데, 그의 화장용 석판에는 Horus 신(神)이 나일 Delta를 정복한 것과 자신이 잔혹한 수법으로 이집트를 통일한 내용이 그림 문자와 도형으로 세밀하게 새겨져 있다.
468. 그 표본은 센나케리브, 티무르, 샤를마뉴 등이다.

의[469]도 자기들의 사회에 파멸적인 영향을 끼쳤으며, 나르메르가 나일강 하류로 진출한 것은 이집트 사회를 만풍(蠻風)에 물들게 했다.

이 장(章)에서 조사해 온 군사적인 사항은 〈코로스-휴브리스-아테〉라고 하는 숙명적인 파멸의 연쇄를 살피는 연구에 도움이 된다. 군사력을 함부로 사용한 개인이나 단체가 무력을 사용할 수 있는 한계를 넘거나 그것으로 성취할 수 있는 목적을 오인(誤認)한다면 그 착오가 초래하는 재앙은 현실에서의 중대한 영향으로 표출된다. 그리고 군사적 행동에서의 이 경향은 인간의 활동이 이루어지는 기타의 분야에도 여실히 적용되는바 어떤 능력이 그에 합당한 분야가 아닌 영역에서도 효력이 있다고 단정하는 것은 응분(應分)의 재앙을 초래하는 착오(錯誤)다.

### ② 승리에의 도취

#### ㉠ 로마 공화국

〈코로스-휴브리스-아테〉의 비극이 나타나는 보다 일반적인 형태의 하나는 승리에 도취(陶醉)하는 것이다. 이는 무력에 의한 투쟁만이 아니라 정신적인 항쟁에서도 같은 양상으로 나타나는 것인데 우리는 로마 공화제(共和制)의 좌절과 교황제(敎皇制)의 쇠락(衰落)에서 군사적인 성취(成就)와 정신적인 승리에 도취했던 사례를 살필 수 있다.

한니발 전쟁이라는 가혹한 시련에서 비롯되어 세계의 정복으로 끝난 기원전 220~168년의 대전쟁의 말엽에 로마 공화국의 지배자들은 폴리비오스가 폭로한 바와 같은 타락상을 드러내고 있었다.[470] 오랜 전쟁으로 인한 고뇌 끝에 이 공화국에 주어진 승리가 초래한 도덕적 위기에 빠진 세대가 보인 반응은 군사적 승리로 얻은 물질이 삶의 문제를 해결하는 최고의 수단이며 인간의 유일한 목적은 물질적인 힘으로 취할 수 있는 쾌락을 최대한으로 누리는

---

469. 유럽의 로마, 아시아의 진후국(秦侯國), 남미의 잉카.
470. 폴리비오스는 당대의 로마인이 성적 문란에 더하여 남색(男色)에 탐닉했으며, 탐식(貪食)과 음주 및 이색적인 취미에 몰입했음을 「세계사」에서 폭로했다.

것이라고 단정(斷定)하는 것이었다. 당대의 로마인은 그런 정신적 상태야말로 패배한 한니발이 승자에게 안겨준 도덕적 패배라는 사실을 깨닫지 못했을 뿐만 아니라 그들이 승자로 간주(看做)된 세계는 파멸된 사회였고 외형적인 승리를 얻은 로마 공화국은 그중에서도 가장 심각한 상처를 입었음을 눈치채지 못했다.[471] 그들은 이 도덕적 착오 속에서 황야를 방랑한 1세기에 걸쳐 자기들의 의도대로 형성된 세계에 재앙을 초래했으되 그 최대의 것은 자기들에게 돌렸다. 그에 즈음하여 로마인이 폭력적으로 조성한 세계의 통화(通貨)라고 할 수 있는 군사력도 급격하게 무너져 내렸는데 그것은 로마군이 카르타고의 한니발과 마케도니아의 페르세우스에게 신승(辛勝)한 후 이전에는 거역할 엄두도 내지 못했던 대적(對敵)[472]에게 연달아 패배하는 것으로 나타났다.

로마가 결정적 승리를 얻은 후에 이와 같은 군사적인 굴욕을 당한 이유는 로마인의 압제에 대항하는 것 외에는 아무런 희망이 없는 적을 상대하되 그 승리에서 아무것도 얻을 것이 없는 군대를 갖게 되었기 때문이다. 로마에 복속된 지역은 주민이 농노로 끌려간 것과 착취적인 상거래로 인해 극도로 피폐해졌고 이탈리아는 사라진 자유농(自由農)의 농지를 헐값으로 사들인 지배자들에 의해 파멸에 직면하게 되었다.[473] 이는 로마 시민과 예속민이 승리에 취해 도적(盜賊)으로 바뀐 지배계급에 의해 혹독한 고난을 겪게 되었음을 의미하는바 그 참상(慘狀)은 로마의 보호령(保護領)이었던 비티니아의 국왕이 파병을 요구한 로마에 보낸 답신(答信)과 그 병폐를 혁파(革罷)하려고 했던 티베리우스

---

471. 아우구스티누스는 「신국론」에서 한니발 전쟁의 결과에 대해 "승리자가 최대의 패배자였다"라고 단언(斷言)했다.
472. 로마에 맞서기 시작한 카르타고와 누만티아인, 무장봉기를 일으킨 시칠리아의 농노(農奴)들, 스파르타쿠스의 지휘에 따라 반란을 일으킨 검투사들, 페르가몬의 아리스토니쿠스를 신봉하여 로마에 항거한 Heliopolitans(태양의 시민), 죽도록 저항하여 로마의 군세(軍勢)를 갉아먹은 누미디아의 유구르타와 폰토스의 미트리다테스.
473. 원로원 의원 등의 지배자들은 부역자(附逆者) 처벌과 소유자의 실종 등으로 국유화된 농지와 징발된 농민의 토지를 헐값으로 매수하여 거대한 농원을 보유하게 되었다.

그라쿠스의 언명(言明)으로 표출되었다.[474] 로마 농민의 고충을 해소하려고 했던 그라쿠스에 대한 로마 귀족들의 극렬한 반대는 내전을 초래했고 그를 살해한 것으로 만연(漫然)된 폭력은 악티움 전투와 같은 재앙을 낳은 후 아우구스투스의 평화에 의해 간신히 제어(制御)되었다. 이 비극을 돌아본 로마의 한 시민은 로마인이 제 몸에 끼친 고통의 1세기 동안에 상당의 죗값을 받는 것으로 여겼으며 그에 대한 피의 보상이 거듭하여 치러진 당시에도 아우구스투스가 로마에 임한 그 저주를 걷어내지 못할지도 모른다는 걱정으로 괴로워하고 있었다.[475] 그리고 Pax Augusta가 황금의 시대가 아니라 하나의 Indian Summer(회춘기)에 불과했음을 볼 때 그 두려움의 토로(吐露)를 기도(祈禱)의 말투로 끝낸 시인의 직관(直觀)은 틀린 것이 아니었다. 베르길리우스가 이 시를 쓴 당시에 로마인의 휴브리스가 로마와 헬레닉 사회에 입히고 있었던 상해(傷害)는 이미 치유하기 힘든 것으로 되어 있었다. 지배적 소수자의 제신(諸神)이 받아들인 마지막 인물에게 부여할 수 있었던 것은 잠시간의 휴식이었으되 죄형(罪刑)에 대한 집행유예는 아니었고 그 휴식조차도 죄를 지은 자들이 아니라 신래자(新來者, Nova Progenies)의 이익으로 돌려진 것이었다. 아득히 먼 곳으로 눈을 돌린 이 도래(到來)할 종족의 믿음은 지배자들의 제신이 아니라 참된 구세주의 힘에 닿아 있었다. 폴리비오스로부터 베르길리우스에 이르는 기간에 헬레닉 사회에서 발생한 역사적 사건은 프롤레타리아트의 이탈이었으며, 뒤를 이은 마르쿠스 아우렐리우스의 시대에 이르는 기간에 초래된 것은 이 프롤레

---

474. 터키의 서북부에 있었던 비티니아의 국왕은 파병을 요구한 로마에 "내 신민의 대부분은 로마의 세리(稅吏)에게 끌려가서 로마의 각지에서 노예로 살고 있다"고 답했다고 한다. 티베리우스 그라쿠스는 "광야의 야수에게는 굴과 각자의 잠자리가 있으나 이탈리아를 위해 죽도록 싸운 이들에게는 대기(大氣)와 일광(日光) 외에는 받는 몫이 없다. 그들은 세계의 지배자라는 소리를 들으면서도 제 것인 토지는 한 조각도 갖고 있지 않다"라고 언명했다.
475. "마케도니아의 들판이 로마인의 피로 살찌는 것은 제신의 뜻에서 어긋난 일이 아니었다" "제신이여 신령이시여 이 젊은이가 난세를 구제하는 것을 거부하지 말지어다" 베르길리우스의 「Georgica」

타리아트 가운데서 새로운 사회적 질서가 형성된 것이었다.

그라쿠스가 정치적 수단으로 제거하려고 했던 사회적 분쟁은 결국 반사회적인 방법으로 다스려지게 되었다. 술라에서 아우구스투스에 이르는 개혁적인 무장(武將)들은 토지에서 괴리되어 병영(兵營)을 집으로 여기고 무기를 삶의 방편으로 할 것을 강요받은 농민의 자손에게 농지를 배분(配分)했다. 그 조치로 인해 그때까지 농지에 붙어 있었던 이탈리아 농민의 후예는 무자비하게 쫓겨나게 되었는데 그라쿠스를 흉내 낸 이 어설픈 개혁은 토지로부터 격리되어 군대에 편입된 프롤레타리아트라는 병폐보다 악질적이었다.[476] 이탈리아의 이 문제가 모든 정치적 행위를 수포(水疱)로 돌라고 있었던 당시에 티베리우스 그라쿠스가 사회적 병폐를 고발하는 것으로 언급한 야수(野獸)의 굴과 보금자리에 대한 우화(寓話)가 로마에 예속된 프롤레타리아트 속에 선포되었다. 예수께서 강탈로 신음하는 갈릴리 농민의 고뇌를 일신에 떠안고 여우도 굴이 있고 하늘의 새도 보금자리가 있으되 인자(人子)는 머리를 둘 곳이 없다고 하셨을 때 그는 그라쿠스가 쓴 것과 같은 비유로 그 강탈이 물리적 보복이나 정치적 혁명의 근거가 되는 것이 아니라 정신적 보화(寶貨)의 원천으로써 변형된 축복이라는 사실을 가르치려고 했다.

피드나 전투가 끝나는 반세기 동안에 헬레닉 세계를 평정한 로마의 지배자들을 멸망시킨 이 승리에의 도취는 정도의 차이는 있을지라도 서구사회의 근대 초기에 신세계를 정복한 이베리아의 모험가들과 1756~1763년의 전쟁으로 벵골과 캐나다를 장악한 영국인(英國人)을 마찬가지로 타락하게 했다. 교황 〈알렉산데르 6세, 1492~1503〉의 재정(裁定)을 얻어 탈취할 수 있었던 모든 외방(外邦)을 분점(分占)한 스페인인과 포르투갈인은 그로부터 1세기도 지나기 전에 후발(後發)한 경쟁자들[477]에 의해 치명상을 입게 되었다. 이어서 영국인은

---

476. "불경한 병사는 이 밭을 얻어 갈 것이며, 오랑캐는 그 추수를 손에 넣을 것이다" 〈베르길리우스〉 「목가(牧歌)」 그 조악한 개혁은 이탈리아의 농업에 결정적인 타격을 입혔다.

477. 네덜란드인, 영국인, 프랑스인.

18세기에 캐나다와 벵골을 동시에 장악한다는 행운을 얻은 후 힘들여 지키고 있었던 절제(節制)를 잃어버렸는데 그것은 인도 아대륙(亞大陸) 전체와 북아메리카를 석권(席捲)할 보루(堡壘)로 여겨졌던 북미의 13주(州)와 벵골의 상실을 초래한 지배자들의 타락으로 표출되었다.

ⓛ 로마 교황제(教皇制)

지난날의 승리에 도취하는 착오의 파괴적인 결과에 대한 예증의 가장 현저한 사례는 교황제가 펼친 역사에서 살필 수 있다. 서구사회의 모든 제도 중 가장 위대한 것인 이 체제의 역사에 있어서 수트리 종교회의에서 비롯되어 〈비토리오 에마누엘레, 1820~1878〉의 로마 점령(占領)으로 이어진 장(章)은 로마 공화국이 알리아에서 패배한 때로부터 로마에 대한 알라리크의 침공에 이르는 장과 광범위한 조응(照應)을 이루고 있다. 이 두 극(劇)의 어느 편에 있어서도 역사의 수레바퀴는 한 회전을 완료하고 있는데 로마는 그 어떤 장에 있어서도 몰락을 자초(自招)했다. 이교도(異教徒) 로마인의 비극에 있어서 헬레닉 사회의 변경 지킴이였던 로마가 침입자를 거듭하여 성벽 안으로 들여야 했던 것과 마찬가지로 교황제 로마의 비극에 있어서 교회의 수장이 두 번이나 세속 권세에 굴복한 국면(局面)에서 운명의 수레바퀴가 회전하는 일로 소비된 800년은 비상(非常)한 위업(偉業)과 이상한 몰락(沒落)으로 차지되어 있다. 로마가 상연한 두 비극은 모든 막이 서로 닮았는바 알리아의 패배가 삼니인을 격파한 기풍을 낳았듯이 〈하인리히 3세, 1046~1056〉가 교황제에 가한 타격은 30년 동안 힐데브란트를 감화(感化)한 후 〈그레고리우스 7세, 1073~1085〉로서 〈하인리히 4세, 1084~1105〉에게 도전하여 교황제로 하여금 성직 서임권에 대한 50년의 투쟁에 돌입하게 했다. 교황제와 살리에르조(朝)의 싸움을 로마-삼니움 전쟁에 비교할 수 있다면 교황제와 호엔슈타우펜가 사이의 더욱 격렬한 투쟁은 로마-카르타고 전쟁을 상기하게 한다. 로마가 그 대적과 세 번 싸운 두 사례에 있어서 싸움은 회를 거듭할 때마다 잔인함을 더해갔다. 〈알렉산더 3세, 1159

~1181〉교황이 〈프리드리히 1세〉에 맞선 항쟁과 〈그레고리우스 9세, 1227
~1241〉교황이 〈프리드리히 2세〉와 싸운 투쟁을 1차와 2차의 로마-카르타
고 전쟁에 비교한다면 로마인이 분쇄된 적을 섬멸한다는 냉혹한 의도로 3차
전을 감행했을 때의 정신은 그레고리우스 9세를 계승한 두 교황의 끈질긴 집
념 속에 틀림없이 부활했다. 〈인노첸시오 4세, 1243~1254〉와 〈우르바노 4
세, 1261~1264〉교황은 프리드리히 2세와의 불화를 그 대적자가 죽은 후
에도 지속하여 그 싸움을 적의 가문(家門) 전체를 섬멸하는 복수전으로 바꾸려
고 했다. 두 번째로 상연된 이 로마의 희극 중 로마와 호엔슈타우펜 왕가가 싸
운 막에서의 유사점은 세세한 부분에까지 걸쳐 있다. 예컨대 적염왕(赤髯王) 프
리드리히 1세가 롬바르디아에서 다시 제권을 확립하려다가 실패했음을 두 조
약으로 인정했을 때 택한 전략은 기원전 241년의 강화에서 시칠리아의 카르
타고령(領)을 양도한 후 〈하밀카르 바르카스〉가 채택한 전략과 비교할 수 있
다.[478] 하밀카르가 패배한 후 이베리아에서 새로운 제국을 만드는 사업에 착수
했듯이 프리드리히는 강화조약을 체결한 후 시칠리아의 왕위 계승권 확보에
주력했다. 어느 경우에도 로마와의 첫 싸움에서 패배한 세력은 제2의 전선에
서 로마를 공격할 준비에 착수했는데, 그들은 두 번째의 싸움에서 막강한 전
투력을 발휘했으므로 증오와 공포에 사로잡힌 로마는 공세를 재개하여 그 적
을 결정적으로 격파할 때까지 안심할 수 없었다. 이 극의 다음 막에서 상연된
것은 승리에 들뜬 로마가 파멸을 자초하는 것으로서 적을 파멸시키려는 복수
심 때문에 붕괴에 직면하게 된 것이다. 호엔슈타우펜 왕가에 대한 복수를 가
차 없이 지속한 행위의 네메시스로서 교황제가 겪은 1303~1418년의 굴욕
에 비견되는 것은 카르타고를 철저하게 파괴한 행위의 대가로 로마 공화국이

---

478.   프리드리히 1세는 교황과 북이탈리아의 도시들이 결성한 롬바르디아 동맹을 분쇄하려는 원정에서
       패배하여 베네치아 강화조약(1177)과 콘스탄스 강화조약(1183)에서 롬바르디아의 자치권을 인
       정했다. 카르타고의 Hamilcar Barcas는 한니발의 부(父), 로마에 패배한 후 시칠리아를 로마에
       할양했다.

빠진 고뇌의 100년이다. 이어서 〈보니파시오 8세, 1294~1303〉 교황이 〈기욤 노가레〉와 〈시아르라 콜론나〉를 잔인하게 취급함으로써 교황의 신성(神聖)이 더럽혀진 것은 〈만키누스〉가 누만티아인에게 굴복한 것으로 인해 로마의 군사적 위신이 추락한 것에 비교할 수 있고 이후의 경과로써 교황제의 바빌론 유폐와 대분립은 로마 공화국이 혁명에 휩쓸린 후 내란을 겪은 것에 비견된다.[479] 이 대비의 어느 극에서나 최후의 막은 4세기에 걸쳐 지루하게 전개되었다. 이 우울한 시대의 침울함을 부분적으로 완화하는 것으로 끝난 복귀의 운동에 주목할 때 〈마르티노 5세, 1417~1431〉 교황의 시대와 아우구스투스의 시대가 서로 닮았고 최후의 장면에서 이탈리아군이 진군했을 때 바티칸의 포로가 된 〈피우스 9세, 1846~1878〉에 상응하는 인물은 알라리크를 저지하는 방패였던 스틸리코[480]를 제거함으로써 라벤나의 난민으로 전락한 〈호노리우스 9세, 395~423〉라고 생각할 수 있다.

이 두 극의 유비(類比)는 우리에게 1046년에서 1870년에 걸친 로마 교황제의 역사에 대한 모종의 통찰을 주고 있으나 자세히 살핀다면 이상한 시기에 이루어진 교황제의 번성과 몰락은 이러한 역사적 대비로는 해명이 곤란한 특색을 가지고 있음을 알 수 있다. 교황제 기독교 연방은 여러 면에서 독특한 것인바 힐데브란트에 의해 로마에서 시작된 이 제도와 가장 유사한 것은 기원전 11세기에 아몬 레의 제사장들이 창시한 〈아몬 연방(聯邦)〉일 것이다. 힐데브란트 당시의 로마는 흐리호르 시대의 테베와 마찬가지로 사라진 정치적 권력의

---

479. 프랑스 왕 필립 4세의 재상(宰相)이었던 〈Gulliaum De Nogaret, 1260~1313〉는 보니파키우스를 체포하려다가 실패한 후 베네딕투스 11세에 의해 파문당한 인물. Sciarra Colona는 7인의 교황과 교회의 지도자를 배출한 귀족 가문인 콜론나가(家)의 일원으로서 자신에게 불리한 판결을 내린 교황에게 도전하여 보니파키우스 8세의 응징을 받았다. Hostillus Mancius는 로마의 집정관으로서 BC 137년에 누만티아인에 패배한 후 굴욕적인 협상을 거쳐 철군(撤軍)했다.

480. 알라리쿠스 1세(Alaric I )는 훈족의 침공에 밀려 서진하던 서고트족의 왕. Flavius Stilicho(365~408)는 게르만계 서로마 제국의 무장으로서 사위인 호노리우스를 황제로 옹립하여 실권을 장악한 후 게르만족과 알라리크의 침공을 격퇴했으나 동로마 제국을 침공할 것을 주장하다가 모함에 걸려 처형되었다.

신성함이 깃들어 있는 성도(聖都)였다. 이 두 도시의 어디에서도 이전에 세계 국가의 황제가 누렸던 지위는 신의 대변자나 신전 수호자에게 돌려졌으며 각자의 도시에서 목자(牧者)의 지위를 굳힌 사제(司祭)들은 정치적 지도(指導)를 구한 사람들의 추종을 얻어냈다. 그들은 폭넓은 권위를 행사하는 주승(主僧)의 지위를 확보했던 것인데, 그것은 그들이 관할권을 주장한 곳의 어디에나 체계적으로 양성된 승려가 있었기에 가능한 일이었다. 힐데브란트의 기독교 연방과 아몬 연방 사이의 유사는 이처럼 현저한 것이지만 이 모든 유사성의 배후에는 하나의 근본적인 상이(相異)가 있다. 흐리호르는 세속의 지배자가 쓰고 있었던 왕관을 머리에 썼는데 세속의 권력이 무능한 왕으로부터 고승(高僧)에게로 단순하게 옮겨진 것은 정치뿐만이 아니라 종교에서도 성공을 부르는 것이 아니었다. 제사장으로서 이질적인 역할을 맡는 것은 껄끄러운 일인바 찬탈자로서 스스로 체현한 파라오의 사멸한 권위를 소생시키지 않은 채 그 위신을 이용하려고 했던 이 승려는 이내 쫓겨난 군주와 마찬가지로 무기력에 빠졌다. 겉으로는 아니었으나 실질적으로는 세속의 왕관을 눌러 쓴 흐리호르는 이집트 사회의 좌절을 방지하지도, 새로운 사회의 탄생을 견인하지도 못했다. 이와는 대조적으로 힐데브란트와 그 후계자들은 로마 황제의 자리에 오르려고는 꿈에도 생각하지 않고 더욱 야심적인 것을 구하여 더 큰 성공을 거두었다. 그들은 자기들의 위신과 권력의 원천인 성직에서 벗어나지 않았으되 이질적이고도 고차적인 그 권위는 세속의 모든 권력을 초월하는 것이라고 선언했다. 교황제는 이 방향을 지향하되 그것을 끝까지 추구함으로써 서구의 새로운 문명이 그 아래서 지혜와 키가 자라나는 새로운 사회체를 창조한 것이었다.[481] 힐데브란트에 의한 로마의 승려정치(僧侶政治)와 흐리호르가 테베에 구축한 체제(Hierocracy, 威嚴)의 유사성은 이처럼 중대한 점에서 서로 틀어지는 것인바 세속의 정체(政體)가 소멸했을 때 승려계급이 공동체의 정치적 부담을 인수한 사례

---

481. "예수는 지혜와 키가 자라가며 하나님과 사람에게 더욱 사랑스러워 가시더라" 〈눅 2:52〉

가 많았음을 볼 때 이 양자의 유비(類比)는 온전한 것이 아니다.

로마의 사교들은 자기 관구의 좁은 영역 안에서 얻은 영토를 세계적으로 확장하고 자신의 직할구를 그 일부로 편입되게 했다. 교황제 기독교 연방을 수립하는 일에 성직자들의 공헌이 지대했음을 생각할 때 그 힘의 원천은 콘스탄티누스 대제로부터 힐데브란트의 시대에 걸쳐 성직자들이 각기(各其) 하나의 카스트로 되어 있었기 때문임을 알 수 있다.[482] 이 점에 있어서 우리는 브라만이 성취하여 그 후의 공백기에 확립한 특권적인 지위를 상기하게 되지만 그들이 한 단체로서의 카스트였음에 반해 중세 서구의 성직자 계급은 교황의 지상권(至上權)에 의한 교계제(敎階制) 이전에 형성된 자치제로서의 카스트였다는 점에서 이 유비 또한 합당치 않다. 브라만은 전례(典禮)와 신분(身分)의 특권 외에는 이렇다 할 공통점을 갖고 있지 않으나 수장을 최고의 권위로 높인 서구 기독교 사회의 성직자는 동일한 신분과 특권으로 맺어진 것에 더하여 고도로 조직화(組織化)된 교회의 성원(成員)이라는 것으로 결속되어 있었다. 기독교 연방에서 교황제가 수행한 또 하나의 역할은 보도자(補導者)와 검열자(檢閱者)였는데 이에 대해서는 기원전 480년[483] 이전의 2~3세기 동안에 델포이의 제사장이 수행한 역할을 상기해도 좋을 것이다. 델포이의 아폴론 신(神)은 로마의 사도(使徒)와 마찬가지로 개인의 문제를 다루는 것에 더하여 각 정부에 충고와 견책을 주었는데, 기원전 8~6세기에 헬레닉 사회의 전투적 팽창을 촉진하고 지도한 델포이의 신탁(神託)은 11~13세기에 십자군을 지휘한 교황들의 역할에 비견된다. 그러나 이 유비(類比)에는 사도의 전위(前衛)가 보인 태도가 적극적이고 강압적이었음에 반해 델포이 제사장의 자세는 소극적이고 수용적이었다는 상위(相違)가 있다. 사도는 강제적인 명령과 달갑지 않은 금령을 교황의 뜻에 따

---

482. 이 카스트는 브라만처럼 혈통에 의한 것이 아니라 유가(儒家)와 같이 선출됨으로써 보충되었다. 브라만이 태어나면서부터 귀족이었음에 반해 기독교 성직자는 그 직(職)으로 인한 귀족이었다.

483. BC 480년은 페르시아의 침공으로 아르테미시온 전투와 테르모필레 전투 및 살라미스 해전이 발발한 해.

라 공포했으나 제사장이 모시는 신은 질문자를 방임(放任)하여 그 발을 평안한 길로 인도하는 책임을 지려고 하지 않았다.[484] 다윗처럼 고백하게 된다면[485] 델포이의 수문자(隨問者)는 아폴론에게 감사할 것이 아니라 자축해야 할 것인바, 그들이 신탁을 코웃음으로 대한다면 신은 인간이 파국에 이르러 신지(神智)가 옳았다는 것이 증명될 때까지 냉소를 머금고 기다리는 것이다. 서구 기독교 세계의 로마와 헬라스의 델포이에서 이루어진 사람의 왕래를 본다면 전자에서 중요했던 것은 교황의 사자(使者)가 베드로의 정신적인 제국에 속한 여러 곳으로 가는 것이었고 후자에서 주를 이룬 것은 수문자(隨問者)나 공적인 질문자(質問使)였다. 중요한 왕래의 방향이 이렇듯 달랐던 것은 신자에 대한 신의 관계와 회중에 대한 사도의 관계가 달랐다는 것을 의미하는 것이다. 그리고 로마를 떠나 속주로 가던 교황의 사자를 스쳐서 교황구(教皇區)로 들어간 무리는 소송인과 청원인에 더해진 순례자의 행렬이었는데 그들이 로마를 방문하는 목적은 사도의 판단을 구할 뿐만 아니라 사도의 성당에서 예배하고 성 베드로의 유품을 우러러 참배하려는 것이었다. 이 사실은 교황제의 권력은 교황 자신, 교황에게 하는 청원의 성격과 효력, 교황구에 산재한 성직자의 신분과 조직, 로마에 구현된 전통적인 위신, 수석사도의 후계자인 사교에 의해 로마에 부여된 보다 큰 위신이라는 다섯 가지 요인을 원천으로 하고 있었음을 떠올리게 한다. 교황제는 이러한 요인들에 더하여 그 권위와 힘에 기여(寄與)된 것으로서 사도의 유해(遺骸)를 간수하고 있는 분묘(墳墓)라는 특별한 상징물을 가지고 있었다. 로마의 이 일면을 닮은 것은 다른 도시에도 많지만[486] 교황제 기독교 연방에는 유추(類推)로는 그 성격을 밝힐 수 없는 독특한 성격이 있다. 그것은 교

---

484. "어둠과 죽음의 그늘에 앉은 자에게 비치고 우리 발을 평강의 길로 인도하시리로다 하니라" 〈눅 1:79〉
485. "사람의 행사로 논하면 나는 주의 입술의 말씀을 따라 스스로 삼가서 포악한 자의 길을 가지 아니하였사오며" 〈시 17:4〉
486. 예루살렘, 메디나, 나자프, 카르발라, 켄터베리 등.

황제가 사회적으로 반발하고 정신적으로 항의한 황제-교황주의 체제와 반대의 것이었다고 말할 수 있는데 이 설명은 힐데브란트의 업적이 지대하다는 사실을 단적으로 알려줄 것이다. 힐데브란트가 11세기에 로마로 이주했을 때 비잔틴 사회의 한 분지(分枝)가 점거하고 있었던 그 제도(帝都)는 롬바르디아인의 침공에 시달렸을 뿐만 아니라 그들을 밀어내려고 몰려온 알프스 이북의 세력을 제어할 수도 없었다. 당시의 로마인은 군사적으로 허약했고 사회적으로는 혼란했을뿐더러 재정적으로나 정신적으로도 파산에 직면해 있었다.[487] 교황령의 유일하고도 독특한 자산(資産)은 행정에서 발휘한 얼마간의 조숙성(早熟性)이었던바 힐데브란트가 기독교 연방의 기초를 쌓은 곳은 이처럼 전망이 좋지 않은 땅이었다.

힐데브란트와 후계자들은 이러한 로마에서 서구 기독교 사회의 중추적인 제도를 창조했던 것인데 그들이 교황제 아래에서 로마를 위해 획득한 제국은 양 안토니우스의 제국보다 힘차게 인심을 사로잡았고 물질적인 면에서도 아우구스투스와 마르쿠스 아우렐리우스의 군대가 밟지 못한 광대한 지역을 포괄했다. 샤를마뉴는 라인강에서 엘베강으로 밀고 나가 아우구스투스가 힘겨워했던 업적을 달성하면서 엄청난 대가(代價)를 치렀으나 그런 일이 없었던 교황령은 실로 샤를마뉴의 영토보다 넓었다.[488] 교황제의 이 정신적 정복은 교황들이 그 변경(邊境)을 확대하고 있었던 기독교 연방의, 적대감과 저항이 아니

---

487. 교황청은 세습재산이나 속령(屬領)이 침탈됨으로 인해 1세기에 이르러 일정한 수입원이 없게 되었고 로마의 수도원은 칼라브리아나 클루니의 원조에 의존했다. 그래서 교황제를 쇄신하려는 첫 기획은 쇠락한 정신적 광명을 밖에서 구하고자 하여 교황을 알프스 이북의 인물 중에서 선출한다는 것으로 시행되었다. 그 실례는 오릴락의 제르베르를 〈실베스테르 2세, 999~1003〉 교황으로 선출한 것인데, 로마인으로서 교황이 된 〈클레멘스 2세, 1046~1047〉로부터 〈인노켄티우스 2세, 1130~1143〉에 이르기까지 로마인이 베드로의 자리에 앉는 일은 없었다. 그 기간에 재위한 교황 중 8명은 알프스 이북의 사람들이었고 롬바르디아와 남이탈리아와 로마놀이 각각 2명의 교황을 배출했다.

488. 샤를마뉴는 영불해협과 발트해를 건너지 못했으나 교황제는 그보다 200년이나 앞서서 그레고리우스 대 교황으로부터 영국에 대한 정신적 지배를 인계받고 샤를마뉴 이후로 200년에는 스칸디나비아를 정신적으로 정복했다.

라 신뢰와 우호의 감정을 유발하는 특질에 의한 것이었다. 교황제 기독교 연방은 획일적인 중앙집권(中央集權)과 분권화에 의한 정치적 다양성의 결합을 기반으로 삼고 있었다. 세속의 권력에 대한 정신적인 권력의 우위(優位)가 그 구조적 원칙의 기초였으므로 이 결합은 성장의 필수 조건인 자유와 유연성을 해치는 일 없이 청년기의 서구사회에 통일성을 제공했다. 서구사회의 각 지역은 그 권위를 인정하되 정치적 독립에 대한 어느 정도의 보증을 확보하는 조건으로 이 사회적 통일을 수용함으로써 교황의 굴레를 받아들였는데 11세기에는 그 짐이 그다지 무겁지 않았다. 이전에 아일랜드인과 프로이센인이 샤를마뉴나 영국인의 강요(强要)에 따라 서구화를 추진한 것과 달리 헝가리와 폴란드인이 튜튼족에 합병될 위기에서 벗어난 것은 로마 교황청과 관계를 맺음으로써 서구 기독교 사회의 일원(一員)이 되었기 때문이다. 교황제는 종교적 권위와 세속적 주권을 주장한 지역의 자치에 대한 열망과 도시국가를 지향하는 중부 이탈리아의 움직임에 대해 유연한 태도를 보였다.[489] 웨일스의 한 시인은 도시국가 운동이 최고조에 이르고 서구 기독교 세계에 대한 교황의 권위가 절정에 달했을 때 교황제의 착오를 지적하는 시를 썼으나[490] 그 시대에 서구사회의 군주나 도시국가 대부분이 교황의 지상권을 받아들인 이유는 교황이 세속적인 영역의 권력을 탐한다는 의심을 받고 있지 않았기 때문이다. 교황청은 영토적 지상권과는 다른 장(場)에 있는 것이며 그에 머무른 한 지방의 정치적 자유를 해치지 않는 권위(權威)를 행사했는데, 로마에서의 교황의 무력함과 서구사

---

489. 인노켄티우스 3세 교황은 1198년에 새롭게 형성된 도시국가 연맹을 인정하고 피사에 대하여 그에 참여하도록 촉구한 조치를 티볼리, 투수쿨룸, 비테르보 등의 교황령에도 적용했다. 더하여 1143년에 로마에서 전투적인 시민운동이 발발했을 때 교황청은 즉각적으로 그 운동과 화해했고, 에우게니우스 3세는 교황청과 공화국 사이의 문제를 1145년에 원만히 해결했다.

490. 성직자, 역사가, 시인이었던 〈Giraldus Cambrensis, 1146~1223〉는 "교황의 비난은 로마에서 아무것도 움직일 수 없으나, 다른 곳에서는 국왕의 홀(笏)을 떨게 하고 로마에서는 거친 밭에서 한 움큼의 채소도 얻지 못하는 인간이 여러 왕국을 제 뜻대로 휘두르려 하다니 얼마나 해괴한 일인가?"라는 취지의 시를 발표했다.

회 일반에서의 그 막강한 권력 사이의 이 대조는 역설적인 것이 아니라 교황제 기독교 연방의 구조에 따른 필연적인 결과였다. 오늘날에 이르기까지의 역사를 통해 교황의 정신적인 면에서의 세계적인 권위와 영토에 의존하는 그의 지역적인 권력은 언제나 반비례(反比例)했다고 해도 지나친 말이 아니다. 교황제가 영토적인 야심을 품지 않았던 것은 비잔틴에서 로마로 양도된 재산인 진취적인 행정력(行政力)을 사용하는 것과 결부(結付)되어 있었는데, 정교 기독교 세계에 있어 이 능력은 로마제국의 망령에 실체를 부여하고 그 결과로써 엄중한 제도의 과중한 짐으로 사회를 압살한다고 하는 일에 적용되어 치명적인 결과를 낳았다. 그러나 기독교 연방을 창출한 교황은 그 능력을 더욱 교묘하게 활용함으로써 보다 넓은 토대 위에 더 가벼운 건물을 세웠던 것인바 교황제의 거미줄은 가는 실로 그 사회를 결합하여 유익하지만 강제되지 않은 통일을 이룩했었다. 그러나 이후로 격화된 대립으로 인해 조직이 조악(粗惡)하게 경직되어 굴레로 변한 실이 속령(屬領)에 대한 중압과 구속으로 작용했을 때 연방의 구성원은 거기에서 벗어나고 세계적인 통일을 깨뜨려도 좋다는 취지로 그 속박을 끊어버렸다. 교황의 비호 아래 기독교 연방을 이룩함에 있어서 중요했던 것은 교황제가 청년기의 서구사회가 높은 생활과 큰 성장을 추구하여 품기 시작한 희망에 지도적인 표현과 합당한 조직을 부여하는 사업에 모든 것을 바쳐 열중한 일이었다. 힐데브란트 교황제는 그 목적과 존재 이유를 인민(人民)의 생각에서 표현을 얻지 못한 채 막연히 움직이고 있었던 소원에 일체화했던 것인데, 그것은 그 소망에 형태와 명문(名聞)을 부여함으로써 꿈꾸는 자들에게 그 꿈이 지고(至高)한 것이라는 확신을 부여하되 거기에 자기의 생명과 교황제의 운명을 걸고 발(發)하는 교황의 선포를 듣는 그들에게 그것을 지상(至上)의 목적으로 받아들이게 했다. 그리하여 기독교 연방의 승리는 성직자의 성적 문란과 금전적인 부패라고 하는 악습(惡習)을 척결하고, 교회의 생활을 권력의 억압에서 해방하며, 오리엔트의 성지(聖地)와 기독교도를 터키인의 속박에서 구출한다는 세 가지 운동을 통해 달성되었다. 그렇지만 힐데브란트 교황제의 사업은 여기에 국한(局限)된 것은 아니다. 여러 전선에서 성전(聖戰)을 지도한 교황들은 투쟁에만 몰두한 것이 아니라 창조적 활동의 평화적인 사업에도 열심을 두었다. 예를 들면 〈알렉산더 3세, 1159~1181〉는 프리드리히 1세와 대립(對立) 교황에게 물어뜯기는 상황에서도 새롭게 출범한 대학을 육성하고 있었으며, 교황청은 쇠퇴한 수도원 생활이 도처(到處)에서 각성(覺醒)되고 두 성자-도미니크와 프란체스코-에 의해 새로운 것으로 변화된 일련의 운동을 지지하고 응원했다. 귀한 종자를 가려내고 육성하여 큰 수확을 올리는 이 재능은 힐데브란트 교황제의 탁월한 미덕이었다. 교황제가 이룩한 최대의 승리는 깨끗한 심령을 지닌 자와 유능한 재능을 가진 이와 가장 강인한 성격의 소유자를 교황청에 봉사시킨 것이었는데, 그들이 이 사업에 열성적으로 참여한 것은 세속에서는 불가능한 생활과 활동의 기회를 교황청이 제공했기 때문이다. 교황제에 봉사한 이 용맹하고 충실한 사람들은 모든 계급과 각 나라에서 다양한 성향의 사람들로부터 얻어졌는데 거기에는 로마인도 포함되었다. 오토 3세나 하인리히 3세는 당연한 일로서 로마인 중에는 교황이 될 자격을 갖춘 자가 없다고 생각했으나 그 로마의 잔재는 다음 세기에 〈인노첸시오 3세〉로 테오필락투스가(家)와 클레센치가에 의해 더럽혀진 교황의 자리에 오르는 인물을 낳았다. '신의 종을 모시는 시종'이었던 이 훌륭한 사람들 가운데는 각 지방이나 해외에서 봉사한 이도 있었으며[491] 땅끝에서 불려와 교황청에 봉사하고 추기경을 거쳐 교황이 된 사람도 있었다. 당시에 교황청에 봉사한 사람으로서 마침내 교황(敎皇)의 보좌(寶座)에 앉은 사람은 바로 힐데브란트인바, 그 위대함이 업적의 크기만이 아니라 목적의 성질에 의해 측정될 것이라면 그는 서구사회의 역사에 있어서 가장 위대한 행동인(行動人)일 것이다. 〈일데브란도 디 소아나〉는 교육을 위해 로마로 보내져 스승인 〈지오바니 그라치아노〉가 〈그레고리

---

491. 클뤼니의 Hugh, 클레르보의 Bernardus, 토스카나의 Mathilda, 프랑스의 Louis 9세.

오 6세〉로 교황이 되었을 때 교황청으로 들여져 28년 동안 일한 후 〈그레고리오 7세, 1073~1085〉로 교황이 되었다. 이 토스카나인과 〈레오 9세, 1049~1054〉로 교황이 된 알자스인 브루노가 나눈 고결한 우정과 도타운 협력은[492] 힐데브란트가 제창한 운동에 200년 이상 지속된 원동력을 제공했다. 힐데브란트의 후계자들을 살핀다면 저명한 교황으로서 제1차 십자군을 일으킨 〈우르바노 2세, 1088~1099〉 하인리히 5세와 겨루어 교회의 관할권에 관한 문제를 해결한 〈파스칼 2세, 1099~1118〉 하인리히 5세와 화해하여 제권과의 화평을 달성한 〈칼릭스투스 2세, 1119~1124〉 토스카나의 귀족으로서 〈인노첸시오 2세, 1130~1143〉를 섬기다가 교황이 되어 로마 공화국과 화해에 힘쓴 〈에우제니오 3세, 1145~1153〉 볼로냐에서 종교법을 배운 후 추기경으로서 교황이 되어 신성로마 제국의 프리드리히 1세와 3대의 대립교황에 맞서서 승리를 쟁취한 〈알렉산데르 3세, 1159~1181〉 종교법학자로서 교황이 되어 선임자가 확보한 지보(地步)를 굳건히 지킨 〈루치오 3세, 1181~1185〉 프리드리히의 아들인 하인리히 2세를 견제한 〈우르바노 3세, 1185~1187〉 십자군을 위한 조정자로 활동한 〈그레고리오 8세, 1187〉 교회에 번영의 광휘(光輝)가 넘치게 한 〈인노첸시오 3세, 1198~1216〉 교황청의 사법관과 재무관으로 일한 후 교황이 되어 〈세계의 경이(驚異)〉로 불린 프리드리히 2세에 맞설 채비를 갖춘 〈호노리우스 3세, 1216~1127〉 프리드리히 2세를 지혜롭게 상대한 〈그레고리오 9세, 1227~1241〉 프리드리히 2세에 대한 싸움에 격정적으로 뛰어들어 상대를 쓰러뜨릴 때까지 싸운 〈인노첸시오 4세, 1243~1154〉 전임자의 정책을 계승하되 문제점을 보완하여 교회에 대한 나쁜 영향을 타파한 〈알렉산데르 4세, 1254~1261〉 앙주가(家)의 샤를에게 시칠리아 왕관을 수여함으로써 호엔슈타우펜가에 결정적 타격을 입힌 〈우르바노 4세, 1261~1264〉 앙주

---

492. 하인리히 3세에 의해 교황으로 지명된 브루노는 선거로 그 추인을 받기 위해 로마로 향할 때 힐데브란트에게 동행할 것을 부탁했는데, 그것이 힐데브란트가 교황청에서 일하게 된 계기였다.

가의 냉혈한이자 '굳은 사람'으로서 '아합의 집'에 대한 예후의 행위[493]를 프리드리히 왕가에 자행한 샤를의 후원자로부터 그 앞잡이로 전락한 〈클레멘스 4세, 1265~1268〉 십자군에 열중하고 동서 교회의 분열을 무마하는 일과 공위기(空位期)를 끝내는 일에 고군분투한 〈그레고리오 10세, 1271~1276〉 교황이 되었으나 넉 달 후에 사임한 〈첼레스티노 5세, 1294〉 전임자의 사임(辭任)을 도운 후 교황이 된 〈보니파시오 8세, 1294~1303〉 등을 거명하게 된다. 이처럼 유명한 교황들을 열거하기만 해도 중세 교황제는 근대 영국의 지배계급이나 오토만 파디샤의 노예궁정과 마찬가지로 그 자체가 주제도(主制度)인 사회의 유능한 인물을 모조리 소집하여 봉사하게 하는 힘을 가지고 있었음을 알게 된다. 이 명단을 통해 알 수 있는 것은 힐데브란트의 교회가 어떤 국가나 제국의 존재 이유보다 웅장한 목적을 위해 채용한 사람들의 적성과 경력이 다양했다는 사실인데, 더욱 면밀히 살핀다면 이 다양한 유형의 인물들은 교황청을 매개로 하여 기독교 연방의 운명을 지배한다고 하는 특수한 사업에 모두가 하나같이 적합하지는 않았다는 것이 밝혀질 것이다. 첼레스티노 5세는 이를 것도 없지만 그레고리오 6세나 파스칼 2세의 운명은 성직자로 탁월했던 인물은 교황으로서는 부적합했다는 것을 시사하고 있는바 그들은 그 지위로 인해 타고난 재능을 발휘하지 못했거나 특출한 재능 때문에 교황의 직무를 제대로 수행하지 못했을지도 모른다. 하인리히 2세에 대하여 파스칼 2세와 칼릭스투

---

493. "한 달란트 받았던 자는 와서 이르되 주인이여 당신은 굳은 사람이라 심지 않은 데서 거두고 헤치지 않은 데서 모으는 줄을 내가 알았으므로"〈마 25:24〉, "편지가 그들에게 이르매 그들이 왕자 칠십 명을 붙잡아 죽이고 그들의 머리를 광주리에 담아 이스르엘 예후에게로 보내니라 사자가 와서 예후에게 전하여 이르되 그 무리가 왕자들의 머리를 가지고 왔나이다 이르되 두 무더기로 쌓아 내일 아침까지 문 어귀에 두라 하고 이튿날 아침에 그가 나가 서서 뭇 백성에게 이르되 너희는 의롭도다 나는 내 주를 배반하여 죽였거니와 이 여러 사람을 죽인 자는 누구냐 그런즉 이제 너희는 알라 곧 여호와께서 아합의 집에 대하여 하신 말씀은 하나도 땅에 떨어지지 아니하리라 여호와께서 그의 종 엘리야를 통하여 하신 말씀을 이제 이루셨도다 하니라 예후가 아합의 집에 속한 이스르엘에 남아있는 자를 다 죽이고 또 그의 귀족들과 신뢰 받는 자들과 제사장들을 죽이되 그에게 속한 자를 하나도 생존자를 남기지 아니하였더라"〈왕하 10:7~11〉

스 2세가 실행한 정책의 결과를 비교할 때 다윗이 묘사한 요셉[494]과 같은 힐데 브란트의 신념에 부합하도록 살 것을 요청받은 교황에 있어서 성자로서의 미덕은 지배자인 백작(伯爵)의 기질보다 가치가 적은 자질이었다고 생각할 수 있다. 칼릭스투스 2세나 에우제니오 2세와 같이 교황의 의관(衣冠)을 갖춘 백작은 신(神)이 하인리히 5세와 같은 군주나 아르놀도의 양태(樣態)를 가진 혁명가를 복종시킴에 있어 가장 효율적인 대관(代官)일지도 알 수 없다. 이 유능하고 위압적인 귀족이 에우제니오와 같은 성자라면 교화력(敎化力)은 증대되지만 교황청에 봉사함에 있어 귀족으로서의 자질은 상당히 중요한 것이었다. 그리고 프리드리히 1세와 열심히 싸운 알렉산데르 3세의 용기에 비추어 본다면 싸우는 교회에 봉사하기에는 법률가적인 자질이 귀족으로서의 자질보다 한층 더 중요했다. 법률가의 날카로움과 귀족의 자신감이 합쳐지면 프리드리히 2세와 그 후예의 악마적인 정력에 맞서서 승리를 거둔 인노첸시오 4세나 클레멘스 4세와 같은 결과를 낳겠지만 그것이 귀족의 오만(傲慢)과 법률가적인 엄격함으로 표출된다면 힐데브란트 이후의 교황들이 2세기에 걸쳐 축조해 온 모든 것을 파괴함에 있어 아브로치 농민의 아들[495]을 크게 능가한 보니파시오 8세의 역할로 귀결될 것이다.

힐데브란트가 죽음에 임하여 예지(叡智)로써 뒤를 따른 후계자의 긴 행렬을 바라볼 수 있었다면 그는 주의 말씀[496]을 인용하며 탄식했을 것이며 후일의 〈베네데토 카에타니〉와 〈시니발도 데 피에스키〉[497]가 할 수 있었던 유일한 변명은 자기가 힐데브란트를 배신하는 것은 힐데브란트의 자기배신(自己背信)으

---

494. "그를 그의 집의 주관자로 삼아 그의 모든 소유를 관리하게 하고 그의 뜻대로 모든 신하를 다스리며 그의 지혜로 장로들을 교훈하게 하였도다" 〈시 105:21~22〉
495. 〈첼레스티노 5세〉로 교황이 된 〈Pietro di Morrone〉
496. "그들이 먹을 때에 이르시되 내가 진실로 너희에게 이르노니 너희 중의 한 사람이 나를 팔리라 하시니" 〈마 26:21〉
497. 〈Benedetto Caetani〉와 〈Sinibaldo de Pieschi〉는 〈보니파시오 8세〉와 〈인노첸시오 4세〉의 속명.

로 결정되어 있었다는 말이었을 것이다. 그레고리오 7세로부터 보니파시오 8세에 이르는 위대한 교황들의 명부(名簿)는 교황제 기독교 연방을 창조한 제 요인은 그것을 파괴한 요인들이기도 하며 그 파멸의 씨앗은 당초에 뿌려져 있었다는 것을 천명하고 있다. 교회가 수렁에 빠짐에 따라 지난날 교회의 번영을 유도(誘導)한 미덕이 해악으로 변한 것을 볼 때 힐데브란트 교회의 몰락은 그 번성과 마찬가지로 이상한 것이었다. 정신적인 자유를 지키기 위해 물질적인 힘에 맞서서 승리를 얻고 있었던 이 신성한 제도는 스스로 구축하려고 했던 악에 감염되었던 것인데, 그것은 성직매매를 근절하려고 싸웠던 교황제가 성직자에게 승진의 예물을 요구하는 것으로 나타났다. 진보의 선두에 서서 수도사의 품격을 향상하고 있었던 성자들이나 대학을 창설하고 있던 스콜라 신학자가 견고한 망루(望樓)[498]로 여겼던 교황청이 정신적 보수주의의 보루(堡壘)로 바뀌자 교회의 지상권은 교황제가 창조한 교묘한 수단에 의한 산물의 대부분을 빼앗은 세속적인 군주에 의해 훼손되었다. 이와 같은 상실에 이어 〈헨리 8세, 1509~1547〉가 잉글랜드의 교황제 조직을 빼앗았을 때 교황제는 생산수단까지 상실했다. 결국 교황은 잃어버린 제국을 대신하여 그 후계국가로서의 교황령을 얻어 지방적인 군주의 하나로 만족해야 했다. 주(主)의 적에게 이처럼 신을 모독하는 기회를 제공한[499] 체제가 달리 없었다고 한다면 교황제의 몰락은 창조성에 따르는 어떠한 네메시스보다 극단적인 Peripeteia의 실례(實例)일 것이다. 그것은 어떻게, 왜 일어났던 것일까? 그 답은 힐데브란트가 공적인 것으로 실행한 첫 조치에 예시되어 있다. 기독교 연방을 통해 서구사회를 봉건적인 무정부 상태로부터 구출하려고 했던 교회의 창조적 주역들은 그 후계자로서 우리 시대에 국제적인 혼동을 해소하려고 하는 사람들이 봉착한 것과 같은 딜레마에 빠졌다. 물리력에 의한 지배를 정신적인 권위에 의한 통치

---

498. "주는 나의 피난처시요 원수를 피하는 견고한 망대이심이니이다" 〈시 61:3〉
499. "이 일로 말미암아 여호와의 원수가 크게 비방할 거리를 얻게 하였으니 당신이 낳은 아이가 반드시 죽으리이다 하고" 〈삼하 12:14〉

로 바꾸려고 했던 그들이 승리를 위해 사용한 무기는 폭력에 대항하는 정신의 검이었던바 힐데브란트가 하인리히 4세를 징계(懲戒)할 때 동원한 것은 물리적인 힘이 아니라 인민의 마음에 정신적인 영향을 끼치는 파문(破門)이었다. 그러나 그것이 통하지 않게 되었을 때 전투적인 교회가 직면한 것은 스핑크스의 수수께끼[500]였다. 신의 병사(兵士)는 물질적인 무기의 사용을 금하여 신이 골리앗에 대해 다윗의 물매에 승리를 주신 것을 믿어야 할 것인가? 아니면 모든 것은 주로 말미암은 것이므로 여하한 피조물도 창조주를 위해 쓰인다면 죄가 되지 않는다고 믿어야 할 것인가? 개혁적인 그레고리우스 6세가 즉위했을 때 긴급하고도 실제적인 문제로 제기된 이 물음에 대해 교황청을 능률적으로 조직하기 위한 물질적 자원이 필요했으나 당시의 교황청에는 그 수단이 공급되지 않았다. 그것은 수입원이었던 교황령이 이전의 교황과 함께 사라졌고, 산적(山賊)으로 바뀐 귀족들이 순례자의 기부금을 탈취했으며, 봉건적 무정부 상태로 인해 세입이 급감했기 때문이다. 교황청의 재정을 악화시키는 이 도적들을 굴복시키기 위해서는 그들이 사용하는 물리적인 힘이 필요했던 것인데, 이 극악한 상황에서 힘으로 힘에 대항하는 것은 정당화되는 것일까? 이에 대한 답(答)은 온순한 〈지오바니 그라치아노〉가 〈그레고리오 6세〉로서 교황이 되어 힐데브란트를 교황청의 재무 관리자로 임명했을 때 주어졌다. 힐데브란트는 군대를 모집하여 그 도적들을 몰아냄으로써 즉각적으로 그 일을 완수했는데, 그것은 무하마드가 메카에서 직면한 도전에 대해 실행에 옮긴 것과 같은 응전이었다. 11세기의 힐데브란트는 7세기의 무하마드와 같이 정치적 진공상태에서 정신적 과업을 완수한다는 문제와 싸워야 했던 것인바 그는 자신의 행위를 정당화하기 위해 기록된 말씀들[501]을 인용할 수 있었을 것이다. 힐데브란트가

---

500. "아침에는 네 발로, 점심에는 두 발로, 저녁에는 세 발로 걷는 것은 무엇인가?"라는 질문.
501. "그들에게 이르시되 기록된바 내 집은 기도하는 집이라 일컬음을 받으리라 하였거늘 너희는 강도의 소굴을 만드는도다 하시니라"〈마 21:13〉, "제자들이 성경 말씀에 주의 전을 사모하는 열심이 나를 삼키리라 한 것을 기억하더라"〈요 2:17〉

실제로 연기(演技)한 것은 이 기적극(奇蹟劇)의 어느 장면이었을까? 그는 성전(聖殿)을 정화(淨化)한 예수의 역할[502]을 하고 있었던 것일까? 아니면 예수를 비난하여 바리새인이 한 말[503]처럼 행동하고 있었던 것일까? 힐데브란트가 행동을 일으켰을 때 그 도덕적 성격은 가름하기 어려웠으나 그가 살레르노에서 죽음에 임했을 때 이 수수께끼에 대한 대답은 이전보다 명백해졌다. 힐데브란트가 1085년에 망명 중인 교황으로서 죽음을 맞이하고 있었을 때 그의 교구인 로마는 노르만인에 의해 침탈되어 불탔던 것이다. 교황이 40년 전에 군사적 투쟁에 이용하려고 불러들인 그들이 도적으로 변했을 때 베드로 성단(聖壇)의 계단에서 시작된 이 투쟁은 점차 확대되어 기독교 세계 전체를 휩쓸었다. 힐데브란트와 하인리히 4세가 일으킨 충돌은 인노첸시오 4세와 프리드리히 4세가 처절하게 싸우게 된 보다 치명적이고 더욱 파괴적인 투쟁의 서곡이었는데, 인노첸시오 4세 시대에 이르러 우리의 의문은 그 답을 얻는다. 시니발도 피에스키는 힐데브란트가 물리적인 힘을 사용하여 교회를 발진시킨 것은 그 자신이 지상에 구현하려고 했던 신의 나라에 대한 원수(怨讐)-현세, 육체, 악마-의 승리를 초래하는 것이었다고 증언했다.

이상(以上)이 부정한 것을 바로잡으려고 했던 힐데브란트 교황제가 어떻게 물리적 폭력의 악마에게 홀리게 되었는지에 대한 설명이라면 그것은 교황제가 미덕(美德)에서 벗어나 악덕(惡德)을 지향한 변화의 또 다른 이유를 찾은 것이 된다. 재정적인 문제에 있어서 11세기에 성직매매를 근절하는 일에 열중하여 교회의 수입이 세속의 권력자에게 전해지는 악습을 단절했던 교황청이 13세기에는 수임자(受任者)에게 교회의 수입을 분배하고 14세기에 들어서 그 재원(財源)을 세금으로 부과하기에 급급했던 것은 무슨 까닭일까? 교황청의 재정

---

502. "예수께서 성전에 들어가사 성전 안에서 매매하는 모든 사람을 내쫓으시며 돈 바꾸는 사람들의 상과 비둘기 파는 사람들의 의자를 둘러 엎으시고" 〈마 21:12〉
503. "바리새인들은 듣고 이르되 이가 귀신의 왕 바알세불을 힘입지 않고는 귀신을 쫓아내지 못하느니라 하거늘" 〈마 12:24〉

적인 역할이 이렇듯 불행하게 변용된 것은 교황청의 연대기에 나타나 있듯이 세속권력과의 싸움에 막대한 자금이 필요했기 때문이다. 알렉산더 3세가 프리드리히 1세와 싸우고 있었을 때 궁핍해진 재정은 그레고리오 9세와 인노첸시오 4세가 프리드리히 2세에 맞서서 죽을힘을 다해 싸웠을 때 더욱 옹색해졌다. 당시에는 독일의 제권(帝權)이 여전히 강력했고 부유했던 이탈리아에서는 교황의 위신이 낮았으므로 세금(稅金)의 대부분은 프랑스와 잉글랜드의 성직자들에게서 징수되고 있었다. 그로 인해 잉글랜드와 프랑스에서 반발(反撥)이 빈발(頻發)했으나 인노첸시오 4세는 호엔슈타우펜가에 대한 투쟁으로 말미암은 재정적인 필요 때문에 징세의 압력을 낮출 수 없었다. 그리하여 교황청은 지방 성직자를 재정적으로 압박한 대가로서 익살맞은 벌금을 물게 되었는데 그것은 교황청의 징세기구(徵稅機構)와 징수권(徵收權)이 때때로 세속 군주에게 양도되는 것으로 나타났다.[504] 격렬한 투쟁을 지속한 신성로마 제국과 교황청이 포에니 전쟁의 결과[505]와 다름없는 현실에 직면했을 때 현명한 판단으로 그 싸움에 끼어들지 않은 프랑스나 잉글랜드는 어부지리를 얻었음이 드러났다. 보니파시오의 전임자인 인노첸시오 4세가 프리드리히 2세를 쓰러뜨린 벼락을 프랑스 국왕에게 내리쳤을 때 교황제는 패배한 제국과 마찬가지로 약해졌음에 반해 프랑스는 상호적(相互的)인 파괴를 일삼던 지난날의 교황제나 제국에 필적할 정도로 강해졌음이 드러났다.[506] 이 힘겨루기에서 프랑스의 필립 4세는 교황이 내리치는 벼락 속에서 상처 하나 없이 일어났으나 보니파시오 8세는 밀어닥친 도전에 대하여 무력했다는 사실이 밝혀졌다. 그 참혹한 현실에서 교훈을 얻은 보니파시오의 후계자들은 세력이 줄기는 했어도 여전히 위압

---

504. 이 양도는 군주들에게 세금 징수의 마무리를 위임하거나 십자군을 후원하려는 것이었다.

505. 명목뿐인 승자. 패한 자의 멱을 땄지만 그 대가로 자신도 치명적 타격을 입었음을 지칭하는 말.

506. 프리드리히 2세는 차례대로 쓰러지는 것을 피하려면 연합하여 교황청에 대항해야 한다고 호소했으나 역외(域外)의 국왕들은 싸움을 통해 교황청과 신성로마 제국이 치명적인 타격을 받을 것을 예견하여 그 호소에 응하지 않았다.

적이었던 세속적인 주인의 방문 앞에 주저앉았던 것인데, 1303~1305년의 사건[507]은 조만간 세속의 군주가 교황제로부터 모든 행정과 재정적인 권력을 물려받을 것을 확증하는 것이었다. 그 이양은 시간 문제에 불과했던바 잉글랜드의 사교 대리법과 왕권 모독죄에 관한 법, 프랑스와 독일 군주에 대한 교황의 양보, 볼로냐 협약, 잉글랜드 주권령(主權令) 등은 그 진행의 일람표(一覽表)였다. 중세 교황제의 특권이 세속 군주에게 이양되는 절차로서 이 일련의 중요한 사건들은 종교개혁보다 대략 200년 전에 시작되었으며 이양 자체는 구교국(舊敎國)만이 아니라 신교국(新敎國)으로 바뀐 나라에서도 철저히 이행되어 전체적으로는 16세기에 완료되었다. 그리고 지난 4세기 동안 쌓아 올린 전체주의적인 지방국가의 토대가 같은 세기(世紀)에 다져진 것도 우연이 아니다. 우리는 이 고찰의 서두에서 지역적 주권국가의 발생을 중세 이탈리아의 도시국가로 소급하여 논증했으나, 이제는 이탈리아의 정치적 능률이 알프스 이북의 정부에 가한 충격은 훗날의 절대적인 국가가 거기서 가공할 형태를 취하게 된 유일한 사건이 아니라는 것을 이해할 수 있다. 이러한 지방적 주권국가가 획득한 큰 힘의 또 다른 원천은 지방주의가 기독교 연방에 끼친 충격이었는데 격렬한 싸움으로 힘을 소진한 교황제는 지방적인 주권국가에 휘둘렸을 뿐만 아니라 싸움을 위해 갖춘 모든 장비를 빼앗겨 버렸다. 교황청이 각 지방의 교회를 지배하고 징세(徵稅)하는 수단이었던 행정과 재정의 세계적인 기구는 교황제 기독교 연방의 지방적인 후계국가에서 대의제(代議制) 종교회의(宗敎會議)에 뿌리를 둔 의회와 각 지방의 성직자가 교황에게 바친 충성과 같은 국가에 대한 시민의 애국심으로 잔존(殘存)해 있다. 이 인간의 마음에 대한 지배는 교황제 기독교 연방의 후계국가가 잇달아 일어남에 있어 그 무엇보다 중요한 것이었으나 유익한 창조력이었던 그 헌신의 정신이 창조주에게서 벗어나 인간이

---

507.  보니파시오는 포로로 잡혀서 사망했고, 베네딕투스 11세는 프랑스가 성직자들에게 세금을 부과하는 것을 허용하고 필립과 콜론나가의 파문을 해제했으며, 1304년에 프랑스인 〈Bertrand De Goth〉가 클레멘스 5세로 교황이 된 후 교황권은 국왕에게 더욱 현저히 종속되었다.

만든 우상에게 바쳐졌을 때 그것은 근대적인 지방국가의 체질에 해로운 파괴력을 주입했다. 우리 조상이 알고 있었던 지방국가는 그 본래의 장(場)에 있어서 유용하고도 필요한 것으로서 우리가 자치도시나 의회에 바치고 있는 양심적이지만 열광하지 않는 지지(支持)를 그에 대한 의무라고 생각할 수 있는 제도였다. 그러나 영성(靈性)이 없는 그 인조(人造)의 제도를 우상화하는 것은 재앙을 초래하는 것인바, 우리를 엄습하고 있는 재앙은 교황제의 권위에 의해 그 본래의 장에 머물러 있던 세속의 권력이 로마 교황구(敎皇區)에 자행한 정신적 횡령의 궁극적인 결과일 것이다. 교황령(敎皇領)을 약탈한 세속 군주가 교황에게 보상한 것은 작은 몫의 영토주권이었는데 그 주권의 수립은 교황이 세계적인 기독교 연방의 수좌(首座)에서 쫓겨나는 것과 병행(竝行)되었다. 힐데브란트 교회의 위대했던 시대에 교황들은 로마에서 영토적 주권을 주장하는 것뿐이 아니라 그 실질적 행사조차 포기하는 것을 감수했었다. 교황청이 리옹회의를 통해 영토적인 주권을 확립한 것은 힐데브란트가 세운 건물 위에 관석(冠石)을 놓은 것으로서 교황제가 취한 승리로 보여졌으나 이 거대한 축조물의 기초는 그 상부구조가 완성되기 전에 치명적으로 무너져 내리고 있었다. 그리하여 클레멘스 6세가 아비뇽을 매입한 일로 교황의 영지(領地)가 다시 확장된 것에 앞서서 1303~1305년의 붕괴가 발생했던 것인데, 알보르노즈와 보니파시오 9세의 활약으로 교황국(敎皇國)이 수립된 것은 힐데브란트의 정체(政體)를 완전히 거꾸로 세운 것이었다.[508] 이 새로운 체제를 추종함으로써 교황제는 거친 파도 위를 떠돌게 되었던 것인바 교황제가 그 조류(潮流)에 따라 표류하고 자기 운명에 대한 통제력을 상실했다는 의식에 사로잡힌 것은 종교개혁에서 시작되어

---

508. 교황이 최초로 민정권(民政權)을 행사한 브네상은 프랑스의 필립 3세가 그레고리오 10세에게 할양한 부르고뉴 지방의 일부였다. 스페인의 군인으로서 추기경이 된 알보르노즈는 인노첸시오 6세를 위해 이탈리아의 교회령 회복에 매진하여 샤를마뉴가 기부한 땅의 태반을 정복했다. 보니파시오 9세는 대분립(大分立)이 절정에 달했을 때 한 손으로 알보르노즈의 사업을 재개하고 다른 손으로는 베네딕투스 13세와 싸웠는데, 그로 인해 교황령은 10개로 압축된 이탈리아 도시국가의 일원이 되었다.

리소르지멘토까지 이어진 충격으로부터 회복하기 시작할 때까지 침잠(沈潛)했던 보수주의의 심리적 원인이었다. 교황제는 풍파에 시달리고 있음을 깨달아 정체(停滯)가 가장 안전한 길이라고 생각하게 되었던 것인데, 남으로부터 띠 띠움을 당한 베드로[509]와 같은 형편에 놓인 형편에서는 모든 변화가 한없이 두려운 것이었다.

우리는 이제 교황제가 어찌하여 이 페리페테이아에 빠졌는지에 대하여 상당한 정도의 답을 찾았다. 교황제의 전면적인 몰락은 물질의 검(劍)을 취하여 정신적인 보화를 버렸기 때문인데 이 치명적인 변화는 힐데브란트가 공적인 종류의 행위에서 채택한 수단으로 말미암은 것이다. 그것이 힐데브란트가 수행한 사업의 원인이었다는 것으로 증명된다고 해도 힘은 힘으로 받아넘긴다는 1045년의 결의는 실제로 일어난 일은 선험적으로 일어나도록 정해져 있었다는 것을 증명하는 것이 아니므로 힐데브란트의 비극은 정신적인 목적을 위해 물질적 수단을 사용하는 것은 위험한 놀음이라는 이치를 증명하는 것에 불과하다. 그러나 삶이라는 것은 언제나 위험을 동반하는 것이고 정신적인 사업에 물질적인 수단을 사용하는 것은 늘 패배를 초래한다고 하는 법칙이 있는 것이 아니므로 위기에 봉착했을 때 상황에 따라서는 패배를 감수하여 위험한 길로 나갈 수도 있을 것이다. 힐데브란트 교회의 사례를 통한 경험에도 불구하고 이 스핑크스의 수수께끼는 극히 난해한 것인바, 평화에 대한 상반된 견해[510]로 힐데브란트의 딜레마에 직면한 우리가 그의 선택이 잘못된 것이라고 단정하는 것은 쉬운 일이 아니다. 그러므로 우리는 힐데브란트의 비운이 발생한 원인을 밝혀야 할 것인데 교황제가 도구의 노예가 되어 물질적인 수단을 활용함으로써 그것이 봉사로 사용될 목적에서 이탈한 것은 무슨 까닭일까? 로마 공화국의 역사에서와 마찬가지로 로마 교황제의 역사에서도 궁극적인 패

---

509. "내가 진실로 진실로 네게 이르노니 네가 젊어서는 스스로 띠 띠고 원하는 곳으로 다녔거니와 늙어서는 네 팔을 벌리리니 남이 네게 띠 띠우고 원하지 아니하는 곳으로 데려가리라" 〈요 21:18〉
510. 싸움을 피하여 패배를 수용하는 평화 지상주의와 패배를 걸고 위험을 감수하는 배타적 평화주의.

배의 원인은 최초의 승리로 인한 불행한 결과에서 찾을 수 있을 것이다. 힘에는 힘으로 맞선다는 위험한 장난이 이 두 사례에 치명적인 결과를 낳은 것은 모두 다 처음에 너무나 멋진 성공을 거두었기 때문이다. 그레고리오 7세와 그 후계자들은 신성로마 제국에 대한 투쟁의 첫 단계에서 달성한 승리에 취하여 힘의 사용을 고집하고 그것을 극단으로 밀고 나가 마침내 그 자체를 목적으로 삼아 실패를 초래했다. 그레고리우스 7세는 교회의 개혁에 대한 황제의 방해를 제거할 목적으로 제국(帝國)과 투쟁했으나 200년 후 인노첸시오는 제권(帝權) 자체를 타도하려는 목적으로 싸웠다. 힐데브란트 교황제의 몰락은 〈코로스-휴브리스-아테〉라고 하는 드라마의 더할 나위 없이 비극적인 현상이었던바, 이 모티브의 전개(展開)는 극의 시초와 마지막을 대조하는 것과 전체적인 줄거리를 분석하는 것으로 파악할 수 있다. 하인리히 3세에 의한 그레고리오 6세 교황의 퇴위(1046년)와 지기스문트에 의한 요하네스 23세 교황의 퇴위(1415년)는 겉보기로는 비슷한 사건이지만 이 두 주역 사이에는 그 4세기에 걸쳐 교황제에 엄습한 도덕적 재앙을 말해주는 기질적인 차이가 있다. 그레고리오 6세는 정당한 돈으로 교황위(敎皇位)를 산다고 하는 성직매매의 우를 범했으나 그 죄는 형식적인 것으로서 바탕에 있는 동기는 순수한 것이었다. 그래서 〈페트루스 다미아니, 1007~1072〉[511]는 요하네스 그라티아누스의 행위를 교회를 구제한 일로 찬양했고 힐데브란트는 교황이 되었을 때 이 스승의 명호(名號)를 택하는 것으로 그의 행위에 대한 자기의 생각을 표출했다. 그렇지만 그레고리오 6세는 아무런 항변 없이 선고를 받아들였는데 오만방자(傲慢放恣)했던 발다사레 코사는 도주(逃走)하다가 체포되어 감옥에서 죄의 대가를 치렀다.[512] 또 다른 대비(對比)는 교황으로서 남이탈리아를 침공했으되 레오 9세

---

511. Petrus Damiani. 이탈리아의 베네딕투스회 수도사, 교회 개혁가, 오스티아의 주교. 성직자의 속화(俗化)와 성직매매에 대한 비타협적인 설교자로 유명했다.
512. Edward Gibbon은 "그는 도주했다가 체포되어 연행되었다. 이 그리스도의 대리자에게는 가장 극악한 죄는 덮어두고 도적질, 살인, 강간, 남색, 근친상간의 죄가 선고되었다"라는 기록을 남겼다.

는 1053년에 노르만인에 패하고 인노첸시오 4세는 시칠리아의 만프레디에게 졌는데 외견상 에기스하임의 브루노는 피에스키의 시니발도에 비해 더 큰 굴욕을 당했다. 브루노는 스스로 군대를 이끌다가 전장에서 붙잡힌 포로로 죽었지만 200년 후의 후계자는 지휘권을 조카에게 넘기고 자유의 몸으로 죽었는데 그 동기와 정신상태를 고려한다면 이 상이점은 완전히 반대인 것으로 바뀐다. 레오 9세는 두 제왕(帝王)과 협력하여 하가르인[513]이라는 도적에 대한 경찰의 역할을 이행하려고 했던 것인바 그는 이 대의(大義)에서도 교황으로서 유혈사태를 지지한 것에 양심의 가책을 느끼고 있었다. 더하여 그를 슬프게 한 것은 평정(平定)하려고 했던 무법자의 포로(捕虜)가 된 것이 아니라 자기를 따른 자들이 살육을 당한 일이었다. 그런데 적에 대한 집요한 증오로서 그 복수를 패퇴한 적의 후예로까지 이어간 인노첸시오가 분을 품고 죽은 이유는 전래의 침략적인 야심을 버리고 조용히 지낼 수 있기만을 기대한 군주를 타도하고 그 영토를 탈취하려다 실패했기 때문이었다. 이 두 교황의 원정(遠征)은 비슷한 결말로 끝났으나 도덕적으로는 본질적인 차이가 있었는데, 이 도덕적 격차는 두 사람 사이의 200년 동안에 교황제가 얼마나 타락했는지를 말해준다. 유사(類似)와 상이(相異)를 갖는 두 장면은 납치되어 혹독한 취급을 받은 교황으로 표방되는데 파스칼 2세는 하인리히 5세에 사로잡혀 캄파냐로 끌려가고 보니파시오 8세는 기욤 노가레와 콜론나의 습격을 받는다. 하인리히 5세는 교황으로부터 성직 서임권을 승인받으려고 했으며 노가레의 목적은 자기가 모시는 군주에 대해 교황이 공포한 칙서를 취소시키는 것이었다. 이 두 장면의 외관은 여기까지 합치되지만 그에 앞선 사정을 살필 때 교황의 신성(神性)을 더럽힌 그 두 행위의 도덕적 차이가 여실히 밝혀진다. 보니파시오 8세는 프랑스 왕을 굴

---

513. 아브라힘의 첩 하갈에서 유래한 명칭, 구약시대에 요단강 동쪽을 본거지로 삼은 유목민. "사울 왕 때에 그들이 하갈 사람과 더불어 싸워 손으로 쳐죽이고 길르앗 동쪽 온 땅에서 장막에 거주하였더라"〈대상 5:10〉

복시킨다는 목적으로 격렬함을 더해가는 칙서[514]를 통한 말의 전쟁을 하고 있었고 노가레는 그에 대해 배신이 아닌 도발을 감행했었다. 검(劍)의 문제를 제기함으로써 보니파시오는 스스로 재앙을 찾고 있었던 것인데 그가 드디어 이 재앙에 직면했을 때 기욤 노가레가 휘두른 폭력은 질적으로 교황이 내던진 폭력과 다름이 없었다. 그러나 파스칼 2세에 대한 하인리히의 잔인한 습격에 앞선 사건은 성직서임을 포기한다는 협약을 잉크가 마르기도 전에 뒤집은 것으로서 변명의 여지가 없는 배신이었던바 그 협정이 지켜졌다면 교황제와 제국이 다투던 문제는 근본적으로 해결되었을 것이다. 마지막으로 교황으로서 '위대한 사퇴'를 결행한 첼레스티노 5세와 폐위되어 죽을 때까지 대적자를 저주한 '무해한 노인'[515]을 대조할 수 있다. 교황제에서의 도덕적인 피폐가 첼레스티노의 도피에서 예고되는 것이라면 그 도래(到來)는 권력에 대한 베네딕투스의 병적인 집착으로 표출되어 있다. 이 양인의 어느 쪽에나 비뚤어진 발육의 징후로서 과도한 희화적(戲畵的)인 태도가 내재되어 있는바 그들은 역대의 교황들이 내세(來世)를 의식하여 억누르고 있었던 정신적 충동에 굴복했다. 현세의 심로(心勞)에 의해 격절(隔絶)되어 있는 내세를 의식하고 있었던 그레고리오 1세나 동(同) 7세와 같은 교황들은 교황직(敎皇職)이라는 무거운 짐에 허덕이고 있었으되 살아 있는 한 자기들의 의무는 현세에 있으며 끝까지 참는 자가 구원을 얻을 것임[516]을 명심하여 끝내 그 짐을 내려놓지 않았다. 교황제에 속한 사람들에 있어서 더 높은 통제력 아래서 상쟁하는 충동의 이 부단한 투쟁[517]이

---

514. 보니파시오 8세의 라틴어로 된 칙서는 그 첫 글자로 명명(命名)되었다. 「클레리키스 라이코스」와 「이넵파빌리스 아모리스」가 최초로 반포되었고, 다음으로 황제에 대한 교황의 우위를 주장한 것으로서 「살바토르 문디」와 「아우스쿨타 필리」에 이어 「우남 상크탐」이 반포되었다. 그리고 마지막으로 왕을 파문하는 대칙서로서 「수페르 페트리 솔리오」가 반포되었다.

515. 아비뇽계 대립교황인 〈베네딕투스 13세, 1394~1417〉는 콘스탄츠 총회의 결과에 따라 폐위되었으나 자기를 배신하여 모반을 일으킨 왕국을 향해 죽을 때까지 하루에 두 번씩 파문을 선고했다.

516. "또 너희가 내 이름으로 말미암아 모든 사람에게 미움을 받을 것이나 끝까지 견디는 자는 구원을 얻으리라" 〈마 10:22〉

517. 거장(巨匠)이 "아! 나는 얼마나 비참한 인간인가?"라는 비명을 지르게 하는 내면의 정신적 싸움.

그 생활과 업적의 원천이었던 것인데, 첼레스티노와 베네딕투스 같은 사람들에게 눈을 돌려 그 창조적 충동이 그들의 내면에서 치명적으로 절연되고 정신적 기율의 멍에에서 일양(一樣)하게 단절됨으로써 모든 미덕을 상실했음을 볼 때 우리는 힐데브란트가 수립한 세계적인 질서의 종말이 다가오고 있다는 것을 인정하게 된다.

우리가 연관된 두 장면을 비교하여 탐지한 코로스-휴브리스-아테의 작용은 이 탐구를 전체로 취급하되 상연되는 막에 따라 줄거리를 분석할 때 더욱 명료하게 파악된다. 제1막은 1046년에 힐데브란트의 마음을 강하게 움직인 교황제의 도전으로 시작되는데, 당시는 서구사회가 그 역사의 제1장에서 제2장으로 옮겨가고 있었던 시기였다. 11세기에 이르러 살아남는 것이 지상의 목표였던 수동적인 정신상태로부터 인류의 참된 목적을 위한 디딤돌로 삼으려는 노력으로 승화되지 않는다면 그 식물적인 삶은 아무런 의미가 없다고 하는 모험적인 정신으로 옮겨가고 있었다. 이 사회적 파란은 교회의 역할과 행위를 개혁하려는 운동에서 강하게 나타나 교황청에 하나의 새로운 도전을 제기했다. 방자(放恣)와 참람(僭濫)이 만연된 사회만이 당시의 교황제처럼 위신이 추락한 제도에 정신적인 지도(指導)의 대권을 위임할 수 있었던 것인바, 서구사회가 그 도덕적 무력함에서 벗어나 보다 나은 생활을 열망했을 때 교황청은 도덕성을 회복하느냐 아니면 다니엘이 해석한 갈대아의 운명[518]과 같은 것이 될 것인가 하는 양자택일의 기로(岐路)에 서 있었다. 1024년의 사건으로 교황청의 방자함이 알프스 이북의 여러 지방에서 격분을 유발한 후 황제가 교황에게 성직 매매의 죄를 선고했을 때 교황청 재무 관리자였던 힐데브란트는 그 재앙의 절

---

"오호라 나는 곤고한 사람이로다 이 사망의 몸에서 누가 나를 건져내랴" 〈롬 7:24〉

518. "기록된 글자는 이것이니 곧 메네 메네 데겔 우바르신이라 그 글을 해석하건대 메네는 하나님이 이미 왕의 나라의 시대를 세어서 그것을 끝나게 하셨다 함이요 데겔은 왕을 저울에 달아 보니 부족함이 보였다 함이요 베레스는 왕의 나라가 나뉘어서 메대와 바사 사람에게 준 바 되었다 함이니이다 하니" 〈단 5:25~28〉

박한 의미를 간파하고 즉각 행동에 돌입했다. 그리하여 그는 30년에 걸친 각고의 노력으로 불가능을 가능한 것으로 돌리기에 성공했던 것인바 교황청이 최악의 도덕적 타락에 빠졌던 당시에 개인적인 사업으로 그 승리를 쟁취한 힐데브란트는 자신이 오욕(汚辱)에서 구출한 교황의 자리에 앉게 되었다. 힐데브란트가 교황 그레고리오 7세로서 치세의 3년째에 취한 조치에 대해서는 그것이 불가피했다는 옹호론과 그 행위가 피할 수 없는 재앙을 초래했다는 비판론이 있는데, 이 주장은 모두 일리가 있다. 이 해에 힐데브란트는 그 싸움을 축첩과 성직매매라는 이론이 없는 문제로부터 성직 서임권이라고 하는 분쟁의 여지가 있는 문제로 확대했는데 그 모두를 교회의 해방이라는 투쟁의 한 형태라고 간주한다면 서임권을 둘러싼 싸움은 다른 두 투쟁의 불가피한 귀결이라고 정당화할 수 있을지도 모른다. 힐데브란트는 생애의 중대한 시점에서 교회가 세속적인 권력에 예속되어 있으면 비너스와 암몬[519]의 지배에서 벗어날 수 없다고 생각했을 것이다. 그가 1075년에 새로운 방향으로 향한 것을 옹호하는 사람들의 이 논의는 그를 비판하는 사람들이 그것을 자기들에게 유리한 것으로 돌리지 못할지라도 문제의 본질에서 결정적으로 벗어나 있다. 명민하고 결단력이 강했던 이 교황은 1075년에 교황청이 대표하는 개혁파와 신성로마 제국을 필두로 하는 세속권력 사이에 의미 있는 협력의 가능성이 존재하지 않는다고 단정할 근거를 가졌던 것일까? 힐데브란트를 옹호하는 사람들은 적어도 두 가지 이유[520]로 이 질문에 답해야 할 것인데, 교황청은 성직자의 임명에 대한 세속권력의 개입을 배제하는 것이 정당하거나 필요했다고 해도 그것이 혁명과 다름없는 조치였음을 인정하지 않을 수 없다. 그리고 정당한 이유가 있고 온갖 도발이 자행되었음에도 힐데브란트가 도전장을 들이대지 않았다면

---

519. '부(富)의 신'과 '물욕'을 의인화한 것.
520. 당시에는 교황을 비롯한 성직자를 선출하는 일에서 세속 권력자의 일정한 역할이 용인되고 있었다는 것, 그 이전에는 교황청은 축첩과 성직매매에 관한 싸움에서 신성로마 제국과 성실하고도 친밀하게 협력했었다는 것.

교황과 황제는 우호적인 관계를 유지했을지도 모른다. 불화를 초래할 것이 틀림없는 태도로 성직 서임권이라고 하는 새로운 문제를 제기하는 것은 이 제3의 문제가 교황과 황제의 견해가 일치된 여타의 문제보다 불명확한 것이 되기 때문에 더욱 위험했다. 그것이 명확하지 않게 되는 이유는 힐데브란트 시대에 이미 성직자를 임명하는 관례가 정립되어 있었고, 교황 선출에 있어서 황제가 후보자를 지명하거나 선거 결과에 대해 거부권을 행사하는 것이 제권(帝權)의 하나로 확립되어 있었기 때문이다.[521] 수트리 회의 직후에 로마의 성직자와 주민이 하인리히에게 수여한 이 권력의 범위에는 다소 불명확한 점이 있었으나 레오 9세와 빅토르 2세 교황을 선출함에서 당연한 것으로 취해진 조치는 황제의 지명을 얻기 위해 알프스 저편으로 사절을 파견하는 일이었다. 그 사절의 단장이었던 힐데브란트는 하인리히가 죽은 1059년에도 피렌체의 Gerard를 후보자로 지지하기 전에 황제의 동의를 얻으려고 노력했던 것인데, 교황 선출에 관한 황제의 권리는 〈니콜라우스 2세〉로 교황이 된 제라드에 의해 정식으로 승인(承認)되었다. 교황 선출에 관한 황제의 권력이 이처럼 강력했다면 사교나 수도원장 임명에 대한 세속적인 권력의 영향력 행사는 선험적으로 정당하다고 생각할 수 있을 것인데 힐데브란트가 1075년에 교령(敎令)을 공포한 후에도 이 문제를 논박했다는 증거는 찾을 수 없다. 이러한 불확실성은 성직 서임(聖職敍任)이라는 말의 애매함[522]으로 말미암은 것인바 성직자 임명에 대한 세속권력의 개입은 11세기에 이르러 성직자의 임무에 대한 새로운 고려에 의해 더욱 강화되었다. 자신들에 대한 황제의 이러한 통제를 요구당하는 성직자가 물질적 보수와 정신적인 권위를 소유하게 될 때 황제-교황주의적 기조(基

---

521. 사교는 해당 관구의 성직자와 주민의 선거로 선출된 후 같은 지구에 속하는 일정 수의 사교의 승인을 통해 임명된다는 것이 성직자 임명의 관례로 되어 있었다. 로마제국의 관행으로 되어 있었던 교황 선출에 관한 황제의 권리는 신성로마 제국 황제 샤를마뉴와 오토 1세에 의해 다시 확립되었다.

522. '성직서임'이라는 용어는 '임명한다'라는 뜻이지만 '목장(牧杖)이나 반지를 수여한다'라는 의미로 사용될 수 있으므로 언어적으로 애매하다.

調)가 발흥되는 것인바 교황청에 대한 피핀과 샤를마뉴의 기부(寄附)는 행정적인 권리가 성직자에게 넘어간 세계적인 흐름의 전형적인 사례였고, 그러한 이전(移轉)은 샤를마뉴로부터 힐데브란트까지의 200년 동안 활발히 이루어졌다. 힐데브란트가 평신도(平信徒)에 의한 성직자 서임에 반대하는 운동을 시작한 1075년까지는 민정(民政)의 커다란 부분이 봉건적인 권리로서 성직자의 수중에 있었으므로 평신도가 성직서임에 관여하는 것을 금지하는 것은 토지에 대한 성직자의 세속적인 권력을 폐절(廢絶)하고 교회를 Imperium in Imperio-제국속의 제국-로 변화시키는 일이었다. 힐데브란트가 추구한 것이 바로 그것이었다면 이것을 요구하는 것은 전쟁을 선포하는 것이었다. 그런 위인(偉人)이 무슨 까닭에 이 중대한 조치를 단행할 생각을 했는지를 자문할 때 그에 대한 대답은 그 중요한 때에 그의 판단력이 승리에 의한 도취적(陶醉的)인 의식으로 흐려져 있었다는 사실에서 얻어질 것이다. 믿는 자에게 능치 못함이 없다는 말씀[523]은 그가 그레고리오 7세라고 할지라도 사람이 행동의 준칙으로 삼기에는 위험한 말이었던바 그 행위의 중대성은 그로 말미암은 파국의 규모로 표시된다. 힐데브란트는 이 서임권 문제에 그가 교황제를 위해 싸워서 취득한 도덕적 위신의 전부를 걸었는데 하인리히 4세 영내의 기독교 연방 인민에 대한 그의 장악력은 작센의 무력과 합세하여 황제를 카노사로 이끌기에 충분했다. 그러나 황제에게 재기불능의 타격을 입힌 것으로 여겨진 그 승리에 잇닿은 것은 힐데브란트가 시작한 투쟁의 종결이 아니라 그것의 재개(再開)였다. 그리고 그 종결은 후임 교황들이 시도한 화의(和議)에 의해서도 이루어지지 않았다. 이후로 서임권 문제는 보름스 협약으로 처리되었으나 기왕(旣往)의 싸움은 교황청과 제국 사이에 넓고 깊은 균열을 만들어 냈다. 새로운 무력(武力)을 갖춘 프리드리히 1세가 하드리아누스 4세와 알렉산데르 3세 교황에 대한 유스티니아

---

523. "예수께서 이르시되 할 수 있거든이 무슨 말이냐 믿는 자에게는 능히 하지 못할 일이 없느니라 하시니"〈막 9:23〉

누스적인 전투를 재개했을 때 교황제와 세속권력 간의 싸움은 여전한 형태로 재발(再發)했다.

비극의 제2막은 인노첸시오 3세의 재위(在位)와 때를 같이 하는 휴전기(休戰期)로 시작되는바 이 귀중한 휴전은 37세에 교황이 된 청년이 달성한 것은 아니었다. 그 공적(功績)은 그의 전임자로서 화의(和議)의 교섭에 나선 알렉산데르 3세와 루키우스 3세의 것이었고 인노첸시오 3세가 행한 일은 대체로 그의 개인적인 재능보다는 우연한 사태(事態)에 의한 것이었다. 적염왕(赤髥王)과 하인리히 6세의 때아닌 죽음과 그 이후에 전개된 정치적 상황[524]은 이 젊은 교황이 힐데브란트식 통령(統領)의 기능을 마음껏 행할 수 있게 했다. 그래서 인노첸시오 3세는 힐데브란트 체제에 있어서 선대(先代)의 은혜를 입은 솔로몬이나 술레이만 또는 하룬 알 라시드[525]와 같은 존재로서 빛나는 역할을 감당했다. 그러나 이 4인이 선대의 유산을 탕진하고 후계자에게 부채를 남겼음을 상기할 때 인노첸시오 3세의 역할은 겉보기만큼 대단한 것이 아니라는 것을 알게 된다. 행위자인 힐데브란트는 의심할 여지도 없이 훌륭했고 그의 승패도 그 자신의 행동에 달려 있었던 것이지만, 그의 훌륭함은 일말의 휴브리스와 약간의 우매함으로 오손(汚損)된 것이었다. 인노첸시오 3세의 착오는 십자군이라는 무기의 취급, 세속권력과의 대립, 당대의 위인인 성 프란체스코에 대한 태도에 나타나 있다. 그가 즉위한 후 처음으로 행한 일은 제4차 십자군을 창도한 것이었는데 그 군대가 베네치아의 교묘한 술책에 따라 만행을 저지르는 동안 회유되고 기만당한 교황은 결국 불행한 사태에 직면했다.[526] 이 비통한 사태를 접한 그의 이상주의(理想主義)는 서구 기독교 세계의 명예가 턱없이 배신당한

---

524. 적염왕(赤髥王)과 하인리히 6세의 때아닌 죽음으로 호엔슈타우펜가의 왕통에 성인(成人)이 없어진 것, 시칠리아가 신성로마 제국에서 분리된 것, 시칠리아 왕 프리드리히 2세는 미성년이어서 인노켄티우스의 후견을 받고 있었고 하인리히의 동생으로 황제가 된 필립의 독일이 내전에 휩싸인 것.

525. Harun al Rashid는 아바스조의 5대 칼리프(786~809), 치세 중 번영한 바그다드의 모습이 천일야화(千一夜話)에 기록되어 있다.

526. 시리아의 프랑크인 공국을 침공한 이슬람교도를 축출하려고 일으킨 십자군은 처음에는 베네치아의 용병으로서, 다음에는 독립적인 군단으로서 자라(Zara)와 콘스탄티노플을 약탈했다. 그로 인해 동로마 제국으로부터 라틴제국(1201~1261)이 분할되는 사태가 발생했다.

것에 대한 고뇌로 표시되었고, 그 심성과 양심은 분리주의 이단자의 운명에 대한 염려와 그리스를 로마교회에 통합하는 것에 대한 반대로 표출되었다. 그러나 그 고귀한 정신과 인품의 이러한 증거를 볼 때 1204년의 교훈으로부터 겨우 4년이 지난 후에 단행된 그의 행동은 의아심을 품게 한다. 그는 다른 사회가 아니라 서구 기독교 연방의 중심부인 랑그도크루시용에서 또다시 동종자에 대한 공격을 개시했는데, 지난날 십자군을 빙자한 프랑스인의 만행을 슬퍼한 이 젊은이는 프랑스인들을 풍요로운 그곳에 풀어놓았을 때 그들이 전과 달리 목적에 충실하리라고 생각했으며 자기가 방출한 폭력을 전보다 효과적으로 제어할 수 있다고 믿었던 것일까? 인노첸시오는 자기의 십자군이 광포해졌을 때 처음과 같이 슬퍼하고 똑같이 무력했으되 더욱 크게 놀라워했는데 같은 행위의 반복에 따르는 것은 동일(同一)한 결과의 재현이라는 것을 세상사로 여기는 관찰자도 그의 이 경악(驚愕)에는 놀라움을 금할 수 없다. 십자군에 대한 인노첸시오의 무능(無能)은 제국과 호엔슈타우펜가에 관계된 문제에서도 여실히 드러난다. 그는 신성로마 제국의 제위(帝位)를 다투는 싸움에서 Welf 일가(一家)를 지지했으나 그에 의해서가 아니라 우연한 사태의 결과로 제위에 오른 〈오토 4세, 1209~1215〉는 교황의 기대를 저버리고 도전적인 태도로 제권(帝權)을 주장했다. 그런 이유로 절연(絶緣)한 후 지지했던 사자공(獅子公)의 아들을 끌어내려야 할 숙제를 떠안은 인노첸시오는 전례적(前例的)인 행위로서 오토를 파문하여 면직했음을 선포한 후 호엔슈타우펜가의 인물을 황제로 내세웠다. 인노첸시오가 70년 동안 지켜온 교황청의 정책에 반하여 하인리히 6세의 아들인 소년을 황제로 세웠을 때 프리드리히 2세에 대한 그의 판단은 오토에 대한 이전의 평가와 마찬가지로 과녁을 크게 빗나간 것이었다. 프리드리히는 시칠리아를 유린(蹂躪)한 일로 오토에게 복수할 것을 다짐하되 교황에 대한 감사(感謝)나 교황제를 향한 호의(好意)를 표명하지 않았으나 1212년의 화의에서 52세인 교황은 18세인 프리드리히의 그럴듯한 말에 어이없이 넘어갔다. 인노챈시오의 지원에 힘입어 로마인의 왕으로 대관한 프리드리히의 위세가 높아짐에 따라 오토의 위신은 크게 추락했는데, 교황은 그를 위해 온 힘을 다하면서도 알프스 저편에서 조부의 사업을 회복한다면 시칠리아 왕국을 포기한다는 약속을 적염왕의 손자에게 받아둔다는 예방책을 강구(講究)하지 않았다. 프리드리히는 교황이 임종의 자리에 누웠을 때 비로소 자기가 대관(戴冠)하면 시칠리아의 왕위를 아들에게 넘기겠다고 약속했는데, 그것은 겉보기로는 훌륭하고 적절했으나 인노첸시오의 입장에서는 지나치게 늦은 것이었다. 프리드리히는 자신의 아버지와 마찬가지로 교황청을 강력하게 장악하게 되었고, 인노첸시오는 실책(失策)으로써 탄탄대로를 걷고 있던 위대한 제도를 하인리히의 아들이 뜻대로 하도록 방치하는 결과를 초래했다. 이 교황이 필립으로부터 오토와 프리드리히에 이르기까지의 과정에서 드러낸 결함-인간의 본심을 간파하는 능력의 결여-은 성 프란체스코에 대한 그의 태도에 명백히 나타나 있다. 왕후(王侯)들의 겉치레적인 언명(言明)을 곧이곧대로 받아들이고 남이 하는 말을 쉽게 믿었던 이 목자(牧者)는 프란체스코의 면모를 통해 태양처럼 빛나는 성자(聖者)를 평가해야 했을 때 부당하게 냉담하고 지나치게 조심스러웠다. 이 사례에서 둔감(鈍感)과 휴브리스를 분간하기는 힘들지만, 이 종교법 학자는 프란체스코의 위대성을 알아채지 못했던 것일까? 아니면 그에 대해 무관심했던 것일까? 그가 그 심원(深遠)한 정신적 운동에 대해 무관심했던 것은 자신의 일에 지나치게 몰입했다는 증거인 것일까? 아니면 귀족으로서의 권세를 드러내는 모습의 반영이었을까? 의심스러운 점은 인노첸시오에게 유리한 쪽으로 생각하고 프란체스코에 대한 휴브리스는 무혐의로 처리해 두더라도 우리는 공정(公正)을 기하기 위해 훗날의 그레고리오 9세[527]도 귀족이었지만 프란체스코가 발현한 성자로서의 특질에 대해 민감했었다는 것을 말해두지 않으면 안 된다. 그리고 인노첸시오에게는 그가 휴브리스에 빠졌다고 하는 비난을 반박하

---

527. 인노켄티우스의 조카의 아들, 〈우골리노 드 콘티 디 세니〉

지 못할 또 하나의 결함이 있는데, 그것은 그의 전임자들이 '베드로의 대리'라는 호칭에 만족했음에 반해 그는 '그리스도의 대리'라는 호칭을 사용한 것이다.[528] 이는 콘스탄티노플의 동료였던 요한이 총주교라는 직함에 세계라는 말을 더했을 때 '신의 종에 대한 종'임을 자처한 그레고리오 대교황이 지녔던 겸손으로부터의 불길한 이탈이었다. 인노첸시오 3세가 죽고 〈첸치오 사벨리〉가 교황이 된 해에 정교회의 세계 총주교는 인노첸시오 3세의 십자군이 짓밟은 총주교구에서 니케아로 도주했는데, 이 사태는 그리스도의 대리를 계승한 〈호노리우스 3세, 1216~1227〉에게는 불길한 것이었다. 그러므로 예수께서 칭찬받는 것에 대해 선포하신 말씀은 인노첸시오 3세의 묘비명(墓碑銘)이 될 것이었다.[529] 인노첸시오 3세의 즉위(卽位)와 함께 시작된 휴식기는 그의 죽음과 함께 끝나버렸고 뒤를 이은 교황청과 프리드리히 2세의 싸움은 이전의 교황들이 호엔슈타우펜가와 프랑코니아가(家)의 세 국왕[530]을 상대했던 싸움보다 치열했다. 이것은 힐데브란트의 사례와 같이 인노첸시오의 판단이 틀린 정도를 말해주는 것인바 이 투쟁의 어느 단계까지는 지난번의 싸움과 유사하게 진행되었다. 첫 회전에서 파스칼 2세와 하드리아누스 4세의 온화한 역할은 평화적이었으되 우유부단했던 호노리우스 3세가 담당했고, 이후의 싸움에서 칼릭스투스와 알렉산데르의 전투적인 역할은 더욱 강경하고 세속적이었던 그레고리오 9세가 맡았다. 이 싸움에서 대적인 황제의 힘을 소진하기 위해서는 전투적인 1인의 교황으로는 부족했으나 프란체스코를 우대하고 프리드리히 2세를 파문한 그레고리오 9세는 사업의 끝을 보지 못하고 죽음을 맞이했다. 이후로 우골리노의 예리한 칼을 굽힌 사라센 갑옷을 꿰뚫기 위해서는 시니발도 피

---

528. 인노켄티우스는 교황이 되자 곧바로 '그리스도의 대리'라는 호칭을 쓰기 시작했는데, 베드로의 후계자가 베드로의 대리가 아니라 베드로와 마찬가지로 직접 그리스도에게 위탁을 받은 자라고 하는 이 호칭은 교황직에 신과 같은 영예를 부여하는 것이었다.
529. "모든 사람이 너희를 칭찬하면 화 있도다 그들의 조상들이 거짓 선지자들에게 이와 같이 하였느니라" 〈눅 6:26〉
530. 호엔슈타우펜가의 첫 프리드리히와 프랑코니아 왕가의 마지막 두 하인리히.

에스키의 양손잡이 칼이 필요했는데 이 집요한 손에 쥐어진 무기는 잡기 어려운 먹잇감을 찾아 사방으로 다니며 걸려든 모든 것을 파괴했다. 13세기의 40년대에 이탈리아가 빠져 있었던 처참한 상황은 어느 목격자의 기록에 나타나 있는바, 그 음산한 풍경은 그리스-터키 전쟁에서의 아나톨리아의 모습이나 신해혁명 당시에 중국인이 겪은 상황을 연상하게 한다. 이것은 인노첸시오 3세가 재위했던 시기의 짧은 한낮 이후에 서구 기독교 세계를 엄습한 암흑이었다. 교황의 자리에 오르게 되었을 때 〈시니발도 데 피에스키〉가 〈로타리오 드 콩티〉의 교황명을 선택한 것도 이유가 없는 것이 아니다. 로마 귀족인 인노첸시오 3세와 제노바인인 시니발도 피에스키에서 나타나는 성격상의 날카로운 대조에도 불구하고 인노첸시오 4세의 재위기는 결국 전임자(前任者)에 잇닿아 있었다.

이 비극의 제3막은 정점을 이루면서 1250년 12월 13일에 시작되었는데, 이는 프리드리히 2세가 돌연히 때아닌 시기에 죽은 날이다. 인노첸시오 4세는 평화를 회복하기 위해 하늘이 준 이 기회를 받아들이는 것일까? 아니면 프리드리히 일가에 대한 복수를 끝까지 행하는 것일까? 평화는 이 훗날의 한니발 전쟁으로 인한 혼란과 황폐에 의해서만이 아니라 루이 성왕(聖王)을 대변자로 삼은 기독교 연방 인민의 양심으로써 강력히 요구되고 있었다. 이 프랑스왕은 황제를 편들어 교황에 대항할 것을 기대하지 않았으나 프리드리히를 타도하기 위해 인노첸시오에게 힘을 보태는 것도 반대했다. 그가 한결같이 목표로 삼은 것은 신(神)을 두려워하지 않는 싸움을 속히 끝내고 그 힘을 새로운 십자군에 집결하는 일이었다. 루이가 그 일을 위해 2년에 걸쳐 시도한 조정은 실패로 귀결되었는데, 거기에 뒤따른 것은 십자군(十字軍)에 대한 인노첸시오 4세의 방해였다.[531] 이집트 원정에 임하여 교황과의 관계를 개선하려고 했던 성

---

531. 인노첸시오는 신성로마 제국 영내에서 십자군을 모집하는 것을 금지하고, 그 자금을 대황(對皇)인 네덜란드의 빌헤름에게 돌렸으며, 성왕 휘하의 십자군을 꼬드겨 프리드리히에게 맞서게 했다.

왕(聖王)은 인노첸시오 4세에게 이 일이 실패한다면 그 죄는 당신에게 있다고 말했다고 하는바, 프리드리히가 때아닌 죽음을 맞이했으되 루이는 그보다 8개월이나 앞서서 포로로 잡혔음을 볼 때 그 저주는 프리드리히가 죽을 때까지 효력을 나타내고 있었다. 프리드리히가 죽었을 때 인노첸시오는 망자(亡者)의 아들과 화목을 이루어 이 저주를 풀려고 했을까? 이에 대해 "아니오"라고 외친 인노첸시오의 대답은 단순한 판단의 잘못이 아니라 확실한 도덕적 착오로서 힐데브란트 교황제의 자살을 초래했다. 그는 프리드리히가 죽었음에도 이전에 표명한 결의[532]를 더욱 확대하고 그 대적(對敵)의 후예에게 칼을 휘둘러 투쟁의 목적을 최대로 달성하려고 했다. 프리드리히의 아들 콘라트가 시칠리아 왕위를 계승했을 때 인노첸시오 4세는 다시 그를 파문한 후 그 왕국을 탈취할 인물을 찾고 있었는데, 콘라트가 26세로 죽으면서 어린 아들의 후견을 청했을 때 그것을 거절한 교황은 그 아이가 성년이 될 때까지 자기가 시칠리아를 지배한다고 공표했다. 이것이 인노첸시오 4세가 후계자에게 인계한 정책이었는데, 그로 인한 당연한 결과로서 프리드리히의 가계는 끊어져 버렸다. 이들을 죽인 자는 앙주가(家)의 Charles(샤를)[533]이었으나 이 악질적인 군주조차 인노첸시오 4세가 넘겨준 시칠리아 왕국과 프로방스 백작령을 받아들이는 것을 오랫동안 망설인 것은 뜻깊은 일이다. 그는 테리어(Terrier)처럼 굴에 숨은 프리드리히의 일족을 멸종시키라고 하는 교황의 유혹은 자기의 복수를 위해 극악한 행위를 하라고 소리치는 것임을 간파하고 있었다. 그러나 그가 그 유혹에 굴복했을 때 이 잔학행위는 그와 같이 자행되고 당연한 것으로서 그에 대한 복수가 시칠리아의 만종사건(晚鐘事件)으로 이루어졌는데,[534] 프랑스인에 대한 이 앙갚음은 보니파시오 8세가 앙주가(家)와 싸움을 벌였을 때 필립 미왕에

---

532. 인노첸시오는 프리드리히나 그 아들이 권좌에 있는 한 화의를 체결하지 않을 것임을 선포했다.
533. 성왕 루이의 악질적이고 범죄적인 기질을 지닌 동생, 냉혹하고 탐욕스러운 군주.
534. 시칠리아 도민(島民)은 만종(晚鐘)을 신호로 삼아 프랑스인을 학살하고 호엔슈타우펜가의 일원인 베드로 3세를 왕으로 옹립했다.

의해 교황에게 되돌려졌다. 교황의 앞잡이로서 복수를 당한 앙주 백작(伯爵)은 부당하게 얻은 왕국의 절반을 잃었으되 교황제는 힐데브란트가 남긴 모두를 잃는 벌을 받았는데, 그것은 실족(失足)하게 하는 자에게 임하는 화[535]였던 것일까? 아테네의 비극 시인이 3부작의 주제로서 힐데브란트 교황제의 이야기를 들었다면 그는 그레고리오 7세로 코로스를 말하고 인노첸시오 4세에게 휴브리스를 돌렸을 것인바, 그럴 때 아테는 당연히 보니파시오 8세에게 할당될 것이다. 인노첸시오 3세가 그리스도의 대리(代理)라고 말한 것으로 운(韻)을 떼고 인노첸시오 4세가 프리드리히 일가에 대한 복수의 결의(決意)로 퍼뜨린 휴브리스의 가락은 보니파시오 8세가 성년제(聖年制)를 제창했을 때 세 번 연주되었다. 자신이 전능이라고 하는, 치명적으로 그릇된 신념이 교황의 의식 속에 배양된 것은 그의 호소에 대한 광신적인 반응과 천국의 열쇠로 향하는 순례자의 행렬 때문이었다.[536] 땅에 매인 자들이 아니라 순례자를 보면서 부당한 세금에 대한 원성이 아니라 아첨하는 자들의 환호성을 듣고 있었던 보니파시오는 기독교 연방의 인민만이 아니라 성직자도 군주의 폭정에 대항하는 뜻으로 교황의 압제를 지지하여 희생할 뜻이 없다는 사실을 깨닫지 못했다. 그래서 힐데브란트에게 드려진 인민과 성직자들의 호응이 자기에게도 주어진 것으로 생각한 보니파시오는 자신의 도발에 따라 프랑스 왕이 뽑아 든 칼은 자기가 그리스도의 이름으로 반포하는 칙서에 의해 휘어질 것으로 확신하여 그 칼끝을 향해 직통으로 내달렸다. 이 자살적인 행위의 귀결은 아나니(Anagni)에서의 폭동(暴動)과 아비뇽의 유수(幽囚)에 이은 대분립(大分立)이었는데, 이 교황의 생각과 판단력이 자신에게 구현된 아테로 인해 혼란에 빠지지 않았다면 이러한 재

---

535. "실족하게 하는 일들이 있음으로 말미암아 세상에 화가 있도다 실족하게 하는 일이 없을 수는 없으나 실족하게 하는 그 사람에게는 화가 있도다"〈마 18:7〉

536. '천국의 열쇠'는 베드로 또는 베드로의 무덤을 지칭하는 말. "내가 천국의 열쇠를 네게 주리니 네가 땅에서 무엇이든지 매면 하늘에서도 매일 것이요 네가 땅에서 무엇이든지 풀면 하늘에서도 풀리리라 하시고"〈마 16:19〉

앙은 그 스스로 예견하고 회피했을지도 모른다. 보니파시오는 자신에 대한 폭력(暴力)으로 선전(宣戰)을 발(發)한 군주에게서 기대하지 않을 수 없는 반격을 초래했던 것인바, 그는 힐데브란트와 파스칼 2세가 〈첸치오〉와 하인리히 5세에게 유괴되었던 일을 잊고 있었던 것일까? 그리고 하인리히 4세가 그 비열한 일을 위해 〈첸치오 사벨리〉를 발견할 수 있었다면 필립이 〈시아라 콜론나〉라는 인물을 찾아내지 못했겠는가? 여러 교황이 제국과의 투쟁이 시작된 때로부터 프랑스에 체류했지만[537] 독일로부터의 위협이 제거된 지금에는 프랑스의 인력(引力)이 교황청에 대한 최대의 위험이라는 사실을 보니파시오는 알아채지 못했던 것일까? 힐데브란트가 마련한 교황 선출을 위한 규정은 교황제를 지탱하는 초석이었으나 프리드리히 2세와의 격한 투쟁으로 인해 그 선거기구에 초래된 혼란은 공위기에 이은 대분립(大分立)과 같이 교황제에 험악한 상황을 초래했다. 그 해악을 통감한 그레고리오 10세가 추기경들의 반대를 무릅쓰고 제정한 「교황선거를 촉진하는 규약」이 〈요한 21세, 1276~1277〉에 의해 폐지된 것은 첼레스티노 5세의 선출에 앞선 새로운 공위사태(空位事態)를 야기했다. 그 곤란한 시기에 교황선거회의(敎皇選擧會議)의 일원이었던 베네데토 카에타니는 이 아브루치의 샌님을 교황으로 세운 것이 궁여지책에 불과한 것이었음을 알고 있었다. 그것이 이른바 '거창한 사퇴'로 증명되었을 때 이 아나니의 귀족은 보니파시오 8세로서 교황좌(敎皇座)에 올랐던 것인데 교황제가 프리드리히 2세와의 무서운 투쟁으로 얻은 심장병의 중대성을 깨닫기에 이보다 좋은 기회를 얻은 사람은 없었다. 이렇듯 때때로 멈추었던 심장은 환자가 또다시 큰 충격을 받으면 완전히 정지할 수도 있다는 것을 명확히 분별할 수 있었던 보니파시오가 위의(威儀)를 갖춘 프랑스 국왕에게 도전했다는 것은 정신이

---

537. 제1회 십자군을 창도하기 위해 오베르뉴에 체류한 우르바노 2세를 필두로 파스칼 2세, 젤라시오 2세, 칼릭스투스 2세, 인노첸시오 2세, 알렉산데르 3세, 인노첸시오 4세, 그레고리오 10세 등의 교황이 다양한 사유로 프랑스에 체류했고, 보니파시오 8세 이후에 필립의 영향력에 의해 교황이 된 〈클레멘스 5세, 1305~1314〉도 리옹에서 대관(戴冠)한 후 아비뇽에 머물렀다.

온전한 자가 저지른 일로써는 이해하기 어려운 것이다.

힐데브란트 비극의 제4막은 14세기 말에 시작된 종교회의 운동으로 열렸는데, 대분립(大分立)이라는 참상(慘狀)으로 마음이 상한 교황제의 아이들[538]이 그 귀중한 제도를 구하려고 달려온 것은 인노첸시오 4세의 욕심과 교황청의 압제에 대한 우려와 분노가 서구사회의 운명에 대한 염려와 교황의 악행에 대한 양심의 가책으로 강화되었기 때문이다. 힐데브란트나 알렉산데르 3세 시대에 헌신의 정신을 고양했으되 인노첸시오 4세나 보니파시오 8세의 시대에 환멸(幻滅)을 유발한 교황청이 붕괴에 직면했을 때, 각성되어 종교회의 운동으로 귀결된 정신적인 태도는 어버이에 대한 경건한 마음과 도덕적인 비난이 혼재된 것이었다. 교황제를 자살로부터 구제하려는 일에 열중한 개혁가들은 교황제 자체와 기독교 연방의 운명을 염려하여 쓰러져 가는 집을 바로 세우려고 했으나 그것은 이전의 설계를 바탕으로 하는 것이 아니었다. 힐데브란트의 설계가 어떤 것일지라도 그가 세운 것은 후계자들에 의해 머리가 터무니없이 큰 것으로 증축되었고, 그로 인해 로마 사교구는 다른 사교구에 비해 중앙집권적인 독재권으로 높아졌으며, 기독교 연방 인민에 대한 교황청의 비호(庇護)는 납덩어리 옷으로 변해 있었다. 이처럼 머리만 지나치게 커졌다는 것이 교황제(教皇制)라는 큰 집을 쓰러뜨린 결함이었는데, 그에 대하여 구태의연한 방책으로 집을 고치려고 하여 파국을 되풀이한다는 것은 어리석은 일일 것이다. 이로써 알 수 있듯이 종교회의 운동에 있어서 교황제는 위신을 회복할 기회를 얻었으나 그것은 조건부인 것이었다. 이 막에서 교황청과 지방 사교구의 관계는 반전되었던 것인데, 이번에 주도권을 잡아 구조의 손길을 내민 것은 지방이었다. 구조자는 원조를 받는 쪽에 대해 얼마간의 통제력을 갖는 법이므로 재건의 대상(代償)과 보증으로 교황제에 요구된 조건은 교회조직에 의회(議會)와 같은 기구(機構)를 구비(具備)하는 것이었다. 교회의 이력(履歷)에 있어서 이러한 사

---

538. 힐데브란트에 의해 세속권력의 압제에서 벗어난 성직자들, 알렉산데르 3세에 의해 양육된 대학들.

조는 새로운 것이 아니었다.[539] 교황청은 칼릭스투스 2세가 다시 교회로 들이고 영국의 에드워드 1세와 프랑스의 필립 4세가 채택한 이 제도를 적극적으로 적용할 것을 요청받았을 때 지난날의 잘못을 보상하고 앞날의 안전을 도모하려고 거기에 순응하는 것일까? 또다시 교황청 자신과 서구세계의 운명에 대하여 중대한 결정을 내려야 했을 때 교황청은 그것을 거부하여 제한적인 권위로 기독교 연방을 유지하는 것이 아니라 특정된 영역에서 완전한 주권을 보유하는 길을 선택했다. 이 결정은 콘스탄스 총회의에서 1417년이라는 중대한 해에 내려졌는데, 새로 선출되는 교황이 개혁을 심의할 것을 주장한 교황청파(敎皇廳派)는 지기스문트 황제가 개혁을 결정한 후 새로운 규약에 따라 통치할 의무를 지는 교황을 선출해야 한다는 회의파(會議波)의 주장에 동의했을 때 패배를 받아들였다. 이후로 불미스러운 사태를 막으려는 조치들이 무위(無爲)의 것이 되고 〈마르티노 5세〉로 교황이 된 Oddone Colonna가 자의적(恣意的)인 개혁안을 의결한 후 로마로 출발했을 때 서구사회의 진로는 결정되어 있었다.[540] 대항하는 두 종교회의의 결과로 교황청이 지난날 리옹 총회의에서의 승리로 얻은 빛나는 지위를 회복한 것[541]은 이전의 모든 굴욕을 씻어버린 것으로 여겨질 수 있었으나 그 오욕의 역사는 아무런 실제적 의미가 없는 우연이며 앞선 사건과 무관한 불행인 것으로 치부하여 기록에서 지울 수 있는 것이 아니었다. 상술(上述)한 교황제에서 1303년의 몰락이 1274년의 승리에 이

---

539. 그 이유는 총회의가 총주교보다 오래된 제도였고, 힐데브란트 교황제가 종교회의 운동을 의도적으로 부활시켰으며, 잉글랜드와 프랑스가 교황청에 저항할 때 의회의 지지를 얻으려고 했기 때문이다.

540. 조치들은 개혁안이 공포될 때까지 새 교황의 대관을 연기하려고 시도한 것, 교령으로 회의의 재개를 결정한 것, 교황 선거인으로 23인의 추기경에 5개국 대표 30인을 추가한 것. 옷도네 코론나는 교황이 됨과 동시에 요한 23세의 교황청 법원 규정을 열람하고 총회의가 상정하기로 한 문제의 일부만을 규정한 개혁안을 제출했다. 그 법원 규정은 옷도네를 세 대립교황 중 최악인 악폐의 덩어리로 평가했고, 옷도네의 개혁안은 교황에 대한 권고 사항과 교황의 퇴위 요건이 누락된 것이었다.

541. 〈에우제니오 4세, 1431~1447〉 교황은 바젤 총회의(1431~1449)에서 이단자로 단죄되어 폐위되었고, 피렌체 종교회의(1438~1439)에서는 동서교회의 통합을 달성한 신성한 그리스도의 대리로 칭송되었다. 리옹 총회의는 그레고리오 10세(1271~1276)의 재위기에 열린 2차 회의(會議).

어졌듯이 교황청이 마침내 거듭된 승리를 거둔 후 1417년 이전의 교훈을 무시한 것은 재앙을 부르는 일이었다. 이것이 바로 교황 마르티노 5세가 선출된 1417년부터 바젤 총회의가 해산된 1494년까지의 중대한 시기에 교황청이 저지른 잘못이었다. 1417년 이후의 두 교황은 개혁을 위해 나름대로 진지한 노력을 기울였으나 그들의 주된 관심은 교황의 전제적인 권력을 주장하는 것이었으므로 그 노력은 별다른 효과를 거두지 못했다. 교황들은 그 상황에서 종교회의 운동을 통한 개혁이 교황의 대권(大權)에 해를 끼칠 것을 염려하여 그 대의(大義)에 반대하는 쪽으로 기울었던 것인데, 교회의 개혁을 교황의 세력을 강화하는 일에 종속시키려고 했던 그 충동은 교황청과 종교회의 운동을 오해하는 원인이었을 것이다. 교황청은 이 노골적인 힘겨룸에서도 종교회의 운동에 대한 승리에 취하여 힐데브란트 시대 이래의 죄악인 권세욕에 빠져 한 손으로는 지방에 대한 종교적 전제(專制)에 매달리고 다른 손으로는 중부 이탈리아에 영토적인 권력을 구축하고 있었다. 교황들은 이탈리아에서 전제군주의 역할을 담당함으로써 중세 이탈리아 문화의 주조(主調)였던 살생의 자랑에 골몰했던 것인바 그런 분위기로 인해 〈로드리고 보르지아〉는 포학함에 있어 〈발다사레 코사〉를 능가했다. 여우는 또다시 붙잡혔고 교황청은 바젤 총회로부터 100년이 지나기 전에 콘스탄스 총회의(總會議) 이전(以前)보다 나쁜 상태로 전락했다. 교황이 종교회의 운동에 승리한 것은 다윗의 노래와 다름없이 자신의 파멸(破滅)로 바뀐 것이었다.[542] 16세기에 들어 교황청이 기독교 연방의 의회(議會)와 공유(共有)하기를 거부한 권력은 세속 군주들이 무법하게 탈취했는데, 교제(敎制)는 그 군주들을 총회의를 주재하는 교황의 세계적인 권위 속에 머물게 할 수 있었을지도 모른다. 그러나 개혁과 구제에 대한 민중의 열망에 반하여 자기주장을 무모하게 관철함으로써 인민을 이반시킨 교황은 군주들의 손쉬운

542. "삼 일 만에 여로보암과 모든 백성이 르호보암에게 나아왔으니… 우리가 다윗과 무슨 관계가 있느냐 이새의 아들에게서 받을 유산이 없도다 이스라엘아 너희의 장막으로 돌아가라 다윗이여 이제 너는 네 집이나 돌아보라 하고 이스라엘이 그 장막으로 돌아가니라" 〈왕상 12:12~16〉

먹잇감이 되었다. 교황청은 Rehoboam의 길을 구하여 같은 결과를 초래했고 민중은 Jeroboam의 역할을 담당할 자로서 〈헨리 튜더〉를 찾아냈다.[543]

16세기에 교황청이 입은 손실은 놀라운 것이었다. 교황은 이탈리아의 영토 주권자로서 동류인 토스카나나 베네치아와 마찬가지로 알프스 이북이나 바다 저편의 신흥 제국에 압도되었는데, 당시의 교황령은 루이 11세의 프랑스나 헨리 7세의 잉글랜드 및 페르디난드와 이사벨라의 스페인을 포함하는 새로운 세계에서는 왜소한 존재였다. 이 거인들의 무대를 장악하려고 스페인인과 싸워서 굴욕을 당했던 교황청이 이 거인들의 싸움에서 벗어난 당시(當時)에도 인노첸시오 11세의 고통과 피우스 7세의 고난을 예방하지 못했다.[544] 더하여 교회를 통해 세계적인 주권을 주장한 교황은 신교국(新敎國)에서 모든 권력을 빼앗겼고 구교국(舊敎國)에서는 그 8할을 상실했다. 16세기의 이러한 타격은 교황청이 15세기에 초래한 휴브리스의 네메시스였으나 그 자극으로 말미암은 일단의 성자들은 환난 중에 만난 도움[545]으로써 교회를 파멸의 턱밑에서 구출했다. 이 성자들은 콘스탄스와 바젤의 산문적(散文的)인 교부(敎父)의 형체를 흩트리는 존재인바 루이 성왕과 성 토마스 이후로 서구사회에서는 이들에 비견되는 인물이 출현하지 않았다. 성 이그나티우스 로욜라는 이탈리아의 식자들을 엄격한 규율로 묶어 개혁에 봉사하게 했고, 성 테레사와 십자가의 요한은 카르멜 수도회의 금욕적인 생활을 회복시킨 후 신비로운 광명의 세계를 지향했으며, 성 필립보 네리는 가난한 자와 병든 자에 대한 사랑의 규범을 수립하고 사교의 직무에 대한 새로운 규칙을 확정했다.[546] 카를로 보로메오는 교

---

543. Richmond 백작 헨리 튜더는 〈Henry 7세, 1485~1509〉로서 장미전쟁에서 리처드 3세를 타도하고 튜더왕조를 개창, 중앙집권체제를 확립하고 해외 진출과 식민지 개척의 토대를 마련하여 대영제국의 기틀을 다졌다.
544. 인노첸시오 11세는 자신의 즉위를 방해했던 루이 14세의 절대주의에 맞서 싸워야 했고, 피우스 7세는 나폴레옹의 갈리아주의(主義) 때문에 고난을 겪었다.
545. "하나님은 우리의 피난처시요 힘이시니 환난 중에 만날 큰 도움이시라" 〈시 46:1〉
546. 〈Thomas Aquinas, 1224~1274〉는 이탈리아 태생의 철학적 신학자. 〈Ignatius Loyola, 1491

회 행정가로서 완전한 성공을 거두었고, 성 프랑수아 드살은 선교사로서 인도(印度)의 이교도에 대해 대담한 활동을 전개했다.[547] 이 초인적인 사람들이 수행한 사업은 오늘날에도 작동하여 이후로 그 과실이 풍성하게 열릴 것이지만, 교황청이 방사(放射)한 전통의 중압(重壓)은 이 성자들이 추진했던 전진을 일찌감치 저지해 버렸다. 로마 교회는 다시 무기력에 빠졌고, 18세기의 철학과 19세기 자연과학의 충동으로 동요하여 눈을 뜨고는 반혁명적인 활동을 개시했으나 한때 서구사회의 심장이었던 교황청은 이미 피가 말라서 생명의 고동이 끊긴 것으로 보였다. 교황청은 1870년에 이탈리아군이 입성했을 때 영토주권을 상실했었는데, 그 운명에 있어 〈피우스 9세, 1846~1878〉의 시대는 로마가 1527년에 카를 5세의 신교도 용병에 의해 침탈된 클레멘스 7세 시대나 콘스탄스에서 문책을 당한 요한 23세의 재위기와 마찬가지로 위험한 추락의 시기였다. 이 위대한 제도를 이토록 하락(下落)시킨 붕괴와 재건과 후퇴의 이야기를 읽을 때 우리는 경험을 통해 아무것도 배우지 않은 일련의 사례에 놀라게 된다. 하인리히 3세의 지나친 강경함에서 기회를 얻은 힐데브란트 자신도 30년 후에 하인리히 4세를 상대로 동일(同一)한 과오를 범했거니와 인노첸시오 3세는 제4차 십자군의 참혹한 결과를 보고도 알비파에 대한 십자군을 일으켜 똑같이 참혹한 결과를 초래했다. 인노첸시오 4세는 교황청이 독일 국왕을 겸임한 시칠리아 왕의 영향권에 들어 있었던 것과 마찬가지로 프랑스 왕의 동

---

~1556〉는 스페인 귀족, 영성 수련에 몰입하여 1537년에 예수회를 설립했다.

547. 〈Theresia Mgana, 1515~1582〉는 스페인의 아빌라에서 출생한 Carmel 수도회의 수녀, 신의 재림을 체험한 '테레사의 환희'로 유명하다. 〈Saint John of the Cross, 1542~1591〉는 신비주의자, 사제, 성자. 카르멜 수도회 수도사로서 아빌라의 테레사와 교류하여 수도회의 개혁을 주도했음. 〈Saint Philippe Neri, 1515~1595〉는 이탈리아의 사제, 그가 순례자나 병자를 돌보기 위해 설립한 오라토리오 수도회는 신앙생활의 중심이 되었는데, Oratorio(聖譚曲)는 그들이 집회에서 부른 성가에서 유래된 것이다. 〈Saint Charles Borromeo, 1538~1584〉는 밀라노 대사교 교황청 국무장관 등의 직무를 수행하며 개혁에 주력하고, 헌신회를 창립하여 빈민과 병자의 구제에 힘썼다. 〈성 프랑수아 드살, 1567~1622〉은 교회 개혁의 탁월한 지도자, 샤브레에 불어온 신교의 바람을 막아내고 제네바의 주교로 활약했다.

생인 시칠리아 왕의 손아귀에 들어갈 수 있다는 것을 헤아리지 못했다. 보니파시오 8세는 물리적인 힘을 갖추지 않고 권리를 주장하는 것은 롬바르디아와 교섭을 시도했던 프리드리히 1세의 사례와 같이 프랑스와의 절충에 임하는 자신에게 치명적인 것이 되리라는 것을 깨닫지 못했고, 마르티노 5세와 에우제니오 4세는 종교회의 운동을 저지함에 있어 지난날 프랑스와 잉글랜드의 사례[548]를 보고도 기독교 연방에 의회가 결성되면 그것이 교황제를 수호하는 방패가 될 수 있다는 것을 깨닫지 못했다. 더하여 〈율리오 2세, 1503~1513〉는 프리드리히 2세가 의지한 이교적(異敎的)인 술책과 무력(武力)이 그를 무찌른 교황청을 지켜줄 것이 아니라는 것을 깨닫지 못했는데, 전체적으로 본다면 교황청은 르네상스와 종교개혁을 겪은 경험에도 불구하고 18세기 이후에 새로운 사조(思潮)인 민주주의와 자연과학에 대응함에 있어 더 현명해진 것도 아니었다. 이러한 기록을 응시할 때 우리는 교황제가 쇠망의 오랜 과정에서 겪은 일련의 고난을 보고도 놀라지 않는 것인데, 바빌론 포수와 대분립과 종교개혁 및 이탈리아 통일운동은 힐데브란트가 심은 나무의 마지막 과실(果實)일까? 그렇다고 한다면 창조성의 네메시스는 그것이 승리에의 도취라는 형태를 취할 때 가장 강력해진다. 힐데브란트 교황제의 비극은 페리클레스 아테네의 비극인바, 아테네는 아케메네스조의 압제로부터 구원한 자매국(姉妹國)을 압박하는 자가 되었고 교황청은 세속군주의 압박에서 구원한 자매교회(姉妹敎會)의 압제자가 되었다. 이 두 비극에서 주역의 역할은 역전을 이루고 있다. 그리고 어느 쪽에서나 그 변화는 모두 내면에서 일어나는 정신적 붕괴의 겉으로 드러나는 징조로 나타난다. 헬레닉 사회의 극(劇)에서 죄와 벌로 인한 폐해는 피해자의 고뇌와 악역의 타락에 머무는 것이 아니라 그들의 무대인 문명을 좌절시킬 때까지 계속되었다.

---

548. 프랑스의 필립 4세와 잉글랜드의 에드워드 3세는 교황청에 반항하기에 앞서서 신중한 계획으로 의회의 지지를 얻어 세력을 강화했었다는 것.

그렇다면 우리 자신이 관객인 동시에 출연자인 서구사회의 극에서 힐데브란트 교황제의 죄와 벌은 이 사회의 역사에서 같은 결과를 초래하는 운명에 있는 것일까? 이제 정신적 황폐에 빠진 우리 세계를 살필 때 우리는 7세기에 걸쳐 누적된 교황제의 과오(過誤)와 실패(失敗)가 우리에게 초래한 폐해가 어느 정도의 것인지를 측정할 수 있다. 그리고 그로써 얻은 지식은 교황제가 범한 최대의 죄는 여타의 모든 죄악에 우선하여 교황제 자신에 대한 것임을 알게 한다. 교황제는 그런 범죄를 통해 자살하는 일에 진력(盡力)했고 자신에게 가한 타격을 통해 우리 사회에 더욱 사악한 영(靈)을 끌어들였다.[549] 종교개혁 이후에 서구사회의 역사에 추가된 400년 동안 여로보암이 지은 죄는 다윗의 자손들이 왕국의 9할을 찬탈자에게 넘긴 죄보다 중대한 것이었다. 이 후세의 여로보암이 서구세계에 놓아둔 금송아지는 전체주의 국가인데, 이야말로 그들이 우리에게 신령한 이들의 신을 대신(代身)하여 숭배하도록 강요하고 있는 제신(諸神)이다.[550] 오늘날 이 거짓 선지자들이 힐데브란트의 대좌(臺座)에 앉아 있지만 그들의 위임통치(委任統治)는 영구히 계속될 것이 아니며 이것으로 분명한바 우리의 운명은 예정된 것이 아니다. 이 찬탈자들이 집어 든 잔은 교황제가 굴욕의 잔을 찌꺼기까지 들이마시던 시대에 차서 넘쳤으며, 운명의 수레바퀴는 1870년의 사태로 한 회전을 끝내고 힐데브란트 이전의 정세로 돌아갔다. 기나긴 역경의 홍수 속에서 교황청을 영락(零落)에 빠뜨릴 휴브리스는 쓸려갔을 것인바, 이탈리아의 내셔널리즘과 독일의 국민주의적인 투쟁으로 인해 종말을 맞은 것으로 보였던 가톨릭은 최고의 여로보암인 비스마르크와 싸워서 얻은 승리로 그 소모전(消耗戰)을 종결했다. 가톨릭 신앙은 이후로 프랑스의 국가

---

549. "이에 가서 저보다 더 악한 귀신 일곱을 데리고 들어가서 거하니 그 사람의 나중 형편이 전보다 더욱 심하게 되느니라 이 악한 세대가 또한 이렇게 되리라"〈마 13:45〉

550. "이에 계획하고 두 금송아지를 만들고 무리에게 말하기를 너희가 다시는 예루살렘에 올라갈 것이 없도다 이스라엘아 이는 너희를 애굽 땅에서 인도하여 올린 너희의 신들이라 하고 하나는 벧엘에 두고 하나는 단에 둔지라 이일이 죄가 되었으니 이는 백성들이 단까지 가서 그 하나에게 경배함이더라"〈왕상 12:28~30〉. '신령한 이들'은 베네딕투스, 그레고리우스, 힐데브란트, 성 프란체스코.

주의에 대한 싸움에서도 패배하지 않았는데, 그것으로 프랑스의 미래는 이데올로기의 반종교적인 관념이 아니라 19세기에 프랑스와 피에몬테에서 활동한 성자들의 정신적인 영향에 결부되어 있음이 밝혀지고 있었다. 〈장 바티스트 마리 비아네〉의 성품(聖品)은 주임사교로서의 삶 속에 나타나 있었고, 〈요한 보스코〉의 그것은 사회 사업가의 생활로 드러났으며, 〈베르나데타 수비루〉의 품격(品格)은 프롤레타리아트의 아이들을 돌보는 것으로 표출되었다. '작은 꽃'이었던 〈테레즈 마르탱〉은 그것을 시민계급의 자녀들을 받드는 것으로 입증했는데, 세속주의의 홍수 속에서 이러한 성자들이 출현한 것은 심원한 정신적 운동으로서 교회가 독일과 프랑스의 이데올로기적인 공격에 맞서서 거둔 성공에 반영되어 있었다. 이후로는 이 전초전(前哨戰)인 전투에서 이긴 쪽에서 세속주의에 대한 정정당당한 싸움에 돌입하고 있는 것으로 여겨지는바, 이 싸움이 정말로 다가온다면 서구(西歐)의 운명은 그에 의해 좌우될 것이다. 이 결단에 임하여 그리스도로 옷 입어 유업(遺業)을 이을 자와 복음(福音)으로 말미암아 함께 할 이방인이 우리와 함께 '그리스도의 대리'에게 그 거창한 칭호에 어울리는 행동을 요구하는 것은 정당한 일이다.[551] 우리 조상은 로마의 사도(使徒)에게 서구 기독교 세계의 운명을 위탁했는데 종이 주인의 뜻대로 행하지 않아서 많이 맞은 것은 그들에게 영혼을 맡긴 자들을 마찬가지로 엄히 때린 것이었다.[552] 주인이 늦게 오리라고 생각한 종의 휴브리스에 대한 벌은 우리에게 내

---

551. "누구든지 그리스도와 합하기 위하여 세례를 받은 자는 그리스도로 옷 입었느니라"〈갈 3:27〉, "너희가 그리스도의 것이면 곧 아브라함의 자손이요 약속대로 유업을 이을 자니라"〈갈 3:29〉, "이는 이방인들이 복음으로 말미암아 그리스도 예수 안에서 함께 상속자가 되고 함께 지체가 되고 함께 약속에 참여하는 자가 됨이라"〈엡 3:6〉, "알지 못하고 맞을 일을 행한 종은 적게 맞으리라 무릇 많이 받은 자에게는 많이 요구할 것이요 많이 맡은 자에게는 많이 달라 할 것이니라"〈눅 12:48〉

552. "만일 그 종이 마음에 생각하기를 주인이 더디 오리라 하여 남녀 종들을 때리며 먹고 마시고 취하게 되면 생각하지 않은 날 알지 못하는 시각에 그 종의 주인이 이르러 엄히 때리고 신실하지 아니한 자의 받는 벌에 처하리니 주인의 뜻을 알고도 준비하지 아니하고 그 뜻대로 행하지 아니한 종은 많이 맞을 것이요"〈눅 12:45~47〉

려졌는데 우리가 누구이건 우리를 그러한 궁지에 빠뜨린 자는 우리를 구해낼 책임이 있다. 다윗은 Eliab의 힐문에 대해 변명할 수 없었으나 전에 자기의 양떼를 버린 다윗 외에 사자와 곰을 쳐 죽이고 어린 양을 구해낼 힘과 용기를 가진 자가 있는 것일까?[553] 할 일을 게을리한 우리의 다윗은 또다시 싸움터로 나가서 르호보암이 헤쳐놓은 것을 모으고 여로보암이 분할한 것을 통합할 것인가? 그리고 일체가 죄와 오욕인 이 중대한 순간에 제2의 힐데브란트가 나타난다면 그 구원자는 고뇌에서 우러나는 예지(叡智)로써 승리에 치명적으로 도취(陶醉)되지 않도록 미리 대비할 것인가?

---

553. "큰형 엘리압이 다윗이 사람들에게 하는 말을 들은지라 그가 다윗에게 노를 발하여 이르되 네가 어찌하여 이리로 내려왔느냐 들에 있는 양들을 누구에게 맡겼느냐 나는 네 교만과 네 마음의 완악함을 아노니 네가 전쟁을 구경하러 왔도다" 〈삼상 17:28〉, "내가 따라가서 그것을 치고 그 입에서 새끼를 건져내었고 그것이 일어나 나를 해하고자 하면 내가 그 수염을 잡고 그것을 쳐 죽였나이다" 〈삼상 17:35〉

# 제5부

# 문명의 붕괴

# A. 문명 붕괴의 문제

앞에서 발육이 정지된 문명을 단서로 삼아 문명의 성장을 하나의 연구과제(硏究課題)로 설정한 것과 마찬가지로 화석화된 문명은 우리에게 문명의 붕괴를 하나의 문제로 고찰해야 할 당위성(當爲性)을 제공한다. 화석화된 문명의 전형적인 사례는 이집트 문명의 일장(一章)에서 발견되는데, 헬레닉 사회가 걸었던 길에 비추어 볼 때 이집트 사회는 좌절에 빠진 후 붕괴의 세 번째 국면에서 이상하게 이탈한 후 사멸되기를 거부하여 선고된 사형집행에 반항함으로써 그 유예기간을 두 배로 늘리기에 성공했다. 이집트에 있어서 힉소스인의 침공으로부터 그 문화의 흔적이 완전히 사라진 때까지의 2천 년은 이집트 문명이 탄생으로부터 완전한 붕괴에 이르기까지 지나온 기간에 맞먹는 것인데 이집트 문명이 누린 그 이상한 장수(長壽)는 값비싼 대가를 치른 것이었다. 운명으로부터 무리하게 탈취한 그 기간에 있어서 이집트의 생활은 말하자면 죽음 속의 삶이었던 것이며, 그 여분의 2천 년은 이전의 같은 기간에 활동적이고 뜻있는 생활을 운영해 온 문명이 화석으로 바뀌어 목숨만 부지했던 기간이다. 이집트 사회에서 마주치는 이 이상한 석화(石化)의 사례는 자체적으로도 헬레닉 사회가 시사하는 문명의 여정[554]이 필연이라고 하는 가정을 배척하기에 충분하지만 석화의 예는 이집트 사회에 국한되어 있는 것이 아니다. 극동문명은 좌절에 따른 붕괴에 있어서 동란시대를 거쳐 세계국가로 들어가기까지는 보통의 경과를 거쳤으나 세계국가 이후의 단계에서는 격렬한 반응으로 인해 갑자기 그 진행이 중단되었다. 남중국인이 홍무(洪武)의 지도에 따라 몽골인이 수립한 세계국가에 맞섰던 저항은 테베인이 제18왕조를 창건한 〈아모시스〉에 호응하여 힉소스인에게 대항한 것과 유사한데, 중국의 극동사회도 이집트 사회와 마

---

554. 좌절 뒤에는 붕괴가 뒤따르며 그것이 곧바로 멸망을 초래한다는 것.

찬가지로 세계국가 이후의 공백시대(空白時代)와 붕괴기를 거쳐 멸망하는 대신 석화한 형태로 살아남았다.[555] 그러나 극동사회가 석화된 상태로 지내온 기간이 이집트의 그것보다 크게 짧고 이집트가 극도로 노쇠했음에도 숱한 풍파를 견디며 1500년이나 존속했던 것을 상기할 때 우리는 오늘날 석화한 극동사회가 절멸의 위기에 봉착해 있다고 단언하기 어렵다. 더하여 이집트와 중국의 석화된 역사가 시사하는바 문명의 좌절에 곧바로 멸망으로 연결되는 붕괴가 뒤따른다는 결론에 반하는 증거가 발견된다. 우리가 1부에서 식별한 10개의 문명이 독립적인 사회로는 완전하지 않다는 쪽으로 정해지면[556] 그중에서 9개의 문명은 이집트나 중국과 같은 사례로 분류할 수 있다. 이것으로 본다면 석화한 문명은 11개가 되는 것이지만 석화의 예를 이렇게 늘리는 것은 당해 문명의 독립성을 부정하는 것으로서 이 연구에 여러 가지 귀찮은 문제를 제기한다. 그러므로 탄생한 후 성장으로 이행하기에 성공한 문명의 수를 21개에서 10개로 줄이는 시도는 포기해야 하지만 우리는 위에서 찾아낸 두 표본을 보충하는 사례를 인도문명과 시리악 문명에서 파생된 몇 개의 화석에서 찾을 수 있다.[557]

이러한 증거들은 좌절한 문명의 붕괴가 필연적인 것이 아니라는 사실을 입증하기에 충분한 것으로 여겨진다. 붕괴의 정상적인 진행이 석화에 의해 상도(常道)에서 벗어나는 사례는 그 자체를 하나의 문제로 제기하기에 충분하리만큼 다양하고도 현저하다. 붕괴가 곧장 멸망으로 이어진 헬레닉 사회도 석화

---

555. 홍무제 주원장이 몽골인을 몰아낸 1368년은 지금으로부터 6세기 전이므로 중국의 극동사회가 석화된 상태로 지내온 기간은 이집트의 그 기간에 비교되지 않는다.

556. 극동사회와 그 한국 및 일본 분지는 중국사회의, 정교 기독교 사회와 그 러시아 분지는 헬레닉 사회의, 이란 및 아라비아 사회는 시리악 사회의, 멕시코와 유카탄 사회는 마야사회의, 힌두사회는 인도사회의, 바빌로닉 사회는 수메릭 사회의 시든 줄기라는 것.

557. 두 표본은 BC 1580년 이래의 이집트 사회와 1368년 이후의 극동사회. 보충하는 사례는 〈인도문명의 석화된 단편인 자이나교도, 실론 버어마 샴(타일랜드) 등지의 소승불교도, 티벳과 몽골의 라마파 대승불교도〉, 〈시리악 문명의 화석인 파르시인, 유대인, 네스토리우스파, 그리스도 단성론〉

할 위험에 봉착한 단계가 있었는데, 그 위험은 안과 밖에서 일어난 두 사변(事變)에 의해 타파되었다. 제정시대(帝政時代)의 헬레닉 사회는 다행히 교회(敎會)와 만족(蠻族)에 눌려 숨을 쉬지 못한 덕택으로 이 무서운 운명에서 해방되었으나 그것은 다행스러운 결말이며 모든 경우에 늘 그렇게 된다는 법은 없다. 생명이 있는 한 언제나 Atropos[558]의 친절하되 무자비한 가위에 잘리는 대신 점점 경화되어 죽음 속의 삶이라고 하는 마비(痲痺)에 빠질 가능성이 있는 것이다. 그리고 서구사회도 그럴 수 있다는 염려는 뛰어난 한 역사가의 마음을 괴롭게 했다. "우리에게 다가오는 위험은 세계적인 전체주의 국가이다. 이전의 무정부 상태를 타파하는 것으로 환영받는 독재체제는 정신적인 석화를 초래하는 바 그것은 형이상학적인 활동에 있어서 죽음을 의미하는 무서운 사태이다. 우리 시대의 독재자는 강력한 과학적 수단에 의해 확고한 통제력을 행사하게 될 것이므로 그로 인한 사회적 석화는 로마제국이나 중국의 그것을 크게 능가할 것이다. 서로 싸우다가 공멸하는 근간의 전쟁을 끝내는 방법을 찾지 않는다면 이것이 우리의 전도에 도사리고 있는 무서운 운명인 것이다. 그러나 고려해야 할 것은 교회가 엄존하고 있다는 것인데 다가오는 세계국가에 의해 순교(殉敎)를 당하겠지만 이전에 로마제국을 굴복시켰던 교회는 다시금 순교를 통해 그 세계국가를 타도할지도 모른다"[559] 이 반성에 가까운 분석은 문명의 붕괴가 별건(別件)으로 고찰해야 할 하나의 문제를 제공한다는 것을 말해주고 있다.

---

558. 세 여신(女神)인 〈Clotho, 일생의 실을 짓는 자〉〈Lachesis, 실을 할당하는 자〉〈Atropos, 실을 자르는 자〉를 통칭하는 〈Moirai, 모이라이〉는 '할당된 몫'을 의미한다.
559. 〈매콜레이〉의 「역사」 및 〈에드윈 베번〉의 「서간」을 참조할 것.

# B. 문명 붕괴의 성질

문명의 붕괴를 하나의 연구과제로 성립시키는 석화와 마찬가지로 붕괴의 성질을 나타내는 갖가지 현상이 이전의 연구에서 부수적인 성과로 포착된 바 있다. 헬레닉 사회에서 솔론의 경제혁명이 정치에 미친 영향을 고찰할 때와 이집트 사회가 신격화된 국왕이라는 사회적 중하(重荷)를 벗어던지는 것과 뒤를 이은 사회적 기생자[560]의 압제를 면하기에 실패한 경위를 살필 때 그 실례에 마주했던 것인데, 이들 역사의 한 장은 문명의 성장과 그 붕괴의 성질에서 기인하는 모종의 유사(類似)와 상위(相違)를 명백하게 한다. 우리는 문명의 성장이 반복적으로 연출되는 도전과 응전이라는 드라마의 연속이라는 형태로 분석되며, 그 드라마가 반복되는 것은 필연적인 것으로서 성공적인 응전이 새로운 사태를 초래할 때 그에 맞춰 새로운 도전이 생성되기 때문이라는 사실을 알아냈다. 이처럼 문명 성장의 본질은 일종의 Elan(약동)인바 이 엘란이 도전에 직면한 인간을 궐기(蹶起)시킨 후 효과적인 응전의 평형을 지나 다시 불균형을 낳고 그로 인해 새로운 도전이 제기된다. 문명의 발생에서 일어나는 도전과 응전의 한 과정을 성장의 개념에 포함되는 반복(反復)과 재현(再現)의 리듬으로 변화시키는 것은 이 불균형의 요소인 것이다. 붕괴의 개념 속에는 이 반복 내지는 재현이라는 요인이 포함되어 있는데 붕괴는 일회적인 행위가 아니라 일련의 과정이라는 점에서 성장의 개념과 유사하다. 우리는 문명 붕괴의 성질을 드러내는 예증 속에서 문명의 성장에서 포착한 것과 같은 리듬을 인식하는 것인바 여기에서는 도전과 응전의 드라마가 연출될 때마다 성공(成功)과 증진(增進)이라는 용어를 실패(失敗)와 감퇴(減退)라는 말로 바꿔야 한다. 붕괴의 진행에 따른 일단의 패배는 드라마의 각 단편이 부단한 연속을 이룬다는 점에

---

560. 학자, 신관, 군인.

서 성장을 구성하는 잇따른 승리와 비슷하다.[561] 이 리듬의 반복이라는 점에서 문명 붕괴의 성질은 문명 성장의 성격과 흡사하지만, 우리가 살핀 사례(事例)는 그 유사점에 못지않게 현저하고도 중대한 차이를 나타내고 있다. 도전과 응전의 반복으로 이루어지는 극이 하나의 연속을 이루되 그 극이 이전에 상연된 극의 연속이라는 사실은 매회에서 같은 줄거리의 극이 상연된다는 것을 의미하는 것이 아니다. 그리고 성장이 유지되는 한 도전은 극복되는 것이므로 성장 과정에서 특정한 도전이 반복적으로 나타나는 일은 없다. 이에 반해 제기된 도전에 성공적인 응답을 제공하지 않거나 그로 인해 효과적으로 응전할 능력이 없음을 드러낸 사회에 대해서는 그 도전이 사회의 파멸을 초래할 때까지 반복적으로 모습을 드러낸다. 그리하여 붕괴하는 문명에서는 문명의 성장에 광휘(光輝)와 생명을 부여하는 일련의 변화가 무자비한 획일성으로 대체되는데 이 다양화(多樣化)가 아닌 강화(强化)는 연속된 극의 단조로움을 회피하는 변화로 나타난다. 그래서 이후로 비극의 모든 상연은 첫 좌절이 일어난 때부터 지녀온 것과 같은 도전이 제기되며 답을 얻지 못한 도전은 그에 대한 응전이 실패할 때마다 강도를 더하여 끝내는 패배를 반복하는 혼을 사로잡아 압도하게 된다. 이처럼 문명의 붕괴는 문명의 성장과 마찬가지로 연속적이고도 누적적인 과정인데 일별(一瞥)한바 문명의 붕괴를 다룰 때는 문명의 성장을 살필 때 적용하기를 주저했던 공간적인 비유를 편리한 방편으로 이용할 수 있을 것이다. 그럴 때 붕괴가 향하는 방향은 매우 명백한 것으로 생각할 수 있을 것인데, 문명의 붕괴는 죽음 속의 삶을 살던 문명이 소멸하는 것으로서 유예나 석화가 없는 무자비한 형벌을 수반하는 패배를 지향하는 것일까? 문명 붕괴의 성질에 대한 이 진단이 시사하는 것은 좌절을 겪은 문명은 시간의 차이는 있을지라도 필연적으로 파멸할 운명에 놓여 있다는 것이다. 이 판단이 옳다면 문명의 붕괴에 대한 선고는 "굴복하라 달리 길은 없다"라는 루크레티우스의

---

561. 우리는 이 과정을 헬레닉 사회와 이집트 사회에서 펼쳐진 도전과 응전의 드라마에서 살폈다.

숭고하고도 냉혹한 선포일 것이다. 그러나 우리의 판단이 궁극적인 진리에 입각한 것이 아님을 고려할 때 이 유명한 선고를 받아들이는 것은 합당치 않다. 그러므로 "마지막을 보라"는 솔론의 경구에 주목할 때 헤로도토스가 전한 솔론의 말과 마찬가지로 "주께서 그 사랑하시는 자를 징계하시고 그가 받아들이시는 아들마다 채찍질하심이라"는 것이 궁극적인 진리일 것이다.[562] 지금 매를 맞고 있는 아들도 다음 막에서 시련을 극복하여 주에게 거두어들임을 받을지 모르므로 우리는 붕괴의 모든 과정을 외적인 형태로부터 내적인 경험에 이르도록 살피기 전에는 문명 붕괴의 성질에 대하여 종언(終言)할 수 없다.

---

562. "신은 많은 사람에게 뿌리도 가지도 없애기 위해 잠시간의 행복을 맛보인다" 「헤로도토스 1권」 〈히 12:6〉를 참조할 것.

# C. 문명 붕괴의 과정

## 1. 붕괴의 기준

### 1) 방침(方針)

문명의 붕괴와 성장은 이처럼 유사한 점이 있으므로 우리는 이 연구에 있어서 성장의 과정을 살필 때 사용했던 방법[563]을 활용할 수 있다. 하나의 다른 점은 앞에서 이미 문명 성장의 기준은 환경에 대한 지배력의 증대에 있는 것이 아닌 동시에 그 지배력의 상실이 문명 좌절의 기준이 아니라는 사실을 확인했으므로 앞에서의 모든 탐구를 되풀이할 필요가 없다는 것이다. 경험적인 조사의 결과로서 환경에 대한 지배력의 변화와 붕괴 중인 사회의 역사적 변화 사이에 어떤 연관성이 있다 하더라도 환경에 대한 지배력의 증대는 성장에 따르는 현상이 아니라 좌절이나 붕괴에 수반하는 현상이라는 것은 분명한 사실이다. 사회의 좌절을 빚어내고 그 결과로 말미암는 붕괴가 진행됨에 따라 격렬함을 더해가는 분쟁(紛爭)은 문명의 발생이나 성장에 따른 활동보다 다른 사회나 자연에 대한 지배력을 증대하는 효과가 크다. 좌절한 문명이 처한 상황에서는 "싸움은 만물의 아버지다"라는 말이 진실인 경우도 있지만[564] 이미 구제할 길이 없는 분열에 빠진 사회는 전쟁을 통해 획득한 자원을 재차 전쟁이라는 불길한 사업에 투입하는 것이 통례[565]이기 때문에 환멸이 다가오는 것은 시

---

563. 문명의 성장 과정을 살피기 전에 문명 성장의 기준을 탐구한 것.

564. 이오니아 철학자 〈헤라클레이토스〉의 「단편(短篇)」 동족상쟁에 전념하는 것은 이웃을 정돈하게 될 군사적 용맹성을 증진하며 자연에 대한 지배를 획득하는 열쇠인 군사적 기술을 발전시키는데, 권력과 재력으로 인간의 번영을 측정하는 대중은 사회의 비극적인 조락(凋落)이 시작되는 그 시기를 성장의 절정에 이른 시기로 환영한다.

565. 알렉산더가 아케메네스 제국을 정복하고 죽었을 때 그가 획득한 인적, 물적 자원이 후계자들이 벌인 내전에 투입된 것. 헬레닉 사회의 패권을 장악한 로마로 들어온 모든 자원이 아우구스투스가 평

간의 문제일 뿐이다.

이처럼 환경에 대한 지배력의 증대는 신의(神意)가 붕괴기의 사회에 제공하는 것으로서 정기(正氣)를 상실한 사회가 스스로 선택한 자멸을 촉진하기에 이바지될 뿐이다. 이 이야기의 골자(骨子)는 "죄의 대가는 죽음이다"라는 선언[566]의 단순한 예증이므로 문명 붕괴의 기준은 다른 곳에서 찾아야 하는데, 그 단서를 제공하는 것은 환경에 대한 지배력 증대의 본질인 사회적 분열과 분쟁의 양상이다. 이는 상고한 바 문명 좌절의 궁극적인 원인은 문명이 그로 인해 자결의 능력을 상실한 내적 불화라는 점에서 마땅히 예기되는 일이다. 이 불화의 일부는 사회적 분열이라는 형태를 취하여 좌절된 사회에 두 방향의 분열-지리적으로 격리된 공동체가 일으키는 세로의 분열, 혼재하되 사회적으로 격리된 각 계급이 유발하는 가로의 분열-을 초래한다. 세로의 분열에서는 사회체가 여러 지역적인 국가로 쪼개지는 분화(分化)가 명목으로만 같은 사회인 국가 간의 강도를 더해가는 전쟁을 초래하는데, 이 전쟁은 빈사(瀕死)의 상태로 살아남은 마지막 승자가 최후의 결정적인 타격으로 쓰러지기 전에 그 사회적 정력을 완전히 소모하게 한다. 사회적인 불화가 세로로 분열된 국가 사이에서 일어나는 전쟁으로 귀결된 여러 사례를 보았거니와 거기에서 우리는 좌절을 자초했음이 분명한 16개의 사례 중 14개에서[567] 이웃과의 전쟁이라는 범죄에 열중한 것이 자살적인 행동의 근간이었다는 사실을 확인했다. 그러나 사회가 분열을 일으키는 것은 문명 특유의 것이 아니라 모든 사회에 공통된 현상이라는 점에서 본다면 세로의 분열 자체가 문명의 좌절을 초래하는 사회적 불화의 전형적인 형태라고 단정할 수 있다. 문명국가라는 것은 미개 부족을 확대하고

---

화를 수립하기까지 계속된 내전에 소비된 것. 콩키스타도르의 전리품이 자신들의 내분을 위한 군자금으로 낭비된 후 스페인 왕이 유럽에서 일으킨 전쟁에서 포구(砲口)를 통해 날아간 것. 공업화를 달성한 서구사회가 세계에서 얻은 일체의 자원이 1차 세계대전으로 소비된 것.

566. "죄의 삯은 사망이요 하나님의 은사는 그리스도 예수 우리 주 안에 있는 영생이니라" 〈롬 6:23〉
567. 두 개의 예외는 일시적인 제도를 우상화한 이집트 문명과 종교의 분열을 일으킨 이란문명이다.

그 성능을 향상한 것에 불과한 것이며 세로의 분화는 문명이 미개사회에서 계승한 유산의 한 부분이다. 문명국가 사이의 전쟁은 미개 부족들의 미약하고 산만한 싸움과 달리 무서운 파괴력을 지니고 있는데, 상호 간의 살육전이라는 자살 방법의 본질은 자멸의 위험을 지닌 도구를 남용하는 것이다. 이에 반해 사회적 계급에 따른 가로의 분열은 미개사회에서는 일어나지 않는 문명사회 특유의 것으로서 문명의 발생과 성장의 과정이 아니라 그 좌절과 붕괴의 국면에서 일어나는 현상이다. 우리는 서구사회의 기원을 밝히려는 연구에서 전단(戰團)과 교회, 문명의 모자관계(母子關係)를 말하는 세 징표, 창조력을 상실한 지도자와 지배적 소수자를 살피는 형태로 이 가로의 분열에 직면했었다. 거기에서 우리는 전단과 교회라는 두 제도는 서구사회의 일부가 아니라 헬레닉 사회의 역사로 설명되는 것임을 알았고, 이어서 내외의 프롤레타리아트로서 교회와 전단의 창조자를 말했다. 다음 단계에서는 그 두 제도에 로마제국을 더한 세 제도를 문명의 모자관계를 나타내는 표징으로 삼아 우리가 문명이라고 명명한 사회의 표본을 최대로 확인했다. 그를 통해 내외의 P는 동란 중에 헬레닉 사회체에서 분리되는 것으로 출현했는데, 그 분리는 헬레닉 사회의 창조적 소수자가 지배적 소수자로 바뀐 것으로 촉발되었음이 밝혀졌다. 그 지배적 소수자는 창조적인 권위와 우월적인 지위를 차지할 재량이 없었음에도 지도자의 지위를 계승한 후 권좌를 지키기 위해 노골적인 억압을 자행했는데 그 그릇되고도 가당치 않은 정책은 분리된 P들을 반항으로 몰아갔다. 마침내 전단과 교회의 창조라는 결과를 낳은 그 분리는 지배적 소수자의 채찍과 박차(拍車)를 가하는 고통에 대한 반발이었다. 지배적 소수자들은 프롤레타리아트들이 전단과 교회를 키워가는 동안에 그릇된 방법으로 사회를 지키려고 하다가 실패했으나 자기들의 기념비를 로마제국이라는 형태로 후세에 남겼는데 P들이 창조한 제도가 발달한 세계에 그 강대한 체제가 존재했다는 것은 그 제도들의 발흥에 있어서 무시할 수 없는 요인이었다. 헬레닉 사회의 지배적 소수자를 둘러싼 거대한 별갑(鼈甲)이었던 이 세계국가는 교회에 대해 보호하는 방패인 동시에 타파해야 할 중하(重荷)로 작용했고 만족에는 그 등껍질 위에서 실력을 기르면서 전단을 키워가는 모루(母壘)로 작동했다. 끝으로 그 과정에서 우리는 지도적 소수자가 창조적 자질을 상실하는 것과 대중을 유인하는 매력을 잃는 것의 인과관계를 분별하려고 했으며 거기에서 창조적 소수자가 대중을 이끄는 방법으로 사회적 훈련이라고 하는 편법을 사용하는 것을 지적했다. 이러한 면으로 볼 때 마침내 P들의 분리로 끝나는 소수자와 다수자의 알력은 억지로 맺어온 연줄이 끊긴 탓으로 말미암는 결말이다. 미메시스라는 연줄이 모든 기계적 수단의 속성-복수심을 품은 수동적인 복종-에 의해 언제든지 끊어질 위험을 안고 있었던 것을 생각하면 소수자의 창조성이 고갈됨에 따라 그것이 끊어지는 것은 놀랄 일이 아니다.

이와 같은 고찰이 우리 손에 잡힌, 좌절된 사회에서 가로의 분열을 살펴나가는 실마리가 되므로 우리는 이 실들을 꼬아 한 가닥의 굵은 줄을 만드는 것으로 이 연구를 진전시킬 수 있다. 첫째로는 분열에 의한 사회의 세 단편을 더욱 면밀하게 살필 것인데, 그러면 우리가 헬레닉 사회의 역사에서 본 그것들을 다른 사회에서도 확인할 수 있을 것이다. 다음에는 성장의 과정을 연구했을 때와 같이 Macrocosm에서 Microcosm으로 눈을 돌려 분열의 외적 측면인 사회적 불화의 증대에서 나아가 그 내적 측면인 정신적 혼란의 증진을 살필 것이다. 붕괴의 이 두 기준을 탐구하면 붕괴가 이루어지는 과정이 탄생의 반복이나 재생이라는 결과로 증진된다고 하는 역설적인 발견에 도달할 것이다. 그러면 그 Paradox에 주목한 후 붕괴의 분석에 착수할 것인데, 먼저는 붕괴하는 문명과 그 구성원 개인의 관계를 살피고 다음에 그를 통해 붕괴에 휩싸인 개인들의 상호적인 작용을 살피기로 하자. 그 이후에 과정 전체를 돌아볼 수 있게 되면 해체로 말미암는 변화와 성장에 따르는 변화는 그 질적 성격이 정반대라는 사실을 발견하게 될 것이다. 앞에서 보았듯이 과정에 있어서 성장하는 개개의 문명은 저마다 다른 것으로 되어가는 것인데, 여기서 우리는 붕괴가 하나의 과정으로서 문명의 질에 미치는 효과는 그것과 반대인 표준화라는 것을 확인할 것이다. 더하여 좌절된 문명은 성장기에 발현한 고유의 경향성을 가지며 좌절에 봉착하는 시기에 차이[568]가 있지만 좌절에 따른 붕괴에서는 그 과정이 표준화되는 경향이 있다는 것을 알게 될 것이다. 붕괴하는 사회는 가로의 분열에 따라 지배적 소수자와 내·외적 P라는 세 단편으로 갈라지며 그 결과로 각각의 특유한 제도로서 세계국가와 세계교회 및 만족전단을 창조한다. 문명 붕괴의 연구를 포괄적으로 하려면 이들 제도의 창조자들만이 아니라 제도 그 자체에도 주목해야 하지만 탐구의 이 부분에서 그 모두를 살피면 이 연구가 지나치게 방대해지므로 그에 대한 고찰은 별도의 항목으로 수행하는 것이 편리할 것이다. 이들 세 개의 제도는 붕괴과정의 단순한 산물이 아니라 문명들의 상호적인 관계에 있어서 모종의 역할을 하는 경우가 있다. 세계교회를 살필 때 그것은 그것이 묘상(苗床)으로 삼은 문명의 테두리 안에서 완전히 이해될 수 있는 것일까 하는 의문 또는 그것이 문명에 대하여 문명이 미개사회와 다른 것과 같은 정도로 상이한 하나의 종(種)일지도 모른다는 의문을 불러일으킬지도 모른다.

이상의 문제는 우리의 시계 안에서 역사연구가 우리에게 제시하는 가장 중대한 문제의 하나일 것이다. 그러나 이 문제는 지금 대체적인 윤곽을 밝힌 연구의 끝부분에 등장하는 문제일 것이므로 우리는 이 탐구에 있어서 우리의 출발점, 즉 좌절한 문명이 세 개의 단편으로 갈라지는 가로의 분열로 되돌아가지 않으면 안 된다.

---

568.  미노스 이후의 공백기에 출현한 시리악 문명과 헬레닉 문명 및 헬레닉 문명을 공동의 모(母)로 하는 정교 기독교 문명과 서구 기독교 문명에서 나타나는 차이. 성장기의 길이가 성향이 비슷한 문명 간에도 이처럼 다르다면 문명이 성장하는 기간은 애당초 미리 정해져 있는 것이 아니다.

## 2) 분열(分裂)과 재생(再生)의 운동

앞에서 헬레닉 세계의 프롤레타리아트가 지배적 소수자에서 분리된 과정을 살필 때 〈고비노〉의 예리한 통찰에 주목했는데, 이제 그것을 보충하는 것으로서 〈Saint, Simon〉의 철학적인 요약을 인용하는 것이 좋을 것이다. 왜냐면 다음의 일절에는 성장의 시대를 말하는 〈유기시대(有機時代)〉로부터 붕괴의 시기를 일컫는 〈비판시대(批判時代)〉로 이르는 사회적 분열이 헬레닉 사회에 국한된 것이 아니라 일반적인 사회현상으로 묘사되어 있기 때문이다. "유기시대에는 사회적 활동의 목적이 확실히 정해져 있으므로 모든 노력은 그에 몰입되며 사람들은 끊임없이 그 방향으로 인도된다. 일반적인 관계에 따라 개인적인 관계도 고정되어 있으며, 사회가 지향하는 목적은 모든 사람의 심정과 지성에 명확히 나타나 있다. 그 경향을 촉진하기에 적합한 재능을 분별하기가 쉬워짐에 따라 탁월한 인재가 권력을 갖게 되고 참된 의미에서의 주권과 권위가 확립되며 조화가 사회적 관계를 지배한다. …비판시대의 초기에는 일반적인 파괴의 필요성에 의해 규정된 협동이 인정되지만, 곧바로 대립의 고착화에 따른 무정부 상태가 나타난다. 이윽고 사람들은 붕괴하여 어지럽게 흩어진 건물이 흙으로 돌아갈 때까지 그 파편을 잡는 일에 골몰한다. 사회적 활동의 목표는 무시되고 일반적인 관계의 불확실성이 사적인 관계로까지 확대된다. 참다운 재능은 부인되고 권력의 합법성에 문제가 발생하여 지배자와 피지배자가 상쟁한다. 이런 싸움이 사회의 이익을 저버리면서 날로 세력을 늘려온 개인적 이익의 분야에서도 일어난다" 이 프랑스 철학자의, 여하한 사회의 붕괴에도 수반하는 사회적 투쟁에 관한 소묘(小錨)는 〈Karl Marx, 1818~1883〉가 버려졌던 종교적 전통의 묵시록적인 Vision에서 빌려온 색채로 묘사한 무서운 계급투쟁의 그림 때문에 모습을 감추었다. 마르크스의 유물론적 묵시록이 대중의 마음을 끄는 이유는 그의 도식(圖式)이 제공하는 철학적 감동만이 아니라 그 정치적 투쟁성 때문이다. 그 청사진은 일반적 역사철학의 핵심을 꼬집고 있을 뿐만 아니라 오늘날의 산업적인 프롤레타리아트를 자본가라고 하는 지배적 소수자로부터 분리하도록 교사(敎唆)하여 저주스럽고 방심할 수 없는 멍에를 논리적으로 벗어버리고 그 분리를 철저히 행하라고 부르짖는 혁명의 동원령(動員令)이다. 이 마르크스의 계급투쟁 방식이 창안되고 유행하게 된 것은 이 조짐(兆朕)이 나타난 서구세계가 이미 붕괴의 길로 들어섰다는 예증인지도 모르지만 그 진위는 이 연구의 뒷부분에서 다룰 문제이다. 그런데 여기서 마르크스를 끌어낸 것은 그가 우리 세계에서 계급투쟁의 가르침을 말하는 대표적인 이론가이며, 그 방식의 격렬함 저쪽에 역사적인 종교들[569]의 전통적인 묵시록이 말하는 것과 같은 평온한 피날레의 비전을 제시하고 있기 때문이다. 그의 호신부(護身符)인 역사적 유물론이나 결정론 혹은 역사적 필연의 작용에 대한 이 공산주의 예언자의 직관에 의하면 계급투쟁은 프롤레타리아트 혁명의 승리라는 결과로 끝난다. 그러나 결정적이고도 최종적인 것이라는 그 승리에 따른 프롤레타리아트의 독재가 그의 예언과 같이 지상낙원을 창조하는 것이라면 투쟁이 이처럼 유혈(流血)의 절정에 달했다는 것은 그것이 종막을 고했다는 것을 의미한다. 그러함에도 불구하고 마르크스의 결정론인 이론을 말하는 이유는 사라져 버린 종교적 신앙의 망령이 정치의 분야에서 좌절된 사회의 계급투쟁-가로의 분열이 거쳐 가는 경과—을 정확히 묘사하고 있다는 사실 때문이다. 역사는 붕괴의 모든 현상 중에서 전쟁을 통해 평화에 이르는-양(陽)을 통해 음(陰)으로 향하는-운동을 뚜렷이 나타낸다. 그것은 지난날 시간과 노력과 애착에 의해 창조된 귀중한 사물이 이행하는 잔인하고도 자의적인 파괴를 통해 새로운 것에 도달하는 운동인 것이다.

분열 그 자체는 모두가 사악한 정념(情念)을 동기로 하여 일어나는 두 소극적인 운동의 산물이다. 다시 말하면 최초에 지배적 소수자가 정의(正義)와 이성(理性)에 반하여 이미 거리가 멀어진 특권적인 지위를 힘으로 유지하려고 하며

---

569. 조로아스터교, 유대교, 기독교.

이어서 프롤레타리아트들이 부정과 공포에 대한 분노와 증오로써 폭력적으로 분리하는 것이다. 그렇지만 이 모든 운동은 나름대로 적극적인 창조행위로 종결된다. 그리하여 세계국가와 세계교회 및 만족전단(蠻族戰團)이 생성되는데 이 세 사업은 각각이 나타내는 창조성의 정도에 큰 차이가 있다. 이들 중 과거에 발판을 두었으되 미래에 희망이 있는 것은 세계교회이고 나머지는 과거에 속한 것인데, 지배적 소수자는 세계국가를 창조하여 붕괴 중인 사회에 회춘을 제공한다는 사업을 수행했으나 외적 P는 전단을 만들어 죽은 문명의 시체를 뜯어먹을 준비로 그 발톱을 갈았던 것에 불과하다. 그러나 헬레닉 사회의 사례와 같이 외적 P들의 업적과 창조성이 모두 다르다는 점[570]에서 볼 때 붕괴의 외적 기준인 사회적 분열은 단순한 분리로 끝나는 것이 아니다. 그 운동을 전체로서 파악할 때 우리는 그것을 분열(分裂)과 재생(再生)이라고 불러야 한다는 것을 알게 된다. 그리고 분리(分離)는 인퇴(引退)에 의한 특수한 양상이므로 우리는 이 분열과 재생의 운동을 더 일반적인 인퇴와 복귀의 이중 운동으로 볼 수 있다.[571] 이 운동에 있어서 재생의 기쁨은 분열의 고뇌에 대한 보상일뿐만 아니라 그것을 초월하는 분열의 목적이 되는 것인데, 일단 분열이 일어나면 뒤를 잇는 재생이 달성되기까지 그에 대한 모든 미봉적(彌縫的)인 시도는 실패로 끝난다. 그 좋은 예는 이집트의 지배적 소수자와 내적 P가 힉소스족으로 대표되는 외적 P를 축출하기 위해 동맹을 맺은 것이다. 그리하여 이집트 사회에 닥친 멸망의 시기를 2000년 동안이나 연장한 것은 그 내적 P가 창조한 오시리스 교회의 성장을 저지한 것으로서 치명적인 해악이 되었다. 그 결과로써 오시리스와 아몬-레가 융합한 형태를 취하게 된 인위적인 종교 통합은 지배적 소수자와 그들의 종교를 부활시키기는 대신 내적 P의 종교에서 생명을 빼앗았다. 이집트의 신성동맹(神聖同盟)이 불행한 경과를 밟은 것은 사회적 분열의

---

570. 헬레닉 사회를 침공한 동고트족과 무아위야 전단(戰團)은 각각의 왕국을 창건했으나 같은 곳으로 흘러든 킴브리족과 튜튼족의 집단이나 이투레아족은 소멸되었다.
571. 이 두 조합의 운동에 있어서 중요한 특색은 제2의 맥박이다.

이 예외적인 결과가 사회적 분열의 통칙(通則)을 부인하는 사례라는 것을 암시한다. 그리고 깨어진 통칙은 파열된 곳을 임시로 때우는 것이 아니라 새로운 것의 출현만이 특수하게 변형된 인퇴와 복귀의 운동을 정상적으로 종결하는 것인 동시에 분열이 가져오는 복된 결과라고 생각할 수 있게 한다. 그러나 분열과 재생을 인퇴와 복귀의 일종이라고 생각하는 것은 당연한 일로 허용되는 것이 아니므로 우리는 분열과 재생에서 보게 되는 인퇴와 복귀의 성질에 반하는 특징에 대한 설명을 제시해야 한다.

앞에서 보았듯이 문명이 성장하는 것은 창조적 소수자가 제기된 도전에 대한 답을 찾기 위해 인퇴(引退)하고, 그로부터 비창조적인 대중을 설득하여 자기들을 따르게 하려고 복귀하는 것으로 말미암는 것이다. 이에 반해 붕괴기에 나타나는 분열과 재생의 운동에 따른 프롤레타리아트의 분리에 있어서 인퇴를 단행하는 것은 다수자이고 지배적 소수자는 정지하여 넋을 놓고 있는 것으로 여겨진다. 이는 소수자와 다수자의 역할이 전도(顚倒)되었음을 의미하는 것일까? 이러한 사실은 분열과 재생의 운동이 인퇴와 복귀라는 테마의 일종이 아니고 그것과는 종류가 다른 운동임을 뜻하는 것이 아닐까? 이 문제를 다루는 최선의 수법은 여태까지 지적하지 않은 붕괴기 문명의 지배적 소수자와 성장기의 창조적 소수자 사이의 어떤 차이를 고려하는 작업일 것이다. 성장 과정에서는 잇달아 나타나는 도전에 대해 응전이 벌어지고 그 응전이 모두 승리로 끝나는 것인데, 적극적인 행동과 결단으로 승리를 얻는 창조적 소수자는 극이 연출될 때마다 물려받은 유산이나 관념과 이상이 다른 개인들로 구성되는 경향이 있다. 넓은 의미에서의 정치적 권력이 출생에 따른 귀족계급의 세습적인 독점으로 되어 있는 경우라도 그것은 성장 중인 사회의 통칙(通則)인바 이때에도 도전에 대한 응전은 그에 실패한 계급을 대체하는 새로운 계급에 의해 달성되는 수가 있다. 그리하여 도전과 응전의 연쇄는 그것이 길어짐에 따라 각각의 사회적 계층을 연달아 해방하는데,[572] 성장기 사회에서 창조적 소수자가 때마다 새로운 원천으로부터 보충되는 경향은 서로 다른 두 원인의 작용에 따른 것이다. 그 적극적인 원인은 성공적인 응전에는 새로운 도전이 따르는 법이므로 그에 맞춰 새로운 창조적 소수자가 출현하는 것이며 소극적인 요인은 창조적인 존재가 흔히 끌려드는 유혹[573]에 빠져서 창조성을 상실하는 것이다. 이 두 요인으로 인해 성장기 사회의 창조적 소수자는 끊임없이 바뀌지만 붕괴기 사회의 지배적 소수자는 그 사상과 이상이 '바사와 메대의 법률'[574]과 같이 변함이 없는 특정 단체로 굳어지는 경향이 있다. 지배적 소수자의 천성(天性)이며 붕괴 과정을 이루면서 일련의 실패로 끝나는 응전을 통해 유지되는 그 고정성(固定性)은 문명의 붕괴에 있어서 도전과 응전이 반복될 때마다 제기되는 도전이 항상 일정하다는 사실에 의해 설명된다. 답이 제공되지 않는 도전은 여러 번 되풀이하여 모습을 나타내는데, 단순한 지배자로 전락한 소수자는 창조성을 상실하고 있으므로 물리치거나 피할 수 없는 적에게 패할 뿐이다. 잇따른 패배에도 불구하고 주역(主役)의 자리를 다른 지망자에게 양보하지 않는 것이 붕괴기 문명의 지배적 소수자가 갖게 되는 특징인바, 그것은 성장기 문명에서 연발하는 창조적 소수자가 융통성이 있고 유동적인 것과 극단적인 대조를 이룬다. 지배적 소수자는 새로운 터전을 발견할 수 있었던 곳을 향하지 않고 떠나온 도시를 돌아보았기 때문에 벌을 받아 소금기둥이 된 롯의 아내[575]처럼 멈춰 서서 움직이지 않는다. 그런 태도로 창조적인 활동을 중단

---

572. 헬레닉 사회에 인구 과잉이라는 도전이 제기되었을 때 귀족과 지주계급이 성공하지 못했던 응전을 솔론이 이끈 아티카의 상인계급이 완수했고, 그 부르주아 혁명이 노동계급의 해방을 주도했다. 다음으로 서구사회에서도 그 성장기에 해당하는 중세에 북이탈리아의 몇몇 도시국가에서 부르주아와 노동계급이 잇달아 해방되었다.

573. 노 젓는 손을 멈추려는 유혹, 자제력을 잃고 폭주하려는 유혹.

574. "왕이 만일 좋게 여기실진대 와스디가 다시는 왕 앞에 오지 못하게 하는 조서를 내리되 바사와 메대의 법률에 기록하여 변개함이 없게 하고 그 왕후의 자리를 그보다 나은 사람에게 주소서"〈에 1:19〉

575. "롯의 아내는 뒤를 돌아보았으므로 소금기둥이 되었더라"〈창 19:26〉

한 지배적 소수자가 그 중대한 거부로 메마르게 하는 것은 그들 자신뿐이지만 수단으로서 도움이 되는 자격을 잃는 것으로 그들의 활동이 끝나는 것은 아니다. 잇따른 도전에 대하여 창조를 갈망하는 지배적 소수자는 세계교회를 위해 길을 닦는 철학과 세계교회의 요람이 되는 세계국가를 이루는데 내·외적 P로써 새롭게 창조성을 발휘하는 자들은 그동안에 세계교회와 만족전단을 창조한다.

이로써 우리는 앞의 물음에 대한 답을 발견했는데, 그것은 분열과 재생의 국면에서도 인퇴를 단행하는 것은 소수자라는 것이다. 이때의 비창조적 대중 속에는 미메시스에 예민한 성장기 문명의 일반 대중과는 달리 새로운 창조자의 감화를 완강히 거부하는 지배적 소수자도 포함되어 있다. 따라서 우리가 프롤레타리아트의 분리에서 보는 것은 다수자의 인퇴가 아니라 일반적인 창조적 소수자의 사업인데 한 가지 다른 점은 그 사업이 창조력을 상실하여 쓸 데없는 노력을 계속하는 지배적 소수자의 완강한 저항을 받는다는 것이다. 이처럼 특별한 곤경 속에서 소수자에 의해 수행되는 분리가 다수자의 사업으로 여겨지는 것은 그들이 완강히 거부하는 창조적 소수자가 일반 대중의 미메시스를 강하게 끌어당기기 때문이다. 언제나 그렇듯이 떠도는 대중은 항상 창조적인 존재를 지향하는 것이고 미메시스를 일으키지 못하는 지배적 소수자가 할 수 있는 유일한 일은 창조적인 존재를 거부하는 것이다. 이 소극적인 거부를 단행하는 능력은 지배적 소수자와 비창조적인 대중을 구별하는 기준이지만 비창조적인 대중 전체와 창조적 소수자를 가르는 분계선은 도전과 응전으로 그어진다. 분리라는 행위는 고도한 솔선의 능력과 용기를 요구하는 것이지만 이러한 역할은 양치기가 없는 양이 수행할 수 있는 것이 아니다. 이 사실을 표명하는 예는 로마 공화국의 역사에서 유명한 서민계급의 분리인바 우리는 그것을 염두에 두고 '프롤레타리아트의 분리'라는 술어를 만들었다. 앞에서 보았듯이 귀족과 불화하여 그 정치와 경제적 속박을 끊으려고 했던 서민계급의 도로(徒勞)에 대하여 압제적인 귀족을 굴복시키려는 전략으로 분리를 계획하고 실행한 것은 초기의 서민귀족(庶民貴族)-창조적 소수자-이었다.

### 3) 사회체(社會體)의 분열
#### (1) 지배적 소수자

분열과 재생의 운동에 대한 이 조사는 사회의 분열에 따른 단편들-지배적 소수자와 내·외적 P-은 모두가 유사한 기질을 가지고 있는 것은 아니라는 사실을 나타냈다. 그리하여 우리는 기질의 일양성(一樣性)이 지배적 소수자의 특질이지만 그들에게도 변화의 요인이 있다는 것을 알게 되었다. 지배적 소수자는 입지를 강화하기 위해 보충하는 새 인물을 그 메마른 정신에 동화시켜 불모화(不毛化)한다는 묘기를 부렸으되 그 구차한 형편에서도 일종의 창조적인 활동을 통해 세계국가와 철학의 유파(流派)를 낳았다. 따라서 지배적 소수자는 그 폐쇄적인 단체의 특유한 부류와 다른 성향을 지닌 구성원으로 구분된다는 것을 알 수 있다. 지배적 소수자 특유의 부류는 정주민(定住民)을 정복하고 자멸적인 약탈경제(掠奪經濟)로서 그 단물을 빨아먹는 수동적인 변형과 장래를 생각하여 탈취한 것을 즉각적으로 소모하는 대신 물리적인 힘으로 보유하는 능동적인 변형으로 나뉜다.[576] 해체기 헬레닉 사회의 지배적 소수자 중에서 경작지대(耕作地帶)를 침입한 아바르족이나 힉소스인에 가까운 것은 턱없는 낭비가(浪費家)였던 로마의 상인계급이나 귀족계급이며 스파르타 귀족이나 오토만의 쿠르와 유사한 존재는 사형집행인으로 알려진 일련의 무인(武人)이다.[577] 이 두 부류를 보족(補足)하는 제3의 유형은 사형집행인이 지키려고 하며 낭비가가 물쳐

---

576.  수동적인 변형의 예는 유목민, 능동적인 변형의 사례는 스파르타와 오스만리.
577.  BC 2~1세기 로마의 상인계급은 징세 대행과 고리 대금업으로 피정복민을 착취했고 〈네로, 황제〉 〈웰레스, 시칠리아 총독〉 〈루쿨루스, 아시아를 침탈한 무장〉 등 로마 귀족은 탈취한 재물을 한량없이 낭비했다. 〈쿠르〉는 오토만의 노예 가신(家臣). '사형집행인'으로 일컫는 로마 무장은 시칠리아 노예의 반란(BC 135~131)을 진압하고 도륙한 루필리우스, 반란을 일으킨 스파르타쿠스의 포로 6천 명을 산 채로 십자가에 못 박은 크라수스, 황제로서 점령한 예루살렘에 소금을 뿌린 티투스.

럼 사용하려고 하는 전리품을 최초로 획득한 정복자인데, 헬레닉 사회에서의 이들은 동족상쟁의 투쟁에서 활약한 자들과 다른 사회를 정복한 자로 구분된다.[578] 이들을 낳아서 이름을 더럽힌 이 폐쇄적인 지배자 단체는 이후로 이름이 드러나지 않은 수많은 군인과 관리를 배출했는데 헬레닉 사회의 세계국가를 창건하고 유지한 그들은 죽어가는 사회에 회춘기를 부여함으로써 선배들의 비행(非行)을 얼마간 보상했다.[579] 이 뛰어난 관리들이 전래의 허무주의(虛無主義) 속에서 쌓아 올린 도덕적인 힘이 가장 강하게 작용한 것은 이기적이고 난폭한 인간의 기질을 억제한 점에서였는데, 로마의 관리들에게 스며있던 정신을 나타내는 가장 인상적인 증언은 〈Lucius Septimius Severus, 193~211〉 황제의 마지막 말 중에서 발견된다.[580]

헬레닉 사회의 군인과 관리들은 이타적인 역할을 담당한 지배적 소수자의 유일한 예도 아니고 가장 빠른 예도 아니다. Severus조 시대는 철인황제(哲人皇帝) 〈Marcus Aurelius, 131~180〉의 사례와 같이 스토아적인 정신이 법에 담겨 있던 시대였는데 이처럼 로마의 늑대를 플라톤류의 충복으로 바꾸는 기적을 달성한 것은 그리스 철학이었다. 로마의 관리가 지배적 소수자의 능력을 이타적으로 활용한 존재였다면 그리스 철학자는 그보다 고귀한 능력을 지닌 지배적 소수자의 대표였다.[581] 로마의 행정관과 마찬가지로 좌절의 비극적인 결과를 원래대로 회복하거나 그것을 완화하는 것이 그리스 철학자가 지

---

578. 동족상쟁의 투사는 올린토스인을 노예로 팔아넘긴 필리포스, 테베를 짓밟은 알렉산더, 코린트를 궤멸시킨 뭄미우스, 삼니움을 폐허로 만든 술라, 로마의 내전에 몰입했던 무장들. 정복자의 두드러진 예는 알렉산더 대왕인데, 그의 위대성은 〈고르디우스의 매듭〉을 풀기 위해 칼을 빼는 자로서는 쉽지 않은 것으로써 화해에 의한 통일을 꿈꾼 점에 있다.

579. 대표적인 인물은 그리스 출신 역사가로서 카파도키아 지사를 역임한 아리아누스, 황제로 선출된 후 78일 만에 살해당한 페르티낙스, 아시아 출신 역사가로서 로마에서 통령의 지위에 오른 디오 캇시우스 등이다.

580. "내가 국정을 인계받았을 때 전국 각지가 어지러웠다. 그러나 나는 이제 잘 다스려진 나라를 남기고 간다. 늙고 다리가 약해진 우리 Antoninus 집안의 자손에게 흔들리지 않는 제국을 남기고 가거니와 그들은 선정을 베풀 것이다. 만일 악정을 행한다면 제국은 위태롭게 될 것이다"

581. 소크라테스에서 비롯된 이 철학자의 빛나는 연쇄는 〈Plotinos, 203~262〉에서 끝났다.

향한 필생의 사업이었는데, 철학자의 노력은 붕괴기에 돌입한 사회의 생활과 물리적 조직에 크게 결부되지 않았기 때문에 행정관의 노력보다 값지고 영속적인 결과를 낳았다. 로마 행정관은 헬레닉 사회의 세계국가를 건설했으나 철학자들은 Platōn의 아카데미아, Aristoteles의 소요학파, Stoa파의 금욕주의, Epicuros의 정원파(庭園派), Diogenēs의 견유주의(犬儒主義)와 Cynics 등의 〈공도(公道)와 울타리의 자유〉나 신플라톤파 Plotinos의 〈초월적 이상국〉과 같은 불멸의 보배를 후세에 남겼다. 그리고 둘러보면 지배적 소수자의 불명예를 구제하는 이타적인 정신만이 아니라 헬레닉 사회의 지배적 소수자 중에서 우리가 발견한 모든 유형이 다른 사회에서도 발견된다. 로마인 약탈자에 해당하는 낭비가로는 도쿠가와 막부 이전에 농민들의 고혈을 짜낸 일본의 무장들, 이집트 맘루크, 16~17세기 서구의 군주들,[582] 19~20세기에 해외에서 약탈을 자행한 무법적인 부호(富豪)들을 거명할 수 있다. 마찬가지로 헬레닉 사회의 크라수스나 티투스에 비견되는 사형집행인은 티글라트 필레세르 3세로부터 아슈르바니팔에 이르는 아시리아 무장들에서 발견된다. 그리고 이 부류의 또 다른 유형은 온갖 학대와 억압으로 농민과 지식인들을 세계국가에 복속시키려고 했던 러시아의 황제들이며 서구사회에서는 Anabaptist 농민을 학살한 16세기 독일의 제후들, 유대인을 학살한 나치, 아프리카 흑인을 노예로 학대한 영어 사용자 등이 그에 해당한다.[583] 헬레닉 사회의 지배적 소수자가 자행한 골육상쟁의 사례는 중국세계의 전국시대, 이에야스가 종결한 일본의 내전, 바빌로닉 문명의 붕괴를 초래한 아시리아와 바빌로니아의 전쟁, 이란문명을 파탄으로 이끈 오스만리와 사파비조의 싸움, 정교 기독교 세계를 결딴낸 동로마제국과 불가리아의 결투, 아시리아인이 시리아를 침공한 시리악 세계의 동족상쟁, 터키인의 침공을 부른 힌두사회의 내전, 멕시코 유카탄 사회의 병합을

---

582. 카스틸리오네의 〈Rodolfo Gonzaga〉 영국의 〈헨리 8세〉 프랑스의 〈루이 14세〉 등.
583. 이반 뇌제, 표트르 대제, 니콜라이 1세 등 러시아 황제들은 일종의 사형집행자. 낭비가와 사형집행인의 역할을 동시에 행한 것은 이집트의 피라미드 건설자.

초래한 마야판 전쟁, 멕시코 사회를 콩키스타도르의 먹잇감으로 만든 아즈텍 인과 트락스칼텍인의 전쟁과 같은 것에서 발견된다.

서구사회의 제2장에서 일군의 도시국가가 봉건사회를 개조하려다가 실패한 것은 각 도시국가를 장악한 귀족들의 싸움 때문이었는데 그 실패로 인해 서구사회는 그 역사의 제3장에서 도시국가 제도를 버리고 봉건적인 성향을 지닌 왕국 체제로 복귀했다. 이 기묘한 돈좌(頓挫)와 역행(逆行)을 생각할 때 근대 유럽의 모든 체제가 동족상쟁을 회피하기에 성공하고 있는지를 자문하고 싶어진다. 불행하게도 이에 대한 답은 부정(否定)인바 근대의 정치 지도가 굳어짐과 동시에 그 국가의 지배자들은 풍부한 자원을 바탕으로 하여 대규모의 상쟁을 벌였다. 서구의 후근대기(後近代期)는 근대가 시작된 후 연달아 발생한 여러 전쟁[584]에 이은 1차 세계대전으로 종막을 고했으나 이 모든 충돌에는 그 전주곡(前奏曲)이나 부대(附帶)로써 소규모의 전투가 곁들여져 있었다. 서구의 생활은 지난 4세기 이래로 이전의 어느 시대에도 뒤지지 않게 전쟁이라는 질병에 시달려 왔다. 그리고 이 사회악이 여전히 존속하는 동안에 민주주의와 산업주의로 말미암은 새로운 추진력에 따라 전대미문의 격렬성을 띠고 지난날 국왕들의 유희(遊戲)가 모든 국민이 열중하는 총력전(總力戰)으로 바뀐 것은 앞에서 살핀 바와 같다. 동족상쟁이 일어난다는 것은 한 사회에 지배적 소수자가 등장했다는 증거일진대 우리는 지금의 서구사회도 헬레닉 사회가 그 역사의 제3장에서 들어선 단계에 이르렀음을 자인(自認)하지 않을 수 없다.

무기를 밖으로 돌리는 정복자를 낳은 것도 역시 붕괴기 헬레닉 문명의 지배적 소수자만은 아니었다.[585] 우리는 그것을 〈루갈자게시, 사르곤, 나람신 등 수메릭 사회의 정복자〉〈토트메스 1세, 토트메스 3세, 람세스 2세 등 이집트 신

---

584. 근대의 막을 올린 합스부르크가와 부르봉가 사이의 주도권 쟁탈전, 필립 2세가 벌인 여러 전쟁, 프랑스 혁명전쟁, 나폴레옹 전쟁.
585. 다른 사회의 정복자는 알렉산더 대왕이 품었던 정신적인 비전에 의해 구제되지 않은 단순한 냉혈한인 경우가 대부분이다.

제국의 군국주의자〉〈셀림이나 술레이만과 같은 오스만리의 군주들〉〈일본 극동사회의 히데요시〉〈러시아 정교 기독교 사회의 세계국가를 달성하고 서구 기독교 세계와 이란사회를 킹공힌 모스크바인〉 등에서 발견한다. 이미 목에 찰 정도로 포식하고도 만족을 모르는 이 군주들은 잃어버린 창조력을 대신하는 자기표현(自己表現)의 수단을 찾으려고 함부로 더 큰 것을 탐하는 과대망상증 환자들인데 이란사회도 아프사르조를 창건한 〈Nadir, 1736~1747〉를 낳았다. 이 알렉산더에 해당하는 정복자에 견주어 만족을 정복한 로마인에 해당하는 인물을 다른 사회에서 찾을 수 있다. 〈Amenemhat 1세, BC 1991~1962〉나 〈Senusret 3세, BC 1887~1850〉 등이 단행한 누비아 정복과 극동사회의 세계국가를 만든 몽골족에 의한 운남(雲南) 정복에는 로마적인 것이 있으며, 일본의 무장들이 전란 중에 아이누족을 정벌한 것은 내전(內戰)에 돌입한 로마가 갈리아와 누미디아를 정복한 것에 비견(比肩)되는 놀라운 묘기였다. 서구세계의 역사에 눈을 돌리면 여기에서도 역시 갈리아를 정복한 케사르, 누미디아를 정복한 마리우스, 아시아를 정복한 알렉산더에 해당하는 인물을 발견한다. 〈멕시코와 안데스 세계를 정복한 스페인인〉〈힌두사회를 정복한 영국인〉〈인도네시아를 정복한 네덜란드인〉〈마그리브를 정복한 프랑스인〉 등이 그들이며, 로마의 만족 정벌에 해당하는 것은 〈브라질에 식민한 포르투갈〉〈북아메리카를 식민지화한 프랑스인과 영국인〉〈열대 아프리카 오지를 개발한 서구의 Afrikander〉 등이다. 과거 4세기에 걸친 이 서구사회의 확대는 로마인의 정복과 마케도니아인의 성취를 합한 것보다 크지만 정신적인 면에서 본다면 서구사회는 헬레닉 사회의 정복자에 미치지 못한다. 영국인의 인도 지배는 셀레우코스조의 바빌로니아 지배와 같이 자비로운 점이 있었다고 해도 네덜란드의 자바 지배는 이집트를 착취한 프톨레메우스조와 마찬가지였고 스페인인 콘키스타도르가 남미에서 행한 잔학행위는 기원전 2세기 후반에 소아시아를 약탈한 로마군의 악행을 상회한다. 더하여 미개민족에 대한 태도에서도 캐나다로 이주한 프랑스인이 현지의 동색(銅色) 인디언을 취급한 태도는 피정복민에 대한 로마인의 관용에 비견되지만 그것은 하나의 예외일 뿐이다. 아프리카와 북미의 프랑스인을 통해 서구인이 얻은 평판은 콩고의 벨기에인과 북미나 케냐에서의 영국인이 저지른 악행으로 훼손되었는데, 로마인이 비교적 관대한 태도로 운영했던 식민지 도시국가가 프롤레타리아트 혁명으로 일소된 사실을 상기할 때 식민지배에 카스트적 인종차별까지 자행하는 서구의 식민지 경영이 얼마나 지속할 수 있을까?

이제 서구사회도 다른 사회와 마찬가지로 헬레닉 사회의 지배적 소수자 중에서 첫 사례가 확인된 정복자와 낭비가 및 사형집행인의 예를 제공한다는 것이 명백해졌는데 이 비교가 나쁜 점만이 아니라 좋은 면에서도 성립된다는 것은 다행한 일이다. 아우구스투스의 〈Agrippa〉나 세베루스의 〈Dio Cassius〉로 대표되는 로마의 관료에 상당하는 존재로는 힌두사회의 영국 정권이 낳은 관리(官吏)를 들 수 있다. 이 인도 관리의 전통을 전하는 매개는 종족관념(種族觀念)에 따른 육체적인 것이 아니라 집단정신(Esprit De Corps)의 공유(共有)라는 정신적인 것인데, 우리 세대에 영국이 통치권을 인도인에게 이양하는 조치를 계획한 것은 이 정신적 진리를 인식했기 때문이다. 그렇지만 인도 관리가 탄생한 것은 서구 기독교 사회의 전통 속에서 자란 유럽인의 노력에 의한 것이라는 사실은 변함없이 남는 것인바 이 역사적 사실은 서구사회가 그 지배계급으로서 무장(武將)과 독재자와 자본가 이외의 유형을 배출했음을 상기하게 한다. 16세기 영국의 지배계급은 헨리 8세만이 아니라 그의 폭정에 반하여 목숨을 바친 〈St. Thomas More〉를 배출했고 롬바르디아는 〈Rodolfo Gonzaga〉를 생산한 독한 밭으로서 〈Aloysius Gonzaga〉와 같은 성인(聖人)을 낳았다. 17세기 프랑스에서는 루이 14세의 방탕에 휩쓸렸던 귀족이 Port-Royal이라는 고귀한 종교적 공동체의 출처이기도 했다. 우리가 이 개별적인 사례로 말하는 설명은 과거 1세기 동안에 서구 제국(諸國)의 생활 속에서 일어난 목적과 기질의 변화로 명백하게 증명된다. 이러한 국가가 옛 아담을 벗어나지 못하고 있음[586]은 사실이지만 근래에 들어서는 그것과 다른 제2의 양상이 드러나고 있다. 현대의 서구국가(西歐國家)는 부도덕한 폭력의 수단으로 악용되는 동시에 사회적 복지수단으로 이용되기 시작하여 실제적 활동의 균형을 변화시키고 있을 뿐만 아니라 그 기능의 새로운 면에 주목하고 있다. 국민에 대해 무장한 강자나 맹수의 모습을 자랑하는 대신 구제의 천사나 Fairy Godmother[587]의 흉내를 냄으로써 현대의 서구국가는 암암리에 피에 젖은 과거에 대한 도덕적 비난을 인정하는 것이다. 우리는 이 변모 중에서 서구사회의 지배계급이 심정적인 변화를 일으키고 있음을 인정하게 되는데, 이 변화는 아우구스투스의 시대와 그 이후로 로마의 지배계급이 드러내 보인 변화와 유사하다. 그러나 로마의 관리에 해당하는 것을 제공한 것은 서구사회만이 아니다. 한조(漢朝)에서 유교적 교양을 몸에 익혀 세계국가의 행정적 책임을 맡았던 지식계급은 로마의 관리나 유럽이나 인도의 영국인 관리와 같은 도덕적 수준에 도달하고 고매한 Esprit De Corps를 획득했었다. 같은 예는 무능과 부패로 조롱받았으나 모스크바 제국의 개량에 공헌한 표트르 체제에서의 러시아 관리, 오토만 제국에 짧은 평화의 시기를 제공한 오토만 파디샤의 노예궁정, 에도막부 건설에 공헌한 후 다음 시대가 시작될 즈음에 특권을 포기한 일본의 다이묘와 사무라이에서 발견된다. 일본의 〈사무라이〉와 오토만의 〈쿠르〉에게서 볼 수 있는 고결함은 안데스 사회의 지배자였던 잉카족이나 아케메네스조 페르시아의 고관인 〈오레혼〉과 〈메기스탄〉의 성품이다. 페르시아의 교육에 대한 헤로도토스의 유명한 소묘는 페르시아인에 대한 그리스인의 평가를 보면 전적으로 수긍(首肯)하게 되는바 페르시아의 태공(太公)들이 주군을 위해 희생한 행위에 대한

---

586. '옛 아담'은 '구제받지 못한 죄인의 상태', 여기에서 벗어나지 못하고 있다는 것은 근대 서구의 국가들이 여전히 권력에의 불법적인 의지-사회를 돌이킬 수 없는 재액에 빠트릴 위험이 있는 사악한 힘의 표현인 동시에 그 수단-에 집착하고 있다는 것.

587. 신데렐라 이야기 속에서 신데렐라를 여러모로 친절하게 도운 요정.

크세노폰의 목격담은 그것을 뒷받침하고 있다.[588] 그러나 페르시아인에 대한 것으로서 가장 인상적인 것은 알렉산더 대왕의 증언과 행동인데 그는 재난에 봉착한 페르시아인의 행위를 통해 그 진가를 알게 된 후 페르시아인을 고관이나 군인으로 등용하고 페르시아 여인을 자기만이 아니라 막료(幕僚)들의 아내로 맞이하는 조치를 단행했다.

지배적 소수자가 퇴폐하는 중에도 쓸만한 지배계급을 낳을 능력이 있다는 이상의 증거들을 보증하는 것은 붕괴기 문명의 지배적 소수자가 세운 세계국가인 것인데 우리는 앞에서 행한 조사에서 좌절한 20개의 문명 중 15개가 좌절에서 멸망으로 향하는 도중에 세계국가 단계를 통과했음을 알았다.[589] 이들 중 몇 개는 창건자와 운영자 및 재건한 자가 상이(相異)했던바 그 예는 스페인의 페루 총독부로 운영된 잉카제국, 함무라비의 치세에 바빌론 제1왕조에 의해 부흥된 수메르·악카드 제국, 알렉산더가 장악한 아케메네스 제국을 셀레우코스조가 운영한 후 우마이야조와 아바스조가 부흥시킨 신바빌로니아 제국, 단속적인 중단을 거친 후 제18, 19왕조의 신제국으로 부흥한 이집트 중제국, 박트리아의 정복자와 그리스인 제국 건설자의 후예인 쿠샨조에 의해 유지된 후 굽타조에 의해 재건된 마우리아 제국, 영국인의 정권으로 부흥된 티무르 제국, 만주인의 제국으로 부흥된 몽골제국 등에서 발견된다. 그리고 잉카족을 이은 스페인인, 바빌로니아인을 흡수한 아케메네스조, 아케메네스조를 장악

---

588. 헤로도토스는 페르시아의 교육에 관하여 "그들은 5세에서 20세까지의 승마, 활쏘기, 진실을 말하기 등 세 가지만 하도록 아이들을 교육한다"라는 기록과 크세르크세스가 살라미스의 해적에게 패하여 도주했을 때 그 종자(從子)들이 왕을 구하기 위해 바다로 뛰어들어 배를 가볍게 했던 이야기를 전하고 있음. 크세노폰은 페르시아의 태공(太空)들이 왕의 수레를 밀기 위해 진흙탕에 뛰어들어 목숨처럼 귀하게 여기는 미복(美服)을 망가뜨린 목격담을 남겼다.

589. 헬레닉 문명의 로마제국, 안데스 문명의 잉카제국, 중국문명의 진·한 제국, 미노스 문명의 미노스 해양제국, 수메릭 문명의 수메르·악카드 제국, 바빌로니 문명의 신바빌로니아 제국, 마야문명의 마야제국, 이집트 문명의 중제국, 시리악 문명의 아케메네스 제국, 인도문명의 마우리아 제국, 힌두문명의 티무르 제국, 정교 기독교 문명 러시아 분지의 모스크바 제국, 정교 기독교 문명의 오토만 제국, 극동문명의 몽골제국, 극동문명 일본 분지의 도쿠가와 막부.

한 마케도니아인, 마우리아조를 계승한 그리스인과 쿠샨조, 티무르조 이후의 영국인, 아카드인과 수메르인을 계승한 함무라비의 아모르조, 한족을 지배한 만주족 등은 부흥사업이 최초의 건설자에 대해 다른 문화를 가진 종족에 의해 달성된 사례이다. 외래자가 본래의 세계국가를 부흥시킨 것이 아니라 새로운 제국을 창건한 사례를 본다면 붕괴기의 힌두사회에서 터키계 티무르조는 그들의 후계자인 영국인과 마찬가지로 이질적이었고, 정교 기독교 사회의 세계국가를 창건한 오스만리는 인종과 문화에 있어서 티무르조와 같은 존재였으며, 극동사회의 세계국가를 세운 몽골족은 한족에 대해 만주족보다 이질적이었다. 더하여 로마인, 잉카족, 아케메네스조, 진제국(秦帝國), 이집트의 테베 왕조, 모스크바 제국, 에도막부 등은 변경 지킴이로서 실력을 쌓은 후 제국 건설자의 자질을 익힌 세력이다. 이들 변경민은 교양은 높으나 군사적인 능력이 뒤져서 복속된 내지인(內地人)으로부터 멸시를 받았는데, 그 예는 함무라비를 경멸한 수메르 지식인과 로마인에 대한 그리스 문인의 태도로 나타나 있다.[590] 이러한 외래자의 성취는 붕괴기 사회의 일부에 창조력이 남아 있었다는 증거는 아니지만 내지인이 변경 출신의 제국 건설자를 타향자(他鄕者)로 취급한다는 이유만으로 그들을 단순한 외래자로 낙인찍는 것은 지나친 일이다. 헬레닉 사회를 살펴보면 로마인 관리에 대한 그리스 지식인의 태도는 내심이 그렇다는 것이 아니라 전향한 만족(蠻族)이 자기들보다 훌륭한 헬라스인이 되었다는 것을 언짢게 생각했다는 결론에 도달할 것이다. 실제로 로마인과 테베인이 헬레닉 사회와 이집트 사회의 참된 대표자가 아니었다고 주장하는 것은 역설에 불과하며 세계국가의 창조자가 역시 그 사회의 지배적 소수자를 대표하는 존재라는 사실은 몇몇 사례로 입증되어 있다.[591]

---

590. 그리스인은 ⟨Isocrates, BC 436~338⟩가 필리포스에게 열심히 권한 '자비로운 헬레닉 사회의 감독' 역할을 그리스인이 발휘할 수 없는 재주로 달성하고 있었던 안토니누스의 시대에도 로마인을 멸시하고 있었다.

591. 우리는 지배적 소수자의 정치적 창조력을 대표하는 존재로서 한조(漢朝), 미노스조, 우르조, 신바

헬레닉 사회에 있어서 창조적 존재의 유형(類型)이 로마의 관리만이 아니라 그리스 철학자에 의해서도 대표되고 있음을 본다면 지배적 소수자가 공통으로 가지고 있는 창조력은 이 정치적 능력만이 아님을 알 수 있다. 헬레닉 문명 외에 지배적 소수자가 세계국가를 창조한 예는 10개가 있으나 그들이 또한 철학을 낳은 사례도 3개가 발견된다. 바빌로닉 사회는 아시리아에 대한 백년전쟁이 시작된 혼돈의 시기에 천문학적 지식이 장족(長足)의 진보를 달성했다. 바빌로니아 과학자들은 그 시대에 밤과 낮의 교체, 달의 차고 기움, 태양의 주기 등에 나타나 있는 주기적인 순환의 리듬이 다른 여러 천체의 운동에서도 인정된다는 것을 발견했다. 방랑자라고 명명된 이 별들은 무궤도한 코스를 더듬는 것처럼 보이는 곳에서 대년(大年)이라는 우주적 주기에 있어 태양과 같이 엄격한 규율에 묶여 있음이 판명되었는데, 바빌로니아의 이 발견은 그것을 발견한 자들의 우주관에 서구사회의 과학적 발견과 유사한 영향을 끼쳤다. 이처럼 별 우주의 모든 운동을 지배하고 있음이 밝혀진 질서가 이번에는 물질계와 정신계, 무생물계와 생물계 모두를 포함하는 우주 전체를 지배한다고 생각하게 되었다. 우주적인 현상의 과거를 알 수 있듯이 먼 미래에 그런 현상이 일어날 순간을 정확히 예측할 수 있다면 인생의 미래도 정확하게 계산할 수 있다고 상정하는 것이 당연하지 않을까? 더구나 우주적 규율이라는 것은 조화 속에서 운동하는 모든 우주적 성원이 서로 연결되어 있다는 것이므로 새로 발견된 천체의 운행은 인간의 운명을 밝히는 열쇠이며 그에 따라서 이 천문학적 단서를 쥐고 있는 관찰자는 인간의 생년월일을 알기만 하면 그 사람의 운명을 예측할 수 있다고 생각하는 것은 합리적인 것일까? 어쨌든 이러한 억설(臆說)이 성행했고 그것은 오늘날에도 믿어지고 있는 결정론 철학을 낳았다. 바빌로니아 점성술의 매력[592]에 굴복한 헬레닉 사회에 점성술을 유포(流布)한 점성

---

빌로니아조, 마우리아조, 굽타조 등을 거론할 수 있다.

592. Text에서는 "점성술의 매력은 '세계의 구성 전체를 설명하는 이론'과 '다비(茶毘)의 승마를 예상하게 하는 효능'을 가졌다고 자부하는 점에 있다"라고 기술되어 있음.

술사는 바로 어제까지 북경의 궁중 점성술사나 이스탄불의 무녯짐 바시에 의해 대표되고 있었다. 우리가 이 바빌로니아의 결정론 철학을 다소 상세히 논한 것은 그것이 헬레닉 문명의 어떠한 철학보다 미숙한 인새의 철학적 사색과 현저한 유사점을 보이기 때문이다. 한편 인도와 중국의 철학에서는 헬레닉 사회의 모든 철학적 유파(流派)에 대응하는 것이 발견된다. 붕괴기 인도문명의 지배적 소수자는 〈마하비라의 자이나교〉〈고타마 싯다르타의 원시불교〉〈변모된 대승불교〉〈힌두교 사상의 일부가 된 여러 불교철학〉을 낳았고, 붕괴기 중국문명의 지배적 소수자는 〈공자의 도덕화된 예법(禮法)〉과 〈전설적인 천재였던 노자의 역설적인 도교〉를 낳았다.

### (2) 내적 프롤레타리아트

#### ① 헬레닉 사회의 원형

붕괴하는 사회에서 분열된 단편의 하나인 프롤레타리아트도 지배적 소수자와 마찬가지로 다양한 형태로 나타나는데, 이를 고찰하려면 더 큰 다양성을 가지고 있는 내적 프롤레타리아트를 먼저 살피는 것이 편리하다. 이 내적 P를 기왕의 방법[593]에 따라 조사하기 위해서는 먼저 「투키디데스」의 다음과 같은 일절(一節)을 인용하는 것이 좋을 것이다. "참혹한 양상으로 전개된 코르키라의 계급투쟁은 헬레닉 사회 전반으로 번져서 프롤레타리아트 지도자와 기득권자 사이에 아테네와 스파르타에서 기승을 부린 것과 같은 참정권을 다투는 싸움을 일으켰다. 이 계급투쟁이 각국에 재앙을 초래했는데, 그 재액은 인간의 본성이 변하지 않는 한 필연적으로 일어날 것이었다. 전쟁은 개인과 나라들이 온건하고 분별 있는 태도를 버리고 잔인한 성품으로 새로운 환경에 적응하게 하는 것이다. 그로 인해 헬라스에는 악질적인 계급투쟁이 만연했고 그 파동이 뒤따르는 계급투쟁에 누적적인 효과를 끼쳤다" 이처럼 전쟁이라는 마물(魔物)이 헬레닉 사회의 결속을 파괴한 정신적 힘이었다는 사실을 지적한 〈투

---

593. 헬레닉 사회를 표본으로 삼아 프롤레타리아트의 발생을 그 맹아기(萌芽期)부터 더듬어 가는 방법.

키디데스)는 그리하여 판도라(Pandora)가 함부로 개방한 상자에서 쏟아져 나온 악령들처럼 방출된 악마적 충동을 훌륭하게 분석하고 철저히 탄핵했다. "그것은 모략과 보복의 교묘한 경쟁이었고 언어는 변명의 수단으로 왜곡되었으며 무분별한 행동이 당파적 충성의 행위로 취급되었다. 신중한 태도는 미명(美名)의 소심함, 자제는 겁쟁이의 가림막, 사려 깊은 생각은 무능으로 취급되었고 광신적인 태도가 이상적인 행동으로, 수단을 가리지 않는 책략이 합리적인 자위의 수단으로 인정되었다. 감정의 격렬함이 성실함의 보증이 되고 그에 반하면 의혹을 샀다. 음모는 지혜로 여겨졌고 술책을 간파하는 것이 영리함으로 인정되었으며 간책(奸策)에 의하지 않은 방책을 세우는 사람은 Nihilist로 비난받았다. 요컨대 적의 기선(機先)을 제압하여 타격을 주는 인간이나 순수한 이들에게 그런 잔꾀를 주입하는 인간이 칭찬받는 세태가 나타났고 당파와의 연합이 육친의 연계보다 강한 세상이 되었다. 그러한 결부가 만들어진 것은 기존의 제도를 배반하여 부당한 이익을 취하려는 것이었고 엄숙한 맹세보다는 공범(共犯) 의식이 약속을 지키게 함에 효과적인 강제력으로 작용했다. 적의 공정한 제안에 대해서도 그것을 관용의 태도로 수용하기보다는 경계하여 의심하는 태도로 대응했고 상대의 복수를 유발하는 행동을 삼가기보다는 복수를 자행하는 것을 높게 평가했다. 어쩌다가 화친이 맺어져도 그것은 궁여지책이었고 그에 대신하는 수단이 나타나면 그것을 즉시로 파기했으며 적의 약점에 편승하는 자는 정당하게 싸워서 이기는 것보다 배신을 통해 복수하는 것에서 더 큰 만족을 느꼈다. 이 모든 것의 원인은 권세욕이며 그 욕심은 약탈과 경쟁의 충동에서 생겨났다. 그 충동이 싸움을 낳고 싸움에서 격정이 일어났다. 상대방을 이기기 위해 수단을 가리지 않았고 욕심을 위해 어떤 악랄한 짓이라도 태연히 행했으며 더욱 지독한 방법으로 복수했다. 도덕적으로 옳고 국가적으로 이익이 되는 선에서 행동하려고 노력하기는커녕 쌍방이 모두 순간적인 착상 외에는 어떠한 제안도 인정하지 않았다. 증오심을 만족시키기 위해 부당한 판결로 반대파를 매장하여 권력을 쥐는 것을 당연시했고 신을 두려워하지 않았으며 허위의 구실로 명성을 쌓았다. 모든 나라의 온건주의자는 보신(保身)을 탐하는 회색분자(灰色分子)로 매도되어 양쪽의 극단주의자로부터 심한 공격을 받았다. 이와 같은 계급투쟁이 헬라스 사회를 모든 종류의 악으로 밀어 넣었다"

아테네-펠로폰네소스 전쟁으로 말미암은 이 정신적 와해(瓦解)는 그 후 1세기에 걸친 전란과 혁명을 통해 진행되었으나 그것은 최초의 결과로서 점증하는 유랑민을 발생시켰다. 헬레닉 사회의 성장기에 있어서 태어난 사회로부터 이처럼 분리된다는 경험은 헬라스에서는 좀처럼 보기 어렵고 무서운 일이었다. 그러나 당시의 문헌은 분쟁이 일어나면 그에 따라 이 무서운 일을 겪어야 한다는 것이 예견되었음을 나타내고 있다. "국민을 분열시키는 전쟁을 일삼는 자는 외톨이가 되어 법의 보호를 받지 못하며 살아갈 집도 얻지 못한다"는 것이 「Nestor의 전설적인 지혜」[594]를 나타내는 금언의 하나이며, 조국(祖國)이 27년 동안의 싸움에서 패하는 것을 보기 전에 죽은 아테네 시인이 남긴 다음과 같은 연서(連書)[595]는 자신의 문명을 신랄하게 비판한 것이다. "그 수단의 교묘함은 생각지도 못할 만큼 형편에 따라 선이나 악으로 몰아세운다. 규칙을 존중하고 신에 대한 맹세를 깊이 새기면 나라는 편안하고도 태평하다. 헛된 것을 탐하고 금지된 길을 걷는 자는 나라를 무너뜨린다. 이런 자에게 위로하는 화롯불과 상상의 광명이 주어지지 않기를" 헬레닉 세계는 이 예언적인 시가 쓰였던 때로부터 100년도 지나기 전에 터전을 잃은 유랑민으로 들끓게 되었다. 이 재앙은 알렉산더가 행한 융화의 노력으로도 극복되지 않았고 재앙의 불은 끊임없이 새로운 연료를 만들어 내면서 타들어 갔다. 국외로 추방된 자가 얻을 수 있는 유일한 직업은 용병(傭兵)이 되는 것이었으므로 과잉된 병원

---

594. 아케아-트로이 전쟁을 다룬 「Iliad」 제9권에 나오는 글귀. 호메로스는 이를 통해 그 전쟁이 결국 집안싸움이었음을 암시하고 있다.
595. ⟨Sophocles, BC 495~406⟩의 「Antigone」 365~375행.

(兵員)은 새로운 전쟁의 원인이 되었고 그 전쟁으로 인해 또 다른 용병의 후보(候補)인 새로운 추방자가 생겨났다. 이 재앙을 키우는 원인과 결과의 악순환은 헬라스의 동족상쟁(同族相爭)을 부추긴 후 훈련된 병사를 밖으로 토해내어 아케메네스의 평화를 파괴했다. 헬라스에 있어서 전쟁이라는 마물이 거주민을 쫓아낸 것으로 말미암은 도덕적 황폐화의 효과는 전쟁이 풀어놓은 파괴적인 경제력의 작용으로 인해 더욱 증강되었다. 예컨대 알렉산더와 그의 후계자들이 서남아시아에서 행한 전쟁은 그리스인 부랑자에게 병사가 될 기회를 준 대신 더 많은 유랑자를 낳았고 병사의 급료로 지급된 아케메네스조의 금과 은은 통화량의 급격한 증가로 인한 공황을 일으켜 중산층의 빈민화를 초래했다. 이어서 한니발 전쟁으로 생겨난 다수의 빈민은 로마의 정복전쟁(征服戰爭)에 동원되었는데, 이후로 그 새로운 빈민은 혁명과 내전에 돌입한 로마의 무장들에게로 휩쓸려 들었다. 농민들의 이 잔혹한 몰락으로 인해 헬레닉 사회의 내적 P가 발생한 것은 명백한 것인바 이 사실은 거기에 지난날의 귀족이 포함되었다는 사실에도 불구하고 의연한 진실이다. 우리는 앞에서 프롤레타리아트를 "어떠한 사회의 어느 단계에서도 그 사회에 포함되어 있으나 어떤 의미에서는 그에 속하지 않은 사회적 요소나 집단"이라고 정의했거니와 그들의 참된 징표는 본래의 신분이 아니라 조상 전래의 사회적 지위를 계승할 권리를 상실하여 하찮은 인간이 되었다고 생각하는 의식과 그로 인한 원한이다. 그리고 이 주관적인 프롤레타리아트 의식은 재산의 소유와 상충하는 것이 아니다. 헬레닉 사회의 내적 P는 처음에는 여러 국가의 자유민 출신자와 일부 귀족 출신자로 구성되었는데, 이들은 정신적 가독권(家督權)을 빼앗겼다는 의미에서 패적자(敗敵者)인 동시에 뒤따른 결과로 인한 빈곤자(貧困者)였다.[596] 이어서 생태적으로 프롤레타리아트였던 계급에서 출현한 자들이 거기에 합류하게 되었는데 그 숫

---

596. 가독권(家督權)은 '집안의 대를 잇는 권리', 패적자(敗敵者)는 '적에게 패한 자'.

자는 헬레닉 사회가 다른 사회를 침공[597]했을 때 현저하게 증가했다. 이 외래자들은 패적자로서 물질적 약탈을 당했으되 동족에게서 쫓겨나지는 않았다는 점에서 헬레닉 사회 투차이 프롤레타리아트보다 니은 먼니 있었으나 헬레닉 사회의 어떠한 지배자를 만났는지에 따라 그들의 운명은 달라졌다. 셀레우코스조는 아시아에서 세금만 징수했고, 프톨레마이오스조는 이집트에서 오랜 노예국가의 전통에 따라 산물의 일체를 탈취했으며, 카르타고인은 아프리카의 베르베르인을 뼈와 가죽만 남은 농노로 만들었다. 그러나 아르겐툼인은 아프리카 오지의 원주민을 전쟁으로 인구가 줄어든 시칠리아의 농원에 투입하여 노예의 노동력에 의한 최초의 농원제(農園制)라는 사회악(社會惡)을 저질렀다.

이제 우리는 붕괴기 헬레닉 사회의 내적 P가 그 사회 자체의 성원, 정복되고 착취당한 다른 사회의 성원, 정복되고 징발된 후 타향으로 끌려가 혹사당한 노예라는 세 요소로 구성되었음을 알았다. 이들이 겪은 고난은 출신에 따라 달랐으나 조상 전래(傳來)의 사회적 권리를 빼앗기고 착취당하며 사회에서 버림을 받았다는 견디기 어려운 경험을 공유하고 있었다. 한 로마 시인은 이 Slum의 비참한 흐름이 하나의 오지(汚池)로 합쳐지는 과정을 탄식의 색채로 그려냈으나 그 붓이 독을 품고 있는 것은 아마 그 자신이 그 더러운 못(淵)에 빠질지도 모른다는 두려움을 가지고 있었기 때문일 것이다.[598] 헬레닉 사회에서 발생한 내적 P의 가장 비열한 대표는 정복당한 만족이나 헬레니즘에 동화된 오리엔트인이 아니라 권리를 빼앗긴 헬라스인 자신이었다. 이 풍자의 표적이 되고 부당한 취급의 피해자가 된 사람들이 자기들의 운명에 대하여 어떤 반응

---

597. 알렉산더와 그 후계자들은 시리악, 이집트, 바빌로니아 사회 및 인도사회의 상당한 영역을 침공했고, 로마는 유럽과 아프리카 만족(蠻族)의 대부분을 정복했다.

598. '로마의 Slum'은 「리위이스」 제4권에서 〈Colluvies Gentium-모든 민족의 쓰레기〉로 되어 있다. 풍자시집인 「Saturae」로 유명한 〈유베날리스〉는 다음과 같은 시를 남겼다. "로마 시민들이여! 나는 그리스인의 도시가 된 로마는 참을 수 없다. 그러나 시민의 쓰레기 중에는 아케아가 왜 이리 많은가. Orontes가 Tiber로 흐른지 오래되어 언어와 악기와 풍속과 더불어 몸을 파는 여자를 들였다. 가거라 너희들, 화려한 터번을 두르고 창녀에게 정신을 빼앗긴 놈들…"

을 보였는지를 살펴보면 반응의 하나는 그들을 도발하여 반란을 일으키게 하고 무자비하게 진압한 자들의 잔학행위(殘虐行爲)를 능가하는 광포한 야만성의 폭발이었음을 알 수 있다. 자기가 입은 손실에 대해 복수할 때에는 가해자가 그 손해를 끼친 때보다 더 격렬한 감정을 나타내는 것이 당연한 일인데, 죽음을 무릅쓴 프롤레타리아트의 폭동에는 언제나 비슷한 격정의 음률이 울려 퍼진다. 우리는 프톨레마이오스조에 대한 이집트인의 잇따른 반란[599]과 셀레우코스조와 로마에 대한 유대인의 끈질긴 반란에서 같은 음률을 듣는 것이다. 유대인의 반란은 〈유다스 마카베우스〉가 Theos Ephipanes로 자칭한 안티오코스에게 맞서서 봉기했을 때 시작되어 로마의 침공으로 예루살렘이 파괴되었음에도 진압되지 않고 유대인 디아스포라의 여러 폭동과 〈바르 코카바〉에 의한 유대인의 항전으로 재차 폭발했다.[600] 마그네시아의 회전(會戰)[601]은 셀레우코스 왕국의 아시아 지배에 특별한 영향을 끼치지 않았으므로 팔레스타인의 유대인이 셀레우코스조에 반항하는 데에는 대단한 용기가 필요했던바 그들이 거듭하여 그리했던 것은 참을 수 없는 증오 때문이었음이 분명하다. 소아시아 서부의 토착민이 두 번씩이나 반란을 일으켰다가 로마로부터 보복당한 것도 그러한 맹목적인 분노 때문이었다. 페르가뭄 주민은 아리스토니쿠스를 추종하여 반란을 일으켰고 폰투스인은 기원전 88년에 봉기하여 이탈리아 상인 8만 명을 몰살함으로써 로마가 소아시아를 약탈한 원정을 복수했다.[602]

---

599. 이집트인의 반란은 프톨레마이오스조가 셀레우코스조의 침략에 맞서기 위해 이집트인을 군대에 포함하는 실책을 범했을 때 이집트 농민이 무기와 단결심과 자신감을 얻은 것으로 말미암은 것이었다.

600. 마카베오의 봉기는 BC 166년에, 로마의 예루살렘 침공은 AD 66~67년에 일어났다. 유대인 디아스포라는 115~117년에 리비아 이집트 키프로스 등지에서 폭동을 일으켰고, Palestine의 유대인은 〈바르 코카바〉의 지휘에 따라 132~135년에 결사적으로 항전했다.

601. 로마군은 BC 190년에 Magnesia에서 셀레우코스조의 〈안티오코스 3세〉를 격파했다. 마그네시아는 터키 서부 지방으로서 현재의 마니사.

602. Pergamum은 아나톨리아 서단(西端)의 이즈미르주(州)에 있는 도시로서 고대 페르가몬 왕국의 본거지. 왕이었던 〈Attalus Ⅱ, BC 241~197〉가 왕국을 로마에 넘겼을 때 그 주민은 Aristonicus 왕자를 옹립하여 반란을 일으켰다. 이 페르가뭄은 요한 계시록에 '버가모'로 되어 있

아리스토니쿠스의 반란은 오리엔트 여러 민족의 폭동과 헬레닉 사회 내부에서 일어난 노예나 빈민으로 추락한 자유민의 폭동을 결부시키는 역할을 했고 시칠리아에서 일어난 두 노예 전쟁은 모두 노예의 폭동과 관련된 것이었다. 한니발 전쟁 이전부터 빈번했던 이 노예의 일규(一揆)는 이리저리로 옮겨 다니다가 트라키아인 검투사 〈스파르타쿠스〉의 결사적인 항전에서 최고조에 달했다. 그러나 프롤레타리아트의 노예와 극빈층 자유민이라는 양익(兩翼) 중 더욱 집요하고 파괴적이었던 쪽은 노예가 아니라 빈민이었는데, 그런 사정은 〈디오도로스〉의 「세계사 문고」에 자세히 서술되어 있다. 헬레닉 사회에서 이처럼 흉한 모습으로 배출구를 찾은 지배적 소수자에 대한 깊은 원한은 가난한 자유민 프롤레타리아트에 한정되었던 것이 아니다. 로마 시민권을 얻기는 했으나 직업을 가질 수 없어서 슬럼의 거주민으로 전락한 프롤레타리아트의 사정은 〈플루타크〉가 기술한 〈Tiberius Gracchus, BC 163~132〉의 연설 속에 피력되어 있다. 로마 빈민의 원한은 그렇게 깊은 것이었으므로 기원전 91~82년의 폭동에서 부자들을 쓰러뜨리고 찢어놓은 그들의 광포함은 마카베이오스나 스파르타쿠스의 그것에 조금도 밑돌지 않았다. 그리고 불길에 싸인 세계를 배경으로 음침한 실루엣을 보이는 모습 중에서도 가장 악마적인 것은 극심한 운명의 변화를 겪은 로마의 혁명가들이었다.[603]

헬레닉 사회의 내적 프롤레타리아트는 결사적인 폭동을 통해 크세노폰이 묘사한 라케다이몬의 노예들이나 오토만의 라이예가 품었던 것과 같은 정신[604]을 드러내고 있었다. 이러한 폭력행위에서 헬레닉 사회의 내적 P는 그들

---

다. 〈계 1:11〉 Pontos는 아나톨리아 북동해안을 지칭하며 흑해 전역을 장악했던 고대 폰토스 왕국의 본거지. 그리스 신화에서 Pontus는 바다의 신이며, 아나톨리아 북동부의 폰투스 산맥은 흑해를 따라 뻗어 있다.

603. 대표적인 인물은 〈퀸투스 세르토리우스〉〈섹스투스 폼페이우스〉〈가이우스 마리우스〉〈루키우스 카틸리나〉 등.

604. Lacedaemon은 그리스 신화에 나오는 스파르타 건설자, 라코니아의 왕녀(王女)인 스파르타와 결혼하여 그 왕국을 스파르타로 명명했다. 크세노폰은 「그리스사」에 "스파르타의 노예들은 지배자

을 학대한 지배적 소수자 중 정복자, 낭비가, 사형집행인과 같은 극단적인 방향으로 치달았다. 그리고 이 프롤레타리아트의 Shiva[605]와 같은 난동은 소름 끼치는 것이지만 그것은 부당한 억압에 대한 반발이었다는 점에서 의외의 일은 아니다. 그와 동시에 감심(感心)이 되는 것은 헬레닉 사회의 내적 P가 그러한 난동과 반대인 정신에 의한 응전도 병행했다는 사실이다. 이 별개의 응전에 있어서 그들은 귀책의 사유가 없는 양심의 가책을 받았고 지배적 소수자 중 애타주의자가 도달한 정신적 경지에 도달하여 그것을 능가했다. 지금까지 살핀 폭력의 폭발이 당면한 고난에 대한 피해자의 유일한 반응이었던 예는 없었는데, 피해자의 일부는 압제에 대하여 마찬가지인 힘으로 대응하지만 다른 일부는 유화(宥和)로 응전하는 것이 보통이다. 악랄한 다모필루스에 대하여 광란에 빠진 노예들조차 은혜를 원수로 갚는 것을 피할만한 인간성을 잃지 않았다. 에피파네스의 헬레니즘화 정책에 저항하는 것으로 말미암은 고난을 말하는 유대인의 전설적인 회상(回想)에서도 마카베오스의 무력항쟁(武力抗爭)에 앞서서 Eleazar[606]나 7형제와 그 모친의 수동적인 저항의 이야기가 펼쳐져 있다. 예수의 수난 이야기에서도 "겉옷을 팔아 검을 사라"고 명령하신 후 열두 사람 앞에 두 자루의 검밖에 없음을 알고 "그만하면 족하다"고 하신 말씀이 이어지지만 이 표면적인 무장(武裝)의 명령은 예수께서 마지막으로 체포될 때 싸우기를 스스로 거부함으로써 뒤엎어진다. 그 결정적인 순간에 예수는 칼을 휘두른 자를 제지할 뿐만 아니라 그로 인한 상처를 고쳐주고 있다.[607] 같은 이야기의

---

들을 '산 채로 뜯어먹고 싶은 종자'로 생각했다"라는 기록을 남겼다. 오토만 라이예는 1821년에 라코니아를 점령한 후 학대에 대한 복수로써 미스트라 요새의 모든 터키인을 전멸시켰다.

605. 〈Shiva, 파괴의 신〉는 〈Vishnu, 보호와 유지의 신〉 〈Brahma, 창조의 신〉와 함께 힌두교 삼신(三神)의 하나. '천둥'이라는 의미도 있으며 자체로는 '우주 최고의 신'이라는 뜻.

606. 신약성서에 기록된 히브리어의 나사로(Lazarus)는 Eleazar(엘레아자르)의 헬라어 표기.

607. "이르시되 이제는 전대 있는 자는 가질 것이요 배낭도 그리하고 검 없는 자는 겉옷을 팔아 살지어다"〈눅 22:36〉, "그들이 여짜오되 주여 보소서 여기 검 둘이 있나이다 대답하시되 족하다 하시니라"〈눅 22:38〉, "그의 주위 사람들이 그 된 일을 보고 여짜오되 주여 우리가 칼로 치리이까 하고 그중의 한 사람이 대제사장의 종을 쳐 그 오른쪽 귀를 떨어뜨린지라 예수께서 이르시되 이것까

다음 장에서 설교를 금지하는 명령을 거부하되 권력에 저항하지도 않는 사도들의 행동을 보았을 때 유력한 율법사 가말리엘은 사도들의 태도와 당시에 만연했던 전투적인 태도 사이에 있는 큰 차이점을 보고 큰 감명을 받았나.[608]

같은 도전에 대한 다를 뿐만 아니라 상반되어 양립할 수 없는 두 응전이 있는바 유화한 응전도 폭력적인 응전과 마찬가지로 프롤레타리아트가 분리하는 의지를 표현하는 행동이다. 〈막카베 후서〉 속에 전해지고 있는 저 유화한 순교자들이 바리새파의 정신적 어버이지만 'Perish aye'라는 말은 '분리하는 자'라는 의미를 지니고 있다. 그리고 그들 자칭(自稱)의 이 용어는 안티오코스와 티투스의 공용어[609] 계통인 영어로는 'Secessionist' 또는 'Schismatics'로 번역된다. 여기에 Puritan의 발에서 Arena(鬪技場)와 Agora(市場)의 먼지를 털어버리는[610] 두 가지 다른 길이 있으나 그 두 길을 동시에 걸을 수는 없다. 그리하여 우리는 헬레닉 세계 오리엔트 계열의 내적 P가 걸어온 역사에서 기원전의 2세기에 걸쳐 폭력과 유화가 경쟁하는 모습을 보는 것이지만 결국 폭력은 자멸해 버리고 유화가 승리를 거둔다는 것을 알게 된다. 안티오코스 에피파네스의 박해로 인한 첫 순교자들이 선택한 유화의 길은 마카베오스에 의해 버려졌는데, 이 무장한 강자[611]의 물질적 성공은 후세의 사람들을 현혹했을 뿐만 아니라 예수께서 자기의 죽음을 예언했을 때 제자들에게도 타격을 입

---

지 참으라 하시고 그 귀를 만져 낫게 하시더라"〈눅 22:49~51〉

608. "말하되 이스라엘 사람들아 너희가 이 사람들에게 어떻게 하려는지 조심하라 이 전에 드다가 일어나 스스로 선전하매 사람이 약 사백 명이나 따르더니 그가 죽임을 당하매 따르던 모든 사람이 흩어져 없어졌고 그 후 호적할 때에 갈릴리의 유다가 일어나 백성을 꾀어 따르게 하다가 그도 망한즉 따르던 모든 사람이 흩어졌느니라 이제 내가 너희에게 말하노니 이 사람들을 상관하지 말고 버려두라 이 사상과 이 소행이 사람으로부터 났으면 무너질 것이요 만일 하나님으로부터 났으면 너희가 그들을 무너뜨릴 수 없겠고 도리어 하나님을 대적하는 자가 될까 하노라 하니"〈행 6:35~39〉

609. 라틴어 또는 그리스어.

610. "Catholic에서 분리한 자들이 거기에서 결별하는"이라는 의미.

611. "강한 자가 무장을 하고 자기 집을 지킬 때는 그 소유가 안전하되"〈눅 11:21〉

했다.[612] 이 말에 대하여 베드로는 예수께 단호한 부정의 뜻을 간(諫)했으나 결정적인 순간에 임해서는 극도의 혼란에 빠져서 스승을 세 번이나 부인했다.[613] 베드로는 몇 시간 전에 죽을지라도 그리하지 않겠다고 다짐했지만, 칼을 거두라는 말이 선포되자 모든 제자는 예수를 버리고 도주했다.[614] 유화의 길은 십자가에 못 박힌 예수[615]와 함께 파묻혀 버린 것처럼 보였지만 몇 개월이 지나지 않은 때에 가말리엘은 기적적으로 일어선 제자들에 관해 어쩌면 이들은 신을 자기편으로 가지고 있는 사람들인지도 모른다고 하여 주목했고 수년 후에는 그 제자인 바울이 십자가에 못 박힌 예수를 전파하게 되었다. 초대 기독교도가 고난을 무릅쓰고 성취한 폭력으로부터 유화로의 전향은 그들의 물질적인 희망이 무참히 부서지는 대가를 필요로 했으나 가상(架上)의 죽음으로 인해 예수의 제자들에게 일어난 것과 같은 일이 예루살렘이 파괴된 후에도 유대교의 전통을 지킨 유대인 사이에서 일어났다. 당시에는 교회의 중심이 좁은 팔레스타인의 범위를 벗어나 그리스인의 안티오키아 교단으로 넘어가 있었으나[616] 유대의 기독교도에 있어서 유화의 길을 걸으라는 예수의 말씀[617]은 한 사람의 유대교 법학자에 의해 지켜졌다. 포위망이 좁혀져서 저주받은 도시가 함락되기 전에 랍비 〈요하난 벤 자카이〉는 마카베우스가 세운 무력항쟁의 전통과

---

612. "이때로부터 예수 그리스도께서 자기가 예루살렘에 올라가 장로들과 대제사장들과 서기관들에게 많은 고난을 받아 죽임을 당하고 제삼일에 살아나야 할 것을 제자들에게 비로소 나타내시니" 〈마 16:21〉

613. "베드로가 예수를 붙들고 항변하여 이르되 주여 그리 마옵소서 이 일이 결코 주께 미치지 아니하리이다" 〈마 16:22〉

614. "베드로가 이르되 내가 주와 함께 죽을지언정 주를 부인하지 않겠나이다 하고 모든 제자도 그와 같이 말하니라" 〈마 26:35〉 "그러나 그렇게 된 것은 다 선지자의 글을 이루려 함이니라 하시더라 이에 제자들이 다 예수를 버리고 도망하니라" 〈마 26:56〉

615. "우리는 십자가에 못 박힌 그리스도를 전하니 유대인에게는 거리끼는 것이요 이방인에게는 미련한 것이로되" 〈고전 2:23〉

616. 그래서 당시의 교회는 발상지인 예루살렘에 엄습한 재앙으로 소멸할 위험은 없었다.

617. "멸망의 가증한 것이 서지 못할 곳에 선 것을 보거든 (읽는 자는 깨달을진저) 그 때에 유대에 있는 자들은 산으로 도망할지어다" 〈막 13:14〉

결별한다는 결정을 단행했다. 유대 열성당(熱性黨)의 감시를 피하고 로마군 지휘관을 설득하여 조용한 곳에서 가르칠 것[618]을 허락받은 그는 예루살렘이 처참하게 파괴되었다는 소식을 가져온 제자의 한탄에 답하여 "내 아들아! 슬퍼해서는 안 된다. 우리에게는 아직 그것에 지지 않을 보복의 길이 있다. 그것은 자비를 나누어 주는 길이다. 성서에도 '나는 자비를 기뻐하되 희생을 즐기지 않는다'라고 쓰여 있지 않으냐?"라고 말했다. 그는 말과 행동으로 폭력의 길을 떠나 유화의 길로 전환했음을 선언했던 것이며 그것으로 오늘에 이르기까지 가혹한 환경에서 살아남아 자기 길을 걷고 있는 유대인 사회의 창시자가 되었다. 현재의 이 유대인 사회가 끈질긴 생명력을 지키고 있는 비결은 요하난 벤 자카이가 남긴 정신을 꾸준히 지켜온 점에 있는데, 유대교에 있어서 폭력적인 태도의 문학적 표현인 묵시록적 문서는 70년과 135년의 쓰라린 경험 후에 나타난 새로운 사조(思潮)에 의해 정전(正典)에서 추방되었다.[619] 그래서 인간의 힘으로 신의 뜻을 실현하려고 시도하지 않는다는 원칙이 유대교의 전통 속에 뿌리박게 된 것이다. 70년의 예루살렘 파괴 이후 정통파 유대인에게서 일어난 이 변화가 유대인 사회를 화석으로라도 지금까지 살아갈 수 있게 했지만, 예수께서 십자가를 지신 후에 제자들에게서 일어난 심경의 변화는 교회를 위해 더 큰 승리의 길을 열었다. 기독교도는 무력 항쟁이 유대인 사회에 초래한 파국을 무사히 돌파했고 기독교 신앙은 로마제국의 관망책(觀望策)에 의해 기원후 최초의 수 세기 동안 비교적 평온한 상황을 누리고 있었다.[620] 교회가 시조이며 스승인 예수의 잔[621]을 마시고 예수와 같은 방법으로 세례받을 것을 강요당한 것은 3세기에 접어든 이후의 일인데, 헬레닉 세계가 무정부 상태에

---

618. 〈Yohanan ben Zakkai〉는 '가르치는 사람'이라고 하는 Tannaim의 일인(一人)이었다.

619. 유대교의 정전(正典)은 율법과 예언자의 글로 되어 있는데, 「다니엘」은 특별한 예외로 남아 있다.

620. 로마제국은 기독교를 사교(邪敎)로 지정하기는 했지만, 그 결정을 유보하는 정책에 따라 수 세기 동안 산발적인 박해를 가했을 뿐이다.

621. "예수께서 대답하여 이르시되 너희는 너희가 구하는 것을 알지 못하는도다 내가 마시려는 잔을 너희가 마실 수 있느냐 그들이 말하되 할 수 있나이다"〈마 20:22〉

빠졌을 때 〈Decius, 249~251〉나 〈Valerianus, 253~260〉들은 기독교 사회를 에피파네스가 유대교를 박해한 것처럼 억압하려고 했다. 교회는 이 도전에 대하여 철퇴(鐵槌)[622]와 같은 방법이 아니라 엘레아자르나 7형제와 같은 방법으로 응전했다. 그로 인해 기독교회는 헬레닉 사회 지배적 소수자의 회심(回心)이라는 보상을 얻었고 이후로 4세기와 5세기의 전환기에 밀어닥친 다음의 시련에서도 여전한 응전으로 만족전단(蠻族戰團)의 개종이라는 성과를 얻었다. 카피톨리움에 새겨진 전승 기록의 공허함이 폭로된 시대에 교회는 유화로 획득한 승리 속에서 놀라운 몇 가지를 칭송할 기회를 얻었던 것인데, 그것은 Attila의 로마 침공을 제지한 〈레오 1세〉의 성취와 만족의 수괴들을 제압한 〈성 세베리누스〉의 업적과 클로비스에게 세례를 베푼 〈성 레미〉의 권위로 나타나 있다.

이처럼 우리는 헬레닉 사회 내적 P의 정신사에서 폭력과 유화라는 두 정신이 끊임없이 싸운 것과 유화가 경험의 조력(助力)[623]에 의해 고통을 겪으면서도 우세를 얻어가는 과정을 보는 것인바 이 드라마의 줄거리를 이해하고 보면 그것이 프롤레타리아트의 무대에서만 상연된 것이 아님을 알 수 있다. 교학(教學)의 엘레아자르와 철퇴(鐵槌)의 유다 및 십자가를 지신 예수와 칼과 함께 망한 드다[624]의 대조는 유화의 길을 택한 〈아기스 4세〉와 폭력적이었던 〈클레오메네스 3세〉[625]의 대조에서 유례(類例)를 발견한다. 예수의 초인적인 임종에 대한 베드로의 반항은 그 이전인 아테네의 좌절기에 수감(收監)된 소크라테스를 탈주시키려고 했던 Kriton의 계획에 해당하는 것이며 베드로와 바울과 자카

---

622. 〈Maccabee〉는 망치(Hammer) 또는 철퇴(鐵槌).
623. 〈Aeschylus〉의 「Agamemnon」
624. "Some time ago **Theudas** appeared, claiming to be somebody, and about four hundred men rallied to him. He was killed, all his followers were dispersed, and it all came to nothing" 〈ACTS 6:36〉
625. 스파르타의 〈Agis Ⅳ, BC 244~241〉는 극심한 빈부격차를 없애기 위해 채무를 동결하고 토지의 재분할을 단행하기에 앞서 반대파인 레오니다스 2세를 폐위했으나 오히려 그에 의해 처형당했음. 레오니다스 2세의 아들 〈Cleomenes Ⅲ, BC 235~222〉는 아기스 4세의 아내를 취하여 개혁정책을 계승했으나 이웃을 폭력적으로 침공했음.

이가 폭력에 대하여 유화로 달성한 승리는 알렉산더의 이상과 케사르의 관용과 아우구스투스의 회개에서 유례를 볼 수 있다. 저명한 내적 P의 대표자들과 유사한 점으로 그 이름을 삼기한 헬레닉 사회 기베적 上수자의 이 내표자 중에는 그 모든 철학적 유파(流派)의 원조가 된 아테네인 소크라테스와 그 세계국가를 건설한 로마인 아우구스투스가 포함되어 있는데, 이 두 위대한 창조적 사업은 이 소수자가 낳은 세 파괴적인 부류의 반극(反極)에서 이타(利他)의 정신으로 충만한 사람들이 기울인 노력의 기념비이다. 이상과 같이 헬레닉 사회의 지배적 소수자와 내적 P의 비교가 파괴적인 부류에 더하여 애타적(愛他的)인 인물들과 유화로써 높은 정신적 수준에 도달한 사람들의 대조로 성립되는 것이므로 우리는 지배적 소수자의 철학과 세계국가에 대응하여 결실의 풍부함과 정신의 숭고함에서 그것을 능가하는 내적 P의 창조적인 사업을 찾을 수 있다. 그것은 철학에 대비되는 고등종교와 세계국가에 비견되는 세계교회인데, 헬레닉 문명의 경우 세계교회는 가톨릭 기독교회이며 승리를 거둔 고등종교는 가톨릭 교회가 구현하는 기독교였다.[626] 헬레닉 세계에서 승리한 기독교회는 헬레닉 사회 세계국가에 대한 우상숭배와 싸웠으나 종교 자체로는 이란에서 들어온 미트라교와 이집트의 이시스 숭배와 아나톨리아 대모신[627]과 경쟁했다.

② 미노스 사회와 히타이트 사회의 내적 P

헬레닉 사회의 역사가 제공하는 예를 통해 내적 P의 발생과 그들의 사업을 살폈으므로 이제는 다른 문명을 살펴서 한 문명의 사례에서 인정된 현상이 일반적이고 규칙적인 것이었는지를 조사하기로 하자.

다른 문명의 붕괴도 내적 P의 분리라는 현상을 동반했을까? 그렇다고 한다면 그 내적 P 역시 헬레닉 사회와 같은 세 부류로 구성되어 있었으며 유사한

---

626.  〔가톨릭 교회 - Catholic Christianity Church〕〔기독교 - Christian Church〕
627.  수메릭 사회의 〈Ishtar〉는 북구의 지모신(地母神)과 시리아의 〈Dea Syra〉로 파생된 후 페시누스에서 〈키벨레-大母神〉로 나타났다.

압제의 도전에 대하여 폭력과 유화라고 하는 두 가지 상반된 방법으로 응전했을까? 그리고 여기에 있어서도 억압당한 프롤레타리아트가 유화의 길을 선택했을 때 고등종교의 탄생과 세계교회의 성립이라는 결과가 생겼던 것일까? 이러한 질문들에 포괄적인 답을 주려는 시도는 내적 P의 분리는 은밀하게 일어나는 것이며 그에 관한 기록이 부실하다는 사실[628]에 의해 어려움을 겪는다. 우리는 종종 내적 P가 암묵적인 상태에서 벗어나 생활의 표면에 모습을 나타낼 때까지 그 발자취에 대해 확실한 사실을 파악할 수 없다는 사실을 발견하는바 그들이 표면으로 부상했다는 사실은 그로 인해 눈에 띄게 될 무렵에는 그들이 이미 전성기에 가까워졌거나 거기에 접어들었다는 것을 의미한다. 이러한 곤란은 사료(史料)의 양이나 판독 가능성과 무관한 것이며 발굴된 자료가 역사의 단절로 이격(離隔)을 겪은 것이라면 곤란성은 더욱 커진다. 연구자에 의해 난해한 문자가 해독(解讀)되었음에도 우리가 이집트, 수메릭, 히타이트, 바빌로닉 등의 문명을 취급할 때 당혹하게 되는 것은 이 연속성의 결여 때문이다. 그리고 기록의 해독이 불가하거나 해독되었다 해도 유의미한 사상(事象)이 없는 경우에는 더욱 애를 먹게 되는데 그 사례는 미노스 문명의 선문자(線文字), 마야문명의 그림문자, 안데스 문명의 결승문자(結繩文字) 등이다. 이처럼 정체가 희미한 문명에 관해서 결론을 끌어내려고 할 때 우리는 단순히 내적 P가 벌인 사업의 여부에서 추론하여 그들의 발생과 성장을 논할 수 없을 뿐만 아니라 내적 P의 존재 여부조차 상상할 수 없다는 것을 고백해야 한다.

　마야문명이나 미노스 문명의 붕괴기에 세계교회 또는 그에 비견되는 것이 형성되었던 것일까? 마야문명의 경우 그 답은 앞에서 보았듯이 부정적이며 미노스 문명의 경우에는 헬레닉 사회의 역사에 나타나는 오르페우스교의 잡다한 구성요소 안에 그 세계교회라고 생각해도 좋을듯한 흔적이 스며 있는 것으

---

628.　내적 P에 관한 기록이 부실한 이유는 지배적 소수자의 의도적인 무시와 그 사업의 초기에는 내적 P가 체계적으로 기록할 만한 능력을 갖추지 못하고 있다는 것으로 말미암은 것.

로 여겨졌다. 그러나 헬레닉 사회의 사료를 통해 알 수 있는 오르페우스교의 의식(儀式)이나 신앙 중에 발굴된 물적 증거에 따라 추측하는 미노스 사회의 종교에서 유래한 것이라고 단언할 수 있는 것은 찾을 수 없다, 기원전 6세기의 역사에 모습을 나타내는 오르페우스교는 미노스 문명의 고등종교와 세계교회에 대한 증거로 인정되는 것이 아니라 그 사회에서 고등종교가 탄생하지 않았다고 추정하는 근거로 해석되어야 한다. 오르페우스교에는 크레타의 디오니소스 신화[629]와 같은 요소가 들어 있으나 그것이 미노스 문명의 고등종교나 세계교회의 존재를 입증하는 증거가 되는 것은 아니며 그 속에는 동시대 시리악 문명의 종교나 인도의 철학과 유사한 요소가 포함되어 있기도 하다. 오르페우스교의 Phanes는 여호와와 같은 창조의 신이고 의인화된 〈불로(不老)의 시간〉은 조로아스터교의 〈무한(無限)의 시간〉과 흡사하다. 우주와 육체, 그리고 윤회와 그로부터의 해방을 말하는 오르페우스교의 교리[630]에는 다분히 인도적(印度的)인 냄새가 배어 있다. 오르페우스의 교설(敎說)은 죄가 씻기고 마침내 윤회에서 해방된 혼령은 〈기억의 호수〉에서 마시는 것이 허용된다고 하지만 이것은 깨달음에 도달했을 때 모든 전생을 상기했다는 석가모니의 전설적인 경험을 상기(想起)하게 한다. 오르페우스교 안에서 인정되는 이 시리악과 인도적(印度的)인 특징은 분명한 것이자 너무나 유사한 것이어서 우연으로 처리하기는 쉽지 않다. 따라서 우리는 오르페우스교를 하나의 혼합종교(混合宗敎)로 보는 동시에 그 복잡한 구성이 우연의 소산이 아닐 수 있다고 생각해 볼 필요가 있다. 오르페우스교에는 창조적 개인의 일단이 자기들의 목적에 적합한 것으로 여겨서 채택한 잡다한 요소를 근거로 하여 의도적으로 만든듯한 부분이 역력

---

629. 유아(乳兒)의 단계에서 부당하게 살해되는 신의 이야기로서 그 살해자가 원죄의 근원이며, 신의 시신(屍身)을 먹는 것이 구원의 열쇠라고 하는 비의(祕儀).

630. 우주는 알(卵)이며, 육체는 전세의 죄에 대한 벌로서 혼이 가두어지는 묘(墓)라는 것. 벌은 재생의 순환으로 반복되고 계속되는 생(生)과 사(死)로 행해지는 죄와 벌의 대차계산(貸借計算)에 있어서 빚이 있는 혼은 그 순환에서 벗어날 수 없다는 것. 윤회에서 해방되고 불행에서 벗어나는 길은 오직 오르페우스에 있다는 것.

히 보인다. 이와 같은 신학적 노력으로 말미암는 경전적(經典的)인 종교는 장중(莊重)한 의식보다는 올바른 신앙을 중요하게 생각하는 것인바, 그것으로 본다면 오르페우스교는 공백기를 견뎌낸 미노스 문명의 종교적 전통을 보존하거나 부흥시키려는 노력이 아니라 청년기에 도달한 헬레닉 문명을 괴롭힌 정신적인 공허를 메우려는 시도로 해석하는 것이 타당하다. 헬레니즘은 기원전 6세기에 그 민감성으로 이 공백을 자각하여 고민하게 되었다고 추측할 수 있는데 그것은 헬레닉 사회가 올림포스의 제신(諸神)을 아래로 보게 되었고 때를 맞추어 시리악 사회의 종교와 인도의 철학이 헬라스에 전해졌기 때문이다. 오르페우스교의 기원이 이렇게 설명되는 것이라면 우리는 미노스 문명의 세계교회에 관해서 아무런 지식이 없고 그 내적 P에 대해서는 더욱 무지하다는 것을 고백하지 않을 수 없다.

앞에서 말했듯이 이례적으로 조사(早死)한 히타이트 문명의 내적 P에 대해서도 알고 있는 것이 거의 없지만 단정할 수 있는 한 가지는 그 사회의 잔해가 헬레닉 사회와 시리악 사회로 흘러들었다는 것이다. 그러므로 그 흔적을 찾으려면 이 두 문명의 역사에 눈을 돌려야 할 것인바 우리는 기원전의 마지막 천년기에 〈아나톨리아의 신전국가(神殿國家)를 통치한 군주에게 드린 제사(祭祀)〉와 〈에트루리아의 도시국가를 지배한 독재자〉 속에서 히타이트 사회의 지배적 소수자를 어렴풋이 보았다. 더하여 〈카파도키아의 신전노예(神殿奴隷)〉를 그 내적 P의 흔적으로 생각할 수 있지만 전체적으로 본다면 오랜 시간을 격(隔)한 이문명(異文明)의 표면에 떠오른 그 사회의 단편으로 미루어 볼 때 그 무수한 파편이 땅에 묻혔음이 확실하다.

③ 주인의 교체

히타이트 문명이 남긴 잔해(殘骸)의 역사는 이처럼 분명치 않으나 그 점에서 그것은 우리에게 그와 같은 길[631]을 걸은 문명의 공통된 운명을 파악하는 계

---

631. 붕괴가 완료되기 전에 이웃의 다른 문명에 병탄된 것.

기를 제공한다. 확대가 붕괴의 징후라고 할 때 하나의 가설로서 붕괴 중인 이웃을 침공하여 확대하는 사회는 붕괴기에 돌입했고 따라서 이미 그 내부가 지배적 소수자와 고유의 내적 P로 분열하는 중이라고 가정해도 좋다. 그런 상황에서 침공하는 사회가 집어삼키는 다른 사회의 요소는 그 사회의 지배적 소수자보다는 내적 P로 흡수될 공산이 크다. 이 선험적인 가능성을 검증(檢證)할 수 있는 사실을 제공하는 것은 지금까지 10개의 이문명(異文明)[632]을 흡수한 서구문명인데, 이 많은 이문명의 구성분자 중에서 어떤 요소가 서구문명의 지배적 소수자 그룹에 포함되었던 것일까? 그에 해당하는 것은 스페인의 코르테스가 동맹자로 포섭한 멕시코의 트락스칼라족을 별도로 하면 각각 17세기 말과 19세기 후반에 서구와 접촉한 모스크바 제국의 지배계급과 일본제국의 지배계급인데 수적으로 약체였던 이들 중 전자는 사회를 지탱하는 능력마저 약체였으므로 혁명으로 일소되고 말았다. 일본의 지배계급은 그 지위가 아직 안전하지만 어떻게든 러시아의 전철을 밟지 않는다는 보장이 없다고 한다면 붕괴기에 돌입한 10개 문명의 인적자원 전부가 거대하게 부풀어 오른 서구사회의 내적 P에 흡수되는 것으로 귀결된다. 히타이트 사회만이 아니라 이 10개의 사회가 빠져든 운명은 붕괴 중인 문명이 그 붕괴가 완료되기 전에 다른 문명에 합병되는 것이 흔한 일이라는 것을 암시하는바 붕괴가 진행되는 과정은 외부로 확대하기 좋은 여건인 동시에 그 사회를 침략자가 아니라 침략할 대상이나 희생물로 보이게 할 위험이 있으므로[633] 이 점은 처음부터 예기(豫期)했어야 할 일이었다. 외래자의 침공으로 다치기 쉬운 쪽은 지배적 소수자지만 그것은 피지배자가 볼 때 지배적 소수자는 이미 외래자와 같은 존재가 되었기 때문이

---

632. 서구사회는 지금까지 멕시코, 안데스, 힌두, 이란, 러시아 정교 기독교, 극동사회와 그 분지, 정교 기독교 사회를 흡수했다. 그리고 멕시코 사회와 이란사회가 서구사회에 흡수되기 전에 병합한 유카탄 사회와 아랍사회를 계산에 넣는다면 그 수는 10개로 늘어난다.

633. "예수께서 그들의 생각을 아시고 이르시되 스스로 분쟁하는 나라마다 황폐하여질 것이요 스스로 분쟁하는 동네나 집마다 서지 못하리라"〈마 12:25〉

다. 지배적 소수자로부터의 정신적 소외가 프롤레타리아트의 분리라는 말에 의해 우리가 의미하는 사상(事象)의 본질인 것인바 프롤레타리아트는 자기들의 지배자와 대체되는 자들이 더 관대한 주인일지 모르는데도 현재의 주인을 지지할 것이며 하나를 선택해야 할 때 자기 뜻을 관철할 만한 의지와 기력을 가지고 있을 것인가?

테스트 케이스는 스페인의 콩키스타도르가 침입하여 잉카족에게 지배자 지위의 양도를 요구했을 때 안데스 세계국가의 내적 P가 나타낸 반응이다. 잉카 Orejones(오레호네스)는 유례가 없을 정도로 인자하고 유능한 지배계급이어서 그 은혜를 입은 신민들은 잉카를 존경했고 새로 정복된 종족도 불만을 품지 않아서 사회적으로 복종의 태도가 굳어져 있었다. 그러했음에도 불구하고 그 유순한 피지배자들은 잉카가 〈Francesco Pizarro〉에게 목을 물려 그들의 용기와 충성을 갈망했을 때 환난 중에 돕는 자[634]가 되지 않았다. 잉카가 파멸한 근본적인 원인은 제국을 수립하고 유지해 온 잉카의 신성(神聖)과 불패의 신념에 있었다. 당시에 잉카의 피지배자들은 왕자들의 내전[635]으로 혼란에 빠져 있었으나 그 양처럼 길들어진 민중은 신으로 모시던 주인이 맥없이 패하여 굴욕을 당하는 것을 보았을 때 자기들이 그 주인을 도울 수 있을 것이라는 생각은 품어보지도 못했다. 아타우알파의 무리는 찬탈자를 반대하면서도 주인이 살해되는 것을 넋을 잃은 채 방관하다가 그를 죽인 살해자에게 온순하게 복종했다. 안데스 사회의 내적 P가 토착의 주인을 외래의 주인으로 바꾼 뒤에 빠져든 상황은 자존감의 붕괴, 정신적 공황, 문명의 와해와 성장의 정체였다.

이상이 잉카와 같은 좋은 주인의 피지배자가 주인이 그 왕국을 빼앗기는 순간에 취한 태도라면 다른 사회의 내적 P들이 증오하는 지배자의 파멸을 용인하거나 환영했다고 해도 놀랄 일이 아니다. 우리는 동로마 제국의 무거운 짐

---

634. "하나님은 우리의 피난처시요 힘이시니 환난 중에 만날 큰 도움이시라" 〈시 46:1〉
635. 카팍이 죽었을 때 장자인 아타우알파와 동생인 와스카르가 벌인 왕위 계승 전쟁, 군대를 장악하고 있었던 와스카르가 승리하여 왕위를 계승했다.

을 졌던 아나톨리아 농민이 11세기에 이슬람교도 셀주크족이 침입했을 때 순식간에 터키에 귀의한 것을 보았고 〈Aurangzēb, 1659~1707〉의 사망 후 힌두사회의 피지배자가 외래자의 무굴제국이 붕괴하고 동류인 영국인의 제국이 세워지는 것을 무관한 태도로 방관하고 있었음을 고찰했다. 더하여 기원전 332년에 외래의 아케메네스조 정권이 마찬가지인 마케도니아조 정권으로 바뀌는 것을 조용히 받아들인 이집트인에게서도 같은 태도가 관찰된다. 아케메네스조와 마케도니아인이라는 굴러들어온 주인 간의 지배권 다툼에 대한 바빌로니아인의 태도는 더욱 적극적이었으며 그만큼 외래 정권의 교체를 촉진했다. 바빌로니아인은 알렉산더를 헬라스의 옷을 입은 제2의 다리우스로 받아들인 것이 아니라 해방자로 환영했던 것인데, 그런 점에서 그들은 200여 년 전에 키루스가 바빌로니아로 유폐된 유대인으로부터 환영받은 것[636]과 같은 길을 밟았다. 유대인이 짊어졌던 신바빌로니아 제국의 멍에가 견디기 어려웠던 것은 그 후 지배자의 지위에서 쫓겨난 바빌로니아인의 자손이 남에게 가했던 학대를 당하는 처지가 되어 아케메네스조의 멍에로 고통받은 것과 같았다. 바빌로니아인 지배적 소수자의 압제에 괴로움을 당한 유대인과 페르시아인의 억압으로 고통받은 바빌로니아인에 있어서 외래자인 주인의 교체는 어두움과 그늘에 놓인 사람들을 비추는 햇빛[637]으로 여겨지는 것이었다.

이러한 예들은 피지배자가 지배자의 교체를 맞이하는 태도가 어떻든 간에 지배적 소수자가 바뀌는 것은 붕괴의 징후이자 그 형벌인 동시에 분열을 일으

---

636. "여호와께서 그의 기름 부음을 받은 고레스에게 이같이 말씀하시되 내가 그의 오른손을 붙들고 그 앞에 열국을 항복하게 하며 내가 왕들의 허리를 풀어 그 앞에 문들을 열고 성문들이 닫히지 못하게 하리라 내가 너보다 앞서가서 험한 곳을 평탄하게 하며 놋문을 쳐서 부수며 쇠빗장을 꺾고 네게 흑암 중의 보화와 은밀한 곳에 숨은 재물을 주어 네 이름을 부르는 자가 나 여호와 이스라엘의 하나님인 줄을 네가 알게 하리라 내가 나의 종 야곱, 내가 택한 자 이스라엘 곧 너를 위하여 네 이름을 불러 너는 나를 알지 못하였을지라도 네게 칭호를 주었노라"〈사 45:1~4〉

637. "주의 백성에게 그 죄 사함으로 말미암는 구원을 알게 하리니 이는 우리 하나님의 긍휼로 인함이라 이로써 돋는 해가 위로부터 우리에게 임하여"〈눅 1:77~78〉

킨 지배적 소수자와 프롤레타리아트가 내전에 돌입한 사회에서 빈발하는 것임을 분명히 하고 있다. 우리가 이점에 시간을 할애한 것은 그것이 내적 P를 개관할 때 극복해야 하는 또 하나의 장애가 되기 때문인데, 이 장애는 어떤 내적 프롤레타리아트를 살필 때 붕괴기의 문명이 다른 사회에 병합되는 경향에 따라 그것이 끌려든 사회에 포섭되어 자취를 감추어 버리는 것으로 나타난다. 붕괴 중인 문명에서 나타나는 이 높은 사망률은 사회를 해부하는 연구에 풍부한 자료를 제공해서 좋을지 모르나 희생된 사회의 해부에서 반쯤 융해된 잔해밖에 발견되지 않는다면 매우 곤란한 일이 아닐 수 없다. 이처럼 불리한 상황에서 도중에 생명이 끊긴 붕괴기 문명을 취급할 때 그에 대한 어떤 흔적이나 단서를 찾는다면 우리는 그것을 행운으로 여겨야 할 것이다.

④ 일본의 내적 P

우리는 서구사회로 흡수되기 전에 세계국가 단계에 진입한 극동사회 일본 분지가 겪은 붕괴의 역사에서도 내적 P의 분리를 나타내는 징조들을 인정할 수 있다. 잇따른 전쟁과 혁명으로 토지에서 쫓겨나 겨우 용병이 된다는 활로를 발견한 헬레닉 사회 도시국가 시민에 해당하는 것을 일본에서 찾는다면 그 동란기의 무정부 상태가 낳은 낭인(浪人)[638]이 눈에 띈다. 히데요시의 실패로 끝난 대륙 침공은 알렉산더가 단행한 아시아와 이집트 정복과 마찬가지로 이 귀찮은 부랑자의 무력을 다른 사회로 돌린 것으로 해석할 수 있고 일본의 〈에다〉라는 천민이 아이누족의 잔존자로서 내적 P로 편입된 것은 유럽과 북서아프리카의 만족이 붕괴기 헬레닉 사회의 내적 P로 흡수된 것에 비견된다. 더하여 헬레닉 사회의 내적 P가 지배적 소수자에게서 받은 고난의 도전에 대한 응전에서 찾아낸 고등종교와 같은 것이 일본의 죠도슈(淨土宗), 죠도신슈(淨土眞宗), 홋게교(法華宗), 젠슈(禪宗) 등에서 발견된다.[639] 이 개조(開祖)들은 일본의 동란시

---

638. 노닌(浪人). 소속이 없는 직업적인 무사.

639. 죠도슈는 호넨죠닌(法然上人)이 1175년에 창시했고 죠도신슈는 호넨의 제자인 신란(親鸞)이 열었으며 홋게교는 니치렌(日蓮)이 개창했다. 에이사이(榮西)와 도겐(道元)은 중국에서 선종(禪宗)을

대 초기나 그 이전에 태어났는데 이 경우에는 대체로 논리의 잘못이라는 "이것 후에, 따라서 이것 때문에…"가 성립된다는 증거가 있다. 겐싱(源信)이 일본의 짧았던 평안의 시대에 "말세가 도래했다"고 석파한 것과 니치렌이 당시를 멸법(滅法)의 시대로 믿었던 것은 그들이 자기들의 생(生)을 동란시대에 받았음을 의식하고 있었다는 것을 의미한다. 한편으로 이 개조들이 가르치고자 했던 학대받은 농민과 혹독한 훈련으로 단련된 무사들은 정신적인 양식에 굶주리고 있었는데, "많은 사람이 종교에 마음을 기울이고 있다"라는 니치렌의 주장은 이 신흥 종교들이 많은 신도를 얻은 것으로 입증되었다.

이 내적 P들의 종교는 외래의 인스피레이션에 따르고 있다는 점에서 헬레닉 사회 내적 P의 종교와 유사한 것인데 대승불교의 변형인 이들 중 니찌렌슈(日蓮宗)를 제외한 세 개는 극동세계에서 출현했다. 선종(禪宗)을 이식한 두 사람은 중국에서 선(禪)을 배웠을 것인데 나라교토(奈良京都) 시대의 인물들에 비교할 때 가마쿠라 시대에 활동한 이 종교적 천재들의 특질은 그 수용성이 아니라 독창성임을 알 수 있다. 교토 시대의 대승불교는 온실 속의 화초로서 제대로 이해되거나 진지하게 실천된 적이 없으며 일본의 토양에 뿌리를 내리지도 못했다. 민중은 여전히 원시적인 이교(異敎)에 빠져 있었던 것인데 그때까지 외래의 불교를 보호해 온 온실이 무너져서 그 파국이 재해를 끼쳤을 때 그 이교 또한 부실(不實)을 드러내고 있었다. 일본의 극동문명은 그 불행한 몰락 때문에 불안정하고도 짧은 번영의 시대에는 호소할 수 없었던 대중에게 영향을 끼치게 되었으며 동란시대의 시작은 이들 대중을 구제를 갈망하는 프롤레타리아트로 바꾸었다. 그리고 상기한 개조들은 이 위기에 응해서 일어서고 대승불교의 정신적 양식을 그들이 수용하기 쉬운 형태로 제공했다. 그들의 사업적인 안목은 원시적인 이교 대신에 평이(平易)한 대승불교를 제공한 점에 있는바 그 사업은 평가하는 방법에 따라 서로 모순될 만큼 다른 양상을 띠고 있다. 그들

---

들여왔다.

의 교설에 이렇듯 가벼운 형태의 불교가 출현할 때까지 명목은 어떻든 그것을 대중의 신앙인 이교와 비교해 보면 이 네 종교는 모두 새로운 고등종교로 보여진다. 그러나 6세기 이래 소수 엘리트의 대승불교나 중국의 원형에 비교한다면 가마쿠라 시대의 대중적인 종교운동(宗教運動)은 이교로부터의 진보가 아니라 이교적 야만으로의 종교적 역행(逆行)이라는 생각이 든다. 가마쿠라 시대 일본 사도들의 사업이 민중화를 달성하려는 것이었다고 해도 그것은 선진(先進)이라고 자부하는 귀족이나 학자들[640]의 의식적인 행위였다. 독자적인 새 교단을 세운 이 네 사람은 그것을 선언하기에 앞서 교토를 굽어보는 히에이산(比叡山) 덴다이슈(天臺宗)의 유명한 사원에서 학문을 닦았다. 이후 그들이 그 밀교의 전통에서 벗어나 무식자(無識者)도 이해할 수 있는 말로 민중에게 도를 펴게된 것은 자기들의 체험과 직관을 통해 중국발 이국적인 정치제도가 일본의 질서를 유지하기에 무능했던 것과 마찬가지로 히에이산의 불교가 고통받는 농민의 혼을 달래는 데 도움이 되지 않는다는 것을 깨달았기 때문이다. 이국적인 정치 체제의 붕괴로 말미암은 무정부 상태를 유년기의 쓰라린 경험에 의해 뼈저리게 느낀 호넨이 덴다이슈에서의 배움을 팽개치고 부처의 자비와 신앙에 전념함으로써 그 열의를 보였듯이 그 종주(宗主)들은 시대적 괴로움에 깊은 동정심을 가지고 모든 인간에게 열려 있는 구제의 길을 찾기에 주력했다. 이 열의가 일본의 예언자들이 밝히고 행한 교의와 실천의 기조를 이루고 있다. 호넨을 비롯한 3인은 누구나 부처가 될 수 있다고 하여 여자에게도 구제의 문호를 열었고 젠슈에서 에이사이와 그 후계자 도겐은 교리와 실천이 아니라 포교 대상에 있어서 차이를 드러냈다.[641] 그리하여 중국에서 은자(隱者)에 의해 수행되던 선(禪)은 일본에서 무사들의 신앙으로 바뀌었다. 이 교사들은 무

---

640. 法然(호넨)은 관료의 후예(后羿), 親鸞(신란)과 道元(도겐)은 공경(公卿)의 자제, 日蓮(니치렌)은 정치적 명문(名門) 출신.

641. 에이사이가 끼친 영향이 승려와 귀족에게 한정되어 있었음에 비해 도겐은 상류층과의 접촉을 적극적으로 회피했다.

사와 농민과 여자로 구성된 소박한 민중에게 가르침을 펼침에 있어 화문(和文)과 히라가나를 쓰고 각기 다른 포교법을 찾는 등 포교에 있어서 다양한 기술과 방편을 채택했으나[642] 민중의 구제를 실유(說諭)하는 이 전도에 있어서 가장 요긴한 것은 교리 자체를 이해할 수 있는 것으로 만드는 일이었다. 젠슈가 구제에 치중했다는 차이가 있으나 이 종파들은 지성(知性)의 가치를 낮게 보는 점에서 일치하고 있었다. 선론(禪論)에서 그 목표인 깨달음은 경전을 읽거나 설교를 들어서 성취되는 것이 아니라 내성(內省)에 의해 각성되는 것이었고 그 내용은 엄한 정신적 수행을 통해서만 돌연한 직관(直觀)에 의한 득도(得道)의 달성에 이를 수 있었다. 이 불가피한 예비적 훈련에서 선의 깨침을 추구하는 구도자는 오로지 자기의 정신적 능력만을 의지해야 했는데, 이 구제의 길은 도덕적으로는 곤란했으나 지적으로는 용이했으므로 무사들의 호응을 얻었다. 천민이나 여자들에게 호소한 종파들은 구제의 길을 쉽게 하려고 진력(盡力)했는데 이들 종파의 어느 것이나 신앙에 의한 구제 속에서 계기(契機)를 발견했다. 죠도슈와 신슈에서 이 신앙의 대상은 아미타바(아미타보살)였고 홋게교에서는 인격적인 존재가 아닌 경전(經典), 즉 이 종파가 그 명칭을 차입한 묘법연화경(妙法蓮華經)이었다. 겐신은 사회적 좌절 이전부터 "말세에 사는 약하고 죄 많은 우리들은 다만 아미타 여래의 이름을 부르는 것으로만 구제된다"고 선포하고 있었고, 호넨은 "행을 옮기고 완성의 길을 닦는 자는 억만이 있어도 이 멸법의 세상에서 완전한 경지에 도달하는 자는 하나도 없을 것이다. 지금은 오탁악세(五濁惡世)이고 열려 있는 하나의 길은 정토문(淨土門)인바 누구나 공들여 아미타의 이름을 부르면 이 정토에 왕생할 수 있다"고 하여 그 가르침을 계승했다.

---

642. 호넨과 신란은 교토에 칩거하여 구제를 찾는 사람들이 찾아오기를 기다렸고 니치렌은 여러 곳을 돌아다니면서 포교하다가 미나모토가(源家)의 장군제와 호오조가(北條家)의 집권제가 본거지로 삼은 가마꾸라 근처에 정착했다. 니치렌은 대중이 모이는 곳을 찾아다녔으며, 젠슈의 양인(兩人)은 교토에서 예행(豫行)한 후 에이사이는 가마꾸라로 이끌렸고 도겐은 에치고에 승원(僧院)을 세웠다.

거의 모든 것을 희생하여 구제를 쉬운 것으로 만들려고 한 이 배려는 다행스러운 결과만 낳은 것이 아니다. 니치렌은 조도슈를 맹렬히 공격했으나 신자의 의무를 신앙의 정수가 녹아 있는 것으로 간주(看做)된 그 부처의 이름을 암송하는 것으로 줄인 것은 호넨과 다르지 않았다. 호넨의 주문(呪文)은 염불(念佛)로 약칭되는 나무아미타불, 즉 무한수명과 광명 자체인 부처를 예찬하는 것이었고 니치렌의 주문은 나무묘호렌게교,[643] 즉 완전한 진리인 연화(蓮華)의 예찬이었다. 니치렌에 있어 그것은 경(經)에 계시(啓示)된 진리를 암송할 뿐만 아니라 실제로 구현하는 것이었는데 그는 신성한 제호(題號)를 암송하는 것이 깨우침을 얻는 방법이며 심원한 철학을 주술과 환치(換置)하고라도 만인을 구제하는 길이라고 주장했다. 이 지적 후퇴는 행동준칙(行動準則)의 이완이라고 하는 도덕적 퇴보를 초래했다. 신란은 이점을 맹렬히 비난했는데 그 요지는 염불 자체가 무의미하다는 것이 아니라 주술적인 행위가 아미타의 광대한 자비에 대한 믿음을 저버린 결과라는 것이었다. 신슈를 제외한 세 종파는 거의 모든 것을 포기하면서 용이한 구제의 길을 열려고 노력했으나 종교적 기풍은 같은 것이 아니었다. 그리고 이 점에서 이 종파들은 앞에서 살핀 내적 P의 두 반응에의 대조를 나타내고 있었다. 일본인의 감정에서 유화의 표본은 호넨이고 폭력의 모본은 니치렌이다. 온순하고 정서적이었던 호넨은 만민의 구제를 추구한 점에서 신시대의 개척자였으나 문화적으로는 구시대의 유산을 대표하고 있었다. 반면에 니치렌의 종교는 교토에 웅거(雄據)한 귀족불교의 의식주의(儀式主義)에 반항한 동일본의 강직함을 대표하고 있었다. 동국(東國)의 무사계급과 고지식한 농민에게 호소하여 성과를 올린 니치렌은 호넨을 이단이 아니면 타락한 자라고 단정하고 강력하게 공격했다. 더하여 그는 법화종(홋게교)이 아닌 모든 종파를 이단으로 규정하고 가마쿠라 정부에 제출한 입정안국론(立正安國論)에서 이단을 박멸하는 것이 정부의 책임이며 이단자를 죽이는 것은 살인

---

643. '나무묘호렌게교'는 나무묘법연화경(南無妙法蓮華經)의 일본식 발음.

죄에 해당하지 않는다고 주장했다. 이러한 태도로 행동한 것을 생각하면 니치렌이 정부와 분규를 일으키다가 처형당할 위기에 빠졌던 것은 놀랄 일이 아니지만 이상한 것은 유화적이었던 효넨을 포함하여 선이니 이미디 신앙의 내표자들이 마찬가지로 박해받은 일이다. 실은 그 모든 종파가 대중을 구제한다는 목표로 인해 반항의 혐의를 받았을 것인바 오닌(應仁)의 난이 발발한 때로부터 노부나가가 독재권을 확립한 때까지의 100년 동안에 지배자의 포학함을 견디다 못해 홋게교는 물론 죠도신슈까지 전투적인 성향으로 변질되었다.

⑤ 러시아와 아랍의 내적 P

러시아 정교 기독교 사회의 내적 P도 세 원천(源泉)을 통해 형성되었는데 그것은 지배적 소수자 그룹에서 분리된 러시아인과 정복된 이문명(異文明)의 구성원과 흡수된 북극권의 미개인이었다.[644] 이 프롤레타리아트가 드러낸 폭력적인 반응의 사례는 카자크의 농민폭동이고 유화한 반응의 예는 어떤 종파에 의해 러시아 정교 기독교에 반영된 정적주의(靜寂主義)의 경향이다. 그러나 러시아 역사는 그 단계에서 서구사회로 빨려들었으므로 그 내적 P가 자발적으로 걸어온 자취를 더듬을 수 있는 것은 여기까지다.

아프리카의 미개사회에서 아랍의 내적 P가 형성되는 과정도 역시 서구화에 의해 압도되었는데 그것은 러시아보다 이른 시기에 진행되었다. 아랍인의 일파가 16세기 말에 수단과 동아프리카를 약탈한 정복은 오늘날에 연출되고 있는 비극의 서막에 불과했는데, 이 비참한 드라마의 제1막을 살피는 단계에서는 그 마지막이 어떤 결말을 맺을지는 상상하기 어렵다. 그러나 개막(開幕)에서 악역을 맡았던 아랍인은 자취를 감추었고 극은 러시아의 드라마와 마찬가지로 서구사회의 극 안에 짜 넣어졌다. 이제 아프리카 흑인이 본토와 북아메리카에서 대사(臺詞)를 읊으면서 연기하는 것은 서구사회의 내적 P로서의 일이다.

---

644. 분리된 러시아인은 종교적 분파를 세운 이들과 정치적인 문제로 쫓겨난 자들. 정복된 이문명의 구성원들은 발트해 연안과 폴란드와 핀란드의 서방 기독교도 및 코카서스와 트란스옥사니아의 이슬람교도. 흡수된 미개 민족은 유라시아 스텝의 유목민과 사모이에드인, 랩인, 우랄 핀인, 퉁구스인 등.

⑥ 외래자가 제공하는 세계국가의 내적 P

붕괴기에 돌입한 문명에 있어서 고유의 지배적 소수자가 무너지거나 쫓겨 나도 외적인 사건은 여전히 정상적인 경로에 따라 진행된다고 하는 특이한 양상을 나타내는 경우가 있다. 상술(上述)한 힌두사회와 극동사회 및 극동의 정교 기독교 사회는 좌절에서 멸망으로 향하는 도중에 차례대로 세계국가 단계를 통과했으나 그 세계국가는 외래자에 의해 제공 또는 강요된 것이었다.[645] 붕괴기에 돌입한 사회가 이처럼 외래자의 세계국가를 용납하는 것은 그 사회 고유의 지배적 소수자가 무능해졌음을 자인하는 것이지만 이 조로(早老)의 피할 수 없는 벌은 본연의 권리를 박탈당하는 것이다. 지배자가 되려고 침입한 자는 그 권리를 가로채는 것이 당연하므로 외래자에 의해 건설된 세계국가에서 토착의 지배적 소수자는 모두가 하나같이 내적 P의 지위로 추락하게 된다. 여기에 있어서 몽골이나 오토만의 사례와 같이 지배자의 필요에 따라 관리로 등용된 이전의 지배자는 허용된 한줌의 권력에 달라붙는 뻔뻔함과 현실에 적응하는 유연성으로 경탄을 자아낼지라도 그 신분만이 아니라 정신까지 바뀐 사실을 숨길 수 없다. 이처럼 종래의 지배적 소수자가 이전에 자기들이 경멸하고 억압했던 지위로 떨어지는 경우 그 속 빈 사회의 붕괴가 정상적으로 진행되지 않는다는 것은 명백하다.

현대 힌두사회의 내적 P에 있어서 전투적인 혁명가의 일파가 자행하는 암살과 마하트마 간디가 외치는 비폭력과의 대조에서 역시 프롤레타리아트의 두 반응을 인정할 수 있다. 그리고 동일한 두 경향을 대표하는 몇몇 종교운동과 종교단체가 존재하고 있으므로 P들의 동요는 그 이전부터 시작되고 있었음이 분명하다. 시크교는 Kavir의 영묘한 사색(思索)이 응결하여 생겨난 무서운 우박 (雨雹)이고,[646] 이 힌두교와 이슬람교를 혼합한 호전적인 종교의 반극(反極)에 있

---

645. 정교 기독교 사회의 오토만 제국, 힌두세계의 티무르조 제국 및 영국인의 제국, 극동사회의 몽골족 과 만주족.
646. 시크교는 〈Nanak, 1469~1538〉가 힌두교의 신애(神愛-바티크) 신앙과 이슬람교의 신비주의

는 〈브라흐마 사마쥬 교단〉은 〈Ram Mōhan Rōy〉의 순화된 정신이 힌두교와 프로테스탄트 기독교를 결합하여 창시한 종교적인 결과물(結果物)이다.

극동사회 청조(清朝)의 내적 P에서는 19세기 중엽에 맹위를 떨친 태평천국운동(太平天國運動)[647] 속에서 각기 다른 방향으로 브라흐마 사마쥬와 시크교를 닮은 내적 P의 활동을 인정할 수 있다. 그것은 고유의 전통과 외래의 것인 기독교적 본질(本質)을 혼합한 것이라는 점에서 브라흐마 사마쥬와 비슷하고 전투적인 정치집단의 형태를 취한 점에서는 시크교와 유사하다.

정교 기독교 사회의 내적 P에서는 14세기의 40년대에 Salonika에서 일어난 혁명에서 동란시대(動亂時代)의 흑암이 최고조에 달했던 시기[648]에 프롤레타리아트가 만들어 낸 폭력적인 반응의 편영(片影)을 볼 수 있다. 그 이후로 내적 P의 수가 급격히 증가했으나 그것은 자기들이 제공할 수 없었던 사회적 공헌을 타인에게 미룬 것으로 인해 그 사회가 부담한 대가의 가장 중대한 부분일 것인바 이 증가분 역시 헬레닉 사회와 마찬가지로 세 원천에서 제공되었다. 우선 집안싸움으로 자기들의 사회를 파멸시킨 지배적 소수자가 합류했고 거기에 정복된 이민족과 잡아들인 노예가 더해졌다. 이 두 프롤레타리아트의 증식으로 희생된 사회는 빈사의 시리악 사회와 술레이만의 목표였던 헝가리 및

---

를 융합하여 창시한 종교로서 2,500만의 신자를 확보하여 세계 5대 종교의 반열에 들어있음. Vahiguru(신의 메시지와 명칭)를 부르고 마음속으로 염원하는 것이 구제의 길이며, 세례와 순례 예배와 고행 등 일체의 것은 무용한 것이라고 가르치고 있다. 나나크를 감화시킨 〈Kabir〉는 브라만의 사생아로서 이슬람교도에 의해 양육되었으나 문맹자로서 방대한 시를 지었는데 그것이 「비자크」로 편집되었다.

647. 홍수전이 창시한 배상제회(拜上帝會)가 주도한 농민운동. 만주족 세력을 우상을 내세우는 요마(妖魔)로 규정하고 그들을 타도하여 지상천국을 건설하자고 선동하여 태평천국의 난(1850~1864)을 일으켰음. 홍수전은 꿈에서 "악마와 요괴를 무찌르고 악으로부터 세상을 구하라"는 금발노인의 말을 들었는데, 그것이 선교사에게 받은 「권세양언(勸世良言)」의 내용과 같았다고 함. 멸만흥한(滅滿興漢)의 기치를 내세우고 남경을 장악하는 등 세력을 떨쳤으나 내부 분열과 증국번(曾國藩) 이홍장(李鴻章)과 같은 향신(鄉臣)들에 의해 멸망했음. 진옥성(陳玉成)과 함께 태평천국의 주역이 된 이수성(李秀成)이 그 운동을 끝까지 이끌었다.

648. 정교 기독교 사회가 오토만의 정복으로 외래자에 의한 세계국가의 그물에 걸려들기 직전의 시기.

어버이 격으로서 무도한 공격을 받은 이란이었다. 오토만에 의해 모국이 정복된 후 정교 기독교 사회의 내적 P에 편입된 아랍 이슬람교도와 서방 기독교도는 대체로 고향에서 쫓겨나는 일 없이 천한 일을 통해 정복자에게 봉사할 것이 허용되었으며 포로나 노예로 잡혀 온 자들과 정치적이거나 종교적인 이유로 흘러든 사람들이 이미 심하게 팽창한 그 내적 P를 크게 증대시켰다. 흑해의 배후지에서 노예를 수입하는 것으로 시행된 그 보충은 대규모로 이루어졌는데, 대부분 러시아인이었던 그 노예들은 기독교 신앙을 거리낌 없이 던져버리고 터키인으로 바뀌어 갔다. 이처럼 손쉽게 믿음을 버린 점에서 루멜리아에 배치된 러시아인 노예는 로마제국에 의해 이탈리아로 잡혀 와서도 키벨레와 이시스 숭배를 지켰던 오리엔트인에 비해 경박하다고 생각될지도 모른다. 그러나 거기에는 오토만의 예리한 가래로 갈아져서 그들이 고등종교의 씨앗을 받아들이고 키워서 세계교회라는 결실을 맺도록 훌륭하게 준비된 밭이 있었다. 〈세이크 베드르 엣딘〉은 오토만 제국 수립 직후인 15세기 초반에 기독교와 이슬람교를 융합한 일종의 혼합종교를 펼쳤는데, 그것은 람 모한 로이와 홍수전(洪秀全)의 작업[649]을 연상케 한다. 더하여 15~16세기에는 사파비조의 전도자에 의해 아나톨리아에 이마미 시아파의 신앙이 퍼지고 있었으나 16세기에 접어들어 그 전도자 〈샤 쿨리〉는 15세기 초반의 〈베드르 엣딘〉과 마찬가지로 폭력의 길로 선회하여 전도의 희망을 끊어버렸다. 그리하여 정교 기독교 사회에 새로운 종교의 씨앗을 뿌리려고 했던 이 초기의 전도자들은 순식간에 멸망했지만 Pax Ottomana의 후기(後期)에는 은밀한 이단설(異端說)을 내재한 신앙이 조용하고도 은밀하게 퍼지고 있었다.

오토만의 평화는 그 권역에 들어온 "민족의 찌꺼기" 속에서 종교적 발효가 일어나기에 충분할 만큼 계속되었으나 더 넓게 펼쳐졌던 Pax Mongolica는

---

649. 〈Rām Mōhan Rōy, 1772~1833〉는 힌두교와 이슬람교의 융합을 시도한 〈Kavir, 1440~1518〉에 이어 기독교와 힌두교의 융합을 시도했고, 〈홍수전, 1814~1864〉의 태평천국운동은 기독교와 도교의 혼합을 시도한 것이었다.

너무 짧은 것이어서 교란(攪亂)에 뒤따르는 결과가 산출될 여유가 없었다.[650] 몽골의 평화가 오토만의 평화처럼 길었다면 몽골인의 대대적인 정복으로 인해 여러 다양한 문화가 서로 교류하게 된 것은 유례가 없을 만큼 활발한 정신적 발효작용을 촉진했을지도 모른다. 몽골의 평화는 짧은 전성을 자랑한 후 출현한 때와 같이 돌연히 붕괴되었고 그에 수반하여 볼가강 유역의 사라이와 오르콘 하반(河畔)의 카라코룸과 장성 안쪽의 북경에 모아두었던 "민족의 찌꺼기"는 역사를 만드는 사명을 수행할 시간을 얻지 못하고 흩어지거나 격리되어 불모의 것으로 되었다. 그러나 시기와 우연한 행운이 있었다면 북방의 끓는 가마[651] 속에서는 눈부신 역사가 만들어졌을 것인데, 13세기의 이 도시들은 19세기의 뉴욕이나 전성기의 로마와 같은 강성한 도가니가 될 가망이 농후했다. 그것은 13세기에 카라코룸을 왕복한다는 모험을 감행한 플란더스의 한 수도사가 남긴 여행기로 입증되는바 윌리엄이 여행 도중에 만났던 기독교도는 몽골의 침략자가 포로로 데려간 많은 이주자의 극히 적은 일부였다. 그의 기록은 징발되어 극동사회의 내적 P로 편입된 자 중에는 시리악 사회의 이슬람교도·아르메니아인 단성론 기독교도·티베트의 라마파 대승불교도·중국의 대승불교도와 도교 및 유교 신봉자·유라시아 스텝의 마니교도와 네스토리우스파 신도 등이 있었다는 것, 그가 몇 사람의 정교 기독교도에게 강론(講論)했고 한 명의 이슬람교도에게 설교하여 개종시킬 뻔했다는 것, 바투 칸의 한 아들이 네스토리우스파 신도로 보였다는 것, 도중에 어느 절에서 승려들과 신학 논쟁을 벌였고 카라코룸에서는 아르메니아인 수도사가 사제로 있는 예배당을 보았으며 카칸의 수도에는 다양한 인종의 기독교도가 있었다는 것, 불가지론자

---

650. 오토만의 평화와 몽골인에 의한 평화는 1372~1774년과 1241~1328년으로 본다. 극동사회를 장악한 몽골인은 횡으로는 헝가리에서 한국으로까지, 남쪽으로는 미얀마로까지 진출했다. 오토만은 정교 기독교 사회를 장악한 후 헝가리와 아제르바이잔에 이어 예멘과 알제리를 병합했다.

651. "여호와의 말씀이 다시 내게 임하니라 이르시되 네가 무엇을 보느냐 대답하되 끓는 가마를 보나이다 그 윗면이 북에서부터 기울어졌나이다 하니"〈렘 1:13〉

(不可知論者)인 망구 칸에게 가톨릭 신앙을 설교했다는 것 등으로 요약된다.

이처럼 지상의 모든 방면에서 끌려와서 극동사회의 도가니에 던져진 강제이주자들이 들여온 온갖 종교들 사이의 경쟁이 몽골인 지배자의 흥미를 끌고 있었으므로 몽골의 평화가 오래도록 지속했다면 모종의 주목할 만한 종교적 발견이나 경험이 발생했을지도 모른다. 실제로 칭기즈칸을 이은 몇몇 분가(分家)의 칸과 그 집단은 전래의 원시적인 종교를 버리고 위와 같은 종교의 어느 하나로 개종했다. 그러나 몽골인의 제국이 급속히 붕괴함에 따라 일련의 개척적인 포교자에 의해 극동사회에 소개되었던 기독교의 요소는 〈성 프란시스코 자비에르〉가 중국을 개종시키려는 두 번째의 노력을 시도했을 무렵에 흔적도 없이 사라져 버렸다.[652] 그리고 원제국(元帝國)의 정치적 형편에 의해 잠시 좋은 때를 얻은 덕택으로 중국에서 의미 있는 발판을 획득했던 이슬람교조차 북서변경(北西邊境)인 감숙(甘肅)과 섬서(陝西)의 두 성(省)과 머나먼 남쪽의 운남(雲南)에 고립해 있었는데, 이 세 곳에 남아 있는 이슬람교적인 요소는 몽골인이 극동사회에 제공한 세계국가의 가장 실질적인 잔재(殘在)일 것이다. 중국에서는 이슬람교와 토착의 종교나 철학 사이에 결실을 낳은 어떠한 융합도 일어나지 않았다. 그러므로 연구자가 인도나 근동(近東)에서 발생한 혼합종교(混合宗敎)[653]에 해당하는 중국의 종교를 찾으려면 시공간적으로 아주 먼 곳에 눈을 돌려야 한다. 외래의 종교 사상이 고유의 전통에 큰 영향을 끼친 사례를 발견하려면 몽골과 명조(明朝)만이 아니라 만주조까지 뛰어넘어 19세기 광동(廣東)의 배후지에 주목해야 할 것이다. 앞에서 말한 대로 홍수전의 정신 속에서 우연히 알게 된 프로테스탄트 기독교 사상의 단편이 중국의 전통적인 세계관과 결부하여 태평천국이라는 전투적인 운동으로 폭발한 혼합종교를 낳은 것은 만주조가

---

652. 마찬가지로 자취도 없이 사라진 네스토리우스교와 마니교는 중국의 세속적인 전통에 흡수된 것으로 보인다.

653. 인도에서의 힌두교와 이슬람교와의 혼합과 근동 지방에서의 기독교와 이슬람교의 혼합에 의한 카비르교, 시크교, 베드르엣딘교, 벡타시교 등.

몰락하고 있던 19세기 중엽의 일이었다.

⑦ 바빌로니아와 시리악 세계의 내적 P

이어서 바빌로니아 세계로 넘어가면 기원전 8~7세기에 걸쳐 아시리아가 일으킨 공포에 눌린 곳에서 심각한 시련을 겪은 내적 P의 영혼 속에서 종교적 체험과 발견이 활발히 이루어졌음을 알 수 있다. 붕괴기의 바빌로니아 사회는 아시리아의 무력에 의해 두 방향으로 확대되었는데, 동쪽으로 자그로스 산계(山系)를 넘은 아시리아는 이란만이 아니라 아펜니노 산맥 저편의 유럽에서 수많은 미개사회를 정복했고 서쪽으로는 유프라테스강을 건너 다르다넬스 해협의 아시아 쪽 여러 지역으로 진출한 마케도니아에 앞서서 두 이문명(異文明)을 정복했다. 이렇듯이 한때 바빌로니아 사회의 내적 P로 편입된 시리악 문명과 이집트 문명은 이후에 헬레닉 사회의 내적 P로 편입된 네 문명의 일원이었는데 바빌로닉 사회를 장악한 아시리아 군국주의에 먹힌 이 두 문명의 속민(屬民)들은 정복당한 후 머나먼 이방으로 추방되었다. 피정복민을 강제로 추방하는 행위의 전형적인 예는 아시리아의 사르곤이 이스라엘인을 이란의 서쪽 변경으로 이주시킨 것과 신바빌로니아의 네브카드네자르가 유대인을 바빌로니아로 이주시킨 것이다.

주민을 강제적으로 교체하는 것은 바빌로니아 제국주의가 피정복민의 기를 꺾고 단결을 파괴하는 방책이었으나 바빌로니아 사회의 지배세력은 자기네 집안싸움의 상대방에게도 그 조치를 같은 식으로 단행했다. 오늘날 예루살렘 서쪽의 그리심 산 근방에 잔존(殘存)한 사마리아인은 아시리아인에 의해 바빌로니아에서 추방된 사람들이 사마리아로 옮겨진 흔적인바 아시리아 정부의 의도는 바빌로니아 사회체 중 가장 탁월한 족속의 민족의식을 말살함과 동시에 새로 정복한 시리아의 여러 곳에서 이스라엘인을 메디아로 옮긴 후에 남겨진 공백을 메우자는 것이었다. 그렇지만 140년에 걸친 전쟁에서 승리한 것은 아시리아인이 아니라 바빌로니아인과 그 동맹인 메디아인이었는데, 아시리아인은 그 전쟁의 와중에서도 혁명과 내전으로 스스로 멸망시킨다는 놀라운 재주를 부리고 있었던 것이다. 이상으로 알 수 있듯이 바빌로니아 사회의 내적 P가 탄생한 시기는 아시리아의 발흥이 수그러들기 전의 일이었으나 그것과 헬레닉 사회의 내적 P를 비교하면 그 두 무리는 구성과 이력에서 매우 닮은 나무로서 비슷한 열매를 맺었음을 알 수 있다. 훗날 시리악 사회 전체가 헬레닉 사회의 내적 P로 편입되었을 때에는 기독교가 탄생하는 결과가 생겼던 것이지만 이전에 시리악 사회가 바빌로니아 사회의 내적 P로 편입된 상황에서는 시리악 사회의 한 지방사회가 지켜온 원시종교에서 유대교가 탄생한다는 결과가 발생했다.

이 유대교라는 고등종교가 바빌로니아 사회의 내적 프롤레타리아트 속으로 매몰된 시리악적인 요소의 틈새에서 발흥한 과정은 추방 전에 쓰인 이스라엘과 유다 예언자의 여러 책 속에 달리 비유가 없을 만큼 풍부하고도 명료한 기록을 남겼다. 이 거대한 정신적 전통을 생생하게 그려내고 있는 기록 속에서 논의의 중심이 되는 것은 내적 P의 고난에 대처하는 방법으로서 유화(宥和)와 폭력(暴力) 중 하나를 선택하는 문제였다. 여기에 있어서 유대인의 완강한 저항자들은 최고조에 달한 동란의 광풍으로 심각한 타격을 받아 폭력적인 대응이 무익하다는 것을 깨달았으므로 이 경우에도 결국 유화가 폭력에 승리했다. 기원전 8세기에 아시리아의 압제로 고통을 겪고 있던 시리아의 여러 민족 속에서 탄생한 이 새로운 고등종교는 기원전 6~5세기의 바빌로니아에서 혹독함을 체험한 시리아의 한 민족으로서 추방되어 강제적인 이주를 강요받은 사람들의 자손들 사이에서 성숙했다. 로마제국의 이탈리아로 끌려온 오리엔트인 노예들과 마찬가지로 네부카드네자르 시대의 바빌로니아로 추방된 유대인은 오토만 시대의 루멜리아에 배치된 러시아인 노예와 같은 적응성을 나타내지 않았다. 그들은 자기들이 카멜레온이 아니라는 것을 성전(聖殿)에 올라가는 노래[654]와 같이 표출했는데, 이들이 품고 있었던 고향의 추억은 소극적인 감상이 아니라 영감이 넘치는 상상력에 의한 적극적인 창조행위였다. 눈물 어린 눈으로 보았던 이 초현세적인 비전에 비춰보면 무너져 내린 성채(城砦)는 황천(黃泉)의 힘도 이길 수 없는[655] 성도(聖都)로 바뀌었다. 그리고 포획자를 위해서 시온의 노래 한 소절도 부르기를 거부한 그들은 수금(竪琴)을 바빌론 강변의 버드나무에 걸어두고[656] 귀에 들리지 않는 새로운 음률을 심금(心琴)으로 만들어 내고 있었던바 유대인의 종교적 각성은 바로 그 비탄(悲嘆) 속에서 달성된 것이다.

다른 사회의 내적 P로 편입된 시리악 사회의 성원이 번갈아 종교적인 반응을 보였다는 점에서 바빌로니아 문명과 헬레닉 문명의 역사는 유사성을 가지고 있지만 바빌로니아의 지배적 소수자가 제공한 도전은 그 내적 프롤레타리아트에 촉진했던 응전을 이문명(異文明)의 여러 성원만이 아니라 만족 희생자 사이에서도 일어나게 했다는 점에서 더욱 유효했다. 로마에 의해 헬레닉 사회의 내적 P로 편입된 만족들이 독자적인 종교를 발견하지 못하고 오리엔트인이 뿌린 종자를 단순하게 받아들였음에 반해 아시리아에 짓밟힌 이란인은 〈짜라투스트라〉라는 예언자를 낳았는데 그는 결국 자기 이름이 붙은 종교의 창시자가 되었다. 그의 연대가 분명치 않고 그 종교적 발견이 이스라엘 예언자들이 선포한 외침의 반향인지도 알 수 없으나 유대교와 조로아스터교는 성숙성에 있어서 대등한 종교로서 고유의 인스피레이션을 교환한 것으로 여겨진다. 이처럼 그 역사의 제2기에 조로아스터교가 보여준 정신적인 힘은 바빌

---

654. "예루살렘아 내가 너를 잊을진대 내 오른손이 그의 재주를 잊을지로다 내가 예루살렘을 기억하지 아니하거나 내가 가장 즐거워하는 것보다 더 즐거워하지 아니할진대 내 혀가 내 입천장에 붙을지로다"〈시 137:5~6〉

655. "내가 네게 이르노니 너는 베드로라 내가 이 반석 위에 내 교회를 세우리니 음부의 권세가 이기지 못하리라"〈마 16:18〉

656. "우리가 바빌론의 여러 강변 거기에 앉아서 시온을 기억하며 울었도다 그 중의 버드나무에 우리의 수금을 걸었나니 이는 우리를 사로잡은 자가 거기서 우리에게 노래를 청하며 우리를 황폐하게 한 자가 기쁨을 청하고 자기들을 위하여 시온의 노래 중 하나를 노래하라 함이로다 우리가 이방 땅에서 어찌 여호와의 노래를 부를까"〈시 137:1~4〉

로니아 사회의 내적 P로 편입된 만족들 사이에서 탄생한 이 새로운 고등종교가 처음부터 강력한 정신적 세력이었다고 추정하는 근거가 된다. 어쨌든 바빌로니아의 동란시대가 끝나고 그 사회가 신바빌로니아 제국이라는 형태로 세계국가 단계로 이행했을 때 유대교와 조로아스터교는 세계교회를 설립할 특권을 획득하기 위해 서로 싸울 것으로 예견되었다. 그러나 그 단계에서 이긴 듯이 보였던 바빌로니아 사회와 진 것처럼 여겨졌던 시리악 사회가 극적으로 역전하여 역사의 진행 방향이 갑자기 바뀌었다. 이 페리페테이아는 인근의 다른 사회만이 아니라 동란시대에 자신에게 치명적인 상해를 가한 벌이었는데, 엘람과 우라르투를 굴복시키고 아시리아를 멸망시킨 바빌로니아는 140년에 걸친 전쟁으로 입은 큰 타격으로 인해 자력으로 그 사업을 수행할 힘을 기를 수 없었다. 바빌로니아는 이란의 강력하고도 결정적인 원조가 없었다면 오랜 싸움에서 강력한 아시리아를 이길 수 없었을 것이고 신바빌로니아 제국도 그 세계국가의 역할을 수행하는 동안 늘 메디아로부터 위협을 받고 있었다. 이후로 그 이란인은 시리악 문명으로 전향했고 그와 동시에 Nabonidus와 Belshazzar의 시대에는 만족의 침입으로 인해 시리악 사회에 포위된다는 위험을 수반하게 되었다. 마침내 운명의 일격이 가해지고 역할이 전도되었는데, 아케메네스조로 인해 신흥 종교인 유대교와 조로아스터교가 그 속에서 세력을 펼칠 정치적인 틀이 짜였지만 그 제국은 바빌로니아 사회가 아니라 시리악 사회의 세계국가였다. 그 안에서 바빌로니아인은 지배 민족이 아니라 학대받는 피지배 민족이었고 지배자가 된 이란인은 포로로 잡혔던 유대인을 고국으로 돌려보냈다.

이처럼 운명의 수레바퀴가 회전하여 바빌로니아의 지위가 추락하고 아케메네스조와 유대인의 친척인 페니키아인의 위세가 높아진 세계에서 유대교와 조로아스터교의 승리는 Belshazzar(벨사살)의 왕국이 파멸되지 않았을 경우보다 더 신속하고도 확실할 것으로 예견되었을 것이지만 운명의 여신은 사건의 추이를 다시 엉뚱한 방향으로 돌려버렸다. 메디아와 페르시아인의 왕국이 마케도니아인의 수중에 떨어짐으로 인해 시리악 사회의 세계국가는 역할을 다하지 못한 채 분쇄되었고 그 비호 속에서 자라던 두 고등종교는 종교적인 기능을 정치적 역할로 바꾼다고 하는 유해(有害)한 시도로 몰렸다. 유대교와 조로아스터교는 각자의 영역에서 헬레니즘에 대항하여 시리악 문명을 지키는 전사(戰士)로 변했는데, 유프라테스 서쪽으로 전진해 있었던 진지를 차지한 유대교는 결사대의 역할을 맡게 되어 Maccabea 공국(公國)을 이용한 세 번의 전쟁으로 옥쇄(玉碎)했고 자그로스 동쪽의 성채에 농성(籠城)한 조로아스터교는 사산조를 헬레니즘에 맞서는 십자군(十字軍)으로 활용하여 400년 동안 로마제국을 괴롭혔으나 그들도 막대한 피해를 입어 마찬가지로 참혹한 결과를 맞이했다. 오늘날 페르시아인은 유대인과 유사한 디아스포라로 남아 있는 것인데, 이 두 민족이 분산된 일원의 결속을 유지하는 도구로 이용하고 있는 화석화된 종교는 인류 전체에 가르침을 전할 사명을 잃고 경화되어 붕괴기의 시리악 사회를 그 상태 그대로 보존하는 화석이 되어버렸다. 이 이질적인 문화의 충격은 시리악 사회 내적 P의 종교를 정치적인 방면으로 탈선시켰을 뿐만 아니라 그것을 몇 개의 계파로 분열시켰다. 이 두 종교가 정치적 반항의 도구로 바뀐 후 시리악 사회의 종교적 특질은 헬레닉 사회의 지배에 빠져 폭력이 아니라 유화로 반응한 요소로 머무르게 되었고 그 종교는 헬레닉 사회의 내적 P가 품은 정신적 전통에 접목하여 기독교와 미트라교를 낳음으로써 유대교와 조로아스터교가 배척한 정신(精神)과 견지(見地)의 새로운 표현을 발견했다. 다음 단계에서 여전히 반쯤 매몰된 상태였던 시리악 사회는 기독교가 이방인에게 전해짐과 동시에 헬라인[657]의 혼으로 옮겨진 덕(德)을 자신들을 위해 회복하려고 노력하고 있는데, 네스토리우스교와 그리스도 단성론은 공히 기독교에서 헬레닉적 요소를 제거하려는 노력이었다. 그리고 현존하는 이 두 종교의 디아스포라

---

657. '이방인'을 의미하는 Gentile은 로마서 1장 16절에 '헬라인'으로 옮겨져 있다.

는 헬레니즘을 몰아내려는 제2의 시도가 실패한 상태로 남아 있는 시리악 사회의 화석이다.

그렇지만 두 번의 실패에도 불구하고 시리악 사회의 반헬레니즘 운동은 좌절되지 않았으며 드디어 세 번째의 시도에서 근사(近似)한 성공을 거두었다. 헬레니즘에 대한 시리악 사회의 이 정치적 승리는 역시 시리악 사회에서 기원한 종교에 의해 달성되었다. 이슬람교는 원래 시리악 사회의 유대교 및 네스토리우스파와 단성론 기독교의 영향을 받은 예언자가 로마제국의 외적 P로 추락한 아랍인을 상대로 펼친 교리였다. 이후로 만족 예언자의 정력은 무참한 실패로 끝난 종교적 사명에서 이탈하여 유의미한 성공을 거둔 정치적 활동으로 돌려졌는데 무하마드와 그 후계자들이 아라비아인에게 강요한 정치적 통일은 그 만족을 부추겨서 아케메네스조를 계승하는 시리악 사회의 세계국가를 재건하게 했다. 이슬람교는 아랍 칼리프국의 틀 속에서 유대교와 조로아스터교가 알렉산더의 간섭 때문에 놓쳐버린 목적물-시리악 사회 내적 P의 세계교회-을 획득했다. 시리악 세계에서 단행된 이 이슬람교의 정복은 격렬한 싸움으로 얻은 것이라는 점에서 헬레닉 세계에서 달성된 기독교의 승리와 유사했으나 로마제국은 기독교의 대적(對敵)이었음에 반해 아랍 칼리프국은 이슬람교가 창건한 동맹이었고 기독교와 그 종교적 경쟁자는 서로 유화적이었던 것과 달리 순나[658]의 경쟁 상대는 폭력적이었다. 시리악 사회의 하층민은 사산조와 뒤를 이은 칼리프국의 시대에 기원전의 마지막 2세기 동안 처참한 상황에 놓였던 헬레닉 사회의 하층민과 같은 처지에 빠졌는데, 끓는 가마솥에서의 용출(湧出)은 종교적인 것으로 여겨지지만 실상은 정치와 경제적인 면에서의 맹렬한 반항이 된다. 5세기에 사산제국을 삼키려고 했던 〈마즈다크〉는 '태양의 나라'를 설유(說諭)한 아리스토니쿠스를 상기하게 하는바 이라크의 노예전쟁

---

658. 'Sunnah'는 무하마드의 말과 행위 및 후계자에 대한 승인을 통칭하는 용어인데, 지금은 Shuni로 지칭한다.

(869~883)은 2회에 걸친 시칠리아 노예전쟁에 비견되며 아프리카인 노예들이 아바스조에 항거한 것은 시리아 출신 노예들이 로마의 압제에 반항한 것과 닮았다.[659] 종교운동이나 철학적 사조(思潮)로 시작되어 정치적 폭동(暴動)으로 끝나는 이 사회적 격동은 반복적으로 일어나는 것인데, 가말리엘의 경멸적인 말에 의해 환기(喚起)되는 인물[660]을 아바스조에서 찾는다면 그것은 〈알 무칸나〉와 〈바바크 알 후르라미〉일 것이다. 시리악 사회의 저변에서는 마즈다크가 진압된 때로부터 하시신 암살단이 토벌되기까지 무수한 폭력적인 예언자가 나타났지만 그들이 행한 여타의 행동과 그로 인한 해악은 「종교와 철학의 제파(諸派)」에 기술된 것과 다름이 없다. 이슬람의 첫 세대 이래로 시리악 사회의 내적 P를 조성하는 권리를 빼앗기고 추방당한 사람들의 고통과 원한은 대를 이어 순교한 알리와 그 아들들의 삶에 투영(投影)되었으나 그들이 역사의 영역에서 전설의 광장으로 이행함에 따라 더욱 돋보이게 된 후 대부분의 폭동은 동일한 시아파의 다양한 활동으로 전개되었다. 잔지에서 반란을 주도한 자는 알리의 자손이라고 자칭했으며 카르마드파의 전투적 결사와 하시신파 암살단은 시아파가 자행한 폭력의 절정을 이루었다. 그런데 시아파 프롤레타리아트의 반란자들이 유대인이 그러했듯이 압도적인 힘을 가진 세력에 패배한 후 폭력에서 유화로 전환하고 있는 것은 흥미로운 일이다.

⑧ 인도와 중국사회의 내적 P

인도세계도 시리악 사회와 마찬가지로 붕괴 도중에 헬레닉 사회의 과격한 침공으로 인해 그 진행이 중단되었는데, 그 동일한 도전이 어떤 응전을 일으켰는가를 살피는 것은 흥미로운 일이다. 헬레닉 사회와 최초로 접촉했을 때

---

659. 사산조 이란의 종교 개혁자인 Mazdak가 제창한 운동은 사회개혁운동 또는 조로아스터교를 개혁하려는 운동이라는 설이 있음. 이 반란의 비교는 이슬람교의 하리지파, 카르마드파, 이스마일파 암살단 등에 대한 유대인 젤로트주의자와 열심당 암살단이다.

660. "이 전에 드다가 일어나 스스로 선전하매 사람이 약 사백 명이나 따르더니 그가 죽임을 당하매 따르던 모든 사람이 흩어져 없어졌고 그 후 호적 할 때에 갈릴리의 유다가 일어나 백성을 꾀어 따르게 하다가 그도 망한즉 따르던 모든 사람이 흩어졌느니라" 〈행 5:36~37〉

인도세계는 붕괴의 진행에 따라 세계국가 단계로 진입하고 있었던바 그 지배적 소수자는 시련이 닥쳐옴에 따라 자이나교와 불교라는 두 철학적 유파(流派)를 창조했다.[661] 이 최초의 접촉에서 인도 철학자들이 시도한 것은 그 새로운 이웃을 자기들의 식양(式樣)으로 전향시키려는 것이었다. 인도 세계국가의 철인왕(哲人王) 〈아쇼카, BC 273~232〉는 기원전 259년경에 알렉산더를 계승한 다섯 개의 왕국에 전도단을 파견했고, 이후에 힌두쿠시를 넘은 Demetrios를 따라 헬레니즘의 침입이 시작되었을 때 인도의 나체행자(裸體行者)들은 데메트리오스의 후계자인 Menandros가 인도에 세운 왕국의 무장들에게 교리를 가르쳤다. 인도의 철학자들은 헬레닉 사회를 유망한 전도처로 여겼는데 그것은 불교가 영혼이 병든 지배자에게 헬레닉 사회의 어떤 철학보다 근본적인 정신적 요법(療法)을 제공한다고 믿었기 때문이다. 당시에 모든 헬레닉 철학의 후계자들도 인도철학의 정신적 능력이 헬레닉 철학에 비해 손색이 없으며 그 무서운 신조(信條)에 따라 행동하는 능력이 탁월하다는 것을 간파했을 것이다. 또한 아쇼카가 전도단을 파견한 헬레닉계 군주의 하나로서 제논의 추종자였던 Antigonos Gonatas는 자기 스승보다 엄숙하고 당당한 고타마 싯다르타를 경외했을지도 모른다. 그러나 아쇼카의 전도단이 아무런 흔적을 남기지 않았음을 볼 때 불교는 헬레닉의 침입자를 크게 감동시키지 못했을 것이다. 이에 대하여 단언할 수 있는 것은 철학으로서의 불교는 프롤레타리아트에게서 생겨난 종교가 경기장에 모습을 드러내기 전에 헬레닉 사회의 지배적 소수자를 사로잡을 기회가 생겼다는 것을 자각(自覺)했으되 그 기회를 놓쳤다는 사실 뿐이다.

이후로 불교가 박트리아의 그리스인 왕국과 뒤를 이은 유목민 후계국가의 영역[662]에서 정신적 반정(反征)을 통해 승리를 얻은 것은 부파불교(部派佛敎)를 극

---

661. 그러나 알렉산더가 모습을 나타냈을 때 인도의 내적 P가 시리악 세계의 조로아스터교나 유대교에 상당하는 고등종교를 발견했다는 증거는 찾을 수 없다.
662. 구 인도사회의 인더스-갠지스 유역과 구 시리악 사회의 옥서스-약사르테스 유역.

복한다는 놀라운 변신을 통해 고타마 싯다르타의 철학에서 Mahāyāna로 전환한 후의 일이다. 크게 팽창한 헬레닉 세계의 동단(東端)에 침투한 마하야나가 바로 헬레닉 사회의 심장부에 침입하고 있었던 종교들[663]과 같은 유형이 고등 종교였는데, 대승불교(大乘佛敎)라고 하는 이 종교도 헬레닉 사회에서 경쟁한 외래의 종교들과 마찬가지로 헬레니즘의 외면적인 형식에 순응하는 것으로 친근감을 느끼게 하는 동시에 이국적인 성향으로 주목할만한 정신적 재보(財寶)를 제공하여 민심을 끌어당겼다. 마하야나는 변방에서 유행한 극동의 그리스 미술을 사로잡아 그 변변치 못한 원천으로부터 숭고하고도 창조적인 간다라 미술의 인스피레이션을 끌어냈고 헬레닉 사회의 귀의자에게는 예배자와 신 사이의 인격적인 관계라고 하는 종교적 체험을 제공했다.[664] 마하야나의 특색이며 성공의 비결이기도 했던 이 인격적인 종교는 어디에서 왔을까? 불교의 정신을 근본적으로 변화시킨 이 새로운 효모는 헬레닉 철학의 특질과 상이했던 만큼 인도철학에 대해서도 이질적인 것이었다. 그것은 지배적 소수자의 일원인 거만한 철학자의 멸시를 받다가 정신적인 능력에 대한 그들의 자신감이 헬레니즘으로 인해 흔들리기 시작한 후 내적 P로 편입된 사람들의 정신적 체험에서 우러난 것이 아닐까? 마하야나가 바크티(信愛)의 정신을 일으킨 인도사회 유일의 종교가 아니라는 점에서 본다면 이 추측이 타당할 것이지만 그게 아니라면 마하야나 안에 있는 그 생명의 불은 인도사회 고유의 것이 아니라 이전에 조로아스터교와 유대교에 이어 미트라교와 기독교를 타오르게 했던 시리악 문명에서 옮겨진 불꽃일 것이다. 마하야나가 출현하기 전인 박트리아와 쿠산조 시대에 인도인이 시리아인과 접촉했던 것에 주목한다면 이 가정은 정당하다고 생

---

663. 시리악, 이집트, 히타이트 사회의 기독교, 미트라교, 이시스 숭배, 키벨레 숭배.
664. 박트리아 왕국과 그 후계국가들이 장악했던 지역은 헬레닉 사회의 변방이었다. 간다라 미술은 BC 2세기~AD 5세기에 인도 북서부 간다라 지방에서 발달한 그리스풍의 불교 미술, 쿠산조 시대에 크게 번성했다. 마하야나가 제공한 종교적 체험은 완전히 비헬레닉적인 것으로서 숭배자가 신의 자비(慈悲)에 대해 바크티(열렬한 신앙)로 대응하는 상호애(相互愛)의 관계였다.

각할 수 있을 것이지만 명백한 증거가 없으므로 마하야나가 가지고 있는 핵심적인 요소의 기원은 분명치 않다고 말할 수밖에 없다. 다만 이 불교적인 고등종교의 출현과 더불어 인도 종교의 역사는 앞에서 살핀 시리악 사회의 종교와 같은 과정을 밟기 시작했다고 말하는 것으로 만족해야 할 것이다.

마하야나는 지배자인 헬레닉 사회를 향해 본향에서 뻗어나간 종교라는 점에서 기독교와 미트라교에 상당하는 고등종교지만 이것을 단서로 조사하면 헬레니즘이라는 프리즘에 의해 시리악계 종교라는 빛의 분광(分光)에 해당하는 인도사회의 여러 종파를 찾을 수 있다. 유대인이나 페르시아인 디아스포라로 남아 헬레닉 사회에 합병되기 전의 상태를 보존하고 있는 화석에 상당하는 것을 인도사회에서 찾는다면 그것은 실론과 버어마와 샴에 남은 고타마 싯다르타 철학의 유물인 동시에 박트리아 이전의 인도사회가 남긴 화석인 Hīnayāna(小乘佛敎) 안에서 발견된다. 더하여 네스토리우스파나 단성론 기독교의 디아스포라와 고립된 집단으로 대표되는 시리악 사회의 퇴적층 화석에 해당하는 것을 인도사회에서 찾는다면 티베트 일원의 탄트라파 마하야나에서 그것을 발견한다.[665] 앞에서 네스토리우스파와 그리스도 단성론을 개관(概觀)한 설명[666]으로 미루어 보건대 탄트라파는 보편적(Catholic)인 마하야나를 헬레니즘의 때가 묻은 것으로 여기는 인도의 젤로트주의자에게 순전한 인도의 종교를 제공하려는 시도였다. 어쨌든 탄트라파 마하야나는 불발로 끝났다는 점에서 네스토리우스파나 그리스도 단성론과 같은 길을 걸었으며 시리악 사회가 동일한 실패 후에 이슬람교의 출현을 기다렸듯이 인도사회는 헬레니즘을 구축함에 있어서 힌두교의 탄생을 기다려야 했다. 그리하여 인도사회의 내적 P

---

665. Tantra는 산스크리트어로 '지식의 보급과 확산'을 의미하며, 샤크티와 시바 신앙에서 유래한 '탄트라 수행'은 불교, 힌두교, 자이나교 등의 밀교적 수행법. 여러 계통이 있으나 요가나 명상과 같이 육체를 통해 수행하되, 남녀 간 또는 집단적인 성행위를 그 방편으로 하기도 함.

666. Maccabea 시대의 유대교나 사산조 시대의 조로아스터교와 같은 노골적인 무력 투쟁으로서 시리악적 요소와 헬레니즘을 교묘하게 혼합하여 만들어 낸 기독교에서 헬레닉적인 요소를 제거한다는 방법으로 헬레니즘과 싸우려 했던 시도.

에게 세계교회를 제공하게 된 힌두교는 그 정체(正體)를 파악하기 어렵지만[667] 불교에 대한 반동(反動)으로 브라만 계급의 사회적 지위를 인정한다는 점에서 볼 때 그것은 유라시아 스텝에서 이동하여 인도문명의 탄생과 성장을 촉진한 아리아인의 원시적인 이교(異敎)가 부활한 것이라고 단정할 수 있을 것이다. 한편으로는 불교의 뒤를 이은 힌두교의 철학적인 면을 살피고 그 지도자들이 그러한 점을 앞세웠던 점에서 본다면 힌두교는 아리아인이 가져온 이교의 부활이 아니라 불교철학의 미메시스로 볼 수도 있겠지만 힌두교의 근본적인 성질을 파악하려면 Vishnu와 Shiva 숭배가 아리아인의 이교와 달리 앞에서 살핀 종교들과 공유하는 신과 신자 사이의 인격적인 관계에 주목해야 한다.[668] 이러한 종교들과 비교해 보면 이중으로 위장(僞裝)하고 있으나 이 힌두교야말로 붕괴하는 문명의 단말마적 몸부림 속에서 내적 P의 심각한 정신적 체험에 의해 탄생되는 고등종교의 하나임을 알 수 있다.

이처럼 인도사회의 철학과 그것의 전화(轉化)에서 발생한 종교는 회절(回折)하여 분파를 이룬 후 두 개[669]는 유산되었으나 가톨릭 마하야나는 헬레닉 사회로 진출했고 이후의 힌두교는 이 이야기의 마지막 장에서 인도사회의 프롤레타리아트가 신봉하는 종교로 자리 잡았다. 여기까지 가톨릭 마하야나의 역사는 그 발상지를 떠나 헬레닉 세계에서 활동의 무대를 발견한 가톨릭 기독교의 역사를 닮았지만 전자의 역사에는 후자의 역사에 없는 하나의 다른 장이 그 뒤에 달려 있다. 가톨릭 기독교의 역사에서는 첫 이주가 곧 최후의 이주여서 기독교회는 헬레닉 세계를 정복하여 죽음에 직면한 문명의 유언 집행자 겸 상속인이 된 후 자(子)에 해당하는 두 개의 새로운 문명을 탄생시켰으나 가

---

667. 그것이 본래의 원형인지 아니면 변형된 것인지? 철학인지 종교로 승화된 것인지?
668. Brahma(창조의 신)와 Vishnu(유지의 신) 및 Shiva(파괴의 신)는 힌두교의 Trimūrti(三主神). 상고한 종교들은 마하야나의 보살 숭배, 이집트의 이시스 숭배, 히타이트의 키벨레 숭배, 시리악 사회의 미트라 숭배와 그리스도 숭배.
669. 고타마 싯다르타의 철학과 탄트라파 마하야나.

톨릭 마하야나는 헬레닉 사회와의 관계에 있어서 그와 같이 영속적인 결부(結付)를 달성하지 못했다. 가톨릭 마하야나도 자기를 받아들인 빈사(瀕死)의 문명과 운명을 같이하게 되었으나 영구적인 반려로 삼은 것은 헬레닉 세계가 아니었다. 기독교회가 끝까지 로마제국에 머문 데 반해 마하야나는 〈Kanishka, 78~123〉[670]의 극진한 보호와 같은 열렬한 환대를 받았음에도 쿠샨왕국에 잠시 체류했을 뿐이다. 마하야나에 있어서 쿠샨조의 정책은 편력(遍歷)의 중단을 권하는 유혹이었지만 그 왕국의 사회적 지리는 마하야나로 하여금 다른 곳으로 향발(向發)하기를 재촉하는 자극이었다. 로마제국이 하나의 종점이었던 것과 달리 쿠샨왕국은 네 개의 큰길이 교차하는 로터리였던 것인데, 마하야나는 힌두쿠시를 폐쇄한 쿠샨조의 보호하에 옥서스-약사르테스 유역으로 들어갔을 때 그곳에 머무를 수 없음을 간파했다.[671] 교차로에서 어느 한 길을 택하여 여행을 계속해야 했을 때 저간의 사정은 마하야나의 발길을 중국세계로 향하는 길로 인도했다. 마하야나는 표면으로 퍼진 헬레닉 세계와 그 아래에 매몰된 시리악 세계의 끝자락을 넘어 네모난 티베트 보루의 세 변을 우회하는 길을 지나 생애를 건 사업의 무대가 된 극동세계에 도달하는 길고도 먼 여행을 끝냈다. 그 극동세계에 남겨진 중국 세계국가[672]의 폐허 속에서 가톨릭 교회가 두 기독교 세계에서 행한 것과 같은 역할을 수행하는 것이 마하야나에게 주어진 사명이었다.

마하야나가 본거지에서 멀리 떨어진 중국에 진출하여 성공을 거둔 사정을

---

670. 중국인이 대월지국(大月氏國)으로 칭한 쿠산왕국의 3대 왕. 4회에 걸쳐 불전(佛典)을 결집하여 불교의 보호자라는 칭송을 받았으나 조로아스터교와 힌두교도 무시하지 않았음. 불교 시인(詩人)인 아슈바고샤(馬鳴)와 나가르주나(龍樹)가 당대에 활약했다고 전해지고 있음.

671. 네 개의 큰 길은 인도, 시리악 세계, 헬레닉 세계, 중국문명 등에서 뻗어온 길. Hindukush(大雪山)는 파미르 고원을 중심으로 하는 아무다리야 강과 인더스 강의 분수계(分水界)를 이루는 지역. '힌두쿠시'는 '인도인을 죽인다'라는 의미인데, 페르시아로 끌려가던 인도인이 그곳에서 무수히 죽은 것에서 유래했음.

672. 진(秦)·한(漢)제국.

이해하려면 중국사회의 내적 P가 걸어온 길을 조사할 필요가 있다. 전국시대 (戰國時代)에 절정에 달한 중국사회의 동란시대가 초래한 고난이 극심했다는 것을 생각하면 당시의 중국에는 수많은 내적 P가 있었을 것인데, 우리는 그 내적 P가 역시 세 경로를 통해 형성된 것을 보게 된다. 진(秦)의 정(政)은 제(濟)를 마지막으로 주(周)의 모든 제후국을 병합하여 그 주민들을 내적 P로 편입하고 바빌론 유폐식 이주정책을 단행한 후 북서변과 남쪽 연해지대를 합병하여 그 주민으로 내적 P를 증대했다. 이렇게 시행된 내적 P의 도입과 증강이 죽음에 직면한 중국문명의 사회체에 마하야나를 위한 길을 열었던 것인바 중국 위정자에 있어서 서북변(西北邊)의 유라시아 유목민은 산서성(山西省)과 섬서성(陝西省) 방면과 양자강 일대에서 중국사회를 에워싸고 있었던 고지인(高地人) 만족보다 다루기 어려운 이웃이었다. 그래서 진시황은 전국시대의 국지적인 성채 (城砦)를 연결하여 장성(長城)을 구축한다는 소극적인 방책을 채택했는데, 중국의 통치자들은 이내 그 방어적인 전략만으로는 흉노(匈奴)의 침입을 막지 못한다는 사실을 깨달았다. 그래서 마침내 한무제(漢武帝)[673]는 공세(攻勢)로 전환하여 흉노족 토벌을 개시했던바 그 전쟁은 유목민 지역의 일부가 평정될 때까지 100여 년 동안 계속되었다. 그러나 무제의 정책은 흉노를 완전하게 처리한다는 점에서 진시황의 방책과 같이 성공적이지 못했을 뿐만 아니라 제국의 재정에 막대한 압력을 초래했는데, 이 만족에 대한 모험적인 정책은 부수적인 결과로서 유라시아 스텝 저쪽에 세 개의 다른 세계[674]가 활동하고 있다는 놀라운 사실을 확인시켰다. 기원전 2세기 말엽에 이 새로운 세계의 전초지에 해당하는 타림분지가 중국 세계국가에 병합되고 그 주민이 중국사회의 내적 P로 편입되자 그 후예들이 마하야나를 들여왔고 중국사회의 내적 P는 그 마하야나

---

673. 전한(前漢)의 7대 황제 유철(劉撤). 동중서(董仲舒)의 방안에 따라 유학을 장려하여 중앙집권을 강화하고 장건(張騫)을 대월지국으로 파견한 후 서남(西南)의 7군을 개척하고 흉노를 토벌하여 2군을 설치했다.
674. 인도, 시리악, 헬레닉 사회의 각 세계.

속에서 지배자들의 유교나 도교에서 찾을 수 없었던 정신적 양식을 발견했다. 이 경로를 통한 마하야나의 전파를 용이하게 한 것은 기원전 2세기 말에 시작된 중국 세계국가와 타림분지의 정치적 관계와 그 변화였는데 1세기를 약간 넘긴 타림분지에 대한 중국사회의 첫 지배는 기원 초에 끝났고 이후의 지배는 한제국이 후한으로 재건된 후에 도모되었다. 그 계획은 군무(軍務)와 통치에 두루 능했던 반초(班超)에 의해 1세기 말에 성공적으로 달성되었으나 이후로 그 사업을 계승할 후계자가 없었던 것에 더하여 박트리아를 대신하는 그리스인의 왕국이 세력을 키우고 있어서 중국인의 그 지배는 흔들리기 시작했다.[675] 카니시카는 90년에 타림분지로 파병하여 반초의 진출을 저지하려다가 실패했으나 그 중국의 영웅이 떠난 후에 타림의 절반에 이르는 중국의 지배를 자기에게로 돌렸다. 이후로 쿠샨왕국과 한제국은 3세기 전반에 양자가 공멸할 때까지 타림의 지배권을 다툰 것으로 보이지만 중요한 것은 불분명한 그 국경전의 역사가 아니라 마하야나가 그 어지러운 분쟁지를 거쳐 중국세계로 침입했다는 사실이다. 2세기와 3세기의 전환기에 중국사회의 세계국가가 붕괴했을 때 마하야나는 200년 뒤에 기독교가 헬레닉 사회에서 그러했듯이 죽음에 직면한 사회의 유언 집행인과 유산 양수인의 권리를 확립하고 있었다.

모방(模倣)이 곧 가장 성실한 아부(阿附)라고 한다면 이 무렵까지 마하야나가 중국에서 획득한 내적 P의 상상력과 감정에 대한 지배가 얼마나 강력한 것이었는지는 당시에 지배적 소수자의 한 철학이 고타마 싯다르타의 철학에서 마하야나가 탄생한 것에 비해 더 놀라운 변신을 달성하여 프롤레타리아트의 종교로 자리매김한 것에서 알 수 있다. 중국의 도교철학(道敎哲學)은 유교와 마찬가지로 처음에는 그 동란시대에 문명의 좌절이라는 도전에 대한 하나의 응전으로 제공되었으나 자매철학인 유교와는 붓다가 제시한 것과 유사한 삶의 태

675. 타림분지에 대한 무제(武帝)의 정복은 박트리아의 그리스인 왕국이 사카족과 유에치족에 의해 압도된 후에 단행되었다. 이후 반초가 재정복을 시작할 무렵에는 그곳에서 박트리아를 계승한 5개의 후계국가가 기틀을 다지고 있었는데, 그중에서 가장 강력했던 것은 카니시카의 왕국이었다.

도를 견지한 점에서 구별되었다. 도교의 본질은 무위(無爲)한 최고의 덕과 힘에 대한 신념에 있지만 그 철학자는 투철한 직관에 의해 무위 속에서 창조적인 활동의 무대를 발견했다. 이처럼 폭력을 비난할 뿐만 아니라 모든 자위(作爲)에 반대하는 교설(教說)은 희유적(戲遊的)인 정신의 소유자만이 이해하는 비교적(祕敎的)인 이설(異說)이 될 것으로 여겨졌는데, 그 도교가 자유방임으로 통속화하여 후한(後漢)에 의한 세계국가 재건에 따른 실천가의 요구에 응하게 된 것은 다소 의아스러운 일이다. 이 희화화(戲畫化)한 도교는 기원전 2세기 전반에 유교를 추월하여 중국 세계국가의 공인된 철학으로 수용되었으나 이후에는 그 세속적인 성공의 대상(代償)으로 하나의 주술(呪術)로 전락했다. 무제의 시대에 유교가 영구히 도교를 대체했을 때 그 쇠락한 실천철학(實踐哲學)은 지하로 숨고 지방으로 물러가서 때가 오기를 기다리다가 드디어 중국사회의 세계국가가 붕괴했을 때 거기에 억지로 편입되었던 지역에서 발흥한 P들의 한 교단과 연계하게 되었다.[676] 이 변신은 대단한 것이지만 더욱 놀라운 것은 2세기의 마지막 4반기에 섬서성과 사천성의 경계를 이루는 험준한 산악지대에서 발생한 무장봉기[677]에 종교적 명분과 성공의 확신을 부여하기 위해 도(道)의 이름이 함부로 쓰였던 일이다.

이상으로 중국문명의 역사가 그 붕괴기에 헬레닉 사회의 원형(原型)에 매우 면밀하게 합치되는 과정을 밟았음을 이해할 수 있을 것이다. 창조성을 잃고서도 지배자의 지위를 고집하는 소수자의 그릇된 운영으로 붕괴하는 사회는 멸망에 이르는 과정[678]을 완료했고 분리된 내적 P는 대승불교나 헬레닉 세계에서 가톨릭 기독교회가 이룬 것과 같은 역할을 이행한 세계교회를 발견했다.[679]

---

676. 중국의 남서변경에서 발흥한 종교적인 도교(道敎)는 대승불교와 비슷한 도장(道場)과 사원(寺院)의 제식(制式)을 갖추고 있었다.
677. 이 무장봉기는 황건적(黃巾賊)의 난인데, 그 지도자였던 장각(張角)은 태평도를 창도했다.
678. 좌절하여 동란시대와 세계국가 및 공백기를 거친 과정.
679. 유산된 도교 교파는 암블리쿠스, 막시미누스, 율리아누스, 살루스티누스 등의 신플라톤파 교단에 비견된다.

⑨ 수메릭 사회 내적 P의 흔적

수메릭 문명의 붕괴에 눈을 돌리면 어느 점까지는 같은 현상이 보이지만 극의 줄거리는 동일한 결말로 끝나지 않는다는 것이 판명된다. 수메릭 사회도 중국이나 헬레닉 사회와 같은 과정을 거쳐 소멸한 후 자기와 같은 종(種)의 사회를 탄생시켰지만 문명의 모자관계(母子關係)를 인정하는 기준인 세계교회를 볼 때 수메릭 사회에는 중국사회의 대승불교와 헬레닉 사회의 가톨릭 기독교회에 상당하는 것이 없다. 수메릭 사회의 종교를 그대로 인계받은 바빌로니아 사회와 달리 히타이트 사회의 종교는 대부분 카파도키아로 흘러든 수메릭 사회의 외적 P에서 유래한 것으로 생각된다. 수메릭 사회 이후의 공백기에는 그 P들의 종교라고 확인할 수 있는 어떠한 증거나 흔적도 발견할 수 없는데,[680] 분명한 것은 Tammuz와 Ishtar가 수메릭 사회 내적 P의 체험과 창조성의 기념물이라고 한다면 이 종교적 창조의 시도는 수메릭 사회에서 꽃 피울 수 없었던 인스피레이션이 옮겨진 곳에서 겨우 열매를 맺었다는 것이다.

우리는 앞에서 히타이트 사회의 의장(衣裝)이 이스타르에 걸쳐진 형태로 나타난 Cybele 숭배가 아나톨리아에서 발트해와 북해 연안까지 여행하던 중에 헬레닉 사회 내적 P의 고등종교로 바뀐 내력을 통해 탐무즈-이스타르 숭배가 멀리까지 끼친 영향의 하나에 주목했었다. 수메릭 사회의 자웅(雌雄)을 이루는 신을 숭배하는 이 히타이트판에서는 여신(女神)에 비해 지위가 낮아진 남신(男神)이 모순된 역할을 담당하고 있는데,[681] 북구의 대모신(大母神, Nerthus Ishtar)에 이르러서는 여신이 남신을 배제하고 홀로 위엄을 드러내고 있었다. 본거지에서 받지 못한 존숭(尊崇)을 기대하여 밖으로 뛰쳐나간 수메릭 사회의 두 신은 타우루스 산계(山系)

---

680. 수메릭 사회의 종교에 포함된 내재적 증거를 프롤레타리아트가 창조한 다른 종교와 비교하면서 해석하면 회죄시편(悔罪詩篇)이나 탐무즈-이스타르 숭배조차도 프롤레타리아트에서 기원한 것이라고 단언할 수 없다.

681. 히타이트의 탐무즈-이스타르 숭배에 있어서 남신은 여신에 대해 아들인 동시에 연인, 피보호자인 동시에 피해자인 지위에 있었다.

의 북서쪽만이 아니라 남서쪽으로도 발길을 옮겼는데 시리아를 거쳐 이집트에 당도한 후에는 탐무즈의 세력이 커진 대신 이스타르의 위신이 낮아지는 변화가 생긴 것으로 보인다. 어쨌든 밤비케의 본산에서 아스칼론까지 퍼져간 Atargatis 는 단지 Attis의 배우자라는 자격만으로 숭배된 이스타르였던 것으로 보여진다. 페니키아에서는 Adonis Tammuz가 주역이었고 그 해마다의 죽음을 Ashtarte Ishtar가 애도하는 것으로 되어 있었는데, 이집트에서는 Osiris Tammuz가 동생이자 아내인 Isis를 뒤편으로 몰아냈다.[682] 슬퍼하고 봉사하는 여신이 아니라 고난을 당하고 죽어가는 남신을 숭배하는 수메릭 신앙의 이 형태는 스칸디나비아 땅끝의 만족에게까지 퍼진 것으로 보여지는바 거기에서는 Balder Tammuz 가 주(主)의 이름을 얻고 배우자인 Nanna는 존재감을 상실했다.

붕괴에 처한 이집트 사회의 학대받은 프롤레타리아트는 오시리스 숭배에서 격심한 원한과 열렬한 희망을 표현할 방법을 발견했다. 그 원한은 착취와 억압을 통해 엄청난 제물을 바치는 지배자에게 불사(不死)를 허용하는 신에게 돌려졌고, 희망은 죽음의 고통을 맛보고 그를 통해 피라미드 건설자들도 떨게 하는 힘을 얻은 오시리스에 두어졌다. 그들이 오시리스에 귀의한 것은 스스로 선택하고 개인적인 신앙으로 신뢰한 신이 그들의 압제자가 엄청난 물질적 대가를 통해 Ra[683]에게서 얻으려고 했던 불사를 자기들에게 줄 것이라고 기대했기 때문이다. 이처럼 하나의 종교 속에 동시에 표현된 원한과 희망은 이미 다른 사회의 내적 P가 드러낸 폭력적인 성향과 유화적인 정신의 싸움이라는 형태로 행동의 분야에 반영되었다. 폭력은 이집트 사회의 동란시대 이후에 쓰여진 「예언자의 권고」와 같은 서책에 기록된 몇 개의 파괴적인 혁명을 통한 반발로 나타났는데, 피라미드 건설자에 대한 내적 P들의 복수는 정의와 연민의 신에 의한 것이 아니라 광분한 인간이 행한 것이었으므로[684] 충분하기는 했으

---

682. 이것은 훗날 헬레닉 사회에서 내적 P의 마음을 사로잡은 이시스가 오시리스를 밀어낸 것에 대비된다.

683. 파라오가 그 성격을 자신들의 모습과 같은 것으로 고쳐 만든 태양신.

684. 그 복수는 잔혹함에 있어 지배자들이 범한 죄에 필적하는 것이었다. "권세 있는 자를 그 위에서 내

나 생산적인 면에서는 불모(不毛)의 것이었다. 불의(不義)한 피라미드 건설자의 기도(企圖)는 여실히 폭로되었으나 파라오들이 얻지 못했으되 그 내적 P들이 찾으려고 했던 불사에 도달하는 길은 발견되지 않았던 것인바, 반란을 일으킨 이집트의 내적 P가 정신적 갈증을 해소하기에 성공한 것은 탈취한 재물에 환멸을 느끼고 세상을 보는 눈이 열린 때였다. 이 회오(悔悟)의 심경에서 그들은 폭력을 버리고 유화를 택하여 구하던 목표에 도달했다. 우리는 중제국 시대에 이르러 오시리스를 숭배하는 프롤레타리아트가 신과의 개인적 관계 속에서 축복에 드는 것을 보는데, 그것은 신의 특권으로서 행복한 불사를 얻고 있는 것이 아니라 특별한 경험으로 인한 은혜로서의 불사를 획득한 신이었다. 모든 신 중에서 오시리스만이 죽음이라는 인간의 괴로움을 경험했으므로 자기를 따르는 인간에게 구제를 제공할 수 있었던 것인데 뒤따른 사회적 회춘의 시기에는 오시리스와 교제하며 죽음의 고통과 부활의 행복을 함께 하는 제례(祭禮)가 비의(祕儀)와 수난극(受難劇)으로 지켜졌다. 이후로 이집트 사회가 죽음에 직면했을 때 이 오시리스 교단은 헬레닉 사회의 기독교회나 중국사회의 대승불교와 같은 역할을 할 것이라고 여겨졌으나 뒤따른 힉소스인의 침입은 이집트 역사의 흐름을 엉뚱한 방향으로 돌려놓았다. Mirra의 단계에 돌입한 사회체에서 갓 탄생한 내적 P의 종교는 죽음에 직면한 지배자의 종교와 동맹을 맺었고 그로 인해 전도(傳道)의 희망을 상실한 오시리스 교단은 뜻밖의 비운에 빠져들었다.

⑩ 서구사회에서의 징후

다음으로 서구사회의 내적 P를 살필 때 서구사회는 그 통상적인 공급원의 하나를 대규모로 활용했음을 알 수 있다. 과거 400년 동안 적어도 10개를 헤아리는 문명의 인적자원이 서구의 사회체 속으로 편입되었으며 서구라는 리

---

리치셨으며 비천한 자를 높이셨고 주리는 자를 좋은 것으로 배불리셨으며 부자는 빈 손으로 보내셨도다" 〈눅 1:52~53〉

바이어던에 붙잡혀 고유의 특색을 상실한 그 사회의 구성원들은 서구사회의 내적 P라는 지위로 끌어내려졌다. 이 거대한 괴물은 자기와 같은 종(種)인 문명사회만이 아니라 16세기 초엽까지 독자성을 유지하고 있었던 거의 모든 미개사회를 집어삼키고 아프리카 흑인을 노예로 잡아 니제르강을 허드슨강으로 흘러들게 했다. 그리고 다르다넬스의 물을 두들긴 크세르크세스가 사용한 것보다 위력적인 매를 휘둘러 콩고강을 미시시피로 흐르게 하고 양자강을 말라카로 흘러들게 했다. 16세기 초엽 이래로 확대하는 서구문명의 그물에 걸려든 이문명(異文明)과 미개사회의 여러 민족은 단순히 정복된 것이 아니라 본토에서 쫓겨났던 것인데, 아프리카에서 아메리카로 끌려간 흑인 노예나 인도양 연안과 적도 지대로 옮겨진 타밀인과 중국인 쿠리(苦力)는 기원전의 마지막 2세기에 걸쳐 로마인에 의해 이탈리아로 보내진 농원노예에 해당한다. 서구사회의 내적 P 안에는 또 하나의 이문명 소속자 그룹이 포함되어 있는데 그것은 물리적으로는 아닐지라도 정신적으로는 부랑화되어 방향을 잃은 사람들이다. 병합되거나 전향하여 이질적인 문명의 리듬에 적응해야 하는 나라에서는 어디서나 완충의 역할을 하는 계급이 필요한 것이고 그러한 필요에 따라 탄생하는 사회적 계급은 그것을 표현하는 특수한 러시아어 명칭에서 일괄하여 Interigentsia로 불리게 되었다.[685] 인테리겐챠는 외래의 문명이 강요하는 생활 양식에 따라야 하는 사회적 환경에서 그들의 나라가 그들의 활동에 의해 생활의 지보(地步)를 유지하기 위해 허용하는 선에서 그 침략자의 방식을 배운 연락장교(連絡將校)에 해당하는 계급이다. 이들은 서구화에 돌입한 사회에서 군대의 사관, 외교관, 무역상 등으로 출현했고 그 특징적인 타입으로서 교사와 관료와 법률가로 진화했다. 이들이 만들어지는 과정은 문명의 접촉을 다룰 때 살필 것이지만 선험적으로 지적한다면 인테리겐챠가 출현했다는 것은 그 사

---

685. 이 말은 그 구성 자체가 의미를 나타내는 것으로서 라틴어계의 어근과 서구적인 의미가 슬라브어계의 어미를 동반하여 러시아어로 굳어졌다.

회가 다른 사회의 내적 프롤레타리아트로 흡수되고 있으며 그렇기 때문에 인테리겐챠는 결국 불행하게 될 운명을 타고났다는 사실이다. 이 접촉계급(接觸階級)은 이를테면 정식 혼인이 아니라 야합으로 생겨나서 야합자(野合者) 쌍방으로부터 기형아 취급을 받거나 배척당하는 사생아나 혼혈아의 숙명적인 불행으로 고통받는 것이다. 인테리겐챠들이 자국민에게서 미움을 받고 멸시당하는 것은 그들에게 있어서 싫지만 피할 수 없는 이문명(異文明)을 상징하는 인테리겐챠의 존재 자체가 치욕적이기 때문이며 동국인(同國人)이 볼 때 그런 자들이 필수적인 사회적 임무를 수행하고 있다는 것은 용서하기 어려운 일이다. 인테리겐챠는 이렇게 자국(自國)에서 인정받지 못하지만 영국인의 인도제국에서 Babu가 Sahib의 조롱을 받았던 것처럼 그들이 추종하는 나라에서도 존경받지 못한다. 인테리겐챠가 속물(俗物)에게 능욕(凌辱)을 당하는 것은 그들이 수행하는 일의 본질이 미메시스이기 때문인데, 그들은 놀라운 재주로서 무리하게 도약하여 자기를 드러내려고 하지만 그 대담한 행위에는 응분의 벌이 따른다. 미메시스의 삭막하고도 기계적인 성질과 그 실행으로 말미암는 병적인 왜곡이나 격심한 비속화는 두 붕괴기 문명의 접촉과 융합이 이루어지는 곳에서 흔히 발생하는 폐해인바 이것은 인테리겐챠가 그 직책상 이러한 도덕적인 질병에 감염될 위험에 빠져드는 경향이 있음을 의미한다.

이로써 인테리겐챠는 앞에서 서술한 프롤레타리아트의 본질적인 실체에 합치하는 것임을 알 수 있는데 그것은 이들이 두 사회의 중간에 있으면서 그 어느 쪽에도 속하지 않기 때문이다. 그리고 자기들이 두 사회 모두에 불가결한 존재로되 바로 그것 때문에 원망을 산다고 생각하는 인테리겐챠의 자위(自慰)는 그 자신의 필요에 따라 급조(急造)되지만 이후로는 그 수가 지나치게 증대되는 경향[686]으로 인해 효력을 잃는다. 인테리겐챠를 조성하고 활용하는 것은 시

---

686. 이 경향은 이문명(異文明)과 사회가 필요에 따라 인테리겐챠를 공들여 육성하지만, 다음 단계에서는 맷돌에서 소금이 나오게 하는 주문을 읊은 후 그것을 멈추게 하는 주문을 몰라서 곤경에 빠진다는 것과 같은 것이다.

작보다는 그 수를 조절하기가 더 어려운 것인바 그들이 과잉인 상태가 되면 한 움큼의 치노프니크에 다수의 니힐리스트가 달라붙고 서기(書記)나 사서(司書) 주변을 배고픈 학사들이 에워싼다.[687] 그리하여 인테리겐챠의 숙명적인 불행 은 시간이 흐름에 따라 급격하게 증가하여 어떤 식으로든 폭발을 일으키게 된 다. 예를 들면 17세기 말에 모습을 드러낸 러시아인 인테리겐챠는 모든 것을 깨트리는 볼세비키 혁명에서 축적된 원한을 쏟아냈고, 18세기 후반에 시작된 벵골의 인테리겐챠는 영국령 인도에서 폭력적인 혁명의 경향을 쏟아내고 있 다. 오늘날 이집트, 자바, 중국, 일본의 인테리겐챠는 대체로 온건한 방법으로 분만(忿懣)을 드러내고 있는 것으로 보이지만 근래의 정세로 볼 때 자바와 일 본의 그들은 러시아와 벵골의 동류와 같은 분노의 폭발을 일으킬지도 모른다. 이 계급은 팽창하는 서구세계에 포섭된 사회에서 발생했으되 최근에는 침략 을 단행하는 사회에도 퍼지기 시작했는데 그것은 고등교육을 통해 갖춘 능력 을 발휘할 기회를 얻지 못한 하층계급이 1차 세계대전 이후에 이탈리아 파시 스트당과 독일 사회당의 주축이 되는 것으로 나타났다. 무솔리니와 히틀러에 게 절대적 권력을 부여한 악마적인 추력은 능력은 갖추었으나 맷돌의 두 돌[688] 에 의해 뭉개지는 것과 같은 운명에서 벗어날 수 없다는 것에 분노한 지식 프 롤레타리아트의 분만에서 생겨난 것이다. 우리는 이처럼 파시스트 이탈리아 와 나치스 독일 안에서 서구화의 길을 걷고 있는 나라들의 지식 프롤레타리아 트에 동반된 몇 개의 징후를 인정하게 되며 그로부터 이탈리아와 독일에서 일 어난 사태가 우리의 사회에서 일어나지 않는다고 장담할 수 없다는 결론에 도 달하게 된다. 사실 헬레닉 사회와 마찬가지로 서구사회에서도 혁명과 내란을 통해 추방된 사람들이 프롤레타리아트에 편입되었는데[689] 그것은 이탈리아 도

---

687. '치노프니크'는 출세용 사다리, Nihilist는 허무주의자.
688. 정치적으로 조직화 된 자본가 계급과 노동자 계급.
689. 이탈리아 도시국가 세계에서의 당파 싸움에 의한 추방, 16~17세기의 종교전쟁으로 인한 프로테 스탄트의 해외 추방, 냉소주의(Cynicism)로 종교전쟁이 사라진 후에 발생한 Fanaticism(파나티

시국가 세계의 당파 싸움과 16~17세기의 종교전쟁을 거쳐 민족주의적 파나티시즘(Fanaticism)으로 절정을 이루었다. 새로운 형태의 부족숭배(部族崇拜)인 근대 민족주의는 원시적인 부족의 자기숭배(自己崇拜)가 잘못 적용된 기독교의 추력에 몰려서 이상한 모양으로 바뀐 것인바 오늘날에는 아론의 금송아지와 같은 것들[690]이 신 외의 어떤 것에게도 바쳐질 수 없는 숭배를 받고 있다. 따라서 우리가 지금까지 이 부족신(部族神)에게 인신(人身)의 희생을 바쳐서 그 비위를 맞춰왔다고 해도 놀랄 일은 못 된다. 기독교도였던 우리 선조가 인간에 대한 인간의 잔학행위가 아니라 그 연민을 기뻐하시는 신에게 같은 벌을 받을 공물(供物)을 바쳐서 모범을 보여주고 있는 상황에서 우리는 달리 어떻게 해야 할까? 선대에 일어난 모든 추방의 악행은 18~20세기에 벌어진 대규모 추방의 예보(豫報)였는데,[691] 폭력적인 방법으로 정신적 통일을 강요하려고 했던 그 이상(理想)은 종교적인 싸움이 민족주의의 투쟁으로 변함으로 인해 명분을 상실했으나 그 사악함은 조금도 줄어들지 않고 있다.

이 내적 P의 증대에 있어서 위와 같은 파나티시즘의 희생자 외에 범죄로 인해 추방된 자들을 살펴야 할 것인데 영국에서 북아메리카와 오스트레일리아로 보내진 죄수들은 중국의 시황제가 남방의 만역(蠻域)으로 옮긴 죄수나 아케

---

시즘-열광주의)에 따른 민족주의 전쟁으로 인해 프롤레타리아트가 증대된 것.

690. 각국의 문장으로 사용되고 있는 독수리, 사자, 곰 등 부족적인 Totem들. "백성이 모세가 산에서 내려옴이 더딤을 보고 모여 백성이 아론에게 이르러 말하되 일어나라 우리를 위하여 우리를 인도할 신을 만들라 이 모세 곧 우리를 애굽 땅에서 인도하여 낸 사람은 어찌 되었는지 알지 못함이니라 아론이 그들에게 이르되 너희의 아내와 자녀의 귀에서 금 고리를 빼어 내게로 가져오라 모든 백성이 그 귀에서 금 고리를 빼어 아론에게로 가져가매 아론이 그들의 손에서 금 고리를 받아 부어서 조각칼로 새겨 송아지 형상을 만드니 그들이 말하되 이스라엘아 이는 너희를 애굽 땅에서 인도하여 낸 너희의 신이로다 하는지라" 〈출 32:1~4〉

691. 1685년과 1731년에 프랑스와 잘츠부르크에서 Protestant교도가 추방된 것, 1755년에 캐나다에서 아르카디아인이 추방된 것, 1783년에 미국이 영국 왕당파를 추방한 것에 이은 대규모 추방은 1789년에 일어난 프랑스 귀족의 망명, 1848년에 일어난 유럽 자유주의자의 망명, 1917년의 백계 러시아인 망명자, 1922년과 1933년에 발생한 이탈리아와 독일 자유주의자의 망명, 1938년에 강요된 오스트리아 가톨릭교도와 유대인의 망명 등.

메네스 제국이 홍해의 섬으로 추방한 피정복민과 같은 존재들이다. 더하여 현대 서구의 내적 P 속에는 기원전의 마지막 2세기에 이탈리아에서 발생한 도시인 부랑자에 해당하는 사람들이 포함되어 있다. 이 요인은 현재 서구의 내적 P 중에서 상당한 위치를 차지하므로 프롤레타리아트라는 용어가 그것을 의미하는 것으로 여겨지기도 한다. 헬레닉 사회의 사례에서 보았듯이 전쟁은 버려진 토지와 포로로 잡힌 노예의 값싼 노동력을 기업가에게 제공했다. 그것으로 본다면 새로운 농촌경제는 전쟁의 공들인 아들이다. 기업가는 그 두 자원을 이용한 대량생산으로 토지에서 전대미문의 이익을 창출하는 법을 배웠던 것인데, 토지를 빼앗긴 농민이 도시에 거주하는 빈민으로 영락(零落)한 것은 헬레닉 사회에 닥친 재앙이었다. 서구사회의 역사에서도 이 헬레닉 사회의 재액이 미국에서 백인 자유민의 혼작 농업을 노예에 의한 면화 재배로 바꾼다는 형태로 반복되고 있는데, 그로 인해 프롤레타리아트로 전락한 백인은 세계의 지배자가 되었음에도 한 뼘의 토지도 없이 빈민으로 추락한 로마의 자유민과 같은 사람들이다. 하얀 피부의 빈민과 노예 노동자라는 두 개의 암증(癌症)을 낳은 북미의 경제혁명(經濟革命)은 지난 3세기 동안 영국에서 시행된 농경법을 더욱 철저히 적용한 것이지만 근대 서구사회에 도시빈민이 늘어난 원인은 농민들이 넘쳐나는 일자리를 자랑하는 산업혁명(産業革命)에 이끌려 도시로 흘러간 것에 있다. 이 서구발 산업혁명의 초기에는 그로 인한 경제적 이득이 크고도 확실한 것으로 여겨졌으므로 그 혁신은 스파르타의 아기스나 로마의 그라쿠스에도 못지않을 환영을 받았는데 여자와 아이들의 노동이나 과다한 노동시간 등의 문제가 있었으나 그것은 일시적인 폐단에 불과하므로 쉽사리 제거될 것으로 여겨졌다. 산업혁명이 방해됨 없이 진행되면 노동자들도 충실하게 증대된 사회적 부를 할당받을 것이므로 그러한 문제들은 시간이 지남에 따라 노동자들이 누리는 풍요하고도 행복한 삶으로 보상된다고 하는 주장은 기적적으로 실현되는 듯했으나 그로 말미암은 과실은 아무도 예견할 수 없었던 저주 때문에 상쇄되고 있다. 이제 세계적으로 기계가 마술처럼 찍어내는 부(富)의 이면에 대규모 실업이라는 요괴의 그림자가 드리운 것을 보면 어지간히 낙관적인 사람도 질리지 않을 수 없는 것인바, 결과로 본다면 현발(現發)한 도시로의 인구집중은 헬레닉 사회와 마찬가지로 도시빈민 프롤레타리아트라고 하는 암을 발생시켰다. 농지를 빼앗긴 프롤레타리아트는 도시에 뿌리를 내리지 못하고 실업수당이라는 사료(飼料)를 제공하는 사회로 들어가지만 자신들이 거기에 속하지 않는다는 것을 절실히 느끼게 된다. 서구사회는 산업주의라는 교묘한 구조에 의해 사회를 짓누르고 있던 아담의 저주[692]를 회피했고 우리는 그 저주를 물질적인 힘에 전가(轉嫁)한 성공에 의해 함정에 빠져들고 있다. 그리고 물질만의 풍요가 조용히 일하여 자기 양식을 먹으라는 명령을 무위한 것으로 만들었으므로 서구사회는 자기의 일이 아닌 것은 도무지 행하지 않는 민중[693]으로 인해 난처한 입장에 빠졌다. 그러나 실업이라는 것이 일하려는 의욕만으로 해소되는 것이 아닐뿐더러 실업자에게 좌절감과 패배의식이라는 벌을 내린다는 점에서 볼 때 승리를 뽐내는 비정한 기계의 희생이 된 사람들은 쓸데 없이 일을 만들고 있는 것이 아니라 참혹한 괴로움을 겪고 있는 것이다. 자기를 정복한 서구인에 대한 이 자연의 복수는 산업화된 서구사회가 환경에 맞서서 얻은 승리에 의해 촉진되었는데, 산업혁명 이래로 서구사회는 서유럽에서 자연에 대한 산업적인 정복을 성취했을 뿐만 아니라 교역의 기법을 신세계와 구세계의 여러 나라에 전수했다. 그리하여 작금에는 물질적 풍요의 과잉과 더불어 견디기 어려운 실업이 풍족함에 대한 정신적인 저주로서 전 세계에 파급되고 있다. 이제 프롤레타리아트 노동자를 무제한으로 조성한 서구사회의 지

---

692. "네가 흙으로 돌아갈 때까지 얼굴에 땀을 흘려야 먹을 것을 먹으리니 네가 그것에서 취함을 입었음이라 너는 흙이니 흙으로 돌아갈 것이니라 하시니라" 〈창 3:19〉

693. "우리가 들은즉 너희 가운데 게으르게 행하여 도무지 일하지 아니하고 일을 만들기만 하는 자들이 있다 하니" 〈살후 3:11〉

배적 소수자는 어떠한 운명을 맞이하게 될 것인가?[694]

이제 신의 법정에 나오라는 명령을 받은 서구사회의 지배적 소수자들은 정치와 종교 및 산업혁명의 희생자로 이루어진 프롤레타리아트의 농태를 불안한 마음으로 살피고 있는데 크게 확대된 사회의 내적 P들은 폭력과 유화 중 어느 길을 걸을 것인가? 서구사회에 있어서 폭력에 의한 파괴의 자취는 사방에 널려 있음에 반해 유화적인 정신의 증거는 찾기 어려운 형편인바 폭력에 호소하기를 단념한 프롤레타리아트가 채택한 방안은 폭력과 유화의 어느 하나를 선택하지 않아도 되는 곳으로 이주하는 것이었다. 우리는 프랑스에서 쫓겨난 프로테스탄트 교도, 프로테스탄트의 박해를 피해 아일랜드에서 탈출한 가톨릭교도, 해외로 망명한 영국 왕당파, 독일을 떠나야 했던 자유주의자 등이 이주한 곳에서 지보(地步)를 확보했음을 알고 있다. 더하여 영국을 떠나 북미나 오스트레일리아로 이주한 사람들도 유사한 성취를 이루었고, 미국과 안틸열도로 잡혀간 일부 흑인노예의 후예(後裔)는 유형(流刑)에 처해진 곳에서 제2의 고향을 발견했다. 이 박해의 도전에 대한 응전에 성공한 예는 그 자체로 경복(敬服)할 만한 것이지만 그것은 유화적인 응전의 사례가 아니라 어느 사회의 프롤레타리아트에 편입되기를 거부한 것이었다. 근대 서구사회에서 유화적으로 응전한 사례로는 모라비아에 정착한 독일의 재세례파, 네덜란드 Mennonites, 영국 Friend 회원(會員)을 거명할 수 있다. 그러나 이들도 마지막에는 정착한 지역의 사회체에 흡수되어 버렸다. 이들 중 의외인 것은 모라비아 재세례파와 네덜란드 멘노니테스가 살아남기에 실패한 것인데, 그들

---

694. "또 비유로 그들에게 말하여 이르시되 한 부자가 그 밭에 소출이 풍부하매 심중에 생각하여 이르되 내가 곡식 쌓아 둘 곳이 없으니 어찌할까 하고 또 이르되 내가 이렇게 하리라 내 곳간을 헐고 더 크게 짓고 내 모든 곡식과 물건을 거기에 쌓아 두리라 또 내가 내 영혼에게 이르되 영혼아 여러 해 쓸 물건을 많이 쌓아 두었으니 평안히 쉬고 먹고 마시고 즐거워하자 하리라 하되 하나님은 이르시되 어리석은 자여 오늘 밤에 네 영혼을 도로 찾으리니 그러면 네 준비한 것이 누구의 것이 되겠느냐 하셨으니 지기를 위하여 재물을 쌓아 두고 하나님께 대하여 부요하지 못한 자가 이와 같으니라" 〈눅 12:16~21〉

이 그들의 종교적 본령에 따라 지배적인 사회로부터 분리하려고 했던 시도는 그리스도의 재림이 선포한 대로 이루어지지 않은 이후로 폭력적인 방침이나 공산주의적인 권위주의를 추구한 것으로 무산되었다. 이 재세례파의 역사를 좀 더 좁은 범위에서 더욱 온건한 방법으로 되풀이한 것이 퀘이커교도의 역사 인데 이 영국의 종파는 폭력적인 성향으로 무책임한 예언과 소동을 일으키는 경향에서 탈피하여 유화의 길을 걸었으나 이후로는 물질적 번영을 구하여 프 롤레타리아트의 범주에서 이탈했다. 우리는 서구사회에서 유화의 길을 걸은 사례를 〈G, Lansbury〉나 〈H. R. I, Sheppard〉의 평화주의에서 볼 수 있으 나 내적 P에서 그것을 찾는다면 니힐리스트의 폭력을 비판한 〈Leo Tolstoy, 1828~1910〉와 벵골 혁명론자의 폭력을 배척한 〈Mahatma Gandhi, 1869~1948〉의 유화를 들 수 있다.

서구사회 내적 P의 사업을 살필 때 유화의 예는 이렇게 희귀했는데 그 안에 서 창조적인 종교활동의 예를 찾아도 마찬가지일 것이다. 헬레닉 사회의 내 적 P 속에서 발생된 종교에 내재하는 단서를 쫓아가면 이슬람 기원의 두 종교 운동 속에서 헬레닉 사회의 네 종교[695]에 해당하는 근대 서구의 종교를 보게 된다. 페르시아와 펀자브에서 발생한 이 이슬람교의 두 변형은 유화의 정신 과 실천을 특색으로 하고 있으며, 그런 점에서 모체로서 전투적인 성향을 띠 고 있는 이슬람교와 현저한 대조를 보인다. 이 대조는 기독교와 마니교의 유 화에 대비되는 유대교와 조로아스터교의 폭력[696]에 비견(比肩)되며 또 다른 유 사(類似)는 기독교나 마니교와 같이 본거지에서 박해당하고 그들의 세계를 침 탈한 사회로 진출하여 그곳에서 전도할 땅을 찾았다는 것이다. 바하이야교는 선구자 〈바브〉가 순교한 후 후계자인 〈스브 이 아잘〉이 바그다드로 피신했는 데 그들이 이라크에서 추방되었을 때 〈바하울라〉가 시리아의 락카에서 안식

---

695. 기독교, 마니교, 미트라교, 키벨레 숭배.
696. 이 두 종교는 Makkabea 시대와 사산조 시대에 폭력성을 발휘했다.

처를 발견하고 거기로부터 서구사회로 침입하여 시카고에 이르기까지 신자를 확보했다. 아흐마디야교는 펀자브에서 외면당하고 아프가니스탄에서는 박해를 받았으나 유럽과 미국에서 새로운 터전을 확보했다. 이어서 이래이 천하에 눈을 돌리면 바빌로니아의 의사과학(疑似科學)인 점성술에 해당하는 것을 신지학(神知學)[697]에서 발견한다. 한때 칼데아의 점성술사에게 굴복했던 헬라스인과 같은 부류인 그 대표자들은 밖에서 들여온 정신적인 상품의 가치를 평가할 능력을 갖추지 못한 인간들에게 그들 자신을 호소하고 있다. 그래서 우리 서구의 과학이 상술(上述)한 철학의 변신[698]과 같은 변화를 이룰 것이라고 예언할 수 있는데, 우리는 이미 고전적인 19세기의 계측법(計測法)이 주관적인 사고를 객관적인 진리로 바꾸는 수단이 아닐지도 모른다는 의문을 품게 되었다. 그리고 새롭게 시작된 정신분석학(精神分析學)의 싱그러운 추세에서 새로운 사고와 감수성의 테스트 과정을 보게 되는바 초지주의(超知主義)라는 가면을 쓰고 부활한 원시적인 정신이 모반을 꾀하고 남을 속이는 위장을 하고 있으면 과학적 회의(懷疑)라는 칼을 가진 세속화한 천사의 감시를 피할 수 있다고 생각하여 슬며시 태곳적 밤의 왕국으로 돌아가려는 모습이 보인다. 우리가 가지고 있는 「오지(洿池)로의 향수」[699]를 선동하는 것이 우리 서구과학의 명예롭지 못한 운명인 것일까? 그리고 훗날에 그 원시적인 정신이 노쇠한 실험적 기술에서 〈Aldous Huxley〉의 「Brave New World」를 현실화하는 기적을 성취할 것인가? 현실적인 화학자나 생물학자는 미래의 과학상(科學像)을 어처구니없는 환상으로 여기고 싶을지도 모른다. 그러나 그는 오늘날 서구화된 세계의 어느 지역에서 일어난 뜻밖의 변화를 차분히 바라볼 필요가 있다. 왜냐하면 마르크스의 공산

---

697. Theosophy. 일반적인 신앙이나 추론으로는 알 수 없는 신에 관한 지식을 신비적인 체험이나 특별한 계시를 통해 알아내려고 하는 것. 고린도전서 2장을 참조할 것.
698. 고타마 싯다르타와 플라톤의 철학이 대승불교와 신플라톤파의 종교로 변신한 것과 도교가 폭발하기 쉬운 주술(呪術)과 호전성(好戰性)의 혼합물로 전화(轉化)된 것.
699. 19세기 프랑스 극작가 Emile Auget의 저작. "계속된 것을 동경하는 경향"

주의야말로 하나의 철학이 모습을 바꾸어서 프롤레타리아트의 종교로 등장한 주지(周知)의 예로써 폭력을 택하여 러시아에서 재세례파의 작은 메시아 왕국과는 비교도 할 수 없는 새 예루살렘을 만들고 있기 때문이다. 그 유대인 기독교도의 아들이 빅토리아 시대의 감찰관으로부터 신원조사를 받았다고 하면 그는 자기는 서구철학의 거장인 헤겔의 제자라고 대답하면서 자신의 철학적 임무는 헤겔의 변증법을 모든 사회생활의 정치 경제적인 현상에 적용하는 것이라고 부언했을 것이다. 더하여 마르크스의 러시아인 제자로서 공히 헤겔의 철학적 전통을 따르는 레닌은 물론이고 레닌의 코카서스인 제자인 스탈린도 자기를 철학자로 생각하여 그런 말을 하면서 변증법에 통달한 것을 경제를 제어하고 민심을 지배하는 능력보다 큰 자랑으로 삼았을 것이다. 그러나 명민한 관찰자는 그처럼 공산주의가 일종의 응용철학(應用哲學)이라고 떠드는 것은 사람을 홀리는 사술(詐術)에 불과하다고 단정할 것이다. 헤겔의 변증법 철학은 레닌이나 스탈린이 말하는 실생활에의 적용은 말할 것도 없고 마르크스의 본질적인 이데올로기에서도 그 요소의 일부에 불과할뿐더러 그 동적인 요소도 아니다. 헤겔철학을 변조한 마르크스의 이론을 도교를 변질시킨 장능(張陵)의 교(教)보다 폭발력이 큰 혼합물이 되게 한 요소는 헤겔을 비롯한 서구 철학자에게서 유래한 것이 아니다. 그러한 요소는 대부분 그 면상(面上)에 전통적인 기독교 신앙에서 도용된 것이라고 말하는 증명서가 붙어 있다.[700] 그리고 기독교에서 기원(起源)을 구할 수 없는 그 동적 요소는 유대교-서구사회의 유대인 디아스포라에 의해 보존되고 Ghetto와 유대인의 해방에 의해 마르크스의 조부모 시대에 자취를 감춘 기독교의 화석화된 조상-에서 유래된 것이다. 마르크스주의가 유대교에서 얻은 인스피레이션을 통해 알 수 있는 것은 폭력 혁명은 신의 율법이어서 불가피한 동시에 신의 행위여서 불가항력이므로 그것이 지

---

700.  이 기독교적 요소는 모든 서구인이 데카르트가 철학적 도전을 감행한 이후로 300년이나 지난 19세기에도 여전히 숨을 쉬는 공기처럼 향유(享有)하는 것이다.

배적 소수자와 프롤레타리아트의 역할을 전도(顚倒)하여 선민(選民)을 지상왕국 최고의 지위로 끌어올린다는 묵시록적인 몽상(夢想)이다. 마르크스는 여호와 대신 역사적 필연을 전능의 신으로 하고 유대민족 대신 서구사회의 내저 P를 채택했다. 그의 메시아 왕국은 프롤레타리아트 독재제라는 형태로 구성되어 있으나 이 위장의 틈새로는 분명히 유대교적 묵시록의 특질이 비치고 있다. 이 철학적인 공산주의자가 근대 서구문명의 의상(衣裳)을 입혀서 등장시킨 것은 마카베야 시대의 유대교다. 왜냐하면 메시아 왕국은 현세에 있어서의 물질적 왕국인 동시에 폭력의 승리에 의해 획득된다는 것이 그 묵시록적(黙示錄的)인 주장의 본질이기 때문이다. 이 낡은 미래주의가 마르크스주의에 내재된 유대교적 요인이라고 한다면 기독교적인 요소는 유대교의 전통에 들어있지 않을 뿐만 아니라 적극적으로 그에 반하는 코스모폴리타니즘이다. 온 천하에 다니며 만민에게 복음을 전하라[701]는 것이 마르크스 자신과 그가 정의의 왕국을 건설할 것을 종용하는 추종자에게 내려진 명령이므로 온전한 마르크스주의자가 그 때문에 노력해야 하는 것은 단순한 혁명이 아니라 세계적인 혁명이다.

헤겔의 변증법 철학과 마르크스주의가 획득한 보루(堡壘)를 지키면서 코민테른[702]이라는 수단에 의해 세계 혁명의 완성을 꾀하고 있는 전투적 교회인 소비에트연방 공산당 사이에는 커다란 괴리가 있다. 서구 철학에 시리악 계열의 종교를 혼합하여 이와 같은 물건(物件)을 출현시킨 마르크스는 대단한 마술사일 것인데, 그는 자기의 모본(模本)에 해당하는 스토아파 혁명의 예언자[703]와 마찬가지로 놀라운 반영성화(反靈性化)의 재주를 부렸다. 운명의 여신이 아리스토니쿠스의 프롤레타리아트 반란에 성공의 면류관을 주었다면 브로시오스와 그 후계자[704]의 이름은 오늘에 이르기까지 떠들썩하게 전해졌을 것이다. 마

---

701.  "또 이르시되 너희는 온 천하에 다니며 만민에게 복음을 전파하라" 〈막 16:15〉
702.  Komintern, 공산주의 인터내셔널, 제3 인터내셔널.
703.  브로시오스는 제논의 제자, 그라쿠스와 아리스토니쿠스의 스승.
704.  아나톨리아의 그리스계 도시국가인 Pergamon의 Aristonicus. 페르가몬은 성서에 '버가모'로 기록되었다.

치 마르크스와 레닌의 이름이 브로시오스의 Civitas Solis(태양의 도시)에 상당하는 마르크스의 유토피아가 건설되는 것을 목격한 사람들의 귀에 요란하게 전해지고 있듯이. 그러나 운명의 여신은 그것과 다른 결정을 내렸다. 아리스토니쿠스의 공화국을 삼킨 Helios가 아시아의 Heliopolis를 지키지 못했던 것은 아타르가티스가 에우누스의 손으로 바쳐진 시칠리아 해방 노예의 나라를 구하는 데 도움이 되지 않았던 것과 마찬가지였다.[705] 붕괴하는 헬레닉 세계에서 프롤레타리아트의 종교와 프롤레타리아트화(化)한 철학을 정치적 재화(財貨)로 바꾸려고 했던 그 두 폭력적인 시도는 로마의 무력에 의해 진압되어 1세기 후에 또 한 명의 프롤레타리아트 지도자가 그 선례에 따르기를 거부하여 말한 진리[706]를 행동으로 증명했다. 그 두 폭력적인 지도자의 멸망으로 선고된 역사적 판결은 그 이후로 그것을 뒤집으려고 했던 필사적인 시도들[707]에 의해서도 흔들리지 않았다. 그리고 그 운명은 고투(苦鬪)하는 헬레닉 세계가 아우구스투스의 평화를 얻기까지는 검을 가진 프롤레타리아트의 묵시록적인 비전과 같이 되지 않는다는 것이 명백해졌다.

레닌의 프롤레타리아트 국가가 그 유아기에 자기를 타도하려고 했던 지배적 소수자의 시도를 무난히 격퇴한 것으로 본다면 마르크스의 묵시록을 실현하려는 레닌의 기도(企圖)는 운명의 여신으로부터 호의적인 대접을 받았다.[708] 상쟁하는 자본주의 국가들은 1차 세계대전의 소용돌이를 통해 공동의 대적(對

---

705. 헬리오스는 그리스 신화의 태양신 또는 태양을 의인화한 신. 헬리오폴리스는 '태양신 숭배의 중심지'이고 '아시아의 헬리오폴리스'는 페르가몬을 지칭한다. 아타르가티스는 그리스의 아프로디테, 페니키아의 아스타르테, 아나톨리아의 키벨레 등과 연관성이 있는 시리아의 여신. 에우누스는 BC 135~132년에 시칠리아 농원노예의 반란을 주도한 자들의 1인, 자칭(自稱)의 예언자.

706. "이에 예수께서 이르시되 네 칼을 도로 칼집에 꽂으라 칼을 가지는 자는 다 칼로 망하느니라"〈마 26:52〉

707. 제2차 시칠리아 농원 노예의 반란, 검투사 Spartacus와 집정관이 되려 했던 Catilina의 반란.

708. 상술한 헬레닉 사회의 혁명은 강대한 로마에 의해 통합된 지배적 소수자에 맞섰음에 반해 레닌은 분열되어 상쟁하는 서구의 지배적 소수자를 상대로 했다. 그런 점에서 레닌의 혁명은 시기적으로 운이 좋았다.

敵)을 지원하는 상황을 연출했는데[709] 그와 같은 세계에서 탄생한 러시아의 공산주의 국가(國家)는 에우누스의 나라와 아리스토니쿠스의 헬리오폴리스를 무너뜨린 시련을 극복했다. 그리하여 볼세비키 정권의 지속성이 명백히 밝혀졌으며 이후로 소련은 전투적 브로시오스파 혁명가의 비창(悲愴)했던 계획과는 달리 이른바 예조프 시치나[710]의 혼동 속에서도 건재함을 과시했다. 헤겔의 서구철학이 그에 대응하는 헬레닉 사회 제논의 철학과 다른 운명을 더듬어 온 결과는 서구사회가 기독교적 전통의 반응에 자극되어 인류를 개종시키려고 시도하고 있는 이 기괴한 운동의 포로로 전락할지도 모른다는 의문을 제기했다. 레닌이 정권을 잡은 이래로 사람들의 마음을 괴롭혀 온 이 문제는 갖가지 희망과 불안을 자극해 왔다. 러시아에 지보(地步)를 확보한 공산주의 지배자들은 그들이 살아 있는 동안에 마르크스주의의 세계적인 승리를 보게 되리라는 희망을 품었고 이교도의 여러 나라[711]에 산재해 있는 공산주의자들과 제3 인터내셔널의 공작에 현혹된 약소국들은 러시아에서 사실로 굳어진 프롤레타리아트 독재가 자기들의 나라에도 도래하리라고 생각했다. 한편 망명하거나 숨죽이고 있던 러시아의 지배적 소수자는 외국에 대한 소련의 공격이 저지된 후 국내에서 발발하는 반공(反共)의 조류에 의해 볼셰비즘의 그늘에서 해방되리라는 희망을 품고 있었다. 반공주의자들은 레닌이 정권을 잡은 이래로 볼셰비키 정권이 금방이라도 붕괴할 것이라는 기대를 버리지 않고 있는바 오늘날의 공산주의자들은 외적으로는 그 기대를 수긍하면서 속으로는 유대교의 전통이 시사하는 결말을 기대하고 있다. 공산주의의 묵시록에 의하면 이교도인 자본주의 제국(諸國)이 소비에트 사회주의의 예루살렘을 공격하고 선민인 공산주의

---

709. 레닌을 망명자로 받아들인 독일제국은 러시아 제국에 극심한 타격을 가한 후 그를 송환했다. 이후로 레닌이 독일의 위구심(危懼心)을 불러일으킬 정도로 성공했을 때 연합국이 독일을 패퇴시킨 것은 부지중에 레닌과 그의 사업을 후원한 것이었다.
710. 스탈린이 반공주의자와 정적을 제거하려고 획책한 대숙청, 주도자였던 니콜라이 예조프의 이름을 붙인 소련의 대학살 사건.
711. 마르크스주의의 전투적인 성격에 합당한 이슬람교의 용어로는 〈디아르 알 하르프, 이슬람 세계〉

자를 압박하는 것으로 인해 공산주의의 전투적인 교회가 궁지에 몰리게 되지만 바로 그때 자기들의 수호신인 역사적(歷史的) 필연(必然)이 기사(奇事)를 행하여 그 메디아의 군대를 단박에 쓸어버리게 된다. 이상이 쌍방이 기대하는 결말이지만 그것은 이 투쟁의 참된 결과를 예측하려는 연구자에게 아무런 도움이 되지 않는다. 이후로 되어갈 것에 대한 유의미한 예측의 단서를 찾으려면 교설(敎說)이 아니라 양측의 행위에 주목해야 하는바 소련의 정치적 상황과 대외적인 관계를 바라보면 공산주의적인 계시록과 반공주의자의 기대는 모두 다 실현될 가능성이 없는 것으로 보여진다. 소련 공산주의자들은 레닌이 죽은 이후로 마르크스-레닌주의의 교설을 추종하면서도 그 신성불가침의 원리를 실행하는 방법에서는 트로츠키파의 연속혁명론(連屬革命論)과 스탈린파의 일국사회주의(一國社會主義)로 충돌했다. 이후 크렘린을 장악한 스탈린이 트로츠키를 추방하고 지노비예프를 죽였을 때 소련의 사회주의는 굳건하게 되었으나 공산주의 세계혁명은 독일이 나치즘에 빠진 세계에서 추력을 상실했다. 소련의 정치판에서 일국사회주의가 연속혁명론을 구축(驅逐)했던 것인데 주목할 것은 이오시프 스탈린이 트로츠키에 결정적 승리를 얻은 후 소련과 자본주의 국가 간의 관계에 커다란 변화가 생긴 일이다. 일본이 침략전쟁을 개시하고 히틀러가 정권을 잡은 이후로 자본주의 국가들의 공격과 그에 대한 역사적 필연으로 공산주의의 세계 제패가 달성된다는 신조에 따르는 것을 사실상 포기한 소련은 그 두 나라가 자기들을 협공하면 공산주의의 세계 제패는 고사하고 공산주의 자체가 러시아의 성채에서 타도될지도 모른다는 것을 진지하게 걱정하기 시작했다. 이후로 독일과 일본의 위협을 현실적으로 인식한 소련은 그 위험을 회피하는 수단으로 프랑스와의 동맹과 국제연맹 가입을 시도했고 그에 대해서는 공산주의 묵시록에 의심을 품은 소련만이 아니라 소련의 공산주의가 조만간 붕괴하리라는 기대를 접은 자본주의 국가들도 적극적인 자세를 보였다.[712] 이것으로 본다면 1938년에는 소련만이 아니라 자본주의 국가 대부분이 자본주의와 공산주의가 당분간 공존할 수 있다고 생각하고 있었음이 분명한데, 종교개혁 이후로 서구 기독교의 프로테스탄트 제국(諸國)과 가톨릭의 여러 나라가 150년 동안 불구대천의 원수로 싸운 후 위와 같은 상황을 연출했음을 상기할 때 우리는 소련과 자본주의 국가들도 비슷한 방법으로 접근할 것이라고 생각할 수 있다. 이제 그 현저한 접근의 경향이 쌍방에서 동시에 나타나고 있는바 스탈린 정권의 암호인 일국사회주의는 수구적인 언어의 획일성이 아니라 서구적인 제도의 획일성[713]을 기반으로 하는 사회주의적 소비에트 국가주의를 낳고 있으며 전후(戰後)에 국가주의를 강화하고 있는 자본주의 국가들도 정도의 차이는 있지만 대부분 사회주의적인 경향을 띠고 있다. 근간에 소련의 국가주의적인 사회주의(社會主義)와 다른 나라들의 사회주의적인 국가주의(國家主義)가 서로를 향해 접근하고 있는 것을 목격(目擊)하는바 우리는 이미 전후의 자본주의 국가와 공산주의 국가가 공히 그것을 지향하여 드러내는 새로운 국가의 윤곽을 포착하고 있다. 이러한 국가들이 추구하는 공통의 목표는 국민의 정신을 지배하는 사회주의적 국민국가에서의 전체주의 체제이다. 이 진단이 틀리지 않았다면 공산주의의 세계 제패를 목표로 하는 운동은 그것이 단일한 지방국가의 틀에 갇혀서 국가주의에 입각한 지역적인 변종으로 타락했으며 공산주의를 예속시킨 국가들이 일반적인 국가의 표준적인 형태를 지향하고 있다는 점에서 실패할 운명에 처해 있다고 단언할 수 있다. 공산주의가 이런 운명에 빠진다는 것은 마찬가지로 전투적인 길을 걸은 여타의 종교운동과 철학운동의 역사에서 충분히 예견되는 일이다. 예로써 유대교와 조로아

---

712. 공산주의 묵시록에 따라 국제연맹 회원국 모두가 멸망하리라고 믿었다면 소련은 자본주의 국가가 침략할 위험과 그에 대비하는 것 모두를 부질없는 일로 치부했을 것이다. 소련은 1932년에 프랑스와 정치 협정을 맺고 1934년에 국제연맹에 가입했으며 1935년에는 프랑스와 체코슬로바키아를 상대로 상호원조조약을 체결했다.

713. 파시스트 국가주의나 나치즘과 같은 것.

스터교는 막카베 왕국과 사산조 제국의 울타리에 갇혔고 이맘 시아파와 시크교는 사파비조 제국과 란지트싱그의 제후국(諸侯國) 속에 가두어졌다. 그리고 이 네 개의 종교운동을 예속시킨 국가는 모두 인접한 여러 나라와 비슷한 형태를 취한다는 경향을 나타냈다.[714] 오늘날 폭력성을 발휘한 죄에 대한 역사적 형벌이 공산주의에 내려지고 있는데, 우리는 지금 공산주의와 자본주의가 전체주의 국가에서의 국가를 대상으로 하는 우상숭배를 의미하는 용어로 사용될 것임을 예견할 수 있다. 그러므로 공산주의가 붕괴하는 서구사회의 내적 P에 세계교회적인 요소를 제공할 것을 기대할 수 없다.

이상의 탐구로 알 수 있는 것은 서구사회에서는 지금까지 상당한 내적 P가 형성되었으나 그로 인한 세계교회는 고사하고 프롤레타리아트 사이에서 발생하는 고등종교의 출현이 드물었다는 사실이다. 공산주의도 널리 찾아서 겨우 발견한 네 교파[715]와 마찬가지로 이 요건을 갖추지 못한 것으로 여겨지는바 서구사회의 내적 P가 이처럼 정신적 불모(不毛)인 것은 어떻게 해석되어야 할까? 이에 대한 첫 생각으로는 다음과 같이 든든한 결론을 도출하게 될지도 모른다. 서구사회의 내적 P에 편입된 자 중에서 가장 유망한 일부가 새로운 내적 P의 문화에 이렇다 할 공헌을 할 수 없었던 것은 그들이 완전히 결별하지 않은 사회체에 다시 흡수되었기 때문인데 이것은 우리 서구문명이 좌절했다고 해도 사회적 병폐가 그 정도로 회복되었다는 것을 의미하므로 기뻐해도 무방하다. 이렇게 복귀한 프롤레타리아트의 재능은 그들의 입장으로는 상실(喪失)일지 모르지만 사회적으로는 새로운 취득이다.[716] 이렇게 보면 위와 같은 정신적 불모(不毛)는 애석하거나 부끄러운 것이 아니라 서구사회가 병들기는 했

---

714. 시크교가 무굴제국의 단명한 후계국가로 변한 것, 막카베 왕국이 로마에 복속된 후 셀레우코스조의 후계국가 역할을 한 것, 로마제국에 맞서서 영향을 주고받다가 대적자와 비슷한 길을 걸은 것.

715. 재세례파, 퀘이커교도, 바하이교, 아마디교.

716. 비국교파의 영국인, 프랑스 프로테스탄트 계통의 남아프리카인, 연합제국 로열리스트파 캐나다인, 아일랜드와 독일계 미국인 등 쫓겨난 사람들의 자손들은 이주지나 복귀한 사회의 소중한 성원으로 성장했다.

어도 절망적인 상태는 아니라고 추정할 증거라고 생각해야 할 것이며 오늘날 우리들의 체제가 공산주의라는 강력한 바이러스를 제압하거나 변질시킬 힘을 가지고 있다는 증거가 보인다면 우리는 우리들의 사회에 생명과 활력이 남아 있다고 좋아해도 된다. 처음에는 이렇게 생각할 수 있겠지만 우리가 공산주의를 정복하는 일에 어떤 대가를 치르고 있는지를 생각하면 그렇게 낙관하고 있을 일이 아니다. 서구사회가 마르크스파의 전투적인 교회를 굴복시킨 것은 이교적인 전체주의 국가로서의 일이었는데, 이런 국가들이 분립했던 다른 문명의 역사를 상기하면 우리의 사회도 불쾌하고 잔혹하면서도 단명한 것으로 바뀔지 모른다는 불안감이 생긴다. 망해버린 문명이 드러낸 좌절과 붕괴의 주된 원인은 신격화된 지방국가들이 벌인 파멸적인 전쟁이었는데[717] 서구사회도 이 치명적인 리듬에 말려들고 있다면 우리의 전도(前途)는 암담하다. 서구사회의 두 지배적 사조(思潮)인 민주주의와 산업주의가 이미 우리의 할거주의(割據主義)와 전쟁에 맹렬한 추진력을 제공하고 있는바 이 무서운 압력은 우리에게 전례 없는 재액을 초래할 위험이 있다. 이렇게 생각하면 우리는 우리의 의문에 대하여 첫 생각과는 다른 해답을 찾아야 할 것이다.

오늘날 서구사회는 기원전 5세기의 헬레닉 사회와 같이 배타적인 전체주의 국가의 집합이라는 형태로 분화된 듯하지만 두 사회가 일으킨 분화의 성격은 같은 것이 아니다. 헬레닉 사회가 이교적(異敎的) 전체주의 국가를 우상으로 삼은 것은 그 역사의 최초이자 최후의 상태였으나 서구 기독교 세계라는 명칭을 얻은 서구사회에서는 현재의 상태가 그렇게 되어 있다고 해도 그것이 처음인 것은 아니다. 우리가 드디어 기독교에서 벗어났다고 해도 그 배신은 고통 속에서 점진적으로 이루어진 것이며 이후로 아무리 그렇게 하려고 해도 그 과정을 완전하게 관철할 가망은 없다. 기독교적인 요소를 제거하려고 시도한 자

---

717. 현저한 사례는 헬레닉 사회와 중국사회의 동족상잔(同族相殘).

들[718]의 노력은 단편적인 효과를 올리고 있을 뿐인바 기독교적 요소는 서구사회의 피가 스며 있는 Elixir(치유의 영액)와 같은 것이어서 서구사회의 정신적 조직에서 그것을 제거하여 헬레닉 사회와 같이 순전한 이교적인 사회를 만든다는 것은 상상할 수 없는 일이다. 우리 조직에 내재하는 기독교적인 요소는 단순히 모든 분야에 퍼져 있는 것이 아닌 변환자재(變幻自在)[719]인 것인데, 그 탁월한 재주의 하나는 이교도의 사회적 의사(醫師)가 사용하는 박멸제(撲滅劑) 속에 자기 성분을 농후하게 투입하여 절멸을 면하는 일이다. 이를테면 우리는 서구철학을 생활에 도입하는 문제로서 반기독교적인 적용을 기도하는 공산주의 속에 강력한 기독교적 요소가 포함되어 있음을 지적했다. 또한 이 전투적인 신앙을 전파하는 폭력배들은 자기들이 기독교로부터 지대한 은혜를 입고 있음을 그리스도를 부인하는 태도의 격렬함으로 표출하고 있음에 반해 팽창한 서구세계의 유화(宥和)한 예언자들[720]은 자기들이 기독교에서 영감을 얻었다는 사실을 숨기려고 하지 않았다. 그래서 생각하게 되는 것은 서구사회의 내적 P 속에서 일어난 감동적이고도 의미심장한 하나의 종교운동이다. 지난 4백 년 동안 서구사회의 내적 P로 편입된 여러 집단 중에서 가장 지독한 시련을 겪은 사람들은 붙잡혀서 대서양 건너편에 노예로 팔린 아프리카 흑인이었다. 우리는 이 노예 이민자를 기원전 최후의 2세기 동안에 지중해 연안에서 이탈리아로 끌려간 노예에 해당하는 서구의 사례로 간주했고 아프리카 태생의 미국 농원노예가 오리엔트 출신의 이탈리아 농원노예와 마찬가지로 종교적으로 응전하여 그 혹독한 도전에 대처한 것을 보았다. 앞에서는 이 양자의 응전을 비교하여 그 유사점에 주목했으나 이들 사이에는 그에 필요한 종교적 인스피레이션의 원천이 다르다는 차이가 있다. 로마 시대의 이탈리아로 잡혀간 노예들은 가지고 갈 수 있었던 조상 전래의 종교에서 정신적 위안을 찾았으나 미국

---

718. 데카르트, 볼테르, 루소, 마르크스, 마키아벨리, 홉스, 레닌, 무솔리니, 히틀러.
719. 속박이나 장애 받음 없이 저절로 존재하며 종잡을 수 없이 빠른 변화를 이루는 것.
720. 앞에서 말한 톨스토이나 간디와 같은 인물.

으로 끌려간 아프리카 흑인들은 주인의 종교 속에서 영혼의 안식처를 발견했다. 이 차이는 부분적으로 그 두 사회의 노예가 끌려오기 전에 누렸던 문명도(文明度)의 차이로 설명할 수 있지만 완전한 설명을 구하려면 그 두 노예집단을 조성하고 지배한 자들의 문화적 차이를 살펴야 한다. 앞에서 보았듯이 정신적 공허에 빠진 로마인의 오리엔트인 노예는 자기들의 종교적 전통을 빼고는 달리 종교적 위안을 구할 곳이 없었으나 서구사회의 경우에는 노예를 부리는 백인은 세속적인 부와 권세만이 아니라 정신적 재보(財寶)까지 가지고 있었다. 그러나 그 상황에서 인간의 도리와 복음에 반하여 노예를 학대하는 자들의 전도(傳道)가 희생자들에게 수용된 것은 무슨 까닭일까? 거기에는 모종의 저항하기 어려운 정신적인 힘의 작용이 있었을 것이다. 학대하는 자가 말과 행동을 달리함으로써 탈피했다고 여긴 그들의 전통적인 기독교 속에는 여전한 생명력이 살아 있었을 것인바 종교는 인간의 영혼 속에서만 거주할 수 있다는 사실에 주목한다면 이 이교(異敎)의 세계에서도 맘몬이나 몰록에 굴복하지 않은 기독교도가 곳곳에 산재해 있음이 분명하다.[721] 사실 미국의 흑인 노예가 기독교에 귀의한 것은 두 손에 성서와 채찍을 쥐고 있는 노예 감독에 의한 것이 아니라 〈J.G. Fee〉나 〈St. Peter Claver〉와 같은 전도자에 의한 것이었다. 우리는 이 노예가 학대하는 주인의 종교에 귀의한 기적에서 프롤레타리아트와 지배적 소수자의 분열이 서구사회의 지배적 소수자가 유기(遺棄)하려고 했던 기독교에 의해 치유되고 있는 것을 인정하게 되는데 이들의 개종은 근간에 기독교

---

721. Mammon은 재물을 의미하는 우상의 하나, 신·구약의 중간시대에 부정한 방법으로 부를 축적한 유대인을 비난하는 용어로 쓰임. "한 사람이 두 주인을 섬기지 못할 것이니 혹 이를 미워하고 저를 사랑하거나 혹 이를 중히 여기고 저를 경히 여김이라 너희가 하나님과 재물을 겸하여 섬기지 못하느니라"〈마 6:24〉. Moloch은 암몬의 신, 바빌로니아에서는 명계(冥界)의 왕, 가나안에서는 태양과 천공(天空)의 신. "몰록의 장막과 신 레판의 별을 받들었음이여 이것은 너희가 절하고자 하여 만든 형상이로다 내가 너희를 바벨론 밖으로 옮기리라 함과 같으니라"〈행 7:43〉. "그 성 중에 의인 오십 명이 있을지라도 주께서 그 곳을 멸하시고 그 오십 의인을 위하여 용서하지 아니하시리이까"〈창 18:24〉

의 전도 활동이 거둔 수많은 승리의 일부에 불과하다. 북아메리카 흑인 노예의 영혼에 기독교의 씨앗을 뿌린 메소디스트파 전도자는 자기들과 같이 프롤레타리아트로 편입된 백인[722]을 개종시켰다. 또한 이교화(異敎化)한 서구세계에서 성취된 기독교의 부흥은 프로테스탄트의 운동에 국한된 것이 아니라 서구 기독교 세계의 모든 가지에 수액(樹液)이 흐르는 것으로 발현되고 있다. 그리고 그 광경을 볼 때 우리 역사의 다음 장은 헬레닉 사회사(社會史)의 마지막 장과는 다른 길을 걷는 것이 아닐까 하는 생각을 품게 된다. 이제 내적 P의 일궈진 흙에서 싹튼 모종(某種)의 새로운 교회가 붕괴 중인 문명의 사후 처리를 담당하는 것이 아니라 자력(自力)으로 발흥하려다가 실패한 문명이 부지중에 배척한 교회의 품에 안겨서 그 불행한 전락(顚落)에서 구출될지도 모른다. 그렇게 된다면 자연을 정복한 승리에 취해 자연에서 약탈한 것을 신에게 바치는 것이 아니라 자신을 위해 쌓아둔 문명[723]은 〈코로스-휴브리스-아테〉의 비극적인 도정(道程)을 완주하는 형(刑)의 집행을 유예받을지도 모른다. 이것을 기독교적인 비유로 말하면 신앙을 버린 서구 기독교 세계는 지난날의 이상(理想)이었던 기독교 연방으로 재생하는 은총을 입을지도 모를 것인바 이에 대하여 니고데모와 같이 질문한다면 우리는 그 스승의 답변을 얻게 될 것이다.[724]

## (3) 외적 프롤레타리아트

### ① 귀의자(歸依者)의 이반(離反)

외적 프롤레타리아트도 내적 P와 같은 방법[725]으로 생겨나지만 그들의 경

---

722. 애팔래치아 산맥의 벽지 주민, 웨일스나 잉글랜드 북부의 신흥공업지구에 방치된 도시빈민.

723. "자기를 위하여 재물을 쌓아 두고 하나님께 대하여 부요치 못한 자가 이와 같으니라"〈눅 12:21〉

724. "니고데모가 이르되 사람이 늙으면 어떻게 날 수 있사옵나이까 두 번째 모태에 들어갔다가 날 수 있사옵나이까 예수께서 대답하시되 진실로 진실로 네게 이르노니 사람이 물과 성령으로 나지 아니하면 하나님의 나라에 들어갈 수 없느니라 육으로 난 것은 육이요 영으로 난 것은 영이니 내가 네게 거듭나야 하겠다 하는 말을 놀랍게 여기지 말라 바람이 임의로 불매 네가 그 소리는 들어도 어디서 와서 어디로 가는지 알지 못하나니 성령으로 난 사람도 다 그러하니라"〈요 3:4~8〉

725. 지배적 소수자로부터 이반되는 것.

우 정신적인 도량으로 괴리(乖離)된 내적 P와 달리 그 괴리에 지리적 격리가 더해지므로 이반의 결과로 생기는 분열은 더욱 명백하다. 성장하는 문명은 다른 사회에 대한 저서(戰線) 이에 고정된 경계선을 갖지 않는다는 점에서 볼 때 경계선의 고정이라는 것은 외적 P가 발생했다는 증거인데, 문명과 미개사회가 접촉함에 있어 문명이 성장하고 있는 한 명확한 경계선은 그어지지 않는다.[726]

창조적 소수자와 대중의 관계에 있어서 경계를 설정한다는 것은 문제가 되는 일이 아니며 예언자가 고향에서 환영받지 못한다는 것으로 창조적 소수자가 대중을 지도하기 어려운 것도 극복 불능인 것은 아니다.[727] 이처럼 성장기 문명의 창조적 소수자가 그 임무를 훌륭히 수행할 때 그들이 점화한 불은 집안에 있는 모든 사람을 비추며 벽에 부딪혀도 차단되지 않는 이 빛은 그들을 넘어서 끊임없이 뻗어간다.[728] 벽은 수정(水晶)과 같은 투명체이고 그 벽을 통과한 광선은 결국 차단막이 없는 광야로 들어간다. 성장 중인 문명의 빛이 주위의 미개사회로 비쳐올 때 그 빛은 희미해져서 마침내 사라져 버리는 점까지 도달할 것인바 이 광도(光度)의 변화는 미세한 것이므로 거기서 최후의 미광(微光)이 사라지고 암흑이 도래하는 선을 긋는 것은 불가능하다.

이 비유를 인간적인 표현으로 바꿔서 말하면 성장 중인 문명의 창조적 소수자는 인력(引力)을 자기가 빠져나온 비창조적 대중만이 아니라 주위의 미개사회에까지 뻗치게 되며 때로는 그 영향을 놀랄 만큼 먼 곳까지 미치기도 한다.[729] 사실 문명이 미개사회를 비추는 빛의 도달 능력은 매우 큰 것이어서 인류가 살아온 수십만 년에 비해 6천 년에 불과한 문명에 있어서 몇몇 미개사회

---

726. 일련의 사회적 현상을 유발하는 문명 간의 충돌에 관한 것은 이 연구의 뒷부분에서 살핀다.
727. 문명이 성장한다는 것은 Yeast가 빵을 충분히 부풀리고 빛이 공간을 훌륭하게 밝히고 있다는 것을 의미하며, 인퇴에서 복귀한 창조적 소수자는 비창조적 대중에게 도전에 대한 응전을 제공하기 때문. "친히 증언하시기를 선지자가 고향에서는 높임을 받지 못한다 하시고" 〈요 4:44〉
728. "너희는 세상의 빛이라 산 위에 있는 동네가 숨겨지지 못할 것이요" 〈마 5:14〉
729. 예를 든다면 수메릭 문명은 그 신들을 스칸디나비아에 전파했고, 시리악 문명은 알파벳을 만주로까지 보급했으며, 헬레닉 문명은 그 미적 영향을 브리타니아의 화폐와 인도의 조각에까지 미쳤다.

는 먼 옛날에 이미 그러한 침투를 성취(成就)했다. 우리가 확인한 21개의 문명에서 발(發)한 사회적 방사(放射)가 오늘날 미개사회의 도처에 미치고 있는 것으로 볼 때 우리는 오늘날 문명 이전의 원시상태(原始狀態)라는 것은 존재하지 않는다고 단언할 수 있다. 우리가 말하는 미개사회는 의례적(儀禮的)일 뿐이고 현재의 미개인은 그들의 선조와 같이 순전한 미개인이 아니라 어느 정도 문명화된 야만인이다. 그리고 문명 도상(途上)에 있는 어떠한 사회도 문명의 지상 목표에 도달하지 못한 세계에서 최하급의 야만인과 우리의 거리는 그들과 순전한 미개인 간의 거리에 비해 매우 작을 것이다. 문명과 미개사회의 관계를 후자의 견지에서 살피고 문명의 6천 년을 한 묶음으로 볼 때 가장 현저하게 눈에 띄는 것은 문명의 영향이 잔존한 미개사회에 골고루 미친다는 사실이다. 그것을 문명의 입장에서 바라보고 시간적 확대를 한 문명의 성장에 국한할 때 마찬가지로 현저한 것은 주위로 방사되는 영향력이 거리의 증가에 따라 약해진다는 것이지만[730] 그것은 영향권의 말단에서 일어나는 현상일 뿐 모든 미메시스는 그 제공자에 대한 존경과 우호의 표적이자 행하는 자가 자기를 교육하는 수단으로서 가치를 지니고 있다. 미메시스는 매력에 의해 환기되며 성장하는 문명의 창조적 소수자가 발휘하는 매력은 내부의 분열을 방지할 뿐만 아니라 외부의 침공을 예방한다. 성장기의 문명이 미개사회와 접촉할 때 창조적 소수자는 문명 내부의 비창조적 대중만이 아니라 미개사회 구성원의 미메시스를 일으키는바 이 인력으로 인해 성장기의 문명은 우호적인 이해(理解)를 배척할 만큼 저급한 미개인과 대면하지 않게 된다. 성장기의 문명은 변두리 문명의 영향을 흡수하고 그것을 점진적으로 감소하는 형태로 외변에 전하는 완충지대(緩衝地帶)를 갖게 되며 그래서 문명의 영향은 한계에 달하여 힘이 소진될 때까지 외부로 전해진다.

---

730. 헬레닉 사회는 그 문화적 영향을 먼 곳까지 미쳤으나 조악(粗惡)한 브리타니아의 화폐와 저급한 아프가니스탄의 석관(石棺)은 거리에 따라 그 영향력이 쇠퇴한다는 사실을 말해준다.

이 성장하는 문명과 미개사회의 관계는 문명이 좌절하여 붕괴기에 돌입함과 동시에 큰 변화를 일으키는데 우리는 그것을 두 방향으로 설명할 수 있다. 생명의 표현에 따르면 좌절은 창조적 소수자가 사라신 부대에 지배적 소수자가 등장하는 것이며 매력을 상실한 그들이 휘두르는 완력(腕力)은 그 희생자를 이반(離反)시킨 후 대중과 미개사회와의 분리를 통해 내적·외적 프롤레타리아트를 탄생시킨다. 이 분리는 미개사회가 단순히 미메시스를 철회하는 것이 아니라 붕괴에 돌입한 사회와 관계를 지속할지의 여부(與否)를 결정하는 것이므로 문명 좌절의 원인은 앞에서 보았듯이 문명이 자기결정 능력을 상실하는 것이다. 그것은 균형과 조화 및 통일의 상실로 나타나는데, 물리적인 표현으로 말하면 좌절한 문명에 있어서 사회적 조직의 붕괴는 그 사회가 존속하는 한 끊이지 않는 방사로써 빛의 분광(分光)처럼 재현된다. 성장하는 문명이 발하는 사회적 방사의 광선은 모든 요소가 융합되어 하나의 빛을 이루는 자연광(自然光)과 같은 것이지만 붕괴에 돌입한 사회의 그것은 분리된 사회적 요소가 프리즘을 통해 회절(回折)된 물리적인 광선과 같다. 이 사회적 방사에 있어서 자연의 백광(白光)을 구성하고 있는 세 요소-문화 및 정치와 경제적 요소-는 분리됨과 동시에 각각의 방사력(放射力)을 발휘하는바 여기서 우리는 최고의 도달력과 지리적 확대로 증대되는 경제와 정치적 영향력이 아니라 분리를 통해 감소되는 문화적 영향력에 주목해야 한다. 붕괴기의 문명은 문화적 방사력을 잃는 대신 정치와 경제적 방사력을 증진하지만, 질적인 면으로 볼 때 그것은 명백한 정신적 손실이다. 사회적 생활에 있어서 정치와 경제적 요소가 문명의 말초적인 표시로서 그 활동의 수단임에 반해 문화적 요소는 문명의 본질이며 문명의 활동에 있어서 접촉한 사회를 진정으로 동화(同和)하는 것은 정치와 경제의 불완전하고도 믿을 수 없는 방사가 아니라 생명이 깃든 문화의 방사이다. 이렇게 볼 때 세 요소가 하나로 융합된 성장기 문명의 확대는 늦더라도 확실한 것임에 반해 붕괴기 문명의 확대는 정치와 경제적인 면에서 돋보이기는 해도 문화적 요소의 감퇴라는 결점을 드러낸다. 문명의 방사를 통해 그 새로운 빛과 생명의 원천에 대하여 미메시스를 일으키는 사회는 좌절하여 정신적 공허에 빠지고 체질이 바뀐 이웃에 대한 분리를 단행하지만 그로써 모든 미메시스를 철회하는 것은 아니다. 문명에 대하여 미메시스를 일으키는 사회는 제도나 기술을 지속적으로 모방함으로써 매력을 잃은 문화의 수용을 강요하는 완력에 대항하는 수단을 확보하는 것인데, 이 관계의 파탄에 있어서 가장 불행한 사태는 전쟁기술을 확보한 미개사회가 그것을 문명에 대한 침략으로 돌리는 일이다.

문명을 달성한 사회가 좌절에 빠진 벌을 받아 분열을 일으키면 프롤레타리아트는 폭력 이외의 모든 미메시스를 철회하지만, 폭력에 현혹된 그들이 압제자에게 그것을 되돌리려고 한다면 목적을 달성하기는커녕 돌이킬 수 없는 재앙을 자초하게 된다. 무모하게도 사형집행인에 대항하여 무기를 드는 내적 P의 어떠한 성원도 지배적 소수자를 당해내지 못하는 것이다. 드다와 유다의 무리는 칼과 더불어 망했던 것인바, 내적 P가 사형집행인이 알지 못하는 분야에서 불의의 습격을 가하고 정복자를 포획하는 기회가 생기는 것은 유화를 말하는 예언자의 지도에 따를 때뿐이다. 헬레닉 사회의 내적 프롤레타리아트가 기원전의 마지막 2세기 동안에 붕괴의 진전에 따라 강화된 군사력을 장악한 지배적 소수자와 싸웠던 사례에서 보듯이 폭력으로 결말을 짓는다면 지배적 소수자가 이긴다는 것은 처음부터 보증된 것과 마찬가지다. 그렇다면 외적 P가 지배적 소수자와 전장(戰場)에서 맞선다고 하면 어떻게 될까? 내적 P의 통례적인 공급원의 하나가 외적 P에 대한 지배적 소수자의 정복이라는 것에 주목할 때 외적 P의 군사력은 지배적 소수자의 그것에 필적할 수 없지만 외적 P는 그들의 일부가 지배적 소수자의 군사적인 영향력이 미치지 않는 곳에 있다는 이점(利點)을 가지고 있다. 이 이점이 지리적 요인에 의해 상쇄된 역사적 사례[731]가 있으나 침공군의 작전기지로부터 멀리 떨어져 있어서 지배적 소수자의

---

731. 대표적인 예는 로마군이 이베리아의 만족을 피레네 산맥과 바다 사이의 좁은 지역에 가두어서 섬

군사력이 미치지 않는 지역에 자리 잡은 외적 P는 승리를 확신하여 모험을 감행할 수 있다. 그리하여 전쟁이 벌어지면 싸움은 기동전(機動戰)에서 진지전(陣地戰)으로 바뀌게 되는데 전쟁이 이 단계에 도달하면 그들 사이의 완충시대는 자취를 감추고 문명에서 야만으로의 지리적 이행은 돌연한 것으로 변한다. 이두 접촉의 유사와 차이를 라틴어로 형용(形容)한다면 대장지역(帶狀地域)의 하나였던 Limen이 사라지고 그 자리에 하나의 선을 이루는 Limes(군사적 경계)가 발생하는 것이다. 이 선을 사이에 두고 전진이 가로막힌 지배적 소수자와 정복되지 않은 외적 P가 대치한다. 이 전선이 군사적인 기술을 제외한 모든 사회적 방사의 통과를 방해하는 장벽(障壁)이 되는 것인바 군사기술(軍事技術)이라는 것은 그것을 주고받는 양자 사이의 전쟁에 도움은 되지만 평화에는 도움이 되지 않는다. 싸움이 리메스에 고정되었을 때 발생하는 현상에 관해서는 뒤에서 살필 것이며 여기서는 명확하게 그어진 경계선을 따라 행해지는 교착전(膠着戰)은 시간의 도움을 받는 만족이 리메스를 돌파하는 결과로 끝난다는 사실을 지적해 둔다.

② 헬레닉 사회의 경우

헬레닉 사회의 성장기는 리멘의 실례를 풍부하게 제공한다. 헬라스의 순수한 문명은 대륙 방면과 소아시아 방면 및 해외 식민지의 배후지로 뻗어나가고 있었는데 그것은 헬레닉화가 반쯤 진행된 곳을 지나 야만(野蠻)으로 향하는 것이었다.[732] 북쪽에서는 마케도니아인이 만족들을 축출하거나 섬멸하여 영역을 확장했는데, 그 야만적인 방식은 음악으로 만인(蠻人)을 사로잡은 Orpheus의

---

멸한 것. 남인도의 만족을 해안으로 몰아서 정복한 마우리아 제국, 남지나해와 티벳고원의 동사면까지 진출한 진(秦)·한(漢)의 지배적 소수자, 만족을 오호츠크해와 북극해까지 밀어붙인 러시아 정교 기독교 사회의 오지 개척자 등에서 같은 예를 볼 수 있다.

732. 헬라스에서 반쯤 헬레닉화된 지역을 지나 야만으로 뻗어나간 경로는 다음과 같다. 북으로 테르모필레와 텟살리로, 서쪽으로는 델피와 아이톨리아로 뻗어 마케도니아와 에피루스에 의해 야만인 일리리아와 트라키아에서 떨어져 있었다.

수법과 같은 것이었다.[733] 소아시아 방면에서는 지중해 연안에 자리 잡은 도시국가들의 배후지에서 카리아를 지나고 리디아를 거쳐 아나톨리아로 이행했다.[734] 역시 오르페우스 스타일로 만족을 사로잡은 헬레니즘의 매력은 대단한 것이어서 헬라스주의자를 축출한 〈Kroisos, BC 560~546〉도 그 조류(潮流)를 추종하지 않을 수 없었다. 그리스인의 해외 식민지와 그 배후지에서도 우호적인 관계와 점차적인 이행이 일반적이었던 것으로 여겨지는데, 그것은 그들 사이의 정치적 협정이나 동맹 및 문화와 인종의 혼합으로 확인된다.[735] 로마가 그 당시에 '헬라스인의 도시'로 불렸던 것은 헬레닉 문화의 요소가 라틴 캄파냐로부터 그 배후지로 퍼졌기 때문인 것은 전술한 바와 같다.

이처럼 성장기 헬레닉 사회의 외곽에서는 우아한 오르페우스의 자태가 주변의 만족을 매료시켰고, 그 만인들이 조잡한 연주로 더 야만스러운 종족에게 오르페우스적인 마법의 음악을 재연했던 것으로 생각된다. 그러나 이 평화로운 목가적 정경은 헬레닉 문명의 좌절과 함께 일순간에 사라졌다. 화음이 불협화음으로 바뀜과 동시에 정신을 되찾은 청중은 그때까지 유화의 예언자로 행세하고 있던 헬레닉 병사를 향해 맹렬히 덤벼든다. 헬라스인과 만족 사이의 천 년에 걸친 전쟁[736]은 오르페우스의 전도지(傳道地)였던 트라키아에서 시작되어 스트리몬에서 테르모필레까지의 모든 헬라스인을 공포에 떨게 했다. 만족의 침입은 실패로 귀결되었으나 그에 따라 트라키아의 헬레닉화와 헬라스의 문화적 진출은 오랫동안 저지되었는데 이후로 헬라스와 접경한 트라키아는

---

733. 만족들은 에오르다이아인, 피에리아인, 보티아이아인. 오르페우스의 리라(현악기의 일종) 연주는 산천초목과 짐승까지 감화시켰다고 전해지고 있다.
734. 소아시아로는 지중해 연안의 아이올리스, 이오니아, 도리스, 리키아 등의 도시국가들에서 카리아와 리디아 및 트라키아를 거쳐 아나톨리아로 침입한 미시아인과 프리지아인의 야만(野蠻)으로 이행했다.
735. 라티움의 시켈인은 헬레니즘을 환영하여 수용했으므로 그리스인은 라틴인을 헬라스인으로 대접했는데, 최초로 Roma의 이름이 등장하는 헤라클레이토스의 저술에는 이 라틴인의 나라를 '헬라스인의 도시'로 기술하고 있다.
736. 이 전쟁은 헬레닉 사회의 내전(BC 431~404) 3년째에 시작되었다.

별다른 분쟁을 일으키지 않았으나 헬레닉 문명의 좌절에 대해 전투적으로 반응한 마그나 그라이키아-그리스인의 식민지-의 외적 P는 이탈리오트 그리스인의 도시를 침공하여 선조들의 복수를 시작했다.[737] 하근(禍根)이 발단으로부터 100년도 지나지 않아 지난날의 번영과 세력을 잃은 식민지의 잔재(殘在)들은 바다로 밀려나는 운명을 면하기 위해 본국에 지원을 요청했으나 그곳만이 아니라 이탈리아 반도 전체를 헬레니즘을 위해 보전한 것은 로마였다.[738] 식민지의 정치적 독립만을 목표로 하여 헬레닉화한 세력을 적으로 돌린 그리스의 편력무사(遍歷武士)들은 노도처럼 밀어닥친 오크족을 당해내지 못했으나 로마인은 탁월한 정치력과 군사적 능력을 발휘하여 오크족을 비롯한 이탈리아의 여러 만족과 이탈리오트 그리스인에게 Pax Romana를 강요함으로써 마그나 그라이키아와 이탈리아 반도를 헬레니즘의 터전으로 보전했다.

기원전 4세기에 헬레니즘이 패색을 드러낸 남이탈리아의 만족에 대한 전선은 1세기 후 로마의 정치적 수완에 의해 돌연히 일소(一掃)되었고, 이후로 속행된 로마의 정복전에 의해 헬레닉 사회 지배적 소수자의 세력 범위는 유럽과 아프리카에서 알렉산더의 아시아 정복으로 달성된 것과 같은 정도로 확대되었다. 그러나 무력에 의한 병적인 확장은 만족에 대한 전선을 제거한 것이 아니라 전선과 병참선을 늘린 것이어서 붕괴 중인 헬레닉 사회를 사회적 질병-좌절의 피할 수 없는 벌-에서 구원할 수 없었다. 로마가 북해와 흑해 연안으로 진출하여 만족에 대한 모든 전선을 책임지게 되자 헬레닉 사회는 난폭한 유라시아 유목민과 산악지대의 유럽 만족이 제기하는 도전에 직면하게 되었으나,[739] 헬레닉 문명이 자초한 그 부담은 병든 사회가 무모하게 짊어진 짐의 일

---

737.  Magna Graecia는 '위대한 그리스'라는 의미로서 이탈리아 반도 남부에 있었던 그리스 식민도시의 총칭, Italiot은 이탈리아 남동쪽의 그리스인이 사용한 방언인 그리코어와 이탈리아 서남부 Calabria의 그리스어를 통칭하는 말.

738.  투키디데스는 펠로폰네소스 전쟁을 '헬라스에 내린 화근의 발단'이라고 정의했다. 마그나 그라키아의 도시들은 그리스 본국의 편력 무사나 Condottieri(용병대장)에 지원을 요청했다.

739.  로마는 에트루리아와 타렌툼과 마케도니아를 타도함으로써 그 전면의 켈트족, 오스크인, 트라키아

부에 불과했다. 헬레닉 사회의 지배적 소수자는 마케도니아와 로마가 병합(併合)한 시리악 사회에서 네 개의 대 만족 전선을 인계받았다. 로마는 멸절된 카르타고에서 이베리아 반도와 Numidia의 대 만족 전선을 인수했고 불구로 만든 셀레우코스 제국으로부터 유라시아 유목민과 아프라시아 유목민의 침입을 막을 책임을 승계했다. 이들 중 유라시아 유목민의 홍수는 3세기에 발흥한 사산조 제국이 Parthia(安息國)를 평정한 것으로 가라앉았으나 헬레닉 사회와의 투쟁을 성전(聖戰)으로 여긴 사산조는 로마에 더 무거운 부담을 지웠다. 이후로 점점 더 격렬해진 로마와 사산조의 싸움은 400년 동안 이어졌지만 마지막에는 쌍방이 함께 지쳐서 7세기에 돌발(突發)한 아랍 만족(蠻族)이 양자(兩者)를 압도하는 것을 막을 수 없었다. 이후로 헬레닉 사회는 붕괴에 수반된 팽창에 따라 북해에서 트란실바니아에 이르는 유럽 만족, 유라시아 유목민, 북서 아프리카 오지의 만족, 시리아 사막의 아랍인에 대한 전선에 붙들려 있게 되었다.[740]

이 네 전선의 군사적 이력을 900년에 걸쳐 비교해 보면 각 전선에서의 군사 행동이 격렬했던 시기와 비교적 평온했던 시기의 교체에 긴밀한 연대적 일치가 보이는데 그런 리듬 안에서 만족이 경계선의 돌파를 시도하여 그 세 번째에 성공한 것을 볼 수 있다. 기원전 마지막 2세기에 걸쳐 헬레닉 사회의 동란시대가 절정에 달했을 때 사르티아 만족은 헬레닉 세계의 북동쪽을 위협했고 아랍족은 셀레우코스조가 유기(遺棄)한 메소포타미아와 시리아를 침공했다. 더하여 북서아프리카 전선에서는 누미디아족이 아프리카의 옛 카르타고 영토에 침입했으며 북유럽 전선에서는 킴브리족과 테우토네스족이 이탈리아를 압도했다. 이 유럽과 아프리카의 사태는 Gaius Marius가 수습했고 아시아에서는 Pompeius Magnus가 셀레우코스조의 유산을 지켜냈다. 그 후 스에비족

---

인 등의 만족과 직면하게 되었다.
740. Transylvania는 루마니아 북서부를 총칭하는 역사적 지명. 북서 아프리카 오지의 만족은 사하라 사막의 유목민과 아틀라스의 고지민. 시리아 사막의 아랍족은 아프라시아 유목민 중 소아시아로 흘러간 일파.

이 비운에 빠진 킴브리족의 전철을 밟았을 때 Caesar는 그들을 구축하여 경계를 라인강 선까지 밀어 올렸다. 만족들이 둘째의 돌파를 시도한 것은 로마 제국이 갑작스러운 혼란을 극복한 3세기 중엽이었다. 이때 가장 큰 압력을 받은 것은 유라시아 전선이었던바 고트족은 육로로 발칸반도의 심장부에 침입했을 뿐만 아니라 바다를 거쳐 흑해와 에게해 연안을 침략했다. 아라비아에서는 Palmyra인을 필두로 하는 만족들이 시리아에 더하여 이집트와 아나톨리아를 휩쓸었고, 북서 아프리카에서는 베르베르족이 지금의 알제리에 해당하는 Numidia를 두 번째로 침공했으며, 북유럽 전선에서는 프랑크족과 알레 만족이 라인강을 건너서 갈리아에 침입하여 약탈을 감행했다. 이 두 번째의 집중적인 공격을 받은 때에도 로마는 또다시 그 사태를 수습하기에 성공했다. 고트족에 의해 타도된 황제 〈Decius, 249~251〉의 원수는 〈Claudius Gothius, 268~270〉 황제가 갚았고 Zenobia가 로마의 위신에 가한 치욕은 개선한 〈Lucius Aurelianus, 270~275〉가 그 대담한 팔미라의 여왕을 전차에 매달아 끌고 다닌 것으로 씻겨졌다. 더하여 베르베르족과 게르만족의 세력은 아프리카의 속주와 갈리아에서 일소되었으므로 돌파되었던 전선은 본래대로 복구되었다. 그러나 로마는 전보다 큰 희생을 치르면서 간신히 승리했고 재건된 국경에서는 만족의 세력이 우세하게 되었으므로 그 복구는 외면적인 것에 불과했다. 따라서 4세기 말에 시작되어 300년 동안 계속된 세 번째의 공세에서 만족이 결정적으로 성공한다는 것은 당연히 예상되는 것이었다. 이때에도 행동이 개시되고 5세기 말까지 가장 큰 압력을 받은 곳은 유라시아 전선이었다. 훈족 유목민의 폭발이 고트족을 로마의 정치체 안으로 깊이 날려버렸는데, 훈족이 물러간 후에 아바르족의 파도가 밀어닥쳤고 고트족이 떠난 곳에 슬라브족이 서서히 침입해 왔다. 이후로 그 맹습(猛襲)을 능가하는 이슬람교도 아랍인의 귀신같은 진격이 행해지고 최대의 압력이 아라비아 전선으로 옮겨진 것은 7세기의 일이었다. 이슬람교도 아랍인의 조직적이고 계획적인 군사

행동은 그들의 선조가 셀레우코스 제국의 국경에 가한 압력과는 차원이 다른 것이었다. 기원전 마지막 2세기 동안에 감행된 아랍인의 침입은 레바논 산맥과 오론테스강을 넘지 않았고 3세기 팔미라의 침공은 나일강과 흑해 해협의 해안선에서 정지했으나 이 이슬람교도 정복자는 최고의 전투력을 남서쪽에 집중했다. 소아시아에서는 콘스탄티노플 정부가 거기에만 집중하여 그 공세를 힘겹게 막아냈고 그 정복의 물결을 나일강에서 대서양까지 펼친 아프리카에서는 그 로마 영토를 공격하고 있던 베르베르족의 물결과 마주쳐서 그것을 흡수했다.[741] 이 연합군은 자기들과 비슷한 거리를 이동해 온 고트족을 지브롤터 해협에서 마주쳐 그들을 추격하면서 피레네 산맥을 넘어 론강과 르와르강에 도달했으나 Tours로 진격하다가 프랑크족과 충돌하여 비참한 처지에 놓여졌다.[742] 우크라이나에서 도래한 활동적인 적에게 이긴 때로부터 225년 후에 Hejaz에서 향발한 침략자에 승리한다는 것은 북유럽 정착 만족의 특성이라고 할 것인바 Charles Martel은 아랍인을 부이예보다 20마일 안쪽에 있는 투르로 유인하여 732년에 격퇴했다. 프랑크족의 두 승리는 거북이 토끼에게 이겼다는 이야기와 유사한 것이었는데 유라시아 스텝과 북서 아프리카의 두 토끼가 아키텐으로 뛰어오는 동안 라인강에서 르와르강까지 느릿느릿 기어온 거북은 헬레닉 사회 지배적 소수자의 영토를 다투는 싸움에서 승리했다. 헬레닉 사회의 영내(領內)에서 벌어진 이와 같은 만족들의 싸움은 만족에 대한 로마의 저항력이 쇠퇴했음을 입증하는 것인바 로마의 국경을 돌파한 만족들의 상쟁에서 하나의 만족이 승리했다는 것은 헬레닉 사회 외적 P의 세 번째의 습격이 결정적으로 성공했음을 의미하는 것이다.

---

741. 소아시아에 대한 이슬람교도 아랍인의 이 침공은 앞에서 살폈듯이 정교 기독교 문명의 사회체에 과중한 부담을 지우고 치명적인 변화를 초래했다. 베르베르족은 로마가 카르타고로부터 계승한 영토의 나머지 부분을 공격하던 중 아랍족에 병합되었다.

742. 이 고트족은 유라시아 스텝 서쪽에서 출발하여 로마제국을 횡단한 민족이동 끝에 이베리아 반도에 정착한 서고트족의 후예였다. 이 아랍족에게 패한 고트족의 선조인 알라릭 2세가 507년에 부이예의 싸움에서 Clovis에게 패한 것은 2부에서 살핀 바와 같다.

헬레닉 사회의 외적 P와 지배적 소수자가 맺어온 관계의 추이를 위와 같이 살핀 것은 내적 P에 대한 고찰을 통해 상기되는 두 가지 질문을 제기하게 한 다. 지배적 소수자의 압박에 대한 외적 P의 반응에도 유화적인 응전의 징후 가 인정될 것인가? 그리고 그들이 어떤 창조적 활동을 수행한 공적(功績)을 인 정할 수 있을까? 로마제국에 반항한 만족의 입장과 자세가 형형색색이었고 어 떤 결과로 끝나든 모든 전쟁은 폭력이 지배하는 것이라는 점에서 볼 때 이 질 문에 대한 답은 부정적이지만 내적 P들도 처음에는 같은 폭력성을 보이는 경 향이 있음을 단서로 하여 살펴보면 외적 P의 역사에도 내적 P 특유의 구제심 (救濟心)과 비슷한 형상의 징조가 발견될지도 모른다. 유화에 관해서 본다면 각 전투집단은 난폭성의 정도에 차이를 보였는데 고트족은 훈족 반달족 롬바르 드족 프랑크족보다 낮고 프랑크족은 영국인보다 낮으며 롬바르드족은 아바르 족보다, 아랍인은 베르베르족보다 낮았다. 당시를 살아서 번갈은 만족전단(蠻 族戰團)의 지배를 선택해야 한다면 우리는 먼저 455년에 반달족과 베르베르족 의 약탈을 경험하기보다는 410년에 서고트족의 침략을 선호할 것이다. 800 년 동안 외적의 침입을 허용하지 않은 로마가 침략당한 사실은 멀리서 그 소 식을 들은 로마인에게 큰 충격을 주었으나 현지의 피해자에 있어서는 알라리 크의 완화된 야만이 겐세리크의 순전한 야만보다 견디기 쉬웠을 것이다.[743] 〈St. Augustinus〉는 「신의 나라」에 알라리크가 점령된 로마 주민을 위해 교 회에 피난처를 제공한 것에서 느낀 감동을 기술했고 그 명저의 다른 곳에서는 자기들의 죄를 잔인한 라다가이수스[744]가 아니라 온순한 알라리크를 통해 징 계하신 신에게 감사할 것을 잊은 당시의 로마인을 비난했다. 그러나 이 로마

---

743. 로마가 침략당했다는 소식을 베들레헴에서 들은 〈성 제롬〉이 그 놀라움을 서술한 「서간」이 전해지 고 있다. 〈Alaric, 395~410〉은 서고트의 초대 왕, 410년에 3일 동안 로마를 약탈한 것으로 유명 함. 〈Genseric, 428~477〉는 반달족의 왕, 서로마 제국의 아프리카 속주를 정복하여 카르타고에 반달족의 왕국을 창건했다.

744. 동고트족의 Radagaisus는 405~406년간에 이탈리아를 침공했으나 Stilicho의 군대에 패배했다.

인은 알라리크를 이은 아타울프가 수장(首長)이 되었을 때 안도의 숨을 내쉬었을 것이며 그 손자들은 테오도릭이 오도아케르의 이탈리아에 대한 군사적 지배권을 탈취했을 때 같은 생각을 품었을 것이다.[745] 그러나 고향이 서고트족의 지배에 드는 것은 막으려고 노력한 오베르뉴 귀족[746]의 손자가 부이예의 전장에서 아키텐이 더욱 야만스러운 프랑크족에게 먹히는 것을 막기 위해 서고트에 참가하여 싸운 것은 조부의 이름을 더럽힌 것이 아니었다. 5세기와 6세기의 전환기에 오베르뉴의 로마 귀족은 프랑크인이나 스키리아인보다는 고트인을 주인으로 선택하기에 주저함이 없었을 것이다. 또한 200년 후에 아랍족이 서고트족을 대신하여 이베리아의 지배자가 되었을 때에도 Andalucĭa의 농민은 주인을 정하기에 곤란을 느끼지 않았다고 생각할 수 있다. 이슬람교도 정복자는 정복된 기독교도를 천계(天啓)의 서(書)를 가진 자로 취급했고, 7세기의 오리엔트에 대한 우마이야조의 지배는 비교적 온화한 것이었으며, 정복된 로마제국 속령의 주민에 관한 어떤 연대기에는 우마이야조 칼리프 〈야지드 1세, 680~683〉를 칭송하는 글이 수록되어 있다.

피지배자로부터 칭송받은 Yazid와 피해자로부터 '신의 매'로 기억되고 있는 Attila 사이에는 무시할 수 없는 기질적 차이가 있으며 앞에서 살핀 Ataulf의 정신사(精神史)가 그 만족이 폭력에서 유화로 전향한 과정을 드러내는 로마인의 증언으로 밝혀지고 있다.[747] 그 일절은 헬레닉 사회 외적 P의 기풍이 폭

---

745. 알라리크의 의붓동생인 Ataulf는 아프리카로 진군하던 도중에 병사한 알라리크로부터 지휘권을 인계받아 에스파냐를 침공했으나 415년에 암살되었고, 그 후계자인 왈리아가 아키텐을 본거지로 하는 서고트 왕국을 수립했다. 동고트 국왕 〈Theodoric, 474~526〉은 동로마 황제 Zenon의 부탁과 위임으로 493년에 오도아케르를 처형한 후 이탈리아 왕이 되었다. 게르만족의 일파인 스키리아족 용병대장이었던 〈Odoacer〉는 〈Romulus Augustus, 475~476〉의 서로마 제국을 멸망시키고 이탈리아 초대 국왕이 되었으나 테오도릭에 의해 패사(敗死)했다.

746. 2부에서 언급한 시도니우스 아폴리나리스.

747. 〈Paulus Orosius〉는 「세계사」에서 "아타울프는 로마라는 이름을 경멸하여 로마제국을 멸망시키고 그 땅에 고트족의 제국을 세우려 했으나 고트족이 법치(法治)를 수행할 자질을 갖추지 못했고, 법에 의거하지 않은 지배는 국가가 아닌 것이므로 국가의 생활에서 법의 지배를 배제하는 것은 범죄임을 깨닫게 되었다. 그래서 그는 고트족의 활력을 이용하여 로마의 이름을 더욱 위대한 것으로

력에서 유화로 변화한 것을 나타내는 증거가 되는 대목이지만 이것을 단서로 하여 살펴보면 반쯤 문명화한 만족의 영혼 속에서 어떤 독자성의 징후를 인정할 수 있다. 이를테면 알라리크와 아타울프의 종교는 가톨릭 기독교가 아니라 아리우스파 기독교였는데, 그 선조(先祖)의 개종은 우연이었으나 그들은 조상들이 받아들인 종교를 의식적으로 고수했다.[748] 아리우스파 전도자가 북유럽 만족을 개종시킨 것은 아리우스파 교도(敎徒)였던 〈콘스탄티누스 2세, 337~361〉와 〈발렌스, 364~378〉의 강력한 후원으로 말미암은 것이었는데 그 이단파가 로마 제국령에서 얻은 세력은 후원자들의 근친(近親)인 통치자에 의해 방해를 받거나 훼손되지 않았다.[749] 4세기에 아리우스파로 개종한 로마 제국 영외(領外)의 만족은 아리우스파의 신조(信條)와 공히 자기들의 종파가 가장 왕성한 것이라고 하는 아리우스파 전도자의 주장을 곧이곧대로 믿었으며 그것이 자신들과 로마인 사이의 간격을 크게 하는 것이 아니라 자신들을 로마인과 가깝게 하리라고 생각하여 그 새로운 종교를 받아들였다. 그러나 그것은 만족이 로마에 대한 세 번째의 공격을 단행한 이후로는 존재할 수 없으며 존재하지도 않았던 사실에 대한 착각이었다. 아리우스파 신자인 고트족은 378년의 아드리아노플 전투에서 최후의 아리우스파 황제인 발렌스의 제위와 생명을 빼앗았고 다음 세대의 고트족은 〈Theodosius, 379~395〉가 어렵게 수복한 국경을 통해 밀어닥쳤다. 그리하여 승리를 얻은 만족이 와해에 직면한 제국의 지배자가 된 이후로 변함없이 신봉한 아리우스파 신앙은 이미 그들이 공격하고 있었던 문명의 문화적 위신을 무의식적으로 추종한 경향으로는 설

---

복원하는 것을 사명으로 삼았다"는 취지의 기록을 남겼다.

748. 아우구스티누스는 고트족 기독교도 알라리크와 이교도 고트족 라다가이수스의 대조를 서술하면서 알라리크의 종교를 언급했다. 당시에 로마제국을 침입한 만족은 이교도가 아니면 아리우스파 기독교도였다.

749. 콘스탄티누스의 동생 〈Constans, 320~350〉와 발렌스의 형 〈Valentianus 1세, 364~375〉는 미온적인 가톨릭교도였고 콘스탄티누스의 조카인 〈Julianus, 361~363〉는 신플라톤파 철학을 신봉했다.

명될 수 없게 되었다. 이전과 달리 아리우스파 기독교는 정복자인 자신들과 피정복자 사이의 사회적 차별을 표출하기 위해 의식적으로 착용하고 오만하게 전시하는 표식(表式)으로 바뀌었다. 로마의 정치체를 분할하여 후계국가를 세운 아리우스파 만족의 종교적인 태도에 대한 이상의 해석은 그들이 침공한 지역의 주민을 참혹하게 다루었던 선조들의 전투집단에 못지않게 가톨릭교를 혐오했다는 사실에 의해 지지된다. 고트족은 이베리아와 아키텐과 이탈리아의 피정복민 가톨릭교도에게 관용을 베풀었으나 북서아프리카를 정복한 반달족은 그들의 지배에 복종한 가톨릭교도 주민을 경제적으로 착취하고 정치적으로 억압한 것에 더하여 종교적으로 박해했다. 이처럼 만족이 무분별하게 받아들인 아리우스파 신앙은 그 정복자 집단을 피정복자와 구별하는 특징이 되었으나 로마의 다른 변경에는 자기들을 과시하는 것이 아니라 보다 적극적인 동기에 따라 종교에 있어서 모종(某種)의 독자성이나 창조성을 보인 만족이 있었다. 이를테면 영국제도(英國諸島)의 변경에서는 켈트 외변의 만족이 뒤늦게 받아들인 가톨릭 기독교를 자기들의 전통에 적합하도록 개조했으며 로마제국의 아랍 변경 저편의 만족은 로마의 종교적 영향에 반응하여 더욱 돋보이는 자주성을 발휘했다. 유대교와 기독교의 방사가 Muhammad의 창조적인 영혼 속에서 변화를 일으켜 독자적 교설과 독립적인 조직을 갖춘 새로운 고등종교를 낳은 정신적인 힘이 되었다. 또한 헬레닉 사회의 외적 P들 중 종교분야에서 아리우스파로 개종한 튜튼인을 능가하는 독창력을 발휘한 것은 아랍인과 켈트족만이 아니었다. 이 동튜튼인의 선조는 아리우스파로 개종하기 전에 이미 미개인의 원시적인 종교에서 탈피한다는 종교적 혁명을 단행했다.

인간을 생산하고 식량을 확보하는 것을 가장 중요한 활동으로 여기는 미개사회는 그것을 염원하여 여신(女神)이나 풍요의 신을 숭배하지만 그 사회생활이 적대적인 사회와의 접촉으로 인해 교란되면 그 종교에는 혁명적인 변화가 일어나게 된다. 그리고 그것이야말로 성장하고 있는 문명의 은혜를 서서히 받아들이고 있던 미개사회가 매혹적인 하프를 켜는 오르페우스의 우아한 모습을 놓쳐버리고 해체기에 돌입한 문명의 지배적 소수자가 드러내는 흉측하고도 위협적인 얼굴과 마주칠 때 일어나는 현상이다. 그리하여 미개사회는 외적 P의 일부로 바뀌는 것이지만 이 사회적 혁명은 군사적 경계를 사이에 두고 붕괴기 문명의 사회체와 접촉하는 외적 P의 가장 깊숙한 곳에서 극단적인 형태로 발생한다. 그렇게 되면 만족의 생활에서 생산적인 활동과 파괴적인 활동의 상대적 가치에 혁명적인 역전이 발생하는데, 이후로는 전사(戰士)의 원천인 인간을 생산하는 활동 외에는 모든 활동이 파괴적인 것으로 집중된다. 지배적 소수자가 휘두르는 칼에 맞서서 싸워야 하는 만족에 있어서 전쟁은 모든 것을 잊고 집중해야 하는 일이 된다. 그것은 만족에 있어서 자위의 급무(急務)가 일체의 활동에 우선하는 것이며 생존을 위해 익힌 전쟁기술(戰爭技術)은 침탈의 방편으로서 경제적으로도 이익이 된다는 사실을 깨닫기 때문이다. 전쟁이 이처럼 공명성(功名性)과 타산성(打算性)을 갖추게 되면 데메테르나 아프로디테는 아레스에 맞서서 이미 자기들의 일에서 멀어진 사회에서 최고로 신성한 지위를 유지할 희망을 품기 어려울 것이다.[750] 이 외적 P가 전쟁이라는 철상(鐵床)에서 단련되는 과정을 마치면 지난날 온순하고 근면했던 미개사회는 폭력적인 전투집단으로 변화된다. 완전한 군대로 바뀐 외적 P가 자기들과 같은 모습으로 고쳐 만드는 신은 전쟁의 제신(諸神)에 앞장서서 그 초인적인 힘을 약탈과 폭행이라는 비열한 짓에 사용하는 신이다. 우리는 미노스 해양제국의 외적 P였던 아카이아인의 올림포스 제신에서 이 야만적인 신들과 상면했고 카로링거 제국의 외적 P였던 스칸디나비아인이 숭배했던 아스가르드의 주민과 유라시아 스텝으로부터 세 문명의 유기된 영토에 침입한 아리아인의 신들이 신격화된 비적(匪賊)임을 알게 되었다.[751] 튜튼 만족은 동튜튼족이 아리우스파로 개

---

750. Demeter는 풍양(豊壤)의 여신, Aphrodite는 사랑의 여신 Venus, Ares는 전쟁과 파괴의 신.
751. Asgard는 북구의 제신(諸神)인 아아스(Äss)의 거처로 여겨졌던 곳. 아리아인은 BC의 20세기에 인더스 문화 및 이집트와 수메릭 문명이 유기한 지역으로 침입했다.

종한 4세기 이전에 같은 종류의 다른 신을 숭배하고 있었는데, Woden과 그 일당은 아스가르드나 올림포스의 제신과 마찬가지로 온순한 미개인의 순전한 신들과는 성격이 다른 신이었다. 이 약탈을 일삼는 신들을 군대화된 자기들의 모습을 본떠서 만들어 낸 것은 헬레닉 사회의 외적 P였던 튜튼인의 창조적인 사업으로 간주되어야 한다.

종교 분야에서 찾아낸 창조적인 활동의 사례는 이처럼 희귀하지만 다시 한 번 유추의 도움을 얻는다면 이 빈약한 수확을 좀 더 풍부하게 할 수 있을 것이다. 내적 P의 빛나는 발견인 고등종교는 어느 것이나 기도(祈禱)와 공물(供物)만이 아니라 예술 분야의 창조적 활동에 결부되어 있는 것인바 외적 P의 종교도 그에 상당하는 예술을 구현했으며 그를 통해 그 추악함을 보상하고 있는 것일까? 올림포스의 신들을 생각할 때에는 누구나 Homeros의 서사시에 그려져 있는 모습을 상상하게 되므로 이 질문에 대한 즉각적인 대답은 긍정이다. 호메로스의 서사시는 Gregorius의 「평조성가」나 Romanesque와 Gothic 양식의 건축이 중세 기독교와 결부되어 있는 것과 마찬가지로 올림포스 제신의 숭배에 불가분으로 결부되어 있다. 그리고 England의 튜튼 서사시와 Iceland의 스칸디나비아 Saga가 이오니아의 그리스 서사시에 상당하는 것임을 볼 때 이 올림포스 제신을 만들어 낸 만족의 시적(詩的)인 업적은 결코 유일한 사례가 아니다. 이 세 문학의 유파는 도해이주(渡海移住)를 단행한 만족의 창조물이고 그에 대응하는 신들은 동일한 창조적 응전의 또 다른 성과물이다. Homeros의 서사시가 Olympos와 결부되어 있듯이 스칸디나비아 Saga는 Asgard와 결부되어 있고 영국 서사시는 「Beowulf」가 그 현존하는 최고의 걸작이다. 또한 아리아인이 아라비아인의 상상 속에 「Veda」의 제신을 창조하게 한 이주(移住)의 자극에 촉진되어 창조한 것을 찾는다면 유라시아 스텝에서 인더스 문화의 영역에 침입한 그들의 서사시는 「Mahābhārata」와 「Rāmāyana」의 여러 곳에 들어 있다. 또한 아라비아 방면의 Limes를 바라보면 높아진 긴장에 자극된 그 저편의 만족은 서사시만이 아니라 이슬람교 이전 시대의 아라비아 시(詩)를 낳았음을 알 수 있다. 그것은 영웅시대의 서정적인 경향과 개인적인 관심의 결부를 나타내는 만족문화(蠻族文化)의 사례인바 이 아라비아 문학이 위작(僞作)으로 판명된다고 해도 「Koran」의 운(韻)을 밟은 산문(散文)을 보는 우리는 헬레닉 세계의 외적 P를 이루고 있었던 아라비아인 중에 영감 어린 시인이 있었음을 추론으로 알 수 있다.

헬레닉 사회 외적 P의 역사와 업적에 대한 조사를 마친 우리는 그를 통해 밝힌 사실들을 다음과 같이 요약할 수 있게 되었다. 해체된 헬레닉 사회의 지배적 소수자로부터 그 외적 P가 이탈한 것은 통일과 조화를 유지하고 있던 사회체에 전쟁을 초래했는데 추격전(追擊戰)이었던 그 싸움은 몇몇 전선에서의 지구전(持久戰)으로 고착되었다. 그 지구전은 활동적인 시기와 소강상태가 교차(交叉)되었고 그 교대는 모든 전선에서 시간적인 일치를 보였다. 활동기는 경계선을 돌파한 만족이 세 번에 걸쳐 지배적 소수자의 영토를 침공한다는 형태로 진행되었다. 그 최초의 시도는 헬레닉 사회의 동란기에 이루어졌고, 제2의 도발은 해체되는 문명의 세계국가가 일시적으로 붕괴했을 때 일어났으며, 마지막 시도는 세계국가의 최종적인 붕괴와 문명의 멸망에 따르는 공백시대와 일치했다. 세 번째에 달성된 이 돌파작전(突破作戰)의 성공이 민족이동을 일으켰고 승리를 얻은 만족전단은 세계국가의 영토를 분할하고 후계국가를 세워 지배자로서 피정복민을 착취했다. 해체하는 문명의 지배적 소수자에 대한 외적 P의 싸움의 이러한 추이를 통해서 만족은 하나같이 폭력의 길을 걸었으나 승리를 얻었을 때 피정복민에 대한 잔학함은 전단에 따라 상당한 차이가 있었다. 어떤 자는 폭력에서 유화로 이행하는 경향을 보였고 한 사람은 자신이 추구했던 명성은 세계국가를 파괴하는 것이 아니라 그 사명을 고취하는 것으로 획득할 수 있다고 믿게 되었다. 그리고 만족의 폭력 속에도 창조와 유사한 것이 발견되는데 혹자는 만족전단의 모습을 본떠서 미개인의 원시적인 신들과 차원을 달리하는 신을 만들었고 다른 이는 지배적 소수자의 고등종교를 택하여 그것을 자기들의 형편에 맞도록 개조하거나 그로부터 새로운 종교를 만들었다. 이런 것들은 창조로는 유치한 행위였으나 만족이 지녔던 창조성은 종교 분야만이 아니라 문학에서도 발휘되었다. 워덴과 그에 종속하는 신들을 만든 북유럽 만족은 베오울프와 튜튼 서사시의 작자(作者)였고 멀리서 비춰오는 유대교와 기독교의 빛을 근거로 이슬람교를 창조한 아라비아인은 무하마드가 코란의 압운산문(押韻散文)으로 활용한 서정시의 저작자였다.

③ 미노스 사회의 외적 P

헬레닉 사회의 외적 P에 대한 이상의 조사는 붕괴에 돌입한 다른 문명의 외적 P도 같은 특징을 가지는지를 살필 수 있는 단서를 제공한다.

우선 헬레닉 문명의 후예인 미노스 문명을 살필 때 우리는 현존하는 Tiryns와 Mycenae의 성벽에 자취를 남기고 있는 리메스의 한 위치를 찾을 수 있다. 고고학적 증거로는 외침을 막으려고 쌓은 그 성벽 저편의 무주지(無主地)에서 내습(來襲)한 만족(蠻族)이 첫 궁전 파괴에 참여했는지는 분명치 않으나 유럽 만족이 미노스 왕국의 대륙 전초지를 탈취하고 도해(渡海)하여 미노스 세계를 석권한 후 이집트 세계로 쇄도했다는 기록은 고고학적 발견으로 입증되고 있다.[752] 이 이야기는 만족이 세계국가였던 미노스 해양제국의 목책(木柵)을 돌파하고 내습한 날[753]에 크노소스 궁전의 화재로 그을린 항아리에서 읽어낼 수 있는 것인바 크노소스의 폐허에 서서 명백히 밝혀진 그 불쾌한 오점에 주목하면서 로마가 침탈당한 것에 대한 감정을 표현한 아우구스티누스와 제롬(Hieronymus)의 술회를 상기할 때 우리는 몰락하는 미노스 문명에 귀의한 어느 인물도 그 두 성인(聖人)에 못지않은 고뇌를 맛보았다는 것을 알 수 있다.

---

752. 크놋소스와 파이스투스의 궁전은 중기 미노스 제2기 말에 파괴되었는데, 미노스 사회의 동란은 당시에 절정을 이루고 있었다. 미노스 문명을 멸망시킨 만족은 BC 1425~1125년의 공백기에 미노스 사회를 석권한 후 이집트로 쇄도했다.

753. 미노스 해양제국에 대한 유럽 만족의 습격은 BC 1400년경에 단행된 것으로 알려져 있다.

이집트 세계국가의 문서 보관소는 신제국이 이 미노스 문명 이후의 민족이동에 따른 만족의 맹습(猛襲)을 간신히 막아냈다는 기록을 제공하고 있는데 그것으로 볼 때 트로이 공성전(攻城戰)의 이야기는 만족이 기원진 1200~1190년의 대이동 직전에 행한 예비적인 습격의 기억을 기록한 것으로 생각할 수 있다. 그리스인의 트로이 침공은 성공한 크노소스 습격이나 실패로 끝난 이집트 공격에 비해 사소한 사건이었음에도 「일리아드」와 「오디세이」에는 그 두 사건의 잔향(殘響)이 보이지 않는다. 영감(靈感)을 얻은 시대적 사건을 무시하고 테마로 선택한 사건을 과중하게 취급하는 성향이 호메로스 서사시의 전형적인 특색이지만 만족전단 일군(一群)의 무모한 행위와 일시적인 경험을 소재로 하여 불후의 재보(財寶)를 창조한 예술적 수완은 비할 것이 없다. 이 그리스의 영웅시에서 외적 P의 창조적 잠재력이 훌륭하게 피어나고 있는 것인바 장대한 예술작품으로서의 「이오니아 서사시」에 필적하는 것은 숭배 대상으로는 부적합했던 Olympos의 제신뿐이다.

④ 시리악 사회의 외적 P

헬레닉 사회의 지배적 소수자를 살필 때 포착한 시리악 사회의 몇몇 변경이 고착된 것은 시리악 사회 본체와 그 페니키아인의 분지가 동란에서 벗어나 세계국가 시대에 진입한 기원전 6세기의 일이었다.[754] 본체인 아케메네스 제국과 바다 저편의 카르타고 제국으로 양분되어 있었던 시리악 사회의 세계국가는 함께 헬레닉 사회와 접촉했으되 만족에 대해서는 서로 다른 변경을 유지하고 있었다. 카르타고 제국과 대경(對境)했던 만족은 사하라의 아프라시아 유목민과 지브롤터 양안(兩岸)의 정착민이었고 아케메네스 제국과 접경했던 만족은 두 스텝의 유목민[755]과 트라키아의 정착민이었다.

시리악 사회의 지배적 소수자와 만족들이 이 다섯 개의 변경에서 상쟁한 역

---

754. 헬레닉 사회의 지배적 소수자는 알렉산더의 아시아 정복 및 아프리카 서북부와 이베리아에 대한 로마의 정복을 통해 시리악 사회로부터 그 변경의 일부를 인수했다. 시리악 사회의 본체는 시리아와 이란이었고, 페니키아인이 개척한 해외 식민지는 그 분지를 이루고 있었다.

755. 아라비아의 아프라시아 유목민, 파미르 고원과 카스피해 사이의 유라시아 유목민.

사는 매우 복잡하게 전개되었는데 그것은 그 두 제국이 유대를 형성하지 못했을 뿐만 아니라 시리악 사회가 마케도니아와 로마의 군사적 정복이라는 형태로 단행된 헬레닉 사회의 침입으로 때아닌 시기에 중단되었기 때문이다. 알렉산더가 아케메네스조를 타도하고 로마가 카르타고를 분쇄한 것으로 인해 시리악 사회의 모든 변경이 헬레닉 사회에 장악된 시기가 있었는데[756] 파미르와 카스피해 사이의 유라시아 유목민은 기원전 2세기에 그리스인의 박트리아 왕국을 타도하고 파르티아 왕국을 건설함으로써 헬레닉 사회의 그 전선을 인수했다. 이 파르티아인이 그로부터 100년 전에 트란스카스피아에서 호라산(Khorasan)으로 흘러든 유목민이었음에 주목하여 서남아시아의 역사를 요약하면 아르사케스조 파르티아인은 유라시아 유목민의 정기(旌旗)를 시리악 세계로 옮겨 이란고원의 호라산 쪽 사면(斜面)에서 시리악 사회의 중심부를 지키는 방패의 역할을 이행했다는 것이다.[757] 이후로 유라시아 유목민에 대한 시리악 사회의 호라산 변경이 아르사케스조를 타도한 사산조에 의해 회복되었으나 옥서스-약사르테스 유역에 대한 유목민의 지배는 사산조를 정복한 우마이야조가 8세기 중엽에 그것을 종식할 때까지 계속되었다.[758] 시리악 세계국가를 부흥시킨 우마이야조는 아케메네스 제국령의 대부분과 카르타고 제국의 구토를 능가하는 지브롤터 양안의 영토를 통합함으로써 파미르 고원과 카스피해 사이의 유라시아 유목민에 대한 경계를 회복했다.[759] 그 정치적 통일은 750년

---

756. 헬레닉 사회는 아케메네스 제국 이후로 그 아시아 변경을 200년 동안 장악했고, 카르타고 이후로는 한동안 유럽과 아프리카의 그 변경을 떠안았다.

757. 사카족과 유에치족은 BC 130~129년에 침입했고, 칼라이(Qallai) 전투가 일어난 해는 BC 53년이다. 정기(旌旗)는 旌(記章-기장)과 旗(종족이나 그 대표자의 깃발)의 합성어. 파르티아인은 서남으로 향하여 시리악 세계로 흘러들었으나 그들이 이동 중에 습득한 문화는 헬레니즘이었다.

758. 사산조는 사명이었던 헬레니즘의 추방을 4세기 동안 달성하지 못했고 사산조를 타도한 이슬람교도 아랍족이 737~741년에 그 사명을 달성했으나 옥서스-약사르테스 유역은 그 이후로 100년 동안 유라시아 유목민의 수중에 있었다.

759. 아케메네스조가 확립한 이 경계는 그 제국이 무너진 후에도 유목민이 그것을 장악하기까지 200년 가까이 유지되었다.

에 우마이야조를 전복시키고 그 아시아의 영토를 장악한 아바스조가 안달루시아와 아프리카에 대해 지배를 확립하지 못한 것으로 인해 상실되었으나 세계국가의 부흥에 따른 사회적 융합은 시리아 문명의 모든 기간에 걸쳐 계속되었다.[760] 8세기로부터 975~1275년의 공백기가 끝날 때까지 안달루시아로부터 트란스옥사니아에 이르는 시리악 문명의 모든 사회체에서 조화와 융합이 달성되고 있었던 것인데, 사람과 문물의 활발한 교류로 나타난 그 경향은 시리악 사회의 변경전(邊境戰)에 여실히 반영되고 있었다. 이런 점에서 우마이야조와 아바스조 시대 시리악 사회의 지배적 소수자와 외적 P의 관계사(關係史)는 로마제국 시대 헬레닉 사회의 지배적 소수자와 그 외적 P가 맺어온 역사와 비슷하지만 시리악 사회의 외적 P는 3개의 전선에서 두 번에 걸쳐 이문명과 연합하여 중대한 결과를 낳은 침공을 단행했다는 점에서 여타의 외적 P와 다른 양상을 지니고 있다. 기원전 4세기의 3/4 반기에 트라키아 전선을 돌파하여 아케메네스조를 타도한 마케도니아인은 단순한 약탈자가 아니라 일부 시리악 사회체의 호응을 받은 헬레니즘의 사도(使徒)로 진군했던 것이다. 이후 아바스조 제국의 변경을 돌파한 아르메니아 만족은 동로마 제국에 용병으로 고용되었고 약탈의 기대에 부풀어 야만적인 기질을 돌이킨 기독교도 프랑크족은 시리악 문명 후의 공백기에 안달루시아 우마이야 칼리프국의 유럽 쪽 전선을 돌파한 만족들[761]의 공세에 참여했다. 신생 서구 기독교 사회가 그 피레네 저쪽의 소동(騷動)에 끼어든 것이 만족의 공세를 이슬람권을 넘어 기독교 사회로까지 확산시켰음을 고려한다면 십자군이 시작된 시기는 우르바노 2세 교황이 클레르몽에서 십자군을 창도한 1095년이 아니라 피레네 산맥을 넘어 이베리아의 기독교도 만족과 합류한 최초의 군단이 우마이야조 칼리프국을 공격한 1018년이다. 피사인과 제노바인은 아프리카인 이슬람교도를 Corsica와

---

760.  우마이야조의 잔당이었던 〈아브드 알 라흐만〉은 안달루시아를 끝까지 고수했고, 아프리카에 대한 아바스조의 지배는 확고한 것이 아니었다. 안달루시아는 스페인 남부, 지브롤터 연안 지역.

761.  바스크와 칸타브리아 및 아스투리아 만족.

Sardinia에서 축출했고 노르만인은 그들의 선조가 동로마 제국으로부터 탈취한 Apulia와 Calabria를 기지로 삼아 그들을 Sicilia에서 몰아내고 아프리카 연해까지 추격했다. 공격적 진출의 다음 단계에서 미개(未開)의 정체(正體)를 드러낸 유럽 만족은 시리아를 향해 루마니아를 통과하던 중 1024년에 콘스탄티노플을 공격하여 그리스와 에게해의 여러 섬에서 동로마 제국의 영토를 탈취했다.

이처럼 복잡한 경과를 지낸 시리악 사회의 여러 변경 중 유라시아 유목민에 대한 전선을 살피면 헬레닉 사회의 경우에 비추어 그 지배적 소수자와 외적 P가 맺어온 역사에 대한 이해를 얻을 수 있다. 그 유라시아 전선에서는 헬레닉 사회의 사례에 비추어 예상할 수 있는 시기에 만족의 대대적인 첫 침공이 있었는데, 킴메르족과 스키티아 유목민이 서남아시아를 침공한 기원전 8~7세기는 시리악 사회의 동란이 절정에 달한 시기였다. 유목민의 이 침공은 그 선행자였던 아리아인이 기원전 2천 년대에 침입했던 영역에까지 미쳤으며 그리하여 7세기 말에 서남아시아 전체로 번진 만족의 침략은 1세기 후 메디아와 아케메네스 제국에 의해 카스피의 문호 북동쪽과 약사르테스 저편으로 되돌려졌다. 이후로 아케메네스조의 엄중한 경계를 받은 유라시아 유목민은 페르시아인의 제국이 맥없이 무너졌을 때 그 기회를 이용하지 못했을 뿐만 아니라 마케도니아인 셀레우코스조의 붕괴로 호기(好期)가 조성되었을 때에도 스키티아족이나 힉소스인과 같은 활약상을 보이지 못했다. 이후로 아르사케스조의 뒤를 이은 사산조를 타도하고 그 세계국가를 부흥시킨 우마이야의 군주들은 키루스가 조성한 중앙아시아의 국경을 회복하여 아바스조에 인계했다. 서남아시아 유목민은 시리악 사회가 아바스조 칼리프국과 함께 소멸했을 때 지난날 힉소스인의 사업을 재현했고 터키계 맘루크는 아이유브조로부터 시리아와 이집트의 그 후계국가를 탈취했다.

이 975~1275년의 공백기에는 다른 전선에서도 유라시아 전선에서 연발한 만족의 공세에 대응하는 침공이 돌발했는데, 최초로는 세 갈래의 아라비아 유목민[762]이 10세기 후반에 유라시아 유목민의 일레크칸과 셀주크가 트란스옥사니아와 트란스카스피아로 밀어닥친 것을 틈타 시리아와 이라크로 쇄도했다. 그리고 같은 시기에 카타마 베르베르족은 아바스조를 계승한 아프리카의 아글라브 왕조를 정복한 후 이집트로 달려들었고 이베리아 고지민의 일파는 안달루시아의 이슬람권에 대한 첫 정복을 단행했다. 이어서 11세기에는 셀주크 터키인이 파르티아인의 전철을 밟아 트란스카스피아에서 유프라테스 유역으로 이동했고, 힐랄족과 술라임족은 아라비아에서 이집트를 지나 이프리키아로 침입했으며, 사하라의 베르베르 유목민은 지브롤터를 건너 이베리아의 기독교도 만족과 프랑스인에 맞서서 안달루시아 쟁탈전을 벌였다. 11세기의 3/4 반기에는 셀주크 터키인이 동로마 제국의 변경민과 아바스조 칼리프국의 아르메니아인 후계국가를 차지하려고 싸움에 돌입했고 11세기 말에는 시리악 사회로 침입한 셀주크 터키인과 카타마 베르베르인과 프랑스의 프랑크족이 시리아에서 충돌하여 그 쟁탈전을 벌였다. 그리고 유라시아의 셀주크와 구스인 유목민이 트란스카스피아와 호라산을 침공하여 만행을 저지른 12세기 중엽에는 아틀라스 고지의 두 베르베르 유목민이 지브롤터를 건넜는데, 유라시아 유목민이 시리악 사회의 유산을 다투는 싸움에서 누구에게도 뒤지지 않는 지구력을 가지고 있었음을 증명한 것은 13세기에 들어서의 일이었다. 유라시아 스텝의 몽골족은 맹렬한 유목민의 폭발을 일으켜 극동세계와 러시아 정교 기독교 세계를 제압하고 트란스옥사니아를 거쳐 이란과 이라크를 정복한 후 시리아로 침입했다. 이후로 시리아에서 터키계 맘루크에 의해 격퇴되지 않았다면 그들은 나일강까지 도달했을 것이며 어쩌면 더욱 서진하여 대서양을 바라보게 되었을지도 모른다.

　이상의 개관으로 시리악 사회의 외적 P들이 엮어온 역사는 헬레닉 사회 외

---

762. 우카일족, 아사드족, 킬라브족.

적 P들의 행적과 닮은 점이 있음을 알 수 있는데, 그들의 그 유사한 경험이 또한 마찬가지인 정신적 결과를 낳았던 것일까?

종교적인 분야를 살핀다면 그들의 기록에서는 북유럽 만족과 헬레닉 세계의 종교적 방사[763]에 힘입어 새로운 고등종교를 창조한 무하마드의 업적에 상당하는 사례는 찾을 수 없으나 그 외적 P와 지배적 소수자가 교섭한 역사를 살피면 상술(上述)한 고트족의 종교적인 행적[764]과 유사한 몇몇 사례를 확인할 수 있다. 전통적인 시리악 사회의 종교에 저항하여 같은 종교의 다른 종파를 받아들이는 경향은 조로아스터교를 옹호한 사산조나 이슬람교를 신봉한 아랍 칼리프국의 시대에도 그 외적 P들에서 빈발했던 현상이다. 조로아스터 교단과 유라시아 유목민 사이에는 Zarathustra가 살았던 시기로 거슬러 올라가는 해묵은 반감이 있었는데, 그 이란의 예언자가 교설을 펼칠 때 숨기지 않았던 유목생활에 대한 비하적인 태도는 유목민 사이에 상당한 적의를 불러일으켰을 것이다. 그래서 조로아스터교는 아르사케스조의 창시자가 호라산을 침공한 이후로 450년이나 지났고 사산조의 적극적인 보호를 받았음에도 불구하고 옥서스-약사르테스 유역이나 유라시아 스텝의 유목민에게 침투하지 못했다. 그 지역은 기원전 2세기에 박트리아의 그리스인이 최초로 힌두쿠시를 넘은 이래로 끊임없이 인도(印度)의 문화적 방사를 받고 있었다. 그래서 조로아스터교는 3세기 전반에 그곳을 지배하고 있는 마하야나를 발견했고 당(唐)의 현장(玄奘)은 사산조가 붕괴에 직면했던 630년경에 두 강 유역을 통과했을 때 중앙아시아의 대승불교에 대한 기록을 남겼다. 이처럼 사산조 제국의 턱밑에 마하야나가 살아 있었던 것은 조로아스터교의 전도가 성공적이지 못했다는 증거인바 그것을 뒷받침하는 사실은 그 마하야나를 축출한 것은 조로아스터교

---

763. 전단(戰團)과 그 수령들의 모습을 본뜬 제신(諸神)의 전파.
764. 가톨릭 기독교가 아니라 아리우스파 기독교를 수용하여 부랑민의 처지에서 벗어나 지배자의 지위를 확보한 후 무의식적으로 받아들인 그 분파적 신앙을 가톨릭교도 피정복민과 자기를 구별하는 의도적인 표적으로 고수했던 것.

가 아니라 시리악 사회의 마니교와 네스토리우스파였다는 것이다.[765] 조로아스터교가 사산조의 북동쪽 변경을 넘지 못했음에 반해 네스토리우스파 전도자는 유라시아 스텝을 건너 당제국(唐帝國)으로 들어가고 마니교는 투르판 분지의 위구르 유목민을 개종(改宗)시켰는데 유라시아 오아시스의 유목민에 대한 네스토리우스파의 지배는 강력한 것이어서 그 세력은 네스토리우스파 유목민인 카라이트와 나이만이 이교도인 몽골인에 의해 분쇄된 후에도 사라지지 않았다.[766] 사산조의 정책은 그 외적 P의 일원인 유라시아 유목민에게 마니교와 네스토리우스교를 장려한다는 뜻밖의 결과를 가져왔으나 다음 단계에서 이슬람교 수니파가 사산조를 타도한 아랍 칼리프국의 국교가 되자 그 박해를 받은 시아파가 경외(境外)의 만족들에서 신봉자를 얻는 상황이 초래되었다. 재건된 시리악 사회의 세계국가가 파탄에 빠진 10세기에 그 수니파의 세계를 침략한 세 만족은 모두 시아파였는데 이 만족들은 자기들이 세운 아바스조 칼리프국의 후계국가를 통해 이전의 지배적 소수자에 대한 외적 P의 군사적 지배와 다수파인 수니파에 대한 시아파의 지배를 확립했다.[767]

종교에서 문학으로 눈을 돌릴 때 시리악 사회의 외적 P는 튜튼인의 서사시에 필적하는 시를 남겼음을 알게 되는바 그것은 시리악 사회의 아시아와 유럽 변경에서 이룩된 것이다. 기원전 4세기에 아케메네스조의 트라키아 전선을 돌파한 마케도니아인은 알렉산더 이야기 속에 그 야만적인 무훈(武勳)의 문학적 자취를 남겼고, 10세기에 아바스조 칼리프국의 유프라테스 전선으로 쇄

---

765. 조로아스터교를 보호하여 마니교를 박해한 사산조 제국은 네스토리우스파가 대적(對敵)인 로마제국이 박해하는 종교라는 점에서 관용을 베풀고 있었다.
766. 서남아시아를 정복한 몽골인은 네스토리우스파 기독교도를 서기나 회계로 채용하여 이슬람교도 피정복민에 대한 경멸의 뜻을 나타냈다.
767. 수니파의 아바스조 칼리프국을 침공한 시아파는 이라크와 시리아를 침공한 동아랍 만족, 이란 서부와 바그다드를 침탈한 다일람족, 이프리키야와 이집트를 정복한 카타마 베르베르족. 이 카르마트파와 부와이조와 파티마조는 아바스조 칼리프국의 후계국가를 세웠으나 수니파로 개종한 셀주크조와 카빌리아 산하자족과 살라딘은 또 다른 침략의 물결을 일으켜 그들을 멸망시켰다.

도한 동로마 제국의 변경민은 〈바실리우스 디게니스 아크리타스〉를 노래한 이야기 속에 비슷한 무훈의 흔적을 남겼으며, 11세기에 우마이야 칼리프국의 피레네 전선을 돌파한 프랑스 십자군의 전사는 모든 서구시(西歐詩)의 선구가 된 「롤랑의 노래」를 낳았다.[768] 아랍군과 싸우다가 전사한 〈디오게네스〉라는 사관(士官)을 주인공으로 하는 비잔틴 그리스 서사시는 타우루스의 험로(險路)와 킬리키아 평원을 무대로 삼고 있었는데 이후로 형식과 체제가 다듬어지자 동로마 제국을 위해 활약한 아르메니아인 〈믈레흐〉를 채택하여 그 무대를 북동쪽의 콤마게네로 옮겼다. 이로써 알 수 있듯이 아랍인이 볼 때 여러 주인공의 모습을 종합하여 공상적인 인물상을 만든 동로마 제국 변경민은 시리악 사회의 세계국가인 아바스조 칼리프국이 쇠락했을 때 그 북서쪽 리메스를 침공한 외적 P였다. 그와 같은 만족의 무훈이 서사시에 의해 칭송되는 것은 앞에서 살핀 다른 사례로도 인증되지만 비잔틴 그리스 서사시의 내용이 풍부해지고 그 역사가 복잡하게 된 것은 동로마 제국의 비잔틴 그리스인과 아바스조 칼리프국 변경민의 상호적인 관계 때문이었다. 두 변경민은 서로 자기들을 문명의 수호자로 여기고 상대방을 만족이라고 단정했지만 실제로는 치고받는 싸움을 통해 동일한 서사적 경험을 나누고 있었다. 동로마 제국이 아바스조 칼리프국에 대대적인 공세를 펼친 것은 제국의 변경에 대한 아랍인의 연례적인 침공 때문이었으며 그 침략을 기념하는 아바스조 칼리프국 말라티야 변경민의 서사시는 동시대의 비잔틴 그리스 서사시와 마찬가지로 두 실존 인물의 업적에 자극된 결과물이다. 동로마인의 디오게네스에 상당하는 인물은 739년에 동로마군과 싸우다가 패사한 〈사이이드 바탈〉이고 믈레흐에 해당하는 사람은 말라티야 태수로서 863년에 아미수스를 습격하다가 전사한 〈아미르 우마르〉인데 이 이슬람 말라티야 서사시는 그 영감의 일부를 바울로파의 행적에서 얻은

---

768.  그리스 비잔틴 서사시에서 주인공의 이름에 붙는 '아크리타스'는 변경민이라는 의미. 「롤랑의 노래」는 역사적 중요성에 있어서 「베오울프」를 능가하며 문학적 가치로는 「튜튼 서사시」를 초월한다.

것으로 보인다.[769] 바울로파적인 요소를 내포하고 있는 이 서사시는 말라티야가 동로마 제국에 병합된 928년 이전에 성립된 것인바 그 합병이 Tephrike의 바울로파와 같이 잔혹한 방법으로 이루어졌다면 동로마인에 있어서 말라티야 서사시는 아무런 의미가 없었을 것이다. 그리스 서사시는 말라티야 합병이 우호적으로 이루어진 것으로 말미암아 복잡한 양상을 띠게 되었는데, 말라티야 태수 우마르와 카파도키아 변경민 디오게네스의 결합은 서사시의 역사적 근거였으되 그 기억이 사라진 주인공 이름에 약간의 손질을 가하는 것으로 실현되었다.[770] 아미르의 손자로서 말라티야 태수였던 〈아브 하프스〉는 928년에 동로마 제국에 투항했고 동로마인은 그에 대한 우호의 뜻으로 말라티야 서사시를 자기들의 아크리타스 서사시에 도입했다.

이것으로 볼 때 아바스조의 유프라테스 변경에서 벌어진 아랍인과 동로마인의 싸움이 문학에서 발생시킨 창조적 결과는 상호적이었는데 그로 말미암은 10세기 비잔틴 그리스 서사시의 특색은 11세기에 안달루시아의 우마이야조 칼리프국을 침공한 체험에서 비롯된 「롤랑의 노래」에서는 발견되지 않는다. 롤랑을 앞세운 12~13세기 프랑스의 「샹송 드 제스트」는 300년 전에 뿌려진 씨앗이 발아한 것으로 여겨지고 있는바 8세기 샤를마뉴의 원정이 테마를 제공했다고 해도 12세기 프랑스 시인의 상상력을 자극한 것은 11세기 프랑스 십자군의 원정이었음을 상기할 때 「롤랑의 노래」는 그 발아가 성장을 일으킨 것이 아니라 한 시인의 창작물임이 분명하다. 이러한 분석에 따른다면 우리는 이 프랑스 서사시를 시리악 세계 외적 P의 유럽 쪽 일파가 낳은 것으

---

769. Amisus는 아나톨리아 흑해 연안에 있었던 그리스인의 식민도시, 지금의 Samsun에 해당하는 곳. 바울로파는 이원론을 주장하여 그리스도의 성육신을 부인하는 기독교 이단파. 아르메니아에서 발생했으나 박해를 받아 아나톨리아의 테프리케로 피난했다. 말라티야 아랍 서사시의 고전에서 바울로파의 일부 지도자는 우마르의 부친과 백부로 묘사되어 있다.
770. 디오게네스인 아크리타스 자신이 '두 종족의 아들'이라는 뜻을 가진 것에 착안하여 아미르가 디오게네스의 어머니가 되는 그리스인 왕녀와 결합하는 것으로 함으로써 그리스인과 아랍인의 화합과 말라티야 합병의 정신을 시적으로 표현했다.

로서 아시아 방면의 비잔틴 그리스 서사시에 대응하는 것으로 생각할 수 있다. 그리고 이 두 서사시는 헬레닉 사회 외적 P의 북유럽 일파가 낳은 「튜튼 서사시」와 유사한 점을 가지고 있으며 같은 근거에 따라 양자를 미노스 사회의 유럽인 외적 P가 낳은 「호메로스 서사시」에 비견할 수 있다.

⑤ 수메릭 사회의 외적 P

다음은 바빌로니아 문명을 살필 차례지만 바빌로니아 사회는 해체기에 시리악 세계에 얽혀들었으므로 그 역사에서 별다른 특이점을 찾을 수 없다. 그러므로 바빌로니아 사회의 역사적 배경에 모습을 드러내고 있는 수메릭 사회를 살피면 루갈자게시의 파괴적인 활동으로 시작된 그 동란시대는 우르 엥구르가 수메르-아카드 제국을 수립했을 때 종결되었음을 보게 된다.[771] 그 과정에서 군국주의에 빠진 수메릭 사회는 대경(對境)하게 된 아나톨리아와 이란고원 및 북아라비아 스텝 방면의 만족에 대해 평화적인 침입을 군사적인 침공으로 전환했다.[772] 그 후 기원전 25세기에 250년 동안 자행된 군국주의로 인해 수메릭의 사회체가 혼란에 빠졌을 때 나람신에 의해 희생된 만족의 후예들은 반격을 감행하여 그 보복을 달성했다. 구티움 만족(蠻族)은 수메릭 사회의 본거지였던 이라크를 장악하여 100년 동안 지배했고 아모르 유목민은 느리지만 단호한 걸음으로 수메릭 사회의 서변(西邊)을 침입하여 그 세계국가를 재건하는 위업을 달성했다.[773]

이로써 알 수 있듯이 수메릭 사회의 동란시대는 세 개의 전선 중 두 곳에서 외적 P의 침공이 발생하여 그 가운데 하나가 이례적인 성공을 거둔 것을 특징

---

771. 그 시기는 BC 2298년으로 알려져 있다.
772. 아나톨리아를 침공한 〈사르곤, BC 2652~2597〉과 이란을 정복한 〈나람신, BC 2572~2517〉은 그 화신으로 알려져 있다.
773. 아모르인 조상 전래의 영토였던 바빌론은 그 이름이 의미하는바 '신들의 문'에 더하여 그들이 북아라비아 스텝으로부터 아카드로 침입한 역사적 문호였다. 〈함무라비, BC 1947~1905〉는 바빌론 제1왕조 최고의 위인이지만, 그 왕조가 그로부터 약 1세기 전에 창건된 것을 본다면 아모르인은 그 세계국가를 재건하려는 활동을 23세기에 개시했을 것이다.

으로 하고 있다. 그것을 헬레닉 사회의 동류인 사건들에 비교해 보면 수메릭 사회는 동란기의 절정(絶頂)과 만족이 가한 압력이 증대한 시기의 시간적인 일치가 더 뚜렷했음을 알 수 있다. 그리고 극의 종장(終章)이 되어 수메릭 문명 이후의 공백시대가 도래한 장면에서 막이 열리면 여기서도 역시 헬레닉 사회의 사례를 통해 예상할 수 있는 시기에 만족의 재침이 이루어진 것을 볼 수 있다. 수메릭 문명 이후의 공백시대에 최초의 승리를 얻은 만족은 유라시아의 배후지에서 몰려온 유목인이었던 것으로 알려져 있다. 기원전 17세기에 이집트로 쇄도할 때 이란을 통과한 아리아인은 수메릭 세계국가의 허약성을 여실히 폭로했는데 그것은 더욱 현저한 흔적을 남긴 다른 만족에 수메릭 사회를 침입할 동기를 부여했다고 생각할 수 있다. 〈사르곤〉이 아나톨리아를 침공한 것은 이란의 구티움인이 그 뒤를 이은 〈나람신〉의 침략을 보복한 것과 마찬가지로 충분한 복수를 당했던 것인바 그것은 히타이트 〈무르실 1세〉가 Shinar를 침공하기 전에 Babylon을 점령하여 약탈하는 것으로 이루어졌다. 타우루스 저편에서 밀려든 이 만족의 홍수는 지난날 자그로스를 넘어 내습한 유목민의 물결과 마찬가지로 순식간에 물러났지만 시나르의 평화는 그 뒤를 이어 난입한 카시족이 기원전 18세기에 바빌로니아의 지배자로 군림한 것으로 인해 기원전 12세기까지 회복되지 않았다.

우리는 수메릭 문명 이후의 공백기에 활동한 이 만족들에서도 헬레닉 사회의 사례에서 알려진 것과 같은 독자성과 창조성을 확인할 수 있다. 아리아인은 시나르가 아니라 인더스 문화권에서 창조한 독특한 종교와 시를 베다의 여러 신(神)과 산스크리트 서사시에 남겼고 아리아인의 우익에 해당하는 힉소스인은 이집트 종교를 의도적으로 배척한다고 하는 방법으로 자기들의 독자성을 표출했다.[774] 더하여 카파도키아를 장악한 히타이트인과 시나르의 주인이

---

774. 이집트를 침공한 힉소스인은 태양신 레와 오시리스 숭배를 거부하고 오시리스 신화의 악역(惡役) 인 세트(Seth)를 신봉했다.

된 카시족은 아리아인을 모방하여 자기들이 만든 제신과 수메릭의 신들을 하나로 융합했다. 수메릭 사회의 중심부에 정착하여 그 문화적 영향을 받은 카시족은 고유의 신인 〈하르베〉와 〈브리아슈〉의 이름 아래로 〈마르둑 베르〉와 〈샤마쥬〉 숭배를 받아들였고 히티이트인은 수메릭 사회의 외변에 해당하는 카파도키아에서 수메릭 사회의 신들을 자기들의 신으로 변형시켰다.

⑥ 이집트 사회의 외적 P

우리는 북동과 북서쪽 및 남쪽에 형성된 이집트 사회의 외적 P에서 헬레닉 사회의 외적 P들이 성취한 것과 같은 종교적 창조나 문화적 성취를 확인할 수 있다.

만족의 압력이 크게 작용했던 아시아 전선에서 기원전 3000년대에 동란에 빠진 이집트 사회를 침공한 아모리족은 기원전 17세기에 그 전선을 돌파한 힉소스인과 달리 변경에서 격퇴되었으나 이집트 사회는 〈페피 1세, BC 2400~2376〉가 주도한 그 항쟁에서 기력을 소진했으므로 〈페피 2세, BC 2376~2282〉의 치세에 이르러 파멸에 봉착했다. 이집트 세계의 남쪽 변경이 이집트 사회에 미친 영향은 앞에서 살핀 바와 같은데 이집트 사회가 연합왕국에 이어 그 세계국가를 수립한 것은 이 전선에서 힘을 기른 세력에 의한 것이었다.[775] 동란으로 혼란에 빠진 이집트 세계에 통일과 평화를 제공한다는 대업(大業)을 성취한 제11~12왕조의 왕들은 황제로서 세계국가의 모든 자원을 남변(南邊)을 수호한다는 그 본연의 임무에 집중했던바 〈아멘엠하트 1세, BC 2000~1971〉로부터 〈센워스레트 3세, BC 1887~1850〉까지의 호전적인 왕들은 제1폭포에서 제2폭포 상류에 이르는 나일강 유역의 정복을 달성했다. 이후 힉소스인의 침입과 중제국의 멸망으로 중단되었던 이집트 사회의 남진(南進)은 다른 테베왕조가 세계국가를 재건했을 때 제18왕조에 의해 재개되었는데 아프리카 만족에 대한 경계는 〈토트메스 1세, BC 1557~1508〉의 치세

---

775. 이집트 연합왕국은 기원전 3200년경에 수립되었고 그 세계국가는 BC 2070~2060년에 성립되었다.

에 제4폭포에 도달했다. 그리고 기원전 12세기와 11세기의 전환기에 신제국이 붕괴했을 때 나파타[776]에서는 그 후계국가가 출현했는데, 기원전 655년까지 100년 동안 세계국가의 지위를 누린 나파타 공국은 그 자리를 메로에에 빼앗긴 후에도 900년 동안 아케메네스조와 마케도니아 및 로마제국에 대항하여 정치적 독립과 그 영역에 대한 문화적 지배를 유지하고 있었다. 제6, 12, 18 왕조 및 나파타와 메로에의 에티오피아 왕들이 단행한 아프리카 침공은 만족이 3세기에 일으킨 반격을 초래했는데 당시에 로마제국이 네 방면에서 개시된 만족의 침입을 어렵게라도 격퇴했음에 반해 그 에티오피아 공국은 누비아인이 일으킨 침입의 물결에 압도되었다.

리비아 사막을 사이에 두고 북서아프리카를 바라보는 제3의 변경에서는 리비아인이 기원전 13세기에 이집트 세계를 침공했는데 그것은 미노스 문명 이후에 발생한 민족이동의 영향으로 말미암은 것으로 여겨진다. 사막을 넘어온 이 리비아인 침입자는 지중해를 도해(渡海)한 에게 종족과 함께 격퇴되었으나 패배한 리비아인의 전단은 세펠라[777]로 패퇴(敗退)한 펠리시테인이나 테우크리아족과는 달리 이집트의 용병이 되어 2~3세대 후에 그 조상이 목표로 했던 땅을 획득했다. 그리하여 기원전 11세기 이후 델타지대에서 제1폭포에 이르는 지역은 그 용병부대를 주둔시킨 마을을 근거지로 하는 리비아인 침략자들과 자기들의 신전국가(神殿國家)에 틀어박힌 신관(神官)들에 의해 분할 점거되었다.

⑦ 중국사회의 외적 P

만족과 접한 중국사회의 전선 중 가장 중요했던 것은 유라시아 만족에 대한 경계였는데 이 경우에도 해체기에 확대를 달성한 문명이 그때까지 사막지대를 경작지대로부터 격리하고 있었던 고지(高地)의 만족이라는 장벽을 무모하게

---

776. 토트메스 1세가 제4폭포 아래에 설치한 국경도시.
777. Shephelah는 '저지대'라는 뜻. 성경에는 평지, 평야, 평원 등으로 기록되어 있다. 〈신 1:7〉 〈수 9:1, 10:40, 11:2, 12:8, 15:33〉 〈삿 1:9〉 〈왕상 10:27〉 〈대하 1:15, 9:27, 26:10, 28:18〉 〈렘 17:26, 33:13〉 〈욥 1:19〉 〈대상 27:28〉 〈렘 32:44〉 〈슥 7:7〉을 참조할 것.

뚫고 나가 가공할 유목민과의 접촉을 개시했다.

기원전 4세기에 진(秦)·조(趙)·연(燕) 등의 후국(侯國)들이 섬서(陝西)와 산서(山西)의 만족을 정복한 것은 그 세계를 흉노와 접촉하게 했던 것인바 그로 인해 전국시대의 제후국들은 유목민의 침공을 저지하기 위해 엄청난 노력을 기울여야 할 처지에 빠졌다. 유라시아 스텝과 접경하는 중국사회의 제국(諸國)은 상쟁기의 마지막 100년 동안에 상당한 정력을 유목민의 침입을 막기 위한 방벽을 쌓는 일에 돌렸고 전국시대를 종결시킨 후 시황제를 자칭한 정(政)은 그것을 하나로 연결한 만리장성을 구축했다. 그러나 이 전형적인 인공의 리메스를 구축한 것도 중국세계와 유라시아 유목민의 관계를 해결할 수 없었는데, 그것은 중국사회가 세계국가로 통일된 것과 동시에 장성 너머의 유목민이 흉노에 의해 통합됨으로써 국경에 긴장이 고조되었기 때문이다. 그리하여 진시황(秦始皇)이 대업을 이룬 후 100년이 지나기 전에 그 후계자인 한무제(漢武帝)는 방어선에서 수비에 치중하는 정책은 미흡하다고 생각하여 흉노를 정복하여 복속시킨다고 하는 위험한 계획에 착수했다. 이 백년전쟁에 의한 중국사회의 정복전에 대해서는 앞에서 다루었으므로 여기서는 한무제가 진탕(陣湯)을 통해서 시도했던 방책도 결정적인 것이 아니었다는 것을 밝히는 것으로 충분하다. 만리장성 너머에서 행해진 이들 정복전은 궁극적인 성공을 달성하지 못했던 것인바 전한(前漢)이 멸망했을 때 재흥한 유목민을 정복하여 진탕의 위업을 회복시킨 인물은 반초(班超)였다. 그러나 기원 73~102년에 시행된 반초의 사업도 그가 은퇴함과 동시에 소멸하기 시작했고 후한(後漢)의 쇠퇴로 인한 중국문명 이후의 공백기가 시작되면서 세력의 균형은 만족 쪽에 유리하게 되어갔다. 중국사회는 빈사의 후한과 정립(鼎立)하여 상쟁한 삼국(三國)에 의해 붕괴를 모면하다가 진(晉)에 의해 일시적인 재흥을 달성했으나 그 이면에서 끊임없이 진행된 사회적 와해(瓦解)로 인해 멸망해 가는 사회와 그리로 흘러드는 유라시아 만족의 관계는 최악의 상태에 이르렀다. 반초가 무제의 공업을 재현하고 있었던 시대에도 한국과 흥안령(興安嶺) 사이의 무주지(無主地)에서 출현한 새로운 유목민 세력은 중국사회에 대한 저항에 성공하여 북흉노를 정복했는데 그것은 중국세계에 인접한 유라시아 만족의 새로운 동향을 예고하는 것이었다. 북흉노는 동류인 선비족에 굴종하기를 감내(堪耐)할 수 없어서 종적을 감추었고 남흉노는 장성을 돌파하여 산서에 정착했다.

이후 사회적 통일이 서진(西晉)에 의해서 명목상으로 유지되고 있었던 3세기와 4세기의 전환기에 복고적인 이름을 내세운 세 개의 새로운 후계국가가 출현했는데, 그들이 그런 국호를 내세운 것은 자신들이 만족이라는 사실을 은폐하려던 것에 불과하다. 요동의 북연(北燕)은 선비족의 나라였고 북한(北漢)은 남흉노가 산서 동부에 세운 것이며 그 서쪽의 북위(北魏)는 척발족(拓跋族)이 세운 나라였는데 척발족은 370년에 방향을 바꾸어 그들의 초라한 종족이 살던 스텝을 정복했다. 한때 한제국(漢帝國)의 발상지인 유라시아 스텝의 재정복에 성공한 그들은 북한(北漢)에 대항하여 칭제(稱帝)를 감행했으나 위제국(魏帝國)이 달성한 유라시아 스텝 정복은 4~5세기에 자취를 감추었던 흉노의 유목민 제국이 연연(蠕蠕)에 의해 재편성됨과 동시에 일소되어 버렸다. 그러나 이후로 중국세계의 폐허에 또다시 만족이 일으킨 침략의 물결이 밀어닥쳤는데 6세기의 50년대에 흉노의 지배를 받던 돌궐(突厥)[778]이 연연을 타도하여 패권을 잡았고 흥안령과 한국 사이의 거란족은 선비족의 뒤를 쫓아 중국세계로 침입했다.

⑧ 인도사회의 외적 P

인도사회의 역사에 있어서도 외적 P로서 침입에 성공한 만족은 유라시아 유목민이었으나 인도문명의 사회체가 그들과 직접 접촉한 일은 없었다.[779] 인도사회가 동란기에 유목민의 침공을 받았는지는 알 수 없고, 증거로 밝혀진

---

778. 알타이 산맥과 흥안령 사이의 터키인.

779. 그것은 유라시아 스텝과 인더스-갠지스 평원 사이의 옥수스-약사르테스 유역 및 이란고원의 동북면이 인도문명이 존속한 기간에 바빌로닉, 시리악, 헬레닉 사회에 차례대로 영유된 후 3세기에 시리악 문명에 편입되었기 때문이다.

최초의 내침(來侵)이 발생한 것은 그 동란(動亂)을 종결한 마우리아 제국이 붕괴한 뒤의 일이었다.[780] 인도 북서부는 상술(上述)한 바와 같이 기원전 2세기에 박트리아에 합병되었는데 동세기가 끝나기 전에 그 그리스인의 제국을 무너뜨린 유라시아 유목민[781]은 호라산을 본거지로 하는 아르사케스조의 저항 때문에 남서쪽으로 진출할 수 없었다. 그래서 유에치족은 박트리아의 구토(舊土)에 체류하고 사카족은 인더스 유역을 거쳐 말와(Malwa)와 마하라슈트라(Maharashtra) 고원을 확보했는데, 4세기 말경에 서인도의 사카족 지배자가 타도된 것은 굽타조가 인도사회의 세계국가를 재건한 사업에 있어서 결정적인 사건이 되었다. 유목민의 잇따른 침입은 〈스칸다굽타, 445~480〉의 죽음으로 시작된 공백시대의 특징이 되었는바 그 시기에 사카족의 역할을 대신한 것은 훈족이었다.

유라시아 스텝은 4세기의 4/4 반기에 건조기에 돌입한 것으로 알려져 있다. 그것은 흥안령과 천산산맥(天山山脈) 사이의 스텝에 접하는 중국사회의 변경에서 연연(蠕蠕)의 위협적인 출현으로 나타났고 반대쪽[782]에서는 훈족의 돌발적인 동요(動搖)를 촉발했다. 여러 곳에서 동시적으로 발생한 이 유목민의 공세는 스텝에 작용한 자연적인 원인의 결과일 것이지만 개개의 유목민 무리가 정주민(定住民)의 영역에 침입한 후에 맞이한 운명의 차이는 그들이 조우(遭遇)한 사회가 서로 다른 방법으로 대응했기 때문이다. 예컨대 연연은 동류(同類)의 선행자[783]가 후계국가로 세운 나라들의 저항으로 인해 중국으로 진격하지 못했는데 그것은 이 유목민의 후국(侯國)들이 뒤따른 유목민의 침입에 대하여 완충의 역할을 했기 때문이다. 그러나 이전의 습윤기(濕潤期)에 고트족이 우크라

---

780. 인도 문명 출현의 서막이 된 유라시아 유목민의 민족이동 이후에 발생한 그 침입은 헬레닉 사회가 인도 사회를 침공한 후 그 결과로 말미암은 것이고 마우리아 제국은 인도 사회 최초의 세계국가였다.

781. 선두의 사카족과 뒤를 따른 유에치족.

782. 카스피 해에서 파미르 고원에 이르는 지역.

783. 선비, 흉노, 척발.

이나에 세운 후국(侯國)은 훈족이 헬레닉 사회에 가한 충격을 완화하기는커녕 그 타격을 더 크게 하는 결과를 초래했다. 훈족의 폭발로 인해 고트족 후국은 분쇄되고 유목민의 기병(騎兵)이 그 여파로 인해 루마의 리메스에 생겨난 틈새를 무난(無難)하게 통과했던 것인바 아틸라(Attila)의 지휘에 따라 로마를 유린(蹂躪)한 훈족의 우익과 달리 그 좌익으로서 에프탈족으로 알려진 백훈족은 카스피해와 파미르고원 사이로 진행하여 아틸라의 흑훈족이나 연연의 훈족에 비해 불행한 결말을 체험했다. 서남아시아의 시리악 문명은 4세기와 5세기의 전환기[784]에 사산조를 통해 헬레니즘을 구축(驅逐)하고 있었는데 그 젊고 전투적인 세력은 백훈족이 감당하기 어려운 상대였다. 파미르-카스피 전선에서 농경지대로 침입하여 옥서스-약사르테스 유역에 세워진 쿠산제국의 후계국가를 전복시킨 백훈족은 이란고원의 호라산 쪽 기슭에서 사산조 세력과 충돌했다. 이란과 투란이 같은 곳에서 상봉한 이 두 번째의 전투에서도 이긴 쪽은 정주민의 대표자였다.[785] 그리하여 진로를 변경하여 스칸다굽타가 즉위한 455년에 힌두쿠시를 넘어 인도로 침입한 훈족은 첫 공격에서 실패했으나 스칸다굽타 치세의 말기에 쇠퇴한 굽타제국을 멸망시킨 그 유목민 침입자는 반세기에 걸쳐 인도사회를 공포에 떨게 했다. 백훈족의 〈미히라굴라〉는 사촌 격인 흑훈족의 아틸라가 했던 역할을 자행(恣行)했던 것인바 그들의 만행 때문에 상생을 멈추고 연합을 달성한 굽타제국의 후계국가들은 미히라굴라에게 아틸라가 당한 것보다 더 큰 패배를 안겨주기에 성공했다.[786] 그러나 300년에 걸친 격동기

---

784. 헬레닉 사회가 그 세계국가의 해체기에 접어들었고 극동사회는 중국문명 이후의 공백기에 이르렀던 시기.

785. 백훈족이 쿠산조의 후계국가를 타도한 것은 500년 전에 사카족과 유에치족이 같은 곳에서 박트리아를 복멸시킨 것과 같이 손쉬운 일이었다. 사산조는 한때 아르사케조가 같은 곳에서 사카족을 저지했던 것과 같은 모양으로 백훈족의 침공을 막기 위해 대기하고 있었다. 투란(Turan)은 중앙아시아의 투르크족.

786. 443~453년에 활약한 아틸라는 아이티우스와 테오도릭에게 패했고, 510~540년에 준동한 미히라굴라는 발라디트야와 야소다르만에게 대패했다.

에 있어서 인도사회에 범람한 유목민의 이 일파에 뒤따른 것은 참화의 종식이 아니라 563년에 일어난 터키족의 침공이었다. 이 유목민은 스텝에서 용출(湧出)하여 옥수스-약사르테스 유역을 침공한 후 에프탈족을 섬멸했으나 그들도 다른 선행자들과 마찬가지로 카불강을 건너지 못했다.

⑨ 신세계의 증거

구세계에 이어 신세계로 눈을 돌리면 여기에서도 인도사회와 마찬가지로 동란시대의 증거가 부족하다는 문제에 봉착한다. 예컨대 안데스 문명의 붕괴에 있어서 그 세계국가가 수립될 때까지 지배적 소수자와 외적 P의 관계를 나타내는 증거는 거의 발견되지 않는다.

잉카족이 쿠스코에서 아마존 삼림지대의 야만인에 대한 변경 수호자의 역할을 행함으로써 세계국가 건설에 필요한 자질을 기른 것은 상술(上述)했거니와 그들의 유력한 경쟁자로 성장한 창카족은 아마존에서 침입한 만족의 후예였다는 사실 외에는 알려진 것이 없다. 잉카제국은 스페인인의 안데스 정복 직전에 아마존 전선(戰線)에 더하여 고원의 남동사면(南東斜面)과 태평양 서안(西岸)의 마울레강 전선을 가지고 있었는데, 마울레강 대안(對岸)의 아라우카니아 만족과 차코의 과라니 만족은 아마존 만족과 마찬가지로 호전적이었다.[787]

멕시코 세계에서는 스페인의 Conquistador가 쇄도했을 때 그 세계국가를 건설하고 있었던 아즈텍족은 안데스 사회의 잉카족과 마찬가지로 만족에 대한 변경에서 출현했는데 그들은 테노치티틀란을 침공한 만족의 후예로서 그곳을 요새(要塞)로 삼아 북아메리카 사막에서 몰려오는 만족을 저지하고 있었다.

이후로 스페인의 정복자들은 정복된 나라들이 수행했던 모든 변경 지킴이

---

787. 고원의 남동사면은 현재의 볼리비아 남동단과 아르헨티나 북동단에 포함된 고지의 끝부분. 마울레강의 태평양 서안은 현재의 칠레. Chico는 칠레 남부 파타고니아 지방 아이센주(州)의 헤네랄 카레라(부에노스 아이레스)호(湖) 남안에 있는 마을, Piedra Clavada로 유명하다. 과라니족은 파라과이인의 조상.

의 역할을 떠안게 되었다는 것을 덧붙여 둔다.[788]

⑩ 유라시아 스텝의 증거

이제 절멸한 문명에서 현존하는 문명으로 눈을 돌리기 전에 정착민에 대한 지배를 확립함으로써 역사를 갖지 못한다는 숙명에서 벗어났으나 그 대상(代償)으로 좌절과 해체의 위험에 봉착한 유목민의 역사에 나타난 외적 P의 분리와 만족에 의한 침탈의 사례를 살피기로 하자.

우리는 앞에서 돌발적으로 침탈한 스텝의 서대만(西大灣)에서 문화적으로는 남쪽에 있는 정주사회의 간섭을 받으면서 북방 삼림지대의 미개인을 지배한 유목민 사회가 정지(靜止)와 번영(繁榮) 및 퇴폐(頹廢)의 3박자로 전개되는 드라마를 세 번 상연했음을 알게 되었다. 그리고 다른 곳에서는 농경지대에 세워진 유목민 제국은 급속히 쇠퇴하는 경향이 있으며 인간을 가축으로 하되 스텝을 떠나지 않은 유라시아 스텝 서대만의 유목민도 기간을 다소 연장했을 뿐 그 불운을 떨쳐버릴 수 없었다는 사실을 밝혔다. 스텝에 웅거(雄據)하여 정주민을 지배했던 스키티아(Skytia)와 하자르(Khazar)와 킵차크(Kipchak) 칸국은 모두 각자의 4촌에 해당하는 유목민들[789]과 같은 길을 걸었는데, 이들 스텝의 제국에서도 분리를 실행한 외적 P는 역시 지배적 소수자에 대하여 수세에서 벗어나 공세로 전환했다.

Juchi(주치)가 구축한 광대한 제국의 변방에서 칸(汗)의 채찍을 피해 방랑하고 있었던 반항적(反抗的)인 만족은 카자크(Kazak)라는 특별한 이름을 얻었다. 오래전에 자취를 감춘 킵차크 칸국의 외적 P에게 붙여진 이 명칭은 오늘날 다른 두 민족의 이름으로 남아 있는데, 기원과 문화가 현저히 다른 이 두 민족은 이 공통된 이름이 나타내듯이 유사한 역사적 경험을 공유하고 있다. 터키어계의 키르기스 카자크 유목민과 러시아어를 사용하는 정교 기독교도 코사크는 멸

---

788. 스페인의 정복자들이 싸워야 했던 만족들은 남미의 아마존족, 과라니족, 아라우카니아족 및 더욱 난폭한 북미 아즈텍의 아파치족과 코만치족이었다.
789. 스키티아족 방랑민, 사이비 아바르족, 일칸국(一汗國) 등.

망한 킵차크 칸국의 외적 P에서 유래된 것인바 이들은 현재 그 칸국의 영토였던 킵차크 스텝을 분할 점유하고 있다. 바라바 스텝과 Sich(시치) 요새의 카자크가 동시에 반격을 개시한 것은 14세기 후반이었고 킵차크 칸국이 그에 굴복한 시기는 16세기 말 이전이었던 것으로 알려져 있다. 이 만족의 역습을 참고로 하면서 지배자로 군림했던 하자르의 역사를 살펴보면 어느 편에서나 코사크와 키르기스 카자크에 상당하는 종족을 볼 수 있다. 스텝의 배후지에서 돌발하여 각각 스키티아와 하자르의 영토를 침공한 유목민은 사르마트족과 페체네그족이고 북방의 삼림지대 저편에서 몰려온 무법적인 정착민은 바스타르나이족과 바랑족이었다. 이후로 이 두 쌍의 경쟁자들은 16세기 초에 킵차크 칸국이 멸망했을 때 코사크와 키르기스가 유기된 스텝을 놓고 싸웠듯이 스키티아족과 하자르족이 몰락했을 때 그 구토(舊土)에 대한 쟁탈전을 벌였다.

자체의 이력이나 주변의 만족들에 끼친 영향을 볼 때 이 세 유목민의 제국 중에서 가장 흥미를 끄는 것은 하자르 제국인데, 야만인이었던 그들이 8세기에 이룩한 변신은 주목할 만한 업적인 동시에 하나의 위험한 모험이었다.[790] 그들이 투쟁의 기질에서 벗어나 상업적인 면모를 발현한 것은 모피(毛皮)의 생산지와 수요처의 중간에 자리 잡고 있다는 지리적 요인 때문이었다. 그들이 모피를 확보하기 위해 북방의 삼림지대(森林地帶)로 진출한 것은 샤를마뉴의 침공과 달리 평화적이었지만 욕심에 이끌려 너무 깊숙이 들어간 것은 만족의 반격을 초래했다. 흑해 스텝의 육지 쪽 변경에서 발트해를 향해 삼림지대를 지나온 하자르인이 들여온 아라비아 화폐가 스칸디나비아에 당도했을 때 바이킹의 일파는 매혹적인 디르헴 은화나 디나르 금화를 구하기 위해 하자르 제국으로 몰려갔다. 이 스웨덴계 바랑족이 터키계의 하자르인을 대신하여 슬라브

---

790. 하자르족은 그들이 볼가강과 돈강 하류의 유라시아 스텝의 서쪽에 출현한 6세기 중엽에는 야만에서 벗어나지 못했는데, 정교 기독교 세계와 시리악 사회로부터 급격한 문화적 방사를 받게 된 이후로 유대교로 개종하여 사회적 변신을 이루었다. 그들이 교역상 지리적인 이점에 따라 숭무(崇武)의 태도를 버리고 상업적인 체제로 전환한 것은 제국의 운영에 있어서 하나의 위험한 모험이었다.

족의 노브고로드와 키예프를 지배하게 된 시기는 9세기 초인 것으로만 알려져 있는데, 이 삼림지대에 대한 바랑족의 지배는 하자르인의 수법과 달리 폭력적이었다. 폭력은 이미 바랑족의 무역하는 해적이 삼림지대로부터 드네프르강을 따라서 스텝에 이르기 전에 하자르 영토의 중심부에서 현저한 우세를 나타내고 있었다. 심한 압박을 받은 하자르 하칸이 쌓은 사르켈 성채는 카자크의 침입을 저지하기에는 도움이 되지 못했고 볼가강 이편의 페체네그족을 협공하려던 하칸의 시도는 오히려 그 터키계 유목민의 발작을 부추겼다. 볼가강과 돈강 어귀에 있는 하자르의 마지막 성채가 러시아인의 손에 떨어진 시기는 966년이었으나 하자르 제국 자체는 경쟁하는 유목민 집단을 모조리 구축(驅逐)한 페체네그족이 같은 계열의 여러 공국에 대한 지배를 확립한 키에프의 스칸디나비아계 공국과 충돌한 890년대에 이미 자취를 감추고 있었다. 9세기에 하자르족의 삼림지대를 강탈한 스칸디나비아인 전투집단은 승리를 얻은 외적 P의 특색을 드러내고 있었던바 탁월한 전사(戰士)인 동시에 빈틈없는 장사치였던 그들은 흙에 박힌 자기들의 뿌리를 잃고 농경만이 아니라 수렵까지 정복당한 슬라브인에게 맡겼다.

그들은 그 행실과 경험의 여향(餘響)을 우크라이나 스텝을 무대로 하는 영웅시 속에 남기고 있는데 이 러시아의 영웅시는 9세기에 민족이동을 단행하여 하자르로 쇄도한 바랑인 전단(戰團)의 기념비로 남았다. 그런데 다른 스텝 제국으로 침입한 만족들도 유사한 경험으로 움직여서 동일한 창조력의 증거를 드러내고 있는 것일까? 이 물음은 우리에게 터키계 언어의 영웅시가 지금도 킵차크 칸국의 외적 P였던 유목민의 자손들을 향해 키르기스 카자크 시인의 입에서 낭송되고 있음을 상기시킨다.

⑪ 정교 기독교 사회의 외적 P

정교 기독교 사회에 대한 만족의 첫 공세는 860년에 카누 선대(船隊)를 편성하여 흑해로부터 보스포루스 해협을 급습한 바랑족의 공세였다. 상술한 바와 같이 다른 사회의 외적 P였던 이 러시아 만족이 동로마와 불가리아 제국을 습격한 것은 스칸디나비아인이 일으킨 민족이동의 부수적인 결과였다.[791] 이 침공을 당한 정교 기독교 문명과 동로마 제국은 기원전 13~12세기에 이집트 문명과 신제국이 맞이한 운명을 모면했는데 그것은 당시의 정교 기독교 문명이 동로마 제국에 의한 성장을 구가하고 있었기 때문이다.[792] 패퇴(敗退)한 펠리시테인이나 테우크리아인과 달리 승리한 문명에 사로잡힌 바랑족은 972년에 있었던 스비야토슬라브의 패배와 뒤를 이은 블라디미르의 개종을 통해 하자르 제국의 스칸디나비아계 후계국가로서 정교 기독교 세계의 일원이 되었다.[793]

이처럼 좌절한 시기에 러시아에 새로운 분파를 세운 것은 정교 기독교 문명이 마지막에 달성한 최대의 성과였다. 바랑족이 상인이나 해적으로 동로마 제국에 밀어닥친 것은 상업적인 동기와 정치적 요인 때문이었는데,[794] 당시에 자기들이 발생시킨 외적 P를 정교 기독교 사회로 돌리려고 했던 정치적 시도는 이들만이 아니라 신흥 서구사회와 쇠퇴 중이던 시리악 사회에서도 기도(企圖)되고 있었다. 예를 든다면 프랑스는 샤를마뉴가 마지못해 맞아들인 롤로(Rollo)계 바이킹의 후예들이 안달루시아의 우마이야조 칼리프국을 향해 피레네를 넘고 반란을 일으킨 가톨릭교도 롬바르드인을 도와 동로마 제국과 싸우기 위해 알프스를 넘으려고 했을 때 그것을 종용하거나 환영했다. 그리고 이란과 이라크의 수니파 이슬람교도는 자기들을 정복하고 수니파로 개종한 셀주크족이 동로마 제국의 아나톨리아와 파티마조 칼리프국의 시리아령으로 진출하려

---

791. 바랑족이 정교 기독교 사회의 외적 P가 아니었다는 사실과 정교 기독교 사회에 대한 그들의 습격이 이집트 신제국에 대한 만족의 침공과 동일한 원인에 의한 것이었음은 앞에서 살핀 것과 같다.

792. 정교 기독교 문명은 동로마 제국이 〈아스콜드〉의 카누 선대를 격파한 860년부터 〈요안네스 치미스키스〉가 발칸에서 〈스비야토슬라브〉의 전단을 몰아낸 972년까지 성장을 누리고 있었다.

793. Kiev 공국의 본거지였던 키예프는 무역 거점으로 러시아의 콘스탄티노플이 되었다.

794. 그 상업적 동기는 삼림지대의 속령에서 걷어 들인 물자를 콘스탄티노플에서 판매하려 했던 것이고, 정치적 요인은 바랑족 지배자들이 자기들에게로 몰려드는 스칸디나비아인 용병들을 동로마 제국에 떠넘기려는 것이었다.

고 했을 때 같은 반응을 보였었다. 정교 기독교 사회와 만족의 관계에 있어서 동로마 황제 〈로마누스 디오게네스〉가 셀주크족에 생포되고 노르만인이 Bari를 장악한 1071년은 재액의 해였는데, 이 만족 침략자들은 좌절한 동로마 제국의 일부를 절단하여 지난날 바랑족이 실패한 동로마 제국의 후계국가를 건설하기에 성공했다. 그러나 정교 기독교 사회의 관점에서 볼 때 이 만족들은 모두 다른 사회에 의해 정교 기독교 세계로 돌려진 외적 P였으며 그 고유의 만족이 정교 기독교 문명에 대한 외적 P의 공격에 가담하기 시작한 시기는 그 동란시대가 최후의 국면에 접어들어 콘스탄티노플이 프랑크족에 의해 침탈된 1204년 이후였다.

977년에 정교 기독교 사회가 좌절에 빠졌을 때 그 문화적 방사로 인해 만족에 대한 전선이 형성되리라고 예상되었던 세 곳 중 실제로 그 외적 P의 역할이 일어난 곳은 불가리아 제국의 유럽 쪽 전선이었다.[795] 그리고 동로마 제국과 동맹을 체결하여 어부지리를 얻은 세르비아인과 정교 기독교 사회의 역사에 처음으로 그 이름을 올린 알바니아인은 마케도니아와 펠로폰네소스를 장악함으로써 발칸반도를 자기들의 공국(公國)으로 분할하려고 했는데 이들의 움직임은 14~15세기에 그 두 곳을 합병함으로써 정교 기독교 사회의 세계국가를 건설한 오토만에 의해 돌연히 저지되었다. 이렇듯 외세의 개입으로 급격히 저지된 정교 기독교 사회 외적 P 고유의 활동은 이후로 좌절한 오토만 제국을 배반하는 형태로 재발했다. 오토만 제국의 용병이었던 알바니아인은 한때 펠로폰네소스를 장악했고 세르비아인은 지난날 동로마 제국을 상대로 했던 것과 같은 방식으로 오토만 정권을 배반했다. 그리고 오토만 제국이 확보했던

---

795. 아브루치 롬바르드족은 아풀리아의 동로마 총독부에 반항하면서도 그 문화적 영향에 굴복하고 있었고, 아르메니아 그레고리우스파 기독교도 만족은 앞에 살폈듯이 동로마 제국의 군무(軍務)에 종사하여 출세의 기회를 찾고 있었으며, 이들과 비슷한 태도를 보였던 유고슬라비아와 알바니아의 만족들은 각각 노르만인과 셀주크인에게 압도되어 버렸다.

아프리카와 아시아의 전선[796]에서도 비슷한 시기에 만족의 활동이 개시되었다. 쿠르드 고지민과 아라비아 유목민은 18세기 이전에 이집트의 오토만 정권에 대한 반란을 일으켰고 수단 유목민은 19세기에 그 전례를 따랐다.

앞에서 보았듯이 오토만 제국에 대한 야만의 모든 승리는 서구화라는 강력한 조류(潮流)에 의해 저지되었으나 만족의 영웅들은 그 짧은 기간에 독특한 창조성의 잔재를 남기고 있다. 종교의 영역에서는 지배자의 종교를 변형하여 자기들의 특이성을 표출하기에 충분할 만큼 분파적인 형태로 채택한다고 하는 현저한 경향이 있었다. 예를 들면 정교 기독교 사회의 동란시대에 유고슬라비아 외적 P의 일부 보스니아인은 동족이자 이웃인 세르비아인과 같이 정교 기독교를 받아들인 것이 아니라 보고밀파 기독교[797]를 채택했다. 그리고 오토만 제국에 예속되었던 알바니아인이 받아들인 종교는 지배자의 수니파 이슬람교가 아니라 그 비교적(祕敎的) 이단이었던 벡타시파 데르비시 교단이었고 청교주의에 촉구된 나지드의 와하비파와 코르도판의 이드리스파 아랍인은 오토만 이후의 공백기에 서구화를 추진한 수니파를 이교로 단정하여 각각 아시아와 이집트의 오토만 정권에 반항했다. 문학의 영역에서는 정교 기독교 세계의 외적 P가 그 세계국가의 지배자였던 오토만에 맞선 전투의 경험을 영웅시로 남겼다. 코소보 전투를 주제로 하는 세르비아 민요는 초기의 실패한 항쟁으로 인한 비극적인 이야기에 집중한 것인데 훗날의 구스랄리는 하이두치와 우스코치가 터키인에 행한 세르비아인의 보복을 영웅시로 노래했다.[798] 세르비아 영웅시의 이 두 부류에 상당하는 것으로는 동시대 그리스와 알바니아 서사시

796. 남서쪽 이집트와 누비아의 경계 및 남동쪽 시리아와 이라크에 접하는 아프라시아 스텝의 경계.
797. 보고말파 기독교는 불가리아의 슬라브인이 바울파 기독교를 개조한 것. 그리스도 양자론(養子論)을 주창하는 바울파는 동로마 제국의 아르메니아 전선 건너편의 만족에 스며 있다가 동로마 제국의 유럽 제주(諸州)로 흘러들었다.
798. Guslari(구스랄리)는 세르비아의 음유시인(吟遊詩人). Hajduci(하이두치)는 오토만에 맞섰던 세르비아의 게릴라 전사(戰士), Uskoci(우스코치)는 헤르체고비나가 함락된 후 합스부르크 제국의 용병이 되어 오토만과 싸운 유고슬라비아인.

를 들 수 있다. 이것들도 세르비아 영웅시와 마찬가지로 그 시인이 테마로 삼은 역사적 공적이 성공을 거둠과 동시에 쇠락에 빠졌는데[799] 그 외적 P들의 위와 같은 영웅시가 쇠락하게 된 원인을 살필 때 그것은 주인공들이 동로마 제국에 굴복하여 분봉왕(分封王)과 같은 작위(爵位)를 받은 것에서 발견된다. 이후로 오토만의 후계국가들이 급격한 서구화의 길을 걸은 것은 러시아 음유시인이 모스크바의 서구화 때문에 질식했듯이 그 영웅시의 전통을 끊어버린 요인으로 작용했다.

⑫ 힌두사회의 외적 P

정교 기독교 세계에서 힌두사회로 눈을 돌리면 거기서도 외적 P와 지배적 소수자의 관계에 있어서 몇 가지 같은 모양의 특징[800]을 볼 수 있다.

힌두사회에서 1175~1575년의 동란시대에 발생한 만족의 첫 공세는 인접한 이문명에서 인도권(印度圈)으로 돌려진 터키계 유목민의 침공이었으며 그 뒤를 이은 것은 이란고원 남동사면에서 발출하여 힌두스탄으로 침입한 동부 이란의 고지민이었다. 이 두 만족이 번갈아 신이 부리는 채찍의 역할을 이행한 힌두사회의 동란시대는 무굴제국이 성립됨과 동시에 종결되었는데 무굴의 평화가 의외의 시기에 사라졌을 때 그 외래자가 수립한 세계국가에 대한 힌두인 반항 세력의 주체였던 마라타족에 맞서서 무굴제국의 잔해를 삼키려고 난입한 힌두사회 고유의 외적 P는 동이란의 로힐라족과 아프간족이었다. 그리고 악바르의 사업이 영국인의 인도제국으로 재현되었을 때 이란 동북부의 야만적인 고지민에 대한 국경을 방비하는 일은 영국인이 부담해야 했던 무거운 짐이었다. 영국인이 그 난제에 적용한 최초의 방책은 동이란의 만역(蠻域)을 모조

---

799. 그리스 영웅시의 대표로는 Armatoli와 Klephts의 무용(武勇)을 칭송한 노래를 들 수 있고, 알바니아 영웅시는 각각 세르비아의 고전 영웅시와 후대의 그리스 영웅시에 대응하는 것이 있다.
800. 정교 기독교 세계가 이문명(異文明) 소속자인 바랑족과 노르만족과 셀주크족의 침략을 받았고 그로 인해 그 세계국가가 쇠망의 길을 걸었을 때 고유의 만족인 알바니아인과 세르비아인과 그리스인이 오토만 제국에 대항하는 영웅시대를 열었던 것.

리 정복하여 국경을 전진시키는 것이었으나 무굴제국에 대한 손쉬운 승리에 취하고 만족의 끈질긴 저항력을 무시했던 그 시도는 실패로 끝났다.[801] 그것은 펀자브의 호전적인 시크교도와 신드에서 영국인의 기도(企圖)에 대하여 노골적인 적의를 드러내고 있었던 여러 아미르로 인해 영국인의 인도제국이 아프가니스탄에 대해 어떠한 조치도 취할 수 없었던 것에 더하여 19세기에 들어서 지나간 모험의 기억에 고무된 고지민이 자기들을 정복하려는 영국인에 맹렬히 반항했기 때문이다. 19세기에 신드와 펀자브를 합병한 후 국경정책(國境政策)을 전략적인 것에서 전술적인 것으로 전환한 영령 인도제국은 상황에 따라 전진책(前進策)과 폐쇄 정책을 채택했으나 어느 쪽에서도 의도한 성과를 얻을 수 없었다. 영국인의 인도제국이 펼친 국경 정책의 역사는 이 고찰의 서두에서 살폈으며 뒤에서 증명할 예정인 사회적 법칙[802]을 증명하고 있다.

⑬ 극동사회의 외적 P

힌두사회에 이어서 극동사회를 살피면 여기에서도 대동소이한 경과를 볼 수 있다.

550년 즈음에 유라시아 스텝의 끝자락에 모습을 나타낸 거란족 유목민은 10세기 초에 장성(長城)의 동남쪽에 요국(遼國)을 세웠고 약 2세기 후에 만주 스텝과 고구려 사이의 삼림지대에서 출현한 여진족은 거란족의 제국을 멸망시킨 후 극동사회로 침입하여 대금국(大金國)을 수립했다. 이어서 13세기에는 거란족과 같은 유목민인 몽골족이 여진족을 축출하고 극동사회 전체를 정복하여 그 세계국가로 자리 잡은 원제국(元帝國)을 일으켰고 여진족의 후예인 만주족은 몽골족을 몰아낸 명제국(明帝國)을 타도하고 청조(淸朝)로써 금국(金國)과 같

---

801.  동이란 만역(蠻域)은 카불강의 아프가니스탄과 인더스강의 파키스탄. 호전적인 시크교도는 펀자브에서 독립을 유지했고, 신드의 Amir(군벌)들은 겉으로는 복종하면서도 속으로는 적의를 품고 있었으며, 아프가니스탄 만족들은 정치적 알력과 내란에 휩싸여 있었으나 외래인의 침략에 대해서는 협동하여 싸운다는 전통을 지키고 있었다.

802.  제8부에서 살필 예정인 "문명과 야만 사이의 경계가 고정되면 그것이 대체로 문명사회에 불리하게 작용한다"는 법칙.

은 고지민에 의한 극동사회의 세계국가를 재현했다.

극동사회로 침입한 이 만족들은 특기할 만한 창조성을 발휘하지 못했는데 그것은 정복된 사회의 문화가 침입자들에게 심대한 영향을 끼쳤기 때문이다. 그중에서도 만주족은 요동과 산해관(山海關)을 지나 중국 내부로 침입하기 전에 이미 중국인의 문화를 수용하고 있었다. 몽골인은 농민에 대비되는 유목민의 생활방식과 네스토리우스파 기독교의 영향 때문에 극동사회의 문화에 집요하게 저항했는데, 문화적 독자성을 지키려는 그들의 결의는 불교에 대한 태도로 표명되었다. 그 이교도 만족은 자기들의 마음을 당기고 있는 극동사회의 가톨릭 마하야나를 외면하고 티벳의 탄트라파 불교도에 주목했다. 〈쿠빌라이, 1259~1294〉는 라마교에 흥미를 느껴 그 교도에게 호의를 보였는데 이후에 장성 저편으로 쫓겨난 몽골인은 탄트라파 마하야나에 귀의했다.

앞에서 보았듯이 만족이 색다른 종교를 채택하는 것은 자기들의 문화적 기풍을 지키고 표출하려는 독창성의 표식이고 영웅시를 짓는 것은 그것의 다른 행태(行態)인바 20세기 중엽에 만주를 영역으로 하는 몽골리아 유목민이 만주족의 목초지에서 활동한 몽골인 비적(匪賊)을 찬양하는 노래를 부르고 있다는 사실이 밝혀졌다.[803]

⑭러시아의 외적 P

키예프 공국의 쇠퇴와 함께 시작된 러시아의 동란시대도 전술(前述)한 사례와 마찬가지로 유목민의 침입이라는 재앙으로 얼룩졌으나 러시아인은 같은 침공을 받은 다른 사회들과 달리 그 적(敵)을 효과적으로 처리했다. 비잔틴 시대의 키예프가 내리막길로 향한 11세기 중반에 유라시아 스텝에서 돌발하여 그 서대만(西對灣)에 밀어닥친 구즈족과 쿠만족은 페체네그족이 키예프의 바랑인에 의해 저지당했던 스텝과 삼림지대의 경계선에서 저지되었고 1240년에

---

803. 쑨원(孫文)의 중화민국은 1902년에 만주조(滿洲朝)의 제실목초지(帝室木草地)를 행정구에 편입하여 농지를 조성하고 있었다.

발생한 타타르인의 침입도 러시아인을 굽히게 했을 뿐 그들을 좌절시키지 못했다. 그 킵차크 바투칸의 침공 이후로 라투아니아 만족에 굴복하지 않은 러시아의 공국(公國)들은 250년 동안 타타르인의 지배에 놓였지만 러시아인은 그 압제가 어떤 것이었는지를 입증하는 몇몇 사례에도 불구하고 좌절에 빠지지 않았다. 러시아인은 모스크바와 노브고로드 공국의 통합으로 달성한 세계국가 시대에 타타르인에 대한 반격에 성공했는데 그 결정적 승리는 유라시아 유목민에 대한 싸움에 있어서 유례가 없는 것이었다.

러시아인이 유목민에 맞서 싸운 투쟁의 이 마지막 시기에 발휘한 수완은 킵차크 군단이 일으킨 소용돌이에 이끌려 늑대와 같은 모습으로 유라시아의 투기장에 들어온 코사크를 유능한 사냥개로 이용한 것이었다. 누구에게도 복종하지 않고 자유를 고집한 코사크는 길들이기 어려운 종족이었으나 그들이 사나운 만족(蠻族)에서 만족 토벌자로 변신한 과정은 다음과 같다. 16세기에 폴란드-리투아니아 연합과 손잡고 17세기에 협정에 따라 조건부로 모스크바 정권에 복종했던 코사크 전단(戰團)의 본체는 1773년에 일으킨 최후의 반란에 실패한 후 오토만 제국으로 망명하여 새 터전을 얻었다. 본거지에 잔류한 코사크는 쿠반강 우안(右岸)의 무주지로 옮겨져서 코카서스 고지민의 침입을 저지하는 역할을 떠안았으며 여타의 코사크는 기회를 엿보다가 변경에 주거지를 마련해 준 주인에게 복종하는 식민자로서 러시아 제국에 편입되었다.[804] 러시아 제국은 코사크 식민(植民)의 이 선례에 따라 야이크강 코사크 동쪽에 오렌부르크와 시베리아 코사크 군단을 설치했고 1867년에는 시베리아 코사크와 페르가나 사이에 세미류치 코사크 군단을 설치했다.[805] 세미류치 군단은 새로운

---

804. 드네프르강 연변에 있었던 코사크의 마을은 시츠(Sicz)로 알려져 있다. 카프카스 북부를 흐르는 쿠반강은 유럽의 최고봉인 엘브루스 근처에서 발원하여 북으로 흐르다가 서진하여 아조프해로 들어간다. 코카서스인은 아조프해 연안과 테레크강 코사크 사이의 고지에 웅거했던 고지민이며, 코카서스는 카프카스라고도 한다. 테레크는 카프카스 산맥에서 발원하여 카스피해로 유입하는 전장 623km의 강. 여타의 코사크는 테레크·돈·야이크의 코사크를 일컫는다.
805. 야이크강은 돈강 코사크의 후예인 푸가초프가 1773~1775년에 일으킨 반란 후에 우랄강으로 개

코사크 라인을 형성하여 시베리아와 트란스옥사니아를 연결하고 중가리아 분지를 폐쇄함으로써 유라시아 스텝을 양분했는데, 그것은 유라시아를 주름잡던 유목민의 완전한 패배를 천명(闡明)하는 것이었다.[806] 7개의 강으로 이루어진 광활한 지역을 횡단한 세미류치 코사크의 활약상은 놀라운 것이지만 대담하다는 점에서 그것을 능가하는 것은 하나의 강에서 달성한 16세기 야이크강 코사크의 위업이다.[807] 야이크 코사크가 돈강 코사크와 함께 러시아에 미친 토르구트 칼무크의 충격을 완화한 것은 러시아 정교 기독교 사회와 유목민의 오랜 싸움을 종결하는 첫걸음이었는데, 러시아가 1771년에 스텝으로 귀환하는 칼무크에게 대대적인 반격을 가한 것은 1620년 이래로 예정된 결말이었다.[808]

러시아 정교 기독교 사회가 유라시아 유목민에 관한 문제를 무난하게 해결한 것은 코사크와 같은 부류로서 극동사회의 세계국가를 재현한 만주족의 활약으로 말미암은 면이 있다. 코사크와 마찬가지로 그 사정을 꿰뚫고 있었던 만주족은 유라시아 유목민에 대해 고압적인 태도를 보였던 것인바 그로 인해 17세기 후반에 만주조와 모스크바 제국이 바이칼호 근처에서 접경하게 되자

---

명되었다. 오렌부르크는 러시아 오렌부르크주의 주도로써 카자흐스탄 방면의 러시아 국경에 근접한 도시. 본문에서 말하는 시베리아는 이르티시강 상류인데, 알타이산맥에서 발원하는 이르티시강은 중국과 카자흐스탄을 거쳐 러시아를 흐르면서 오비강과 합류한다. 페르가나는 시르다리야 상류와 카라테긴 산지의 페르가나 분지에 있는 우즈베키스탄의 도시. '7개의 강'이라는 의미의 세미류치는 중앙아시아의 발하슈호 남쪽 지역.

806. 중가리아(준가얼) 분지는 알타이와 천산산맥 사이에 있는 위구르 자치구 서쪽의 분지. 그 자치구의 중심지는 '아름다운 목장'이라는 의미의 우루무치인데, 남쪽으로 투루판 분지, 타림분지, 타클라마칸 사막, 티베트 고원, 티베트 자치구, 히말라야 산맥이 줄지어 있다.

807. 그것은 세미류치 코사크의 성취가 러시아의 세력이 강해짐에 따라 유목민의 저항이 약해진 시기에 달성된 것임에 반해 야이크 코사크의 업적은 러시아가 분열되어 있어서 유목민의 폭발이 재현될 가능성이 있었던 때에 성취된 것이기 때문이다.

808. 러시아인이 칼무크(Kalmuck)라고 칭했던 오이라트(Oirat)족은 토르구트부, 호쇼트부, 도르베트부, 준가르부로 구성되어 있었다. 이들 중 돈강과 볼가강으로 진출한 분파는 토르구트였다. 그들은 원래의 토르구트와 구별하여 신(新)토르구트라는 이름을 얻었는데, 러시아인은 18세기 이후로 러시아에 잔류한 토르구트를 칼무크로 불렀다. 러시아는 세력이 약해진 칼무크를 코사크처럼 이용하려고 했는데, 러시아인이 그에 반발하여 중가리아로 귀환하는 그들을 학살한 것은 그 성격에 있어 이집트인이 이집트를 탈출하는 이스라엘 자손에게 자행했던 행위와 같은 것이었다.

유라시아 스텝은 끊임없이 연결된 정착민 세력에 의해 포위되었다.[809] 당시에는 의도하지 않았지만 결과적으로 협공이 된 만주조와 모스크바 제국의 공격으로 인해 유라시아의 싸움터에서 유목민의 사회가 소멸될 것으로 예상되었으나 1938년이 되자 유목민에게 새로운 기회가 도래한 것으로 여겨졌다.[810] 일본인은 러시아와 중국의 압력을 받은 유목민을 회유하여 협력자로 삼았는데, 중대한 위험을 무릅쓰고 자기들의 운명을 도박에 건 일본인과 그에 편승한 몽골인에게 도래할 결말은 어떤 것일까? 이후로 몽골인이 유목생활을 지속할 수 없게 되어 Homo Mechanicus의 표준화된 모사(模寫)로 살아남아 산송장과 같은 삶을 살게 된다면 그 불굴의 정신을 지닌 유목민에 있어서 기계화라는 것은 절멸보다 견디기 어려운 고통일 것이다.

⑮ 서구사회에서의 흔적과 맹아(萌芽)

마지막으로 팽창하고 있는 우리 문명이 만난 미개사회를 보면 처음에는 헬레닉 문명과 마찬가지로 문화적인 매력 때문에 귀의자가 생겨났으나 이후로는 서구사회도 그 확대에 있어서 헬레니즘의 전도자들이 저질렀던 것과 같은 죄를 범했음을 알 수 있다.[811]

샤를마뉴의 잘못된 열성으로 말미암아 8세기에 강제적으로 서구에 편입된 작센인의 후예는 10~12세기에 그 아우스트라시아 왕의 행위를 능가하는 악행으로 엘베강과 오데르강 사이의 슬라브인을 몰아냈고 그릇된 종교적 열의

---

809. 만주조의 건륭제(1735~1796)는 러시아가 토르구트 칼무크를 타격하기 전에 더 강력했던 준가르 부를 격파했다.
810. 1911년의 신해혁명으로 서구화를 시작한 중국인은 개척이라는 명분을 걸고 내몽고와 만주로 달려들었고, 러시아는 1차 세계대전 당시에 징용(徵用)을 피해 도주한 주변의 유목민을 무수히 학살했다. 일본은 1931년에 만주사변을 일으킨 후 1938년에 아시아에서 발발한 전쟁의 도화선을 끊었다.
811. 자발적으로 서구사회에 귀의한 예로는 유산한 스칸디나비아 문명에 속했던 지역과 상술(上述)한 마자르인이나 삼림지대의 폴란드인을 들 수 있다. 헬레닉 문명은 이탈리아와 아시아에는 문화적으로 침투했으나 이후로는 마리안디니 정복과 피에레스 구축(驅逐) 및 에오르다에이와 코오네스를 멸절시킨다는 악행을 자행했다.

를 불태운 튜튼 기사단은 13~14세기에 프로이센인을 절멸시켰다. 중세 서구 기독교 세계를 둘러싼 만족의 이 영역에서는 성장하는 문명과 그 영향을 받은 만족의 관계가 4세기 반에 걸쳐 악화일로에 있었는데, 그와 같은 도덕적 퇴부의 경향은 기독교가 브리튼으로 침입한 과정에서도 확연히 드러났다.[812] 기독교가 브리튼 섬으로 진출한 역사에 있어서 그 첫 장은 순전한 전도자에 의한 영국인의 개종이었는데 이 정신적 정복자들은 자신의 안위에 우선하여 만족의 처지를 배려할 정도로 큰 도량을 지닌 교황에 의해 그 '세계의 끝'으로 파송되었다. 이처럼 고매한 정신이 발현되었던 이 첫 장에서 켈트 외변의 극서 기독교도에 대한 탄압을 자행한 다음의 국면으로 타락하게 된 것은 비통한 일이다.[813]

이로써 알 수 있듯이 서구 기독교 사회가 사회사의 첫 장에서 주변의 미개 사회와 맺은 관계는 좋았던 면보다 부족한 점이 많았던 것인바 서구사(西歐史)의 이 장은 14세기 이전에 개종(改宗) 정복(征服) 방축(放逐) 절멸(絶滅) 등으로 인해 북유럽 만족이 완전히 제거된 후에도 끝나지 않았다.

이러한 과정에서 터득한 강압(强壓)의 전통에 사로잡힌 서구 기독교도는 구세계에서 실행했던 것과 같은 방식으로 확장을 달성한 신세계와 아프리카에서 그 습성을 재현했는데[814] 이 미개사회의 후위에 대한 서구사회의 세계적인 공세에서는 복속(服屬)이나 구축(驅逐)이 아니면 절멸(絶滅)이라는 것이 상례였으되 문화적 전향은 예외적인 사례였다. 우리는 확장하는 서구사회와 접촉하여

---

812. 4세기 반이라는 것은 샤를마뉴가 작센 정복을 개시한 772년부터 튜튼 기사단이 프로이센인을 절멸시키는 만행을 시작한 1228년까지의 기간이다.
813. 664년에 개최된 위트비 종교회의는 부활절에 관한 논쟁 끝에 켈틱 기독교를 이단으로 규정했고, 알렉산더 3세 교황은 헨리 2세의 아일랜드 침공을 인가했다.
814. 서구사회는 15세기에 대서양과 북극권으로 이루어진 자연의 경계까지 확대하고 동쪽으로는 아드리아해 연안에서 북빙양 연안에 걸쳐 정교 기독교 사회와 접경했다. 북미의 영국인 개척자는 북미의 대서양 서안으로부터 태평양 동안에 걸쳐 구릿빛 인디언을 거의 완전히 절멸시켰고, 서구의 열강(列强)은 아프리카 흑인을 무자비하게 사냥했다.

문화적 전향을 달성한 종족들을 헤아릴 수 있으나[815] 서구사회가 채택한 이 방법도 온갖 침략적인 시도 끝에 부득이한 방편으로 채택한 것이었다. 그리고 서구화한 세계에서 최근에 이르기까지 독립적인 존재로 남아 있는 이문명(異文明)의 후손들이 있는데, 확장하여 그들과 접경하게 된 나라들은 인도에서의 영국인과 달리 강압적인 수단으로 그들을 제압했다.[816]

이어서 서구사회의 위와 같은 외적 P들도 전술한 창조성을 발휘하고 있는지를 살핌에 있어 팽창하는 서구사회 앞에 모습을 드러낸 모든 만족을 조사하는 것은 곤란한 일이며, 신생의 서구 기독교 사회와 충돌하여 좌절에 빠진 켈트 외변(外邊)과 스칸디나비아 만족의 후위가 발휘한 창조성에 대해서는 앞에서 보았으므로 여기서는 만족이 서구의 근대기에 발현한 창조성의 사례를 시와 종교의 영역에서 하나씩 살피는 것으로 마치면 족할 것이다.

시의 분야에서는 16~17세기에 도나우 합스부르크 왕국 남동변(南東邊)의 보스니아 만족이 읊은 영웅시를 떠올릴 수 있는데, 이 사례가 흥미를 끄는 것은 그것이 앞에서 확인한 통칙[817]에 반하는 것이기 때문이다. 서구사회가 아직 세계국가 단계에 진입하지 않았음에도 그 영웅시가 지어진 것은 앞에서 보았듯이 도나우 합스부르크 왕국이 오토만의 침공에 따라 세계국가와 비슷한 역할을 했기 때문인바 유럽만족의 후위로서 두 기독교 세계의 협공으로 인해 극심한 고통을 겪은 보스니아인은 그것을 두 계열의 영웅시로 표현했다.[818]

서구사회의 외적 P가 종교적인 면에서 발현한 창조성의 사례를 찾으려면

---

815. 서구사회가 중세 기독교 사회로부터 인계받은 스코틀랜드 고지민, 19세기 스코틀랜드인과 영국인 개척자가 뉴질랜드에서 발견한 마오리족, 16세기 스페인인 콩키스타도르가 남미에서 만난 아라우카누족.

816. 러시아에 대한 유라시아 유목민과 코카서스 고지민, 프랑스가 아라비아에서 만난 아프라시아 유목민과 아틀라스 고지민, 영국인이 이집트의 오토만 정권으로부터 물려받은 수단인.

817. 붕괴하는 문명의 외적 P가 영웅시를 창조하는 것은 그 문명이 세계국가의 단계를 지나 만족이 이동을 단행할 기회를 제공하는 공백기에 접어든 후의 일이라는 것.

818. 보스니아인이 서구 기독교 사회와 정교 기독교 사회의 협공을 받은 것은 전술한 바와 같이 이단으로 단정된 보고밀파로 개종했기 때문이다.

19세기 아메리카 합중국의 변경민(邊境民)으로 전락한 적색 인디언을 살펴야 하는데 그들이 패주(敗走)로 점철된 항쟁에서 종교적 응전을 이행했을 뿐만 아니라 그것이 폭력적이 아니라 유화적이었다는 사실은 주목할 만한 일이다. 신험적으로 생각하면 백인의 무자비한 폭력에 맞선 적색 인디언의 초인적인 전투력과 고도한 자존심에서 종교적으로 유화한 반응이 일어나리라고 생각하기는 어려운 일이지만 그들은 앞에서 살핀 사례들과 같이 침략자의 종교에 전투적인 기질을 덧붙이거나 그 적대자의 종교를 수용한다고 하는 상투적인 수법에 따르지 않고 유화의 길을 발견한 내적 P의 예언자가 터득한 고등종교의 특징을 발현했다. 18세기 중반에서 19세기 말에 걸쳐 간헐적으로 출현한 적색 인디언 예언자들의 교설(敎說)과 실천(實踐)에 일관된 유화적인 특성이 나타나 있는 것은 매우 인상적인 일인데, 그들의 두 계열은 델라웨어족과 문시족의 이름이 전해지지 않는 두 예언자에 의해 창도되어 쇼니족의 〈텐스크와타와〉와 키카푸족의 〈카나쿠크〉로 이어진 후 태평양 연안의 〈스모할라〉와 파니우트족의 두 예언자에 이르러 끝나고 있다.[819] 이 예언자들의 출생지는 합중국의 변경이 확장됨에 따라 동쪽에서 서쪽으로 이동했는데[820] 백인의 압력이 가해지는 지역에서 출현하여 구세주를 자칭한 이 예언자들은 절체절명의 위험에 봉착한 동족에게 살아갈 길을 제시했다. 적색 인디언이 처해 있었던 형편을 생각할 때 그들이 폭력이 아니라 평화의 길을 가르친 것은 놀라운 일인바 그 가르침의 골자는 평온히 살려면 백인들과 평화의 협약을 맺어야 하며 그렇게 하려면 자기들의 모든 부족이 화합을 이루어야 한다는 것이었다. 그들은 인디언이 선택된 백성이며 살아 있는 자가 그 땅에서 조상의 영혼과 상봉하는

---

819. 델라웨어족과 문시족 예언자가 활동한 전성기는 1762년과 1766~1775년이며, 텐스크와타와는 1795년에 〈열린 문〉이라는 종단을 열었다. 카나쿠크와 스모할라는 각각 1819~1831년과 1850년에 명성을 떨쳤고, 선구자와 구세주로 알려진 타비보와 워보카는 1870년과 1886년에 전성기를 맞이했다.

820. 그들의 출생지를 현재의 지명으로 말한다면 델라웨어와 쇼오니 예언자는 오하이오, 카나쿠크는 미네소타, 스모할라는 미국과 캐나다 국경 근처의 로키산맥, 타비보와 워보카는 네바다 고원이다.

메시아 왕국은 백인의 총칼에 의해서도 정복되지 않는다고 선언하고, 그 왕국은 선택된 백성이 신의 뜻에 합당한 일을 수행할 때 신의 섭리에 따라 출현하는 것이므로 모두가 그것을 기다리며 기도하는 정신적 과업과 백인에게서 받아들인 모든 것을 포기하는 실천적 의무를 이행해야 한다고 가르쳤다. 그들이 무자비한 공격과 참기 어려운 도발을 받으면서 설파한 그 비폭력의 주장은 종교적 성공이 아니라 그 길에서 이탈한 사람들에 의해 정당한 것으로 인증되었다. 무력항쟁을 이끌다가 참변을 당한 폰티악은 인디언의 모든 부족이 화합해야 하는 이유는 백인에 맞서기 위함이며 싸움에는 머스킷(Musket)이 필요하다고 주장함으로써 델라웨어족 스승의 가르침을 이중으로 곡해했고 텐스크와타와는 1809년에 테쿰세가 주도한 무력항쟁에 동참함으로써 〈열린 문〉을 망쳤다. 그리고 타비보가 창시한 〈고스트 댄스교〉를 물려받은 워보카는 1890년에 수우족을 앞세운 봉기를 일으켜 스승의 종교와 자신에게 치명상을 입혔다. 〈Ghost Dance Religion〉은 수우족에게 승리를 안겨주지 못했으나 스모할라의 〈Dreamer Religion〉은 조세프가 이끈 네페르세족에게 2,120㎞나 되는 거리를 이동하는 고난을 견뎌내는 힘을 부여했다. 극한의 인내로 결행한 그 이동은 토르구트 칼무크가 단행한 이주(移住)에 필적하는 것인바 장기에 걸친 이 두 패주의 고뇌는 카인에 대한 아벨의 마지막 반항으로 기억될 것이다.

맹렬한 세계화의 추세 속에서 지금까지 정체성을 지키고 있는 만족이 살아남는 방법은 서구에 강제적으로 편입되기 전에 자발적으로 전향하는 것이라고 여겨졌는데 그런 경향은 현재 진행 중인 아프가니스탄과 사우디아라비아의 서구화 운동으로 나타나고 있다.[821] 세계적인 서구화는 이렇게 진행되고 있지만 어떤 모습으로든 완고하게 남아 있는 야만의 사회가 완전히 사라진다는

---

821. 아프가니스탄에서는 〈아마날라, 1919~1929〉가 급진적인 서구화를 추진하다가 권좌에서 쫓겨난 후 〈나디르〉와 그 후계자들에 의해 서구화가 진행되었고, 나지드와 헤자즈의 탁월한 군주였던 〈압둘 아지즈 알 사우드, 1932~1953〉는 자신이 통합한 사우디아라비아의 서구화를 성공적으로 추진했다.

것은 환영할 만한 일이 아니다. 그것은 앞에서 확인한바 문명이 파멸에 봉착하는 원인 때문인데, 그 본질을 간파한 시의 일절(一節)을 20세기 중반 이후의 서구사에 비춰서 읽으면 오늘날 서구인이 아비시니아를 조롱하는 것에 연관된 풍자의 주제를 상기하게 된다.[822] 풍자를 위한 재료는 변하지 않았으나 이후에 발생한 잡다한 사건은 이 시대에 있어서 과연 어느 쪽이 풍자의 대상이 되는 야만적인 행동을 자행하고 있는지에 대한 의문을 제기했다.[823] 반복하건대 오늘날 진정한 야만인은 누구인가? 서구문명의 세계적인 팽창으로 인해 전통적인 야만은 대부분 일소되었으나 이 전대미문의 승리는 야만인을 진멸한 후 슬며시 나타나서 우리를 습격하게 될 것이다. 그러므로 이제 무장을 갖춘 야만인을 볼 수 있는 곳은 바로 우리 가운데일 것인바 실제로 우리는 우리 기독교 세계의 복판에서 새로운 만족전단(蠻族戰團)이 편성되고 있는 것을 목격하고 있다. 그 정신에 있어서 야만인임이 분명한 파시스트 전단과 나치 돌격대는 그들이 태어난 사회의 의붓자식으로서 실력을 발휘하여 학대받은 원한을 해소할 권리가 있다고 배워왔던 것이 아닐까? 그리고 그것은 겐세리크나 아틸라와 같은 만족의 수령들이 힘을 잃은 압제자를 침공할 때 자기의 병사들을 설복(說服)한 가르침이 아니었던가? 1935~1936년에 아프리카에서 발생한 전쟁에서는 검은 피부가 아니라 검은 셔츠가 야만의 표식이었는데 그 검은 셔츠를 입은 야만인은 문명사회를 위협하는 사회적 흉조(凶兆)로 여겨졌다.[824] 이 이

---

822. 시의 일절이란 영국 시인 〈Gorge Meredith〉의 「Love's Grave, 사랑의 무덤」 중 "우리는 우리 속에 있는 허위에 의해 배반된다"는 것. 이단 종파에 귀의한 아비시니아의 현황은 조롱거리가 아니라 볼테르나 기본과 같은 거장만이 능란하게 다룰 수 있는 풍자의 주제라는 것.

823. 잡다한 사건은 팽창하는 문명에 의해 그 외적 P가 극심한 곤경에 빠진 것인데, 우리는 그것을 '귀의자의 이반'에서 상고(詳考)했다. 본문에서 대비하고 있는 것은 야만적인 상태에 빠져 있는 아비시니아의 단성론 기독교도와 독가스 등의 무기를 동원하여 그들을 침공한 이탈리아인이다.

824. Romagna 태생의 무솔리니가 창설한 '국가안보 의용대'의 실체는 파시스트 정치 깡패였는데, 그들이 검은 셔츠를 제복으로 착용했으므로 '검은 셔츠단'이라는 별칭을 얻었다. 그들이 위협적인 존재라는 것은 신이 아니라 악마에게 도움이 될 수 있는 조상 전래의 기술을 지녔기 때문이고, 사회적 흉조라는 것은 선조의 종교에서 말미암는 광명을 저버렸기 때문이다.

탈리아의 야만주의는 어디서 유래했으며 무솔리니는 미메시스의 능력을 누구에게 돌렸던 것일까? 그가 자기를 일컬은 말[825]을 상기할 때 무솔리니가 의도한 것은 영국과 프랑스의 제국 건설자와 같은 역할이었음을 알 수 있다. 우리가 문명의 길을 등진 그 야만인의 정떨어지는 얼굴 속에서 앞서간 영국인의 모습을 보는 것은 부끄럽고도 슬픈 일인바 20세기 이탈리아의 독재자가 고풍스러운 서구인으로 행세한 것은 연달아 앞선 세기의 영국인과 프랑스인에 대한 가공스러운 고발(告發)이다. 무솔리니의 야만적인 제국주의의 원천은 영국에 대한 로마냐 사람의 심취인 것으로 여겨진다. 그것으로 볼 때 이탈리아의 파시스트 전단(戰團)은 지난날 악명을 떨친 영국인의 정신적인 후예임이 분명하다. 전후의 영국인은 그와 같은 죄악에서 벗어나려고 노력하고 있지만 고난을 겪은 인도의 철학자는 동정심 어린 목소리로 신의 섭리와 우주의 작용에 대한 영국인의 무지(無知)를 비웃을지도 모른다.[826]

이제 우리는 이 고찰을 끝냄에 있어서 지금까지 살핀 외적 P와 지배적 소수자의 싸움에서 처음부터 시비를 걸고 침략을 자행한 쪽은 후자였으며 그 싸움의 기록은 이긴 자들이 남긴 것이었음을 상기해야 한다. 따라서 문명의 고상한 터전에 전화(戰禍)와 살상(殺傷)을 가져왔다고 하는 외적 P의 모습은 객관적인 사실의 기록이 아니라 자기들이 자행한 침탈이 초래한 정당한 반격에 대한 지배적 소수자의 감정적인 표현임이 분명하다. 그러므로 침탈자가 쓴 야만인에 대한 고소장은 19세기 프랑스인의 기지(奇智)가 표현한 단순한 테마의 복잡한 변주곡에 불과하다. "공격하면 저항하는 이 동물은 성미가 고약하다"

---

825. "내가 이탈리아를 위하는 것은 대영제국을 만든 위인이 영국을 위하고, 프랑스의 위대한 식민지 개척자가 자기 조국을 위한 것과 조금도 다름이 없다"
826. '악명을 떨친 영국인'은 해적질을 일삼은 Francis Drake, 노예 무역을 개시한 John Hawkins. '고난을 겪은 인도 철학자'는 Mahatma Gandhi. '영국인의 무지'란 12세대에 걸쳐 제국주의적 침략을 자행한 자들이 그 무거운 카르마를 일시적인 회심으로 벗어버릴 수 있다고 생각한다는 것.

### (4) Inspiration의 두 기원(起源)

지금까지 어떤 문명이 붕괴에 돌입했는지를 결정하기 위해 적용한 기준은 분열의 발생이었다. 우리는 그에 따른 조사에서 분열로 말미암은 사회적 결과인 지배적 소수자와 내적·외적 P의 사업을 살폈는데 붕괴기의 문명이 이와 같은 단편으로 나뉜다는 것은 헬레닉 문명을 표본으로 삼아 잠정적으로 설정한 가설이었다. 그리고 지배적 소수자의 사업은 철학을 창안하고 세계국가를 수립하는 것이고, 내적 P는 고등종교와 세계교회를 창조하며, 외적 P는 고유의 종교와 분파적인 교회에 더하여 영웅시를 창안한다는 결론에 도달했다.

이제 우리는 사회체의 분열에 관한 연구를 완료한 것이다. 다음에 해야 할 일은 그 완료 속에서 암시된 영혼의 분열에 관한 보충적인 연구를 시도하는 것인데, 그 일을 진행하기 전에 살펴야 할 것은 지금까지의 연구가 어떤 지향점을 제시하고 있는지를 살피는 일이다. 그리고 그에 관해서 즉각적으로 떠오르는 문제의 하나는 "분열된 사회체의 세 단편이 행하는 사업의 인스피레이션은 어디서 오는가?"라는 의문이다. 우리는 문명이 바로 이해 가능한 역사 연구의 분야라고 정의(定義)했는데 주관적인 관념으로 이루어진 이 경험적 설명은 살피는 분야의 성질에 관한 모종의 함축성을 수반하는 것임이 밝혀졌다. 그것은 문명이 걸어가는 과정은 연구를 통해 이해할 수 있는 것으로서 다른 사회적인 힘의 작용을 고려할 필요가 없음을 의미하는 것이었다. 그리고 문명화 과정에 있는 사회체는 민족국가라는 문명의 한 단편과 달리 독자적이고도 참된 생명을 지닌 것으로 여겨졌었다. 그것은 분열된 세 단편은 모두가 그 사회의 구성분자였기 때문이지만 이 단편들을 조사하는 중에 환기된 생각은 역사의 드라마를 구성하려는 노력에서 외래의 배우를 토착의 배우만큼 중요하게 고려해야 한다는 것이다. 그러므로 이후로 문명의 붕괴에 수반된 역사를 이해할 수 있는 방향으로 연구하려면 고찰의 범위를 더욱 넓혀야 할 것이다.

지금까지 살핀 바와 같이 붕괴에 돌입한 문명의 사회체는 지배적 소수자와 내적·외적 P로 분해될 뿐만 아니라 그 유리(遊離)로 인해 다른 사회체에서 도래한 이질적인 요소와 새로운 결합을 이루는 경향이 있다. 그리고 이것은 문명의 붕괴에 대해서는 문명의 좌절에 대한 우리의 법칙[827]이 적용되지 않는다는 것을 의미한다. 위와 같은 사실에 직면한 우리는 그러한 입장에서 이후로 문명의 접촉을 다룰 때[828] 취해야 할 관점으로 옮아가고 있는 것인데, 여기서는 당면한 목적을 달성하기 위해 붕괴하고 있는 문명의 분열된 단편이 창조성을 발현하는 활동에 내재하는 두 인스피레이션을 비교해 두는 것으로 만족하기로 하자.

지금까지의 연구에서 사회체의 분열에 따른 세 단편의 활동에는 외래의 인스피레이션이 스며드는 경향이 있음이 밝혀졌다. 당면한 과제에 비춰서 그것을 돌아보면 외래의 인스피레이션은 내적 P의 사업에서는 조화와 창조를 유발(誘發)하지만 지배적 소수자와 외적 P의 사업에서는 갈등과 파괴를 초래하는 경향이 있다는 것을 알 수 있다.

먼저 지배적 소수자를 보면 세계국가를 건설하는 세력은 토착민인데 그들 속에는 이문명의 요소가 포함되어 있지 않다. 그러나 지배적 소수자의 타락이 극심하여 필요한 시기에 세계국가를 건설할 만한 힘을 갖춘 세력이 존재하지 않는 때에는 외래자가 토착민이 해야 했던 임무를 이행한다. 이 경우 세계국가를 제공한 대가를 구하여 지배적 소수자의 허리보다 굵은 새끼손가락을 가진 외래자의 세계국가는 반항에 따른 고난에 직면하게 된다. 외래자의 세계국가가 제공하는 고압적인 봉사를 어쩔 수 없이 수용해야 하는 것은 원망스러운 일이므로 자기들의 사회적 파국을 자인하면서 그 지배에 복종하는 사람들이 느끼게 되는 무력감은 복수심으로 바뀌고 그로 말미암는 원한은 기하급수적으로 축적된다. 이 사실은 외래자가 제공하는 세계국가는 완전한 존재가 아

827. 문명의 좌절은 외적인 타격에 의해서가 아니라 내적인 결정 능력의 상실 때문에 일어난다는 것.
828. 제9부의 문명의 공간적 접촉 및 제10부의 문명의 시간적 접촉.

니라는 것을 의미하는바 그것은 외면적인 억압에서 벗어날 수 없는 그 평화가 효과를 발휘하려면 제국을 건설할 때 사용했던 물리적인 힘을 끊임없이 사용해야 하기 때문이다. 이 물리적인 힘은 제국을 건설하는 모든 이들이 동원하는 통상적인 수단이므로 초기에 동원된 폭력은 용인되는 경향이 있지만 외래자의 세계국가는 토착민의 세계국가와 달리 그 폭력을 연속적으로 사용해야 한다는 핸디캡을 안고 있다. 토착민이 수립한 세계국가의 현저한 대표라고 할 수 있는 로마제국에서 〈Domitianus, BC 81~96〉의 시대에 이르기까지 로마인의 지배에 반감을 품고 있었던 그리스 문인들은 〈Marcus Aurelius, 161~180〉의 시대에 태도의 변화를 나타내고 있었다. 우리는 그 대표적인 예로써 로마와 로마인의 통치를 시(詩)로 찬양한 〈아일리우스 아리스티데스, 117~181〉를 들 수 있다. 그리고 그 그리스어로 쓰인 로마 예찬에는 알렉산드리아의 〈클라우디아누스〉와 갈리아 태생의 〈루틸리우스〉가 라틴어로 쓴 찬가를 부가(附加)할 수 있는데, 갈리아 시인이 「귀국에 관하여」라는 시 속에서 헬라스인의 세계국가인 로마제국을 외래자가 수립한 제국들[829]에 대비(對比)하여 그 위대함과 미덕을 돋보이게 한 것은 흥미로운 일이다. "그대가 지배하고 있는 영역은 마땅히 지배할 자격을 갖추고 있는 범위보다 작다"라고 하는 갈리아인의 로마에 대한 찬사는 외래자의 세계국가에 예속된 사람들의 입으로 들을 수 있는 말이 아닐 것인바, 우리는 그것을 앞에서 외래자가 수립한 세계국가에 증오를 표출하거나 극렬히 반항한 역사적 사례를 살피면서 확인했다.[830] 외래자의 세계국가를 창건하는 자들이 일깨우는 증오의 강도는 시일의 경과에 따라 수그러드는 것이 아니라 더욱 증대되는 경향이 있는데 그것은 그 세계국가를 타도한 토착민의 정권이 마찬가지로 광신적인 기질에 물드는 것으

---

829. 아시리아인과 메디아인의 제국, 마케도니아의 알렉산더, 파르티아 제국.

830. 원저자는 마케도니아인과 영국인이 바빌로니아와 인도인으로부터 환영이나 묵인을 받은 것은 그에 앞선 외래자의 세계국가였던 아케메네스조와 무굴제국에 대한 현지인의 증오 때문이었음을 밝히고 있다. 이어서 오토만 제국에 대한 그리스인의 반란, 몽골인의 제국에 대한 중국인의 증오와 만주조에 대한 관용 등을 외래자가 강요한 세계국가에 대한 극심한 반항의 사례로 들고 있다.

로 증명된다.

일반적으로 붕괴에 돌입한 사회를 침공하여 약탈을 일삼는 외적 P로 등장하는 만족도 다른 문화에 물들어 있으면 마찬가지로 광신적인 기질을 발현하는 경향이 있다. 중제국(中帝國)으로 알려진 토착민의 세계국가가 붕괴에 돌입했을 때 이집트 사회를 침략한 힉소스인은 중국에 침입한 몽골족과 마찬가지로 이집트인의 극심한 반발과 저항 때문에 급격하게 밀려났다. 공간만이 아니라 시간적으로도 거리가 먼 이 두 사례에서 동일한 반응이 일어난 것은 토착민의 분노를 유발한 원인이 같았다는 것으로 설명된다. 힉소스인은 수메릭 사회의 문화에 물들어 있었고 몽골인은 극동 기독교 세계의 문화에 젖어 있었던 것인데, 우리의 이 설명은 그 이질적인 요소에 대한 분노 때문에 광적인 반응을 보였던 토착민이 마찬가지로 외래자지만 이질적인 문화에 물들지 않은 불청객을 태연하게 맞아들이는 태도에서 확인된다. 상술한 대로 몽골족에 의해 건설되어 폭발적인 결과를 수반한 극동사회의 세계국가는 다른 문화에 물들지 않은 만족이라는 점에서 몽골족과 구별되는 만주족에 의해 재건되었는데 이집트의 역사에서도 이와 같은 반복의 유사한 사례가 발견된다. 이집트는 신제국이 쇠락의 길을 더듬기 시작했을 때 미노스 사회의 유민과 리비아 유목민의 공격을 받았다. 그에 있어서 미노스 문명에 물든 해양민족은 급격히 격퇴되었으나 순전한 만족이었던 리비아인은 에게해 종족과 결별한 후 무난히 이집트 사회로 진입했다. 에게해 종족의 혼성군은 이집트의 전투적인 황제들에 의해 펠루시움에서 격퇴되었으나 리비아인은 〈람세스 3세, BC 1200~1168〉 이후의 시기에 비적(匪賊)이나 용병(傭兵)으로 이집트 땅에 침입했던 것인데 에게해 종족에 대해서는 극도의 혐오감을 표출했던 이집트 신관계급이 리비아인의 야만을 관용(寬容)한 것은 기이한 일이다.[831] 그러나 재고해 보면 리비아인

831. 제19왕조의 전투적인 왕들과 제20왕조의 〈람세스 3세, BC 1200~1168〉는 에게해 종족에 대해 군국주의적인 전투력을 발휘했다. 펠루시움은 나일강 델타 동쪽의 국경요새(國境要塞), 에스겔서를 참조할 것. "내 분노를 애굽의 견고한 성읍 신에 쏟고 또 노 나라의 무리를 끊을 것이라(I

의 순수한 야만성이 이집트인을 안심시킨 특질이었다고 생각할 수 있을 것인 바 이집트 문명의 보지자(保持者)가 보기에는 이질적인 문화에 젖은 에게해 종족보다는 손때가 묻지 않아서 어떻게라도 가공할 수 있는 리비아인이 다루기 쉬운 존재였을 것이다. 이처럼 오염된 만족보다 순수한 야만을 선호하는 경향은 공백기의 시리악 세계에 나타나 있다. 시리악 사회는 가능한 한 언제나 프랑크족을 배척했는데 그것은 프랑크족이 순수한 야만이 아니라 청년기 서구 기독교 문명의 일원이었기 때문이다. 예를 들면 우마이야조 칼리프국이 유기 (遺棄)한 안달루시아 주민은 원조를 구했던 프랑크족 계열의 바스크와 아스투리아 만족이 아니라 더 야만적이었던 베르베르족의 지배에 복종했고 시리아 아바스조 칼리프국의 유기된 영토에서는 십자군 제후국(諸侯國)을 건설한 프랑크족을 배척하고 터키와 쿠르드인 전투집단[832]을 해방자로 환영했다.

우리는 이러한 현상을 하나의 사회적 법칙으로 정립할 수도 있을 것인바 그것은 다음과 같은 사실로 입증된다. 다른 문명의 색조에 물들지 않고 자기들 고유의 종교를 만들고 새로운 땅을 정복한 후에도 그 독자적인 신(神)을 고수한 아리안족과 히타이트인과 아케아족은 각각 인도문명, 히타이트 문명, 헬레닉 문명의 모체가 되는 일에 성공했다. 그리고 고유의 종교와 정복한 땅에서 발견한 종교를 달갑지 않은 태도로 융화시키려고 했던 카시족과 파르티아인도 침입하여 투숙한 사회에서 기생적인 지배자의 지위를 유지했다. 자기들의 종교를 버리고 정복하거나 침입한 지역의 종교로 개종한 종족을 보면 그들도

---

will pour out my warth on **Pelusium**, the stronghold of Egypt, and cut off the hordes of Thebes) 내가 애굽에 불을 일으키리니 신 나라가 심히 근심할 것이며 노 나라는 찢겨 나누일 것이며 놉 나라가 날로 대적이 있을 것이며(I will set fire to Egypt; **Pelusium** will writh in agony. Thebes will be taken by strom; Memphis will be in constant distress)"

832. 여기에 있어서 저명한 인물은 셀주크 터키의 무장으로서 십자군으로부터 Edessa를 탈환한 〈이마드 앗딘 아타베그 젱기, 1085~1146〉, 젱기의 아들로서 안티오키아와 트리폴리의 십자군 후국(侯國)을 토벌하고 이슬람 세력의 통일을 도모한 〈누르 앗딘, 1118~1174〉, 이집트를 정복한 〈시르쿠흐〉와 그의 조카 겸 계승자로서 아이유브 왕조를 개창하고 십자군과 싸워 '살라딘'으로 알려진 〈살라흐 앗딘 유스프 이븐 아이유브〉 등이다.

문명사회의 협력자로 받아들여진다는 주목할 만한 보상을 얻었다. 예를 들면 프랑크족, 영국인, 스칸디나비아인, 폴란드인, 마자르족은 가톨릭교로 개종하여 서구 기독교 세계의 지도적인 일원이 되었다. 힌두교로 개종한 세 종족을 보면 훈족과 구르자라족은 힌두교가 힌두사회의 세계교회로 성장하도록 돕는 일을 했고 샤카족은 이 두 종족에게 힌두문명의 첫 장에서 중요한 역할을 할 기회를 제공했다. 마찬가지로 힌두쿠시를 넘은 쿠샨족과 산서(山西)에 정주한 척발족이 불교에 귀의한 것은 전자에게 마하야나가 극동사회로 진출하는 일에 도움을 주게 했으며 후자에게는 무명의 유목민으로서 수(隋)와 당(唐)제국의 기초를 쌓는다는 위업을 달성하게 했다. 그리고 앞에서 보았듯이 정교 기독교에 귀의하여 돋보이는 활력을 보인 세르비아인과 마야인의 종교를 답습함으로써 멕시코 사회의 세계국가를 건설할 실력을 갖추었던 아즈텍족도 같은 사례에 속한다. 또한 보고밀파 기독교도였던 보스니아인은 이슬람 수니파로 개종했고 아리우스파 기독교도였던 서고트족과 롬바르드족은 가톨릭으로 개종했는데, 생존을 위한 이 정략적인 배교(背敎)도 자기들의 종교를 끝까지 고집했던 동료들이 겪은 불행에 비춰볼 때 현명한 처신이었다고 말할 수 있다. 역사적 사례를 보면 정복한 지역에서 자기들의 종교를 완고하게 고수함으로써 피지배자의 미움을 산 만족전단은 모두 멸절이 아니면 추방을 당하는 운명을 겪었음을 알 수 있다. 이집트에서 세트 숭배를 고집하다가 아모시스에 의해 추방된 힉소스인과 게르만족을 몰아내고 이탈리아를 장악했으되 아리우스파 기독교도라는 이유로 배척된 동고트족은 그 대표적인 사례이다. 앞에서 살핀 중국인의 증오를 유발한 네스토리우스파 몽골족, 아바스조 칼리프국의 뒤를 이을 기회를 상실한 다일람과 아라비아 동부의 시아파 이슬람교도, 종교적 관습을 완고하게 지키다가 로마 기독교 사회에 정복된 켈트 외변의 극서 기독교도 등은 모두 같은 사례이다. 이러한 사례에 있어서 헬레닉 사회의 외적 P로서 로마령 시리아와 이집트를 정복한 후 피지배자의 단성론 기독교로 개종하지 않고 이슬람교를 고수한 원시 이슬람교도 아랍족은 우리가 세운 법칙의 이 특수한 조항에 대한 예외가 아니라 오히려 그것을 보증하는 것이다. 왜냐하면 아랍인 정복자는 오리엔트의 로마 제국령을 공격하면서 부지중에 사산조를 정복함으로써 그 성격이 로마제국의 만족 후계국가에서 재건된 시리악 사회 의 세계국가로 바뀌었기 때문이다. 이슬람교도 아랍족이 우연히 짊어진 정치 적 사명이 이슬람교에 새 생명을 부여했던 것인바 기독교와 유대교를 혼합하 여 조악(粗惡)하게 만든 만족의 종교가 추방이나 멸절의 운명에서 벗어나 시리 악 사회에 세계교회를 제공하는 고등종교로 자리매김한 것은 우리의 법칙을 부정하는 것이 아니다.[833]

외래(外來)의 인스피레이션은 위와 같이 지배적 소수자와 외적 P에 있어서 화(禍)의 근원이 되는 것이지만 내적 P에서는 반대의 결과를 낳는다. 앞에서 살 핀 결과에 따르면 고등종교와 세계교회는 밖에서 들어온 생명의 불꽃을 품고 있어서 그 불꽃의 강도에 비례하는 변화를 일으킨다. 앞 장에서 확인한 대부 분의 고등종교 속에서 이러한 외래의 불꽃을 볼 수 있는바 우리는 그것을 이 집트의 오시리스 숭배와 헬레닉 사회에서 경쟁한 다섯 개의 종교에서 확인했 다.[834] 헬레닉 사회로 침입한 다섯 개의 종교는 정신적 본질에 있어서 극명한 대조를 보이지만 한편으로는 외래의 인스피레이션에 의한 종교적 본령(本領)을 헬레닉적인 양식으로 표현하려고 했다는 공통점을 갖는다. 이 특색은 여타의 네 종교에 있어서 주지의 사실이지만 마하야나에서는 더욱 확연하게 드러난 다. 고타마 싯타르타의 철학이 마하야나로 발전하게 된 결정적인 계기는 헬레 닉 사회의 조각술(彫刻術)을 이용하여 부처를 형상화한 것인데, 이처럼 인도화

---

833. 이슬람교의 특이성은 외적 P의 종교로서 피정복민에 의한 추방이나 멸절의 운명에서 벗어났다는 것과 정치에 관여하는 종교는 망한다고 하는 사회적 법칙에 반(反)하는 것이다.
834. 이집트의 오시리스 숭배는 수메릭 사회의 탐무즈에서 유래한 것. 헬레닉 사회의 이시스와 키벨레 숭배는 각각 이집트와 히타이트 문명의 것이고, 기독교와 미트라교는 시리악 문명의 것이며, 가톨 릭 마하야나는 인도사회에서 유래한 것이다.

(印度化)된 그리스 미술의 겉옷을 걸친 고타마 철학은 옥수스-약사르테스 유역에 이르러 부처를 시리악 사회의 조로아스터와 같은 구세주로 변모시키고 기신(起信)을 달성함으로써 대승불교로의 전화(轉化)를 완료했다.[835] 마하야나는 이처럼 인도의 인스피레이션에 헬레닉과 시리악적 요소를 접목했던 것인바 그 새로운 종교는 옥수스-약사르테스 유역에서 타림분지를 거친 후 중국사회로 들어가 기독교에 필적하는 승리를 쟁취했다. 마하야나는 위에서 살핀 종교들과 마찬가지로 외래의 인스피레이션이라는 이유로 방해받는 일 없이 극동사회에 세 문명의 각인을 찍었는데, 우리는 이러한 사실에 의해 내적 P에 접화된 외래의 인스피레이션은 재앙이나 좌절을 초래하지 않는다고 생각할 수 있다. 이 결론은 침투한 사회를 정복하는 일에 실패한 고등종교에 의해서도 부인되지 않는다. 러시아의 프로테스탄트 기독교가 구축된 것은 같은 외래의 인스피레이션인 마르크시즘 운동에 의한 일이므로 이 결론에 영향을 미치는 것이 아니며 오토만의 시아파 이슬람교와 가톨릭 기독교가 실패한 것은 그것이 정치적으로 악용되었기 때문이다. 더하여 기독교가 중국에서 실패한 것은 문화적인 이유 때문인데 마테오 리치가 실행한 현지화와 문화적 전환의 노력[836]이 1세기 이내에 중단되지 않았다면 가톨릭 예수회는 중국에 굳건한 뿌리를 내릴 수 있었을 것이다. 그러므로 우리는 외래의 인스피레이션은 그로 말미암은 종교를 돋보이게 하는 특색이며 토착(土着)의 인스피레이션에 의한 종교가

---

835. 아폴론 타입의 초기 불상은 BC의 마지막 세기에 간다라에서 활약한 그리스인 예술가의 작품인데, 2세기 초에 마투라에서 발흥한 인도 조각의 한 유파는 간다라 미술의 외형적인 면에서 벗어나 부처의 정신적인 면을 강조한 '마투라 불상'을 창시했다. 고타마 싯타르타를 구세주로 변모시킨 것은 인도의 종교적 성향에 맞추어 그를 연속하는 구세주의 현현(顯現)에 있어서 '불타의 현현'으로 여긴 것인데, 마하야나에 있어서 그것은 아발로키타(觀音), 마이트레야(彌勒), 아미타(法藏)의 신화적 현현과 같은 계제(階梯)였다.

836. 〈Matteo Ricci, 1552~1610〉는 이탈리아 출신의 예수회 선교사로서 중국에서 유학을 깊이 연구하여 기독교와 유교의 융합에 힘썼는데, 지난날 〈클레멘스〉와 〈오리게네스〉가 알렉산드리아에서 행했던 것과 같았던 그 노력은 이탈리아 예수회의 전도 활동이 다른 선교회와의 알력과 교황청의 실책으로 인해 1세기 이내에 중단됨으로써 불발로 끝났다.

자기가 속한 사회를 정복하는 것은 이례적인 일이라고 말할 수 있다. 일별하여 토착의 인스피레이션에 바탕을 두고 있다고 여겨지는 종교의 기원을 살피면 시리악 사회를 무대로 하는 다섯 개의 종교와 인도에서 활약한 두 개의 종교를 상기하게 된다. 먼저 유대교와 조로아스터교를 보면 이들은 바빌로닉 사회의 전통과 제의(祭儀) 속에 침투한 시리악 사회의 인스피레이션에 의해 형성된 바빌로니아 사회 시리아인 내적 P의 종교라고 식별할 수 있다. 그리고 네스토리우스파와 그리스도 단성론은 기독교의 변형으로서 기독교에 스며든 헬레니즘을 배척하려는 시도였고, 벵골의 탄트라 마하야나는 마하야나에 깃들어 있는 헬레니즘과 시리악적 요소를 축출하려는 기도였으며, 이슬람교와 힌두교는 침투해 오는 헬레니즘에 반항한 시리악 사회와 인도사회의 종교적인 표현이었다. 이렇게 보면 이들 중 토착의 인스피레이션에 의한 고등종교의 진정한 표본은 이슬람교와 힌두교뿐이다. 그러나 헬레니즘에 대한 시리악 사회와 인도사회의 반항은 그 세 문명이 조우한 역사의 말미(末尾)에 행해진 것이고 그 이전에 있었던 교류의 시기에는 그에 걸맞은 종교적 표현이 주어졌는데, 가톨릭 기독교와 마하야나를 낳은 이 시기는 그 문명 간의 만남에 있어서 헬레니즘에 반항한 다섯 개의 종교[837]가 만들어진 시기에 비해 큰 의미를 갖는 국면이었다.

우리는 앞줄에서 은연중에 기독교와 대승불교를 다른 종교보다 높게 평가했음을 인정해야 한다. 서론에서 문명의 가치를 비교하지 않기로 했던 것에 반하는 것인 이 문제는 이후로 세계교회를 다룰 때 검토하기로 하고 여기서는 고등종교의 진정한 표본은 외래의 인스피레이션을 가지고 있는 종교라고 단정했던 것으로 말미암는 문제에 집중하기로 하자.

외래(外來)한 인스피레이션에 의해 탄생한 종교를 탐구하는 일에는 그에 관계된 문명들의 접촉을 살피는 것이 수반(隨伴)되는바 이것은 문명을 이해 가능

---

837. 네스토리우스파와 단성론 기독교, 탄트라파 마하야나, 이슬람교, 힌두교.

한 역사 연구의 단위로 삼은 우리의 입장에 반하는 것이다. 이 사실은 우리가 하나의 국민국가를 단위로 하는 역사 연구가 역사적 사고의 상대성이라는 함정에 빠졌음에 주목하여 종(種)으로서의 문명을 단위로 삼았던 것과 같은 기로(岐路)에 봉착했음을 의미하는 것인데 여기서 우리가 핀다로스의 탄식에 동조할 것이 아니라 '인간의 나라'라는 감옥에서 탈출하여 '신의 나라'로 들어간 성자(聖者)를 따른다면 이 지적인 여행에서 헤라클레스의 기둥을 뒤로하고 더 큰 바다로 나갈 수 있을 것이다.[838]

## 4) 영혼(靈魂)에 있어서의 분열

앞에서 문명 붕괴의 기준으로 고찰한 사회체의 분열은 그 구성원 각자의 정신적인 균열로 말미암은 정신적 경험의 외적인 표현이라고 정의할 수 있다. 그렇지만 그것을 더욱 세밀히 살피려면 좌절에 빠진 사회에 예속된 영혼이 드러내는 내적 분열의 다양한 형태에 주목해야 한다.[839] 문명이 좌절하여 붕괴에 돌입하면 일양(一樣)했던 행동 양식이 상반된 두 개의 변형이나 대체물로 분열하여 당면한 도전에 대한 응전이 능동적인 것과 수동적인 것으로 나뉘는데, 사회적 비극 속에서 창조적인 활동의 기회를 잃은 인간이 할 수 있는 일은 행악자(行惡者)나 수난자(受難者)로 귀결되는 그 두 양식 중 하나를 선택하는 것뿐이다. 그리고 이 택일적인 결정은 붕괴가 진행됨에 따라 현격한 괴리와 극단적인 결과를 낳는다.[840]

---

838. 〈Pindaros〉는 BC 6~5세기에 활동한 그리스 시인. 축승가(祝勝歌)와 합창가(合唱歌)를 통해 신과 영웅 및 인간의 이상(理想)을 찬미했다. '핀다로스의 탄식'은 그가 그리스 신화의 Oceanus-대양 강(大洋江), 바다의 신-를 탐색하는 일을 단념하면서 읊었다고 하는 "현재로써는 이 이상 더 멀리로는 갈 수 없다"라는 시구(詩句). 본문의 성자(聖者)는 〈성 아우구스티누스〉를 지칭하는데, 그는 로마가 서고트족 Alaric의 침공이라는 도전에 대한 철학적 응전으로 「City of God-神國」을 저술했다.

839. 균열을 일으킨 정신적 경험의 주체는 영혼이며, 영혼의 분열은 인간이 행하는 사회적 활동의 특징인 행동과 감정 및 생활에 있어서의 다양한 양식에서 분열이 생기기 때문이다.

840. 이 양자택일적 행동 양식은 붕괴에 돌입한 사회에서 발생하는 창조적 활동의 대역(代役)이며, 영혼

이제부터 이 양자택일적인 활동 양식과 역사에서의 그 발현을 살필 것이지만 그에 앞서 개인의 행동과 감정 및 생활 양식에서 나타나는 그것들을 개관하며 다음과 같다.

개인의 행동에 있어서 창조력의 발현을 대신하여 나타나는 자기표현의 기도(企圖)는 수동적 방종(放縱)과 능동적 자제(自制)의 노력이고 사회적 행동에서의 피동적 탈락(脫落)과 자발적 순교(殉敎)는 사라진 미메시스에 대체되는 것이다. 그리스어로 ἀκράτεια(아크라테이아)라고 하는 방종은 자생적인 욕망이나 혐오를 그대로 수용하여 자연에 귀의하려는 것이며, ἐΥκράτεια(엔크라테이아)라고 하는 자제는 자아에 집중하고 자연을 극복하여 창조성을 회복하려는 것이다.

탈락과 순교는 미메시스를 상실한 대중으로부터 이탈하려는 시도인데, 전자의 두드러진 사례로는 스파르타인 탈영병이었던 아리스토다무스를 들 수 있으며 변질된 사회적 조류에 대하여 죽음으로 항거한 순교의 사례는 그의 동료였던 에우리투스와 공동체에 대한 로마 시민의 헌신 등 다양한 곳에서 발견된다.

개인의 감정에 있어서는 패배주의로 말미암는 표류의식(漂流意識)과 죄의식(罪意識)에 주목함과 동시에 혼효의식(混淆意識)과 통일의식(統一意識)을 발견하게 된다. 이 두 쌍에 있어서 전자는 피동적인 반응이고 후자는 능동적인 대응이다. 생활의 면에서는 고난에 대한 폭력적인 반응으로서의 피동적 복고주의(復古主義)와 능동적 미래주의(未來主義) 및 유화(宥和)의 길을 추구하는 피동적 초탈(超脫)과 능동적 변모(變貌)를 역사적 사례로 입증할 수 있다. 바야흐로 힘을 더하여 승리를 향해 나가고 있는[841] 악의 세력 앞에서 무력하게 패주하고 있음을 비통하게 여기는 이 반응에 있어서 표류의식은 지쳐버린 영혼이 일체(一切)의 우주는 사악한 여신에 의해 조종되고 있다는 수동적인 믿음을 갖게 되는

---

에 있어서의 분열이라는 정신적 경험은 정적인 상태가 아니라 하나의 역동적인 운동이다.

841. "그들은 힘을 얻고 더 얻어 나아가 시온에서 하나님 앞에 각기 나타나리이다"〈시 84:7〉

것이며 거기에 능동적으로 대응하여 인간의 도덕적 패배는 영혼이 정체성과 자제력을 상실했기 때문이라고 느끼게 되면 죄의식에 도달하여 업보(Karma)를 극복하려는 정신적인 사업에 몰입하게 된다. 생활 양식에 있어서의 혼효의식은 기존의 일양(一樣)한 양식이 파괴되는 것을 묵인하는 영혼이 일체의 것을 녹여버리는 도가니 속으로 빠져드는 것인바 그 소극적인 의식은 언어와 문학 및 예술과 종교 등에 있어서의 혼합주의를 낳는다.[842] 통일의식은 기존의 양식이 파괴되고 있는 현실에 능동적으로 대응하여 그러한 상황이 지역적이고 개인적인 생활 양식을 세계적이고 공통적인 것으로 바꿀 기회라고 여기는 것인데, 이러한 각성은 인류의 통합에서 우주의 통일을 거쳐 신의 유일성을 함축하는 방향으로 전개된다. 생활의 면을 보면 여기서도 감정과 행동에 있어서의 네 쌍의 반응에 상당하는 두 쌍의 양자택일적인 반응을 보게 된다. 역시 폭력적인 것과 유화적인 것으로 나뉘는 이 생활 방식은 성장기의 일양한 운동에 반하는 것이 아니라 그것의 변형으로서 활동의 장(場)을 Macrocosm에서 Microcosm으로 옮기는 것이다. 사회적 붕괴에 따라 양자택일적인 것으로 발현되는 폭력과 유화의 길은 분화된 사회의 세 단편에서 살폈으나 더욱 상고(詳考)하면 그 두 반응의 갈림길은 붕괴의 과정을 함축적으로 표현하고 있는 정신적 드라마의 본질이라는 사실을 간파할 수 있다.

매크로코즘으로부터 마이크로코즘으로 이행하는 운동에서의 수동적인 반응인 복고주의와 능동적인 반응인 미래주의는 폭력적인 반응인데, 활동의 장과 그 정신적 토대를 시간적 차원에서 전환시키려는 이 기도들은 정신적 Cosmos(질서)를 구하는 것이 아니라 Utopia라고 하는 신기루(蜃氣樓)를 쫓아 현실을 부정하려는 것에 불과하다. 여기에 물든 영혼은 마이크로코즘으로 이행하는 고난을 외면하여 여전한 매크로코즘의 과거에 있었던 상태나 실현되기를 바라는 상태를 갈망하게 되는바 복고주의는 〈페리클레스의 도시〉를 포기하여 〈케크로프스의 도

---

842. Syncretism-제설혼합주의(諸說統合主義)

시〉에 희망을 거는 것이고 미래주의는 같은 것을 무시하여 〈태양의 도시〉를 구하는 것이다.[843] 환언하면 복고주의는 문명의 동적인 운동에서 미개사회의 정적인 상태로 타락하는 것[844]임과 동시에 사회적 이상(理想)을 발현할 가능성이 있는 변화를 차단하여 붕괴하는 사회에 쐐기를 박으려는 것이며 미래주의는 현세와 이전의 모든 인간에 대한 미메시스를 거부하여 억지적인 변화를 추구하되 답차(踏車)의 죄수나 회전틀 속의 다람쥐와 같은 행동으로 우울한 현상(現狀)에서 벗어나려는 시도라고 정의할 수 있다. 이 패배주의자들이 현실에서 도피하려고 과거나 미래를 향해 허상(虛像)을 희구하는 기도는 실현이 불가능한 것이며 자연의 질서에 반하는 그들의 모든 시도는 결실을 맺지 못하는 폭력으로 인해 파란을 낳을 뿐이다. 그중에서도 미래주의에 의해 야기되는 폭력은 시간의 경과와 함께 점점 더 강해지는 경향이 있는데, 미래주의에 의한 혁명의 정신이 악마주의로 변질된다는 것은 다음과 같은 사례로 입증된다.[845] 우리는 앞에서 적극적으로 유화의 길을 걸었던 유대인의 메시아 대망론이 엘르아자르와 그 형제들의 순교 이후에 젤로트에 의한 악질적인 폭동으로 변질된 것을 살폈는데[846] 이 시리악 사회의 사례가 말해주는 미래주의의 네메시스는 희귀한 것이 아니거니와 스파르타의 아기스 4세와 로마 호민관 티베리우스 그라쿠스의 사례는 복고주의도 역시 동일한

---

843. '페리클레스의 도시'는 아테네 제국을 출범시켜 투키디데스로부터 '아테네 제1의 시민'이라는 칭호를 얻은 페리클레스에 결부하여 '현재의 사회'를 지칭하고, '케크로프스의 도시'는 고대 아테네의 수호신인 Kekrops가 지켜준 '지나간 사회'를 지칭하며, '태양의 도시'는 Sol-Invictus(무적의 태양신)이 열어준다는 '미래의 사회'를 의미한다.
844. 미메시스 대상을 동시대의 인물로부터 지난날의 패망한 선조에게로 전환하는 것.
845. 〈Gilbert Murray〉는 악마주의를 "이 신념의 본질은 세계의 모든 질서는 악과 허위이며, 신과 진리는 박해받는 반역자라는 것이다. …기독교 성자나 순교자들의 사상 속에서도 발견할 수 있는 이 신념은 모든 탁월한 철학자의 주장에 반하는 것인데, Hippolytus는 악마를 초월적인 힘에 반항하는 영혼이라고 정의하고 있다"라고 기술하고 있다.
846. 성경에 기록된 〈Lazarus(나사로)〉는 〈Eleazar〉의 헬라식 표기이다. 셀레우코스 왕국에 의한 헬레니즘이 몰아쳤을 때 유대인은 Sadducees(사두개인-엄격한 율법주의자), Pharisees(바리새파-분리주의자), Zealots(젤로트-열심당), Essens(에세네파-쿰란 지역의 엄격주의자) 등으로 분파되어 있었다.

네메시스에 압도된다는 것을 말해준다. 비범한 감수성과 온화한 성품으로 지난날의 황금시대를 동경하여 협화를 회복하고 평화를 유지하려고 했던 이들도 초기의 미래주의자들과 마찬가지로 유화의 길을 걸었으나 시대의 흐름을 역행시키려는 그들의 복고주의는 어쩔 수 없이 클레오메네스 3세와 티베리우스 가이우스라는 폭력주의자를 낳았다. 복고주의와 미래주의의 결과를 보여주는 이 두 사례를 끝까지 살펴보면 그 한 쌍의 패배주의가 풀어놓은 폭력은 그 저변에 깔려 있던 유화의 정신에 의해 수습되었음을 알 수 있다. 헬레닉 사회에서는 2세기에 걸쳐 폭력을 휘두른 복고적 개혁가의 후예들이 세계국가를 이끌 능력과 양식을 갖춘 일단의 관료나 그 정신적 기반을 제공하는 철학자가 되었고 시리악 사회에서는 하스몬 왕조의 시도가 좌절된 후 자기 나라는 세상에 속한 것이 아니라는 이유로 세속적인 싸움을 금지한 그리스도의 승리가 이어졌다.[847]

이 두 사례에 있어서 폭력의 격랑이 퇴조하게 된 것은 삶에 대한 태도의 변화 때문일 것이다. 그 변화는 로마인의 정신 속에서 복고주의의 이념이 초탈의 정념으로 바뀌고 유대인의 영혼 속에서 미래주의의 정신이 변모(變貌)의 이상으로 대체된 것이었다. 거기에서 복고주의와 미래주의의 충동으로 인해 폭력으로 타락했던 유화가 격랑의 이면에 변모의 정신이 태동하면 다시 생기를 회복하는 것을 보는 우리는 이 쌍에 있어서는 뒤따르는 것의 정신적 가치가 더 값진 것이라는 사실을 유명한 두 전향자의 삶을 통해 입증할 수 있다.

로맨틱하게 공상(空想)된 파트리오스 폴리테이아의 창도자로서 Don Quixote를 연상시키는 삶을 살았던 Cato는 어떻게 하더라도 무너지고 있는 공화정을 회복할 수 없다는 딜레마에 빠졌을 때 복고주의에서 벗어나 스토

---

847. '복고적 개혁가'는 앞에서 살핀 정복자와 낭비가 및 사형집행인. 여기에 속하는 철학자는 크세노폰으로 불리운 Arrianus, 카에키나파에토스, 트라세아파에토스, 세네카, 헬비디우스 프리스쿠스, 아룰레누스 루스티쿠스, 헤렌니우스 세네키오 등이다. "예수께서 대답하시되 내 나라는 이 세상에 속한 것이 아니니라 만일 내 나라가 이 세상에 속한 것이었더라면 내 종들이 싸워 나로 유대인들에게 넘겨지지 않게 하였으리라 이제 내 나라는 여기에 속한 것이 아니니라"〈요 18:36〉

아 철학자로서 생을 마감했는데, 그 죽음은 헛된 것이 아니어서 이후로 Julius Caesar와 그 후계자들을 곤경에 빠트렸다.[848] 천재적인 직감으로 적대자의 철학적인 죽음이 몰고 올 파장의 심각성을 간파한 케사르는 내란의 종식과 제국의 창건이라는 거창한 사업에 몰두하면서도 시간을 할애하여 '카토의 칼'에 대해 '카이사르의 펜'으로 답변했다. 다재다능한 케사르가 칼을 자신의 가슴으로 돌린 카토에게 펜을 들이댄 것은 물리적인 면에서 철학적인 면으로 옮겨진 공격을 막는 데 도움이 되는 행위였으나 그는 그것으로도 자기에게 최후의 일격을 가한 카토를 이길 수 없었다. 그리하여 그가 두려워했던 결과로써 독재제(獨裁制)에 반대하는 철학자의 모임이 형성되었는데, 그들은 창시자의 모범에 따라 용인할 수 없고 돌이킬 수도 없는 정국(政局)에서 물러남으로써 독재제를 당혹스럽게 했다.

예수의 제자 베드로로 바뀐 요나의 아들 시몬을 보면 그의 미래주의도 처음에는 카토의 복고주의와 마찬가지로 고치기 힘든 것으로 여겨졌다. 예수를 메시아로 인식한 최초의 제자로서 그 충동적인 신앙으로 특별한 포상을 받은 그는 이후에 메시아 왕국이 세상에 속한 것이 아니라는 사실에 항의함으로써 스승으로부터 지독한 힐난을 받았다.[849] 스승으로부터 가르침을 받기 전에 베드

---

848. 〈파트리오스 폴리테이아—πάτρις πολιτεία〉는 조부시대(祖父時代)의 국제(國制). 〈小카토〉로 불린〈Marcus Porcius Cato Uticensis, BC 96~46〉는 제3차 포에니 전쟁을 일으킨 〈Marcus Porcius Cato, BC 234~149〉의 증손(曾孫). Julius Caesar에 맞서서 공화정을 수호하려고 했는데, 그가 마지막으로 남긴 장대하고도 감동적인 말은 Plutarch의 이야기에 수록되어 있다.

849. "시몬 베드로가 대답하여 이르되 주는 그리스도요 살아 계신 하나님의 아들이니이다 예수께서 대답하여 이르시되 바요나 시몬아 네가 복이 있도다 이를 네게 알게 한 이는 하늘에 계신 내 아버지시니라 또 내가 네게 이르노니 너는 베드로라 내가 이 반석 위에 내 교회를 세우리니 음부의 권세가 이기지 못하리라 내가 천국 열쇠를 네게 주리니 네가 땅에서 무엇이든 매면 하늘에서도 매일 것이요 네가 땅에서 무엇이든지 풀면 하늘에서도 풀리리라 하시고"〈마 16:16~19〉 "이 때로부터 예수 그리스도께서 자기가 예루살렘에 올라가 장로들과 대제사장들과 서기관들에게 많은 고난을 받고 죽임을 당하고 제삼일에 살아나야 할 것을 제자들에게 비로소 나타내시니 베드로가 붙들고 항변하여 이르되 주여 그리 마옵소서 이 일이 결코 주께 미치지 아니하리이다 예수께서 돌이키시며 베드로에게 이르시되 사탄아 내 뒤로 물러 가라 너는 하나님의 일을 생각하지 아니하고 도리어 사람의 일을 생각하는도다 하시고"〈요 16:21~23〉

로가 품고 있던 메시아 대망(待望)의 본질은 틀림없는 힙폴리투스적 악마주의였다. 그는 그 훈계로 자신의 잘못이 밝혀진 후에도 그리스도의 변모를 해방전쟁의 개시로 오해했고, 거기에 주어진 가르침의 소리에도 불구하고 겟세마네 동산에서 칼을 휘둘렀다.[850] 그리고 그가 예수를 비열하게 배반한 것은 그 폭력적인 행위가 엄격히 금지당했기 때문일 것인데, 일련의 영광스러운 경험을 통해 그리스도의 왕국이 세상에 속한 것이 아님을 깨달은 후에도 그는 그 나라의 시민이 되는 권리는 유대인에 한정된 것이라고 믿고 있었다.[851] 그 베드로가 주역의 지위를 이방인의 사도에게 양보한 것은 바울이 강렬한 정신적 경험에 의해 순식간에 터득한 진리를 깨달은 이야기가 기록된 후의 일인바 그 오랜 깨달음의 과정은 옥상(屋上)의 환영(幻影) 후에 고넬료의 사자(使者)가 도착했을 때 완료되었다.[852] 이후로 그는 그리스도의 비난을 받을 일이 없는 말로

---

850. '힙폴리투스적 악마주의'는 845 각주를 참조할 것. "그들 앞에서 변형되사 그 얼굴이 해 같이 빛나며 옷이 빛과 같이 희어졌더라 그 때에 모세와 엘리야가 예수와 더불어 말하는 것이 그들에게 보이거늘 베드로가 예수께 여쭈어 이르되 주여 우리가 여기 있는 것이 좋사오니 만일 주께서 원하시면 내가 여기서 초막 셋을 짓되 하나는 주를 위하여, 하나는 모세를 위하여, 하나는 엘리야를 위하여 하리이다 말할 때에 홀연히 빛난 구름이 그들을 덮으며 구름 속에서 소리가 나서 이르시되 이는 내 사랑하는 아들이요 내 기뻐하는 자니 너희는 그의 말을 들으라 하시는지라"〈마 17:2~5〉 '겟세마네 동산'은 감람산 입구에 있는데, Gethsemane는 올리브 착유기(搾乳器)이고 감람(橄欖)은 올리브의 한역(漢譯). "예수와 함께 있던 자 중의 하나가 손을 펴 대제사장의 종을 쳐 그 귀를 떨어뜨리니"〈마 26:51〉

851. "베드로가 모든 사람 앞에서 부인하여 이르되 나는 네가 무슨 말을 하는지 알지 못하겠노라 하며 앞문까지 나아가니 다른 여종이 그를 보고 거기 있는 사람들에게 말하되 이 사람은 나사렛 예수와 함께 있었도다 하매 베드로가 맹세하고 또 부인하여 이르되 나는 그 사람을 알지 못하노라 하더라 조금 후에 곁에 섰던 사람들이 나아와 베드로에게 이르되 너도 진실로 그 도당이라 네 말소리가 너를 표명한다 하거늘 그가 저주하며 맹세하여 이르되 나는 그 사람을 알지 못하노라 하니 곧 닭이 울더라"〈마 26:70~74〉 "그가 시장하여 먹고자 하매 사람들이 준비할 때에 황홀한 중에 하늘이 열리며 한 그릇이 내려오는 것을 보니 큰 보자기 같고 네 귀를 매어 땅에 드리웠더라 그 안에는 땅에 있는 각종 네 발 가진 짐승과 기는 것과 공중에 나는 것들이 있더라 또 소리가 있으되 베드로야 일어나 잡아 먹으라 하거늘 베드로가 이르되 주여 그럴 수 없나이다 속되고 깨끗하지 아니한 것을 내가 결코 먹지 아니하였나이다 한대"〈행 10:10~14〉

852. 바울의 깨달음에 대해서는 〈행 9:3~19〉를 참조할 것. "베드로가 입을 열어 말하되 내가 참으로 하나님은 사람의 외모를 보지 아니하시고 각 나라 중 하나님을 경외하며 의를 행하는 사람은 다 받으시는 줄 깨달았도다"〈행 10:34~35〉

하나님의 나라를 설파했다.[853]

이어서 복고주의를 포기한 카토가 채택하고 베드로가 미래주의의 대체물로 채용했을 때 위와 같은 결과를 낳은 두 가지 생활 태도를 살핌에 있어서는 먼저 앞선 쌍과 뒤따른 쌍의 상이점을 살피고 이어서 초탈과 변모가 어떻게 다른지를 조사하는 것이 좋을 것이다.

변모와 초탈이 패배주의자들의 두 반응과 다른 점은 매크로코즘에서 마이크로코즘으로의 이행이라는 방법으로 이루어지는 활동 영역의 전이를 과거나 미래로의 시간적 차원이 아니라 정신적인 풍토의 진정한 변경에 의해 달성한다는 것이다. 이 두 양식이 목표로 하는 왕국은 현재의 공상적인 과거나 신기루와 같은 미래가 아니라는 의미에서 별세계(別世界)인데, 양자는 이 유일한 유사점 외에는 모든 면에서 대조를 이룬다. 우리가 초탈이라고 부른 생활 태도는 스토아 학파의 아파테이아($\alpha\pi\tau\epsilon\iota\alpha$-무감동의 경지)와 에피쿠로스 학파의 아타락시아($\alpha\tau\rho\alpha\zeta\iota\alpha$-부동의 경지)로 식별되고 불교도의 아상크리타(Asankrita-불변)와 니르바나(Nrvana-靜寂)로 포착되었다. 부정(否定)의 의미를 내포하는 이 용어들은 그 개념이 명확하게 정의되지 못했으나 이들이 애써 추구한 것이 무엇이었는지를 생각할 때 초탈은 피난처를 찾아 이 세상에서 벗어나려는 것임이 분명하다. 욕구의 인력이 아니라 혐오의 추력에 의해 그 길을 걷는 철학자는 〈케크로프스의 도시〉를 대신할 새로운 도시를 지향하지만 철인 황제 안토니우스가 말하는 〈제우스의 도시〉는 살아 있는 하나님의 도성(都城)인 신국(神國)과 같은 것이 아니다.[854] 신앙에 고무된 순례(巡禮)가 아니라 계획된 후퇴(後退)로 그곳을 지향하는 이 철학자들은 여래(如來, 타타가타)에 대한 Siddartha Gautama의 단

---

853.  이 부분에 대해서는 〈행 11:4~17〉을 참조할 것.
854.  "그러나 너희가 이른 곳은 시온산과 살아 계신 하나님의 도성인 하늘의 예루살렘과 천만 천사와" 〈히 12:22〉 신국(神國)은 〈Aurelius Augustlnus Hipponensis – Saint Augustine〉의 신국론 (神國論)에서 유래된 용어.

정(斷定)이나 테오리아(θεωρια-지행지복의 관조)에 대한 플라톤의 태도에서 보듯이 이 세상을 탈출한 후의 일은 중요한 것으로 여기지 않는다.[855]

이렇듯 철학자의 타계(他界)가 지상의 세계를 배제하는 것임에 반해 하나님의 별세계는 인간의 일상을 포섭하는 것이라는 점에서 볼 때 초탈이라는 철학적 기조의 목적지-니르바나와 제우스의 도시-는 종교적인 체험을 거쳐서 들어가는 천국-하나님의 나라-에 정확히 반하는 것인데, 바리새인의 질문에 대한 예수의 답변으로 설명된 하나님의 나라[856]를 과학자들이 묘사하고 있는 우주의 모습에 비유하여 다음과 같이 표현할 수 있다. 방사선에 의해 관통되는 물질이 방사성을 지니듯이 하나님의 나라는 세상의 왕국에 편만하여 그것을 소유하고 있다고 생각할 수 있는바 그 양자는 서로 외재(外在)하는 것이 아니라 시간과 공간을 아우르되 그것을 초월하여 고차원을 이루는 하나님의 왕국이 낮은 차원에 있는 세상의 왕국과 공존하고 있다. 그래서 세상의 왕국에서 고차원의 왕국으로 오르려는 영혼은 기성(旣成)의 정신적인 존재를 무위로 돌리려는 노력이 아니라 그것을 고차의 왕국에 합당한 것으로 높이려는 정진으로 길을 찾을 것이다. 과학자의 기술에 의해 자연의 소리를 듣기에 익숙해진 청각(聽覺)이 방사선의 은밀한 소리를 포착할 수 있게 되듯이 영혼은 하나님의 은총으로 초현세적인 존재의 양태(樣態)에 몰입함으로써 하나님의 편재를 알게 된다. 이로써 분명해지는 것은 제우스의 도시가 그 본질에 있어서 소극적인 것임에 반해 하나님의 나라는 적극적인 것이며 제우스의 도시를 추구하는 초탈의 길이 일방적인 인퇴의 운동임에 비해 하나님의 나라로 통하는 변모의 길은 인퇴와 복귀의 운동이라는 사실이다.

---

855. 불교 철학에서는 '여래-해방된 사람'의 존재여부(存在與否)나 그 형태에 대해서는 특별한 관심을 보이지 않고 있다. 플라톤은 자신도 동굴(洞窟)과 비유해서 '이 세상과 다른 곳'이라는 소극적인 가치에 이끌려 '해가 비치는 별세계(別世界)'를 동경했음을 실토했다.

856. "바리새인들이 하나님의 나라가 어느 때에 임하나이까 묻거늘 예수께서 대답하여 이르시되 하나님의 나라는 볼 수 있게 임하는 것이 아니요 또 여기 있다 저기 있다고도 못하리니 하나님의 나라는 너희 안에 있느니라"〈눅 17:20~21〉

이상의 예찰(豫察)은 그 시대를 살았던 사람들의 체험이라는 형태로 허다한 기록을 남기고 있는 여러 문명이 그 붕괴기에 발생시킨 정신적 현상에 대한 경험적인 조사를 진행하도록 지시(指示)하고 있다. 그러나 그 방향을 결정하려면 앞에서 식별한 양자택일적인 행동 양식의 각각이 분열한 사회체의 세 단편과 어떻게 관련되는지를 밝혀두어야 한다. 최초로 살핀 개인의 행동과 감정에서의 네 양식-〈수동적 방종과 능동적 자제 및 수동적 표류의식과 능동적 죄의식〉-은 지배적 소수자와 프롤레타리아트 모두에서 발생한다. 사회적 행동과 감정에서의 수동적인 두 양식-〈탈락으로의 타락과 혼효의식에의 굴복〉-은 프롤레타리아트에서 나타난 후 프롤레타리아트로 전락하는 지배적 소수자에게 파급되며 능동적인 두 양식-〈통일의식과 순교〉-는 지배적 소수자에게서 발생하여 프롤레타리아트 사이로 파급되는 경향이 있다. 마지막으로 네 가지 생활 태도를 보면 수동적인 쌍-〈복고주의와 초탈〉-은 지배적 소수자와 맺어지고 능동적인 짝-〈미래주의와 변모〉-은 프롤레타리아트와 결부되는 경향이 있다. 그러나 이후로 지배적 소수자에서 출현하는 복고주의는 내적 프롤레타리아트로부터 배격되는 대신 외적 프롤레타리아트의 일부에게 전해지며 지배적 소수자와 프롤레타리아트 사이에서 발생하는 미래주의에 있어 후자는 복고주의에 환멸을 느끼게 된 지배적 소수자를 포섭하기도 한다. 초탈은 내적·외적 P의 어느 쪽에서도 수용되는 일이 없고 변모는 하나님과 그 나라를 갈망하는 어떠한 인간에 대해서도 기적을 이루는 경향이 있다.

### (1) 방종(放縱)과 자제(自制)

　방종(放縱)에 해당하는 개인적인 행동 양식은 온갖 종류의 사회적 환경에 처한 인간에 의해 발현되는 것이지만 문명의 붕괴에 관한 이 부분에서 정의하고 있는 방종은 좌절과 붕괴에 따른 다양한 혼란-도덕적 퇴폐, 역할과 가치 및 지위의 전도(顚倒)-이 아니라 멸실된 창조성의 자리에 반(反)계율주의(Antinomianism)를 들여놓으려는 정신적인 상태를 의미하는 것이다.

정신적이고 내면적인 이 방종의 예는 같은 사회적 환경에서 그것과 반대의 짝을 이루는 자제(自制)와 함께 관찰하면 그 의미가 여실히 밝혀질 것인데, 이에 적합한 사례는 플라톤이 스승인 소크라테스와 두 인물을 대조한 저술에서 찾을 수 있다.[857] 여기에 있어서 감정에 사로잡힌 알키비아데스는 실천적 방종의 화신(化身)이고 강자(强者)의 권리를 주장하는 트라시마쿠스는 논리적 방종의 표상(表象)이었던바 에피쿠로스파의 일부 쾌락주의자들은 방종이야말로 자연의 이치에 순응하는 삶이라고 강변하여 스승의 이름을 욕되게 했다. 이에 반해 가장 자연스러운 생활 태도는 자제에 의한 금욕적인 생활이라는 주장이 견유학파(Synics)와 스토아 철학자에 의해 제기되었다.[858] 스토아 철학자에 있어서는 쾌락주의자가 자연스럽게 받아들이는 욕망을 철저하게 극복하는 것이 무엇보다도 중요한 과제였는데 철인 황제의 수상록 속에는 그 스토아적인 자제의 우울한 기질이 반영되어 있다.[859] 마르쿠스 아우렐리우스가 동경했던 열망에 도달한 인물은 제논의 의발(衣鉢)을 물려받은 제자였는데 절름발이 노예였던 에픽테토스가 신을 찬미하고 기도하는 경지에 올라 자연을 금욕주의적으로 극복한 내용이 그의 제자들이 편찬한 「어록-$\alpha\nu\acute{\alpha}\lambda\tau\alpha$」에 기록되어 있다.

이어서 다른 사회로 눈을 돌리면 거의 모든 문명에서 방종과 자제 사이의 불화적(不和的)인 대립을 찾을 수 있다. 먼저 시리악 사회에서는 방종을 연상하게 하는 「Ecclesiastes-전도서」의 회의적인 논조와 에세네파 교단의 엄격한 금욕의 실천을 볼 수 있고, 중국사회에서는 전국시대의 철학적 논쟁에 있어서 위아설(爲我設)을 주장한 양주(楊朱)가 쾌락주의자에게 이용되어 공맹학파로

---

857. 플라톤은 스승을 선양(宣揚)하는 일련의 대화편(對話篇) 중 「Symposium-향연」과 「The Republic-국가」에서 알키비아데스와 트라시마쿠스를 소크라테스에 대비시켰다.

858. 견유학파는 소크라테스의 제자였던 Antisthenes에 의해 창설되었지만, 그 제자인 Diogenes가 들개처럼 생활한 것에서 그 명칭이 주어졌다. 〈그리스어 Cynics-개〉 Stoa는 그리스식 건물의 주랑(柱廊)인데, 창시자인 Xenon(제논)이 주로 그곳에서 강연한 것에서 스토아파라는 이름을 얻었다.

859. '철인황제'는 로마제국의 16대 황제〈Marcus Aurelius Antoninus, 121~180〉 5현제의 1인인 그는 후한서(後漢書)에 대진국왕 안돈(大秦國王 安敦)으로 기록되었다.

부터 혹평을 받았다. 붕괴의 진행에 따라 종교에서의 무절제한 음행과 철학에서의 극단적인 금욕주의가 무감각하게 공존했던 사례가 있는바 대표적인 것으로는 인도의 양물숭배(陽物崇拜)와 요가수련, 바빌로닉 사회의 신전매음(神殿賣淫)과 점성철학, 마야인의 인신공양(人身供養)과 참회고행(懺悔苦行), 히타이트 사회의 키벨레에 대한 주신제(酒神祭)와 금욕적 아티스 숭배 등을 들 수 있다.[860] 끝으로 서구사회로 눈을 돌리면 중세에는 이탈리아 도시국가체제가 붕괴되던 시기에 마키아벨리의 트라시마쿠스적인 정치론과 메디치 일가가 주도한 에피쿠로스적 실행이 방종과 금욕주의에 입각한 충돌을 일으켰음을 알 수 있다. 근대와 현대에서는 "자연으로 돌아가라"고 하는 선동(煽動)과 "그의 기념비를 보려면 주위를 돌아보라"고 하는 말에서 방종의 악취를 맡게 되는데, 그에 필적하는 자제(금욕주의)의 흔적은 아직까지 발견되지 않고 있다.[861] 이것으로 볼 때 세계화된 서구문명은 근대기에 좌절했다고 해도 아직 그 붕괴는 시작되지 않았다는 결론을 자위적인 마음으로 도출할 수 있을 것이다.

### (2) 탈락(脫落)과 순교(殉敎)

이 항목도 헬레닉 사회를 모본(模本)으로 하여 조사할 때 미메시스를 대신하는 쌍을 이루는 이 사회적 행동 양식의 대조가 사회적 몰락의 모든 단계에 나타나는 것을 볼 수 있다.

그 첫 단계에서는 아테네-펠로폰네소스 전쟁에서 탈영하여 적진으로 도주한 아테네 병사들의 일탈이 모면할 수 있었던 사형선고를 받아들인 소크라테스의 순교와 대비를 이루고 있으며, 스파르타 진영에서는 파병군 사령관이었던 길리포스의 도덕적 타락이 분연히 싸우다가 전사한 브라시다스의 순교적인 행위와 대조를 이루고 있다.

이후로 확대된 헬레닉 사회에 있어서 피드나 전투 이후에 성년이 된 로마

---

860. 이처럼 서로 용납할 수 없는 관행들이 공존했던 것은 방종과 자제의 실천 속에 공통된 자학(自虐)의 성향이 내재해 있기 때문일 것이다.
861. 〈장 자크 루소〉의 주장과 영국 건축가 〈Cristopher Wren〉의 묘비명(墓碑銘)을 참고할 것.

지배 계층의 길리포스적인 부패는 한니발을 격퇴한 스키피오의 청렴결백과 그라쿠스 형제의 영민한 희생을 돋보이게 하는 집단적 탈락의 표본이 되었고 헬레닉 사회에 편입된 시리악 사회에서는 제사장임에도 헬레니즘을 추종한 야손의 탈락이 엘르아자르와 그 형제들의 순교에 대비를 이루고 있다.

로마의 마지막 내전기(內戰期)에서는 로마의 이상을 버리고 크레오파트라의 품으로 투신한 마르쿠스 안토니우스를 볼 수 있으며 다음 세기에서는 공화제의 이상을 위해 일생을 바친 로마 귀족들의 헌신 속에서 카토가 본을 보인 감화력을 보게 된다. 이어서 〈Carpe Diem-현재를 즐겨라〉이라는 경구를 남긴 호라티우스는 패배로 인한 악몽으로부터의 헛된 탈출을 기도한 안토니우스의 심정을 공감 어린 마음으로 노래했는데, 그가 「에포데스-서정시집」에서 그리고 있는 지배적 소수자의 현실 도피적인 탈락은 동란시대에 절정에 달한 후 로마의 평화가 파탄의 조짐을 보이기 시작한 때에 이르러 저명한 탈락자와 순교자에 의해 재연되었다. 우리는 헬레닉 세계에 먹구름이 드리우기 시작한 때에 즉위한 마르쿠스 아우렐리우스의 인격 속에서 순교자의 왕관을 눌러 쓴 군주의 모습을 볼 수 있는데 그가 죽음으로써 순례의 고난을 끊어버릴 것을 거부한 것은 그 순교자로서의 자격을 감쇄하는 것이 아니라 그것을 더욱 견고하게 한다. 그러나 그의 아들인 콤모두스에게서는 추악한 탈락자의 모습을 보게 되는바 뒤돌아선 그는 후술하는 프롤레타리아트화(化)의 길을 따라 도덕적 도주(逃走)를 실행했다.

다음 세대에서는 이 대조가 시리아인이라는 사실을 숨기고 드디어 신격화된 안토니우스의 이름을 참칭(僭稱)함으로써 제위를 얻은 두 인물에게서 나타난다. 그 제사장을 자처한 신의 칭호를 이름으로 삼은 엘라가발루스는 방탕과 호색에 몰두하다가 비명(非命)에 갔고 4촌인 세베루스 알렉산더는 헌신적인 자세로 군제(軍制)의 개혁을 시도하다가 순교자적인 최후를 맞이했다.[862]

---

862. 시리아 에메사에서 출생한 〈Sextus Varius Avitus Bassianus〉는 엘라가발루스 신의 제사장을

그때까지 붕괴기의 타락한 풍조에 대항하여 헬레닉 문화의 전통을 지켜왔던 사회 계층은 세베루스의 암살이 초래한 정세의 극심한 악화 속에서 종적을 감추었는데, 그로 인해 지배적 소수자에게서 찾을 수 없게 된 이 사회적 행동 양식의 대비는 헬레닉 사회의 도처에서 기반을 닦은 기독교회에서 재현되었다. 궁지에 몰려 난폭해진 이교도 지배계급은 자기들의 몰락이 자초된 것이라는 사실을 외면하고 외적 P와 달리 피할 힘이 없는 동시에 자기들의 손이 닿는 곳에 있는 기독교회에 복수의 손길을 돌렸던 것인바 그로 인해 무수한 배교자가 생겨났음에도 불구하고 소수(少數)의 순교자는 그 숫자에 어울리지 않는 강력한 영향력을 발휘했다. 기독교회는 위기의 순간에 장렬한 희생을 통해 신앙심을 입증한 그 영웅들의 순교로 말미암아 두 박해자의 잔인함에 맞서서 승리를 쟁취했다.[863]

헬레닉 사회의 마지막 국면으로 눈을 돌리면 황제의 실권을 회복하려고 하다가 리키메스에 의해 죽임을 당한 서로마 제국 마요리아누스 황제의 순교적 헌신과 흑훈족이 장악한 지역에서 원주민인 것처럼 행동한 그리스인 실업가의 이야기[864]가 순교와 탈락을 향한 충동의 대비로 되어 있는 것을 발견하게 된다. 그리고 그와 같은 종류의 탈락은 17세기에 만주로 이주한 한족이 자발적이고도 적극적인 태도로 만주족 행세를 했던 것에서 발견된다.

마지막으로 서구사회를 보면 이른바 지식계급의 반역을 탈락의 행위로 거론할 수 있는데, 이 문제를 논술한 학자가 Clercs[865]이라고 칭한 근대 서구의 지식인들은 서구 기독교 문명이 쌓아 올린 전당(殿堂)의 기초를 종교적인 것으

---

자처하여 이름을 Elagabalus로 고쳤다.
863. 〈트라야누스 데키우스, 249~251〉와 〈막시미누스 다이아, 308~313〉는 기독교를 대대적으로 박해했는데, 전자는 우울하고도 엄격한 성격이었고 후자는 잔인하면서도 야비한 인물이었다.
864. 아틸라가 지배하는 훈족의 땅으로 이주하여 현지인 행세를 하던 그리스인이 그에 반론을 제기하는 로마 외교관에게 그렇게 사는 것의 이점을 자랑스럽게 설명했지만 나중에는 쓰러져 울면서 당신의 말이 맞지만 지금의 로마는 잘못된 지배자에 의해 파멸의 길로 내닫고 있다고 고백했다는 이야기.
865. 프랑스어 Clercs는 성직자. 현대 영어로는 Clerks.

로부터 비종교적인 것으로 옮기려고 함으로써 우리의 문화가 정신적 생명이라는 나무의 수액으로부터 영양을 취하지 못하도록 한다는 반역을 저지르고 있다. 그리고 4세기 전의 영국으로 눈을 돌리면 성직자로서 세속의 정치에 참여했던 〈Thosmas Wolsey, 1475~1535〉의 일탈은 동시대를 살았던 〈John Fisher〉와 〈Thomas More〉의 순교로 인해 그 죄과가 유감없이 폭로되었다.

### (3) 표류의식(漂流意識)

성장의 약동(Élan)을 상실하여 패배주의에 빠진 개인이 그 고뇌에 수동적으로 대응하는 행동 양식인 표류의식은 그렇게 함으로써 문명의 붕괴를 초래한 우상숭배의 고통스러운 죄과(罪科)이다. 타락한 영혼에 있어서 가장 완강한 우상은 '자기를 위해 새긴 상(像)'이나 '다른 신'이 아니라 철학이라는 가면을 쓴 이성(理性)을 숭배하는 것인데, 그 숭배자는 그것을 우연(偶然)과 필연(必然)의 양자택일적인 형태로 받아들인다.[866] 이 두 관념은 모순되어 서로 용납될 수 없는 것으로 보여지지만 자세히 살피면 그것들은 상반된 각개가 아니라 같은 환각의 다른 일면에 불과하다는 것을 알 수 있다.

붕괴에 직면한 헬레닉 사회에 스며든 표류의식은 우연을 숭배하는 형태로 나타나 거기에서 표현과 위안을 얻었는데 그 사조(思潮)는 절정에 달한 동란기를 체험한 철학자들에 의해 당대의 지배적인 종교로 성장했다.[867] 헬레닉 사회의 뿌리 깊은 의인화(擬人化)의 습성은 우연이라는 새로운 여신(女神)에게 처소와 이름을 드리고 거기에 송가(頌歌)를 바쳤던바[868] 이것과 유사하지만 더욱 미묘한 형태의 이 숭배가 다른 문명의 역사 속에서 발견된다.

---

866. "너는 나 외에는 다른 신들을 네게 두지 말라 너를 위하여 새긴 우상을 만들지 말고 또 위로 하늘에 있는 것이나 땅 아래 물속에 있는 것의 어떤 형상도 만들지 말며"〈출 20:3~4〉
867. 동란기에 돌입한 이집트 사회와 헬레닉 세계가 우연의 관념을 녹로(轆轤-도공의 발틀)와 표류하는 배로 표현한 것은 1권에서 살폈음. 헬레닉 사회에 있어서는 〈플라톤〉의 「국가론」을 참고할 것.
868. 시라쿠사를 카르타고의 압제로부터 구해낸 코린토스의 티몰레온은 시라쿠사인이 자기에게 지어준 집을 행운의 여신에게 바치고 제사를 드렸다고 전해지고 있음. 그리스인이 '티케'라고 부른 그 '신성한 정령-자동의 여신'은 로마에서 '포르투나'로 통칭 되었는데, 호라티우스는 이 여신에게 "차분한 안티움에 진좌(鎭坐)하신 우리의 여신이여…"라고 시작하는 송가를 바쳤다.

운명 속에서 우발적이고도 유일한 사건과 작용을 감지하는 것을 역사가의 사명이라고 단정하는 주장에서 보듯이 우연의 전능함에 대한 서구인의 신앙은 19세기에 자유방임주의(自由放任主義)를 낳았는데, 영국인은 그 여신의 실체가 폭로되기 시작한 20세기에 들어서도 국가적인 정책에 있어서 그 탁선(託宣)을 추종했다.[869] 근대 서구인의 마음을 사로잡은 이 신앙[870]은 기원전 2세기의 중국에 유포되었던 사상이지만 우연성에 대한 중국인의 숭배는 장사꾼의 짐마차가 왕래하는 자유방임의 길이 아니라 신에 필적하는 초인적인 존재를 성취하는 길(道-타오)로 인식되었다. 도교철학은 고뇌 속에서 태어난 지식으로 각성되어 영성화를 추구한 중국의 정신이 시도한 것 중에서 가장 어렵고 귀한 비상(飛翔)을 달성한 것인바 시리악 사회 특유의 유신론적(有神論的)인 언어에서는 도교(道敎)의 절대적인 정적(靜寂)에 해당하는 활동력의 직관이 탁월한 예언자의 영적 체험으로 표현되어 있다.[871] 그 히브리인의 시는 아우구스티누스의 간결하고도 웅대한 고백 속에서 장려(壯麗)한 신학으로 전환되었는데 「도덕경(道德經)」의 몇 구절 속에는 그런 진리가 중국인 특유의 철학적인 언어로 서술되어 있다.[872] 무위(無爲)를 말하는 도덕경의 일절[873]은 심원하고도 고매한 것이

---

869. 역사가의 사명에 대한 자유방임주의적 주장은 〈Fisher, H.A〉의 「History of Euroup」에서 표출되었음. 20세기 영국의 정책적 기조는 1936년 7월에 발표된 「맨체스타 가디언」의 사설에서 엿볼 수 있다. "2~3년 동안이라도 평화를 유지할 수 있으면 그만큼 이득이고, 그 기간에 일어날 예정이었던 전쟁은 발생하지 않을지도 모른다"
870. 우연의 전능함에 대한 신뢰.
871. "여호와께서 이르시되 너는 나아가서 여호와 앞에서 산에 서라 하시더니 여호와께서 지나가시는데 여호와 앞에 크고 강한 바람이 산을 가르고 바위를 부수나 바람 가운데에 여호와께서 계시지 아니하며 바람 후에 지진이 있으나 지진 가운데에도 여호와께서 계시지 아니하며 또 지진 후에 불이 있으나 불 가운데에도 여호와께서 계시지 아니하더니 불 이후에 세미한 소리가 있는지라" 〈왕상 19:11~12〉
872. "그는 정온(靜穩) 속에서 행하시며 행하시는 중에도 정온을 지키시는 것을 알고 있다" 「신의 나라」 12권. "대도(大道)는 표류하는 배와 같아서 이리로도 저리로도 갈 수 있다. 만물은 생존을 그에 힘입고 있으며 그것 또한 만물을 거부하지 않는다. 그것은 만물을 생성하면서도 그 주인임을 드러내지 않으며, 만물은 의식함 없이 그에 순응한다" 「도덕경」 34장.
873. 도(道)는 언제나 무위(無爲)하지만 그로써 모든 것을 이룬다. 정함에서 생긴 박(樸-있는 그대로의

며 성인(聖人)은 스스로 그 도(道)를 실천하여 나아갈 길을 터득하는 것이지만 도를 추구하는 인간에게 함정이 없는 것은 아니다. 그들이 행하는 활동의 극적인 온유함은 나태(懶怠)라는 악덕과 혼동될 수 있는바 실제에 있어서 도교는 진제국 이후의 내전으로 피폐에 빠진 사회를 떠안은 한제국(漢帝國)에 의해 그처럼 비속한 용도로 활용되었다.[874] 전쟁으로 인해 모든 것이 폐허화된 것을 목격한 한제국은 급격한 개혁이 아니라 도교적 무위와 방임책을 시행하다가 〈무제(武帝), BC 140~87〉에 이르러 도교를 폐지한 후 유교(儒敎)를 국시(國是)로 삼았는데, 그 유교는 당시에 변칙적으로 오용된 도교가 도덕경의 가르침에 반하는 것이었듯이 창시자의 본래적인 가르침에서 멀리 벗어난 것이었다. 두 얼굴을 가진 자유방임의 여신이 그 속성에 따라 우연이 아니라 필연이나 운명으로 숭배된다는 점에서 볼 때 한제국에 의해 오용된 도교는 우연과의 타협인 동시에 운명에의 굴복이었다.

필연과 우연은 각기 대조적이라는 그 이유로 인해 서로 객관적인 개념으로 인식(認識)된다. 왜냐하면 그 대조는 사물의 본질에 대한 양자택일적인 대조가 아니라 대해(大海)에서 표류하고 있음을 자각하는 인간과 그 배를 농락하는 것으로 여겨지는 바다의 대비(對比)와 같은 것이기 때문이다. 여기에 있어서 자의식(自意識)을 지키고 있는 표류자는 자기를 쓰러뜨리려는 힘을 무질서라고 생각하여 그것을 우연이라고 인식하게 된다. 그러나 무질서라는 것은 질서와 마찬가지로 지극히 상대적인 개념인바 표류하는 영혼이 자기를 당황하게 하는 힘을 자의(自意)의 부정이 아니라 하나의 독립적 실체로 인식하게 되면 그와 동시에 그 미지의 여신은 우연이라고 하는 주관적인 모습에서 벗어나 필연이라는

---

것)은 무명(無明)의 박으로 다스려야 한다. 무명의 박은 무욕으로 이끄는 것이며 무욕은 평온이다. 그리하여 세계는 스스로 안녕하리라」「도덕경」 37장.

874. 성 아우구스티누스가 「신의 나라」에서 "그분의 작업을 근면하는 노력이라고 생각하면 안 되듯이 그가 취하시는 휴식을 나태한 무위라고 판단하면 안 된다"라고 설파한 것은 이와 같은 혼동에 대한 경계였을 것이다. 진제국은 15년밖에 존속하지 못했고 그로 인한 7년간의 내전은 한제국의 성립에 의해 종식되었다.

이름을 갖는 객관적인 용태(容態)를 지니게 된다. 그렇지만 변하는 것은 외관일 뿐 그 비인간적인 힘의 본질이 그에 대응하여 변화하는 것은 아니다. 그 힘이 필연의 여신으로 인식될 때 드러내는 싸늘하고도 무자비한 양상(樣相)에 접근함에 있어 이 숭배자는 그 신에게 예속되었음을 자인해야 하는 곤경에서 벗어날 길이 있는 것처럼 행동하게 된다.[875]

　제어할 수 없는 필연의 조류에 휩쓸리고 있다는 의식은 기원전 2세기의 헬레닉 사회에 폭풍이 몰아친 정치에서만이 아니라 과학의 분야에서도 느껴졌다.[876] 이 의식(意識)에 굴복함으로써 비굴한 모습으로 필연의 여신을 숭배하게 된 헬레니즘은 결국 전체주의적인 결정론으로 빠져들었다. 그 고전적 해설이 안티오키아의 점성술사가 남긴 저술에 기록되어 있는데 그것이 말하는 것은 인간의 자조적(自助的)인 자유를 부인하는 이슬람의 예정설과 다름이 없다.[877] 숙명론자들은 주저하면서도 자신이 신봉하는 신조(信條)의 엄격한 여행(勵行)에 굴복하는 것이며 그 경향을 자세히 살피면 동일한 필연의 여신이 열광적인 숭배자의 예배를 받고 있는 다양한 조상(彫像)을 개관할 수 있다.[878] 헤로도토스가 상투적으로 사용한 문구는 비사변적(非思辨的)인 숙명론의 예증이지만 일반적인 숙명론은 필연을 특정한 매체를 통해 작용하는 힘으로 인식하는 것이다.[879]

---

875.　아리스태네투스는 그리스가 로마에 예속될 위기에 처했을 때 투지를 발휘하여 항거해야 한다고 주장한 필로포에멘에 반(反)하여 클레안테스가 필연으로 인식한 제우스에게 올린 기도(祈禱)에 합치하는 태도를 보였다. "제우스여, 운명이여! 나를 데리고 가라. 어디나 그대가 나를 위해 예비한 곳으로! 미천한 몸이지만 나는 따르리라"

876.　"헬레니즘의 과학 분야에 있어서 가장 두드러진 특징은 초기의 성공이 진보로 이어지지 못한 점에 있는데, 그렇게 된 이유는 기원전 2세기의 그리스에서 생겨난 새로움과 모험을 구하는 정신적인 능력의 상실에 있다. 그들은 당시에 점성술이나 마술에 몰두해 있었다" 〈Cary, M〉의 「History of the Greek World」

877.　〈Vettius Valens〉가 점성술을 선전하는 저작에 기술한 내용은 극단적인 숙명론이다. 〈아불 하산 알 아샤리, 873~935〉는 이슬람 예정설의 고전적인 형태를 제시했다.

878.　여행(勵行)-"열심히 행하다, 실행할 것을 장려하다"

879.　헤로도토스는 「역사」에서 "모모(某某)에게 재난이 닥치도록 되어 있었다. 그래서 이러이러한 사건이 발생했다"라는 문구를 상투적으로 사용했다.

스승인 레우키포스의 교설에 반하여 우주의 원리를 완전한 결정론으로 해석한 데모크리토스는 물질에 있어서의 필연론을 제기한 인물인바 에피쿠로스에 의해 부인된 그 절대적인 결정론의 신조가 바로 기술(旣述)한 바빌로니아 점성철학(占星哲學)의 사상적 기초였다.[880]

이어서 서구사회로 눈을 돌리면 근대의 자연과학은 물리적 결정론의 신조를 데모크리토스와 같은 정도로 수용하고 있으며 인문과학까지도 그 경향을 추종하고 있는 것으로 여겨진다. 서구사회에 만연한 필연성의 지배는 경제 분야로까지 확대되었는데, 마르크스주의에 내재한 경제적 결정론은 근래에 이르러 공산주의자만이 아니라 일부 자본주의자까지 추종자로 포섭하고 있다. 더하여 심리의 영역에서는 필연의 권위가 행동의 심리적인 과정을 분석하는 분야에서 달성한 성과에 도취하여 정신적 통일체로서의 영혼을 부인하는 심리학자의 일파에 의해 주장되고 있다. 그리하여 정신분석학은 아직 미숙한 학문임에도 불구하고 대중을 선동하는 일에 능숙한 정치가를 필연성의 신봉자로 확보했는데, 그 히틀러가 1936년에 뱉어낸 말은 수많은 서구인의 마음에 싸늘한 전율(戰慄)을 일으켰다.[881] 종교의 영역으로 눈을 돌리면 일련의 정신적인 인과관계를 한 인간의 생애로부터 인류의 존속기간 전체로 연장하는 심리적 결정론을 보게 되는바 그 교의(敎義)를 정신적인 사상(事象)에 적용하는 논의는 기독교의 원죄론(原罪論)과 불교의 업보사상(業報思想)으로 나타났다. 이 두 가르침은 인과관계를 하나의 생활에서 다른 삶에 이르기까지 지속시킨다는 공통점을 가지고 있는데, 원죄는 아담만이 원인적(原因的)인 존재임에 반해 카르

---

880. 원자론(原子論)을 창시한 〈레우킵푸스〉는 중립적인 결정론을 표방했으나, Atom을 만물의 궁극적인 단위로 여긴 〈데모크리토스〉는 예외를 인정하지 않는 완전한 결정론을 주장했다. 〈에피쿠로스〉는 필연의 영역에 파렌클리시스(παρέτκλισις/경향·傾向)라는 변덕의 요소를 도입하여 그 결정론을 완화시켰다. 전체주의적 숙명론을 주장하여 에피쿠로스파와 대립한 〈키티온의 제논〉은 바빌로니아 점성철학에서 영향을 받은 것으로 보여진다.

881. 히틀러는 뮌헨에서 행한 연설에서 "나는 신이 나에게 내리신 나의 길을 몽유병자와 같은 확신을 가지고 걷는다"고 토로했다.

마는 혈통에 의한 계통수(系統樹)가 아니라 윤회하는 존재에 개재된 인과(因果)인 점은 양자의 차이점이다. 이어서 일신교에 스며든 결정론을 보면 그것은 참된 신의 모습으로 가장된 우상이기 때문에 기이하고도 난해한 필연론인데 이 은밀한 우상숭배에 몰입하여 신의 초월성을 지나치게 강조하는 것으로 인해 그 숭배는 잔혹한 필연성으로 귀결된다. 우리는 초월적인 일신교의 이러한 왜곡의 사례를 시리악 사회에서 출현한 두 고등종교 속에서 찾을 수 있다. 터키에서 회자(膾炙)되고 있는 키스메트의 관념은 이슬람교 예정론인 이크티사브의 교의(敎義)를 극단화한 숙명론이며 캘빈이 아우구스티누스를 빙자하여 근본적인 가르침으로 복귀하라고 주장하여 제시한 신학의 요체는 엄격한 예정설(豫定說)이다.

### (4) 죄의식(罪意識)

중독제(中毒劑)로 작용하는 표류의식은 그 피해자의 힘으로는 어쩔 수 없는 곳에 자리 잡은 죄악(罪惡)을 묵인하는 태도를 주입하지만, 패배주의에 대한 능동적 반응인 죄의식은 자극제(刺戟劑)로 작용하여 패배는 당사자의 영혼에 깃들어 있는 죄악으로 말미암은 것이므로 신을 찾아 그를 따른다면 그 악에서 벗어날 수 있음을 깨우치게 한다. 그러므로 이 두 패배주의적인 의식 사이에는 절망의 수렁과 산을 움직이는 믿음과 같은 관념적 차이가 내재해 있음을 알 수 있다.[882] 그러나 인간의 삶에 있어서는 산과 늪 사이의 지대(地帶)와 같은 공유지(共有地)가 펼쳐져 있는바 카르마(Karma)를 인과의 법칙에 의해 강제적으로 지워진 짐이나 의지적인 행위로 변화시킬 수 있는 업보(業報)로 인식하는 인도인의 관념은 그것을 묵시적으로 암시하고 있다. 이 점에서 본다면 카르마는

---

882. '절망의 수렁'은 〈John Bunyan, 1628~1688〉이 쓴 천로역정의 주인공 크리스찬이 헤매고 다녔던 늪. "이르시되 너희 믿음이 작은 까닭이니라 진실로 너희에게 이르노니 만일 너희에게 믿음이 겨자씨 한 알 만큼만 있어도 이 산을 명하여 여기서 저기로 옮겨지라 하면 옮겨질 것이요 또 너희가 못할 것이 없으리라" 〈마 17:20〉 '공유지'는 사회적 붕괴로 인한 고뇌로 신음하는 영혼이 수동성에서 능동성으로 전환할 때 겪게 되는 정신적인 중간지대.

숙명적인 것이 아니라 그 담부자(擔負者)가 만들어 내는 외재적인 것이며 그가 짊어져야 하는 짐은 운명적인 것이 아니라 스스로 지어낸 죄(罪)인 동시에 경감하거나 말소할 수 있는 악(惡)이다.

기독교에도 어쩔 수 없는 운명에서 극복할 수 있는 죄로 전환하는 길이 있다. 그 이유는 기독교도의 영혼이 신의 은총에 의해 원죄에서 벗어날 기회를 갖게 되기 때문이다. 그 은총은 한 영혼이 뒤집어쓴 오명을 지워버리는 초현실적인 힘의 작용이 아니라 인간의 노력에 대한 신의 보답으로 나타나는 것인데, 그 도움을 얻으려면 그에 합당한 노력을 자기 것으로 전가(轉嫁)된 죄를 극복하는 방향으로 돌려야 한다. 아담이 불신과 욕심의 결과로써 후손에게 남긴 죄의 경향은 예정이나 방임과 같은 것이 아니며 그 죄를 인식하는 영혼이 그것이 본의 아니게 대물림된 것이라고 하는 변명은 용납되지 않는다. 부득불 당사자에게 귀책되는 죄는 그것에 물든 영혼이 신의 은총에 의지해서 극복해야 하는 악인 것이다. 동란기의 이집트 사회에 나타난 사후의 세계에 대한 관념 속에서도 죄의식에의 각성을 볼 수 있지만 그 고전적인 사례는 고난에 처한 시리악 사회의 예언자들이 겪은 정신적 체험이다. 아시리아에 잡혀서 극단적인 고난에 빠졌을 때 그 불행이 무도한 외세에 의한 것이 아니라 자신들의 죄로 말미암은 것이므로 거기에서 벗어나는 길도 자기들에게 있다고 인식한 것은 대단한 정신적 위업이었다.

시리악 사회가 시련 속에서 발견한 이 구원의 진리는 기독교를 형성한 후 동란에 빠진 헬라스인의 교훈이 되었다. 그렇게 된 이유는 헬라스인도 수 세기에 걸쳐 같은 방향을 지향하고 있었기 때문인데 그 두드러진 사례들은 다음과 같다. 오르피즘은 공허함을 느낀 헬라스인이 미노스 문명에서 물려받지 못한 고등종교를 만들려고 했던 증거이다. 플라톤의 「국가」에서 볼 수 있는 헬레닉 사회 지배적 소수자의 죄의식은 조잡한 것이지만 이후로 3~4세기가 지나면 아기스, 클레오메네스, 티베리우스, 가이우스 그락쿠스 등의 민감한 양심과 아우구스투스의 진지한 회개 속에 그 사회 고유의 죄의식이 깃들어 있음을 보게 된다. 베르길리우스의 「농경가」에 실려 있는 지배적 소수자의 목소리에는 기독교가 말하는 것에 가까운 가락을 느낄 수 있는데, 그 말미의 3행은 [883] 참을 수 없는 고뇌를 맛보게 하는 표류의식으로부터의 해방을 바라는 헬라스인의 기원을 표출하고 있다. 시 속에서 그들이 해방되기를 탄원한 죄는 라오메돈[884]으로부터 물려받은 원죄지만 실제로는 자신들이 2세기에 걸친 정복전쟁 중에 저지른 범죄였다. 그로부터 1세기가 지나기 전에 지난날의 죄에 대한 베르길리우스의 탄식[885]에 깃든 정신이 기독교의 영향을 받지 않은 헬라스인의 지배적 계층을 붙잡은 사회적 조류(潮流)가 되었다. 그리하여 새로운 정신적 시야가 열리고 신에 대한 고상한 개념이 성립되었으며 기도(祈禱)는 현세구복이 아니라 정신적 고양을 바탕으로 신과 대화하는 방식으로 이루어졌다. 전래의 비교(祕敎)와 시리악 사회에서 전해진 종교가 회개와 올바른 삶에 대한 동경의 마음을 일으켰던 것인데, 아우구스투스로부터 1세기가 지난 시대의 정신적인 상태에 대한 위와 같은 묘사는 500년 전에 플라톤이 그렸던 양상과는 크게 다르다. 이를 보면 세네카, 플루타크, 에픽테투스, 마르쿠스 아우렐리우스 등이 살았던 시대의 헬라스인은 하찮게 여긴 프롤레타리아트 사이에서 생겨난 광명에 접근할 준비를 갖추고 있었음이 분명하다.

붕괴로 인한 고뇌 때문에 죄의식을 각성한 사례는 헬레닉 사회와 시리악 사회만이 아니라 다른 문명에서도 찾을 수 있다. 증거가 부족하지만 마야인의 속죄적 고행은 정신적인 상태의 외면적인 징조라고 해석할 수 있고 수메릭 사

---

883. "울타리에서 뛰어나온 네 마리 말이 끄는 전차는 급격히 거리를 늘리고 마부는 헛되이 고삐를 잡으면서 이끌려 간다. 수레가 제어되지 않는 때와 같이"

884. Laomedon은 Trōia 서사시에 나오는 트로이의 왕, 베르길리우스 당시의 로마인은 그를 자신들의 조상으로 받들고 있었다.

885. 베르길리우스는 헬라스인이 정복전쟁 중에 저지른 죄에 대해 "태양은 빛나는 얼굴을 어두운 그림자로 덮었다. 그리하여 신을 두려워하지 않는 시대는 영원한 밤을 두려워했다"는 시어(詩語)를 남겼다.

회의 종교적 유물인 속죄시편(贖罪詩篇)과 탐무즈-이스타르 숭배를 동일한 것으로 정의할 수 있다. 그런데 현재의 서구사회에서 특유의 죄의식을 찾을 수 없다는 사실은 우리를 당혹스럽게 한다. 죄의식은 그것을 중요한 특징으로 하는 고등종교를 헬레닉 사회로부터 물려받은 서구인에 있어서 매우 친숙한 감정이지만 근래에는 속담이 이르듯이[886] 그것을 경멸하는 풍조가 나타나고 있다. 6세기 헬레닉 사회의 진지한 죄의식과 죄의식에 대한 근대 서구인의 경멸이 나타내는 첨예한 대조는 어떻게 해석되어야 할까? 패배와 고난으로 인한 우울한 감정을 죄의식으로 표출한 헬레닉 사회로부터 이어받은 고등종교와 세계교회의 비호 속에서 성장한 서구사회는 생득권(生得權)으로 물려받은 기독교를 경시하여 그 가치를 유기하고 있는 것인바, 야만인으로 발견한 그를 만물의 영장으로 드높인 기독교를 배반한 Homo-Occidentalis(서구인)의 역사는 Jeshurun의 우화[887] 속에 담긴 휴브리스의 이야기인 것이다.

근대 서구의 예수룬이 걷어찬 기독교의 온갖 선물 중에서 가장 격렬하게 배척된 것은 죄의식인바 서구인이 그를 통해 부흥을 이룩했다고 자부하고 있는 것은 자기들이 그 속에서 자라난 기독교적 전통에서 벗어난 정도(程度)를 실토하는 것에 불과하다. 4세기에 걸쳐 서구의 세속적인 문화에 있어서 유력한 요인으로 자리 잡은 헬레니즘 숭배는 헬레니즘 자체를 서구사회의 모든 미덕과 능력을 갖춘 것으로 여기는 한편 서구인이 유기(遺棄)하려고 하는 죄의식에서 벗어난 생활 태도로 여기는 사고방식에 의해 조장되어 왔던 것인데, 우리 서

---

886. '지나친 친분은 경멸을 낳는다'는 속담.

887. "여호와께서 그를 황무지에서, 짐승이 부르짖는 광야에서 만나시고 호위하시며 보호하시며 자기의 눈동자 같이 지키셨도다. 마치 독수리가 자기의 보금자리를 어지럽게 하며 자기의 새끼 위에 너풀거리며 그의 날개를 펴서 새끼를 받으며 그의 날개 위에 그것을 업는 것 같이 여호와께서 홀로 그를 인도하셨고 그와 함께한 다른 신이 없었도다. 여호와께서 그가 땅의 높은 곳을 타고 다니게 하시며 밭의 소산을 먹게 하시며 반석에서 꿀을, 굳은 반석에서 기름을 빨게 하시며 소의 엉긴 젖과 양의 젖과 어린 양의 기름과 바산에서 난 밀을 먹이시며 또 포도즙의 붉은 술을 마시게 하셨도다. 그런데 여수룬이 비대하고 기름지매 발로 찼도다. 네가 살찌고 비대하고 윤택하매 자기를 지으신 하나님을 버리고 자기를 구원하신 반석을 업신여겼도다"〈신 32:10~15〉

구인은 자기들의 휴브리스가 아테 속에서 그 네메시스를 찾아내기 전에 회개를 통해 그것으로부터 돌이킬 수 있을 것인가?[888] 이것이 서구인이 직면한 운명의 수수께끼라면 이 시점에서는 그 답을 예단하는 것은 불가능하다. 그러나 정신적 능력을 개선을 도모하는 방향으로 활용하려는 시도가 있는바 산업주의의 프롤레타리아트 속에서 발판을 구축하고 중산층으로 파급된 후 이교화된 지배적 소수자에게로 침투한 신앙부흥운동[889]이 우리가 저지른 죄의 인식을 강조하고 있는 것은 하나의 길조임이 분명하다.

### (5) 혼효의식(混淆意識)

① 비속화(卑俗化)와 야만화(野蠻化)

㉠ 제국주의자의 수용성

문명의 성장에 수반되는 〈양식의식(樣式意識)-Style Consciousness〉을 대신하는 수동적(受動的) 감정인 혼효의식은 도가니[890]에 굴복하는 행위에서 위력을 발휘하는데, 사회적 붕괴 과정에 있어서는 종교 문학 언어 예술 등 생활의 전반적인 분야만이 아니라 습관이나 풍습에 속하는 부분에서도 동일하게 작용한다.

이것의 시현(示顯)을 소멸한 문명에서 개관함에 있어서는 그 사회의 풍속을 대상으로 삼는 것이 편리할 것이며 붕괴 중인 사회에 혼효의식이 출현했음을 나타내는 증거를 찾으려면 내적 프롤레타리아트에 주목하는 것이 좋을 것이다. 앞에서 내적 P를 살폈을 때 그들이 겪은 특유한 고통은 삶의 터전에서 뿌리째 뽑히는 것임을 확인했는데 사회적 부랑화(浮浪化)라는 이 무서운 체험은 혼효의식을 효과적으로 유발하는 것으로 여겨진다. 우리는 거기에서 내적 P로써 추방되어 노예나 부랑민이 된 인간은 그들이 휴대할 수 있었던, 찢기고 짓밟힌 사회적 전통의 단편을 고수할 뿐만 아니라 문화적 우월감을 가진 지

---

888. 휴브리스(驕慢), 아테(妄想), 네메시스(報應).
889. 〈옥스포드 그룹〉은 1921년 이래로 프로테스탄트의 신앙부흥운동을 주도하고 있다.
890. 감과(坩鍋), 쇠를 담아서 녹이는 그릇.

배적 소수자에게 그것을 전파하는 것을 보았다. 더욱 의외인 것은 내적 P들이 전하는 것을 그와 같이 수용하는 지배적 소수자는 외적 P의 문화에 대해서도 동일한 수용성을 발휘한다는 사실이다.[891] 그렇기 때문에 붕괴에 직면한 사회의 분열된 세 단편 중 혼효의식에 사로잡히는 경향이 가장 농후한 쪽은 경제적 착취와 군사적 대치를 통해 내·외적 P들과 끊임없이 접촉하는 지배적 소수자다. 지배적 소수자가 프롤레타리아트와 이러한 접촉과 교섭을 행하는 것은 사회적 좌절의 표현이고 그 궁극적인 귀결(歸結)은 사회적 균열의 소멸이다. 지배적 소수자는 자기들이 조장한 사회적 균열의 고착화를 억제하는 방식으로 그 죗값을 치르는 것인데, 그것은 수용을 통한 프롤레타리아트와의 합병으로 이루어진다.

앞에서 개관한 제국 건설자의 수용성을 상고(詳考)하는 것은 두 방향으로 이루어지는 지배적 소수자의 프롤레타리아트화와 거기에 수반되는 현상들을 살피는 일에 도움이 된다. 지배적 소수자의 수용성을 살핌에 있어서는 군사적 기술에 있어서의 수용성을 고찰하는 것이 효과적인데, 그것은 제국 건설자가 수립하는 세계국가가 군사적 정복의 산물이기 때문이다. 헬레닉 사회에 있어서 로마인이 그리스의 기병과 그 장비를 채용했다는 것은 폴리비오스의 상세한 기록을 통해 자세히 알려졌다. 그리고 힉소스인의 전차를 차용한 이집트 신제국의 테베인, 유목민의 기병대를 채용한 중국사회의 변경민,[892] 대적(對敵)의 무기인 노궁(弩弓)과 주정대(舟艇隊)를 사용하여 그리스인과 싸운 파르티아와 파르니족, 서구의 화기(火器)를 수용한 오스만리와 오스만리의 보병대를 차용한 서구사회 등에서 동일한 수용성을 발견하게 된다. 이처럼 전쟁 기술에 있어서 신속하게 새로운 것을 취득한 제국 건설자들은 군사적 기술만이 아니라

---

891. 이 사실이 의외인 이유는 폭력적인 전투집단을 이루는 외적 P는 군사적인 경계선에 의해 지배적 소수자로부터 격리되어 있고, 그 야만적인 사회는 내적 P들이 들여온 것처럼 수준 높은 문화를 가지고 있지 않기 때문이다.
892. 연(燕), 위(魏), 제(齊), 조(趙), 진(秦), 초(楚), 한(韓)의 전국칠웅(戰國七雄) 중 조(趙)를 지칭하는 말.

제도나 관습에 대해서도 수용성을 발휘했다. 예를 들면 셀레우코스조의 후계 국가를 수립한 파르티아조 파르니족과 인도에 박트리아 제국의 후계국가를 세운 사카족 유목민은 그리스인의 행정제도를 차용했으며 아케메네스조 제국 을 건설한 페르시아인이 드러낸 실천적인 수용성은 헤로도토스에 의해 자세 히 기술되어 있다. 헬레닉 사회의 아테네인이 일찍부터 혼효의 경향을 드러냈 다는 것은 제국을 세우고 운영했던 그들의 코스모폴리탄적인 풍속을 자세히 묘사한 어느 익명의 저술가에 의해 증언되고 있다. 아테네의 지배자들이 도처 에서 거둬들인 식재료에 탐닉했다고 하는 그 묘사는 지난 4세기에 걸쳐 전 세 계를 우는 사자처럼 돌아다니며[893] 먹을 것을 쓸어 담은 서구인을 떠올리게 한 다. 서구사회에 있어서 끽연(喫煙)은 북미의 구릿빛 인디언을 전멸시킨 기념이 고, 커피와 홍차를 마시고 폴로와 하맘(Turkish Bath)을 즐기는 것은 오토만과 무 굴제국을 집어삼킨 기념이며, 신흥 브르주아 계급이 즐기는 Jazz는 아프리카 흑인을 아메리카로 잡아들인 기념이다.

붕괴에 직면한 사회의 지배적 소수자의 수용성을 드러내는 증거를 위와 같 이 살폈으므로 이제는 자기들에게 예속된 내적 P와의 교섭에서 나타나는 지 배적 소수자의 비속화와 외적 P와의 군사적 접촉으로 이루어지는 그들의 야 만화에 대한 조사를 시작해 보자.

ⓛ 지배적 소수자의 비속화(卑俗化)

내적 P가 지배적 소수자에게 예속되었기 때문에 비폭력적으로 이루어지는 양자 간의 교섭은 내적 P가 지배적 소수자의 군대에 편입되는 것으로 시작된 다. 앞에서 살핀 오토만 파디샤의 노예궁정은 병역(兵役)에 내적 P가 혼입되는 일의 극단적인 사례이며 프롤레타리아트가 지배층을 형성한 이집트 맘루크 체제와 힌두스탄 무굴제국의 하부구조(下部構造)는 오토만 체제가 조악(粗惡)하 게 적용된 것이었다.

---

893. "근신하라 깨어라 너희 대적 마귀가 우는 사자같이 두루 다니며 삼킬 자를 찾나니" 〈벧전 5:8〉

지배계층의 역할을 제한하고 노예에게 특권을 부여함으로써 효율을 드높인 유목민 제국 건설자들의 재간은 특이한 것이지만 가축을 길들이는 방법을 내적 P에 적용한 이 수법은 로마제국 군제(軍制)의 변화에서 보듯이 널리 행해진 군사적 경향이었다. 로마제국의 군대는 아우구스투스 당시에 로마 시민으로 편성된 Legiones(레기온)과 종속민을 징집하되 정규군의 절반 정도로 유지한 Auxilia(아욱실리아)로 구성되어 있었으나 〈Antoninus Caracalla, 211~217〉의 공민권 확대로 그 구별이 사라진 이후로 속주에 주둔한 군단들은 현지에서 징집한 만족으로 편성된다는 변화를 일으켰다. 이러한 로마 상비군의 역사는 만주족이 극동사회의 세계국가로 재건한 청제국의 상비군 제도로 재현되어 있으며 아라비아 사회의 우마이야조와 아바스조 칼리프국의 군제에서도 동일한 경향을 볼 수 있다.[894] 또한 쿠빌라이가 남중국을 정벌할 때 알란족을 동원했음에서 보는 바와 같이 몽골의 상비군에서도 동일한 과정이 진행되었고 아케메네스조 제국의 상비군도 이집트 엘레판티네에서 현지인을 사병(士兵)으로 편입했음이 밝혀졌다. 서구사회에 있어서 지배적 소수자를 직업 군인으로 선발하여 편성했던 상비군이 징병제도에 따라 프롤레타리아트 가운데서 징모된 병사 위주의 국민군으로 바뀐 것[895]은 위의 사례들과 마찬가지로 군제와 그 기구가 지배적 소수자의 비속화에 기여한 정도를 말해주고 있다.

변경에서 이루어지는 병사들의 교제는 지배적 소수자와 내적 P 사이의 장벽을 제거하는 역할을 하는데, 그중에서도 문명 사회를 정복하여 그 문화에 탐닉하는 만족 출신의 제국 건설자에 있어서는 그 경향이 더욱 현저하다. 만주족과 중국인 병사들이 유장(柳牆)[896]을 경계로 삼아 교류했던 것과 아케메네

---

894. 만주족 팔기군(八旗軍)이 로마의 레기온과 유사한 변화를 보인 것과 남만주의 만주인이 중국인에 대해 시리악 사회의 아랍인과 이란인 변경민이 맺었던 것과 비슷한 유대(紐帶)를 보였던 것은 이러한 사실들을 입증하는 것이다.

895. 18세기 서구의 제국(諸國)은 프랑스가 개시한 보편적인 징병제도를 채택함으로써 기존의 상비군 제도를 국민군 제도로 변경했다.

896. 요하(遼河) 하구의 요동지구(遼東地區) 경계선에 버드나무를 심고 그 가지를 엮어서 조성한 목책

스조 아랍인이 주변의 시리아인이나 이란인과 친밀하게 어울렸던 것이 그 역사적 사례인데 그러한 교류는 미완으로 끝난 아테네 제국에서의 상황과 같이 상업적인 관계로 바뀌는 경향이 있다. 헬레닉 사회의 세계국가를 세우려고 했던 당시의 아테네인이 노예와 종속민에게 상당한 자유와 권리를 부여했음은 주지의 사실이거니와 그 세계국가를 완성한 로마인도 노예에게 해방의 기회와 출세의 방편을 다양하게 보장했다. 제정(帝政)이 시작되기 전에 이미 조직화되고 있었던 로마 귀족의 각 가문은 그 운영을 유능한 노예에게 일임했고 Caesar 일가가 정권을 장악했을 때 그 해방 노예들은 공식적으로 제국의 행정에 참여했다.[897] 지배적 소수자와 내적 P로 구성된 가족적인 연합체 속에서 지배자와 피지배자의 지위가 서서히 교체되는 경향을 보였던 아랍 칼리프국의 사례[898]도 세계국가에 포섭된 내적 P의 지위가 점진적으로 향상된 경향의 하나였다. 친밀한 관계를 형성한 지배적 소수자와 내적 P는 함께하는 생활을 통해 영향을 주고받으면서 서로에게로 접근하여 동화를 이루는 것인데, 그 표면적인 양상은 내적 P의 사회적 해방과 지배적 소수자의 비속화로 나타난다. 그 전형적인 예는 로마제국의 은시대(銀時代)로 일컫는 시기에 나타난 지배 계급의 비속화인바 몇몇 황제가 연출한 저급한 비극이 당대의 문학가에 의해 교묘하게 풍자되어 있다. 기록에 의하면 칼리굴라는 방탕과 유치한 도락(道樂)에 이어 검투사를 흉내 내는 격투를 자행했고, 시와 음악에 몰입했으나 조잡함에서 벗어나지 못했던 네로는 과대망상에 빠졌으며, 콤모두스는 야만적인 스포츠나 검투사로서의 시합에 몰두하는 등 만행을 일삼다가 측근에 의해 암살되었다.[899] 공식적으로는 〈Antoninus, 198~217〉로 알려진 카라칼라는 로마 황

---

(木柵). 요녕(遼寧)의 봉성현에서 시작하여 산해관을 거쳐 장성(長城)에 접속되어 있다.

897. 시저 일가의 해방 노예가 제국의 행정에 참가했던 대표적인 사례는 그들이 각료로서 제권(帝權)의 일부였던 소칙(詔勅과 청원(請願) 및 재정(財政)을 관장한 것이다.

898. 이슬람교도 아랍족 정복자는 복속된 이교도 중 유능한 자를 우대하여 지배계급에 포함시켰는데 시간이 지남에 따라 그들의 지위가 역전되는 현상이 야기되었다.

899. 3대 황제인 〈Gaius Julius Caesar Germanicus, 37~41〉 Caligula는 '작은 장화'라는 뜻의 별

제들이 보여준 프롤레타리아트화의 막장을 보였는데 오만불손했던 그는 말단의 병사들과 격의 없이 어울리며 병졸과 같은 생활을 하는 등 난행(亂行)을 일삼았다. 카라칼라의 프롤레타리아트화는 콤모두스에 비해 선정적이거나 병적인 것이 아니었으나 그러했기 때문에 붕괴를 지향하는 사회적 징후로서 더욱 중대한 의미를 내포하고 있다. 생태적 권리라는 바로 그것 때문에 아카데미와 스토아로부터 프롤레타리아트 병사(兵舍)의 자유로 도피한 이 황제에 의해 전래의 사회적 전통을 유기(遺棄)하는 지경에 달한 헬레닉 사회의 지배적 소수자가 유감없이 표상(表象)되어 있는 것이다. 붕괴 중인 사회를 살필 때 그 초기에는 지배적 소수자의 사상과 감정이 내적 P에게 영향을 끼치지만 다음 단계에서는 흐름이 역전되는 것을 알 수 있는바 몰락하는 지배적 소수자가 우위를 점해가는 내적 P에 굴복하는 경향은 헬레닉 사회의 지배적 소수자가 드러낸 기독교에 대한 태도 변화의 역사에도 나타나 있다. 기독교가 미약했던 기간에는 기독교도를 제멋대로 박해했던 그들은 기독교가 내적 P의 생활에 대한 지배를 확립했을 때 마지못해 그에 귀의함으로써 다수를 점한 프롤레타리아트의 구심력(求心力)을 인증했다. 지배적 소수자의 이와 같은 프롤레타리아트화는 붕괴에 돌입한 모든 문명에서 발현된 현상인데 자세히 살피면 서구사회에서도 생활의 여러 면에서 〈아 라 모드〉라는 이름으로 전통적인 것을 배척하고 프롤레타리아트들의 풍습을 추종하는 것을 볼 수 있다.[900]

ⓒ 지배적 소수자의 야만화(野蠻化)

내적 P와의 교섭에 의한 지배적 소수자의 비속화에 이어서 외적 P와의 군사적 접촉으로 말미암는 그들의 야만화를 살피면 이 두 드라마의 전개 과정은 매우 유사하다는 것을 알 수 있다. 이 극에서도 위에서 살핀 바와 마찬가지로

---

명. 5대 황제 네로의 제명(帝名)은 〈Nero Cladius Caesar Augustus Germanicus, 54~68〉 철인황제 마르쿠스 아우렐리우스의 아들 Commodus, 제명은 〈Lucius Aurelius Commodus, 177~192〉

900. "무언가를 곁들여 먹는다"라는 의미의 프랑스어 A La Mode〉 우리 말로는 최신유행.

접촉하는 쌍방이 교호적(交互的)인 동화를 일으키는 것인바 지배적 소수자가 외적 P에 영향을 끼치는 제1막과 쌍방의 역할이 반전되는 제2막 이후에는 지배적 소수자의 회복하기 어려운 야만화가 나타난다. 이 극의 무대는 양자가 대치하고 있는 군사적 경계선이며 막이 열리는 시점에는 싸늘한 적개심을 품은 쌍방이 매서운 눈빛으로 상대방을 노려보고 있다. 시간이 지남에 따라 적대감이 완화되고 양자 사이에 일종의 친밀감이 생기지만 구조적인 이유로 인한 전쟁이 진행되는 동안에 상황은 만족에 유리한 방향으로 전개된다. 이어서 최후의 국면에서는 경계를 돌파한 만족이 세계국가의 광대한 외변(外邊)으로 쇄도하는데, 이에 대한 사회적 측면에서의 검토는 친밀감 증대의 결과인 동시에 그 원인인 쌍방의 동화작용(同化作用)을 다루는 일이 된다.[901]

제1막에서의 만족은 피랍인(被拉人)이나 용병으로서 무대에 등장하여 유순한 도제(徒弟)가 되고 제2막에서는 복수심으로 무장한 침입자로 쇄도하여 이주나 정복을 통해 세계국가에 정착하게 되는바 이 과정에서 발생할 수 있는 변화는 군사적 우위가 지배적 소수자로부터 만족으로 넘어가는 일이다. 이 의아스러운 운명의 역전에 의해 전선에서 문명의 침입을 막아내기에 급급했던 만족은 리메스를 돌파하여 지배적 소수자를 굴복시키게 된다. 이 극적인 전환으로 인해 위신의 급격한 변화를 체감하는 지배적 소수자는 만족을 모사(模寫)함으로써 상황을 역전시키려고 애를 쓰는데, 그런 행동의 본질은 패배를 자인하는 웅변(雄辯)인 동시에 가장 정직한 형태의 아첨이다. 이것이 우리가 살피고 있는 드라마의 대략적인 줄거리인바 그 각 막을 자세히 살피면 그것들은 만족이 등장하는 장면과 양측이 서로 상대편을 모방하는 단계 및 토인(土人)으로 바뀐 지배적 소수자가 기괴한 모습을 드러내면서 야만으로 전락하는 과정이 된다.

지배적 소수자에게 사로잡힌 인질로 등장하는 만족의 무인 중 유명한 인물은 동로마 제국의 콘스탄티노플 궁정에서 생활한 테오도릭과 아드리아노플의

---

901. 이에 대한 군사적인 측면에서의 원인과 결과에 대해서는 8부(영웅시대)에서 다룬다.

오토만 궁정에서 견습기(見習期)를 보낸 스칸데르베그 등이다. 그리고 테베에서 에파미논다스에게 배운 후 마케도니아의 〈필리포스 2세〉로 왕위에 올랐을 때 배운 것을 선용하여 훌륭한 성과를 올린 아민타스의 아들을 이 만족들과 같은 반열에 두는 것은 곤란하지만 북아프리카에서 프랑스와 스페인의 지배에 항거하여 큰 성공을 거둔 〈아브드 알 카림〉[902]은 이 타입의 생생한 견본(見本)이다. 스페인의 감옥에서 겪은 악질적인 처우는 카림이 서구인에 대한 앙심을 품게 했던 것이며 테오도릭과 스칸데르베그가 용병이 되어 전쟁기술을 배운 후 로마제국과 싸우는 것을 필생의 과업으로 삼은 것도 그들에 대한 로마인의 간교한 대접 때문이었다.

정복자가 활동을 개시한 배경에는 용병으로 들어가서 문명을 체험한 다수의 만인(蠻人)이 있었다. 5세기와 7세기에 로마의 여러 지역을 정복한 튜튼족과 아랍인은 수세대에 걸쳐 로마에서 용병으로 활약한 선조들의 후예였고 테오도릭과 무아위야의 삶은 로마군에 들어간 병사로서 마침내 제위에 오른 〈막시미누스 트락스, 235~238〉와 〈필립포스 아라브스, 244~249〉의 생애로써 예견되어 있다.[903] 또한 9세기에 활약한 아바스조 칼리프의 터키인 친위대는 11세기에 그 영토를 분할하여 몇 개의 후계국가를 건설한 터키인 모험가들을 위한 사전적(事前的)인 공작을 실행한 셈이 된다. 도나우 합스부르크 제국과 오토만 제국의 만족 후계국가인 유고슬라비아가 성립된 것은 오토만 파디샤의

---

902. 모로코 리프족의 추장 〈아브드 알 카림, 1880~1963〉이 멜리야의 스페인 감옥에서 수감생활을 했던 것을 문명사회에서의 견습으로 간주한다. 스페인에서 공직을 얻었으나 석방된 후 독립운동에 뛰어든 그는 1921년에 모로코의 Anwar(안왈)에서 스페인 원정군을 전멸시키고 1925년에는 모로코의 프랑스 정권을 뒤흔드는 등 부족의 독립을 위해 지대한 역할을 했다. 그의 게릴라 전술은 〈호치민, 1890~1969〉 〈마오쩌둥, 1893~1920〉 〈체 게바라, 1928~1967〉 등의 혁명가에게 큰 영향을 끼쳤다.

903. 〈Maximinus Thrax〉는 트라키아 농민의 후예로서 로마군에 입대하여 공을 세운 후 25대 황제로 추대되었고, 〈Marcus Julius Philippus〉는 사병으로 시작하여 고르디아누스 3세의 근위대장이 된 후 황제를 암살하고 29대 황제로 제위에 올랐는데, Philippus Arabs라는 별칭을 얻은 것은 그가 아랍에서 탄생했기 때문이다.

용병이 되었다가 합스부르크 왕국이 오스만리로부터 탈취한 지역의 수비대에 편입되어 서구사회를 견습한 세르비아인 덕분이었다. 해체기의 그리스인을 당시의 이집트인과 시리아 사회가 단정했던 것과 같은 만족으로 취급해도 된다면 기원전 4세기에 활약한 이집트와 아케메네스조의 그리스인 용병 속에서 기원전 3세기에 알렉산더의 세상을 정복한 군대의 선구자를 찾을 수 있다.[904] 이와 같은 사례들은 붕괴에 돌입한 문명의 고뇌를 드러내는 역사적 기록에서 누락되는 경우가 많지만 몇 개의 역사적 사실에 있어서는 위의 사례들과 같은 흐름이 있었음을 추정할 수 있다. 이집트 신제국의 용병이었던 해양족(海洋族)이 같은 처지에 있었던 리비아인과 결탁하여 이집트를 정복하려고 했다는 기록에 따른다면 기원전 15세기에 미노스 해양왕국을 침공하여 크노소스를 약탈한 만족은 이전에 미노스 왕의 용병으로 활약했을 것으로 추정된다. 또한 프랑스 서사시에 샤를마뉴를 종사(從仕)한 팔라딘[905]의 한 사람으로 등장하는 Ogier(오지에르)의 모습에서는 당시에 이미 바이킹에 앞서서 아우스트라시아 왕국의 용병으로 활약한 스칸디나비아인을 떠올릴 수 있다. 중국사회의 한조(漢朝)는 훗날에 그 뒤를 이어 중국을 지배하게 된 만족들[906]을 북방을 지키는 용병으로 채용했던 것일까? 북방의 만인(蠻人)들은 만족으로 만족을 제압한다고 하는 중국사회의 방책에 따라 용병이나 이주자로 중국사회에 유입되었는데 그들 중 일파가 공공연한 통치권을 확립한 것은 한제국의 붕괴로부터 1세기가 지난 뒤의 일이었다.[907]

---

904. 해체기에 이집트의 용병이 되었던 그리스인 중 저명한 인물은 스파르타의 국왕이었던 〈아게실라우스, BC 400~361〉이다. 아케메네스조의 소키루스가 형인 아르타크세르크스와 싸울 때 그리스인을 용병으로 채용한 것과 알렉산더에 맞선 다리우스 3세가 그리스인을 용병으로 활용한 것은 앞에서 살핀 바와 같다.

905. Paladins, 프랑크 왕국의 샤를마뉴를 섬긴 12인의 기사(騎士). 이들은 아더 왕을 따른 원탁의 기사와 함께 유럽에서 회자되는 기사도(騎士道) 로망의 원형으로 되어 있다.

906. 북연(北燕)의 선비족(鮮卑族), 북한(北漢)의 흉노족(匈奴族), 위(魏)의 척발족(拓跋族)

907. 이이제이(以夷制夷)라는 이 정책적인 금언은 기원전 2세기에 활동한 가의(賈誼)의 저술에 등장한다. 한조(漢朝)는 221년까지 존속한 것으로 기록되어 있으나 실질적으로는 위(魏) 촉(蜀) 오(吳)

이것들을 살피노라면 용병이었던 만족이 위와는 달리 정해진 운명을 성취하지 못했던 몇몇 사례를 찾게 된다. 예컨대 동로마 제국의 바랑인 수비대는 동로마 제국이 오스만리에게 병탄(倂呑)되지 않았다면 그것을 먹이로 삼았을 것이며 보스니아와 알바니아인 용병은 오토만 제국이 서구에서 밀려든 산업과 정치적 조류로 인해 급속히 붕괴되지 않았다면 그것을 분할하여 삼킬 수 있었을 것이다. 카르타고의 용병으로 고용되어 제1차 포에니 전쟁에서 로마의 침공을 물리친 포에니족 용병대는 전쟁이 끝난 후 그에 대한 보상에 관한 문제로 카르타고 정부와 전쟁을 벌였으나 카르타고가 한니발의 간섭에도 불구하고 로마의 2차 침공에 굴복했기 때문에 예견된 운명을 달성하지 못했는데 이 카르타고의 사례는 아직 그 결말을 예측하기 어려운 하나의 사태를 떠올리게 한다. 이 책을 쓰고 있는 지금 프랑스 공화국은 마그리브 일대의 백인과 사하라 사막 건너편의 흑인을 병력원(兵力源)으로 삼고 있다. 그것으로 볼 때 유럽에서의 입지를 강화하려는 노력의 결과로써 라인란트를 세네갈 만족의 지배에 굴종시키는 군사적 매개자로 귀결되는 것이 프랑스인의 운명일까? 같은 세대의 인도인(印度人)도 요새에 틀어박혀 군사적 독립을 주장하고 있는 구르카인 용병대와 파탄족 침입자가 장래에 감당하게 될 역할에 대해 고민해야 할지도 모를 것인바 그들은 장차 영국인이 운용하고 있는 인도제국의 후계국가를 수립한 사람들의 선조가 될 운명을 지니고 있는 것일까?

이 두 사례는 현재 진행형이므로 그 결말을 예단할 수 없으나 로마제국과 북방의 만족이 맺은 관계의 역사 속에서는 지배적 소수자가 야만화의 길을 걷는 것과 동시에 만족이 지배적 소수자의 희생을 통해 향상을 이루어 가는 과정을 처음부터 끝까지 살필 수 있다.[908] 이 드라마의 서막은 출세를 바라는 만족이 자의적인 계약을 통해 로마군에 입대하며 로마의 지배자들이 그들을 중

---

삼국이 정족지세(鼎足之勢)를 이루었던 2세기 말에 붕괴되었다.

908. 그 이유는 우리가 다루고 있는 역사적 드라마의 제1막만이 아니라 제2막에 대해서도 자세히 알려져 있기 때문이다.

용하는 모습으로 열렸는데, 그 만인들이 시간의 흐름에 따라 로마식으로 개명
(改名)하던 관습을 버리고 자기들 고유의 이름을 사용하게 된 것은 로마에 대한
맹종에서 벗어나 자의식(自意識)을 각성하기 시작했다는 것을 의미한다.[909] 여기
에서 주목할 점은 만족이 자기들의 문화적 독자성을 주장한 것에 대해 로마인
이 그것을 수용했을 뿐만 아니라 그들에게 정부와 군대의 요직을 개방했다는
것이다.[910] 로마 황제마저도 겸직하는 것을 명예로 여기는 관직이 만족에 허용
되었다는 것은 당대에 이르러 만족을 배척하거나 비하하는 태도가 사라졌고
만족이 본격적인 침공을 시작하기 전에 이미 제국의 아성(牙城)에 진입했음을
의미하는바 만인의 이 사회적 승리는 〈아르카디우스, 395~408〉가 바우토의
딸을 아우구스타[911]로 들였을 때 절정에 달했다. 당시에 로마의 만족이 최고의
신분으로 올라갔음에 비해 로마인은 그 반대의 길을 걸었던 것인데 바우토가
라티클라비움[912]을 입기에 성공했을 때 〈그라티아누스, 375~383〉는 야만적
풍조에 몰입한다는 도착적(倒錯的)인 증세를 보이고 있었다.

복장과 풍습에서의 야만성을 추구한 것이 그 젊은 황제의 목숨을 빼앗았던

---

909. 로마제국에서의 출세를 도모한 만족의 표본으로는 로마군 사령관이 된 알라릭과 알타울프를 들 수
    있다. 만족 출신의 용병을 중용한 사례는 아우구스투스의 게르만인 친위대, 크레모나 전투에 투입
    된 비텔리우스의 용병대, 베스파시아누스가 각별히 신임했던 수에비족의 수령들, 마르쿠스 아우렐
    리우스가 게르만족과의 전쟁에 대비하여 편성한 게르만인 용병대, 클라우디우스 2세가 자신의 친
    위대에 편입한 고트족 패잔병, 프로부스가 국경 수비대에 편입한 갈리아인, 게르만인과 켈트인 및
    브리튼인이 콘스탄티누스의 군단에서 중추적인 역할을 했던 것 등이다. 만족이 자기들 고유의 이
    름으로 두각을 드러낸 예는 농업 개척자 마그넨티우스, 아르보가스테스 메로바우데스 리코메르 바
    우트 등의 프랑크인, 문데리크 가이나스 프라빗타 등의 고트족, 반달족의 스틸리코, 스키타이인 모
    다레스 등이다.
910. 당시의 만인들은 로마 정부의 최고위직인 군사령관이나 통령〈Consul〉의 자리에 오를 수 있게 되
    었다. 예로써 그라티아누스 황제 시대의 다겔라이푸스와 메르바우데스 및 테오도시우스 시대의 리
    코메르와 바우토가 통령의 지위에 올랐는데, 서로마 제국 말미에는 최소한 다섯 사람의 게르만족
    이 그 지위를 차지했다.
911. Augusta. "위엄이 있는, 존귀한"이라는 의미로서 로마 황제의 칭호로 쓰였던 Augustus와 연계
    하여 제국의 황후에게 바쳤던 칭호.
912. Laticlavium은 통령 등 로마의 고관들이 착용했던 복장으로서 굵은 자주색 줄무늬가 있는 상의.

것이지만 같은 부류의 청년들이 그라티아누스가 본을 보인 유행을 따르는 기세는 멈춰지지 않았다. 5세기는 야만화되는 로마인과 로마화하는 만족이 각자의 길을 가는 도중에서 만나서 이후로 야만화를 지속한 로마인 때문에 함께 하는 퇴보를 시작하기 전에 잠시 어깨를 견주고 있었던 시대였는데, 당대의 탁월한 두 인물의 모습은 그 시기에 대한 좋은 예증이 되어 있다. 고트족과 훈족의 볼모로 끌려간 로마인 아이티우스와 인질로 잡혀서 콘스탄티노플에서 성장한 동고트인 테오도릭은 매우 밀접한 관계를 맺고 있었다.[913] 로마군 장군의 아들이었던 아이티우스는 훈족의 위세를 이용하여 동로마군 사령관 겸 파트리키우스[914]가 되었고 동고트 아말족의 후예인 테오도릭은 동로마 제국에서 아이티우스와 비슷한 직책을 역임한 후 오도아케르가 장악했던 이탈리아의 지배자가 되었다.

헬레닉 사회에서 전개된 드라마의 이 장면에 뒤따르는 막은 앞에서 살핀 것과 같은 탈락자의 출현이다. 거기서 우리는 아이티우스의 동시대인인 그리스 실업가가 비운을 겪는 일 없이 그라티아누스가 열중했던 도락에 탐닉했음을 보았는데, 그것은 운명이 그에게 철저하게 야만화할 기회를 부여했기 때문이다. 그 이야기를 기록한 프리스쿠스는 아틸라의 진영(陣營)에서 부유한 생활을 누리고 있던 또 다른 변절자 이야기를 전하고 있는바 그것은 마침내 일어난 사태의 생생한 징조였다. 그 그리스인은 만족에 동화한 후 그편에 가담하여 그들을 용병으로 고용했던 헬레닉 사회의 지배적 소수자에게서 탈락한 자들의 선조였다. 푸아티에 전투 당시에는 수많은 갈로 로만인[915]이 서고트족과 프랑크족의 군대에 종군하고 있었던 것인데 그 지역에 거주한 로마 지배계급

---

913. 그 이유는 그들이 같은 곳에서 태어났고 삶의 이력이 유사했기 때문이다.
914. Partricius는 황제의 아버지, 고문관.
915. Poitiers(푸아티에)는 프랑스 서부의 누벨 아키텐에 자리잡은 소도시. Gallo-Roman은 로마제국의 지배를 받아 로마화된 갈리아인. Gallia는 로마가 현재의 프랑스, 벨기에, 스위스 서부, 라인강 서쪽의 독일을 포함하는 지역에 붙인 지명.

의 후예가 몰입했던 야만화의 과정은 그들이 사용한 이름의 변화를 통해 더듬을 수 있다. 앞에서 보았듯이 4세기 로마제국의 만족 용병은 몇 세대에 걸쳐 이름을 로마식으로 바꾸는 과습을 폐기했으며 다음 세기에 이르러서는 갈리아의 로마인이 게르만식 이름을 채택하는 움직임이 나타났다. 6세기 말에 우세를 점했던 그 풍습은 8세기가 끝나기 전에 보편적인 것으로 자리 잡았는데, 샤를마뉴의 시대에 갈리아인 모두가 게르만식 이름을 쓰게 된 것은 이 프랑크인의 왕이 서구 기독교 세계에 불러일으킨 로마제국의 망령이 얼마나 공허한 것이었는지를 말해주고 있다.

이 갈리아의 사례는 몰락 중이던 중국세계에서 발현된 야만화의 역사를 떠올리게 하는바 약 2세기를 앞선 중국사회의 붕괴기에 나타난 풍습에 있어서의 혁명적인 변화는 갈리아에서 절정을 이루었던 사조(思潮)의 변화와는 반대인 방향으로 나타났다. 최초로 그 세계국가의 후계국가를 세운 만족들은 저명한 옛 국명(國名)을 국호(國號)로 차용함으로써 자기들의 야만성을 감추려고 했으며 2세기 후에 두 인접국을 합병한 위공국(魏公國)은 왕조의 이름을 척발(拓跋)에서 원(元)으로 바꾸는 등 적극적인 화화정책(華化政策)을 시행했다.[916]

이로써 지배적 소수자의 야만화에 대한 조사를 마치기 전에 우리 서구사회에도 이 사회적인 현상의 징후가 나타나고 있는지를 조사해 보자. 이 문제에 있어서 만족이 지켜온 최강의 요새가 서구의 비교적 약한 나라에 의해 정복되고 있는 현실은[917] 현재의 서구사회가 비속화의 죄를 짓고 있을지언정 전체적으로 야만의 길로 접어들지 않았음을 입증하는 것이 아닐까? 그러나 신세계인 북미의 한복판에 야만화된 기독교도의 후예들이 모여 있다는 것은 서구의 개

---

916. 선비족(鮮卑族)의 북연(北燕), 흉노족(匈奴族)의 북한(北漢), 척발족(拓跋族)의 북위(北魏). 효문제(孝文帝)는 평성(平城)에서 낙양으로 천도한 후 자기들 고유의 언어와 복장을 금지하는 등 적극적인 화화정책(華化政策)을 펼쳤다.
917. 이탈리아가 1896년과 1935년에 에티오피아를 침공하여 1936~1941년까지 점령했던 사건.

척자가[918] 북미의 대서양 연안에서 출발하여 태평양 연안에 도달하는 데 걸린 시간이 2세기 반에 불과했음을 고려할 때 패퇴를 거듭한 야만성일지라도 그것이 문명인에게 끼친 영향력은 상당한 것이었음을 실증적으로 말해주고 있다. 신세계에서 발현된 이 사례에 비추어 볼 때 야만화라는 정신적인 질환은 서구의 지배적 소수자가 크게 신경을 쓸만한 문제가 아니라고 생각하는 것은 경솔한 일이다. 이 북미의 사례를 보더라도 야만인인 자기들의 관행보다 더 야만스러운 수법으로 짓밟힌 에티오피아인은 거처를 이탈리아로 옮긴 후 퇴폐에 빠진 유럽인에게 영속적인 보복을 가할지도 모른다.

② 예술에서의 비속과 야만

습관과 풍속의 분야에서 예술 분야로 시선을 옮기면 여기서도 혼효의식이 비속화(卑俗化)와 야만화(野蠻化)라고 하는 두 양상을 통해 나타나는 것을 볼 수 있다.

붕괴에 돌입한 사회의 예술은 급격한 확산(擴散)에 대한 응보로써 양식에서의 독자성을 상실하는 경향이 있다. 미노스 해양왕국 이후의 공백기에 후기 미노스 제3기로 명명(命名)된 양식은 널리 퍼지기는 했으나 원래의 미노스 양식에 비해 매우 비속한 것이었고 시리악 문명 이후의 공백기에 유행한 양식은 이집트와 바빌로닉 사회로부터 여러 곳으로 유포된 예술양식(藝術樣式)이 비속한 형태로 결합된 것이었다.[919]

헬레닉 사회의 예술에 있어서 이에 대응하는 비속화의 사례는 간소(簡素)함을 특징으로 하는 그 본연의 기질이 지나치게 기교적(技巧的)인 것으로 변화된 것이다.[920] 로마 제정기에 절정을 이룬 이 퇴폐적인 양식은 팽창된 헬레닉 사

---

918. 북미 애팔래치아의 요새에 고립되어 야만화된 서구인 개척자.

919. 미노스 해양왕국 이후의 공백기는 BC 1425~1125, 시리악 문명 이후의 공백기는 BC 925~525. 페니키아 양식으로 명명된 동란기 시리악 사회의 예술은 티로스와 시돈에서 헬레닉 사회 카르타고 티로스 등의 오지(奧地)로 전파되었다.

920. 그 기교적인 양식은 주로 코린트 양식의 건축물에 현란한 장식을 가미하는 형태로 나타났다.

회의 외변에서 실례를 찾을 수 있는데 유적으로 남은 바알베크 신전의 석관(石棺)은 현란한 장식을 추구하는 그 예술적 취향의 고고학적 표본이다.[921] 헬레닉 문명의 붕괴를 조망(眺望)하는 기록으로 눈을 돌리면 그 사히저 저절 이후로 여러 세대에 걸친 그리스 음악의 비속화와 그들이 소중히 여긴 예술의 타락이 자기들의 기질에 미치는 부정적인 영향을 개탄하는 식자들의 목소리를 들을 수 있으며 아티카의 연극이 디오니소스 극장을 벗어나 헬레닉 사회의 도처를 순회한 유랑극단에 의해 비속화된 이력은 제4부에서 언급한 바와 같다.

근대 서구에 있어서 Baroque와 Rococo라는 예술양식의 탄생에 자극을 준 것은 엄격한 고전양식이 아니라 헬레니즘의 화려하고도 퇴폐적인 양식이며 빅토리아조와 에드워드조의 치세에 발흥한 양식은 후기 미노스 제3기 양식과 유사한 것인데, 빅토리아와 에드워드 시대에 발생하여 초콜릿상자 스타일이라는 별명을 얻은 상업미술 특유의 비속성에서 벗어나려는 근간의 시도는 복고주의와 야만화로 표출되고 있다. 이 두 경향 중에서 당면한 과제인 야만으로의 도피를 살피면[922] 비잔틴 양식에서 만족을 얻지 못한 오늘날의 예술가들이 아프리카로 눈을 돌리고 있음을 알 수 있다. 그 조각가들은 영국인이 정복한 Benin에 주목했고 미국의 콩고인 노예와 유럽의 세네갈인 용병은 서아프리카의 음악과 무용을 통해 서구인의 정신에 퇴폐적인 영향을 끼쳤다. 예술가의 이 도피행(逃避行)은 그들이 잃어버린 예술혼을 돌려줄 가망이 없으나 베르그송의 통찰[923]에 따른다면 자기를 구제하지 못하는 시도일지라도 그것이 타인에게 구원의 방편을 제공하는 매체가 되지 않는다고 단정하는 것은 곤란하다. 헬레닉 사회의 상업미술이 간다라 미술을 탄생시킨 것을 상기할 때 곳곳

---

921. 로마의 제정기는 BC 25년부터 AD 375년까지로 파악되어 있다. 바알베크는 레바논의 베카 계곡에 위치한 신전도시(神殿都市). 그리스어로는 이집트에 있는 것과 공히 헬리오폴리스(태양의 도시)이다.
922. Raffaello 이전의 비잔틴 양식으로 귀의하려는 복고적인 시도에 대해서는 다음 항에서 다룬다.
923. "천재에 의해 창조된 학문을 기계적으로 가르치는 교사라 해도 그는 자기가 가르치는 학생에게 자신이 느껴보지 못한 사명감을 깨워주는 사례가 있다"

에서 현란한 자태를 뽐내는 우리의 초콜릿상자들도 같은 기적을 낳으리라고 기대할 수 있을까?

### ③ 링구아 프랑카

언어 분야에서 표출되는 혼효의식은 언어의 지역적 독자성이 엷어지는 것에 비례하여 언어의 혼란이 발생하는 형태로 나타난다. 인간이 사용하는 언어는 커뮤니케이션을 위한 사회적 도구로 존재하는 것이지만 실상에 있어서는 인류를 일체로 결속하기는커녕 분열을 일으키는 경향을 나타내고 있다. 그것은 아무리 번성한 언어일지라도 그 통용 범위는 인류의 일부에 국한되는 것이기 때문인데, 인간을 다른 생명체로부터 구별하는 이 제도가 동일의 언어집단(言語集團)을 하나로 묶는 대신 사회를 각각으로 분별하게 된 것은 서로에 대한 이해력이 부족한 인류에게 지워진 짐이다.[924]

인류에 있어서 언어의 다양성은 하나의 통칙(通則)이며 한 언어가 광범위하게 전파되는 것은 퇴폐적인 팽창을 통해 붕괴를 지향하는 문명에서의 일인바 바벨탑에 관련된 언어 혼란의 전설에 내포된 진실은 수메르 문명의 세계국가가 무너짐에 따라 하나로 통합되었던 언어가 사라진 후에 다수의 지방어가 부활했다는 사실일 것이다. 한때 팽창하는 세계국가의 품속에서 널리 통용되었던 언어의 쇠퇴를 한탄하는 방향(放響)인 이 전설은 언어의 불통을 동란에 휩쓸린 사회의 통합을 막는 것으로 인식하는 의식이 표출된 것으로 간주할 수 있는데 이 언어적 다양성과 사회적 마비 상태의 연관성은 몇 가지 역사적인 사례에 의해 입증된다.

현재의 서구사회에 있어서 언어의 다양성이라는 문제는 1차 세계대전 때문에 파멸을 맞이한 도나우 합스부르크 왕국의 치명적인 약점이었으며 오토만 파디샤의 노예궁정(奴隷宮廷)에 있어서도 이 바벨의 저주가 1651년의 사건에

---

924. "여호와께서 이르시되 이 무리가 한 족속이요 언어도 하나이므로 이같이 시작하였으니 이 후로는 그 하고자 하는 일을 막을 수 없으리로다 자, 우리가 내려가서 거기서 그들의 언어를 혼잡하게 하여 그들이 서로 알아듣지 못하게 하자 하시고" 〈창 11:6~7〉

서 큰 위력을 발휘했다. 그리고 이 사소한 사건과 같은 맥락을 가졌으되 그와 반대인 상황에서 중대한 의미를 지닌 것으로 되어 있는 것이 바로 갈릴리인이 여러 방언을 말했던 사건이다.[925] 유아기의 교회에 관한 이야기의 그 장면에서 갈릴리 사람들이 이전에 말하거나 들은 적이 없는 말로 소리친 사건은 신으로부터 말미암은 기적적인 능력을 성령(聖靈)이 인도하심에 따라 발휘했다는 것으로 표현되어 있다. 복음을 온 세상에 전하는 사명을 부여받은 사도들이 최우선으로 함양해야 할 능력은 다름 아닌 언어적 재능이라고 생각했던 사도행전 기자(記者)는 전도자의 사명과 성령의 도우심을 통한 그들의 능력 향상을 직접적으로 연관시켰던 것이다. 이 기록은 당시에 활약한 전도자들의 사상을 투영하는 거울이므로 "오직 성령이 너희에게 임하시면 너희가 권능을 받고 예루살렘과 온 유대와 사마리아와 땅끝까지 이르러 내 증인이 되리라"라는 말씀은 초기의 전도자들이 난파된 수메르 사회의 잔존자가 링구아 프랑카의 소멸을 애석하게 여겼던 것과 같은 심정으로 널리 통용되는 언어적 수단의 혜택을 갈망하고 있었음을 말해주고 있다. 초기의 교회 지도자들에 있어서 성령 강림절에 부여된 언어적 능력은 그것이 결핍되어 있었기에 전도가 금지된 것과 같은 난관에 봉착했던 편의, 즉 링구아 프랑카와 같은 역할을 하는 기적적인 대용품이었던 것이다. 사도행전 기자(記者)의 동시대인인 요세푸스의 사례를 볼 때 아람어를 사용한 전도자들의 사회에서 그리스어가 보편적인 링구아 프랑카로 확립되어 있었음에도 초기의 전도자들이 위와 같은 능력을 갈구했던 이유는

---

925. 오토만의 19대 술탄이었던 〈메흐메트 4세, 1648~1687〉를 축출하려는 정변이 일어났을 때 술탄의 측근자(Ichiogran)들이 공용어를 잊어버리고 각자의 모어(母語)를 무질서하게 떠들어서 극도의 혼란을 야기했었다. "홀연히 하늘로부터 급하고 강한 바람 같은 소리가 있어 그들이 앉은 집에 가득하며 마치 불의 혀처럼 갈라지는 것들이 그들에게 보여 각 사람 위에 하나씩 임하여 있더니 그들이 다 성령의 충만함을 받고 성령이 말하게 하심을 따라 다른 언어들로 말하기를 시작하니라 그때에 경건한 유대인들이 천하 각국으로부터 와서 예루살렘에 머물러 있더니 이 소리가 나매 큰 무리가 모여 각각 자기의 방언으로 제자들이 말하는 것을 듣고 소동하여 다 놀라 신기하게 여겨 이르되 보라 이 말하는 사람들이 다 갈릴리 사람이 아니냐 우리 각 사람이 난 곳 방언으로 듣게 되는 것이 어찌 됨이냐" 〈행 2:2~8〉

그들의 전도 대상자들이 요세푸스의 독자와는 달리 교양을 갖추지 못한 사람들이었기 때문일 것이다.[926]

그 사도들과 요세푸스에게 있었던 언어적인 문제의 차이는 붕괴 중인 사회의 민중은 자신의 모어(母語)가 아닌 언어를 구사(驅使)하지 못했으나 그 과정에서 고유의 모어(母語)들을 몰아내던 외래어의 일부가 침입한 곳보다 넓은 지역의 지식인이 사용하는 링구아 프랑카로 자리 잡게 된다는 것을 시사한다. 그러한 링구아 프랑카를 필요로 하는 사회적 환경에서는 그 요구를 몇 가지 유효함으로 충족하는 수단이 있는데, 그 가장 간단한 수단은 기수법(記數法)이고 문자(文字)는 광범위하게 전파된 알파벳이며 계획적으로 고안한 것은 에스페란토이다.[927] 문자에 있어서 라틴 알파벳은 다양한 음가(音價)로 사용할 수 있는 장점 때문에 여러 언어에 적용되어 아라비아 숫자에 필적할 만큼 광범위하게 통용되고 있으며 표의문자인 한자는 라틴 알파벳의 유력한 경쟁 상대지만 특정한 의미를 갖는 각 글자의 발음이 지역에 따라 상이하다는 문제점을 지니고 있다. 아라비아 숫자가 세계적 기수법의 기본이고 라틴 알파벳이 국제적인 문자의 본보기라고 한다면 넓은 지역에서 통용되고 있는 한자(漢字)는 표의적(表意的)인 체제를 가지고 있어서 국제어로는 적합하지 않다. 링구아 프랑카의 사회적인 목적에 따르면 소리로 인식하는 것이 시각으로 파악하는 것보다 중요하기 때문에 국제어로 성장하려면 일정한 의미를 눈을 통해 전달하는 문자에 더

926. 〈Flavius Josephus, 37~?〉는 유대 출신의 정치가, 역사가. 66년에 발발한 전쟁에서 로마에 대항했으나 포로로 잡힌 뒤 전향하여 로마 시민권을 얻은 후 저술에 전념하여 「유대 전쟁사」 등의 저작을 남겼다. 당시에 헬레닉 사회에 편입된 시리악 사회에서는 그리스어와 아람어가 링구아 프랑카로 통용되고 있었는데, '천하 각국에서 와서 예루살렘에 머물러 있었던 경건한 유대인'은 그 언어들을 사용하지 않는 사람들이었다.
927. 잉카 문명의 Quipus는 매듭으로 여러 의미를 나타내는 끈 묶음, 유사한 물질적 고안의 미숙한 형태는 중세 기독교 세계의 알프스 이원지방(以遠地方)에서 사용한 할부(割符), 아라비아 숫자는 더욱 세련되어 세계적으로 통용되고 있는 기수법. 광범위한 지역에서 사용되고 있는 알파벳은 표음문자인 라틴 알파벳과 표의문자인 한자(漢字), Esperanto는 〈라자로 루드비코 자멘호프〉가 1887년에 창안한 인공어.

하여 그 뜻을 귀로 전달하는 Phonemes(音韻·音素)를 갖추어야 하는 것이다.

지금까지 작동했던 링구아 프랑카는 한 사람의 노력으로 만들어진 인공어(人工語)가 아니라 어느 한 지역의 모어로 등장한 후 널리 전파된 자연어(自然語)였다. 한 지방의 언어가 이처럼 보편적인 링구아 프랑카로 변모하는 원인과 과정을 자세히 살피면 그것은 사회적 붕괴기에 전쟁이나 통상에서 세력을 떨친 국가의 역할에 의한 것임을 알 수 있다. 또한 링구아 프랑카로 자리 잡는 과정에서 그 언어가 감수해야 하는 것은 감성적인 묘성(妙性)과 미적인 정밀성(精密性)을 상실하는 것이며 진화하는 링구아 프랑카는 사회적 붕괴의 징후인 감수성의 상실과 혼효(混淆)에 빠져드는 풍토 속에서 번성하는 경향이 있다. 널리 전파되는 중에 비속화하는 것과 전쟁이나 통상에서 발휘되는 위세(威勢)에 의해 비속화된 성공을 달성하는 것이 링구아 프랑카의 특징인바 이것이 사실임은 역사적인 증거에 의해 입증된다.

헬레닉 사회에 있어서 아티카 그리스어와 라티움의 라틴어가 고향을 벗어나 그리스 공국과 로마군의 통용어로 성장한 후 먼저는 그리스어가 아테네 제국과 마케도니아 왕국의 공용어로 채택된다는 승리를 얻었고 뒤로는 라틴어가 로마제국의 원정대와 함께 널리 퍼져 궁극적인 승리를 쟁취했다. 연달아 달성된 이 두 지방어의 눈부신 승리는 놀라운 것이지만 그 물리적인 승리가 초래한 정신적 빈곤화는 상당한 것이었다. 예를 들면 정묘한 소포클레스 시대의 아티카 그리스어는 70인역 구약성서 및 폴리비오스와 신약성서의 비속한 코이네 그리스어로 바뀌었고 아우구스투스 시대의 고전 라틴어는 링구아 프랑카로 사용됨과 동시에 Dog Latin으로 변화되었다.[928]

이집트 사회의 역사에서는 기원전 14세기에 고전 이집트어를 밀어내고 신

---

928. Septuaginta, 현존하는 번역판 중 가장 오래된 것인 70인역 구약성서는 기원전 300년경에 코이네나 헬레니즘 그리스어로 기록된 것으로서 근래에 사용되고 있는 구약성서의 원본으로 쓰이고 있다. 코이네 그리스어는 헬레닉 시대와 고대 로마 시대에 쓰였던 그리스어인데, 고전 그리스어로 시작된 그리스어는 코이네 그리스어와 중세 그리스어를 거쳐 현대 그리스어에 이르러 있다. Dog Latin은 링구아 프랑카로 사용됨으로써 크게 비속화된 '변칙 라틴어'를 지칭하는 말.

제국의 링구아 프랑카로 쓰인 새로운 이집트어가 이후로 오랫동안 이집트 사회의 문어(文語)로 사용되었다. 이집트 신제국이 해체에 돌입한 시기는 이집트 사회의 신어(新語)가 제국의 공용어와 문학어로 쓰이기 시작한 시기와 일치하는데, 이 새로운 이집트어 또한 잠시나마 링구아 프랑카로 쓰인 것으로 말미암은 비속화의 운명을 피할 수 없었음이 밝혀졌다.

수메릭 문명의 붕괴 과정에서 승리를 쟁취한 것은 셈어 계통의 아카드어였다. 우르 엥구르가 수메르-아카드 제국을 수립했을 때 넓은 지역에서 통용되었던 아카드어가 수메르어를 고어(古語)로 밀어냈던 것인바 사계왕(四界王) 나람신이 엘람을 속령으로 편입한 후 엘람어에 공용어의 지위를 일시적으로 양보했으나 아카드어가 확립한 링구아 프랑카의 지위는 수메릭 사회가 붕괴된 후에도 굳건히 유지되었다. 아카드어는 함무라비 이후로 6세기에 걸쳐 서남아시아의 공용어로서 최고의 번영을 누렸는데 힉소스인의 침입으로 인해 배타적인 경향을 드러낸 신제국의 이집트 사회도 침입자의 뒤를 이어 시리아를 장악했을 때 그 링구아 프랑카를 사용하지 않을 수 없었다.[929]

인도 아대륙으로 눈을 돌리면 인도문명이 붕괴에 돌입했을 때 아쇼카의 여러 비석(碑石)에 쓰인 프라크리트어[930]와 히나야나 경전에 쓰인 파일리어가 링구아 프랑카의 지위를 차지하려고 하는 경쟁을 벌였음을 알게 된다. 붕괴하는 중에도 끊임이 없었던 인도문화의 확장에 편승한 파일리어는 남향하여 세일론[931]을 장악했고 북쪽으로는 타림분지의 지방어에 침투하여 그 지역의 링구아 프랑카를 낳았다. 아쇼카 이전의 시대를 보면 이란어에 프라크리트어가 혼합된 것으로 알려진 북아리아어(Nordarisch)는 브라흐마 문자로 표기되었고 프

---

929. 이크나톤의 공문서 보관소에서 발견된 문서는 아카드어가 국제적 소통 수단으로 사용되었음을 입증하고 있다.
930. 베다 산스크리트어가 퍼져나간 지방에서 고착화된 여러 인도 아리아 방언의 총칭.
931. 세일론은 스리랑카가 1948년에 영연방에 속한 자치국으로 출범했을 때의 국호(國號), 1973년에 영연방에서 탈퇴하여 스리랑카 공화국으로 독립했다.

라크리트어에 잡다한 외래어가 가미된 또 하나의 혼성어(混成語)는 카로슈티 문자[932]로 기록되었다.

바빌로니아 문명과 시리악 사회의 붕괴에 있어서는 동시에 발생한 두 사회의 파편이 공통의 폐허 위에 흩어져서 분별하기 어려울 정도로 혼합되었는데 그 혼재된 퇴적물 위에서 왕성한 전파력을 발휘한 언어는 아람어였다. 두 사회의 링구아 프랑카로서 아람어가 달성한 약진은 아시리아와 아케메네스조의 정치적 권력에 의한 것이었으나 그로 인한 추진력은 아티카어와 프라크리트어의 경우와 같이 계획적으로 조성된 것이 아니라 정복 전쟁과 원주민의 추방 및 여타(餘他)의 피치 못할 사정 때문이었다.[933] 이 언어에 있어서 아람어 자체는 단명했으나 널리 퍼져서 여러 지역의 정치와 종교 및 문학을 기록하는 알파벳으로 쓰인 아람문자는 카로슈티 문자와 소그드 문자를 탄생시킨 후 아케메네스조 이후 2000년이 못 되는 사이에 아무르강 유역에 도달했다.[934] 아람어와 아람문자의 폭넓은 전파는 헬레니즘의 침입에 의해서도 저지되지 않았으며 그로부터 천여 년이 지난 후 시리악 사회의 세계국가가 아바스조 칼리프국으로 재건되었을 때 같은 계통인 아라비아어와 그 문자가 아람어와 아람문자에 못지않는 진출의 기세를 나타냈다. 아라비아어는 아라비아 원정군의 주둔지나 식민지를 거점으로 삼아 그 주변으로 전파되었고 공적으로는 정치적 의도에 따라 로마제국과 사산조가 지배했던 지역에서 그리스어와 펠레비어를

---

932. 카로슈티 문자는 고대에 남아시아 서북부와 중앙아시아에서 사용된 문자인데, 불교와 관련된 최고 (最古)의 문헌은 이 문자로 쓰여 있다.

933. 정복전쟁과 원주민의 추방은 앗수르 제국이 실행했던 것. 아람어와 메디아 페르시아어 및 마지막 단계의 아카드어를 공용어로 육성했던 아케메네스조는 언어적 현실에 굴복하여 아람어를 이집트와 아나톨리아 등 서부 제주(諸州)의 통용어로 활용했다.

934. 각형(角形) 히브리 문자, 바테아 문자, 팔미라 문자, 시리아 문자, 펠레비 문자, 마니교 문자 등은 모두 아람문자에서 파생된 것이다. 헤이룽강(黑龍江)이라고 하는 아무르강은 러시아에서 발원하여 중국과 몽골을 거쳐 하류에 이르러 두만강과 합류한 후 동해로 유입하는 전장 4,444km의 강. 만주문자는 몽골문자의 알파벳을 차용한 것인데, 몽골문자 자체는 위구르 문자를 기반으로 하는 갈리크 문자에서 파생된 것이고 위구르 알파벳은 아람문자의 한 변종인 소그드 문자를 모방한 것이다.

대신하게 되었다. 아라비아 문자는 아람문자와 같은 동진(東進)을 달성하지 못했으나 페르시아와 터키 등 침투하기에 성공한 지역에서는 보다 더 심대한 영향을 끼쳤다.

서구 기독교 세계의 이탈리아에서 시작된 도시국가 사회로 눈을 돌리면 토스카나 이탈리아어가 그것을 모어로 하는 피사나 피렌체인만이 아니라 제노바의 상인이나 제국 건설자에 의해 지중해 전역으로 전파된 것을 볼 수 있다. 토스카나 이탈리아어의 확장세는 16세기의 오토만 해군(海軍)과 19세기의 합스부르크 제국 해군이 공용어로 채택했던 것에서 알 수 있듯이 이탈리아 도시국가들이 독립을 잃은 후에도 변함없이 지속되었다. 그리고 이 레반트 지방의 링구아 프랑카 역시 비속화의 운명을 피할 수 없었는데, 그로써 같은 운명을 겪은 언어의 표본이 된 이 방언의 명칭은 동종어(同種語) 전체를 의미하는 말로 굳어졌다.[935]

서구의 도시국가 체제가 쇠락했을 때 이탈리아어의 뒤를 이어 프랑스어가 약진을 이룬 것은 붕괴 중이던 도시국가 세계의 중심부에 대한 지배권을 다투는 싸움에서 프랑스가 승리했기 때문이다.[936] 나폴레옹이 선구자인 부르봉 왕조의 야망을 계승하여 문전에 흩어져 있는 도시국가들을 하나로 통합했을 때 그의 제국은 뛰어난 군사적 조직인 동시에 문화적으로 유력한 세력임을 과시했다. 그러나 도시국가의 통합을 달성한 그 제국은 도시국가 체제가 남긴 유산 속에서 새로운 문화를 꽃피우려는 사조(思潮)에 감염되어 있었는데, 그로써 프랑스 제국에 대항하는 신생국의 발흥과 프랑스 혁명은 〈앙시앵 레짐〉이 찬란히 빛났던 도시국가 세계의 지배자가 되는 것을 용납하지 않았다.[937] 나폴

---

935. Lingua Franca의 본래적 의미는 '프랑인, 즉 동방인이 본 서구의 언어'이다.
936. 프랑스는 이 투쟁에서 〈루이 14세, 1643~1715〉의 치세 이후로 최대의 경쟁자였던 합스부르크 왕국을 앞지르고 있었다.
937. 피렌체, 베네치아, 브루쥬, 겐트, 뉘른베르크 등의 도시국가들은 서구사회에 찬란한 빛을 비추고 있었다.

레옹 제국은 중세 서구라는 함대의 좌초된 함선을 새로운 생활의 조류 속으로 되돌리고 의욕을 잃은 뱃사람에게 그때까지 배를 부려 위험에 빠졌던 작은 바다를 벗어나 대양에서 항해할 의지를 부여했으나 속성상 응당한 감사와 보상을 받기 어려운 그 일은 나폴레옹의 천재를 매장하고 그의 제국을 쓰러뜨렸던 것이다. 그렇지만 세계적으로 서구화된 오늘날의 사회에는 200여 년에 걸쳐 프랑스가 행했던 역할의 유산이 확연히 남아 있다. 프랑스어는 서구사회의 중심부에서 링구아 프랑카의 지위를 확보했을 뿐만 아니라 구세계의 사방으로 퍼져나갔으므로 오늘날 프랑스어를 말하는 사람은 구세계의 어디를 가더라도 언어의 불편을 느끼지 않는다. 이후로 프랑스어의 라틴문자는 루마니아어를 표기하는 수단으로서 슬라브 문자를 대신하게 되었고 이집트어를 기록하는 도구로서 아라비아 문자와 교체되었다.[938] 그리고 이 프랑스어 또한 통상과 정치적 이익을 얻는 일에 급급히 활용되었으므로 다른 링구아 프랑카와 마찬가지로 비속화에 빠지는 운명을 피할 수 없었다.

프랑스어 링구아 프랑카가 서구의 중세에 발흥했던 하나의 소사회(小社會)가 남긴 쇠망의 기념이라면 1차 세계대전 이후에 그에 필적하는 것으로 성장한 영어는 서구사회를 세계적으로 확대하고 온갖 잡다한 요소를 포섭하여 대사회를 이룬 Palm myxia의 산물이다. 보오전쟁(普墺戰爭)을 통해 경쟁자들[939]을 물리친 영어의 승리는 팽창하는 서구사회가 해외에서 벌인 이권 다툼에서 달성한 성과의 당연한 결과였다. 그 성과의 표본은 식민지를 개척하는 경쟁에서 영국이 프랑스에 결정적으로 승리한 북미와 인도 아대륙인데, 영어를 사용하는 국민의 위력이 아닌 영어 자체의 힘을 증명하는 것은 영어가 극동사회에서 링구아 프랑카로 통용되고 있다는 사실이다. 극동사회에 대한 서구인의 진출

---

938. 벨기에, 스위스, 이베리아, 라틴 아메리카, 루마니아, 그리스, 시리아, 터키, 이집트 등은 프랑스어가 통용되고 있는 지역이다. 〈무스타파 케말 아타튀르크〉는 터키 공용어의 아라비아 문자와 30여 개의 방언을 표기하는 러시아 문자를 라틴문자로 바꾸는 개혁을 단행했다.

939. 네덜란드어, 스페인어, 포르투갈어, 프랑스어.

이 인도나 아메리카에서 자행된 군사적 정복이나 식민지 개척이 아닌 통상(通商)과 전도(傳道)를 위한 것이었음을 볼 때 영어가 극동의 링구아 프랑카로 자리 잡은 것은 그 언어적 영향력이 상당하다는 것을 입증하고 있다.[940] 그러나 영어 또한 비속화의 운명을 피할 수 없었는데 미국인의 영어에 독일어적인 요소가 침투한 것보다 더 이국적인 것은 키플링귀즈[941]에 스며든 인도어적인 요소(要素)다. 이러한 비속화는 페리클레스 시대의 아티카 그리스어의 비속화를 능가하는 것이지만 영어가 알렉산드리아 시대의 아티카어 코이네가 겪은 것보다 더한 타격을 받은 것은 영어를 말하는 쿨리[942]의 입을 통해서였다. 이 피진[943] 잉글리쉬는 구어(口語)의 중국어가 영어로 변장한 것인바 중국어 특유의 단음절화를 지향하는 이 혼성어는 그에 따라 의미가 모호해지는 것을 피하기 위해 모든 관념을 복수의 단음절 묶음으로 표현하는 경향을 보이고 있다.

이어서 서구 이외의 사회에서 링구아 프랑카로 통용되던 언어가 영어와의 조우로 인해 겪어야 했던 운명을 살피면 다음과 같다. 먼저 극동사회의 중국 본체로 눈을 돌리면 6세기 이후 단속적으로 유지된 정치적 통일에 수반되어 널리 퍼진 북경관화(北京官話)는 운남에서 내몽골과 만주에 걸친 광대한 지역의 링구아 프랑카로 성장했다.[944] 북경어는 일본 제국주의자가 중국을 침략하여

---

940. 청조(淸朝)의 관화(官話)가 아니라 성마다 다른 방언을 말하는 중국인들은 영어를 통용어로 사용했으므로 소련(蘇聯)이 중국 국민당에 파견한 미하일 보로딘은 영국인을 습격하라고 선동할 때 영어를 사용해야 했다.

941. Kiplinguage, 인도 태생의 영국 작가로서 「정글북」「병영의 노래」 등으로 1907년에 노벨 문학상을 받은 〈Rudyard Kipling, 1865~1936〉이 구사한 영어.

942. Coolie, 머슴을 의미하는 힌두어 Kuli에서 유래된 용어로서 아메리카에서 막노동에 종사한 중국인을 지칭하며 한자로는 苦力으로 표기한다.

943. Pidgin은 다른 언어를 사용하는 사람들의 의사소통을 위해 자연적으로 조성된 혼성어인데, Criole(크리올)은 이 혼성어가 고착되어 모국어로 쓰이는 것이다.

944. 이 단속적인 정치적 통일은 수(隋) 당(唐) 송(宋) 원(元) 명(明) 청(淸)에 의한 한제국(漢帝國)의 부활이라는 형태로 이루어진 것이다. 중국 남동부 5개 성(省)의 방언은 북경관화와 상통하지 않을 뿐만 아니라 통용되는 범위도 각 성에 국한되므로 서세동점의 시기에는 영어가 중국의 링구아 프랑카로 쓰여졌다.

만주국이라는 괴뢰정권을 세웠던 때에도 공용어로 쓰일 정도로 강한 세력을 유지했으나 20세기에 이르러 영어가 중국사회 전체의 소통 수단으로 자리 잡는 경향에 의해 그 지위가 흔들리고 있다. 그래서 지역적인 방언을 통용어로 삼고 있는 지방에 북경관화를 보급하려는 노력을 기울이고 있는 중국의 관료나 호적(胡適)과 같은 문인들이 어떤 성과를 올릴지는 지켜볼 일이다.

이란사회에서는 시리악 문명 이후의 공백기에 탁월한 문어로 성장한 신(新)페르시아어가 남동유럽과 서남아시아 및 인도를 아우르는 지역의 링구아 프랑카로 통용되었는데 16세기와 17세기의 전환기에 전성(全盛)을 누린 이 혼합어의 성공은 페르시아 문학에 심취한 세계국가 건설자의 활약 덕분이었다.[945] 오토만 파디샤의 노예궁정이 이치오글란에 대한 교육에서 중시한 것과 오토만이나 무굴제국 등의 이슬람교국이 장려한 것은 신페르시아어와 페르시아 문학을 크게 번성시켰던 것이다. 신페르시아어가 이처럼 링구아 프랑카로 성행했던 것에 대한 보응은 인도에서 페르시아어를 축출한 영어가 겪어야 했던 것과 다름없는 비속화였다.[946] 그 당연한 귀결은 페르시아어가 신페르시아어의 확장에 기여한 제국 건설자들의 언어인 터키어와 무굴제국의 힌두스타니어에 혼입되어 비속화하는 것으로 나타났는데, 이와 유사한 과정을 겪은 것은 오토만 파디샤의 노예궁정에 침입한 후 터키어에 의해 아나톨리아에서 축출된 그리스어와 유고슬라브어였다.

이어서 이란사회의 자매 문명인 아라비아 사회와 그 아프리카 오지로 눈을 돌리면 아랍인이나 그들에 동화된 현지인의 발길을 따라 사하라 사막 이남으로 침투한 아라비아어를 볼 수 있다. 아라비아어의 이 진출은 60여 년에 걸친

---

945. 오토만 제국과 티무르조 무굴제국을 건설한 사람들의 터키어 속에는 문학어로서의 신페르시아어가 스며들어 있었는데, 이후로 이 두 세계국가가 신페르시아어의 세력권으로 진출했을 때 그 지배자들은 이 언어를 문학어로 장려했고 사파비조와 바부르조는 그것을 공용어로 활용했다.

946. 인도에 침입한 신페르시아어는 영국의 동인도 회사가 무굴제국의 통치권을 계승했을 때 영어에 의해 공용어의 지위를 상실했다.

근동 아랍인의 아프리카 침략에 의한 것이었으나 유럽인이 아랍인의 사업을 가로챘을 때에도 아프리카 중심부를 향한 아라비아어의 진격은 멈춰지지 않았다. 유럽인의 아프리카 식민지 정부는 자기들의 필요에 따라 아라비아어를 링구아 프랑카로 육성했던 것인바 풀라니어 하우사어 스와힐리어 등은 고유의 아프리카어에 아라비아어가 부가된 혼성어로서 아라비아 문자로 표기하게 되었다.[947]

구세계에서 아메리카로 옮겨보면 안데스 사회의 세계국가였던 잉카제국 건설자는 케추아어를 링구아 프랑카로 활용하기 위해 상당한 강제력을 행사했다는 사실을 발견하게 된다. 잉카인이 강력하게 시행한 언어 통제는 스페인인이 안데스 사회를 정복했을 때 널리 전파된 그것을 전도에 활용하려고 했던 가톨릭교 선교사들의 케추아어 장려로 이어졌는데, 그 링구아 프랑카 체제는 정복자의 정치적인 목적과 다른 사회와의 소통이라는 사회적 필요에 따라 스페인어를 새로운 링구아 프랑카로 확립하는 일에 기여했다. 그리하여 스페인어는 안데스 사회만이 아니라 그것을 사용하는 사람들이 진출한 중앙아메리카에 대한 지배력을 확보함으로써 안데스 사회와 중미의 두 사회를 연결하는 링구아 프랑카로 성장했다. 스페인어는 리오그란데 서남부의 중미에 있어서 파나마 지협 이남의 어느 곳에 비해도 손색이 없을 만큼 널리 통용되고 있는데 서구문화(西歐文化)를 실어 나르는 역할을 했던 이 링구아 프랑카는 케추아어와 같은 길잡이가 없었던 중미로 진출하기 위해 새로운 길을 폭력적으로 개척해야 했다.

이제 이 고찰을 마무리하면서 밝혀둘 것은 무력을 앞세운 정복으로 인해 링구아 프랑카를 강요받은 사람들은 그 한스러운 기억을 떨쳐버리려고 하지만 시간이 지남에 따라 의식과 사고가 그 언어적인 방식에 익숙해진다는 사실이다.

---

947. 니제르강 상류 지역의 Fulani어는 프랑스 제국주의에 의해, 니제르강 하류 지역의 Hausa어는 영국 제국주의에 의해, 잔지바르 배후지의 Swahili어는 영국과 독일 제국주의에 의해 육성되었다.

④ 종교에 있어서의 혼합주의

종교적 Syncretism은 붕괴에 직면한 사회의 구성원이 드러내는 혼효의식의 외재적 표현인데, 이 현상이 확실한 형태로 나타나는 것은 그 사회가 해체에 직면했음을 말해주는 결정적인 징후(徵候)이다.

일별(一瞥)할 때 성장 중인 문명에서 이와 같은 것으로 여겨지는 현상이 나타나는 경우가 있으나 그것은 진정한 종교적 싱크러티즘이 아니라 종교라는 가면을 쓴 문화적인 과정이나 정치적 행위의 외적인 표현인 경우가 대부분이다. 예를 들어 헬레닉 문명의 성장기에 각 도시국가의 신화(神話)가 사회 전체에 통용되는 체제로 통합된 것은 종교적 감정이나 제식(祭式)의 융합이 아니라 용어나 칭호의 차용에 불과했고 라틴인의 Numina가 올림포스 제신(諸神)과 같은 존재로 수용된 것은 헬레니즘이 전파됨에 따라 미개한 라틴인의 애니미즘이 헬레닉 사회의 판테온(만신전)에 들여진 것일 뿐이다.[948] 그리고 수메릭 사회의 황혼기에 닙푸르의 주신(主神)인 Enlil이 바빌론의 Marduk에 통합되고 벨-마르두크가 Harbe로 이름을 바꾸었는데 이처럼 고의적으로 이름의 구별을 혼동시키는 것은 종교적 싱크러티즘이 아니라 정치적 행위의 의식적인 표현이다. 이집트 세계에 있어서도 테베의 지방신이었던 Amon이 유일신인 동시에 만신전의 주신(主神)이었던 태양신 Re와 동일시 되었는데, 그것은 창건된 이집트 사회의 세계국가가 힉소스족의 침입으로 소멸된 후 남방의 변경민에 의해 재건된 사실이 종교적인 의식(意識)으로 표출된 것에 불과하다. 제18왕조의 토트메스 3세는 재건된 세계국가에 대응하는 신관조직(神官組織)을 만들었고 아몬은 그를 통해 최고의 신이라는 영예와 거창한 세력을 얻었으나 그로 인해 자기의 본연을 잃지 않을 수 없었다. 이집트 사회의 여러 지방에서 현현

---

948. 라틴인에 대한 헬레니즘의 전파에 있어서 Jeus가 Jupiter로 명명되고 Polydeuces(폴리데우케스)는 Pollux(폴룩스)로 변명(變名)되었으나 그것은 종교적 혼합이 아니라 Heracles가 Hercules로 바뀌고 Persephone(페르세포네)가 Proserpina(프로세르피나)로 와전된 것과 같은 언어적 현상이었다.

하여 태양신 레와 융합된 유일신의 관념은 헬레닉 사회에서 거처를 얻은 이시스에도 투영되어 그 여신으로 하여금 아몬이 겪은 것과 같은 임기응변의 보편성을 요구했다. 각곳에서 출현하여 서로 무관했던 신들을 인위적으로 동일시하는 이 방책은 안데스 사회의 세계국가에서도 실행되었다. 안데스 세계의 정치적 통일을 달성한 파차쿠테크는 각 지방의 제신을 코리찬카의 태양신 신전으로 불러들여 만신전을 조성하고 그 제사장이 모든 지방의 신관을 통할하는 조직을 만들었는데, 그것은 이집트의 토트메스 3세가 아몬-레의 신전을 판테온으로 개조하고 각 지방의 신관들을 그 제사장의 휘하에 둔 것과 같은 방책이었다. 이러한 신들의 능란한 변신에서 볼 수 있는 것은 그 변화무쌍한 방책이 종교적인 사업이 아니라 종교를 매개로 삼아 이루어진 정치적인 행위였다는 것이다. 지난 2세기 반 동안에 전개된 잉글랜드와 스코틀랜드 교회의 역사는 상술한 바와 같은 제신의 통합으로 행해진 정치적 혼합주의의 전형적인 사례인바 두 왕국이 합병되었을 때[949] 양국의 국교회는 교리에 따른 신학적 융합이 아니라 하나의 국왕이 두 교회에 소속된 것으로 하되 각 교회가 고유의 예법(禮法)을 지킨다는 인위적 통합을 이루었다.

이상의 고찰에 따라 붕괴에 돌입한 사회의 지역적 통합이 초래한 결과와 지리적 통일로 인해 동등한 지위를 확보하게 되는 신들은 신봉자인 지배적 소수자의 활약에 따른 우열을 드러낸다는 것이 확인되었다. 이와 같이 종교적 본질을 도외시한 형식적인 통합이 아니라 종교적 관행과 신앙의 본질이 바뀌는 혼합의 사례를 찾으려면 지배적 소수자가 물려받은 종교와 그들이 창안한 철학을 살피되 그 철학의 여러 유파가 다른 철학이나 내적 P들이 창출한 고등종교와의 조우를 통해 혼합을 이루는 과정을 조사해야 한다.

헬레닉 사회의 붕괴기에 있어서 포세이도니오스가 살았던 시대는 그때까지

---

949. Van Oranje가 잉글랜드의 윌리엄 3세와 스코틀랜드의 윌리엄 2세로 두 나라의 국왕이 되었을 때 시작되어 1707년에 이루어진 양국의 합병에서 완성된 정치와 종교에서의 화해(和解).

활발한 논쟁을 벌였던 철학의 제파(諸派)가 서로 간의 상이점(相異點)을 찾는 것에서 벗어나 서로의 공통점(共通點)에 주목하는 경향을 드러내기 시작한 시기였다. 그리하여 에피쿠로스파를 제외한 철학의 제파는 피차의 차이점을 찾기 힘든 절충주의를 표방하게 되었다. 헬레닉 사회의 철학이 1~2세기에 드러낸 이 혼효의 경향은 사회적 붕괴의 동일한 단계에 돌입한 중국사회에서도 발현되었다. 이 절충주의는 한제국의 첫 세기인 기원전 2세기에 있어서 통치자의 택함은 받은 도교(道敎)와 뒤를 이은 유교(儒敎)의 특색이었는데 그 실상은 도교에 대한 사마담의 분석과 유교에 대한 호적의 논문으로 자세히 밝혀져 있다.[950]

이러한 철학 상호 간의 싱크러티즘과 유사한 현상은 내적 P가 창출하는 고등종교 사이에서도 나타난다. 예컨대 시리악 사회에 있어서 솔로몬의 시대 이후로 이스라엘의 여호와 숭배와 다른 족속들의 바알 숭배가 접근을 이룬 경향을 볼 수 있는바 그 연대(連帶)는 솔로몬의 죽음이 시리악 문명의 좌절과 동란 시대를 초래했다는 점에 주목할 때 중요한 의미를 지니고 있다. 당시의 이스라엘 예언자들이 혼효의식에 맞서서 싱크러티즘의 조류(潮流)를 극복하는 일에 이례적인 성공을 거둔 것은 이스라엘 종교사의 중요한 특색으로 되어 있으나 당대의 유대인 디아스포라가 이란인의 종교에 간단치 않은 영향을 미친 후 아케메네스조와 셀레우코스조의 시대에 이란을 기반으로 하는 조로아스터교가 유대인의 종교 의식에 큰 변화를 일으킨 것은 분명한 종교적 싱크러티즘이었다. 마찬가지로 인도세계의 내적 P가 창안한 고등종교에 있어서도 Krishna와 Vishnu 사이에서 명칭의 일치 이상으로 진척된 융합을 볼 수 있다.

이어서 토착의 지배적 소수자가 다하지 못한 역할을 외래의 제국 건설자가

---

950. 사마담(司馬談)은 "도교라는 것은 철학적 사색 이전의 시대에 횡행한 여러 사상가의 주장을 하나로 포괄하려 했던 절충설을 과시하기 위해 지어낸 명칭이다"라고 분석했고, 호적(胡適)은 "유교는 공자가 주장하고 맹자가 사색한 본래의 것이 아니다. 그러므로 한편으로는 공맹(孔孟)의 교설과 구분하고 다른 면으로는 송대(宋代)의 신유교와 구분하는 의미로 한유교(漢儒敎)라고 불러야 한다"고 주장했다.

이행하여 세계국가를 제공할 때 발생하는 종교적 싱크러티즘을 살필 때 그 사례는 다음과 같다. 정교 기독교 사회에 오토만 제국이라는 세계국가가 주어진 뒤에 오스만리의 이슬람교와 그 내적 P로 편입된 토착민의 기독교는 〈세이흐〉와 〈베드르 엣딘〉이 주도한 싱크러티즘을 추진했고, 힌두세계에 티무르조 무갈족에 의한 세계국가가 수립되려던 시기에는 〈카비르〉가 주창한 이슬람교와 힌두교의 혼합주의가 시크교단으로 귀결되었으며, 극동세계에서는 서구화의 물결에 따라 전래(傳來)의 철학과 종교적 전통이 기독교와 융합을 이루어 태평천국운동으로 발현되었다.

문명의 붕괴가 진행됨에 따라 종교 상호 간이나 각 철학파(哲學派) 사이의 장벽에서 발생하는 위와 같은 균열은 철학과 종교가 접근하는 길을 열게 되는데 혼효의식이 그 정신적 본분을 완결하는 철학과 종교의 싱크러티즘에 있어서도 양자는 일방에 의한 견인(牽引)이 아니라 상호적인 접근(接近)을 이룬다. 우리는 앞에서 세계국가의 변경 수비대와 만족 전단이 대치하는 중에 점진적으로 접근하여 결국에는 사회적 구성의 세 분자가 분간하기 어렵게 되는 것을 살폈는데, 세계국가 내부에서도 동일한 조류(潮流)에 따라 철학의 제파와 여러 종교가 같은 방식으로 움직인 것을 볼 수 있다. 이 프롤레타리아트와 지배적 소수자의 접근에 있어서 더 적극적으로 다가가는 쪽은 후자이며 그러므로 양자의 융합은 전자가 생활하는 지역에서 이루어지는 경향이 있다. 내적 P의 영역에서 발흥된 고등종교가 지배적 소수자와 마주칠 때 그에 적응하는 과정이 지배적 소수자의 예술 양식을 채용하여 종교에 대한 주목을 유도하는 예비적인 단계를 거치는 것은 보편적인 현상이다. 미트라와 키벨레 및 이시스 숭배가 신의 형상을 헬레니즘 양식으로 조성하여 전도의 효율을 높이려고 했던 것이 그 예인데, 여기까지는 헬레닉 사회로 침투한 모든 종교가 같은 양상을 보였지만 진일보(進一步)하여 그 내면에도 헬레니즘을 접목한다는 결단을 실행한 것은 시리악 사회의 기독교였다. 기독교의 역사에 있어서 그 창조적 본질이 시리악 사회의 것이었던 이 고등종교의 헬레니즘화는 신약성서에 그리스어 코이네가 채택된 사실로 예증되어 있다.[951] "제4의 복음서는 예수가 하나님의 아들이라는 공관 복음서의 신앙을 인정하는 동시에 메시아는 신의 Logos라는 사상을 펼치고 있는데, 하나님의 아들을 신의 로고스로 여기는 이 믿음 속에서 로고스 철학은 일거에 종교로 도약했다"라는 것으로 파악된 이 정신적인 전환을 역으로 표현하면 성육신(成肉身)한 신의 종교가 추상적인 로고스 철학 속에서 자기표현의 수단을 발견했다는 것이다.[952]

알렉산드리아의 클레멘스와 오리게네스가 스토아 철학자에게 전도하려는 목적으로 채택한 이 지적 방책은 1400년 후에 마테오 리치와 그의 동료들이 같은 방법으로 극동사회의 유학도(儒學徒)를 개종시키려고 했을 때 다시 사용되었다.[953] 철학의 용어로 종교를 설명하는 이 계획은 기독교가 유대교로부터 물려받은 유산의 하나였는데, 이집트에 세워진 헬레니즘의 아성(牙城)에서 활약한 두 교부가 2세기 후에 거둔 수확의 씨를 뿌린 사람은 같은 곳에서 활동한 유대인 철학자 필로였다.[954] 그리고 제4 복음서의 저자가 인간으로 태어난 신

---

951. 그 이유는 비속화되었으나 지적 세련미를 갖춘 아티카 그리스어로 구사되는 어휘는 일상적인 용어에도 철학적인 의미가 담겨 있었기 때문이다.

952. 공관복음서(共觀福音書, Sysnopsis-Synoptic Gospels)는 공통된 관점으로 기록된 마태 마가 누가복음을 일컫는 것이며 이와 중복되는 내용이 8%에 불과한 요한복음은 제4복음서로 칭한다.

953. 〈Clemens, 150~215〉는 알렉산드리아 학파의 기독교 신학자, 알렉산드리아 교부(敎父), 오리게네스의 스승. 그리스 철학에 대한 깊은 조예를 바탕으로 그리스 철학과 기독교 교의를 융합하려고 했다. 〈Origenes, 185~254〉는 알렉산드리아 학파를 대표하는 기독교 교부, 기독교와 그리스 철학을 융합하는 신학의 기틀을 마련했다고 알려져 있다. 〈Matteo Ricci, 1552~1610〉는 로마 교회의 사제(司祭)로서 아시아에 기독교 신앙을 이식한 이탈리아 출신의 예수회 선교사, 중국에서는 이마두(利瑪竇)라는 이름으로 활동했다.

954. 필로(Philo)는 고대 알렉산드리아의 유대인 철학자, 알렉산드리아 유대인 사회의 지도자. 창세기를 플라톤의 이데아 사상에 따라 알레고리로 해석하려고 했는데, 그것은 오리게네스가 성서 전체를 알레고리로 해석하는 계기가 되었다. 그의 사상은 알렉산드리아 학파와 신학자들에게 큰 영향을 끼쳤다.

※ Allegory-표면적인 이야기나 묘사 뒤에 정신적인 의미가 암시되어 있는 비유, 의미를 비유적으로 전하는 기법.

※ 알레고리적 해석-서술의 문자적인 의미를 초월하여 상징적인 의미를 찾는 해석 방법, 성서를

과 동일한 것이라고 믿은 신의 로고스에 대한 영상(靈想)을 얻은 것도 그로 말미암은 것이었다. 이 유대인 학자는 알렉산드리아로 흘러든 유대인이 아람어만이 아니라 히브리어까지 잊어버린 후 현지의 그리스어 코이네를 사용했음을 고려할 때 자기를 교사로 삼은 두 기독교 철학자와 마찬가지로 그리스어를 수단으로 하여 헬레닉 사회의 철학으로 인도되었음이 분명하다. 그러나 유대인 사회의 본체로부터 고립되어 있었고 랍비나 복음서의 저자들에게 아무런 영향을 미치지 못한 필로가 모세의 율법에서 플라톤 철학을 추출하려고 했던 시도는 유대인의 입장으로 볼 때 알렉산드리아적 억지론(抑之論)에 불과했다. 이 시리악 사회의 고등종교에 대응하는 종교로서 헬레닉 세계를 정복하는 사업의 경쟁자였던 미트라교는 서향하던 도중에 바빌로니아 점성술에 물들었고 인도의 힌두교는 불교철학을 축출하려는 목적으로 노련한 상대방의 지적(知的)인 장비(裝備)를 탈취했다. 또한 이집트의 오시리스 숭배가 지배적 소수자의 견고한 성채로 진입할 수 있었던 것은 태양신 Re로부터 정의를 구현한다는 역할을 가로챘기 때문인데, 레가 이집트 사회의 성장기에 포착한 이 기능은 동란(動亂)의 고난에서 얻은 지혜를 통해 영성을 함양한 것임에 반해 오시리스는 가로챈 그 이상(理想)을 추구한다는 명분으로 제신(諸神)의 최상층으로 스며든 위선자에 불과했다. 이집트 프롤레타리아트의 오시리스 숭배자는 차용한 그 명분을 앞세워 중제국 시대에 이집트 세계를 정복했는데 그것은 여호와께서 이스라엘 백성으로 하여금 이집트인의 물품을 취하게 했던 것과 같은 성질을 가진 일이었다.[955] 이것은 이집트 사회의 지배적 소수자가 배양한 윤리를 차용한 오시리스교만의 이야기가 아니라 위에서 다룬 세 종교가 행한 조치에도 해당하는 일이다. 그러나 이와 같은 탈취는 그것을 자행한 종교에 비싼 대가를 치

---

해석함에 있어서 이 방법이 주로 쓰이는 이유는 하나님의 말씀이 단순한 문자적 의미를 초월하는 신비로운 뜻을 내포하고 있다는 믿음 때문이다.

955. "여호와께서 애굽 사람들로 하여금 이스라엘 백성에게 은혜를 입히게 하사 그들이 구하는 대로 주게 하시므로 그들이 애굽 사람들의 물품을 취하였더라"〈출 12:36〉

르게 하는 경우가 있는바 이집트 사회에서는 지배적 소수자가 함양한 것을 도용하여 이익을 얻으려고 했던 오시리스교가 그 행위의 대가로서 상대방의 품에 몸을 던진다는 난감한 처지에 놓이게 되었다.[956] 이집트 사회의 전통적인 신관(神官)은 전래의 장기(長技)에 따른 치밀한 수법으로 오시리스교를 포섭함으로써 전대미문의 강력한 권좌에 올랐다. 그들의 솜씨는 매우 기묘한 것이었는데 그 전례(前例)가 된 것은 불교 이후의 힌두교가 브라흐만에 사로잡히고 조로아스터교가 마기(magi)에게 장악된 것이다.[957]

우리는 고등종교가 지배적 소수자의 윤리를 편취(騙取)한 후 그들에게 사로잡힌 위의 사례들을 보면서 공화제의 로마 정치사 초기에 일어난 계급투쟁을 불미스럽게 장식한 것과 같은 종교 지도자의 변절을 상기하게 된다.[958] 붕괴에 직면한 헬레닉 사회의 내적 P였던 유대인 민중은 지도자였던 바리새인과 율법사들에 의해 배반을 당했는데 이 유대의 분리주의자들은 그 이름을 표방한 태도와는 다른 의미로 이름에 걸맞은 행위를 자행했다. 원래의 바리새파는 헬레니즘에 편승한 유대인이 외래의 지배적 소수자와 영합했을 때 그들로부터 자기들을 분리(分離)한 유대인의 청교도(淸敎徒)였으나 그리스도 시대에 이르러서는 충실한 유대인 민중의 부양(扶養)을 받으면서도 자기들만이 율법을 준수하는 유대인의 모범이라고 주장한 위선자였다. 율법과 경건함을 지키는 신앙에 대한 배신과 이율배반적인 위선이 예수의 혹독한 탄핵을 초래한 사유인데

---

956. 이집트 신관 계급이 자기들의 권위에 도전하는 프롤레타리아트의 종교에 대해 그에 선제적으로 영합한 후 그 자체를 장악하는 방식으로 신흥 종교를 말살했던 수법.

957. 이란의 민족종교로서 선악 이원론을 특징으로 하여 마르다교 또는 배화교(拜火敎)로 불렸던 조로아스터교는 기원전 1800~640년에 창시된 것으로 알려져 있다. 마기(Magi)의 정체는 자세히 알려지지 않았으나 일반적으로는 아케메네스조 초기에 조로아스터교의 이론을 정립하는 일에 관여한 사제나 지식인을 지칭하는 것으로 알려져 있다. 그리스인들은 이 페르시아의 사제들을 점술사와 바빌론의 신관 등 동방 여러 나라의 사제들에 포함되는 것으로 인식했는데 그러한 관념이 성경에 기록된 동방박사의 이미지에 투영되었을 것이다.

958. 공화정 시대의 로마 귀족계급과 서민계급의 투쟁에 있어 전자가 후자를 자기들에게 포함시켜 특권을 누리게 함으로써 민중을 배반하게 했던 정치적 거래.

[959] 거기에는 헬레닉 사회의 내적 P로 편입된 유대인 민중의 시각에 따라 유대인의 종교적 지배자가 로마의 세속적인 지배자에 대응하는 것으로 묘사되어 있다. 또한 자기를 의롭다고 하면서 남을 멸시하는 자들을 비유로 표현한 말씀[960] 속에는 바리새인에 대한 보충적인 정의가 주어지고 있는바 이 지난날의 지도자가 대적(對敵)인 로마인에 동화된 것은 그에 부합하는 결과를 초래했다. 그리스도가 겪은 수난의 비극에 있어서 율법사와 바리새인은 지배적 소수자의 태도에 물들었을 뿐만 아니라 그 회칠한 무덤들이[961] 외면한 일을 행함으로써 자기들의 면목을 잃게 한 동포의 메시아를 십자가에 달았다. 자기들의 양 떼를 저버린 행위를 비난한 것은 바리새인의 입장에서 볼 때 묵과할 수 없는 죄였던 것이다.

이어서 지배적 소수자가 만든 철학이 내적 P들이 발견한 고등종교로 접근한 것을 살피면 그 운동은 더 신속하게 멀리 움직이며 지적 호기심에서 출발하여 경건한 신앙에 접근하지만 종국(終局)에는 저급한 미신으로 추락한다는 것을 확인할 수 있다. 지배적 소수자의 철학에는 일찌감치 종교적 요소가 혼입(混入)되는 경향이 있는데 플라톤이 「국가」에서 소크라테스가 말하는 형식으

---

959. "서기관들과 바리새인들이 모세의 자리에 앉았으니 그러므로 무엇이든지 그들이 말하는 바는 행하고 지키되 그들이 하는 행위는 본받지 말라 그들은 말만 하고 행하지 아니하며 또 무거운 짐을 엮어 사람의 어깨에 지우되 자기는 이것을 한 손가락으로도 움직이려 하지 아니하며 그들의 모든 행위를 사람에게 보이고자 하나니 곧 회당의 높은 자리와 시장에서 문안 받는 것과 사람에게 랍비라 칭함을 받는 것을 좋아하느니라"〈마 23:2~7〉

960. "또 자기를 의롭다고 믿어 다른 사람을 멸시하는 자들에게 이 비유로 말씀하시되 두 사람이 기도하러 성전에 올라가니 하나는 바리새인이요 하나는 세리라 바리새인은 서서 따로 기도하여 이르되 하나님이여 나는 다른 사람들 곧 토색, 불의, 간음을 하는 자와 같지 아니하고 이 세리와도 같지 아니함을 감사하나이다 나는 이레에 두 번씩 금식하고 또 소득의 십일조를 드리나이다 하고 세리는 멀리 서서 감히 눈을 들어 하늘을 쳐다보지도 못하고 다만 가슴을 치며 이르되 하나님이여 불쌍히 여기소서 나는 죄인이로소이다 하였느니라 내가 너희에게 이르노니 이에 저 바리새인이 아니고 이 사람이 의롭다 하심을 받고 그의 집으로 내려갔느니라 무릇 자기를 높이는 자는 낮아지고 자기를 낮추는 자는 높아지리라 하시니라"〈눅 18:9~14〉

961. "화 있을진저 외식하는 서기관들과 바리새인들이여 회칠한 무덤 같으니 겉으로는 아름답게 보이나 그 안에는 죽은 사람의 뼈와 모든 더러운 것이 가득하도다"〈마 23:27〉

로 서술한 내용은 헬레닉 사회가 제공하는 그 경향의 대표적인 사례이다. 「국가」에서 대화의 무대로 설정된 곳은 사회적 융합이 왕성하게 이루어진 페이레우스였고 이야기의 해설자로 되어 있는 소크라테스는 벤디스 축제에서 그 여신에게 경의를 표하며 축제를 구경하러 왔다는 말로 이야기를 시작한다.[962] 이 그리스 철학의 걸작을 감싸고 있는 분위기는 종교적인 것이고 주목받는 종교 행사는 이국적(異國的)인 것인바 거기에는 그리스인 교부(敎父)가 플라톤 철학을 받아들이며 소크라테스 철학이 새롭게 출현하는 신의 은총을 갈구했던 철학과 종교의 결합을 예기하게 하는 전주(前奏)가 있다. 소크라테스의 사례에서 보는 바와 같은 그리스 철학자의 종교에 대한 호기심은 그로부터 500년 후에도 상존해 있었는데 그것은 바울에 대한 에피쿠로스파와 스토아파 철학자들의 질문으로 입증된다.[963] 아테네인은 플라톤의 전례(前例)와 같이 무언가 새로운 가르침을 찾는 일에 몰입했던 것인바[964] 플라톤이 「국가」에서 개진(開陳)한 약속은 「사도행전」에서 실행되지 않았으나 그리스 철학은 헬레닉 사회에 편입된 지역에서 종교로 전화한다는 숙명을 이행했다.

철학이 종교로 다가가는 이 경향에 대한 기록은 헬레닉 사회의 역사에 그 과정을 명확하게 더듬을 수 있을 만큼 충분히 남아 있다. 이 기록을 살필 때 플라톤이 묘사한 벤디스 신앙에 대한 소크라테스의 태도는 지적 호기심에 불과했으나 아케메네스 제국의 후계국가가 수립된 이후로는 종교에 대한 호기

---

962. 아테네의 항구 페이레우스는 사회적 팜미크시아가 가장 빨리 진행된 곳이고 대화가 이루어진 장소는 외국인 체류자의 거처였다. 달의 여신인 트라키아 Bendis 숭배는 기원전 5세기경에 아테네로 유입되었고 그 축일에는 행진 기마행렬 횃불 경주 등으로 이루어지는 축제가 열렸는데, 「국가」에서의 소크라테스는 그 행사를 구경하며 즐긴 것으로 되어 있다.

963. "어떤 에피쿠로스와 스토아파 철학자들도 바울과 쟁론할새 어떤 사람은 이르되 이 말쟁이가 무슨 말을 하고자 하느냐 하고 어떤 사람은 이르되 이방 신들을 전하는 사람인가보다 하니 이는 바울이 예수와 부활을 전하기 때문이러라 그를 붙들어 아레오바고로 가며 말하기를 네가 말하는 이 새로운 가르침이 무엇인지 우리가 알 수 있겠느냐 네가 어떤 이상한 것을 우리 귀에 들려주니 그 무슨 뜻인지 알고자 하노라 하니"〈행 17:18~20〉

964. "모든 아덴 사람과 거기서 나그네 된 외국인들이 가장 새로운 것을 말하고 듣는 것 이외에는 달리 시간을 쓰지 않음이더라"〈행 17:21〉

심이나 지적 탐구심에서 벗어나 헬레니즘과 토착민의 종교를 융합하려는 시도와 함께 사회적 좌절로 인해 방황하는 민중에게 정신적 양식을 제공하는 일에 열심을 갖게 되었다. 그것을 모색함에 있어 허무주의적인 경향을 띠게 된 아카데미아 학파는 크리시포스의 스토아 학파를 공격했으나 그 두 철학파가 극심한 논쟁 끝에 찾아낸 접점은 지적 허무주의에서 감정적인 신앙으로 향하는 길이었다. 그러나 이 철학파들의 성향을 전통적인 아테네 철학을 기준으로 평가한다면 아카데미아 학파는 스토아 학파에 맞서서 확연한 회의론(懷疑論)에 빠져들었음을 알 수 있다. 카르네아데스는 아르케실라오스가 설정한 지침을 계승하여 크리시포스가 조직한 스토아파의 철학적 체제를 무섭게 공격했는데, 아파메아의 포세이도니오스는 이후로 아카데미아 학파와 회의파의 세력이 약해졌을 때 스토아의 문호를 널리 개방하고 민중의 종교활동을 용인함으로써 카르네아데스에 대한 크리시포스의 복수를 달성했다.[965] 포세이도니오스의 철학적 전환이 크리시포스만이 아니라 파나이티오스까지 놀라게 할만한 것이었음을 볼 때 당시의 아카데미아는 스토아 철학으로 대변되는 시대정신(時代精神)에 굴복했던 것인바 그것은 필로에 이르기까지 회의주의를 고수했던 스토아 학파의 안티오코스가 토로(吐露)한 고백으로 표출되었다.[966] 기원전 1세

---

965. 세 번째 아카데미아를 창시한 〈Carneades, BC 214~129〉는 회의론자로서 진리의 기준 대신 개연적인 지식을 인정하여 셋으로 구분한 그것을 바탕으로 하는 도덕론을 펼쳤다. 중기 아카데미아 학파를 세운 〈Arkesilaos, BC 315~240〉는 회의론에 입각하여 확실한 지식이 아닌 개연성을 중시하는 논리를 펼쳤다. 중기 스토아 학파에 속한 〈Poseidonios, BC 135~51〉는 당대에 만능의 지식인으로 일컬어졌는데, 키케로와 폼페이우스도 철학과 역사만이 아니라 천문과 지리에 능통했던 그의 강의를 들은 것으로 알려져 있다. 아카데미아파에서 스토아파로 옮긴 후 Cleanthes를 계승하여 스토아파의 세 번째 수장(首長)이 된 〈Chrysippos, BC 280~206〉는 내가 없으면 스토아 학파도 존재할 수 없을 것이라고 말했을 정도로 스토아 사상을 체계화하는 일에서 지대한 공적을 남겼다. 로도스의 귀족으로서 디오게네스를 스승으로 삼았던 〈Panaitios, BC 185~109〉는 스토아파의 영도자로서 그 학설을 대중에게 가르치는 학교를 운영하면서 이론적인 탐구에 몰입했던 스토아파의 기풍을 실천적인 행동으로 전환시킨 인물로 알려져 있다.

966. Philo의 제자였으되 스승의 논설에 반대하여 아카데미아 학파에 들어간 후 그 영도자가 된 아스칼론의 〈Antiocus, BC 130~68〉는 "이제 철학의 방향을 역전시키지 않으면 안 된다"라고 선언했다.

기와 2세기의 전환기에 민감한 철학자를 격동시킨 이 전향(轉向)에도 불구하고 세베루스 알렉산더가 이행한 싱크러티즘에는 안토니누스 피우스가 달성한 때 아닌 발흥 중에도 도를 더했던 경건한 분위기 속에서 콤마게네 안티오코스가 표방한 단조로운 국가이성(國家理性)의 흔적이 배어 있다.[967] 헬레닉 사회의 세계국가가 붕괴의 징조를 드러낸 시기에 그 지배자의 한 사람이 표출한 정신적 경향은 중국사회에 제2의 세계국가를 제공한 유방(劉邦)의 종교정책에서도 확연히 엿볼 수 있다.[968] 중국세계에 있어서도 내적 프롤레타리아트의 종교적 관습과 신앙에 대한 지배적 소수자의 반응은 「사도행전」에 기록된 갈리오의 태도와 다름이 없었다.[969] 그러나 아카야 총독의 자리에 있었을 때 그리스도를 만난 일로 유명해진 갈리오에게는 스스로 이름을 떨친 세네카라는 동생이 있었는데, 도덕적 부흥을 추구한 그는 스토아 철학의 냉혹함을 종교적 열정으로 변화시키려고 했던 철학자였다. 그의 사상적 기조는 마르쿠스 아우렐리우스의 도덕적 교설에 충만한 열정과 "철학은 신에 대한 참된 지식을 밝힐 뿐만 아니라 인간에 대한 신의 은총을 보증해야 한다"는 각성으로 이어졌다. 팽창한 헬레닉 사회에 속한 사람들의 정신적 경험에 있어서 말기의 스토아 철학을 열렬한 종교심으로 채운 신에 대한 동경은 헬레닉 문명의 성장이 멈추지 않았

---

967. 철학에 몰입했으되 종교에 비범한 관심을 보였던 〈Severus Alexander, 222~225〉는 황궁 예배당에 스스로 최고의 보편적인 신을 모시는 방법을 가르친 현인이라고 판정한 아브라함, 오르페우스, 아폴로니우스, 예수 등의 조상(造像)을 안치하고 그에 걸맞는 경의를 표방했다.

968. 호적(胡適)은 이에 대하여 "제국의 수도로 정해진 장안에 여러 족속의 온갖 종교가 모여들어 고유의 종교의식을 행하게 되었는데, 무제(武帝)는 광동성의 여러 부족을 정복한 후 잡다한 무녀(巫女)들이 다양한 지방신의 신관들과 결탁하여 계골점(鷄骨占) 등 독특한 종교 행위를 행하는 것을 허용했다"고 논술했다.

969. "말하되 이 사람이 율법을 어기면서 하나님을 경외하라고 사람들을 권한다 하거늘 바울이 입을 열고자 할 때에 갈리오가 유대인들에게 이르되 너희 유대인들아 만일 이것이 무슨 부정한 일이나 불량한 행동이었으면 내가 너희 말을 들어 주는 것이 옳거니와 만일 문제가 언어와 명칭과 너희 법에 관한 것이면 너희가 스스로 처리하라 나는 이러한 일에 재판장 되기를 원하지 아니하노라 하고 그들을 법정에서 쫓아내니 모든 사람이 회당장 소스데네를 잡아 법정 앞에서 때리되 갈리오가 이 일을 상관하지 아니하니라"〈행 18:13~17〉

던 시기에 이미 오르페우스교라는 종교적인 모습으로 표현되었고, 문명의 일몰이 시작된 때로부터 200년이 지난 후에는 반조(返照)하는 불꽃에 타올라 선명한 신플라톤 철학을 낳았다. 그리고 인도사회의 불교철학에서도 그에 상응하는 변화가 일어나 석가모니의 가르침이 마하야나라는 고등종교로 전환되었다. 마하야나는 본래의 모습을 찾기 어려울 정도로 변화된 고등종교로서 중국사회를 정복했으며 도가철학(道家哲學)을 도교(道敎)로 변화시켜 자기들에 대한 경쟁자가 되게 했다. 이처럼 종교적 열정이 충만한 시대의 철학은 내적 P가 발현하는 신앙에 비견되는 정신적 경지에 도달하는 능력이 있는 것으로 여겨진다. 그래서 후대의 몇몇 신학자는 바울 서신의 몇 구절과 비슷한 문구가 있음을 근거로 하여 플라톤이 모세의 은택을 받았다고 하는 필로의 진설(珍說)과 같이 이 로마 철학자와 이방인의 사도 사이에 왕래가 있었다는 상상을 펼치기도 했다. 그 주장은 완전히 별개인 영혼일지라도 동일한 여건에서 겪은 유사한 사회적 체험에 따른 정신적 반응이 유사한 것으로 표출될 수 있다는 점에서 볼 때 가당치 않은 억측이며 세네카가 어떤 면에서 바울에 비견되는 것은 지배적 소수자와 외적 프롤레타리아트의 조우에 있어서 아이티우스가 테오도릭에 뒤지지 않은 것과 같은 양상이다.[970]

지배적 소수자가 세계국가의 변경에서 아에티우스의 길로 발을 내디디면 그 걸음을 도중에 멈출 수 없어서 결국 순전한 야만인으로 전락하게 된다는 비극적인 현상은 문명의 붕괴로 말미암은 혼란에 맞서서 정신의 경계를 지킬 책무를 짊어진 철학자에게도 나타난다. 그래서 한때 종교의 모습으로 바뀌었던 지배적 소수자의 철학은 결국 미신으로 전락하게 되는데 붕괴에 돌입한 헬레닉 사회의 종교사에서 볼 수 있는 이 경향은 진보된 여러 종교와 대부분의 철학이 지나온 과정이다. 우리는 기독교를 낳은 것으로 종교적인 중요성과 역사적 흥미가 높아진 유대교의 이력에서 그와 같은 경향을 살필 수 있다. 유대

---

970. 아이티우스와 데오도릭에 대해서는 (6)-①-ⓒ, 지배적 소수자의 야만화를 참조할 것.

교가 새로운 도약을 위해 채택한 양의성(兩義性)은 조로아스터교의 사례와 마찬가지로 종교적인 행위의 문호를 개방하여 미신과 주술(呪術)을 용인하는 형태로 발휘되었는데, 그것은 지성의 합리적인 작용을 부인하고 왜곡된 감각과 그에 따른 신비로운 직관에 냉정한 논리를 적용하여 초현실적인 체계를 형성하는 것이었다. 이크나톤 이후의 이집트 종교, 점술술에 물든 바빌로니아인의 종교, 마기가 장악한 페르시아 종교, 인도의 여러 종교, 헬레닉 사회의 각종 비의교(祕義敎) 등이 지속적으로 강화해 온 이 경향은 스토아파의 논리주의적인 사조에 반발한 신피타고라스파나 절충주의 철학에도 명확하게 나타났다. 그리하여 헬레닉 사회의 역사에 있어서 지배적 소수자의 철학과 내적 P의 종교는 서로에게 접근하여 마침내 미신이라는 공통의 영역에서 합체를 형성한다.[971] 앞에서 살핀바 후기 아테네의 교사들이 주술적인 기우제를 드린 것과 같은 모습이 붕괴에 직면한 중국사회에서도 발견되는바 한제국의 유학자들은 기원전의 마지막 200년 동안 아티카의 신플라톤파 철학자와 다름없는 웃음거리로 전락했음을 볼 수 있다. 유교가 한제국의 교육제도에 포함된 것은 신비주의와 미신이 만연한 상황에서의 일이었는데 그런 분위기 속에서 언제나 시대의 흐름을 추종했던 한유교(漢儒敎)는 공자의 불가지론적인 휴머니즘이나 맹자의 민주주의적인 정치학에서 미신과 결합된 민중종교로 바뀌었다.[972] 잡초같이 무성하여 노쇠한 신플라톤파 철학과 유교를 질식시킨 미신은 동일한 수법으로 마하야나의 목숨까지 빼앗았던 것이다. 더하여 예리한 관찰자는 서구화된 오늘날의 사회에도 유사한 사태가 발생할 징조가 있다는 것을 간파할 것

---

971. "그리하여 지혜는 반대의 것으로 왜곡되고 합리적인 지식을 함양하는 길은 차단되는데, 이것이 바로 모든 진보된 종교가 지나온 과정이다. 그래서 우리는 종교가 추구하는 도덕성의 심화에 의해 초월성을 달성한 종교가 원시적인 형태로 역행하는 것을 본다"〈Meyer, E〉

972. 호적(胡適)에 따르면 한유교(漢儒敎)를 일으킨 숙손통(叔孫通)은 시대가 요구하는 바를 터득한 현인으로 일컬어졌고, 한유교 사상의 대표자로 알려진 동중서(董仲舒)는 기우제에 관한 규율로 이름을 떨쳤으며, 대유(大儒)라는 유향(劉向)은 허황(虛荒)된 연금술로 선제(宣帝, BC 73~49)를 속인 죄로 사형을 선고받았다.

이다. 서구사회에서는 이미 자연과학이 기독교 과학을 싹트게 했고 비교종교학(比較宗教學)은 신지학(神知學)의 움을 틔웠다. 그리고 마르크시즘이 서구화된 세계에서 입지를 확보하기에 성공한다면 헤겔에서 마르크스를 거쳐 레닌으로 이어진 적색노선(赤色路線)도 회의주의를 거쳐 주술로 이어진 플라톤 철학의 사슬과 같이 보편적인 신앙이나 생활 태도의 하나로 자리 잡게 될지도 모른다.

지배적 소수자가 탐닉하는 철학의 말로(末路)는 이처럼 비참한 것이며 철학자가 전력을 다해 정신적으로 온건한 프롤레타리아트의 기질을 따르려고 해도 결과는 달라지지 않는다. 철학이 어쩌다가 꽃을 피워도 그 인위적인 개화(開花)는 곧바로 그 건전하지 않은 힘을 쇠하게 하는 번무(繁茂)를 이루어 철학 자체를 쓰러뜨리는 것이다. 그러나 고등종교는 끝까지 생존하여 철학이 남긴 잔재를 흡수하게 되는바 헬레닉 세계가 쓰러지는 와중에서 살아남은 기독교는 신플라톤파 철학의 유산을 수습했고 인도사회가 무너지는 소용돌이 속에서 목숨을 부지한 힌두교는 마하야나의 후계자로 자라났다. 또한 멸망의 길에 접어든 중국사회에서는 서래(西來)의 긴 여정에서 밀의적(密義的)인 철학으로부터 고등종교로 진화한 마야하나가 목적지에 도달하여 방랑이라는 고난을 겪지 않았음에도 마하야나와 비슷한 전변(轉變)을 달성한 도교를 만났다. 이후로 그 두 대중종교는 개조(開祖)의 탁월한 각성을 저급한 미신의 수렁에 처박는 짓으로 환경에 적응하려다가 실패한 유교의 유품을 나누어 가지게 되었다.

이상의 개관은 철학과 종교가 조우(遭遇)하면 종교는 번영하고 철학은 쇠퇴한다는 진리를 여실히 드러내고 있다. 그런데 내적 P가 발견한 종교에 맞서서 경쟁할 때 패배하는 철학이 안고 있는 약점은 무엇일까? 철학이 가지고 있는 모든 결점의 근원이 되는 근본적인 약점은 베르그송이 Elan(약동)이라고 하는 영적(靈的)인 언어로 풀어낸 정신적 생명력이 결여된 것이다. 철학의 이 치명적인 약점은 대중에게 매력을 제공하지 못함과 동시에 철학을 널리 전하고자 하는 추종자의 과업을 좌절에 빠뜨리는 것이며 그 부수적인 결점은 지성을 중시하여 다른 능력들을 도외시(度外視)하는 것이다. 철학이 안고 있는 또 다른 결점은 철학자가 주장하는 것을 전달할 때 복잡하고도 정교한 언어를 사용해야 하므로 합당한 지식과 교양을 갖추지 못한 대중을 끌어당기시 못하는 것이다. 헬레니즘을 널리 전한 알렉산더의 사업 이후로 주변의 만인(灣人)을 인종적으로 차별하는 대신 만인(萬人)을 교양의 유무로 구분하게 된 헬라스인의 지적 배타성은 세네카의 태도에서 보는 바와 같이 철학을 물질의 만연 때문에 지쳐버린 지적 엘리트의 신조와 같은 것이 되게 했다. 이처럼 종교로 접근한 헬라스 철학의 배타성은 철학자가 동일한 사정으로 정신적 양식을 갈망하는 민중의 욕구를 외면하게 하는 요인이었다. 말미에 도달한 헬레닉 사회의 철학자들이 빠져든 초현세적인 능력에 대한 믿음이 이처럼 거기로 마음을 돌린 민중에 대한 자비행(慈悲行)으로 표출되지 못한 것은 그다지 이상한 일이 아니다. 왜냐하면 위와 같은 철학의 배타성은 중국사회의 도학파(道學派)를 제외한 모든 철학파의 행실에 깊이 뿌리박혀 있었기 때문이다. 세네카보다 한 세대를 앞선 아우구스투스 시대의 호라티우스는 양심의 가책을 느끼거나 어떠한 비판이 제기될 것을 염려함 없이 "나는 하찮은 인간을 경멸하며 멀리한다. 무우사(Μουσα)의 사제인 나는 젊은이와 아가씨들을 위해 이제껏 들은 일이 없는 노래를 부른다"라고 말할 수 있었고 스트라본은 동일한 감정을 더욱 잔인한 말로 표현했다.[973]

프롤레타리아트에게 빵 대신 돌을 주라고 하는 철학자의 이 잔인한 명령은 잠시 후에 기독교 전도자에 의해 헬레닉 사회에 널리 유포된 비유 속의 주인이 하인에게 지시한 말에 정면으로 배치된다.[974] 이 대조는 서구의 저명한 학

---

973. "부유함이 넘치는 아녀자나 잡다한 속물의 무리는 철학적인 이성의 호소에 의해 경건과 신앙으로 인도될 수 없다. 이러한 자들에게는 미신이 필요한데, 그 미신에는 거짓과 속임수가 불가결한 요소이다"〈Strabo, BC 63~AD 23〉의 「지지(地誌)」

974. "너희 중에 누가 아들이 떡을 달라 하는데 돌을 주며"〈마 7:9〉 "천국은 마치 자기 아들을 위하여 혼인 잔치를 베푼 어떤 임금과 같으니 그 종들을 보내어 그 청한 사람들을 혼인 잔치에 오라 하였더니 오기를 싫어 하거늘 다시 다른 종들을 보내며 이르되 청한 사람들에게 이르기를 내가 오찬을

자에 의해 예리하게 분석되었는데[975] 헬레닉 사회의 계몽된 소수자가 그 정신적인 냉담 때문에 받아야 했던 최초의 형벌은 지배자가 발휘해야 할 제반 능력을 상실한 것이었다. 지난날의 지배계층은 그 시점에서 그때까지 무시하고 배척한 정신의 양식을 갈망하게 되었던바 그 허망한 후회는 복음서에 기록된 네메시스를 감수하는 데 도움이 되었을 뿐이다.[976] 그 갈망은 세네카와 에픽테토스가 활약한 시기에 석상(石像)처럼 싸늘한 모습으로 새겨진 헬레닉 사회의 지성에 종교적 기운(氣運)이 싹트게 했으나 마르쿠스 아우렐리우스의 시대 이후로 그 기운이 흩어짐에 따라 헬레닉 사회의 철학은 숨 막히도록 답답한 광신(狂信)으로 바뀌었다. 그렇게 이성(Reason)이라는 귀중한 유산을 던져버린 헬레닉 사회의 철학자들은 현인(賢人)이기를 포기함으로써 성인(聖人)이 된 것이 아니라 이상한 기인(奇人)으로 전락했던 것이다.

빈사상태(瀕死狀態)의 헬레닉 사회에 있어서 알렉산드리아의 주교 아타나시

---

준비하되 나의 소와 살진 짐승을 잡고 모든 것을 갖추었으니 혼인 잔치에 오소서 하라 하였더니 그들이 돌아 보지도 않고 한 사람은 자기 밭으로, 한 사람은 자기 사업하러 가고 그 남은 자들은 종들을 잡아 모욕하고 죽이니 임금이 노하여 군대를 보내어 그 살인한 자들을 진멸하고 그 동네를 불사르고 이에 종들에게 이르되 혼인 잔치는 준비되었으나 청한 사람들은 합당하지 아니하니 네 거리 길에 가서 사람을 만나는 대로 혼인 잔치에 청하여 오라 한대 종들이 길에 나가 악한 자나 선한 자나 만나는 대로 모두 데려오니 혼인 잔치에 손님들이 가득한지라 임금이 손님들을 보러 들어올새 거기서 예복을 입지 않은 한 사람을 보고 이르되 친구여 어찌하여 예복을 입지 않고 여기 들어왔느냐 하니 그가 아무 말도 못하거늘 임금이 사환들에게 말하되 그 손발을 묶어 바깥 어두운 데에 내던지라 거기서 슬피 울며 이를 갈게 되리라 하니라 청함을 받은 자는 많되 택함을 입은 자는 적으니라〈마 22:2~14〉

975. "청함을 받은 이는 많으나 택함을 입은 사람은 적다고 하는 말씀은 각 개성의 차이가 인정된다는 것인데, 여기서 차이를 낳는 요인은 개인의 능력이나 지도력이 아니라 하나님의 은총이다. 그러므로 하나님의 말씀은 지식인이나 사회의 상층에 속한 인간이 아니라 그 은총을 받아들일 심성을 갖춘 이들에게 선포된다. 기독교는 도덕의 함양을 주장하는 철학이 제공하지 못하는 생활과 사상의 기반을 부여하는데, 그 기반은 받은 계시를 신앙에 따라 망설임 없이 받아들이는 것으로 획득된다. 또 하나의 조건은 연민을 나타내는 신의 지배에 기꺼이 복종하는 것인데, 이것은 철학이 행하는 부정(否定)의 수법으로는 달성되지 않는다. 철학자의 이상은 자기를 의지하는 현인(賢人)이고 기독교도의 염원은 자신을 신에게 몰입시키는 신앙인이다"〈Meyer, E〉

976. "내가 너희에게 말하노니 전에 청하였던 그 사람들은 하나도 내 잔치를 맛보지 못하리라 하였다 하시니라"〈눅 14:24〉

우스가 은수사(隱修士) 안토니우스를 이상형으로 여긴 동기는 율리아누스 황제가 소크라테스를 배척하고 디오게네스를 모범으로 삼아 현세에서 탈출하려고 했던 것과 유사하다. 소크라테스는 신념을 지키기 위해 죽음의 공포를 극복했으나 이성적이고 무심했던 그의 죽음은 민중의 종교적 갈망을 충족시킬 수 없었다. 그래서 헬라스인은 이성이 찾아낸 진리 속에서 구원을 얻을 수 있다는 희망을 버리게 된 것인데, 신피타고라스파를 필두로 하는 여러 철학파의 절충적인 융합에 내포되어 있는 이 변화는 올림포스 신화로 대체된 신앙적인 감정의 흐름에서 파악할 수 있다. 그 흐름이 가장 돋보이는 것은 "하나님께서 이 세상의 지혜를 미련하게 했다"라는 선언으로 바울이 예언하고 "맹랑한 것이기에 믿어야 하며 불가능한 일이므로 확연하다"라고 하는 터툴리안의 양양한 외침으로 확증된 기독교의 승리에서였다.[977] 그러나 하나님의 말씀과 헬라스 철학을 억지로 융합하려고 했던 교부들은 그 승리를 잃어버렸던 것인바 신은 암브로시우스가 말했듯이 변증법에 의거한 방법으로 구원을 베푸는 것을 기뻐하지 않으셨음이 명백하다.[978]

고전철학(古典哲學)만이 아니라 플라톤마저도 지식과 이성에 집착하여 의지와 본능적인 감정의 자리를 남겨두지 않았기 때문에 인류의 장대한 심성에 접근할 수 없었던 것은 확연한 일이다. 사실 우리가 다루고 있는 이 희비극의 종장에 있어서 플라톤과 제논의 후예는 스승으로 받들고 모본으로 삼은 위대한

---

977. 〈Tertullian, 155~240〉으로 불리우는 〈Quintus Septimius Forens Tertullianus〉는 기독교 교부, 신학자. 삼위일체(三位一體)라는 용어를 최초로 사용한 것으로 유명하며, 그가 사용한 라틴어는 교회에서 사용하는 라틴어의 표본으로 인정되고 있다.

978. 플라톤에게 호의를 보이고 여호와께서 이방인 사이에도 증인을 가지고 있음을 인정하는 동시에 철학은 대중을 구제할 수 없다고 비난하는 교부(敎父)들은 변증법(辨證法)에 의한 기독교와 헬라스 철학의 융합을 시도하고 있는 것이다. 〈Ambrosius, 340~397〉는 4세기에 활약한 4대 교부의 일인. 법률가이자 밀라노 주교였던 그는 아리우스파에 맞서서 기독교 전례(典例)와 성직(聖職)을 개혁하여 성인(聖人)으로 추존되었다. 나눔은 자선이 아니라 정의를 실천하는 것이라는 신념에 따라 빈민을 구제하는 일에 헌신했는데 〈St. Augustin〉은 「고백록」에서 성서를 해설하는 암브로시우스의 설교를 듣고 회심(悔心)했다고 고백했다.

철학자의 잘못을 인정하고 내적 P를 모방하게 되는바 이것이야말로 호라티우스가 경멸하여 배척한 속물들에 대한 마음으로부터의 아첨(阿諂)이었다. 게다가 그들의 모방은 프롤레타리아트 사이에서 탄생한 종교의 내적(內的)인 기질로 다가갔을 뿐만 아니라 그에 대한 무분별한 열정으로 그 종교의식(宗敎儀式)이나 조직의 말단에까지 미쳤다. 신플라톤파의 말단이었던 얌블리코스는 비조(鼻祖)인 플로티노스나 그 제자인 포르피리오스와 달리 주술(呪術)과 비적(祕蹟)을 중시하는 비교적(祕敎的)인 체계를 상정하고 있었는데 광신적인 태도로 거기에 몰입한 그는 철학자가 아닌 가상종교(假想宗敎)의 사제로 바뀌었다.[979] 율리아누스의 탄생과 그에게 제위(帝位)가 주어졌다는 우연이 그 복고주의적인 황제가 이 가상의 종교를 붕괴에 돌입한 헬레닉 사회의 세계국가를 부축하는 지팡이로 삼는 것을 가능하게 했으나 세속의 권세에 의해 부양된 그 이교(異敎)는 후원자인 황제의 죽음과 함께 사라졌고 얌블리코스의 신기루와 같은 꿈은 한 무리의 기인(奇人) 외에는 무엇 하나 남긴 것이 없었다.

## (6) 통일의식(統一意識)

앞에서 사회적 붕괴로 말미암은 시련에 대한 반응을 살필 때 갖가지 양상으로 나타났던 혼효의식이 사회적 성장에 따른 분화가 일으키는 착란에 대한 심리적인 반응임을 확인했고 같은 경험이 방향을 달리하는 반응을 일으킬 때 각성(覺醒)되는 통일의식은 혼효의식과는 별개일 뿐만 아니라 그 대척(對蹠)을 이루는 문제임을 간별(簡別)했다. 익숙한 것들이 사라져 가는 것으로 인해 허망을

---

979. 〈Plotinos, 205~270〉는 플라톤 철학에 심취하여 그 해설자로 활동했고, 이후로 신플라톤 철학의 창시자로 알려졌다. 제자인 포르피리오스는 스승의 저작 54편을 9권의 6집으로 편집하여 보존했다. 시리아에서 태어난 〈Porphyrios, 232~305〉는 신플라톤 철학을 창시한 스승의 사상을 「엔네아데스」로 집대성했으며 철학, 종교, 논리학, 수리학 등 다양한 분야를 섭렵하여 「입문서」「원론의 주해」「신탁에서 유래한 철학」「기독교에 대한 반론」「님프의 동굴에 대하여」 등의 저작을 남겼다. 신플라톤파 철학자 〈Iamblichos, ?~330〉는 포르피리오스의 제자로서 플로티노스가 창안한 유출(流出)의 각 단계를 세분한 후 그것을 동방의 다신교에 결부했는데, 그의 주장에는 미신적인 요소가 많았고 그 자신도 신통력이 있는 인물로 알려졌다.

느끼는 경험은 유약한 인간에게 실재의 본연이라는 것은 혼돈에 불과하다는 느낌을 갖게 하지만 굳은 심성과 분별력을 갖춘 사람에게는 변화무쌍한 환영(幻影)이라고 생각되는 현실이라고 해도 서기에 내포된 궁극적 통일은 무한정으로 가두어 둘 수 없다는 진리를 계시(啓示)한다.[980]

이 정신적인 깨달음은 다른 분야의 각성과 마찬가지로 겉으로 드러나지 않는 징후가 암시하는 유추로 파악되는 경향이 있는데, 정신적이며 궁극적인 통일을 암시하는 이 징후의 현실적인 귀결은 국가 간의 살육전(殺戮戰)이라는 참혹한 과정에 의해 세계국가가 수립되는 것이다. 다양하게 분화된 생활에서 각성되는 이 정치적인 면에서의 통일의식은 지금까지 출현한 몇몇 세계국가의 지배자가 그 본질과 기능을 표방한 국호로 선양되어 있다. 예컨대 이집트 사회의 세계국가를 수립한 제11왕조의 군주는 '두 나라를 통일한 자'라는 이름을 얻었고 수메릭 사회의 세계국가를 건설한 우르엥구르는 그 나라를 수메르-아카드 왕국으로 명명했다. 우르엥구르의 뒤를 이은 둔기(Dungi)는 통일을 상징하는 자신의 현신숭배(現身崇拜)를 시도하여 호칭을 병기(倂記)하는 이름을 버리고 사계제국(四季帝國)이라는 국호를 택정(擇定)했으며 잉카는 동일한 의도로써 안데스 사회의 외형적 통일을 달성한 세계국가의 칭호인 Tawantinsuyu(타완틴수유)를 Tawa(넷)와 -ntin('그룹'의 접속어) 및 suyu(지방)의 합성어로 조성했다.[981] 또한 시리악 사회에 세계국가를 제공한 아케메네스 제국의 군주는 왕 중의 왕으로 자칭하여 자신의 지배가 모든 세계에 미칠 것을 주장했는데 그 칭호는 그리스어의 바시레우스로 간결하게 옮겨졌다.[982] 중국사회에서는 하나로 통일된 세계에 동일한 지배가 미친다는 관념이 천하(天下)라는 용어로 표

---

980. 알렉산더 이후의 헬레닉 세계에 있어서 이 통일의 계시를 포착하고 거기에 최초의 표현을 부여한 사람은 제논이었다.

981. 잉카는 둔기가 시도한 현신숭배를 계승하여 자신을 Sapa Inka, 즉 유일한 잉카라고 했는데, 이것이 타완틴수유가 콜럼버스 이후에 잉카제국으로 알려진 사정이다.

982. 페르시아의 파디샤는 주인(Pad)과 왕(Şah)의 합성어, 인도사회의 이러한 합성어는 라자(대공)-마하라자(국왕)-마하라자디라자(왕 중의 왕)로 되어 있다.

현되어 있는바 앞에서 언급한 건륭제 강희(康熙)가 브리튼-아일랜드 왕국의 조오지 3세에게 보낸 서한은 극동사회가 중국사회의 그 칭호를 계승했음을 입증하는 것이다. 헬레닉 사회의 로마제국은 〈오르비스 테라룸-지상의 세계〉와 〈오이쿠메네-인간이 거주하는 모든 세계〉로 인식되었고 자기들의 제국을 시각적으로 표현한 것에 내포된 통일의 관념은 Pax-Romana를 누린 사람들의 논술로 표출되어 있다.[983] 「로마이카-Ρωμαϊκά」 서문에 묘사되어 있는바 George 3세의 사절(使節)에 대한 건륭제의 태도와 같은 방식으로 주변의 만인(蠻人)을 대하는 로마 황제의 모습에는 로마제국이 통일의 관념을 충족하는 수단이 되기를 바라는 원망(願望)을 외면하는 것으로 곤란을 겪은 양상이 드러나 있다. 아피아노스 당대의 로마 황제는 잔치를 베풀어 손님을 청할 필요를 느끼지 않았던 것인바 헬레닉 사회의 지배자가 당시에 부여받은 임무는 새로운 정복을 단행하는 것이 아니라 침노하는 자들에 맞서서 제국을 수호하는 것이었다.[984]

사실상 모든 사회의 세계국가는 동란시대가 절정에 도달함에 따라 더욱 고조되는 정치적 통일의 열망에 순응하는 행위로 성립되는 것인데 헬레닉 사회의 역사에 있어서 이 염원이 충족된 것으로 인한 안도감은 아우구스투스 시대에 쓰여진 여러 시에 깃들어 있다. 갈망하는 통일이 우리의 형편에서는 그 염원이 절실(切實)한 것으로 나타나고 있는바 우리들의 시대에 모습을 드러내고 있는 대사회(Great Society)는 상기한 오이쿠메네나 천하에 비견될 것이다. 알렉산더의 호모노이아(협조의 비전)는 헬레니즘의 호흡이 끊어질 때까지 멸실되지 않았는데 알렉산더의 마케도니아인 동료들이 그 인도주의적인 복음에 완강하

---

983. 대표적인 저작은 에픽테토스의 「논집」과 아피아노스의 「로마사」

984. 아피아노스는 알렉산드리아 태생의 그리스계 로마인, 2세기에 활동한 로마 역사가. 대표적인 저작은 「로마사」와 「내란기」 "주인이 종에게 이르되 길과 산울타리 가로 나가서 사람을 강권하여 데려다가 내 집을 채우라" 〈눅 14:23〉 "세례 요한의 때부터 지금까지 천국은 침노를 당하나니 침노하는 자는 빼앗느니라" 〈마 11:12〉

게 저항한 것은 인상적인 일이다.[985] 알렉산더의 강요에 따라 이란인 여성을 아내로 취했던 마케도니아인은 알렉산더가 요절함과 동시에 그 여인들을 쫓아냈었다. 그럼에도 불구하고 만인의 협화를 추구한 알렉사더의 정신저인 힘은 그의 후계자들이 조장한 분열을 말소하고 평화와 통일을 이룩한 헬레닉 사회의 온갖 계층에 지대한 영향을 끼쳤다. 아우구스투스가 세상을 평정하여 세계국가를 수립한 사업의 인스피레이션을 제공한 일로 알렉산더에게 감사를 표방한 것과 조악(粗惡)한 카라칼라가 피정복민 모두에게 시민권을 부여한다는 율리우스의 시책을 완료한 것은 그 영향력을 입증하는 것이다.[986] 더하여 성서에 기록된 로마 백부장의 행동과 절기에 맞춰 예루살렘을 방문한 그리스인이 예수를 만나려고 했던 것도 그 협화의 정신에 고무된 것이며 예수께서 영광을 얻게 되었다고 선포하신 것과 이방 여인에게 은혜를 베푸신 일에도 그와 같은 비전이 깃들어 있다고 생각할 수 있다.[987] 알렉산더가 주창한 통일의 복음

---

985. 알렉산더가 휘하의 그리스인에게 대적(對敵)이었던 이란인과 우호적인 관계를 맺도록 종용한 것과 정복한 지역을 장악한 마케도니아인에게 전투에 불참한 이들도 용인하도록 명령한 것에 대한 저항.

986. 아우구스투스는 자기가 걸어갈 길을 가르쳐 주었음에 대한 감사의 표시로 옥쇄 반지에 알렉산더의 두상을 새겨 넣었다.

987. "예수께서 가버나움에 들어가시니 한 백부장이 나아와 간구하여 이르되 주여 내 하인이 중풍병으로 누워 몹시 괴로워 하나이다 이르시되 내가 가서 고쳐 주리라 백부장이 대답하여 이르되 주여 내 집에 들어오심을 나는 감당하지 못하겠사오니 다만 말씀으로만 하옵소서 그러면 내 하인이 낫 겠사옵니다"〈마 8:5~8〉"그들이 대답하되 백부장 고넬료는 의인이요 하나님을 경외하는 사람이라 유대 온 족속이 칭찬하더니 그가 거룩한 천사의 지시를 받아 당신을 그 집으로 청하여 말을 들으려 하느니라 한대"〈행 10:22〉"사마리아 여자가 이르되 당신은 유대인으로서 어찌하여 사마리아 여자인 나에게 물을 달라 하나이까 하니 이는 유대인이 사마리아인과 상종하지 아니함이러라 예수께서 대답하여 이르시되 네가 만일 하나님의 선물과 또 네게 물 좀 달라 하는 이가 누구인 줄 알았더라면 네가 그에게 구하였을 것이요 그가 생수를 내게 주었으리라 여자가 이르되 주여 물 길을 그릇도 없고 이 우물은 깊은데 어디서 당신이 그 생수를 얻겠사옵니까 우리 조상 야곱이 이 우물을 우리에게 주셨고 또 여기서 자기와 자기 아들들과 짐승이 다 마셨는데 당신이 야곱보다 더 크니이까 예수께서 대답하여 이르시되 이 물을 마시는 자마다 다시 목마르려니와 내가 주는 물을 마시는 자는 영원히 목마르지 아니하리니 내가 주는 물은 그 속에서 영생하도록 솟아나는 샘물이 되리라"〈요 4:9~14〉"예수께서 일어나사 거기를 떠나 두로 지방으로 가서 한 집에 들어가 아무도 모르게 하시려 하나 숨길 수 없더라 이에 더러운 귀신 들린 어린 딸을 둔 한 여자가 예수의 소문을 듣고 곧 와서 그 발 아래에 엎드리니 그 여자는 헬라인이요 수로보니게 족속이라 자기 딸에

이 삶과 생각의 차원이 다른 사람들에게 호모노이아를 제공했다면 그 놀라운 힘은 어디에서 유래된 것일까? 이 의문을 우리 세대의 휴머니스트에게 돌린다면 그는 이타주의에 입각하여 모든 인간이 형제라는 것은 기본적인 것이며 동포로서 인류를 구제하는 사업에 열심을 내는 것은 지당한 일이라고 답할 것이다. 예를 든다면 공산주의자는 실증주의자와 마찬가지로 인간은 만유(萬有) 위에 군림하여 우주를 지배하는 존재이므로 그 궁극적 의무는 인류에 대한 것이라고 말할 것인데, 공산주의의 원동력으로 되어 있는 요인의 일부가 위의 세 일신교에서 유래되었다는 주장이 옳다고 한다면 알렉산더의 호모노이아에도 마르크스의 휴머니즘에 감추어진 것과 같은 유신론적(有神論的)인 경향이 깃들어 있는 것일까? 알렉산더가 체험한 일 중에는 페르시아인이 괴물과 같은 야만인이 아니라 마케도니아인에 못지않은 인격과 교양을 구비한 인간임을 확인한 것이 있었으나 그가 그 체험만으로 호모노이아의 이상을 깨우쳤다고 생각하는 것은 합당한 일이 아니다.[988] 알렉산더가 마케도니아인과 페르시아인의 협화를 위해 기도했다는 기록과 플루타크가 전하고 있는 알렉산더의 어록(語錄)을 볼 때 그의 인간관은 신학적인 기반을 가진 것이었음이 분명하다.[989] 알렉산더는 신이 모든 사람들의 공통된 아버지이기 때문에 모든 인간이 형제라는 사실을 간파했던 것인데 이 진리는 아버지인 신을 배척하고 그 대치(代置)로 인류의 통합을 위한 인간의 유대(紐帶)를 만드는 것은 가당치 않다는 함의(含

---

게서 귀신 쫓아내 주시기를 간구하거늘 예수께서 이르시되 자녀로 먼저 배불리 먹게 할지니 자녀의 떡을 취하여 개들에게 던짐이 마땅치 아니하니라 여자가 대답하여 이르되 주여 옳소이다마는 상 아래 개들도 아이들이 먹던 부스러기를 먹나이다 예수께서 이르시되 이 말을 하였으니 돌아가라 귀신이 네 딸에게서 나갔느니라 하시매 여자가 집에 돌아가 본즉 아이가 침상에 누웠고 귀신이 나갔더라 〈막 7:24~30〉

988. 헬레닉 사회에서는 크세르크세스의 침공 이후로 페르시아인이 괴물 같은 인종으로 희화화되어 있었으나 알렉산더와 마케도니아인이 그 침공에 대한 보복을 이루었을 때 그들은 페르시아인이 알려진 것과 달리 자기들에 뒤지지 않는 인간임을 실감했다.

989. "신은 모든 인간의 공통된 아버지지만 가장 뛰어난 인간에게는 아들임을 느끼게 하는 특별한 눈길을 보낸다" 플루타크의 「알렉산더傳」

意)를 지니고 있다. 인류를 하나로 포용하는 사회는 초인간적인 신의 나라뿐이며 인간만을 요소(要素)로 하는 사회는 실현이 불가능한 망상인 것이다. 알렉산더는 하늘이 계시한 이 진리를 헬레닉 사회에 전파한 프로메테우스였으나 그로부터 400년 후에 태어난 에픽테토스는 그 귀중한 각성을 외면하는 인간들을 디오게네스의 이타행에 견주어 신랄하게 비판했다. 에픽테토스의 디오게네스가 오이쿠메네의 대사회로부터 자유를 얻은 것은 골로새인에 대한 바울의 권유와 같이 인간으로부터 신을 거쳐 인간에게로 복귀하는 길을 걸었기 때문일 것이다. 디오게네스는 인류 통합의 비전을 행동으로 드러냄에 있어서 새 사람을 입는다는 것과 신으로 말미암아 온갖 차별이 사라진다는 것에서 어긋남이 없었던 것이다.[990]

이처럼 헬레닉 사회의 내적 프롤레타리아트 예언자는 인류의 통일은 인위적인 작위(作爲)가 아니라 그리스도를 형제로 삼아 신을 공통된 아버지로 숭앙하는 것으로 성취된다고 선언하고 있는바 합심하여 구하는 사람들과 함께하시겠다는 말씀이 용납된다면 세우고 지키는 것은 인간의 일이 아니라 신이 주관하는 사업이라는 사실이 명백한 진리로 다가오게 될 것이다.[991] 동란(動亂)이라는 무서운 경험이 통일의 비전을 각성한 사람들에게 이 진리를 가르쳤던 것인데 큰 고난을 겪고 그로 인한 고통 속에서 동일한 깨달음을 얻은 사례는 헬레닉 사회에 국한된 것이 아니다. 알렉산더가 아몬의 신전에 참배하고 신의 계시를 받은 때보다 천 년이나 앞선 시기에 인류 통일의 비전을 이집트 사회의 이크나톤에게 부여한 것은 태양의 원반(圓盤)에 나타나는 신의 위업으로 각

---

990. "너희가 서로 거짓말을 하지 말라 옛 사람과 그 행위를 벗어 버리고 새 사람을 입었으니 이는 자기를 창조하신 이의 형상을 따라 지식에까지 새롭게 하심을 입은 자니라 거기에는 헬라인이나 유대인이나 할례파나 야만인이나 구스디아인이나 종이나 자유인이 차별이 있을 수 없나니 오직 그리스도는 만유시요 만유 안에 계시느니라" 〈골 3:9~11〉
991. "두세 사람이 내 이름으로 모인 곳에는 나도 그들 중에 있느니라" 〈마 18:20〉 "여호와께서 집을 세우지 아니하시면 세우는 자의 수고가 헛되며 여호와께서 성을 지키지 아니하시면 파수꾼의 깨어 있음이 헛되도다" 〈시 127:1〉

인되었다. 현대 서구사회에서도 휴머니스트가 배척하려고 했던 진리가 프랑스의 유대인 철학자에 의해 대담하게 재인(再認, Recognition)되었다. 철학적 지성과 경험에 입각한 윤리관을 전개한 베르그송(Henri-Louis Bergson)이 「도덕과 종교의 두 원천」에서 도출한 결론은 배타적인 부족주의로부터 만인의 협화로 이행하는 지상(地上)의 길은 존재하지 않는다는 것이다. 하나의 편협된 부족으로부터 세계적인 대사회로 이행하려는 시도는 그것이 지상에서 이루어지는 한 실패하도록 정해진 것인바 이에 대한 그의 마지막 말은 인간이 멸망을 면하기 위해 수단과 방법을 가리지 않는 그 이행은 하늘 위에 놓인 다리를 건너지 않으면 실현되지 않는다는 것이다.[992]

이상이 현대 서구사회의 위대한 철학자가 5세기에 걸친 노력의 결실에 정점(頂点)을 찍은 궁극의 직관이었으나 휴머니즘을 앞세운 서구사회는 이 문제에 바벨탑을 세우는 것과 같은 태도로 대응하고 있다. 근대 서구사회의 사고와 행동을 지배해 온 이 현세적인 대응을 같은 경험에 대한 다른 문명의 반응과 비교해 보면 양자 사이에는 큰 차이가 있음을 알 수 있다. 예를 든다면 중국사회에 있어서 동란시대가 일으키는 통일에의 동경은 현세적인 면에 국한된 것이 아니라 하나(一)를 정신적 Orthodox로 인식하는 것으로도 표출되었다. 통일을 포괄적으로 탐구하는 중국사회의 태도가 정상이고 서구사회의 현세적인 대응이 잘못된 것이라고 단정할 수 있다면 인류의 실천적인 통일과 우주의 관념적인 통일을 불가분인 것으로 인식하려는 노력이 궁극적인 통일을 가능하게 하리라고 예상할 수 있다.

앞에서 보았듯이 세계국가가 성립되는 정치적 통일과 동시적으로 병행하여 지역적인 제신(諸神)이 판테온에서 통합됨에 있어 패배한 신들이 승자의 지방신(地方神)을 받들게 되는 것은 세계국가를 건설한 승리자가 패자(敗者)에게 패

---

992. 인류가 하나로 연합하여 화목하게 지내려면 편협되어 충돌을 일삼는 부족에 대한 충성을 천상의 유일한 왕에게 돌리는 법을 배워야 한다는 베르그송의 이 선언적인 주장은 제7부에서 재고(再考)한다.

권(霸權)을 행사하는 것과 동일한 양상이다. 그러나 세계국가 초기의 연합 체제는 시간이 흐름에 따라 통합을 공고히 하는 일원적(一元的)인 제국으로 바뀌고 그에 대응하는 중앙집권화에 따라 왕 중의 왕이었던 군주는 독재자(Dictator)인 유일 군주로 변모한다. 그리하여 충분한 성장을 이룬 세계국가는 영내의 평화를 유지하는 의무와 그에 따르는 권리를 가진 군주와 그 의지의 이행을 위한 법률을 갖추게 된다. 이러한 체제를 구축한 사회는 우주를 그것과 동일한 형태로 조망하는 경향이 있는데, 인세(人世)와 천상(天上)에 대한 이 관념은 군주를 유일신의 화신으로 간주하며 법이 자연만이 아니라 생활의 모든 것을 포괄한다는 사조를 일으킨다.

전능한 유일신과 불가항력적(不可抗力的)인 법칙이라는 두 관념은 세계국가에 망라된 인간이 포착한 통일관의 요체로 되어 있으나 거기에서 발현된 우주관은 신과 법 중의 하나를 높이되 다른 것을 비하(卑下)하는 경향을 지니고 있음을 알 수 있다. 여기에 있어서 법칙에 중점을 두는 것이 지배적 소수자의 철학이며 법의 권위를 신의 전능에 복속시키는 것은 내적 프롤레타리아트의 종교인 것이다. 그러나 이러한 구분에도 불구하고 통일의 주체로서 어느 하나를 앞세우는 두 우주관 속에는 신의 관념과 법의 개념이 혼재되어 있는데, 유대교나 이슬람교의 신을 따르는 자는 율법을 지키라는 명령을 받고 있으며 부처의 가르침을 추종하는 불교철학은 신을 구하는 욕구에 따라 마하야나로 전화(轉化)하는 수단으로 이름뿐인 불사와 전능의 아바타를 제공하고 있다.

이 두 우주관에 입각한 통일의 관념에 있어서 법이 만물의 왕으로 되어 있는 체계에서는 우주를 지배하는 법이 구체화(具體化)됨에 따라 신의 품격이 낮아지는 경향이 있다.[993] 존재의 영역을 차례대로 정복한 자연과학이 지적인 영역을 확대함에 따라 아타나시우스 신조(信條)에 의한 삼위일체(三位一體)의 신[994]

---

993. '법이 만물의 왕'이라는 문구는 「헤로도토스」 제3권에 그리스 시인인 핀다로스가 쓴 시의 한 구절로 인용되어 있다.

994. 〈Athanasius, 295~373〉는 고향인 알렉산드리아의 총주교를 역임한 그리스인 교부, 성인. 이단

이 서서히 희미한 존재로 변화되었는데, 위세를 드높인 서구사회의 법이 신을 구축하고 지배권을 넓힌 이 과정은 기원전 8세기의 바빌로닉 사회에서 유사한 전례(前例)를 찾을 수 있다. 우주를 구성하는 천체의 운행에 주기가 있다는 것을 발견한 칼데아의 수학자들은 점성술에 몰입하여 마르둑-벨에 등을 돌린 7개의 유성(流星)을 존숭하게 되었던바 당시에 이르기까지 이렇다 할 우러름을 받지 못했던 이 천계의 지배자는 사람의 형상을 입은 마르둑-벨에 비교할 때 아득히 먼 곳의 냉혹한 신이었다. 인도사회에 있어서도 불교철학이 카르마(Karma)라는 심리적 법칙의 논리적인 귀결을 극한으로 밀어갔을 때 베다의 제신은 이 전체주의적 결정론의 공격으로 말미암은 피해를 면할 수 없었다. 의식(意識)이나 욕망과 같은 일체의 것이 원자적인 심리상태의 연쇄로 환원되는 불교의 우주에서는 모든 신이 인간과 다름없이 하찮은 존재로 인식되었던 것이다. 불교철학은 아라한(阿羅漢-Arhat)에게 열반(涅槃-Nirvana)에 들어갈 자격을 부여했고 마하야나는 보살(菩薩-Bodhisattva)의 지위를 만인에게 허용했으나 마하야나만이 아니라 히나야나도 불교도를 돕는 사명을 타고난 신에게는 자비(慈悲-Mettā-Karuna)의 문호조차 개방하지 않았다. 헬레닉 사회를 보면 올림포스의 제신이 받은 처분은 불교가 베다의 여러 신에게 할당한 벌에 비해 현저히 경미한 것이었다. 헬레닉 사회의 철학자들은 우주를 협화에 의해 유지되는 초지적(超地的)인 대사회로 인식하여 우주국가(宇宙國家-Cosmopolis)에 헬레닉 사회의 지주(支柱)로 여긴 법과 평등의 원칙을 주입하려고 했는데 그 우주의 신들은 시민인 인간에 비해 저급한 처지에 놓여지지 않았다. 예를 든다면 올림포스 전단(戰團)의 불령(不逞)스러운 두목이었던 제우스는 도덕적으로 개량된 후 명예롭게 퇴역하는 형식으로 우주국가의 영도자로 추대되었다.

---

으로 단정된 아리우스파에 대해 끈질긴 싸움을 벌였고, 신약성서의 목록을 확정했다. 최초의 공의회였던 니케아 회의에서 삼위일체(三位一體)와 성육신(成育身)의 신조(信條)를 표방했는데, 2부 40조로 된 그 신조는 "믿는 자가 구원을 얻는다-Quicomque rult"로 시작되므로 「퀴콤퀘 신경」이라고 일컫기도 한다.

이상의 개관은 신 위에 군림하는 법이 다양한 모습으로 나타난다는 것을 밝히는 것이다. 여기에 있어서 바빌로닉 사회의 점성술사와 서구사회의 과학자를 사로잡은 것은 수학적 질서였고, 불교의 승려를 붙잡은 것은 심리적 규범이었으며, 헬레닉 사회의 철학자가 받든 것은 사회적 법칙이었다. 법의 개념이 충분한 명분과 정체성을 갖추지 못했던 세계관에서의 이 법칙들은 인간의 행위와 환경의 움직임 사이에서 특이한 합치나 오묘한 교감으로 포착되는 질서가 발현하는 조짐(兆朕-Symptoms)으로 되어 있다. 중국사회의 토점술에는 환경의 교묘한 작용이 인간을 조종하는 것과 엄숙한 예절과 의식(儀式)으로 통어(統御)하는 인간의 행위가 상정되어 있고 세상과 자연이 어우러진 사회에서 우주의 질서가 정연하게 되는 것은 인간의 의지적인 참여 덕분이라고 인식되었다. 중국인은 세계를 이해하려는 학문 대신 편재적인 질서를 표방하는 의례(儀禮)를 창안했던 것인데, 시간과 공간에 대한 이러한 사고방식은 혜량(惠諒)을 도구로 하여 인간과 우주의 통합을 지향하는 사조를 일으켰다. 수(數)에 대한 중국인의 관념은 음양(陰陽)과 도(道)의 개념과 마찬가지로 사회적인 표상으로부터 발현된 후 끝까지 거기에서 벗어나지 않았다. 세계국가의 군주는 세계의 운행을 주재하는 인간이며 제위에 오른 군주는 현세를 넘어 우주까지 다스린다는 점에서 천자(天子)로 용인되는 것인바 그 지고한 주술사의 양부(養父)로 인식된 하늘(天)은 화북(華北)의 동천(冬天)처럼 엷은 그림자를 떨치고 있었다. 중국사회에 있어서 인간이 우주를 통합한다는 관념을 표방하는 위장마(僞裝馬)로 세워진 천자(天子)의 인격성은 짐(朕)이라는 호칭으로 가려져 있었으므로 예수회 선교사들이 하나님을 천(天)으로 번역하려고 했을 때 큰 파란이 일었다.[995]

---

995. 위장마(僞裝馬)는 사냥꾼이 잡으려는 동물에게 접근할 때 그 그늘에 숨어서 따라가는 말. 예수회 선교사들이 17세기와 18세기의 전환기에 개종시키려 했던 중국인에게 친근감을 제시하려는 뜻으로 기독교의 신(Deus)을 하늘(天)이라고 했을 때 큰 파란이 일어났으므로 현지의 교황 대리자 메그로 사교는 데우스를 천(天)이 아니라 천주(天主)로 번역하라는 포고령을 내렸다. 메그로는 강희제(康熙帝)에게 호출되어 그것을 소명하려고 했으나 천자(天子)의 권위에 도전했다는 이유로 국외로 추방되었고, 이후로 중국에 대한 기독교의 전도는 종말을 고하게 되었다.

지난날의 중국사회에 있어서 우주에 대한 주술적 관념이 신의 개념을 위축시키지 않았다면 강희제(康熙帝. 1654~1722)와 메그로 사교 사이의 불미스러운 사건은 발생하지 않았을 것이다. 그 이유는 교회가 기독교의 Deus(신)를 지칭하는 용어로 삼으려고 했던 천(天)은 고래의 인격신(人格神)이었던 상제(上帝)를 추상화한 것이기 때문이다. 여기서 놀라게 되는 것은 중국사회의 이 우주관이 신플라톤파의 세계관과 유사하다는 것인데, 헬레닉 사회의 마지막 정신적 창안이 관념적인 신들의 독특한 개성과 특징적인 용모를 퇴색시킨 결과는 〈Solinvictus, 아우렐리아누스의 태양신(太陽神)〉의 도를 더한 퇴색과 그것이 낳은 〈Helios, 율리아누스의 한기 어린 태양신(太陽神)〉였다. 헬레닉 사회의 이 전환(轉換)과 유사한 사례는 추상적인 태양의 원반(圓盤)을 변환자재(變幻自在)의 모습을 보여온 아몬-레의 대용으로 삼으려고 했던 이크나톤의 기도였는데, 그 사업이 예언자 황제의 죽음과 함께 소멸되지 않았다면 이집트 사회의 세계관은 신을 희생시키고 법의 지위를 높인다는 변화를 이루었을 것이다. 안데스 사회로 눈을 돌리면 잉카 파차쿠텍이 안데스 사회의 토트메스 3세였다면 전임자인 비라코차는 이집트 사회의 이크나톤에 해당되는 인물이다. 이크나톤이 토트메스 3세가 구축한 판테온의 제신을 공격하다가 실패했음에 반해 비라코차는 안데스 사회의 판테온이 조성되지 않았음에도 자기 이름을 붙인 창조신과 전래의 태양신 숭배를 조화롭게 펼쳐냈다.

이어서 우주의 통일은 전능한 신이 이행하는 일이며 법은 신의 의지가 구현되는 규범이라고 하는 우주관을 살필 것인바, 만물은 신의 뜻에 의해 통일이 이루어진다는 이 사상은 법을 앞세우는 통일관과 마찬가지로 무르익은 세계국가가 구축하는 체계에 대한 반응으로 각성되는 우주관이다.[996] 세계국가에 있어서 처음에는 제왕(諸王) 중의 일인자였던 통치자가 시간이 지남에 따라 동

---

996. 충분히 성장한 세계국가는 지상세계만이 아니라 우주 전체에 대한 지배를 표방하여 그것을 과시하는 관념적 체제를 구축한다.

료였던 군주들을 모조리 배제하고 문자 그대로인 Monarch(유일한 군주)로 군림하게 되는데 이후로 그 사회의 제신(諸神) 사이에서 일어나는 동일한 변화는 판테온의 다른 신들을 구축하고 자기밖에 없음을 과시하는 유일신이 출현하는 것이다. 종교에 있어서의 이 혁명적인 변화는 한 사회의 지방국가들이 상쟁한 결과에 따라 유일한 생존자가 세계국가로 발돋움하는 것과 같은 양상으로 이루어지는 것인바 세계국가가 제공하는 무대에서 하나의 부족이나 종족을 넘어 세계인 모두에게 호소하는 이 경쟁은 세계국가가 수립되는 과정과 마찬가지로 하나의 강력한 신이 다른 신들을 퇴출시키는 것으로 마무리되는 경향이 있다. 피정복민의 종교를 관용했던 아케메네스조의 영역에서는 종교적 혁신이 상당한 수준으로 이루어졌는데 광대한 지역이 하나로 통합된 것과 아케메네스 제국이 역내의 여러 숭배를 어르면서 이용한 것은 부족주의에서 벗어나 보편성을 추구하는 종교관을 널리 퍼뜨린 결과를 낳았다. 그래서 모든 신의 추종자들은 자기들의 신이 유일하고도 정당한 숭배라고 주장함으로써 그로 말미암은 배타성이나 생태적인 동화(同化)의 경향을 드러내게 되었다. 신의 명칭과 예배 형식을 제외한 모든 면에서 닮아가는 종교적 동화가 일어나는 이유는 모든 종교가 상쟁으로 형성된 세계국가를 하나의 모본으로 삼고 있기 때문일 것이다. 세계국가의 독재군주는 종교적 발효작용에 필요한 경험과 정치적 용기를 선보임으로써 그것을 더욱 촉진했는데, 아케메네스 제국의 정치적 체제와 대왕(大王)으로 표방된 지배자의 양태(樣態)는 하늘의 왕국과 유일신 관념에 지대한 영향을 끼쳤다. 아케메네스조의 독재 군주제는 다니엘서에 기록된 여호와의 모습과 관념에 상당한 영향을 끼친 것으로 보여지는바[997] 이와 유

---

997. "내가 보니 왕좌가 놓이고 옛적부터 항상 계신 이가 좌정하였는데 그의 옷은 희기가 눈 같고 그의 머리털은 깨끗한 양의 털 같고 그의 보좌는 불꽃이요 그의 바퀴는 타오르는 불이며 불이 강처럼 흘러 그의 앞에서 나오며 그를 섬기는 자는 천천이요 그 앞에서 모셔 선 자는 만만이며 심판을 베푸는데 책들이 펴 놓였더라"〈단 7:9~10〉"촛대 사이에 인자 같은 이가 발에 끌리는 옷을 입고 가슴에 띠를 띠고 그의 머리와 털의 희기가 흰 양털 같고 눈 같으며 그의 눈은 불꽃 같고 그의 발은 풀무불에 단련한 빛난 주석 같고 그의 음성은 많은 물 소리와 같으며 그의 오른 손에 일

사한 사례로는 파라오의 이미지를 반영한 이집트 사회의 태양신이나 묵자(墨子)가 중국사회의 왕조에 대한 관념을 상제(上帝)와 천의(天意)로 표현한 것을 들수 있다. 세계국가의 성립과 그로 말미암은 시대적 상황에서 각양(各樣)의 지방신이 유일신의 지위를 다투는 싸움은 지상의 군주들이 패왕(霸王)이 되려고 싸우는 것과 같은 과정을 거치지만, 한 가지 다른 점은 지상의 세계에서는 유일한 지배자가 바뀌는 중에도 세계국가의 정체성이 여전히 유지됨에 반해 종교에서는 유일신이 다른 신으로 교체되지 않는다는 것이다. 위에서 살핀 바와같이 합체로 조성된 제신(諸神)이나 아후라마즈다와 같은 판테온의 주신(主神)이유일하고도 전능한 창조의 신으로 세워진 사례는 전무했던 것이다. 목도(目睹)하는바 드디어 그 위업을 달성한 신은 아케메네스조에 하릴없이 예속되어 있었던 유대인의 여호와였다. 「시편」에 수록된 아삽의 시는 여호와의 승리를 받들어 칭송한 것인바 그 이후의 상황을 볼 때 이 승리의 찬가는 과장이 아니었다.[998] 여호와의 선민이 앗수르인의 말발굽에 짓밟혔을 때 앗수르 제신(諸神)의신도는 크게 감소되었으나 아케메네스조의 부축을 받아 일어선 유대인의 여호와는 유대교만이 아니라 기독교와 이슬람교의 신으로 존숭되고 있다. 이로써 알게 되는바 문명의 붕괴로 말미암은 통일의 국면에서 고양된 종교적 통일의 염원을 시현(示顯)하는 숭배는 비천한 소성(素性)의 신이었는데 그 압도적인역할을 감당한 신이 지니고 있는 또 다른 특성은 일정한 토지에 결부되어 질투를 일삼는 신이라는 것이다.

기원전 14세기에 팔레스타인을 침공한 전투 집단의 수호신으로서 에브라임

---

곱 별이 있고 그의 입에서 좌우에 날선 검이 나오고 그 얼굴은 해가 힘있게 비치는 것 같더라" 〈계 1:13~16〉 야훼에 대한 이러한 묘사는 유대인 고유의 표현이 아니라 아후라마즈다에 대한 페르시아인의 관념이라는 주장이 있다.

998.  "하나님은 신들의 모임 가운데에 서시며 하나님은 그들 가운데에서 재판하시느니라. 내가 말하기를 너희는 신들이며 다 지존자의 아들들이라 하였으나 그러나 너희는 사람처럼 죽으며 고관의 하나 같이 넘어지리로다 하나님이여 일어나사 세상을 심판하소서 모든 나라가 주의 소유이기 때문이니이다" 〈시 82:1, 6~8〉

과 유대의 구릉지(丘陵地)에 정착한 여호와는 자기가 질투하는 신이라는 사실을 그 신민에 대한 제1의 계명으로 선언했다.[999] 본질에 따라 자신의 영역을 확고히 지키는 신은 다른 신의 접근을 엄중히 경계하리라는 점에서 볼 때 여호와가 드러낸 지방성과 배타성은 이상한 것이 아니다. 오히려 특이한 점은 아케메네스 제국이 통합한 세계에서 다른 지방신에 대한 경쟁에 돌입했을 때에도 비관용적인 태도를 고수한 것인데, 당시의 상황에 맞지 않는 그 시대착오적인 편협성이야말로 후술하는바 여호와가 거둔 승리를 뒷받침하는 요인의 하나였다. 유대교를 원천으로 하는 기독교와 이슬람교의 신에 대한 관념은 시내산의 뇌신(雷神)이나 시일로의 바알로 출현한 여호와에서 비롯되었으나 그 세 일신교의 신관(神觀)은 원시적인 여호와에서 벗어나 여러 판테온의 주신(主神)에게 할당된 관념을 받아들였을 뿐만 아니라 철학자들의 추상적인 신들과 유사한 용모를 취하게 되었다. 그럼에도 불구하고 신을 세상에 시현하는 역할이 영묘(靈妙)한 아톤이나 당당한 아몬-레가 아닌 여호와에게 배정된 것은 무엇 때문일까? 지금까지는 이 영묘한 신관의 특징으로서 여호와에게서 찾을 수 없었던 세 가지 특질[1000]을 살폈는데, 신에게 부여된 그 속성들은 신봉자에 있어 심령(心靈)의 체험이 아닌 이지(理智)의 산물에 불과하다. 지적인 접근으로 지복직관(至福直觀)을 얻거나 얻은 것을 온전하게 전달한 인간이 희귀했다는 사실은 지금까지 신의 속성이라고 했던 요소들이 신의 본질을 제대로 표현하지 못했다는 점을 고려할 때 결코 이상한 일이 아니다. 그를 희구하는 영혼이 감지하는 신의 본질은 살아 있기 때문에 교감할 수 있는 존재라는 것인바 그 실체가 인간의 정신적인 능력에 의해서만 포착된다는 점에서 볼 때 신의 본연을 온전히 파악하는 것은 지난(至難)한 일일 것이다. 더하여 그에 대한 직관을 말이나 글

---

999. "그것들에게 절하지 말며 그것들을 섬기지 말라 나 네 하나님 여호와는 질투하는 하나님인즉 나를 미워하는 자의 죄를 갚되 아버지로부터 아들에게로 삼사 대까지 이르게 하거니와 나를 사랑하고 내 계명을 지키는 자에게는 천 대까지 은혜를 베푸느니라" 〈출 20:5~6〉

1000. 유일성, 전능성, 편재성.

로 전달하는 것은 전례가 없을 정도로 어려운 일이지만 살아 있는 신과 교접하고 있는 영혼의 체험을 기제(機制)로 삼아 참된 신성의 이해를 구하는 것은 그처럼 어려운 일이 아니다. 요컨대 지향하여 신에게로 가려는 목표에 도달하는 여정은 그것을 순차적으로 체험한 인간의 영혼이 더듬은 순서인 것이다. "눈에 보이지 않는 세계여, 우리는 그대를 본다. 닿을 수 없는 세계여, 우리는 그대에게 닿는다. 알 수 없는 세계여, 우리는 그대를 안다. 포착하기 어려운 것이여, 우리는 그대를 기운차게 포착한다"

이제 우리는 유대교와 거기에서 유래된 두 종교의 신관이 철학자가 창안한 신의 개념과 궤를 같이하는 것이 아니라 원시적인 여호와의 모습에서 발달한 이유를 알게 되었다. 그것은 위 세 종교의 신자들이 믿고 있는 신의 본질인 살아 있다는 특성이 바로 구약성서에 나타나 있는 여호와의 본성이기 때문이다. 이 이스라엘의 살아 있는 신이 철학자의 추상적인 제신(諸神)을 만났을 때 여호와에게만 호흡이 있고 다른 것은 모두 그림자였다는 사실이 명백히 드러났다. 여호와는 그 추상적인 신들의 속성을 흡수하여 기독교의 하나님으로 변용(變容)한 후 무심한 태도로 그들을 말살했는데, 이 조우에서 여호와가 얻은 승리의 완전함은 알라(Allāh-神)로 호칭되는 신이 자기가 여호와의 동반(同伴)이라고 주장함으로써 수많은 입이 그 이름을 부르게 한 사실로 입증된다. 이 살아 있는 신이라는 특성이 여호와의 본래적인 지방성과 일체를 이루고 있다면 여호와의 영속적 특질인 배타성 또한 이스라엘의 신이 뜻하여 일삼은 역할에 있어서 결여(缺如)될 수 없는 가치를 가졌다는 것이 인정된다. 이 가치는 시리악 사회의 질투하는 신이 거둔 궁극적인 승리와 시리악 사회를 분쇄한 두 사회가 판테온의 주신으로 세운 신들에게 돌려진 결정적인 패배를 대조할 때 그 의의가 더욱 분명하게 밝혀진다. 이 신들이 테베와 바빌론이 성취한 세속적인 성공에 결부되어 위의(威儀)를 떨치고 있었음에 반해 여호와의 신민은 포로로 잡히거나 유수(幽囚)에 처해진 자기 백성을 방치한 신의 전능과 자비를 어떤 식으로든 변호해야 한다는 난제를 떠안고 있었다. 그럼에도 불구하고 이 신들의 싸움에서 결정적으로 승리한 쪽은 보잘것없는 여호와였는데 우리는 위풍당당했던 두 신이 패배한 원인을 그들이 여호와가 지닌 것과 같은 질투심을 가지고 있지 않았다는 사실에 귀착시키지 않을 수 없다. 이들이 배타성을 가지지 않았다는 것은 그 명칭을 합성하는 기호(-)에 의해 암암리에 제시되어 있다. 느슨하게 연결된 신격을 부여받은 이 신들은 판테온의 다른 신들을 용인하여 그 주신(主神)이라는 명분에 만족하는 존재로 각색된 존재인바 그로 인해 패기 없고 관용심이 풍만하게 되었다는 그들의 특질은 신성(神性)의 독점을 다투는 경쟁에서 그들을 낙오자로 전락하게 했다.

이처럼 어떤 상대에게도 가차 없이 발휘된 불관용의 태도는 여호와가 기독교로 옮겨진 뒤에 로마제국을 무대로 삼은 신들의 싸움에서 또다시 모든 경쟁자를 쓰러뜨리게 된 원동력의 하나였다. 여호와에게 패한 신들은 그들을 말살한 〈데우스, Deus〉와 달리 생래적(生來的)인 타협심을 아낌없이 발휘했다. 이 신들이 배타적 신성을 굽힐 줄 모르며 전면적인 승리가 아닌 것을 용납하지 못하는 적을 피할 수 없게 되었을 때 터툴리아누스(Tertullianus)의 신이 행한 일은 그들에게 치명상을 입힌 것이었다. 이와 같은 여호와의 성정(性情)에 내포된 질투의 가치를 더욱 인상 깊게 하는 사례는 인도사회에서 전개된 신들의 싸움일 것이다. 사회적 붕괴가 진행됨에 따라 신의 통일을 구하는 염원이 높아졌을 때 인도사회의 무수한 신들은 Shiva(시바)와 Vishnu(비슈누)에게 흡수되었는데 그 두 신이 대치하는 상황을 말소하지 않고 있는 것은 그들이 여호와의 본성인 질투심을 가지고 있지 않기 때문이다. 지금까지 전멸은 모면하고 있으나 그들의 궁극적인 운명은 불행한 것이어서 이제껏 양자가 공히 상대방의 발을 끌어당겨 걷지 못하게 한다는 풍자적인 상황을 연출하고 있다.

이와 같이 이스라엘의 신이[1001] 나타나지 않은 곳에서는 신의 유일성이 포착

---

1001. "네 이름을 다시는 야곱이라 부를 것이 아니요 이스라엘이라 부를 것이니 이는 네가 하나님과 및

되지 않았다는 사실은 질투라는 특성이 신들의 싸움에서 승자를 가리는 요인일 뿐만 아니라 그것을 뛰어넘는 가치를 지니고 있음을 알게 한다. 이 초월적인 가치는 어떤 상황에서도 다른 신과 타협하지 않는다는 믿음을 일으켜서 그것을 지키게 하는 신만이 신의 유일성이라는 심원(深遠)하고도 난해(難解)한 진리를 인간의 각성으로 계시할 수 있다는 뜻밖의 사실에 내포되어 있다.

## (7) 복고주의(復古主義)

지금까지 우리는 붕괴 중인 세계에 속한 인간의 영혼에 나타나는 행동과 감정의 갖가지 상태[1002]에 관한 조사를 마쳤으므로 뒤따르는 것은 같은 도전에 직면한 인간이 발현하는 두 가지 생활 태도를 살피는 일이다.

우리는 이 고찰에 대한 예비적인 검토에서 복고주의를 시대와 삶의 조류에 역행하려는 시도라고 정의했는데 이 탐구에서는 복고주의를 그 역사적 사례들을 분석하는 방법으로 살핌에 있어서 상정(想定)할 수 있는 모든 것을 네 분야로 나누어서 개관하는 것이 편리할 것이다.

### ① 제도와 사상에서의 복고주의

행위에 연관된 복고주의는 체계화된 제도나 계열화된 사상에서 그 양상을 드러내는바 이에 대한 검토는 제도에서 나타나는 복고주의를 고찰한 후 뒤를 이어 복고적인 심리가 이데올로기적인 복고주의로 형성되는 과정을 살피는 것으로 이루어질 것이다.

우리는 로마제국의 전성기였던 플루타크의 당대에 〈아르테미스-오르티아〉의 제단에서 소년을 학대했던 스파르타인의 의식(儀式)이 복고주의에 의해 병적으로 과장된 형태로 자행된 것을 살폈고 인도사회에서는 기원전 2세기에 마우리아 왕조를 쓰러뜨린 프샤미트라가 거행한 마제(馬祭)가 500여 년

---

사람들과 겨루어 이겼음이니라"〈창 32:28〉
1002.　개인적인 행동에서의 방종과 자제, 사회적인 행동으로서의 탈락과 순교, 개인적인 감정에 있어서의 표류의식과 죄의식, 사회적인 감정으로서의 혼효의식과 통일의식.

이 지난 후 굽타왕조에 의해 재현된 것을 보았다.[1003] 인도사회의 프샤미트라와 사무드라 굽타가 그들의 세계적인 주권을 복고적인 방법으로 입증하려고 했던 것은 어렵지 않게 수긍할 수 있으며 로마제국이 일시적인 평온을 누리게 되었을 때 〈필리푸스 아라부스, 204~240〉가 전통적인 세기제(世紀祭-Ludi Saeculares)를 거행한 것도 내심 자랑으로 여긴 사회적 영속성에 대한 확신을 잃고 있었기 때문이었다.

반복적으로 시행되는 의식(儀式)으로부터 체계화된 제도로 옮기면 로마제국은 248년에 세기제를 거행했고 250년경에는 지난날의 감찰관(Censor) 제도를 부활시켰다. 그리고 그 이전의 동란기를 살피면 그라쿠스 형제가 200년 전에 활약했던 자작농(自作農)을 되살리려는 법률을 제정한 것을 볼 수 있다.

이어서 정치적인 체제로 눈을 돌리면 영국에서의 중세적인 왕권 부흥과 때를 같이하여 시작된 이탈리아의 조합국가(組合國家)를 보게 되는데, 중세의 Guild(길드)를 기반으로 했던 체제의 부흥으로 인식된 이 체제는 로마제국이 그 세계국가로 세워진 헬레닉 사회가 〈파트리오스 폴리티아, πάτριος πολ ιτία-祖父의 國制〉를 부흥시키려고 했던 것과 같은 현상이었다. 파트리오스 폴리티아는 기원전 411년에 쿠데타를 일으켜 과두정제(寡頭政制)를 밀어붙인 아테네의 반동자(反動者)가 자기들의 새로운 체제가 불행하게 중단된 옛 제도를 부흥시킨 것이라고 주장하는 슬로건이었다. 기원전 3세기에 리쿠르구스 체제를 부흥시키려고 했던 스파르타의 아기스와 클레오메네스는 자기들의 일이 비난받을 반동(反動)이 아니라 칭송되어야 할 개혁(改革)이라고 주장했고 그라쿠스 형제도 자기들의 사업이 지난날의 파트리키(귀족계급)와 플레브스(서민계급)이 타협한 취지를 되살리는 것이라고 강변했다.

---

1003. Phusyamitra는 찬드라굽타 마우리아가 인도사회 최초의 세계국가로 창건한 마우리아 제국을 쓰러뜨린 승가왕조(僧伽王朝)를 일으켰다. 이후로 사무드라 굽타는 북서인도를 지배한 굽타왕조(320~550)를 세운 후 인도사회 전체에 대한 지배권을 표방하여 전통적인 마제(馬祭)를 재현했다고 알려져 있다.

공화정 말기의 로마에 있어서는 격화된 계급투쟁과 율리아누스의 암살로 말미암은 정치적 혼란이 고조되었을 때 비명에 죽은 황제의 양자(養子)인 옥타비아누스는 노회(老獪)한 복고주의를 구사하여 제정(帝政)의 서막을 열었다. 원로원이 전래의 권력을 지키고 있었던 당시에 입양자(入養子)라는 흠결을 지닌 옥타비아누스가 독재의 기색을 드러내는 것은 위험한 일이었으나 지배자의 운을 갖지 못한 자로서 어떤 방식으로 당면한 문제를 해결할 것인가를 모색했을 때 그는 자기에게 〈Augustus-존엄한 자〉와 〈Pater Patriae-조국의 아버지〉라는 칭호가 부여되게 함으로써 대망(待望)인 세계국가의 창시자가 되는 해법을 도출했다. 아우구스투스의 그 해법은 원로원 계급의 위신을 세워주되 은연중에 그들을 독재를 수립하는 일에 대한 협력자가 되게 하는 것이었는데, 아우구스투스가 그들에게 묵인시킨 거래는 원로원이 명예를 취하고 자신이 열매를 얻는 것으로 이루어지는 권력의 분할이었다. 그리하여 상대방의 경계심을 누그러뜨린 아우구스투스는 〈Princeps Senatus-元老院의 元帥〉 체제를 수립한 후 공화제에 의한 여러 장관(長官)의 권한을 반복적이거나 항구적으로 위임받는 방식으로 독재를 행사했다. 그리하여 공화정에 의한 장관제(長官制)는 원로원 원수의 독재제(獨裁制)로 바뀌었는데 〈프린켑스 세나투스라〉는 복고주의에 입각한 제도적 장식(裝飾)은 새로운 정치구조의 초석이 됨으로써 아우구스투스의 〈원수정(元帥政)-Principatus〉을 300년 동안 지속시켰다. 이 체제에 있어서 그 상당수가 강압적으로 쫓겨난 300년에 이르는 기간의 말엽에 원로원 의원을 주권자로 추켜세우는 방책이 용의주도하게 시행된 것은 주목할 만한 일이다. 원로원은 아우구스투스의 원수정이 절대군주제로 바뀌기 시작한 정치적 동란의 휴지기(休止期)[1004]에 전례를 찾기 어려운 공경을 받게 되었는데 군인황제 시대의 개막을 알린 막시미누스 트락스와 싸운 4인의 황제가 원

---

1004.　로마의 정제(政制)에 있어서 아우구스투스의 원수정제가 폐지되고 사산조 양식의 절대군주제가 수립된 235년에서 284년에 이르는 기간.

로원의 인증을 열심히 간구했고 군부의 추대를 받은 플로부스가 황제의 실권을 장악했음에도 원로원의 비준이 있기까지 제호(帝號)를 쓰지 않는 등 원로원의 권위를 존중하는 기조가 디오클레티아누스의 전제(專制)에 이르기까지 유지되었다. 이처럼 로마의 정체사(政體史)에 있어서 원로원은 4세기 동안 유명무실했던 주권을 완전히 잃으려던 순간에 최고의 존중을 받았던 것인바 절박한 죽음의 위협에 직면하여 생존을 갈구하는 사회에서는 복고주의적인 충동이 그토록 현저하게 발현되었던 것이다.

붕괴기의 중국사회로 눈을 돌리면 제도와 사상만이 아니라 생활의 전반을 아우르는 복고주의가 발현된 것을 볼 수 있다. 동란이 제기한 도전에 대응한 중국인의 정신적 활동은 기원전 5세기의 유학파(儒學派)를 대표로 하는 제자백가(諸子百家)[1005]를 일으켰는데 그들의 쟁명(爭鳴)은 오래지 않아 봉건적인 질서와 전통적인 의례(儀禮)를 중시하는 복고주의로 수렴(收斂)되었다. 이 과거로의 복귀는 공자(孔子)의 부실한 제자들이 구시대의 의례(儀禮)와 제도(制度)를 탐구하여 지향하는 일을 지상의 과제로 여긴 것으로 설명된다. 그들의 태도는 동중서(董仲舒)가 일으킨 복고주의와 흡사한 것이었는데 전한(前漢)의 관리였던 그는 정사(政事)에 관한 모든 결정은 전례(前例)에 따라야 한다는 것을 관례화하여 관료주의의 초석을 놓았다.

이와 같이 하나의 사조(思潮)로 굳어진 복고주의가 근대 서구사회에서 발현된 사례는 낭만주의라는 시대적 흐름에 편승한 복고주의로서 공상적으로 조작한 튜튼족의 원시적인 문화를 숭배한 것이다. 이 기묘한 미신은 100여 년의 기간에 인도유럽어족의 튜튼어 계열에 속하는 언어의 하나를 모어(母語)로 삼은 지역에서 발현된 것인바 이것이 전제조건으로 삼은 것은 튜튼어가 금발벽안(金髮碧眼)인 북유럽 종족의 본래적인 언어이며 그 요소로서의 인종과 언어

---

1005. 제자백가는 유가(儒家), 묵가(墨家), 도가(道家), 음양가(陰陽家), 명가(名家), 종횡가(縱橫家), 법가(法家) 등을 통칭하는 말. 여기에 농가(農家)와 잡가(雜家)를 더하여 구류(九流)라고도 하며, 한서(漢書)에는 거기에 소설가(小說家)를 더한 구류십가(九流十家)가 소개되어 있다.

는 하나같이 다른 것에 비교되지 않을 만큼 고귀하다는 것이다. 이 허황된 숭배는 19세기의 몇몇 영국인 역사가에게 해롭지 않은 만족감을 선사하고 20세기의 미국 민속학자 몇 사람에게 다소 껄끄러운 인종적 우월감을 주입한 이래로 독일제국에서 국가사회주의(國家社會主義)의 교의(敎義)로 자리 잡기에 이르러 그 악질적인 본성을 드러냈다. 이 운동은 그와 같이 흉악한 것으로 나타나지 않았다면 오히려 비장한 양상(樣相)을 보였을 것으로 생각되는 복고주의의 현현(顯現)이었다. 근대 서구사회의 정신적인 병폐 때문에 돌이킬 수 없는 붕괴의 막다른 골목으로 쫓긴 독일인은 끝없는 두려움과 굴욕이 지속되리라고 여긴 미래를 등지고 선조인 튜튼족이 거기에서 모습을 드러낸 원시림으로 복귀하려고 했던 것이다.

사조(思潮)로 굳어진 복고주의의 또 다른 형태는 자연으로의 복귀 또는 소박한 삶을 희구하는 염원이다. 근대 서구사회에서는 그에 따른 〈장 자크 루소〉와 〈마리 앙투와네트〉 이후로 갖가지 기인(奇人)과 얼간이들이 나타났으나 그들의 행태는 중국사회의 도교 철인(哲人)들이 동일한 관념으로 지향했던 것에 미치지 못한다. 중국사회가 거기에서 비롯된 촌락공동체(村落共同體)를 염두에 두었던 도사(道士)들의 복고적인 이상을 피력하고 있는 「도덕경」은 플라톤이 「국가」와 「법률」에서 말하고 있는 복고주의의 정수를 생생하게 묘사하고 있는바 거기에 깃든 복고적인 가락[1006]은 〈James Shirley, 1596~1666〉의 극시(劇詩)와 〈Thomas Gray, 1716~17 71〉의 애가(哀歌)를 읽는 영국인에게 낯설지 않은 것으로 다가오고 있다.

② 예술에 있어서의 복고주의

근대 서구사회는 예술 분야에서의 복고주의에 익숙하여 그 사실을 인식하

---

1006. "영지(英知)를 없애고 지식을 버려라. 그리하면 백성의 얻는 것이 배가 되리라. 인애(仁愛)를 멀리하고 도의를 버려라. 그러면 백성이 효행과 자비로 돌이키리라. 기술을 없애고 이익을 멀리하라. 그렇게 하면 도적이 없어지리라"〈도덕경 19장〉 「노자」로 일컬어진 이이(李耳)의 저술은 그의 후예들이 「도경(道經)」과 「덕경(德經)」으로 편찬한 이래로 「도덕경」으로 통칭되고 있다.

지 못하고 있는바 예술품 중에서 눈에 띄기 쉬운 건축 분야를 살필 때 그 복고
적 유행은 19세기에 시작되었음을 알 수 있다. 유럽에서의 새로운 고딕양식과
북미에서의 신콜로니얼 양식으로 나타나 복고주의의 승리를 과시한 그 유행은
현대적인 도시의 경관에 있어서 지배적인 특징의 하나로 되어 있다.[1007]

이 시각예술(視覺藝術)에서 발현된 복고주의의 승리가 서구사회에 국한된 것
이 아니라는 사실은 이스탄불의 석양에 드리워진 사원(寺院)의 그림자가 말해
주고 있는바 Dome의 숲을 이루고 있는 이 사원들은 정교 기독교 사회에 세
계국가를 제공한 오토만 제국 당시에 하기아 소피아 사원을 복고적으로 모방
하는 방식으로 건조된 건물이다. 고전 헬레닉 양식의 기본을 대담하게 무시한
비잔틴 양식의 두 사원은 헬레닉 사회가 남긴 잔해 속에서 정교 기독교 문명
의 맹아(萌芽)가 돋았음을 말 없는 돌덩이로 선언한 것이었다.

이어서 서구사회와 정교 기독교 사회의 모체인 헬레닉 사회의 쇠망기로 눈
을 돌리면 5세기 그리스 조각예술(彫刻藝術)의 참된 가치를 이해할 수 없었던 하
드리아누스 시대의 식자(識者)들이 Archaic기의 그리스 조각품을 특별히 선호
했던 것을 볼 수 있다.[1008] 사회적 붕괴의 기미(幾微)를 느낀 그들은 5세기 그리
스의 원숙(圓熟)한 예술을 의도적으로 외면하되 아르카익 양식은 현실도피적
인 신선함을 발휘하는 것이라고 생각했을 것인데 이와 같은 현실(現實)과 간망
(懇望)의 차이가 하드리아누스 시대에 예술에 있어서의 그리스 고전양식보다는
아르카익 양식을 애호하는 풍조를 일으켰던 것이다.

---

1007. 18세기에 영국에서 시작된 신고딕 양식은 19세기 초에 크게 유행하면서 기존의 신고전주의 양
식을 대신하게 되었다. 영국 국왕 조지 1세와 2세의 이름에서 유래한 것으로서 18세기와 19세
기 초에 영국과 북미에서 유행한 조지안 양식은 좌우의 대칭을 이루는 건물에 정교한 장식을 가
미하는 것을 특징으로 하는데, 미국에서는 Colonial Style이라고 일컫는다.

1008. 페이디아스와 프락시텔레스로 대표되는 5세기 그리스의 조각 예술은 최고의 경지에 도달했다고
평가되고 있으나, 그것을 이해할 수 없었던 〈하드리아누스, 117~138〉를 필두로 하는 당대의 호
사가(好事家)들은 기원전 7~6세기의 그리스 조각에 몰입하여 그 모작(模作)을 갖추는 일에 열심
을 보였다.

### ③ 언어와 문학에 있어서의 복고주의

언어와 문학의 분야에서 복고주의가 시행하는 기술(奇術)은 사어(死語)를 회생(回生)시켜 일상어로 사용하려는 것인데, 서구사회의 내셔널리즘을 원동력으로 삼고 있는 그 시도는 오늘날 서구화된 세계의 몇 곳에서 이루어지고 있다.

내셔널리즘이라는 중병(重病)에 걸린 민족은 그들이 속해 있는 사회로부터 동화적인 혜택을 받고 있다는 것이 불만이어서 상당한 불편과 구차함을 감수하면서 그 문화를 국민적이라고 할 수 있는 모습으로 손질하려고 한다. 거기에 있어서 가장 중요한 요소는 〈National Language, 國語〉인바 서구화된 대사회의 국민국가를 세운 민족 중의 몇몇은 고유의 언어수단이 사라졌다는 사실을 직시하여 모어(Mother Tounge)를 만든다는 어렵고도 우스꽝스러운 수법에 호소하고 있다. 우리들의 세계에서는 적어도 다섯의 국민이 아득한 옛날에 사라진 사어(死語)를 일상적인 언어로 부활시켜 자기들 고유의 국어로 삼으려 하고 있는데 그들은 서구 기독교 사회의 본래적 일원이 아니라 각자의 형편에 따라 서구화된 대사회에 포함되었다는 공통점을 가지고 있다.[1009]

노르웨이인이 오늘날 자기들 고유의 언어를 창조하려고 하는 것은 1397년에 성립된 칼마르 동맹 이후로 500년 이상의 기간에 노르웨이 왕국이 나타낸 정치적 무능의 역사적 귀결이다.[1010] 노르웨이 왕국은 1397년부터 1814년까지 같은 문명의 자매격인 덴마크에 정치만이 아니라 문화적으로도 종속적인 연합을 이루고 있었다. 그에 따라 그들의 북구어로 쓰여진 스칸디나비아 문학은 문어체 덴마크어를 사용하는 근대 서구문학의 하나로 대체되었다. 이후로 시대적 흐름에 따라 자기들의 국민문화를 정비하려고 했을 때 문제점으로 드

---

1009. 노르웨이인과 아일랜드인은 각각 유산된 스칸디나비아 문명과 극서 기독교 문명의 살아남은 흔적이고, 오토만 터키인과 그리스인은 서구화된 이란사회와 정교 기독교 사회의 일부이며, 시온주의 유대인은 서구 기독교 사회의 탄생 이전부터 그 내부에 매몰되어 있었던 사회의 단편적인 화석(化石)이다.

1010. 14세기에는 북구어로 기록된 스칸디나비아 문학이 자취를 감추었고, 16세기에는 노르웨이인 식자들이 지난날의 북구어를 독해(讀解)할 수 없게 되었다.

러난 것은 현실에 맞는 고유의 언어가 없다는 것이었다.[1011] 그래서 그들이 찾아낸 것은 상대적으로 변개(變改)되지 않은 농민들의 〈이어(俚語)-Patois〉였는데 노르웨이 언어학자들은 그것을 단서로 덴마크어를 대체할 신북구어(新北歐語) 문어체(文語體)를 만들고 다듬는 일에 매진하고 있다.[1012]

같은 시대의 아일랜드 민족주의자도 더욱 곤란한 형편에 놓여 있는 그들의 언어문제(言語問題)에 대하여 노르웨이인이 취했던 것과 유사한 해결책을 강구하고 있다. 아일랜드는 영국으로부터 덴마크가 노르웨이에 끼친 것과 같은 언어적 영향을 받아왔는데 아일랜드인은 언어적 기원이 다른 영어가 더욱 널리 퍼져 있었기 때문에 노르웨이인에 비해 큰 곤란을 겪어야 했다.[1013] 이와 같은 상황에서 아일랜드인이 주목한 것은 먼 옛날에 사멸된 고대의 문학어(文學語)였는데, 그것을 토대로 삼아 국민적인 언어 수단을 창조하려는 그들의 실험이 소기의 성과를 올릴지는 지켜볼 일이다.

터키인의 조상은 영국인의 선조와 마찬가지로 좌절된 문명이 유기한 영토에 침입하여 언어를 통해 문명을 흡수했는데 터키인이 자기들의 평범한 언어를 남들이 부러워할 만한 문화어(文化語)로 개조한 방법은 페르시아어와 아라비아어를 모방하거나 차용하는 것이었다. 같은 방법으로 현행의 영어를 형성시킨 영국인[1014]은 그것을 만족한 마음으로 향유하고 있었으나 영국을 필두로 한 서구의 내셔널리즘이라는 중병에 걸린 터키인은 민족주의적인 발작에 따라 터키어에 깃든 외래어를 제거해야 하는 상황에 놓여졌다. 그리하여 〈무스타파

---

1011. 노르웨이인은 19세기 초엽부터 실험적으로 시행해 왔던, 전통문화를 회복하고 국민문화를 정비하는 사업을 20세기에 들어서 본격적으로 단행하고 있다.

1012. 노르웨이의 복고적인 국어 운동은 Ivar Ausen(이바르 오센)이 창도했는데, 〈Henrik Johan Ibsen(헨리크 요한 입센)〉은 그들의 노력에 대하여 회의적인 소회(所懷)를 표방했다.

1013. 덴마크어와 노르웨이어는 튜튼어 계열의 스칸디나비아어군(群)에 속한 언어, 영어는 튜튼어계(系)의 언어, 아일랜드어는 켈트어파의 언어.

1014. 영국인은 빈약한 튜튼어계 언어에 프랑스어, 라틴어, 그리스어의 어휘와 문법을 첨가하여 지금과 같은 영어를 형성했다.

케말 아타튀르크〉가 주도한 터키인의 언어적 복고운동은 아일랜드인의 그것에 비해 그다지 비극적이지 않았으나 상당한 비중의 외래어가 중요한 요소로 되어 있는 터키어를 민족주의적으로 정화한다는 난제에 대해서 Gazi(가아지)가 채택한 방법은 지난날 이민족 출신의 중산층을 추방했을 때 얻은 것과 같은 효과를 노린 것이었다.[1015] 그가 오스만 터키어에 스며든 페르시아어와 아라비아어의 사용을 엄격히 금지한 조치로 인해 궁지에 몰린 터키인은 쿠만 어휘(語彙), 오르콘 비문(碑文), 위구르어 경전, 중국의 왕조사(王朝史) 등을 섭렵하여 추방된 언어를 대신할 터키어를 발견하거나 만들려는 노력을 경주하고 있다.[1016] 터키인이 기울이고 있는 그 광적인 노력은 언어의 형성에 있어서 동일한 이력을 가지고 있는 영국인으로 하여금 같은 시도로 말미암을지도 모를 재난을 염려하게 한다.

근대 그리스인의 언어적 복고운동은 아일랜드나 노르웨이의 사례와 마찬가지로 정치적인 배경을 가진 것임을 알 수 있다. 19세기 오토만 파디샤에 대한 반란을 일으킨 그리스인[1017]은 그리스 국민국가의 기틀을 장만함으로써 서구사회의 일원으로 되어갔는데, 그 모험적인 변환을 추구함에 있어서 그들이 확인한 것은 서구적인 사상과 생활을 표현하는 언어적 수단이 없다는 것이었다. 서구화의 길목에 놓인 이 장애에 대한 그리스인의 해법은 정교 기독교 교회의 사교관구(司敎管區)에서 사용되고 있는 그리스어로 간극을 메우고 농민들의 이어(俚語)를 다른 분야에서도 사용할 수 있도록 개조하는 것이었다. 이 실험에

---

1015. Gazi는 이슬람 전사(戰士)를 의미하는 말, 터키에서는 개선장군에게 부여하는 칭호. 최근에는 케말에게 이 칭호가 부여되었다. 무스타파 케말 아타튀르크는 터키의 산업에 있어서 필요불가결한 요소로 되어 있는 그리스인과 아르메니아인 중산층을 추방했는데, 그것은 그 사회적 분업에 진공상태가 조성되면 그때까지 그것을 기피했던 터키인이 그 일을 감당하게 되리라는 계산에 의한 것이었다.

1016. 쿠만 어휘는 14세기 초에 작성된 라틴어, 페르시아어, 터키어 사전. 오르콘 비문은 몽골과 시베리아 경계에 있는 오르콘 강변에서 발견된 비문(碑文), 터키어로 작성된 최고(最古)의 문헌.

1017. 1821~1829년에 일어난 그리스 혁명 또는 그리스 독립전쟁을 참조할 것.

있어서 그리스인이 당면한 문제는 아일랜드인이 직면했던 것과 같은 언어적인 소재의 부족이 아니라 숨겨진 재료가 너무 방대하다는 사실이었다. 그들의 예배용 그리스어는 어릴 때 사멸한 문명의 허약한 꽃이 아니라 아티카어 코이네였는데, 기독교만이 아니라 방대한 이교문학(異敎文學)의 도구로 사용된 고대 그리스어의 저수지를 수원지로 삼아 민족주의적인 그리스 문화어(文化語)를 배양하려던 그리스인들은 수원(水源)이 고갈되는 위험이 아니라 연약한 이어(俚語)를 쓸어버릴 수 있는 언어의 홍수가 일어날 위험에 직면했던 것이다. 실제로 그 고대 그리스어 저수지의 수문을 지나치게 열어제낀 그리스의 언어적 복고주의자들은 〈이 카사레바사-순정의 그리스어〉 운동을 전개했고 그에 대한 치열한 반발은 〈이 자모티키-민중의 그리스어〉 운동을 초래했다.

이상의 네 사례는 조잡한 형태로라도 귀에 들어오는 언어로 복귀한 것이지만 시온주의 유대인이 시도한 언어적 복귀운동은 히브리어가 먼 옛날에 실전(失傳)되었다는 점에서 특별한 주목을 받고 있다.[1018] 유대인의 히브리어는 최근에 이르기까지 유대 교회의 제례용어(祭禮用語)나 율법 연구자의 학예어(學藝語)로 명맥을 유지해 왔는데, 지금에 이르러서는 그 사어(死語)가 팔레스타인의 유대인 사회에서 서구의 문물을 말하는 수단으로 되어 있다.[1019] 오늘날 팔레스타인에서는 이디시, 영어, 아라비아어, 페르시아어 등을 사용했던 유대인의 자녀들이 하나같이 느헤미야 이후로 말해지지 않았던 히브리인의 구어(口語)를 배우면서 자라나고 있는 것이다.[1020]

위의 사례들은 서구사회의 일원이 아니었던 민족이 서구 제국(諸國)의 일방이 되는 방편으로 언어에 있어서의 복고주의를 택한 것이어서 무모하거나 비

---

1018. 구어(口語)로서의 히브리어는 기원전 3세기 이래로 사용되지 않았고, 아프리카 서북부의 페니키아인이 사용한 히브리어도 5세기에 이르러 실전(失傳)된 것으로 여겨지고 있다.

1019. 팔레스타인은 지중해와 요르단강 사이의 땅과 그 인근 지역을 일컫는 역사적 지명. 그 지리적인 정의는 시대에 따라 조금씩 변했으나 대체로는 지금의 이스라엘 영토와 팔레스타인 자치국의 영역인 요르단 서안과 가자지구 일대를 가르킨다.

1020. Yiddish는 유럽과 거기를 거쳐 북미로 이주한 유대인이 사용하는 언어, 고지(高地) 독일어에 히브리어와 슬라브어가 섞인 것으로서 히브리 문자로 표기한다.

정상적인 것 이상의 의미를 지니고 있다. 그러나 그와 같은 복고주의가 발현되었다는 사실은 서구사회의 내셔널리즘에 언어에 있어서의 복고주의가 상당한 정도로 내포되어 있음을 말해주는 것이라고 생각할 수 있다. 이 서구사회의 언어에 있어서의 복고주의와 언어적 내셔널리즘이 결부된 것과 유사한 현상이 세계국가 시대의 헬레닉 사회에서 발현되었음이 확인되는데, 그 복고주의라는 쇠퇴의 징후는 지역주의에 의한 내셔널리즘의 단편적인 부산물이 아니라 생활의 보다 넓은 영역에서 더욱 중요한 것으로 나타났다.[1021] 현존하는 7세기 이전의 고대 그리스어 저작물은 대부분 아티카 방언으로 쓰인 것인데 그 언어는 아테네인의 일상적인 아티카어와 아테네 태생이 아닌 이들의 복고적인 아티카어로 대별(大別)된다. 아테네인이 기원전 5~4세기에 저술한 문헌은 그들의 모어(母語)인 원래의 아티카어로 기록된 것이고 기원전 1세기 이후의 6~7세기 동안에 쓰여진 저작은 아테네 태생이 아닌 사람이 복고적인 아티카어로 기술한 것이다. 후자의 신아티카어 문헌을 저작한 이들은 헬레닉 사회의 도처에 산재해 있는바 이들 중 교부(教父)나 기독교도가 아닌 이로써 이름을 떨친 저술가로는 예루살렘 태생인 요세푸스, 프레네스테의 아일리아누스, 로마인 마르쿠스 아우렐리우스, 사모사타에서 태어난 루키아노스, 콘스탄티노플 태생인 율리아누스, 케사레아의 프로코피우스 등을 거명할 수 있다. 이처럼 신아티카어 저술가들은 출생지가 각양각색이었음에도 불구하고 하나같이 동일한 문체와 비슷한 어휘를 사용하고 있는바 그렇게 된 이유는 그들이 고대 아티카어를 충실히 모방했기 때문이다. 고대 그리스어 문헌의 전체적인 추정량이나 아테네 고전의 현존하는 수량에 비해 신아티카어 필자들의 저작(著作)이 대량으로 전해지고 있는 것은 그들이 의고문(擬古文)을 쓰는 일에서 성공을 거두었음을 입증하는 것이지만 그 이면에는 언어적 복고주의라는 시대적

---

1021. 공적인 기록이 주를 이루었던 다른 사례들과 달리 헬레닉 사회에서의 그 징후는 문예(文藝) 분야에서 더욱 현저한 양상으로 나타났다.

인 사조(思潮)의 작용이 있었다. 헬레닉 사회가 붕괴에 돌입했던 시기의 사본(寫本) 제작자들은 당시의 문학적인 취향에 따라 저작의 가치는 불문하고 아티카 어로 쓰인 작품을 우선적으로 필사했다. 헬레닉 사회에 있어서 기원전 3~2세 기에 아티카 코이네 속어로 쓰여진 걸작의 대부분이 유실된 것이나 고대 그리 스어로 저술한 4인의 위대한 역사가 중의 한 사람인 폴리비오스의 저작이 크 게 산질(散帙)된 것은 그처럼 잘못된 복고주의 탓이었다.[1022]

그리스어 아티카 방언을 복고적으로 부활시켜 새로운 언어수단으로 사용한 것과 같은 사례는 붕괴에 돌입한 인도사회가 사라진 산스크리트어를 같은 방 법으로 되살린 것이다. 기원전 10세기 이전에 유라시아 스텝을 뛰쳐나온 아 리아 유목민의 언어였던 산스크리트어는 인도사회가 좌절에 빠진 이후로 베 다에 쓰인 고전어로 바뀌어 일상어(日常語)의 지위를 잃고 있었다. 산스크리트 어로부터 여러 지방어로 분화된 프라크리트어에 있어서 그 일종인 Ceylon(스 리랑카)의 Pali어는 히나야나 경전에 쓰였고, 그 외의 여럿은 아쇼카 황제가 영 토의 곳곳에 포고령(布告令)을 새긴 비석을 세울 때 사용되었다. 아쇼카가 도처 에 세운 비석에 포고령을 새길 때 전통적인 산스크리트어가 아니라 각지의 프 라크리트어를 사용한 것은 민중이 그것을 뜻대로 이해하도록 배려한 것이었 다. 이는 절대적인 최고 지배자라고 해도 사멸된 언어의 사용을 인위적으로 획책하기 어렵다는 사실을 시사하는 것인데, 그럼에도 불구하고 지난날의 산 스크리트어를 부활시킨 인도사회의 언어적 복고주의는 6세기에 이르러 널리 퍼졌던 프라크리트어를 잊혀진 언어로 만들었다. 그래서 현존하는 산스크리 트어 문헌은 아티카 그리스어로 쓰여진 저술과 마찬가지로 앞선 시기의 본래 적인 것들과 후대의 의고적(擬古的)인 것들로 구분된다.

우리는 지금까지 언어와 문학에서 나타난 복고주의를 살피면서 그에 해당

---

1022. 원저자가 말하는 4인의 위대한 역사가는 투키디데스, 헤로도토스, 폴리비오스, 프로코피우스. 헬레 닉 사회가 발현한 언어적 복고주의의 다른 사례는 호메로스의 서사시를 모방하는 것이었고 그 대표 적인 인물은 〈아폴로니우스 로디우스〉 〈스미르나의 킨투스〉 〈이집트 테베의 논노스〉 등이다.

하는 언어와 문체에 관한 사항에 주의를 집중하되 그 언어적 복고주의가 단순히 그 자체를 목표로 하여 단행될 까닭이 없다는 점을 고려하지 않고 있었다. 그래서 이후로는 앞에서 살핀 복고적인 언어들이 어떤 의도로 쓰였는지를 살필 것인데, 그것들은 시대에 뒤진 장르(Genre)의 문학적인 방편 이상의 어떤 용도로 사용되었던 것일까?

복고된 산스크리트어와 아티카어는 새로운 종교나 철학을 표현하고 전하는 수단으로 사용되었는데 전자에 있어서는 마하야나 불교와 힌두교였고 후자에 있어서는 신플라톤파 철학과 기독교 교부(敎父)들의 저술이었다. 그러나 신아티카어를 사용한 사람들의 궁극적인 목적은 새로운 메시지를 전하는 것이 아니라 문학적인 허구로만 돌이킬 수 있는 과거로 도피하는 언어적 수단을 만드는 것이었다. 그리고 거울(Mirror)로 만들어진 문학의 문을 통해 장사지내진 과거로 도피하려는 그 비장한 노력은 헬레니즘이라고 부를 수 있는 것이 남아 있는 한 중단될 수 없었다.

기원전 431년에 발발한 아테네-펠로폰네소스 전쟁보다는 그로부터 32년 후에 발생한 소크라테스의 죽음이 헬레닉 문명의 좌절을 의미하는 파국이라고 생각한 플라톤이 「대화편」에서 펼친 복고주의는 생애의 절반에 이르는 과거로 돌이킨 것이었지만 아테네인의 그 복고적 역행은 강도(强度)를 더해감에 따라 더욱 당혹스러운 모습으로 전개된 게임의 첫수에 불과했다. 우리는 2세기의 헬레닉 사회에 있어서 새로운 소크라테스가 또 다른 크세노폰을 통해 그 가르침을 전해주고 있음을 보게 된다. 아리아노스가 「에픽테토스 어록」을 편찬한 것은 「소크라테스의 추억」을 지은 크세노폰의 행위를 의도적으로 재현한 것인바 그 니코메디아 태생의 로마제국 관료는 자신의 문학적 사명이 살아온 환경과 가치관이 달랐던 군인 문필가의 발자취를 따르는 것임을 잊을 수 없었던 것이다.

헬레닉 세계에 있어서 이 복고적인 아티카주의가 드러낸 기묘함을 능가하는 언어와 문학에 있어서의 복고적인 양상은 복속된 그리스가 정복자인 로마를 굴복시킨 것이었다. 지난날 고단했던 전진의 마지막 한 구간에서 로마를 동반자로 맞이했던 그리스는 때가 이르렀을 때 동반자와 함께하는 후퇴를 시작했다. 그리스 무우사[1023]의 뒤를 좇아 후퇴를 시작한 로마의 이 역행은 기원전 5~4세기의 아티카 문학으로 복귀하는 것이 아니라 그리스 문학에 라틴어를 덧씌우려고 했던 로마인 고유의 문학적 기풍을 되살리려는 것이었다. 그리스인이 로마인에게 옮긴 문학적 복고주의라는 질병이 라틴 문학 속에 징후를 드러내기 시작한 것은 그리스 문학이 라틴어에 굴복한 때로부터 100년이 지난 후의 일이었으나 일단 감염된 후로는 순식간에 맹위를 떨치고 2세기 말에 이르러서는 라틴 헬레니즘 자체도 그리스 헬레니즘과 마찬가지로 쇠퇴하여 불모로 끝나지 않을 수 없게 되었다. 루킬리우스를 호라티우스에게 대비(對比)하고 루크레티우스를 베르길리우스에 비견(比肩)하여 옛사람을 돋보이게 한 타키투스는 그 치명적인 질병에 걸린 정신의 일단을 드러내고 있는데, 이후의 상황을 볼 때 기원전 2~1세기의 문인에게 시선을 돌린 그의 복고주의는 그다지 터무니없는 것은 아니었다.[1024] 이후로 하드리아누스가 숙연한 루크레티우스보다는 투박한 엔니우스를 애호한 것은 그 병세가 악화되었다는 것을 의미하는 것이다. 이어서 더욱 이국적(Exotic)인 취미를 가졌던 프론토는 최고(最古)의 라틴 문학을 최고(最高)로 받들었고 그 제자인 아울루스 겔리우스는 스승의 복고주의를 더욱 세차게 밀고 나갔다.[1025]

---

1023. 무우사(Μουσα)는 그리스 신화에서 학문과 예술을 관장하는 9인의 여신, 영어로는 Muse(뮤즈).
1024. 〈Gaius Lucilius, BC 180~103〉는 고대 로마의 풍자시인. 〈Quintus Horatius Flaccus, BC 65~8〉는 공화정 말기의 로마 시인(詩人). 〈Titus Lucretius Carus, BC 99~55〉는 고대 로마의 철학자 겸 시인. 〈Publius Vergilius Maro, BC 70~19〉는 로마의 시성(詩聖)에 이어 유럽의 시성(詩聖)으로 추앙되고 있는 시인. 로마의 원로원 의원, 집정관 등의 경력을 지녔던 〈Publius Cornelius Tacitus, 56~117〉는 「게르마니아」 「타키투스의 역사」 「로마 편년사」 등으로 역사가로서의 이름을 남겼고, 「대화편」 속의 〈웅변에 대하여〉에서 '선인과 후인의 우열에 관한 논쟁'을 설파했으나 그 저변에 '옛사람은 무적이다'라는 전제를 깔고 있었다.
1025. 〈Publius Aelius Trajanus Hadrianus, 117~138〉는 로마제국의 14대 황제, 「영구고시록(永久

2세기에 그리스와 라틴 문학에서 행해진 복고운동은 매우 특이하다고 생각할 수 있지만 중국문명은 그 허망한 추구에 있어서 헬레닉 사회를 능가한 것으로 여겨진다. 「시경(詩經)」은 그 문명의 성장기에 편성된 것이지만 거기에 집성된 시(詩)들도 과거를 바라보는 복고주의의 색채를 드러내고 있다. 그리고 뒤따른 붕괴기에는 문학적 복고주의가 파죽지세(破竹之勢)로 치달아 순식간에 유교철학을 사로잡았다. 그에 대해서는 "공자의 후계자들은 시경(詩經)이나 춘추(春秋), 금언(金言), 의전관(儀典官)의 격언(格言) 등에 주석을 붙이는 방법으로 후진들을 교육했다. 그것은 실제에 입각한 교육을 견지한 공자의 실증적인 학풍(學風)이 쇠퇴했음을 의미한다. 그리하여 그들은 기록된 지식 외에는 마음을 쓰지 않고 격식에 치우친 외관 외에는 가치를 부여하지 않는다는 비난을 면할 수 없게 되었다"라는 평가가 내려져 있다. 이것이 바로 신아티카주의가 횡행했던 시대의 헬레니즘에 내려진 선고라면 더 이상 말할 것이 없겠지만, 중국인의 사조(思潮)를 살필 때 생경한 수단을 이용하여 뜻하지 않은 목적을 달성하는 중국인의 기묘한 재주를 고려에 넣지 않으면 안 된다. 그들이 격언으로 말하기를 즐기는 것은 그것과 같은 생각을 가졌기 때문이 아니라 주장하는 것을 해묵은 표현에 편승시켜 편리하게 전하려는 의도에 의한 것이다. 중국 문필가들은 시경의 시들과 마찬가지로 주장하는 내용을 격언이나 인용구로 표현하기에 열중했는데, 그 복고적인 어휘나 문구를 동원하여 잠재의식을 일깨움으로써 문학적 복고주의를 감동을 일으키는 마력(魔力)으로 전환하는 중국인의 수법은 성서나 코란의 어휘에 입각하여 자신의 주장을 펼치는 저술가에 있어서는 그다지 이채로운 방법이 아닐 것이다. 왜냐하면 유일신 관념을 표방하는 종교를 가진 저술가들의 기억에는 중국인의 뇌리에 박혀 있는 고전(古典)의 어휘와 마찬가지로 성서나 코란의 말이 새겨져 있을 것이며 고유의 정신적 유

告示錄)」과 개선문으로 유명하다. 〈Quintus Ennius, BC 239~169〉는 고대 로마 초기의 시인 겸 극작가, 호메로스에 심취했고 로마 문학의 아버지라는 평판을 얻었다. 〈Marcus Cornelius Fronto, 100~?〉는 고대 로마의 문법 및 수사학자, 변호사.

산에 의해 풍요함을 얻은 정신은 옛것의 언급에서 새로운 것을 불러일으키는 일-단순한 미메시스를 창조의 행위로 전환하는 능력-에 능통할 것이기 때문이다.

④ 종교에서의 복고주의

언어나 예술 나아가서는 제도에서와 마찬가지로 종교에서 나타나고 있는 복고주의의 현상을 관찰할 수 있는바 우리는 지난 100여 년 동안에 서구의 3대 강국이 복고적인 종교운동의 무대가 된 것을 알고 있다. 프랑스와 영국에서 나타난 종교적 복고주의는 중세 서구 기독교의 기풍(氣風)이나 의식(儀式)에 대한 동경(憧憬)의 표현이었는데, 그 동경심이 포로로 잡은 것은 중세 기독교의 기원에서 멀리 떨어진 두 제도-실증주의 철학과 영국의 국교회-였다.

실증주의는 휴머니즘을 기반으로 하는 인공적인 철학이고 영국 국교회는 서구사회의 일 국민국가가 인위적으로 조성하고 지배하는 Protestant 교회인바 중세 기독교로의 역행을 시도한 이 두 사례는 1차 세계대전 이후에 독일인이 기도했던 같은 종류의 운동에 비하면 그다지 놀라운 것이 아니다. 독일인은 1914년 이래로 엄혹한 정신적 긴장상태에 빠져 있었으나 하우어[1026]와 같은 독일인의 일부는 외적 프롤레타리아트의 신격화된 무장(武將)과 그 전투집단을 숭배하는 고대 게르만족의 이교를 부활시킨다는 절망적인 반응에서 구원을 찾으려고 했다. 그는 "우리의 튜튼인 선조들이 유대인의 미신과 로마인의 문화에 사로잡히기 전에 그 속에서 행복을 찾아냈던 믿음으로 돌아가자"고 선동했는데, 그것은 순수하고 무오(無誤)한 게르만 문화의 보루였던 색소니아를 서구 기독교 세계에 합병시킨 샤를마뉴를 게르만족의 원수(怨讐)라고 생각하는 것에서 말미암은 것이다. 하우어파가 원시 게르만인에게 배당한 종교는 빛(光)을 상징으로 하여 예배되는 '유일하고도 참된 신'이지만 그들의 현학적

---

1026. 〈하우어〉는 1881년에 태어난 독일의 종교사가(宗敎史家), 한동안 이른바 "독일신앙운동"을 주도했다.

인 열광은 이크나톤이 슈프레 강변으로 환생한 것이 아닐까 하는 생각이 들게 한다. 1938년에 이 연구를 수행하고 있는 영국인은 독일의 신이교(新異敎) 운동이 서구사회의 종교가 나아갈 길을 예시하는 것이라고 단정하기는 어렵지만 이 하우어주의를 서구인의 정신이 어떤 모습으로 나타나는 종교적 복고주의라고 해도 그에 현혹될 형편에 놓였다는 증거로 삼을 수 있다.

위에서 살핀 종교적 복고주의의 세 사례는 감성적이거나 열광적인 것으로서 인상적이지만 헬레닉 사회의 붕괴기에 아우구스투스가 단행한 종교적 복고주의의 시도는 우리를 놀라게 한다. 아우구스투스가 단행한 국가종교의 부활은 로마의 종교사에 있어서 가장 주목할 만한 것이며 인류의 종교사에서 유례가 없는 일이었다. 로마에 있어서 재래의 온갖 숭배는 사라지고 잊혀졌으므로 아무리 뛰어난 인물이라고 해도 한 사람의 지배자가 그것을 부활시켜 신앙(信仰)하게 하는 것을 불가능한 일이라고 단정할 수 있으나 그 부활은 실행되었고 '신의 평화'나 '신의 법칙'이라는 말은 또다시 의미와 권위를 갖게 되었다. 그리하여 로마의 전통적인 종교는 세 개의 대적(大敵)-혼합주의 철학, 카이사르 숭배, 동방의 여러 종교-에 둘러싸여 있었음에도 불구하고 적어도 3세기 동안 민중의 신앙으로 유지되었다. 아우구스투스의 시도가 콩트(Comte)의 주장처럼 냉혹하며 하우어의 계획과 같이 허황된 것이라는 점을 주목할 때, 그 로마인의 기도가 영속적인 성공을 거둔 것은 매우 놀라운 일이다. 우리는 시대적인 요청에 대한 아우구스투스의 통찰력에 경의를 표해도 좋고 카이사르 숭배가 세인의 정신적인 공허(空虛)를 메울 수 없다는 것을 간파한 그의 혜안을 높이 평가해도 좋다.[1027] 더하여 동방에서 몰려오는 여러 종교의 유입을 막음으로써 정신적 혼란과 프롤레타리아트화의 풍조를 저지하려고 했던 존엄자의 염원에 동정(同情)을 바쳐도 좋다. 그러나 우리가 이 모든 사실을 인정한 후에

---

1027. '시대적인 요청'은 통합된 헬레닉 사회에 Pax Romana를 제공하려면 로마인의 영혼에 초래된 정신적 공허를 무엇으로라도 메워서 내적(內的)인 안돈(安頓)을 이루어야 했던 것임.

도 그가 왜 그리스 제신(諸神)을 제쳐두고 로마의 전통적인 종교를 되살린다는, 어렵고도 놀라운 재주를 부리려고 했는가를 이해하는 것은 쉬운 일이 아니다. 왜냐하면 로마는 이미 헬레니즘에 귀화하여 그것을 파괴하는 일에 진력했던 헬레닉 사회를 구제하는 것이 자기들의 사명이라는 것을 인식하기 시작했고 Delphi나 Eleusis의 그리스 제신은 여전히 경쟁자를 압도하는 용모와 위엄을 지니고 있었기 때문이다. 로마에 대한 아우구스투스의 종교적인 임무는 최대의 위기였던 악티움 해전에서 그에게 승리를 선사한 아폴론을 Palatino 언덕에 세운 궁전에 모셨을 때 완수된 것일진대 그는 왜 기존의 로마 신전에 그리스 제신의 처소를 장만한 것에 더하여 로마의 원시적인 종교를 부활시킨다는 기도(奇道)를 택했던 것일까? 일별(一瞥)할 때 무모한 짓으로 보이는 아우구스투스의 종교적 복고주의에 대한 변호는 뒤를 이은 그 일의 진행 과정에서 엿볼 수 있다. 아우구스투스가 로마인의 원시적인 종교를 공식적으로 부활시킨 연대는 세기제(世紀祭)가 거행된 기원전 17년임이 분명한데, 이것으로 볼 때 그의 복고적인 성과는 4세기 동안 지속된 것이 된다. 그 기나긴 기간의 말미에서도 그것은 자연적으로 사라진 것이 아니라 광신적인 기독교도였던 두 황제-그라티아누스와 테오도시우스-에 의해 강제적으로 훼파되었다. 그리고 Victoria 신상(神象)과 제단의 철폐에 대한 4세기 말의 법률적 투쟁과 무력항쟁은 로마인의 심적인 반발을 대변한 것이라는 점을 엿볼 수 있게 한다. 이 사실들이 웅변하는 끈기는 아우구스투스가 로마인 고유의 종교를 재건하는 일에서도 다른 사업에서와 마찬가지로 유능했음을 입증하는 것인바 우리는 그가 그리스인의 종교를 로마로 이식(移植)한 것에 더하여 로마의 원시적인 종교를 부활시키려고 했을 때 자신이 하는 일이 어떤 것인지를 충분히 알고 있었다고 추론할 수 있다. 로마인 고유의 거칠고 투박한 종교가 신앙의 호흡을 잃고 있었을 때 로마인의 지적 기호품으로 쓰인 그리스 헬레니즘 속에 로마인의 마음을 사로잡는 힘이 있다는 것을 간파한 아우구스투스는 외래의 묘목을 토종의 원목에 접붙였던 것인데 그것이 400년 후에 기독교의 강한 도끼날을 휘게 할 정도의 거목이 로마에서 자라난 내막이다.

헬레닉 세계로부터 극동사회의 일본 분지로 눈을 돌리면 원시적 신앙인 신도(神道)를 부활시키려는 노력에서 독일인 하우어의 착안이나 독일의 비스마르크가 시행하려고 했던 것과 같은 종교적 복고주의를 볼 수 있다. 신도의 부활은 그것이 멸절되거나 크게 변질된 때로부터 천여 년이 지난 후에 시도되었다는 점에서 아우구스투스의 사업보다는 하우어의 착안에 가까운 것인바 일본에서도 독일의 경우와 마찬가지로 그 운동의 첫 국면은 학구적인 것이었다.[1028] 신도를 부활시킬 채비를 갖춘 인물은 〈게이쮸우(契沖)〉라는 승려였는데 그는 당시에 유행한 문예부흥(文藝復興)의 기조에 따라 고어(古語)를 연구하려는 심산으로 신도에 접근한 것으로 보여진다. 뒤를 이은 〈모도오리 노리나가(本居宣長), 1730~1801〉는 학문적인 이론가로서 잊혀진 옛 신앙을 학술적인 공상(空想)으로 부흥시키려는 노력을 기울였다.[1029] 노리나가 뒤에는 〈히라다 아쯔다네(平田篤胤), 1776~1843〉가 나타났는데 논설을 일삼은 그는 신도의 이름으로 외래의 마하야나와 유교를 강하게 공박했다. 연대(年代)에서 알 수 있듯이 이 이교의 복고적인 부활은 아우구스투스의 사례와 마찬가지로 도쿠가와 막부라는 일본의 세계국가가 건설된 직후에 시작되었다. 그러나 아우구스투스가 단행한 종교의 복고적 부흥이 독재자의 뜻에 따라 단번에 이행되었음에 반해 이 신도의 부흥은 사인(私人)의 뜻으로 시작된 후 게이쮸우의 객관성에서 하라다 아쯔다네의 전투적인 단계에 이르기까지 200여 년이 소요되었다. 새로운 신도를 조성하려는 운동이 로젠베르크[1030]적인 전투성을 취하게 되

---

1028. 일본인의 원시적인 신앙은 마하야나에 흡수되거나 축출되어 실체를 알 수 없는 상태로 10세기 이상이 경과되고 있었다. 마하야나가 일본에서 정신적인 정복을 시작한 것은 6세기의 일이었고, 신도를 복고적으로 부활시키려는 운동은 17세기에 시작되었다.

1029. 게이쮸우 당대의 문예부흥 운동은 반중주의(反中主義)로 나타났는데, 그것은 가다아 즈마로와 가모노 마부찌를 거쳐 모도오리로 이어졌다.

1030. 〈알프레트 로젠베르크, 1893~1946〉는 나치당의 정치가 겸 인종 이론가, 파시즘과 인종주의를

었을 때 일본의 세계국가는 서구문명의 압박을 받아 붕괴되었으며 그로 인해 250여 년 동안 유지된 고립이 폐지되고 서구사회의 일원으로 생존을 도모한다는 방침이 채택되었다. 외부에 대한 소극적인 태도를 적극적이 자세로 전환한 1867~1868년의 사태에 일왕(日王)의 복위(復位)라는 상징적인 의미가 부여됨과 동시에 그 전투적인 신신도운동(新神道運動)은 배타주의로부터 복고주의적인 내셔널리즘으로 전향하고 있었던 시대정신에 완전한 합치를 이루게 되었다. 그래서 처음에는 일개 학승(學僧)의 탐구적인 착안에 불과했던 것이 내셔널리즘을 추종하는 정권의 지지에 힘입어 병적인 성장을 이루는 것이 아닐까 하는 우려를 품게 된다.

종교 분야에서 발현된 복고주의의 사례는 위에서 살핀 것들 외에도 몇 가지를 추가할 수 있다. 영령(英領) 인도제국 당시의 힌두사회를 보면 아리아 사마지[1031]에서 도쿠가와 막부 시대의 신도와 비슷한 것을 발견할 수 있고, 바빌로니아 사회의 나보니두스에게서는 실패한 것이지만 헬레닉 사회의 아우구스투스가 성공시킨 사업과 유사한 것을 기도했던 독재자를 볼 수 있다. 이어서 이란세계의 근대 터키로 눈을 돌리면 전설적인 회색늑대 숭배를 부활시키려고 했던 아타튀르크의 착상이 하우어의 황당무계한 발상에 해당한다는 것을 알게 된다.

⑤ 복고주의의 자기파탄(自己破綻)

위와 같은 복고적인 활동의 모든 분야를 돌아보면 그 중의 몇몇은 복고주의가 파탄을 초래하는 경향이 있다는 사실에 대한 예증이라는 것을 알 수 있다.

제도의 분야에서는 스파르타의 두 왕과 그 선례를 쫓은 로마의 그라쿠스 형제가 명목상으로 존재하되 현실적으로는 방종(放縱)이 횡행하는 시류(時流)에 의해 침해된 파트리오스 폴리테이아($πάτριος$ $πολιτεία$-先祖의 國制)를 재흥시키려

---

혼합한 나치즘을 선전한 것으로 악명을 떨쳤다.
1031. 종교적 사회개혁을 추진한 19세기 후반의 힌두교 개혁파, 〈다야난다사라스바티〉가 창시했다.

고 했다. 그 젊은 개혁가들은 복고적인 목표를 추구하는 일에 진지한 열성을 바쳤으나 그들의 성취는 개혁이 아니라 추구했던 것을 말살하는 혁명을 초래한 것이었다.

예술에 있어서 라파엘 전파(前派)는 전통적인 서구 예술의 원천을 지향했으나 그 복고적인 탐구를 이행하던 중에 미술적 감각의 모든 물줄기를 고갈시켜 미래주의라는 마물(魔物) 외에는 어떤 것도 살 수 없는 폐허를 남기는 반사실주의(反事實主義)에 휩쓸렸다.

언어에 있어서 멸절된 언어를 되살리려고 했던 시도들은 무덤 속에서 고색창연한 어휘를 끄집어내는 재주를 부렸으되 배움이 없는 민중이 이해하기 어려운 언어를 만듦으로써 원래의 목적에 위반된 결과를 초래했다.

종교 분야에서도 복고적인 운동을 일으키려고 했던 〈율리아누스, 361~363〉는 헬레닉 사회의 전통적인 신을 섬기는 신관(神官)에게 기독교 성직자와 같은 행위를 요구함으로써 그를 지지하려고 했던 이교의 대표자들을 곤경에 빠뜨렸다. 마찬가지로 복고적인 종교정책을 추진한 〈나보니두스, BC 556~539〉는 보다 적극적으로 바빌로닉 사회의 신관들을 노하게 함으로써 그들로 하여금 침략해 온 키루스를 해방자로 환영하게 했다.

이처럼 복고주의가 초래한 자기파탄의 사례는 수없이 많고 모두가 시종여일(始終如一)한 것이므로 그것들을 우연의 소치로 돌리는 것은 곤란한 일이다. 복고주의의 속성은 스스로 파탄을 초래하여 의도했던 목적을 배반하는 것이라고 생각할 수 있으나, 복고주의가 단순한 탐구가 아닌 현실적인 삶의 방편이며 그 추구하는 것이 사회적인 붕괴로 말미암은 병폐에 맞서는 것이라는 점을 주목한다면 복고주의를 뒤집어엎는 원인을 규명할 수 있다. 복고주의자는 자기들의 주장이 정당하다는 것을 드러내기 위해 그 처방이 사회적 병폐를 치유할 것이라는 확신을 제공해야 하는데, 여기에 있어서 복고주의자가 이행하게 되는 것은 단순히 옛것을 찾아내는 것이 아니라 열성적인 행동인이 되는 것이다. 이러한 점은 오래된 분묘에서 발굴한 이빨을 취급하는 고고학자의 태도와 환자의 치아를 다루는 치과의사의 자세를 비교할 때 명확해질 것인바 그에 대한 고고학자의 일은 취득물이 더 이상 부식되지 않도록 손질하여 보존하는 것이고 치과의사의 임무는 상한 치아를 의료적으로 처치하여 본래의 용도에 적합하도록 재생시키는 것이다.

붙여진 명칭이 비슷하고 양자의 성격이 대동소이하다는 복고주의자의 오해가 있지만, 복고주의(Archaeology)는 고고학(Archaism)이 아니라 치의술(齒醫術)과 유사한 것이라는 사실은 복고주의자가 고고학적인 목적에 반하는 결과를 낳는 이유를 말해준다. 복고주의자는 본연의 속성에 따라 과거와 현재를 조화시키는 노력을 지속해야 하지만 과거와 현재의 시대적 요청이 다르다는 점은 생활 태도로서의 복고주의가 안고 있는 본질적인 약점이다. 복고주의자가 과거를 부흥시키는 일에 치중하면 현실적인 삶의 기운이 그 허약한 껍질을 깨뜨려 버릴 것이고 현재적인 성능을 높이려고 발굴된 것에 개량의 손길을 더하면 그 재건의 일은 노골적인 반다리즘[1032]과 혼동될 것이다. 그러므로 시대에 뒤진 것을 지속시키려고 발버둥 치는 복고주의자는 의도하지 않거나 기피하면서 무서운 혁신을 기도하는 미래주의자를 위해 길을 닦고 있었음을 깨닫게 된다.

### (8) 미래주의(未來主義)

#### ① 미래주의와 복고주의의 관계

미래주의와 복고주의 사이에는 두 용어를 병기(倂記)하는 것만으로도 명확해지는 대조가 있지만 이 두 생활 태도를 구별하는 방향의 차이보다 중요한 특징은 양자가 공히 현실적 삶의 평면을 배제하지 않으면서 시간의 다른 차원으로 이행하여 고통스러운 현재와 절연(絶緣)하려고 하는 것이다. 그러므로 시간과 평면의 현재적인 차원을 벗어나지 않으면서 현재로부터 도피하려고 하

---

1032. Vandalism은 일반적으로 예술과 문화를 일방적으로 파괴하는 행위, 유럽의 민족 대이동 당시에 반달족이 약탈과 파괴를 자행한 것에서 유래된 용어.

는 이 두 양자택일적인 기도는 어느 쪽을 시도해 보더라도 무모한 것이었음이 증명된다는 점에서도 유사성을 갖는다. 이 양자에 있어서 과거와 미래라고 하는 시간적인 구분은 질적인 것이 아닌 방향의 구분에 불과한 것인데 불만스러운 현재로부터 기지(既知)의 과거로 도피하려는 경향이 있음에 반해 미지(未知)의 미래로 뛰어들기보다는 현실에 안주하려고 하는 인간의 본성은 미래주의와 복고주의 사이에서의 본질적인 차이를 낳는다.

생활인에 있어서 끊임없는 시간이 현재를 과거로 돌리면서 영속적으로 전진하는 광경은 대단히 놀라운 것이어서 그것을 느끼는 인간의 상념은 다윗과 같은 태도로 영속(永續)을 열망하게 되는 것인바[1033] 우리는 시리악 사회가 붕괴의 징조를 드러낸 시기에 그 인민들이 나타낸 비통한 표현 속에서 무한히 연장된 현재로 인식되는 신의 영원성에 편승하여 무자비한 시간의 흐름에서 벗어날 것을 기원하는 인간의 모습을 볼 수 있다. 실제로는 연장되지 않는 현재가 파멸을 피할 수 없다는 사실에 두려움을 느끼는 것은 인지상정이지만 그런 공포는 그것을 직시하는 철학적 각성이나 죽음의 흑암에 빛을 비추는 종교적 직관으로 극복되기도 한다. 이 무상(無常)의 도전에 대한 철학적 응전은 상반된 것이라고 여겨지는 두 그리스 철학자의 토로(吐露)에서 유사한 것으로 파악할 수 있는바 이 결론적인 점에 관한 루크레티우스의 시어(詩語)와 마르쿠스 아우렐리우스의 산문(散文)은 상화(相和)를 이루고 있다. 「사물의 본성에 관하여」에서 끊임없는 시간의 흐름과 만물의 영속적인 교체를 당연한 것으로 받아들여야 한다고 설파한 루크레티우스에 대한 마르쿠스 아우렐리우스의 화답(和答)은 「명상록」에서 말한바 만유의 일체적인 변화를 인정하여 수용하라는 것인

---

1033. "나의 말이 나의 하나님이여 나의 중년에 나를 데려가지 마옵소서 주의 연대는 대대에 무궁하니이다 주께서 옛적에 땅의 기초를 놓으셨사오며 하늘도 주의 손으로 지으신 바니이다 천지는 없어지려니와 주는 영존하시겠고 그것들은 다 옷 같이 낡으리니 의복 같이 바꾸시면 바뀌려니와 주는 한결같으시고 주의 연대는 무궁하리이다 주의 종들의 자손은 항상 안전히 거주하고 그의 후손은 주 앞에 굳게 서리이다 하였도다"〈시 102:24~28〉

데 그리스 철학이 이렇게 대처한 도전에 대한 종교적 응전은 신약성서에 실린 같은 비유의 두 변형에서 볼 수 있다.[1034]

이러한 종교적 기반에서의 정신적 섬광에서 감득(感得)하기 쉬운 현재가 냉혹한 미래에 의해 무참하게 희생당하는 것으로 여겨지는 것은 하나의 영혼이 지어낸 고뇌를 두 대립적인 존재가 벌이는 싸움이라고 오해한 것으로 말미암은 착각임이 판명되고 있다.[1035] 이와 같은 판단에 따른다면 근접해 있는 진실은 부조리한 변화가 아니라 의기양양한 인퇴(引退)와 복귀(復歸)이고 이 진실이 곧 심리적 반발을 초래하는 착각을 불식하는 것이지만 소멸의 두려움에 대하여 현재를 부인하되 미래의 도래를 최대한으로 늦추려는 반응에 대하여 뛰어나가 그것을 맞이하려는 미래주의적인 시도는 인간의 본성에 거슬리는 것임이 입증된다.

미래주의에는 과거를 지향하는 복고주의에 비해 더 큰 무리를 강요하는 심리적인 노력이 개재되어 있는데 그로 인해 더 큰 일탈(逸脫)을 자행하게 되는 미래주의가 더 가벼운 벌을 받는 것은 주목할 만한 일이다. 자동차를 운전하는 일에 비유한다면 복고주의자의 파탄은 운행 중에 급격히 방향을 바꿔서 돌진하다가 충돌을 일으켜 파괴되는 것이고 미래주의자가 만나는 행운은 점점 더 험해지는 도로 때문에 불안을 느끼던 중에 공중으로 떠올라 유유히 날아가는 승객과 같은 것인바 이 비유에 있어서 복고주의자는 두려워할 이유가 없는 불운에 봉착하는 것임에 반해 자동차 운전자에 해당하는 미래주의자는 기대할 권리가 없는 행운을 만나게 되는 것이다.

---

1034. "어리석은 자여 네가 뿌리는 씨가 죽지 않으면 살아나지 못하겠고"〈고전 15:36〉"내가 진실로 진실로 너희에게 이르노니 한 알의 씨가 땅에 떨어져 죽지 아니하면 한 알 그대로 있고 죽으면 많은 열매를 맺느니라"〈요 12:24〉

1035. 신약성서에서 발산된 정신적 섬광이 미로처럼 착잡하고 까다롭게 쓰인 표현 속에서 발견되는 것은 특이한 일이지만,〈Edmond Spenser, 1552~1599〉의 「요정의 여왕」에서 자연의 여신이 선언하고 있는 것은 그것과 다름이 없는 정신적 진리일 것이다.

## ② 현재와의 단절

### ㉠ 풍속(風俗)에 있어서의 단절

풍속에서 나타나는 미래주의는 전통적인 복장을 폐지하고 이국풍의 복식(服飾)을 도입하는 형태로 시작되는데, 오늘날 서구화된 대사회에서는 곳곳에서 이러한 현상이 일어나고 있는 것을 볼 수 있다.

이 분야에서 일어난 강제적인 서구화의 최초이자 최고로 유명한 사례는 17세기와 18세기의 전환기에 모스크바 제국의 표트르 대제가 턱수염을 깎게 하고 카프탄[1036]의 착용을 금지한 것이다. 19세기의 3/4 반기에는 일본에서도 유사한 복장의 혁명이 단행되었고 1차 세계대전 이후에 독재자의 강요에 따라 서구화를 이룬 여러 나라에서도 비슷한 사정에 의해 동일한 조치가 이루어지고 있다. 무스타파 케말 아타튀르크가 서구화를 밀어붙인 터키에서는 부인(婦人)의 Veil(머릿수건) 착용이 금지되었는데 동시대의 이슬람 사회에 있어서 이 분야의 미래주의가 최고의 현안으로 삼은 것은 정치적 의미를 지니고 있었던 남자의 머리에 부착하는 장식품을 개혁하는 것이었다.[1037] 여기에 있어서 특기할 만한 것은 터키와 이란 등의 이슬람교국이 성인 남자에게 테가 달린 모자의 착용을 강요한 것인바 전투적인 미래주의의 투구로서 차양이 달린 모자가 채택된 것은 20세기의 이슬람 사회에 국한된 것이 아니다. 기원전 160년대의 시리악 사회에 있어서 문화적 전통의 장식(裝飾)에 대해 미래주의를 지향한 분파의 지도자였던 제사장 여호수아는 이름을 야손으로 고치고 예루살렘 성전의 사제들에게 페타서스를 쓰게 한 일로 마카베오 일족의 맹렬한 저항을 불러일으켰다.[1038] 정통파 유대인에 있어서는 그것도 충격적인 일이었으나 사

---

1036. 터키에서 유래된 Caftan은 자루 모양의, 소매가 길고 띠가 달린 옷이다.

1037. 이슬람 세계에서는 무스타파 케말에 이어 이란의 〈리쟈 샤 페흘레비〉와 아프가니스탄의 국왕 〈아마날라〉가 유사한 조치를 단행했다.

1038. 챙이 달린 최초의 모자로 알려진 Petasus는 Felt로 만든 것인데, 그리스 테살리아에서 유래된 후 헬레닉 사회의 지배적 소수자들이 즐겨 쓴 것으로 알려져 있다.

제들이 과시한 헬레니즘화의 추세는 그리스식 스포츠와 연극에 탐닉하는 것으로 확산되어 그 미래주의의 맹위가 신성모독(神聖冒瀆)의 정점에 이르게 되었다.[1039] 야손의 미래주의적인 행보는 세속적인 분야에 국한된 것이어서 정통파 유대인의 기분을 상하게 했을 뿐 그들의 앙심(怏心)을 유발하지는 않았으나 그에 대해서도 불만이었던 셀레우코스조의 안티오쿠스 에피파네스는 야손을 쫓아내고 더 급진적인 미래주의자를 그 자리에 앉히는 조치를 단행했다. 이어서 피신했던 야손이 예루살렘을 습격하여 안티오쿠스가 세운 인물을 쫓아냈을 때 그것을 반란으로 규정한 에피파네스는 예루살렘을 약탈하고 아무것도 비치하지 않게 되어 있는 성소(聖所)에 자신의 모습을 새긴 신상(神像)을 안치했다. 그로 인해 다니엘의 섬뜩한 예언[1040]이 적중하게 된 것은 야손이 된 여호수아의 미래주의적인 탈선에 대해 신속하게 내려진 보응(報應)이었다. 유대인의 그 미래주의적인 기도(企圖)의 결과는 표트르 대제가 꾀했던 것과 같은 성공이 아니라 아마날라의 시도와 같은 실패였다. 유대인에 대한 셀레우코스조의 공격은 맹렬한 반항을 초래했고 에피파네스와 그의 후계자들은 거기에 대처하지 못했으나 그 실패한 시도가 남긴 중요한 교훈은 비참한 현실에서 벗어나려는 방책으로서의 미래주의는 미리 한정해 놓은 범주에 머무를 수 없다는 것이다.

미래주의의 본질은 현재와 단절하는 것이며 그 본질적인 성격은 전체주의적인 것인바 이러한 결론을 내리게 하는 증거는 이 유대인의 사례에 국한된 것이 아니다. 페타수스를 쓴 유대인이 그리스식 경기장이나 극장에 드나드는 것을 막을 수 없듯이 서구식 가발을 쓴 모스크바인은 서구식 카드 게임과 댄스를 즐기게 되며 중절모를 쓴 터키인과 페흘레비[1041]를 눌러 쓴 페르시아인이

---

1039. 당시에 여호와의 사제들이 탐닉했던 그리스식 스포츠는 경기장(팔라이스트라)에서 레슬링을 배우거나 그 경기를 벌이는 것이었다.
1040. "멸망의 가증한 것이 서지 못할 곳에 선 것을 보거든 (읽는 자는 깨달을진저) 그 때에 유대에 있는 자들은 산으로 도망할지어다" 〈막 13:14〉
1041. 야구모자(Base Ball Caps)처럼 전면부에 차양이 달려 있는 모자.

축구장이나 영화관을 출입하는 것은 막기 어렵다. 이런 경우에 있어서도 전통적인 복장을 폐지하는 것은 풍속에서의 전면적인 변화를 낳게 되지만 미래주의에 의한 전통(傳統)의 일소는 그것으로 끝나는 것이 아니다. 그 과정에 있어서 이슬람 세계는 아직까지 외형적이고 예비적인 단계에 머물러 있으나 터키보다 빨리 전통적인 복장을 폐지한 일본은 위험한 사조(思潮) 때문에 고통을 겪고 있고 일본보다 170년 이상 앞선 러시아에서는 그 과정이 전래의 종교를 박멸하려는 운동에서 정점에 이르렀다.[1042] 이상의 사례가 보여준 바와 같이 미래주의는 전파력이 강한 생활 태도여서 생활의 어느 영역에 모습을 나타내기만 하면 순식간에 종교의 영역을 침범하게 되는바 그 단말마적인 시도를 살피려면 그 이전에 이루어지는 문화와 정치에 대한 미래주의의 공격적인 영향을 살필 필요가 있다.

ⓛ 제도에서의 단절

정치에서의 미래주의는 정치에 관계된 것들을 폐지하거나 신설(新設)하는 것으로 나타나는바 당면한 우리의 목적을 위해서는 그것을 기도하는 미래주의적 정치혁명이 이 두 방면에서 작용한 사례를 살피는 것이 좋을 것이다.[1043]

정치적 연속성을 단절하기 위해 경계(境界)를 없애려고 했던 시도의 전형적인 사례는 클레이스테네스가 아티카의 정치적인 지형을 개편한 것인데 국가보다는 문벌을 중시하는 풍조를 타파하여 중앙집권화를 달성하려고 했던 그가 단행한 것은 혈연관계를 바탕으로 하는 친족집단[1044]을 지리적 구분에 의한 행정적인 조직으로 바꾼 것이었다. 10개의 데모스(村落)가 하나의 트릿튀스를

---

1042. 일본의 위험한 사조는 적군파(赤軍派)를 일컫는 것이며, 종교를 박멸하려는 러시아의 운동은 볼세비키 혁명을 지칭한다.

1043. 정치에 관계된 것들은 지리적 경계, 사회적인 기관과 단체, 관직과 계급 등이며 폐지한다는 것은 말살, 해소, 폐기, 숙청 등을 의미한다.

1044. 아테네의 정치체제는 각각 3개의 프라트리아를 통합하는 4개의 필레로 구성되어 있었는데, 30개가 하나의 프라트리아를 이루는 게노스는 삼대(三代)의 친족으로 이루어지는 오이키아의 연합이다.

이루되 각각 3개의 트릿튀스로 구성되는 10개의 필레로 조성한 그 지리적 구분은 튀라노스(僭主)가 생기는 것을 예방하고 네 개의 이오니아 부족으로 모아진 데모스의 충성을 아테네 국가로 돌리는 효과를 낳았다.

서구사회에 있어서 헬레닉 사회의 이 선례에 따른 것은 1789년의 혁명을 주도한 프랑스인이었다. 정치적 통합과 중앙집권화를 도모했던 프랑스 미래주의자들은 클레이스테네스가 취했던 것과 같은 수법으로 재래의 지방적인 구분을 폐지하고 프랑스를 정부의 획일적인 지배가 시행되는 하나의 재정적인 권역으로 바꾸었다. 이제 프랑스의 주제도(州制度)는 아티카의 데모스 제도가 그러했듯이 그 의도를 지도에 나타낸 혁명의 기념비가 될 것으로 여겨지는데 이 프랑스인이 실행한 지리적 미래주의의 독특한 작업은 유럽의 다른 지역에도 지대한 영향을 끼치고 있다. 한때 나폴레옹 제국에 편입되었던 이탈리아와 독일 및 네덜란드에 적용된 프랑스식 주제도(州制度)는 나폴레옹의 몰락과 함께 자취를 감추었으나 그것에 의해 기존의 정치적 경계표가 사라진 것은 이탈리아와 독일의 통일을 이루는 소지를 마련했다. 프랑스를 본으로 삼아 통일된 이탈리아와 도이치란드를 이룩한 사람들은 그 모방을 희화화하여 극단적인 전체주의를 실현시키려 하고 있다. 나치독일에서는 히틀러가 프랑스인이 1789년에 표방한 이념 중의 일부를 본떠서 Land(란트) 제도를 Gau(가우) 제도로 바꾸었고, 히틀러에 비견되는 지위에 있었던 스탈린은 볼셰비키적인 양상(樣相)으로 소비에트 연방의 지리적 개혁을 단행했다. 스탈린이 그 혁명을 단행한 의도는 클레이스테네스나 히틀러와 마찬가지로 중앙집권화를 강화하려는 것이었는데, 러시아로 밀려드는 내셔널리즘이 마르크스주의에 대한 위협임을 간파한 그는 그 지리적 개편을 민족주의라는 바이러스를 잠재우는 백신으로 활용했다. 그렇게 이루어진 소련의 지리적 개편은 러시아 혁명의 영구적인 기념비로 남을 것이고 미래주의자로서의 스탈린은 소련이 내셔널리즘이라는 서구의 악질에 감염되는 것을 막은 정치가로 기억될 것이지만 여타의 정치적인 부문에 대해 러시아의 미래주의자가 채택한 방책은 민족주의에 적용한 스탈린의 요법이 아니라 전체주의적인 강압이었다.

ⓒ 문화와 종교에서의 단절

미래주의가 세속적인 문화에 적용된 전형적 사례는 분서(焚書)일 것이다. 중국사회에서는 진(秦)의 시황제가 동란기의 철학자들이 남긴 저작을 불태웠는데, 그것은 그 서책들이 과거와 단절된 질서를 세우려는 자신의 목적에 방해가 된다고 판단했기 때문이다. 시리악 사회에서는 헬레니즘의 침입으로 인해 천여 년 동안 중단되어 있었던 그 세계국가를 재건한 우마르[1045]가 알렉산드리아 도서관의 방대한 장서(藏書)를 욕장의 땔감으로 불태웠다. 이어서 아나뱁티스트[1046]는 뮌스터에서 대대적인 분서를 자행했고 히틀러는 진시황과 같은 태도로 전국적인 분서 사건을 일으켰다. 독립전쟁을 주도하여 터키 공화국을 수립한 무스타파 케말은 비교적 온건한 수단을 채택하여 더욱 효과적으로 터키의 문화적 전통을 단절시켰는데, 서구화에 방해가 되는 이란의 문화적 유산을 말살하려고 했던 그가 택한 방법은 분서가 아니라 문자를 바꾸는 것이었다.[1047]

특정한 문자의 금제(禁制)나 서적의 소각(燒却)으로 초래되는 문화적 전통의 단절은 물리적인 행동으로 상징되지만 문화적 미래주의의 본질은 혁명을 구하는 정신이고 그 작용은 징후(徵候)를 드러내는 일 없이 내면적인 것으로 시행되는 경우도 있다. 우마르가 알렉산드리아 도서관을 불태운 것은 헬레니즘을

---

1045. 〈아부 하프스 우마르 이븐 알하타브〉라고 부르는 〈우마르, 634~644〉는 제2대 정통 칼리프, 네 명의 정통 칼리프 중 가장 강력했던 인물, 아부 바르크 시대에 시작된 시리아와 이라크에 이어 이집트와 이라크 정복을 완수하여 정통 칼리프 제국의 영토를 크게 넓혔다.

1046. Anabaptist는 재세례파(再洗禮派), 종교개혁 당시에 서방교회의 전통을 타파하고 복음에 기반을 두는 교회를 재건해야 한다는 기독교의 급진적인 종파. 유아 세례 거부, 재산의 공동 소유, 평화주의와 무저항 등을 특징적인 신조(信條)로 삼고 있다.

1047. 터키 국민의회가 1928년에 통과시킨 법률은 국자(國字)로 채택된 라틴 문자의 사용과 단계적인 적용을 규정한 것이었는데, 그로 인해 아랍 칼리프의 드라마틱한 처사를 재현하지 않게 된 아타튀르크는 아랍어와 페르시아어가 혼용된 터키 문자의 고전을 불태우지 않고도 그 미래주의적인 목적을 달성할 수 있었다.

구축하려는 원시 이슬람교도의 원망(願望)에서 비롯된 충동의 발로였는데 그 충동은 이슬람교도가 유대교도나 기독교도로부터 이어받은 것이었다. 이슬람교도의 그 반항은 매몰된 시리악 문명을 헬레니즘의 중압으로부터 해방시키려고 했던, 실패를 거듭하면서도 지속적으로 반복된 노력이 승리를 얻은 크라이맥스였다. 헬레니즘에 대해 시리악 사회가 표출한 반발의 첫 단계는 선지자들의 율법을 지키고 보완하는 일에 열중한다는 복고적인 방책이었고 다음 단계는 헬레니즘에 빠져드는 민중을 시리악 사회의 본연으로 되돌린다는 미래주의적인 시도였다. 그 정신적 싸움은 서서히 타오르던 전쟁에서 우마르가 전격적으로 승리하게 되는 준비를 갖춘 것이었는데, 이 문제의 대가인 에두아르트 마이어는 그것을 이지(理智)를 구축(驅逐)하려는 기원(祈願)과 그노시스(Γνῶδις, 靈智)의 작용으로 설명하고 있다.

정신적 복고주의가 아닌 지적인 면에서의 미래주의가 얻은 승리는 지배적 소수자로 전락한 지난날의 창조적 소수자가 전통적인 문화를 공격하는 미래주의자의 반이지적(反理智的)인 신조를 수용할 때 한계점에 도달한다. 예를 들면 헬레닉 사회의 계몽주의는 유스티니아누스가 신망을 잃은 아테네 대학을 폐지하고 그 문화적 유산의 포기를 사실로 인정하기 전에 이미 그 등불을 꺼버렸었다. 이처럼 지적인 영역에서 나타난 미래주의의 사례는 위 세 문명 외에도 여러 곳에서 살필 수 있는바 하나의 사회적 현상으로 되어 있는 현대 서구사회의 반이지적(反理智的)인 미래주의는 외견상 연관성이 적다고 여겨지는 다양한 사회적 운동의 공통된 요인으로 되어 있다. 동일한 성격의 증오심이 전체주의적인 국가를 우상으로 숭배하는 파시스트나 전투적인 공산주의의 책략만이 아니라 온건한 베르그송의 논리적 사색에도 깃들어 있음을 알 수 있다.

과거로부터 물려받은 전통에 대한 미래주의자의 공격은 사상과 문학의 영역만이 아니라 시각과 청각에 의한 예술에도 가해지고 있다.[1048] Futurism이라

---

1048.  서구의 음악, 무용, 회화, 조각 등에서 전통적인 양식을 배척하고 기괴한 식양(式樣)을 도입하려

는 말을 지어내고 그를 통해 자기들의 독창성을 주장하려고 했던 사람들은 그와 같은 혁신가들이었던바 그들이 자부하는 것은 조화를 이루지 못한 열대 아프리카인의 예술과 사이비 비잔틴 예술에서 빌려 온 허상(虛像)임이 밝혀졌다. 그러므로 미래주의라는 명칭은 3세기에 비롯되어 6세기에 개가를 올린 공세에서 헬레니즘과 이집트인의 문화를 공박하여 로마제국의 전역을 지배하게 된 비잔틴 건축과 기타의 시각예술(視覺藝術)에 어울리는 이름일 것이다. 시각예술에 있어서 문화와 종교에 연관된 미래주의의 한 형태가 우상파괴주의(偶像破壞主義)인데, 우상파괴주의자는 큐비즘이나 싱코페이션 음악을 제창하는 서구인과 마찬가지로 전통적인 예술 양식을 거부하되 신학적인 동기에 따라 종교와 연관된 예술에 적의(敵意)를 드러낸다는 특징을 가지고 있다.[1049] 우상파괴주의의 본질은 신을 비롯한 모든 것의 이미지가 우상으로 사용되는 시각적인 표현에 반대하는 것이지만 그 실질적인 적용에 있어서는 전체주의적인 것과 선택적인 것으로 구분된다. 전체주의적인 우상파괴주의는 유대교와 이슬람교의 주장이며[1050] 기독교에서 일어난 우상파괴 운동은 그 대상을 타협적으로 선정하는 방식이었다. 두 기독교 세계에서 일어난 그것들은 유대교와 이슬람교의 영향을 받았음에도 불구하고 입체적인 표상(表象)은 금지하되 2차원적인 표현은 허용했는데, 이 자의적이고도 불합리한 것으로 보이는 조각(彫刻)과 회화(繪畫)의 구분은 그로 말미암은 성과에 의해서 정당한 조치였음이 밝혀졌다.[1051]

<hr>

고 하는 시도에 대해서는 앞의 다른 부분에서 언급했다.

1049. 입체파로 옮겨지는 Cubism은 20세기 초에 프랑스에서 일어난 예술양식, 당김음으로 이해되고 있는 Syncopation은 연주(演奏)에 있어 강과 약의 비트를 변환하거나 생략하여 리듬감과 흥겨움을 더하게 하는 기법(技法).

1050. "너를 위하여 새긴 우상을 만들지 말고 또 위로 하늘에 있는 것이나 아래로 땅에 있는 것이나 땅 아래 물 속에 있는 것의 어떤 형상도 만들지 말며 그것들에게 절하지 말며 그것들을 섬기지 말라 나 네 하나님 여호와는 질투하는 하나님인즉 나를 미워하는 자의 죄를 갚되 아버지로부터 아들에게로 삼사 대까지 이르게 하거니와 나를 사랑하고 내 계명을 지키는 자에게는 천 대까지 은혜를 베푸느니라"〈출 20:4~6〉

1051. 우상파괴 운동은 정교 기독교 세계에서는 8세기에, 서구 기독교 사회에서는 16세기에 일어났다. '정당한 조치였다'라는 것은 그로 인해 성상에 관한 논쟁이 종결되었음에 따른 것이다.

종교적인 분야에서 우상을 파괴하는 것으로 발현된 미래주의의 정신은 문화적인 부문에서 일어난 분서(焚書)나 문자의 금지에 비견되는 물질적인 파괴를 자기표현의 수단으로 삼았으나 그 정신적인 작용은 상술(上述)한 바와 같이 내면적으로 은밀하게 이행되어 왔다. 앞에서 살핀 우상파괴운동은 물리적(物理的)인 파괴를 넘어서는 종교 분야에서의 미래주의적 자기표현인 것이다. 사회체의 분열과 내적 프롤레타리아트에 의한 고등종교의 창조 및 지배적 소수자나 외적 프롤레타리아트가 거기에 귀의하는 것을 볼 때 종교에서 발현되는 미래주의는 대단히 광범위하게 나타난다는 것을 알 수 있다.[1052]

### ③ 미래주의의 자기파탄

미래주의는 그 길을 걷는 자들에게 이룰 수 없는 목표를 헛되이 추구하게 하는 생활 태도여서 그 도모(圖謀)가 허망하거나 비극적인 것으로 끝나는 것이 보통이지만 때로는 어둠과 죽음의 그늘에 앉은 자에게 빛을 발하여 평강(平康)으로 인도하기도 한다.[1053] 그 발흥에 있어서 처음에 나타나는 적나라한 미래주의는 궁여지책인 동시에 어쩔 수 없이 채택하는 최후의 수단이다. 환멸을 느끼면서도 현세적인 삶에 집착하는 정신이 시대의 흐름에 역행하여 과거에서 도피처를 찾는 복고적인 시도가 무위(無爲)로 끝났을 때 사라진 희망의 소생과 실현이 달성되리라고 억측(臆測)하는 미래로의 탈출을 도모하는 것이 미래주의인바 그 성질을 극명하게 드러낸 몇 가지 전형적인 사례는 다음과 같다.

헬레닉 세계에서 기원전 2세기에 이탈리아나 시칠리아로 끌려가서 한니발 전쟁 때문에 황폐화(荒廢化)된 농토에 배속된 시리악 사회의 유민(遺民)과 오리엔트인은 가능성이 사라진 복고적인 시도 대신 미래주의적인 방책을 암담

---

1052. 앞에서 살핀 사회체의 분열과 그에 연관된 고등종교에 대한 사항은 '지배적 소수자와 프롤레타리아트의 종교적인 활동은 그들이 행하는 길항작용의 일부라는 것, 프롤레타리아트의 고등종교에 귀의하는 지배적 소수자와 외적 프롤레타리아트의 정신적 본질은 미래주의라는 것' 등이다.

1053. "이는 우리 하나님의 긍휼로 인함이라 이로써 돋는 해가 위로부터 우리에게 임하여 어둠과 죽음의 그늘에 앉은 자에게 비치고 우리 발을 평강의 길로 인도하시리로다"〈눅 1:78~79〉

한 현실에서 벗어나는 수단으로 삼게 되었다.[1054] 그래서 점점 더 심해지는 압제에 반항한 그들이 목표로 삼은 것은 로마제국의 주종(主從)이 뒤바뀌는 급변적인 사태를 조성하는 것이었는데, 그것은 엉뚱한 계획이었지만 당시의 세태가 극단적인 변전을 이룬 것을 생각한다면 이해할 수 없는 것은 아니다. 지난날 유다왕국이 멸망했을 때 유폐되어 여전(如前)한 상태로의 귀환을 바랄 수 없게 된 유대인은 이전보다 광대한 다윗의 왕국이 세워질 것을 소망(所望)하게 되었는데, 앗수르 군국주의자들과 키루스가 바꿔 놓은 당시의 시리악 사회에 있어서 새로운 다윗의 왕국은 그것을 아우르는 세계국가여야 했다. 그래서 그들이 꿈꾸듯이 간구(懇求)한 것은 스룹바벨이 다리우스와 마찬가지로, 유다 마카베오가 안티오쿠스와 같이, 바르 코카바가 하드리아누스처럼 세계를 지배하는 것이었다.

정교 기독교 세계의 러시아 분지에서는 위와 같은 꿈이 분리파[1055]의 마음을 사로잡은 적이 있다. 표트르의 개혁으로 인해 낡은 것으로 치부된 정교회가 사탄의 것으로 전락하여 무소불위의 힘을 가진 정권의 속박에서 벗어날 것을 기대할 수 없었던 라스콜닉스는 절대적인 권세와 완벽한 신앙을 겸비한 통치자가 구세주로 출현하여 적그리스도인 짜르의 모독적인 사업을 타파하고 순수한 신앙을 부활시키기를 바라게 되었던바 그들이 그와 같이 엉뚱한 희망을 갖게 된 것은 다가오는 심판에 대하여 달리 대처할 방법이 없었기 때문이다. 이처럼 적나라한 미래주의의 출현에 있어서 중요한 특색은 위안(慰安)과 구제(救濟)를 바라는 미래주의자의 모든 희망이 현실적인 방법에 의해 평범하게 실현된다는 생각에 기반을 두고 있다는 점이다. 풍부한 사료(史料)로 인해 그

---

1054. 귀환을 꿈꿀 수 없었을 뿐만 아니라 돌아가고 싶은 고국을 잃어버린 이 로마인의 노예들은 과거의 회복을 꿈에서도 생각할 수 없었으므로 미래로 눈을 돌려 상황의 반전을 도모하는 것 외에는 달리 방편을 찾을 수 없었다.

1055. 〈라스콜닉스〉라고 하는 분리파는 17세기에 모스크바 총주교 〈니콘〉이 감행한 개혁에 반대하여 러시아 교회로부터 떨어져 나간 정교 기독교 교회의 일파.

특색이 현저하게 드러나는 유대인의 미래주의는 유다왕국이 멸망한 이후로 기회가 엿보이기만 하면 언제나 자기들의 새로운 왕국을 세우려는 희망을 표방했다. 캄비세스가 죽은 때로부터 다리우스의 정복이 단행되기까지의 기간에 조성된 소강(小康)의 시대에 예루살렘을 새로운 다윗 왕국의 수도로 삼으려고 했던 스룹바벨의 계획이 시도되었는데 로마와 셀레우코스조의 각축(角逐)으로 말미암은 공백기를 마카베오 일가의 승리에 의한 것이라고 오인한 팔레스타인의 유대인은 제2의 이사야와 같은 태도로 하스몬의 아들에게 호산나를 외쳤다.[1056] 그것은 로마와 셀레우코스조의 다툼으로 인해 유프라테스 이서(以西)에 대한 헬레닉 사회의 지배가 일시적으로 약해졌을 때 두각을 드러낸 마카베오가 다윗의 아들로 오는 이가 수행할 임무를 성취한 것으로 여겨진 까닭일 것이다. 유대인은 셀레우코스조를 축출한 로마가 더욱 강압적인 지배를 굳힌 것으로 인해 그 환영이 사라진 후에도 새로운 왕국에 대한 미래주의적인 희망을 버리지 않았다. 팔레스타인의 유대인이 위와 같은 상황에서도 자위(自衛)하지 못했음을 볼 때 상쟁하던 헬레닉 사회의 5대 강국 중 강한 편이 아니었던 셀레우코스조도 극복하지 못한 그들이 모든 경쟁자를 타파하고 세계국가로 등극한 로마제국에 대항한다는 것은 완전히 불가능한 일이었다. 이러한 사정을 정확히 인식하여 자신이 아우구스투스의 은혜로 유대인을 다스리게 되었음을 잊지 않았던 이두마이아[1057]의 독재자 헤롯은 유대인을 통치함에 있어 그들이 망동하여 로마의 응징을 초래하지 않도록 각별한 노력을 기울였다. 그러나 당시의 유대인은 그 유익한 교훈을 베푼 헤롯에게 감사하기는커녕 헤롯

---

1056. 〈캄비세스 2세, BC 530~522〉는 아케메네스조 페르시아 제국의 6대 〈샤한 샤〉 키루스 2세의 뒤를 이어 이집트를 정복했으나 그의 폭정으로 초래된 위기를 다리우스 1세가 수습했다. 호산나 (Hosanna)는 〈호쉬아-나〉라는 히브리어에서 파생된 말인데, 〈호쉬아〉는 구원(救援)이라는 뜻으로서 여호수아와 어원을 같이 하며 "나"는 지금이라는 뜻이므로 〈호산나(호쉬아-나)〉는 "지금 구원하소서"라는 의미를 갖는다.

1057. 〈이두매〉로 쓰인 〈이두마이아, Idumea〉는 유대의 남쪽 지역으로서 에돔인이 거주했던 곳, 브엘세바로부터 벧술까지 뻗어 있고 그 북단에서 예루살렘까지 약 24km의 간격이 있다.

과 그의 방침에 노골적으로 반발했다. 그리고 그들을 교묘하게 억제하고 있었던 헤롯의 손이 사라짐과 동시에 미래주의의 길을 난폭하게 질주함으로써 피할 수 없는 파국을 초래했다. 로마가 66~70년에 과시한 경고성 무력 시위로도 고쳐지지 않은 유대인의 미래주의는 디아스포라 유대인의 봉기와 바르 코카바의 반란으로 참담한 체험을 거듭했는데,[1058] 그것은 유대인이 현세적인 미래주의의 추구가 부질없고 허망한 것임을 깨닫기에 7세기 이상의 시간이 소요되었음을 말해주고 있다.

그러나 여기까지가 유대인이 맹종한 미래주의에 관한 이야기의 전부(全部)인 것은 아니다. 완고한 태도로 불행을 초래하는 족속의 이 끈질긴 세속적 추구는 유대인이 펼친 미래주의적인 이야기의 중요성이 덜한 전반(前半)에 불과한 것인바 이야기의 전체는 그 미래주의자들이 잇따른 실패에도 불구하고 변함없이 현세적인 성취를 추구했음에 반해 특이한 정신력을 발휘한 여타의 유대인은 부흥에 관한 희망을 다른 방면으로 돌리게 되었다는 것이다. 그 유대인은 미래주의가 초래하는 파탄을 인지하는 과정에서 현세의 왕국을 초월한 신의 왕국이 있다는 사실을 간파했다. 이 계시가 더욱 분명하게 드러남에 따라 기대를 모았던 유대인 왕국의 재건자는 세속의 왕국을 세우는 인간의 왕이라고 믿게 되었는데 잇따라 그것을 참칭(僭稱)한 자가 민중의 환호를 받을 때 부여된 칭호는 메레크(Melek, 세속의 왕)가 아니라 메시아(Mesia, 주의 수임자)였다. 이

---

1058. 로마인과 유대인 사이의 종교적인 분쟁으로 말미암은 제1차 유대-로마 전쟁은 유대인 제로트파가 주도한 것인데, 유대인이 위대한 반란이라고 부른 이 싸움은 티토스의 로마군이 예루살렘을 함락시킨 후 유대의 국격 상실과 유대인 디아스포라의 대대적인 시발(始發)로 종결되었다. 키프로스, 시레나이카(리비아 동부) 등 지중해 동부의 디아스포라 유대인이 115~117년에 일으킨 반란은 키토스 전쟁 또는 제2차 유대-로마 전쟁으로 통칭된다. 키토스라고 와전된 루시우스 퀴에투스가 그것을 진압한 후 리다의 학살이 자행되었고, 이후로 지중해 동부의 디아스포라 유대인 사회가 완전히 소멸되었다. 3차 유대-로마 전쟁(132~135)이라고도 하는 바르 코카바의 반란은 하드리아누스 황제가 예루살렘 북쪽에 건설한 아일리아 카피톨리나에 로마군을 상주시키고 유대인의 할례를 금지한 것에 대한 반항이었는데, 세베루스가 그것을 진압한 후 예루살렘의 유대인이 대대적으로 추방됨으로써 그들의 디아스포라는 더욱 심화되었다.

처럼 물러났다고 하더라도 유대인의 신은 처음부터 그들의 원망(願望)과 결부되어 있었고 이후로 현세적인 희망이 사라짐에 따라 전면에 나타난 신의 무습이 마침내 그들의 시계(視界)를 독점하게 된 것이다. 신의 가호를 바라는 것은 어떤 것을 신앙하는 것과 마찬가지로 오래된 관습이지만 새로운 계기는 유대인의 메시아로 호칭되는 인간이 신의 인증을 받고 있다는 주장에 있는 것은 아니었다. 시종하여 국지적인 유대인의 수호신으로 각인되었던 여호와가 수임자를 보호하는 신으로 상정된 것은 보다 더 넓고 색다른 면에 준거한 것임을 고려할 때 새롭고도 중요한 점은 그 수호신의 기능과 힘에 대한 사고방식이었다. 이 수호신에 대한 개념의 확대는 당시의 정세에 의해서 필연적으로 요청되는 일이었으며 유대의 미래주의자가 기원전 586년 이후에 추구해 온 것은 단순한 정치적 사업이 아니었다. 그들은 불가능한 것을 추구하는 작업에 착수했던 것인바 독립을 지킬 수도 없었던 그들이 어떻게 최강의 정복자를 대신할 수 있겠는가? 이 거창한 일을 성공적으로 수행하려면 정의를 추구하되 자기 백성에게 임한 악한 정세를 고칠 힘을 가진 신의 뒷받침이 있어야 한다. 피보호자가 절망적인 것을 추구할 수 있다면 그 보호자는 전능해야 할 것임과 동시에 정의를 세우는 일에 더욱 열심을 내야 할 것이다.[1059]

미래주의 운동에 헌신하는 인간이 지주로 삼은 신의 힘과 사업은 마땅히 위와 같은 것이어야 할진대 정치에 있어서 경험을 통해 이러한 결론에 도달한 인간은 유대의 미래주의자뿐만은 아니었다. 유대인의 메시아 배후에 나타난 여호와에 해당하는 존재로서 조로아스터교 사오샨트의 본체인 아후라마즈다와 헬리오 폴리스의 헬리오스를 들 수 있는데,[1060] 이는 세 부류의 프롤레타리

1059. "능하신 이가 큰 일을 내게 행하셨으니 그 이름이 거룩하시며 긍휼하심이 두려워하는 자에게 대대로 이르는도다 그의 팔로 힘을 보이사 마음의 생각이 교만한 자들을 흩으셨고 권세있는 자를 그 위에서 내리치셨으며 비천한 자를 높이셨고" 〈눅 1:49~52〉

1060. 〈사오샨트〉는 조로아스터교에서 말하는 '인간의 아들인 구세주', 더욱 자세한 내용은 변모(變貌)를 다룰 때 살핀다. 헬리오스(Ηλιος)는 그리스 신화의 태양신, 아리스토니쿠스는 그것을 〈헬리오폴리타이, 태양국의 시민〉의 신으로 정의했다.

아트 집단이 미래주의로 말미암은 시련을 통해 지고(至高)한 유일신(唯一神)을 찾았음을 의미한다. 그와 같은 유일신이 발견되었을 때 현세적인 것을 추구하는 인간에 의해 연출되던 드라마는 새로운 주역(主役)을 얻어 무대를 고도한 차원의 정신적인 분야로 옮기게 되며 그때까지 민중을 현세라는 황야로부터 약속된 땅으로 인도한다고 자부했던 인간 투사는 주연의 지위를 신에게 양보하게 된다.[1061] 인간인 투사는 이 단계에서 초인간적인 과업임이 분명해진 일을 수행할 힘과 에너지를 수급할 수 없게 되고 신은 자기 백성을 위해 자신만이 행할 수 있는 구세주와 왕의 역할을 감당하게 된다.

서구의 정신분석학자는 이러한 해명이 불가능한 것을 추구하는 족속이 그 무거운 짐을 현세적인 전사(戰士)로부터 공상적인 신의 가호를 빙자하는 투사(鬪士)를 거쳐 자칭하는 수임자(受任者)에게 전가한 후 절망에 빠져 신이라는 가공적인 존재에 구원을 청하는 현실도피증의 우울한 이야기에 불과하다고 힐난(詰難)할 것이다. 광신에 빠져서 당랑거철(螳螂拒轍)과 같은 짓을 자행한 Zelot파나 그에 반하되 마찬가지로 무망한 것을 추구한 Agudath파[1062]를 볼 때 자의적으로 정한 목표에 좌절감을 느낀 미래주의자가 초현실적인 힘에 빗대어 현세적인 작위의 성취를 구하는 것은 유치한 행동이라는 평가에 동의하지 않을 수 없다. 그러나 위의 두 유파와 다른 태도를 보인 요하난 벤 자카이 일파와 기독교의 응전은 폭력에 호소하지 않았다는 점에서는 정적주의자(靜寂主義者)와 유사했으나 인간이 세운 미래주의적인 목적이 아니라 신의 뜻을 구하여 초현세적인 분야에서의 고차원적인 목표에 기대를 걸었던 점에서는 다른 유파들과 구별된다. 이것은 정신분석가의 위와 같은 비판이 적용되지 않는다는 점에서 상당히 중요한 요인이다. 신에게 기원(祈願)하는 인간이 그와 동시에 현

---

1061. 이 관계에 있어서 인간 투사는 신의 수임자였고, 신은 그에게 초월적인 힘을 부여하는 자로 소환된 응원자였다.

1062. 아구다트파는 제로트파의 현세적인 사업이 신의 소임이므로 인간은 정적(靜寂)을 지켜야 한다고 주장한 유대인의 일파(一派).

세적인 것에 집착하기를 중단한다면 그것을 인간적인 노력의 허망함에서 벗어나려는 도피행이라고 비난할 수 없으며 기도(祈禱)가 희망을 회복하는 결과를 낳는다면 그것을 빌어서 얻은 힘이 허구가 아니라고 판단할 수 있는 근거를 제시하는 것이다. 그러므로 이 정신적 전향은 진정한 유일신을 찾은 것이라고 단정할 수 있는 것인바 거기서 시간적인 미래에 대한 인간의 가식(假飾)은 "저세상"을 드러낸 신의 계시에 자리를 양도했다. 현세적인 희망이 좌절됨으로 인해 지음받은 형상을 잃어버린 인간이 연출하는 온갖 사건의 배후에 상존해 온 실재의 본연이 계시되고 발견된 것이다.[1063] 성소(聖所)의 장막이 위로부터 아래까지 두 조각으로 찢어진 것이었다.[1064]

이어서 이 고찰의 마무리로서 위와 같은 정신적 방향 전환의 위업이 성취되어 가는 단계들을 살피면 다음과 같다.

인간이 자신들의 목적과 다른 신의 뜻을 인지하게 되는 상황은 아케메네스조 시대의 시리악 사회와 바빌로니아 세계에 속했던 여러 민족의 종교적 체험 속에 생생하게 그려져 있다. 이 문제에 대한 권위자인 〈E. Meyer〉는 그것을 "신은 현세에 집착하는 자기 백성에게 지복(至福)인 상태를 허용하지 않는다. 압제를 당하는 족속 가운데서나 믿음에서 생기는 종말론적인 소망은 응분(應分)의 일인바 이사야를 필두로 하는 유대의 예언자들에 의해 배양된 그 희망은 인간의 삶을 아후라마즈다의 승리로 끝나는 싸움이라고 단정하는 짜라투스트라의 가르침으로도 표방되었다. 그리고 이 싸움이 창조를 마무리하려는 유일신의 위대한 노력으로도 그려졌음을 볼 때 종말론은 창조 신화의 반복과 변형인 것으로 이해할 수 있다. 이것이 곧 바빌로니아 신화가 파급시킨 영향력의

---

1063.  "하나님이 이르시되 우리의 형상을 따라 우리의 모양대로 우리가 사람을 만들고 그들로 바다의 물고기와 하늘의 새와 가축과 온 땅과 땅에 기는 모든 것을 다스리게 하자 하시고 하나님이 자기 형상 곧 하나님의 형상대로 남자와 여자를 창조하시고 〈창 1:26~27〉
1064.  "이에 성소 휘장이 위로부터 아래까지 찢어져 둘이 되고 땅이 진동하며 바위가 터지고 〈마 27:51〉

정수(精髓)로서 다양한 종교 속에 스며든 보편적인 개념의 기초가 되었다"라고 논술하고 있다. 이와 같은 사상의 본질은 인간이 주도한다고 여겼던 현세가 지상(至上)의 것이 아니라 서서히 신의 왕국으로 실현되어 가는 단계의 하나라고 인식하는 점에 있다. 그에 있어서 하나의 새로운 세계가 정신적으로 더 고차원적인 세계의 침투로 인해 변화를 일으킨다는 사상은 미래주의적인 진행에서의 위치(位置)와 현실적인 복락(福樂)의 기준이 다를 뿐 정신적으로는 차이가 없는 현세적인 왕국의 관념에서 비롯된 비유로 시작된다.

이러한 사고방식으로 세속의 왕국을 초월하는 '신의 나라'를 그려 낸 제2의 이사야에 있어서 초월(超越)된 것은 인간과 자연이 초자연적이고도 기적적인 복락을 체험한다는 식으로 설명되어 있는 대목뿐이다. 현세적인 소망에서 벗어나지 못한 유대인의 지상낙원을 염두에 두었던 그는 때가 차면 그 낙원이 세상과 함께 소멸된다는 것을 깨달은 사람들과 같은 정신적 진전을 이루지 못했던 것인데, '이 세상'이 그것을 초월하는 '저세상'에 자리를 양도하기 위해 소멸되어야 하는 이유는 천 년 동안 세상을 지배하는 왕은 아직 자체인 신이 아니라 현세의 수임자(受任者)인 메시아에 불과하기 때문이다. 그 단계가 지남에 따라 수임자는 신의 권위를 뒷배로 삼고 있는 초자연적인 인물로 그려질 뿐 지난날의 역사적인 군주들[1065]과 같은 존재로 여겨지지 않는다. 이 초자연적인 메시아는 그 최후의 천 년 동안 다시 낙원으로 바뀐 세계에 적합한 존재겠지만 그러한 현세의 왕국을 건설하려는 것은 별개인 동시에 서로 용납될 수 없는 두 관념을 하나로 아우르려는 망상이다. 과시하려고 미래에 투영할 뿐 그 정신적 특질에 있어서 현재와 다름없는 인간의 왕국에 대한 기대와 시간을 초월하여 그것과는 차원을 달리하는 신의 왕국에 대한 관념을 하나로 묶으려는 미래주의적인 시도는 그것이 조망하는 신기루로부터 변모된 비전에 도달한다는 정신적 비상에 도움이 될 수 있겠지만 이후로는 아무런 쓸모도 없게

---

1065. 이 범주에 넣을 인물은 〈키루스〉 〈스룹바벨〉 〈시몬 마카베오스〉 〈시몬 바르 코카바〉 등이다.

되며 그와 동시에 피할 수 없는 자기파탄의 도전에 반응하여 '저세상'의 비전을 일깨운 미래주의는 마침내 완전히 극복되는 것이다. 우리는 그에 대한 〈E. R. Bevan〉의 명쾌한 설명을 통해 그것을 확연히 알게 된다. "바리새인 경건주의자는 하스몬 왕조 시대에 이미 이 세상에 등을 돌려 천국이라는 참된 미래를 바라보게 되었다. 그리고 헤롯의 시대에 이르러 과거 수 세기 동안 약동했던 민족감정의 흐름은 철저히 끊어져서 그들이 열어놓은 초월적인 신앙과 메시아를 대망하는 것 외에는 달리 출로를 찾을 수 없게 되었다. 오늘날 남아 있는 그들의 경전-「에녹」,「솔로몬 시편」,「모세 몽소승천(夢召升天)」-을 보면 그 필자들의 사상이 어떤 것이었는지를 알 수 있다. 이 외전(外傳)들은 우리가 복음서에서 배우는 것들에 대해서는 아무것도 말해주지 않지만 기독교도가 숭배한 그리스도는 특정한 예언자가 상기(上記)한 현상의 구현이 아니라 보내신 인자(人子)와 태어난 다윗의 아들, 수난을 겪는 종으로서의 히브리 예언자, 그리스 비교(祕敎)의 살해된 신, 그리스 철학의 로고스 등 모든 것을 아우르고 있다. 그러나 그는 그 모든 것을 합친 것을 능가하는 존재였다."

### (9) 초탈(超脫)

우리는 미래주의와 복고주의의 성질과 작용을 살핌으로써 그 두 활동 방식은 끝까지 실행될 수 없을 뿐만 아니라 그 실패가 공히 치명적인 과오에 의해 해명(解明)된다는 결론에 도달했다. 복고주의는 부메랑처럼 반전하여 미래주의를 지향한다는 형태로 파탄을 초래하며 미래주의는 낭패(狼狽)를 당하여 현세를 초월하는 정신적 차원의 '저세상'을 보게 되는 것이다. 현세를 떠나지 않은 채 현재와 다른 삶을 추구하는 두 생활 태도에 있어서 미래주의의 과오로 말미암은 반동에서 파악되는 것이 변모(變貌)된 신비인 것인데, 방향을 돌이켜 미래주의를 지향하게 되는 복고주의의 파탄은 초탈(超脫)이라는 정신적 발견의 열매를 맺기도 한다.

지난날의 복고적인 시도가 실패로 끝났다는 사실을 깨달은 복고주의자가 그로 말미암은 도전에 대응하는 최후의 수단은 파멸로 이행되는 도약을 현실에서 벗어나는 비행(飛行)으로 전환하는 것이다. 복고주의라는 실행 불가능한 경험으로 인해 궁지에 몰린 복고주의자가 마지막으로 모색하는 것이 초탈의 철학인바 문명의 붕괴로 인해 고뇌하는 영혼이 일으키는 분열을 조사함에 있어서는 그 마지막 형태인 변모를 고찰하기 전에 복고주의자의 이 현실도피적인 기도를 살피는 것이 합당할 것이다.

생에서 벗어나는 것이 삶의 문제를 해결하는 유일한 방법이라는 결론에 도달한 경험은 안토니누스 시대에 구현된 일시적인 부흥을 헬레닉 사회의 회춘(回春)으로 오인하지 않은 Lucianus가 「카론」에서 지어낸 가공(架空)의 대화로 서술되어 있다. Hermes와 Charon의 대화를 통해 현세의 삶이 허망하다는 것과 그 허망에서 벗어난 사람들을 말하고 있는 루키아노스는 초탈을 추구하는 헬레닉 철학의 대표자인데[1066] 초탈의 실천은 〈Lucretius, BC 99~55〉에게서 보는바 죽음에 인종(忍從)하는 단계로부터 그가 자기멸각(自己滅却)으로 성취한 절정에 이르기까지 그 정도가 점증하고 있다. 「사물의 본성에 관하여」에서 생자필멸(生者必滅)의 당위(當爲)를 말한 루크레티우스에 대한 경쾌한 울림(放響)을 삶이 덧없는 것이라고 말하는 하우즈만의 시[1067]에서 듣는바 두 시인에 있어서 이 죽음에의 인종을 위한 수고를 죽음 자체로 소멸시킨다는 착상은 교감을 이루고 있다. 죽음으로 편안함을 얻는다는 라틴 시(詩)에 대한 영시(英詩)의

---

1066. 〈Lucianos, 125~180〉는 제정 로마 시대에 활동한 그리스 문학의 대표적인 단편 작가, 비평과 풍자로 유명했고 대화편에 능란하여 「신들의 대화」「죽은 자의 대화」「카론」 등의 수작을 남겼다. 헤르메스는 그리스 신화에서 제우스와 마이아의 아들, 여행이나 소통에 관한 것을 주관하는 신. Hermes는 '표지석 더미'라는 뜻이며 죽은 영혼을 하데스(저승)로 데려가는 역할을 담당했는데, 이때의 별칭은 Psychopompos이다. Charon은 그리스 신화에 나오는 저승의 뱃사공, 유럽에서 망자의 입에 동전을 넣거나 두 눈을 동전으로 가리는 풍습은 그가 망자(亡者)를 배에 태워 아케론(강)을 건널 때 뱃삯을 받았기 때문이라고 함.

1067. "아주 잠깐 동안 나는 머물고 아직 산산히 흩어지기 전인 지금 서둘러 내 손을 잡고 말해다오. 그대의 가슴 속에 있는 것을. 자 말해다오 나는 대답하리니 어찌하면 도움이 되겠는지 말해다오. 바람의 열두 방위를 향해서 정처 없는 길을 떠나기 전에"〈Housman, 1859~1930〉의 「Shropshire Lad, 슈롭셔 젊은이」

화답은 출생(出生) 이전의 평안이며, 그 평안은 시간적 간격이 있을 뿐인 사후(死後)의 거울이므로 살아 있는 영국인은 죽은 로마인의 일을 상기하는 것으로 용기를 유지할 수 있다. 아무리 강포(强暴)해도 잠들지 않는 바람이 없디는 것과 로마인과 그 고난이 재가 되어 잠들어 있음을 떠올리는 영국 시인의 상념은 다소 부드러운 어조로 제공하고 있는 스토아 철학자의 위로(慰勞)[1068]에 잇닿아 있다.

죽음은 망각을 일으키지만 어쨌든 생명을 누리는 것에는 어쩔 수 없는 한계가 있다. 생명은 고유의 리듬과 길이를 가진 운동이며 거기에 숨겨진 비밀은 계속성이다. 그래서 삶을 공연히 연장하는 것은 부질없이 포만(飽滿)과 권태(倦怠)를 유발할 뿐이다. 에픽테토스가 루크레티우스의 경고(警告)를 권유(勸誘)로 유포한 포만(飽滿)의 네메시스가 인간을 기다리고 있을 뿐만 아니라 모든 세대를 습격한다고 하는 로마 시인의 풍자적인 계몽(啓蒙)은 시리악 사회의 전도자(前導者-코헬렛)에 의해서 각성된 것인데, 시리악 사회의 이 회의론적인 상념(想念)은 스토아파 현인(賢人)의 성찰에서 더욱 서늘하게 강조되어 있다.[1069] 마르쿠스 아우렐리우스가 말한 우주의 주기적인 재생은 권태를 일으키는 포만을 낳지만, 관능에 쏠리는 범인(凡人)의 현세적인 생활이 무미건조한 것이라고 하는 영국 시인의 우울한 고백은 그런 삶을 천박한 것이라고 토로한 루크레티우스의 외침보다는 아픔이 덜한 편에 속한다. 범인의 생활에 수반되는 이 단조로

---

1068. "그는 그대에게 오라고 소리친다. 그리고 어디로 오라는 거냐고 물으면 무서운 곳이 아니라 그대가 거기서 나왔던 곳, 동료들이 있는 곳으로 가는거야 라고 말한다"〈에픽테토스〉「논집」

1069. "올 사람들을 위해 자리를 비워라. 세상을 점령하려 하지 말아라. 남에게 지장이 될 만큼 오래 버티면 스스로 즐겁지 않게 된다. 갈망은 사라지지 않는다. 그러다가 죽는 것이다. 그러니 연륜에 맞지 않는 것은 깨끗이 버리고 홀가분한 마음으로 사라져라"〈에픽테토스〉의「논집」"후세가 우리의 습속에 덧붙일 것은 아무것도 없다. 그들은 언제나 우리와 같은 일을 하고 같은 욕망을 가지리라"〈유베날리스〉의「풍자시」"한 세대는 가고 한 세대는 오되 땅은 영원히 있도다. 이미 있던 것이 후에 다시 있겠고 이미 한 일을 후에 다시 할지라. 해 아래에는 새것이 없나니"〈전도서 1:4,9〉"우리 다음에 나타나는 이들은 새로운 아무것도 보지 못할 것이고, 우리에 앞섰던 사람들도 우리의 눈이 도달할 수 없는 곳에 있는 어떤 것도 발견하지 못했음을 깨닫는다"〈마르쿠스 아우렐리우스〉의「성찰록」

움은 상당히 괴로운 것이지만 더욱 어쩔 수 없는 것은 루크레티우스가 예리하게 묘사한 유한계급(有閑階級)의 병적인 불안이다. 그런 심경에 젖었거나 그것을 헤아린 인간은 세네카와 같이 사는 것이 형벌(刑罰)이라고 여기거나 루크레티우스를 추종하여 인생이 명부(冥府)와 다르지 않다고 믿으려고 할 것이다.[1070] 이 루크레티우스의 직관이 바로 "마음의 고문을 받아 끝없이 흥분하기보다는 평화를 보여준 고인(故人)과 함께 있는 편이 낫다"라는 Macbeth의 경험이다. 이렇게 부르짖은 맥베스는 더 오래 살아서 공포의 심연을 헤매이는데, 죽음이 그러한 삶에 대한 최고의 해법이라는 생각은 루크레티우스에 의해 피력되어 있다.[1071] 맥베스의 고백은 사는 것이 형벌이며 죽음의 항구가 유일한 피난처라는 세네카의 생각과 같은 것이지만 세네카가 말한바 폭풍의 바다를 벗어난 것이 즐겁다면 모든 감각이 없어지는 것은 그보다 더한 희열(喜悅)임에 틀림이 없다. 그것을 영면(永眠)에 비긴 하우즈만의 한탄[1072]에 대한 대답은 에픽테토스에게 있다. 그의 제자들은 「논집」에 "도덕적 용기는 행복과 무감동과 안락을 낳을 수 있고, 안락에 이르는 길은 일체(一切)의 도덕적 가치에서 벗어나는 것이다. 그 무엇이라도 소유하려고 하지 말고 모든 것을 우연과 신에게 맡겨라. 다만 한 가지 참으로 그대의 것이고 외인(外因)이 끼어들 수 없는 일에 몰입해야 한다"라는 스승의 말을 실었다.

이 스토아파 철학자의 여러 단편[1073]을 편집한 문헌에는 초탈의 실천을 위한 온갖 정신적 수련이 수록되었으나 초탈의 길을 더듬어 보면 헬레닉 사회의 철

---

1070. "부담스러운 짐이 생기는 원인이 무엇인지, 어디에서 오는지를 알 수 있다면 현재와 같은 방식으로 살지 않을 것이다. 사람은 모두 현실에서의 도피를 꾀하지만 거기에 성공하지 못하므로 혐오하면서도 자기에게 집착되어 있고 그러므로 증오와 회한으로 나날을 보내고 있는 것이다. …지하에 있다고 전해 오는 명부(冥府)는 온전히 우리의 생활 속에 있다. 요컨대 어리석은 자들에 있어서 이 세상에서의 삶은 명부에서 사는 것과 다름이 없는 것이다" 「사물의 본성에 대하여」 제3권.

1071. "거기에 무슨 무서운 것과 음울한 것이 있을까? 어떤 휴면보다도 평온하지 않은가" 「사물의 본성에 관하여」 제3권.

1072. "아! 어째서 나는 눈을 떴을까? 언제 다시 잠들게 될까"

1073. 「안정에 관하여」 「부동에 관하여」 등.

학자에서 떠나서 인도사회의 철인(哲人)이 제공하는 안내에 따라야 할 때가 온다. 그것은 제논의 제자들도 상당한 진보를 이루었으나 그 논리적 귀결인 자기멸각의 경지에 도달한 자들은 다름 아닌 Gautama이 제자들이기 때문이다. 바야흐로 초탈을 실행하는 것은 정도의 문제여서 그것을 마리 앙투아네트와 테오크리토스가 탐한 것과 같은 취미로 삼거나 디오게네스나 Thoreau처럼 하나의 유희적인 태세(態勢-Pose)로 추구할 수도 있으며 나아가 요기(Yogi)나 은자(隱者)처럼 엄중하게 몰입할 수 있다.[1074] 그러나 초탈의 길을 걸어 목적지에 도달하려고 함에 있어 그 탐구에 생명을 거는 것만으로는 충분하지 않다. 그 추구는 히나야나의 구도자가 그러했듯이 생의 부정(否定)을 바랄 정도로 삶에서 벗어나야 하는 것이다. 그것은 인간의 본성에 정면으로 반하는 일이며 쇠약해진 육체를 달래기 위해 그것을 구하는 정신까지도 무서운 곳으로 데려갈 수 있는 신의 도움을 바라는 마음이 된다. 이처럼 생사를 가르는 단애(斷崖)를 넘어가려면 영국 시인과 같은 자세로 헤르메스의 안내를 받는 것이 좋겠지만 그 안내자는 성실한 길잡이가 아니라 '피리 부는 사나이'와 같은 사기꾼에 불과하다.[1075] 피리 부는 사나이는 아이들에게 최면을 걸어 자기를 따르게 하지만 꿈결로 따라가는 그들은 현실에서 벗어날 수 없다. 우리는 이 튜튼족의 옛이야기에서 배우고 있으나 인도사회의 아라하트[1076]는 헬레닉 사회의 길잡

---

1074. 마리 앙투아네트는 별궁에서 도가적인 전원생활을 즐겼다. 〈Theokritos, BC 310~250〉는 전원시의 창시자로 알려진 그리스 시인, 수작(秀作)은 「Tharysia」 「Thyrsis」 등이다. 〈Diogenes, BC 412~323〉는 통(桶)을 거처로 삼은 것과 알렉산더와 나눈 대화로 유명한 그리스 철학자, 〈견유(犬儒-Cynici)파〉의 대표자. 〈H. D. Thoreau, 1817~1862〉는 미국의 철학자 시인 수필가, 〈R. W. Emerson〉과 함께 초월주의 철학을 추구하여 미국 르네상스의 효시로 알려졌고 〈Mohandas Karamchand Gandhi〉와 〈Martin Luther King〉에게 지대한 영향을 끼쳤다.

1075. "날아가는 죽은 자들에 섞여 앞에 선 길잡이의 뒤를 따른다. 미소를 머금고 대답 없이 날개 달린 발로 날며 뱀이 감긴 지팡이를 쥐고 있는 길잡이를 따라서" 〈A. E. Housman〉의 「슈롭셔 젊은이」 독일의 하멜른(Hameln)에 전해 온 '쥐 잡는 사나이'라는 이야기가 영역(英譯)되면서 「The Pied Piper of Hamelin」으로 바뀌었는데, 한국에서는 '피리 부는 사나이'로 옮겨졌다.

1076. '공경받을 자'라는 의미의 팔리어 Arahant가 산스크리트어 Arahat로 옮겨졌고, 이것이 한자어 阿羅漢(Arahan)으로 음차(音借)되었다.

이인 프시코폼포스의 안내를 받아 니르바나(涅槃)에 도달하는 방법이 함정이거나 속임수임을 직관적으로 간파한다. 그것은 마취와 같은 것이어서 일본인의 셋푸쿠(切腹)를 예로 든다면 마취된 상황에서는 그 절기(絶技)를 실행할 수 없다. 정신적 자기멸각이라는 더욱 절묘한 기예(技藝)를 달성하려면 자기가 하는 일을 처음부터 끝까지 숙지하고 있어야 한다. 니르바나의 문을 여는 열쇠는 몽롱한 최면상태가 아니라 히나야나의 「Upādāna Sutta, 우파다나 수타」에 서술된 것[1077]과 같이 극단적으로 어렵고 괴로운 정신적 노력이다.

오로지 한뜻으로 초탈을 구하는 인간은 그 행로(行路)의 어떤 단계에서 응분의 보상을 얻게 되는데, 헬레닉 사회의 철학자가 로고스(λόγος-理性)에 의한 아타락시아(Αταραςία-無感動)로 획득한다고 설파한 아파테이아(Απάθεια-不動)는 나가르주나(龍樹)의 중관(中觀)을 추종한 〈찬드라키르티, 600~650〉의 형이상학적인 신념을 은연히 내장(內藏)하고 있다.[1078] Gautama 일파(一派)만이 도달한 것으로 여겨지는 이 절대적 초탈은 지적(知的)인 성과로서 훌륭하고 도덕적(道德的)인 성취로서 놀라운 것이지만 일체의 사악한 정념(情念)을 일소한 초탈은 그 실행을 통해 연민과 사랑에 관한 모든 것을 저버린다는 당혹스러운 결과를 낳는다. 이 무서운 도덕적 결론의 타당성은 법을 앞세우는 철학이 신을 우주의 천덕꾸러기로 치부하는 태도에 의해 지지되는데 에피쿠로스가 신이라는 달갑지 않은 존재들의 세상으로 설정한 메타코스미아(μετακόσμια)는 히나야나의 니르바나(Nirvāṇa)와 유사한 것이다. 이 무위도식자(無爲徒食者)들의 격리된 처

---

1077. "취(取)를 낳는 사물에서 낙(樂)을 찾는 자에게는 애(愛)가 증가한다. 애를 연(緣)으로 하여 취가 있고, 취를 연으로 하여 노사(老死)가 있다. 땔감을 더하면 불길이 크게 일지만 취를 일으키는 사물 속에서 고(苦)를 보면 애는 소멸된다. 애가 사라지면 취가 없어지고 취가 사라지면 유(有)가 소멸되며 유가 사라지면 생(生)이 없어진다. 생이 사라지면 노사와 일체의 고가 사라지는 것이다"

1078. 아타락시아에 의한 아파테이아를 설파한 에픽테토스의 「논집」은 〈Lucius Flavius Arrianus, 86~160〉가 편찬했다. 폴란드의 스체르바츠키(Stcherbatsky, 1866~1942)는 중관파(中觀派)로서 월칭보살(月稱菩薩)이라는 찬드라키르티의 귀류논증(歸謬論證)에 의한 이제론(二諦論)을 자세히 주해(註解)한 바 있다.

소는 인세(人世)의 척도로 가늠할 수 없는 곳이므로 현세만이 아니라 인간 자체도 신이 창조하지 않았다는 철학자들의 생각은 「사물의 본성에 관하여」에 표방되어 있으며 신이 인간을 창조하지 않았을 뿐만 아니라 인간의 문제에 개입하기 않는다는 루크레티우스의 주상은 엔니우스의 시에서 더욱 충격적인 말로 표출되었다.[1079] 루크레티우스에 있어서 처음부터 병든 세계를 신의 창조로 돌리는 것은 신에 대한 결례라는 것이지만 그런 주장의 이면에는 완전한 초탈이 바로 신의 본질이라는 생각이 깔려 있다. 에피쿠로스는 〈A Priori〉라고 이름한 신을 "스스로 수고하지 않고 남을 수고롭게 하지도 않으며 모든 것으로부터 초연하여 영복을 누린다"라고 묘사하고 있는데, 이러한 초탈이 인도사회의 「바가바드 기타」[1080]에 "나는 모든 중생에 대해 무관심하다. 나는 누구도 사랑하거나 미워하지 않는다"라는 표현으로 천명(闡明)되어 있다. 이 주장은 신이 말한 것으로 되어 있으나 철학자들이 신을 자기들과 닮은 모습으로 그린다는 경향을 고려할 때 위의 인용절에 표방된 것은 인간의 이상(理想)이며 그 사설(辭說)은 완전한 초탈을 신성(神性)의 증거로서가 아니라 인간의 정실(情實)에서 벗어난 징표로 찬양하고 있다. 인도사회의 구도자에 있어서는 이 무정(無情)이 철학의 반석과 같은 핵심인바 헬레닉 사회의 철학자도 삶에서 벗어나는 길을 마찬가지로 추구하여 같은 결론에 도달했다. 애써서 계몽의 빛을 받게 된 그들은 함께 있었던 동굴로 돌아가야 한다는 의무감을 느꼈을지 모르지만 이 두 부류의 철학자 사이에 개재된 윤리적인 기준의 차이는 표면적인 것에 불과하다. 그것은 헬레닉 사회의 철학자에 있어서 그 복귀는 형식적인 것이었을 뿐만 아니라 수고롭게 달성한 무감동의 경지를 지키는 것은 그들의 지고(至高)한

---

1079. 〈Quintus Ennius, BC 239~169〉는 고대 로마의 극작가, 시인. 로마의 역사를 서사시로 읊은 「연대기」로 인해 로마문학의 아버지로 추앙받고 있다. "나는 언제나 신들이 하늘에 있다고 말해 왔고 앞으로도 그럴 것이다. 그 신들은 인간이 무슨 짓을 하든지 거기에 관심을 두지 않으리라"
1080. 「바가바드기타」는 「Veda」「Upaniṣad」와 더불어 힌두교의 3대 경전. Bhagavad는 '성스러운 신', Gītā는 '가송(歌頌)'

의무였기 때문이다.[1081]

붕괴기의 헬레닉 사회에 있어서 이와 같은 반발을 초래하는 이상(理想)을 가진 자는 한줌의 현학자와 학자로 자처하는 자들만은 아니었다. 헬레닉 사회의 시인 가운데서 섬세한 감정으로 최고의 애호와 찬사를 받은 베르길리우스도 자신의 캐릭터를 무정한 철학자로 그리고 있다. 비정(非情)은 아이네아스가 생애의 위기를 극복할 때 드러낸 징조인데, 그가 디도를 위한 안나의 간절한 탄원을 뿌리친 것은 그러한 징조의 전형적인 사례였다.[1082] 그러나 이러한 초탈의 철학은 논리적으로 피하기 어렵고 도덕적으로는 감당하기 힘든 귀결을 향해 돌진하는 중에 좌절에 빠지는 숙명을 지니고 있다. 초탈을 창도하는 자가 완고한 청중에게 자기들의 관념을 주입하고 그 고결함을 지성으로 호소해도 아무런 소용이 없다. 살아가는 사람들은 경복(敬服)을 강요받음과 동시에 강하게 반발하고 싶은 마음을 품게 되는바 방탕하게 살았던 어거스틴이 흥미를 느낀 것은 디도의 슬픔이었을 뿐 아이네아스의 덕(德)은 아니었다. 그는 성자(聖者)로 탄생한 중년에 "아풀레이우스가 말했듯이 플라톤의 말이었다고 하더라도 신은 인간과 다를 것이 없다고 하는 것은 옳지 않다"라고 썼다. 초탈의 철학은 스스로 해결하려고 하는 문제에 답을 주지 못한다. 왜냐 하면 그들은 머리로 생각할 뿐 감정을 무시하고 신이 합쳐놓은 것을 멋대로 떼어놓기 때문이다. 이 철학은 정신의 이원성(二元性)을 일원적(一元的)으로 고려하지 않기 때문에 진리에 도달하지 못하는 것이다. 그러므로 초탈의 철학은 변모의 신비에 압도당하지 않을 수 없다. 히나야나와 스토아 철학과 Arahat가 마하야나와 크라이스트(Christ) 신앙과 Bodhisattva에게 길을 양도하게 되는 것이다.

---

1081. 〈E. R. Bevan, 1870~1943〉은 철학자의 이러한 의무에 대해 수사적(修辭的)인 과장으로 여겨질 정도의 놀라운 해설을 펼친 바 있다.

1082. 「Aeneid」라고 하는 「Aeneis」는 〈Homeros〉〈Dante〉와 함께 3대 서사시인으로 받들어지는 〈Vergilius, BC 70~19〉가 로마의 건립을 칭송하고 그 신화적 기반을 공고히 하려고 지어낸 서사시, 주인공인 Aeneas(아이네아스)는 트로이의 무인(武人)이고 Dido(디도)는 카르타고의 여왕이며 Anna(안나)는 디도의 동생이다.

## (10) 변모(變貌)

우리는 문명의 붕괴로 말미암는 우울한 환경에서 살 것을 강요당한 경험이 그런 삶을 감내하는 영혼에 피할 수 없는 정신적인 문제를 들씌운다는 것을 알았다. 당연한 것으로 여겼던 생활 방식이 쓸모없는 것으로 바뀐다는 사실로 인해 이 문제가 현실이 되면 정신은 새로운 삶의 방편을 찾게 되는데, 앞에서 살폈듯이 그것을 찾으려는 시도들에 있어서 복고주의는 자기파탄(自己破綻)으로 종말을 고하고 미래주의는 자기초월(自己超越)로 마치며 초탈(超脱)을 구하는 행위는 좌절로 끝이 난다. 그러나 이 탐구를 위해 살펴야 할 또 하나의 생활 방식이 있는바 그것은 영혼에서의 분열이라고 명명(命名)한 항목에서 제시한 변모(變貌)의 길이다.

용기를 일깨워서 이 길을 걸으면 비난의 부르짖음과 비웃는 소리가 귓전을 맴돌겠으나 자세히 살피면 그 비난과 조소는 좌절에 빠진 철학자와 실패한 미래주의자의 입에서 나오는 것임을 알 수 있다. 그들은 의기소침하여 목적지에 도달할지도 모를 제3의 길을 외면하면 안 된다는 점을 깨우치게 할 수 있을지라도 그들이 발휘한 능력이 그들에게 권위를 부여할 근거를 제시하는 것은 아니다. 앞에서 살핀 페리페테이아의 원리[1083]를 떠올릴 계제(階梯)는 아니지만 역사에 관한 연구는 모든 면에서 강대하게 작용하는 이 풍자적인 원리를 분명하게 한다. 그리고 이처럼 경험적으로 입증할 수 있는 이 진리는 직관에 의해 우리에게 분명하게 알려져 있다. 그래서 이 진리에 따라서 우리는 미래주의자와 철학자의 비난을 무릅쓰고 〈시몬 바르 코카바〉나 〈헤르메스 프시코폼포스〉가 아닌 안내자의 뒤를 따라 대담하게 걸을 수 있을 것이다. 이것이 바로 표적을 바라거나 지혜를 구하는 것이 아니라 유대인의 무릎을 꿇리되 이방인에게 어리석은 자가 되는 그리스도를 따른 바울의 발걸음이었다.[1084]

---

1083. "그러나 하나님께서 세상의 미련한 것을 택하사 지혜 있는 자들을 부끄럽게 하려 하시고 세상의 약한 것들을 택하사 강한 것들을 부끄럽게 하려 하시며" 〈고전 1:27〉

1084. "유대인은 표적을 구하고 헬라인은 지혜를 찾으나 우리는 십자가에 못박힌 그리스도를 전하니 유

바울이 고린도 사람에게 역설한바 십자가에 달린 그리스도가 어찌하여 자기들이 바라는 표적을 끌어내지 못한 미래주의자의 무릎을 꿇게 하며 지혜를 구하되 뜻을 이룬 적이 없는 철학자에게 어리석은 자로 인식되는 것일까? 이 두 가지 물음을 압축해 가면 미래주의와 초탈의 철학이 마주친 막다른 골목의 본질을 파악할 수 있을 뿐만 아니라 사도(使徒)가 우리를 부르는 신비로운 생명의 길을 탐구하는 일에서 상당한 진보를 이룰 수 있을 것이다. 십자가에 못 박힌 그리스도가 철학자에게 어리석은 자가 되는 것은 초탈을 목표로 하는 그들에게 있어 그 지난(至難)한 목표에 도달한 인간이 얻은 것을 버린다는 따위의 말은 이해할 수 있는 것이 아니기 때문이다. 하물며 그들에 있어서 인세(人世)로부터 초월하여 모든 곳에 편재하는 신이 인간의 일에 끼어들어 인간이 겪을 수 있는 최고의 고통을 감수한다는 것은 말이 되는 것이 아니다. 초탈을 추구하는 철학자로서는 사람은 구원했으되 자기를 구하지 못하는 것이 실상일진대 자신의 독생자를 내줄 만큼 세상을 사랑하는 신은 상상하기 어려운 것이다. 비슷한 면이나 차이가 모호한 점이 있기는 해도 초탈과 사랑의 이상은 추구하는 바에 있어 서로 용납될 수 있는 것이 아니다.[1085] 그래서 스토아 철학자는 기독교가 제시하는 인간상(人間像)을 자기들의 표상으로 삼을 수 없었고 기독교는 스토아 철학자가 선망(羨望)하는 현인을 그리스도는 물론 기독교의 성인(聖人)과 유사한 것으로도 간주할 수 없었다. 성인이 된 철학자라는 강점을 지닌 한 기독교도는 철학의 흠결을 "신은 사랑이시며 사랑은 모든 두려움을 제거한다"라는 신조(信條)[1086]를 전제로 하는 의논(議論)에서 적나라하게 폭로하고 있다. 아우구스티누스가 「신의 나라」에서 사도 요한의 선언을 들어 초탈을 구하는 행위를 비난하고 초탈을 자랑하는 철학자를 바울의 혹평으로 비난한 것은 십자가에 못 박힌

---

대인에게는 거리끼는 것이요 이방인에게는 미련한 것이로되 〈고전 1:22~23〉

1085. 이에 대한 자세한 해설은 〈E. R. Bevan〉의 「Stoies and Sceptics」를 참조할 것.

1086. "사랑 안에 두려움이 없고 온전한 사랑이 두려움을 내쫓나니 두려움에는 형벌이 있음이라 두려워하는 자는 사랑 안에서 온전히 이루지 못하였느니라" 〈요일 4:18〉

예수를 조롱하는 자들에 대한 강력한 반격인 것이다.[1087]

이상이 십자가 못 박힌 그리스도를 어리석은 자라고 하는 철학자의 주장을 반박하는 것인데 이어서 십자가에 달린 예수가 미래주의자의 무릎을 꿇게 했다는 이유를 살피면 다음과 같다. 그리스도가 성취한 가상(架上)에서의 죽음이 미래주의자가 걷는 길을 가로막는 장애물이라는 것은 예수께서 빌라도에게 답을 주지 않았던 사안(事案)[1088]의 논리가 그의 나라가 이 세상에 속한 것이 아니라는 선언을 뒷받침하고 있으며 미래주의의 길을 치달린 젤로트파에 있어서 그 선언은 불경스러운 언어적 모순이었기 때문이다. 미래주의자가 구하는 표적은 그것이 현세적인 것이 아니면 의미가 없는 왕국이 도래한다는 신호인데, 여호와는 무슨 의도로 자신의 선민(選民)에게 기름 부음 받은 자로서 그들을 다스릴 왕을 보내겠다고 약속했으며 그 메시아는 어떤 표적으로 인정되는가? 제2의 이사야가 말한 바와 같이 그들의 메시아는 그들이 겪었던 제국(帝國)들의 통치권을 여호와의 선민에게 돌리는 인간이어야 했던바 이 사실은 자기가 왕이라고 선언하고 보냄받은 왕으로서의 사명을 기묘하게 설명한 죄수의 말과 어떻게 연계되는 것일까?[1089] 이 엉뚱한 말은 거기에 이의를 제기하거나

---

1087. "사랑하지 아니하는 자는 하나님을 알지 못하나니 이는 하나님은 사랑이심이니라. 하나님이 우리를 사랑하시는 사랑을 우리가 알고 믿었노니 하나님은 사랑이시라 사랑 안에 거하는 자는 하나님 안에 거하고 하나님도 그의 안에 거하시느니라" 〈요일 4:8,16〉 "곧 모든 불의, 추악, 탐욕, 악의가 가득한 자요 시기, 살인, 분쟁, 사기, 악독이 가득한 자요 수군수군하는 자요 비방하는 자요 하나님께서 미워하시는 자요 능욕하는 자요 교만한 자요 자랑하는 자요 악을 도모하는 자요 부모를 거역하는 자요 우매한 자요 배약하는 자요 무정한 자요 무자비한 자라" 〈롬 1:29~31〉 아우구스티누스는 「신의 나라」 제9권에서 아파테이아를 자유를 획득하고 있는 것이 아니라 죄를 용서받을 기회를 배척한 것으로 규정하고, 그리스도의 가르침은 정신을 신의 지배에 종속시켜서 구원을 얻으며 그런 정신에 감정을 복속시켜서 정의를 지향하는 것이라고 설명하고 있다.

1088. "빌라도가 이 말을 듣고 더욱 두려워하여 다시 관정에 들어가서 예수께 말하되 너는 어디로부터냐 하되 예수께서 대답하여 주지 아니하시는지라" 〈요 19:8~9〉

1089. "여호와께서 그의 기름 부음을 받은 고레스에게 이같이 말씀하시되 내가 그의 오른손을 붙들고 그 앞에 열국을 항복하게 하며 내가 왕들의 허리를 풀어 그 앞에 문들을 열고 성문들이 닫히지 못하게 하리라 내가 너보다 앞서 가서 험한 곳을 평탄하게 하며 놋문을 쳐서 부수며 쇠빗장을 꺾고 네게 흑암 중의 보좌와 은밀한 곳에 숨은 재물을 주어 네 이름을 부르는 자가 나 여호와와 이스

무시할 수도 있었을 것이지만 죄인의 죽음은 취소할 수도 그럴듯한 변명을 붙일 수도 없었다. 우리는 앞에서 베드로에게 닥친 시련에 있어서 이 장애가 얼마나 큰 고통이었는지를 살폈는데, 십자가에 못 박힌 그리스도가 다스릴 신의 나라는 미래주의적인 메시아가 쟁취하거나 수립하는 왕국에 대해 동일한 정신적 기준으로 비교되는 것이 아니다. 시간의 차원에서 생각할 때 신의 나라는 참된 영원(永遠)과 무한(無限) 속에 있다는 것 때문에 현세에 상존(常存)하는 실재인 것이며 그것이 이 세상에 침투한 연대(年代)로 간주할 수 있는 시점이 있다면 그것은 예수가 세례를 받은 때나 오순절(五巡節, Pentecost)의 사도들이 성령에 의해 성별(聖別)된 순간일 것이다.[1090]

신의 나라가 이루어진 곳에서의 현재는 영혼의 작용으로 실현되며 세계는 그 끊임없는 작용으로 인한 변모(變貌)로 구제(救濟)된다는 것이 기독교의 독특한 교의(教義)인데, 이에 관한 성서의 기록은 신의 나라가 이 세상에 있으나 세상에 속한 것이 아니라는 것이다.[1091] 변모라는 행위의 주체와 객체에 대해 위와 같이 생각하는 것은 성서에 기록된 이 문제를 논리적으로 해명하려는 시도를 감당하기 어렵겠지만 우리가 변모의 본령(本領)을 간파할 지력을 갖지 못했

---

라엘의 하나님인 줄을 네가 알게 하리라" 〈사 45:1~3〉 유대인이 겪은 제국(帝國)은 아카이메네스조, 셀레우코스 왕조, 로마제국이다. "빌라도가 이르되 그러면 네가 왕이 아니냐 예수께서 대답하시되 네 말과 같이 내가 왕이니라 내가 이를 위하여 태어났으며 이를 위하여 세상에 왔나니 곧 진리에 대하여 증언하려 함이로라 무릇 진리에 속한 자는 내 음성을 듣느니라 하신대" 〈요 18:37〉

1090. "예수께서 세례를 받으시고 곧 물에서 올라오실새 하늘이 열리고 하나님의 성령이 비둘기 같이 내려 자기 위에 임하심을 보시더니 하늘로부터 소리가 있어 말씀하시되 이는 내 사랑하는 아들이요 내 기뻐하는 자라 하시느니라" 〈마 3:16~17〉 "홀연히 하늘로부터 급하고 강한 바람 같은 소리가 있어 그들이 앉은 온 집에 가득하며 마치 불의 혀처럼 갈라지는 것들이 그들에게 보여 각 사람 위에 하나씩 임하여 있더니" 〈행 2:2~3〉

1091. "내가 세상에 속하지 아니함 같이 그들도 세상에 속하지 아니하였사옵니다" 〈요 17:16〉 "이 세상이나 세상에 있는 것들을 사랑하지 말라 누구든지 세상을 사랑하면 아버지의 사랑이 그 안에 있지 아니하니 이는 세상에 있는 모든 것이 육신의 정욕과 이생의 자랑이니 다 아버지께로부터 온 것이 아니요 세상으로부터 온 것이라 이 세상도, 그 정욕도 지나가되 오직 하나님의 뜻을 행하는 자는 영원히 거하느니라" 〈요일 2:15~17〉

음을 인정하여 직관으로 깨달은 것을 비유로 전달하는 시인의 특이한 감각에 따른다면 그 신비의 일단을 엿볼 수 있을지도 모른다.

신의 나라와 이 세상의 관계는 입방체와 그것을 이루는 평면의 관계에 비유될 수 있을 것이다. 그에 있어서 입방체가 없다면 평면도 존재할 수 없으나 이들이 차원을 달리하는 도형이라는 것을 생각하면 네모꼴과 입방체는 부분과 전체의 관계에 있는 것이 아님을 알 수 있다. 이 비유는 기독교가 말하는 신의 나라와 헬레닉 사회의 Cosmopolis에 나타나는 개념적인 차이의 하나를 명백하게 한다. 마르쿠스 아우렐리우스는 〈케크로프스의 도시〉와 같은 도시국가는 최고의 국가인 〈제우스의 시(市)〉에 소속된 하나의 집에 지나지 않다고 말하고 있다. 그 기술(記述)에서 현세의 국가와 코스모폴리스는 부분과 전체인 관계로 규정되어 있는데, 이것은 코스모폴리스가 신의 나라와 달리 로마제국이나 아테네 도시국가와 같은 차원에 있는 사회라는 것을 의미한다. 우리의 비유에 따라 현세의 사회를 네모꼴로 표시한다면 코스모폴리스는 입방체가 아니라 한 칸의 64배에 해당하는 면적을 가진 체스 보드에 해당한다.

신의 나라와 이 세상의 관계는 비행술(飛行術)을 익힌 것으로 말미암은 로마군 주둔지(駐屯地)의 발견에서 착상되는 비유로도 설명할 수 있다. 근래에 이루어진 빈도란다 유적[1092]의 발견은 항공촬영(航空撮影)이라는 새로운 기술에 의한 것인데, 그곳에서 살았던 누대의 선조가 발견하지 못한 것을 식별하는 눈이 열린 것은 공중에서 넓은 곳을 살필 수 있게 된 덕분이었다. 이 영국 시골과 로마군 병영의 관계는 이 세상과 신의 나라 사이에 개재된 신비를 더욱 깊게 밝힐 수 있는 또 하나의 비유를 제시한다. 아무튼 이 비유를 발전적으로 펼쳐가면 그것이 참고가 될만한 사실들을 제시한다는 것을 알 수 있다. 그 첫째는 병영과 마을이 같은 장소에 공존한다는 것이고 둘째는 양자가 기하적(幾何

---

1092. Vindolanda는 잉글랜드 북부의 하드리아누스 성벽 아래에 있었던 로마군의 요새. 그에 관한 고고학적 연구는 로마군이 대략 85년부터 370년까지 잉글랜드에 주둔한 사실을 확인했다.

的)인 공리(公理)에 어긋나는 형태로 공존하는 것은 그 존재의 양상이 다르기 때문이라는 것이다. 존재가 명확한 마을은 주거(住居)와 식물(食物)을 공급하며 형태가 불분명한 병영은 제도(制度)와 관념(觀念)을 제공하는데, 인간이 사회적 동물이라는 점에서 볼 때 그 주민에 대한 병영의 공헌이 마을의 그것에 못지않았을 것이다.[1093]

여기에 있어서 가장 뜻깊은 점은 제국의 존재와 그것이 마을 사람들에게 끼친 영향은 그것으로부터 혜택을 받고 있는 인간의 인식과 연관되어 있지 않다는 것이다. 그들이 그 병영의 근원(根源)인 세계국가가 남긴 유산으로 말미암은 혜택을 누리기 시작한 것은 그들의 당대(當代)가 아니라 로마군이 주둔한 때였으며 그 병영을 발견한 당시의 마을 사람들은 그때까지 자기들의 마을이 제국에 속했다는 것을 알지 못했음에 반해 제국은 이전부터 끊임없이 그들에게 영향을 끼치고 있었다. 그리고 공중에서 널리 살핀 후에 제국이 자신들과 선조를 위해 얼마나 크게 기여했는지를 알게 된 때에도 그들이 인식하는 제국은 그다지 넓지 않았을 것이다. 그들은 병영에서 병영으로 통하고 Forum과 Municipium을 지나 로마에 이르며 로마에서 도나우와 유프라테스 강변이나 시리아와 리비아 사막의 변방(邊方)으로 뻗은 기나긴 도로를 떠올릴 수 있을까? 더하여 그들은 비호의 나래를 Verulam(베룰람)과 Chester(체스터)만이 아니라 Durostorum(두로스토룸)과 Timgad(팀가드)까지 펼친 Pax-Romana를 상상할 수 있을 것이며 그들의 생활에 대한 로마제국의 영향이 먼 곳에 있는 동시대인에게도 미쳤다는 것을 이해할 수 있을까? 오늘날 로마제국의 이러한 진출로 인해 면면히 이어지고 있는 혜택을 누리고 있다는 것을 알지 못하는 사람이 많고 로마제국이 펼친 나래의 흔적이 홀연히 사라진다고 해도 그곳에 로마제국이 있었다는 사실이 부인되지 않을 것인바, 이 세상의 로마제국에 적용함으로써 파악하게 된 이 진리는 유추에 의해 신의 나라와 그것을 다스리는 왕

---

1093.  왜냐하면 마을이 제공하는 물질적 혜택을 누리기 위해서는 사회성이 유지되어야 하기 때문이다.

에 해당되는 것을 알 수 있다.

신(神)을 알려면, 그리고 신을 통해 그가 다스리는 왕국을 알려면[1094] 비행(飛行)하여 세상을 널리 조감(鳥瞰)할 뿐만 아니라 사물의 다른 차원을 포착하는 시인의 안복을 가져야 한다. 그 일에 능했던 한 시인[1095]은 "한 알의 모래에서 세상을 보고 한 송이 들꽃에서 하늘을 본다. 그대의 손에 무한을 쥐고 한순간에 영원을 담으라"라고 노래하고 있는데, 이처럼 이 세상이 신의 나라에 의해 변모되는 것을 보는 시인은 시심(詩心)이 포착하기 어려운 신에 대한 예언자적 (豫言者的)인 직관(直觀)을 갖는 것이 필요하다. 이 직관은 아래와 같은 주장으로 표방되어 있다.[1096] "태양이 생명의 근원이라고 하는 스토아 철학자의 주장은 「에녹서」에 피력된 세계관과 유사한 것이지만 숭고한 존재와 심판을 위해 준비된 것을 말하는 묵시(默示, Apocalypse)에 비춰 볼 때 포세이도니오스의 우주관 (宇宙觀)은 심판하는 자의 죄사함을 거부하는 것이다. 공기가 희박한 스토아파의 천계(天界)에서 호흡을 유지할 수 없었던 유대인은 「에녹서」와 마찬가지로 세계를 하나로 바라볼 때 세계를 그것을 만들되 최후의 심판으로 거기에 의미를 부여하는 신의 지배에 놓는다. 포세이도니오스 철학과 「에녹서」 헬레닉 철학과 Judaism의 차이는 두 개의 세계가 아니라 그것을 창조한 이가 숭고한 자라고 하는 「제4 에스라서」의 일절로 표현되었다. 인간의 역사는 반복되는 것이 아니라 목표를 향해 전진하는 것이라는 신념을 가진 사람은 「에녹서」가 표방하는 사상을 동경의 눈으로 바라보아야 한다"

---

1094. "참 빛 곧 세상에 와서 각 사람에게 비추는 빛이 있었나니 그가 세상에 계셨으며 세상은 그로 말미암아 지은 바 되었으되 세상이 그를 알지 못하였고" 〈요 1:9~10〉

1095. 「Auguries of Innocence, 순수의 전조」를 지은 〈William Blake〉. Augury는 새의 동작이나 울음소리에서 징조(徵兆)를 알아내는 조점술(鳥占術).

1096. 노아의 증조부인 에녹이 썼다고 알려진 「에녹서」는 에티오피아의 터와흐 정교회에서 정경(正經) 으로 채택하고 있으며 악마와 네피림의 기원, 타락한 천사, 천년왕국에 대한 예언을 다루고 있는 것으로 알려져 있다. 〈포세이도니오스, BC 135~51〉는 고대 그리스의 철학자, 정치가, 천문 지리학자, 역사가로서 태양이 생명의 근원이라는 주장을 펼쳤다. 이 인용구는 〈F. C. Burkitt, 1864~1935〉의 「Jewish and Christian Apocalypse」에서 발췌한 것이다.

미래주의의 장막(帳幕)이 이처럼 벗겨지기까지 거기에 가려졌던 실재의 계시에 있어서 신의 나라와 이 세상의 관계는 신 자체와 신이 이행하는 사업을 표현한 것으로 생각할 수 있는데, 우리가 신의 역사(役事)로 인식하는바 하늘에서 이루어진 그의 뜻이 땅에서도 이루어지는 것은 어째서일까?[1097] 신학(神學)의 용어로 말한다면 모든 곳에 편재하는 신은 초현세적인 존재로서 현세와 거기에 매여 있는 영혼들을 내재적으로 포괄한다. 기독교의 신관(神觀)에 따르면 신의 초월성은 성부(聖父)로 나타나고 그 내재성은 성령(聖靈)으로 나타나지만 기독교 신앙이 가지고 있는 독특하고도 중요한 특색은 신이 이원일체(二元一體)가 아니라 삼위일체(三位一體)라는 것이며 이 신비에 의해서 하나님의 두 속성이 성자(聖子)로서의 측면에서 인간의 실정(實情)에 접근할 수 있는 하나의 인격체로 통일되어 있다. 〈참된 신〉인 동시에 〈진정한 인간〉인 그리스도의 성품 속에 〈신의 나라〉와 〈이 사회〉가 이 세상에서는 프롤레타리아트의 일원으로 태어나서 죄인으로 죽지만 다른 세계에서는 신국(神國)의 군림하는 신인 동시에 그 대리자가 아닌 참된 왕으로 공존하는 것이다.

그렇지만 격이 다른 신성과 인성이 어떻게 하나의 존재 속에 공존할 수 있는가? 신의 나라와 인세(人世)가 하나로 결부되는 것은 거기에 태어난 자로서 두 곳에 공존하여 성원(成員)이 되는 존재가 있기 때문이라는 우리의 말이 빈말이 되지 않게 하려면 위의 물음에 무언가 답을 주어야 한다. 교부(敎父)들이 그리스 철학자의 말로 제시한 답변은 형이상학적(形而上學的)인 것인데, 인간이 창조자의 형상대로 지어졌다는 사실[1098]에 주목한다면 우리는 그것과 다른 답을 찾을 수 있을 것이다. 그리고 우리의 영혼에 깃들었으되 신에게도 돌릴 수 있는 정신적 능력을 찾을 때 최초로 상기하게 되는 것은 철학자가 극복하려고 애를 쓰는 사랑의 힘일 것이다. 제논과 가우타마가 완강하게 뿌리친 이 돌

---

1097. "나라가 임하오시며 뜻이 하늘에서 이루어진 것 같이 땅에서도 이루어지이다" 〈마 6:10〉
1098. "하나님이 이르시되 우리의 형상을 따라 우리의 모양대로 우리가 사람을 만들고 그들로 바다의 물고기와 하늘의 새와 가축과 온 땅과 땅에 기는 모든 것을 다스리게 하자 하시고" 〈창 1:26〉

이 성전의 주춧돌로 되어 있는바 예수께서 니고데모를 가르치신 말씀은 신을 움직여 성육신(成肉身)과 가상(架上)에서 죽는다는 희생으로 인간을 구원하게 하는 것이 사랑이며 그 사랑이 인간을 신에게 인도하는 방법임을 밝히고 있나.[1099] 신으로 아니금 십사가에 못 막혀 숙을 결심을 하게 하는 이 사랑의 작용은 예수께서 자신의 운명이 칼을 든 메시아의 세속적인 성공이 아니라 피흘리는 수난이라는 것을 제자들에게 알리는 경위의 기록 속에 뚜렷이 밝혀져 있다.[1100] 예수는 제자들에게 베드로가 스승의 신성(神性)을 깨닫고 변용으로 인해 자신의 신성이 드러날 때까지 그들이 두려워할 진리를 밝히지 않았으나 때가 되자 자신이 겪을 고난에 관하여 침묵을 깨뜨렸던 것이다. 계시(啓示)가 이와 같은 순서로 이루어진 사실이 의미하는 것은 죽음을 무릅쓰는 사랑이 신성

---

1099. "예수께서 이르시되 너희가 성경에 건축자들이 버린 돌이 모퉁이의 머릿돌이 되었나니 이것은 주로 말미암아 된 것이요 우리 눈에 기이하도다 함을 읽어 본 일이 없느냐"〈마 21:42〉 "건축자가 버린 돌이 길 모퉁이의 머릿돌이 되었나니"〈시 118:22〉 "예수께서 대답하여 이르시되 진실로 진실로 네게 이르노니 사람이 거듭나지 아니하면 하나님의 나라를 볼 수 없느니라 니고데모가 이르되 사람이 늙으면 어떻게 날 수 있사옵나이까 두 번째 모태에 들어갔다가 날 수 있사옵니까 예수께서 대답하시되 진실로 진실로 네게 이르노니 사람이 물과 성령으로 나지 아니하면 하나님의 나라에 들어갈 수 없느니라 육으로 난 것은 육이요 영으로 난 것은 영이니 내가 네게 거듭나야 하겠다 하는 말을 놀랍게 여기지 말라 바람이 임의로 불매 네가 그 소리는 들어도 어디서 와서 어디로 가는지 알지 못하나니 성령으로 난 사람도 다 그러하니라"〈요 3:3~8〉 "하늘에서 내려온 자 곧 인자 외에는 하늘에 올라간 자가 없느니라 모세가 광야에서 뱀을 든 것 같이 인자도 들려야 하리니 이는 그를 믿는 자마다 영생을 얻게 하려 하심이니라 하나님이 세상을 이처럼 사랑하사 독생자를 주셨으니 이는 그를 믿는 자마다 멸망하지 않고 영생을 얻게 하려 하심이라 하나님이 그 아들을 세상에 보내신 것은 세상을 심판하려 하심이 아니요 그로 말미암아 세상이 구원을 얻게 하려 하심이라"〈요 3:13~17〉

1100. "이때로부터 예수 그리스도께서 자기가 예루살렘에 올라가 장로들과 대제사장들과 서기관들에게 많은 고난을 받고 죽임을 당하고 제삼일에 살아나야 할 것을 제자들에게 비로소 나타내시니 베드로가 예수를 붙들고 항변하여 이르되 주여 그리 마옵소서 이 일이 결코 주께 미치지 아니하리이다 예수께서 돌이키시며 베드로에게 이르시되 사탄아 내 뒤로 물러가라 너는 나를 넘어지게 하는 자로다 네가 하나님의 일을 생각하지 아니하고 도리어 사람의 일을 생각하는도다 하시고 이에 예수께서 제자들에게 이르시되 누구든지 나를 따라 오려거든 자기를 부인하고 자기 십자가를 지고 나를 따를 것이니라 누구든지 제 목숨을 구원하고자 하면 잃을 것이요 누구든지 나를 위하여 제 목숨을 잃으면 찾으리라 사람이 만일 온 천하를 얻고도 제 목숨을 잃으면 무엇이 유익하리요 사람이 무엇을 주고 제 목숨과 바꾸겠느냐"〈마 16:21~26〉

의 본질이라는 것인데, 바울은 인간이 신에게 다가가는 수단으로써 인간의 마음속에 작용하는 사랑을 인간이 지고한 목표에 도달하는 데 필요한 단일(單一)의 수단으로 찬양하고 있다.[1101] 그리고 신의 나라를 형성하는 구조를 전체로 바라보고 인간과 신을 포괄하는 모든 성원이 평안히 공존할 수 있게 하는 것이 어떤 정신인지를 살피면 사랑이 곧 초현세적인 사회의 피가 됨과 동시에 왕이신 신이 펼치는 통치의 요체(要諦)라는 것을 알게 된다. 「요한의 첫 번째 편지」에 그 비밀이 밝혀져 있는바, 십자가에 못 박힌 그리스도를 통해 인간에게 밝히신 신의 사랑은 인간의 내면에 그에 상응하는 신에 대한 사랑을 불러일으킨다.[1102] 더하여 인간의 영혼에 내재하는 신령(神靈)의 표현인 신에 대한 인간의 이 사랑은 동포에 대한 사랑으로 이 세상에 넘쳐 흐르게 된다.[1103] 인간적인 것임과 동시에 신적인 것으로서 신의 나라를 이루는 모든 성원 사이에서 순환되는 이 사랑으로 인해 신의 나라에서 초탈의 냉혹한 평정(平靜)이 아닌 참된 평화가 이루어지게 되는데 왕이신 그리스도는 그 신의 평화를 신비로운 말씀

---

1101. "내가 사람의 방언과 천사의 말을 할지라도 사랑이 없으면 소리 나는 구리와 울리는 꽹과리가 되고 내가 예언하는 능력이 있어 모든 비밀과 모든 지식을 알고 또 산을 옮길 만한 모든 믿음이 있을지라도 사랑이 없으면 내가 아무 것도 아니요 내가 내게 있는 모든 것으로 구제하고 또 내 몸을 불사르게 내줄지라도 사랑이 없으면 내게 아무 유익이 없느니라 사랑은 오래 참고 사랑은 온유하며 시기하지 아니하며 사랑은 자랑하지 아니하며 교만하지 아니하며 무례히 행하지 아니하며 자기의 유익을 구하지 아니하며 성내지 아니하며 악한 것을 생각하지 아니하며 불의를 기뻐하지 아니하며 진리와 함께 기뻐하고 모든 것을 참으며 모든 것을 믿으며 모든 것을 바라며 모든 것을 견디느니라 사랑은 언제까지나 떨어지지 아니하되 예언도 폐하고 방언도 그치고 지식도 폐하리라 우리는 부분적으로 알고 부분적으로 예언하니 온전한 것이 올 때에는 부분적으로 하던 것이 폐하리라" 〈고전 13:1~10〉
1102. "사랑하는 자들아 우리가 서로 사랑하자 사랑은 하나님께 속한 것이니 사랑하는 자마다 하나님으로부터 나서 하나님을 알고 사랑하지 아니하는 자는 하나님을 알지 못하나니 이는 하나님은 사랑이심이라 하나님의 사랑이 우리에게 이렇게 나타난 바 되었으니 하나님이 자기의 독생자를 세상에 보내심은 그로 말미암아 우리를 살리려 하심이라" 〈요일 4:7~9〉
1103. "사랑하는 자들아 하나님이 이같이 우리를 사랑하셨은즉 우리도 서로 사랑하는 것이 마땅하도다 어느 때나 하나님을 본 사람이 없으되 만일 우리가 서로 사랑하면 하나님이 우리 안에 거하시고 그의 사랑이 우리 안에 온전히 이루어지느니라" 〈요일 4:11~12〉

으로 선포했다.[1104] 이 Enigma(수수께끼)에 매달려서 그에 대하여 인간이 할 수 있는 최상의 해명을 낸 것이 「신의 나라」에 적힌 문구(文句)[1105]인바, 그 일절인 "인간에게 삶의 행복을 선사하는 것은 인간성에서 말미암는 것이 아니라 인간성을 초월하는 것이나"라는 말은 붕괴에 직면한 사회에서의 설막한 경험이 제시하는 정신적인 문제의 해법을 지시하는 것으로 여겨진다.

앞에서 보았듯이 시간의 흐름에 반하거나 자기를 멸각(滅却)하는 희생으로 초탈을 달성하더라도 난감한 현실에서 벗어나는 것은 불가능한 일이다. 이제 우리는 빛을 발하여 평안한 길로 인도할 것을[1106] 약속하는 길을 바라본 것인데, 고뇌로부터 도망쳐 나오는 이 복된 탈출로는 십자가에 못 박힌 그리스도를 왕으로 세우는 신국(神國)의 시민이 되는 것이다. 이처럼 멸망의 도시에서 벗어나는 것은 단순한 탈락(脫落)이 아닌 계획적인 철퇴(撤退)인 것이며 그 계획은 자구(自求)의 몸부림이 아니라 십자가에 못 박힌 그리스도와 같은 태도로 현실의 계박(繫縛)을 신으로 말미암는 평화로 변화시키는 것이다. 이것이 바로 신국의 시민인 인간이 이행하는 인퇴(引退)와 복귀(復歸)인 것인바 그가 이 사명에 순종할 때 순교의 길을 걷게 된다면 그것은 자기멸각(自己滅却)이 아니라 그리스도의 성취[1107]와 같은 희생을 통한 자기실현(自己實現)이다. 붕괴에 직면한 사회의 성원으로서 이 길을 택정한 인간은 성장 중인 사회에서 한 생을 산 사람에 비해 확실하고도 의미심장한 복락을 얻게 된다. 왜냐하면 하나님이 두 개의 세계를 지으셨다는 것을 알고 있는 그는 나그네로 세상에 머물러 있는 중에도 늘 신의 나라를 느끼면서 그리스도와 연합함으로써 언제라도 그 시민이 될 수 있다고 하는 구원의 진리를 터득했기 때문이다. 이 신의 나라에 들어가

1104. "평안을 너희에게 끼치노니 곧 나의 평안을 너희에게 주노라 내가 너희에게 주는 것은 세상이 주는 것과 같지 아니하니라 너희는 마음에 근심하지도 말고 두려워하지도 말라"〈요 14:27〉
1105. 「신의 나라」 19권 13, 24, 25장을 참조할 것.
1106. "어둠과 죽음의 그늘에 앉은 자에게 비치고 우리 발을 평강의 길로 인도하시리로다"〈눅 1:79〉
1107. "예수께서 신 포도주를 받으신 후에 이르시되 다 이루었다 하시고 머리를 숙이니 영혼이 떠나가시니라"〈요 19:30〉

는 것이 재생(再生)이며 호흡이 있는 인간에 있어서 이 자유를 얻는 발견은 보화(寶貨)가 숨겨진 밭이나 좋은 진주를 사는 것과 같다.[1108]

이 신의 나라에 관한 두 비유에서 이루어진 정신적인 가치계산(價値計算)이 헬레닉 철학자 중 기독교에 가까운 성향을 지녔던 플라톤의 증언에서도 이루어지고 있다. "악을 제거하고 선을 구하는 싸움에 있어서 세상의 어떤 것에도 마음을 빼앗기면 안 된다. 우리는 덕과 지혜를 얻기 위해 할 수 있는 모든 일을 해야 한다. 희망은 지대(至大)하고 얻으려는 것은 굉장(宏壯)하다"[1109]

## 5) 재생(再生)

위에서 살핀 네 가지 생활 양식은 문명이 성장 중일 때 누렸던 안락한 생활과 습관적인 행동이 사회적 좌절로 인한 문제에 봉착했을 때 그것을 대신할 무언가 새로운 생활 방식을 찾으려는 노력의 산물(産物)이다. 그리고 우리는 사회적 좌절이라는 파국으로 인해 그때까지 편안하게 걸어온 길이 막힌 것에 대한 하나의 우회로(迂廻路)로서 그 모습을 나타낸다는 것을 알게 되었다.

복고주의와 미래주의는 사라진 과거로 돌이키거나 다가오지 않은 미래로 뛰어든다는 정신적인 곡예(曲藝)로 좌절에 빠진 인간을 매료(魅了)시키지만 성장의 본질인 삶의 연속성을 단절(斷切)한다는 이 두 생활 방식의 치명적 결함은 모든 성장을 부정하는 비극을 초래한다. 그러나 성장하는 문명이 걸어온 대로

---

1108. "예수께서 대답하여 이르시되 진실로 진실로 네게 이르노니 사람이 거듭나지 아니하면 하나님의 나라를 볼 수 없느니라 니고데모가 이르되 사람이 늙으면 어떻게 날 수 있사옵니이까 두 번째 모태에 들어갔다가 날 수 있사옵나이까 예수께서 대답하시되 진실로 진실로 네게 이르노니 사람이 물과 성령으로 나지 아니하면 하나님의 나라에 들어갈 수 없느니라 육으로 난 것은 육이요 영으로 난 것은 영이니 내가 네게 거듭나야 하겠다 하는 말을 놀랍게 여기지 말라 바람이 임의로 불매 네가 그 소리는 들어도 어디서 와서 어디로 가는지 알지 못하나니 성령으로 난 자는 다 그러하니라" 〈요 3:3~8〉 "천국은 마치 밭에 감추인 보화와 같으니 사람이 이를 발견한 후 숨겨 두고 기뻐하며 돌아가서 자기 소유를 다 팔아 그 진주를 사느니라 또 천국은 마치 좋은 진주를 구하는 장사와 같으니 극히 값진 진주 하나를 발견하매 가서 자기 소유를 다 팔아 그 밭을 사느니라" 〈마 13:44~46〉

1109. Platon의 「The Republic」과 「Phaidon」에서 발췌한 것.

(大路)를 대신하는 길인 초탈과 변모는 앞에서 규정한 성장의 기준으로 판단할 때 그 자체가 여전한 성장의 한 방편인 문명의 좌절에 대한 반응이다. 초탈과 변모를 지향하는 운동이 현세의 생활에서 벗어나지 않은 채 현실로부터 도피하려고 하는 복고주의나 미래주의와 다른 점은 정신적 풍토나 차원을 변경하지 않으면 좌절로 말미암은 문제를 해결할 수 없다는 생각으로 매크로코즘에서 미크로코즘으로 전환하는 활동 분야의 전이(轉移)를 이루는 점에 있다. 문명과 문명의 성장에 대하여 앞에서 정한 두 가정(假定)[1110]이 틀리지 않았다면 우리가 내릴 수 있는 결론은 초탈과 변모의 운동은 복고주의와 미래주의가 발을 두고 있는 사회와 다른 모종(某種)의 사회가 성장하는 것을 나타내는 증거라는 것이다.

그렇다면 초탈과 변모의 두 운동은 하나의 사회와 각각의 다른 사회 중 어디에서 일어나는 것일까? 이것을 알아내려면 초탈과 변모의 차이를 사회적 성장이라는 점에 비춰서 파악해야 하는바 위의 고찰(考察)에 따른다면 그것은 사회적 성장에 관한 정도(程度)의 차이가 아니라 종(種)이 다른 각 사회의 대표가 발생으로부터 전성기에 이르는 중에 시점을 달리해서 나타나는 것임을 알 수 있다. 거기에 있어서 초탈이 인퇴로 끝나는 단일(單一)한 운동임에 반해 변모는 인퇴가 복귀로 이어지는 복합적인 운동인데 인퇴의 행동과 인퇴가 복귀로 이어지는 행위의 차이는 하나의 길과 다른 길의 차이가 아니라 그 진행에서 거쳐온 전환점의 숫자에 관한 차이이다. 그리고 정도를 달리하는 이 두 개의 진보는 두 사람이 같은 방향으로 나아가는 단일한 길에서 달성되는 경우가 있는데, 여기서 다루고 있는 두 진보가 걷는 길이 같은 것인지의 여부(與否)는 그 목표를 고려하는 방식으로 검토하고 확인할 수 있다. 우리는 변모라고 부르는 인퇴와 복귀의 운동을 살펴서 그 목표가 무엇인지를 알고 있다. 변모는 어둠

---

1110.  활동 분야의 전이는 인간과 사회가 이루는 성장의 징조이며, 초탈과 변모에 의해서 그 성장이 증명되는 사회는 문명이라는 종(種)에 속한 사회가 아니라는 것.

에 갇힌 인간에게 빛을 비추고 어둠으로 하여금 거기서 빛나는 광명을 이해하게 하는 일이다. 이 목적은 인간의 빛인 생명을 현실적인 삶에 작용시키기 위해 신의 나라를 찾는 것으로 추구된다.[1111] 변모의 목적인 신의 나라와 시간을 거스르거나 앞당겨서 희구(希求)하는 환상의 나라 사이에는 단순한 장소의 차이만이 아니라 차원과 종류를 달리한다는 차이가 있다. 그리고 초탈의 목표인 열반을 추구하는 히나야나의 아라하트와 마하야나의 보디사트바가 하나의 휴게소에 불과한 그것을 종착지로 오인하고 있는 것과 달리 신의 나라를 구하는 기독교 신비가(神祕家)는 변모에 이르는 길이 인퇴에서 복귀로의 결정적 전환을 이루는 어둠 속으로 과감하게 돌진한다.

초탈과 변모의 두 운동은 이처럼 명멸(明滅)하는 문명만이 아니라 관념적인 유토피아와 구별되는 사회의 성장을 입증함에 있어서 한 생명의 경로(經路)를 나타내는 두 증거인 것으로 여겨진다. 양자(兩者)는 공히 문명의 붕괴에 대한 반응이지만 중국사회의 세계관에 따르면 문명의 붕괴는 음(陰)과 양(陽)이 교대하는 리듬의 완벽한 주기(週期)로 이루어진다. 그 리듬의 제1박(拍)에서 파괴적이었던 양의 운동은 기진(氣盡)한 평화인 음의 상태로 이행하는바 초탈을 구하는 철학이 열반(涅槃)에서 생명을 멸각(滅却)하려고 하는 것과 같은 이 운동은 거기서 멈추는 것이 아니라 초탈을 넘어서 변모에 도달하게 하는 크라이스트 신앙처럼 창조력을 발휘하는 양의 운동으로 전환된다.

이 두 개의 박으로 이루어지는 음과 양의 리듬은 앞에서 분열과 재생으로 명명한 인퇴와 복귀의 모티브가 특수한 형태로 발현된 것인바 우리는 여기까지 이어온 분열에 관한 조사[1112]를 진행한 끝에 재생(再生)의 문턱에 도달했다.

---

1111. "이는 우리 하나님의 긍휼로 인함이라 이로써 돋는 해가 위로부터 우리에게 임하여 어둠과 죽음의 그늘에 앉은 자에게 비치고 우리 발을 평강의 길로 인도하시리로다 하니라"〈눅 1:78~79〉 "빛이 어둠에 비치되 어둠이 깨닫지 못하더라"〈요 1:5〉 "그 안에 생명이 있었으니 이 생명은 사람들의 빛이라"〈요 1:4〉
1112. 사회체의 분열, 영혼에서의 분열.

이 재생의 의미를 동일(同一)한 사물의 재생을 나타내는 Paligenesia(팔링게네시아)로 살필 때 우리는 이 그리스 철학의 용어를 붕괴 중인 문명의 복고적인 재생이나 현존 문명과 같은 종(種)인 다른 표본의 미래주의적인 신생(新生)이 아닌 무엇을 의미하는 것으로 사용할 수 있다. 미래주의의 목적을 말하는 것인바 현존 문명과 같은 종(種)인 다른 표본의 발생이 반복되어 그 영역이 우주 전체로 확대된 결과가 스토아파와 에피쿠로스파 철학자들이 우주의 근본적인 법칙이라고 인식한 주기적(週期的)인 리듬인데, 그들은 실재(實在)의 성질에 관한 순환(循環)의 개념과 초탈이 추구하는 목적 사이의 모순(矛盾)에 대해서는 개의치 않는 태도를 보였다. 그리고 같은 목적을 추구한 인도사회의 철학자는 자기들의 논리를 목적에 합일(合一)하려는 용기를 일으켜 번뇌(煩惱)에서 벗어나는 방법으로써 윤회(輪廻)를 끊어버리는 것을 상정(想定)했다. 이 소멸(消滅)에 의해서 달성된다는 열반(涅槃)이 우리가 그 의미를 규정하려고 하는 팔랑게네시아일까? 재생이 중단되었을 때 열반이 달성된다는 것은 불가능하며 비유를 아무리 넓게 적용하더라도 완전하고도 절대적인 공백을 묘사하는 불능(不能)을 팔랑게네시아에 결부하는 것은 가당(可當)한 일이 아니다. 절대적 부정(否定)에 도달하는 과정인 열반은 어떤 방식으로라도 탄생이라고 보기 어려운 것이다.

이상의 모든 것이 팔랑게네시아의 재생(再生)이 아니라면 그것이 의미하는 것은 이들과 다르고도 유일한 초현세적인 경지를 달성하는 것일 수밖에 없다. 이 경지는 세상에서의 생활에 비해 높은 차원에 있으되 삶에 있어서는 매우 적극적인 상황이다. 따라서 이 경지에 드는 것을 탄생의 비유로 표현하는 것은 적절하고도 타당한 일이다. 이야말로 예수께서 니고데모에게 말씀하신 재생이며 당신이 육체를 가지고 태어난 목적이라고 선언하신 바로 그것이다.[1113]

---

1113. "예수께서 대답하여 이르시되 진실로 진실로 네게 이르노니 사람이 거듭나지 아니하면 하나님의 나라를 볼 수 없느니라 니고데모가 이르되 사람이 늙으면 어떻게 날 수 있사옵나이까 두 번째 모태에 들어갔다가 날 수 있사옵나이까 예수께서 대답하시되 진실로 진실로 네게 이르노니 사람이 물과 성령으로 나지 아니하면 하나님의 나라에 들어갈 수 없느니라 육으로 난 것은 육이요 영으

이러한 것이 바로 창조라는 사업이 헛된 반복으로 돌아가는 것이 아니라 다시 이루어지는 팔랑게네시아일 것이다. 헬레닉 문명이 성장을 구가한 시기에 아스크라의 양치기에게 들려준 신탄가(神誕歌)에 대한 응송가(應頌歌, Antiphomia)가 붕괴로 말미암은 고뇌의 시기에 베들레헴의 양치기들에게 들려준 천사의 신탄가였다.[1114] 당시에 천사가 노래한 탄생은 헬라스의 재생이나 헬레닉 사회와 동종인 다른 사회의 신생(新生)이 아니라 신의 나라에 육(肉)으로 오신 왕(王)의 탄생이었던 것이다.[1115]

## 2. 붕괴의 분석

### 1) 붕괴에 돌입한 문명과 그에 속한 개인의 관계

#### (1) 구세주(救世主)로 출현하는 창조적 천재

당면한 목적에 따라 붕괴에 돌입한 사회에서 발생하는 문명과 개인의 관계를 살피는 일에도 문명과 개인의 일반적인 관계라는 문제가 제기되지만 문명의 성장을 분석했을 때 조사한 사항은 이 고찰에도 여전(如前)히 적용되므로 여기에서는 곧바로 사회가 지향하는 방향에 따른 차이를 살펴보는 일에 착수할 수 있다. 앞에서 살핀 바 문명의 성장과 그 붕괴라는 상이(相異)한 상황에 공통으로 적용되는 개념은 활동의 근원은 사회가 아니라 각개의 개인이라는 것,

---

로 난 것은 영이니 내가 네게 거듭나야 하겠다 하는 말을 놀랍게 여기지 말라" 〈요 3:3~7〉 "도둑이 오는 것은 도둑질하고 죽이고 멸망시키려는 것뿐이요 내가 온 것은 양으로 생명을 얻게 하고 더 풍성히 얻게 하려는 것이라" 〈요 10:10〉

1114.  〈Hesiod〉는 기원전 8세기에 활약한 그리스 시인, 호메로스와 동시대를 살았던 그는 「Theogony, 신들의 계보」로 대표되는 서사시와 「일과 나날」이 돋보이는 농민들의 이야기들을 대표작으로 남겼는데, 이 신탄가(神誕歌)는 Theogony에 수록되어 있다.

1115.  "천사가 이르되 무서워하지 말라 보라 내가 온 백성에게 미칠 큰 기쁨의 좋은 소식을 너희에게 전하노라 오늘 다윗의 동네에 너희를 위하여 구주가 나셨으니 곧 그리스도 주시니라 너희가 가서 강보에 싸여 구유에 뉘어 있는 아기를 보리니 이것이 너희에게 표적이니라 하더니 홀연히 수많은 천군이 그 천사들과 함께 하나님을 찬송하여 이르되 지극히 높은 곳에서는 하나님께 영광이요 땅에서는 하나님이 기뻐하신 사람들 중에 평화로다 하니라" 〈눅 2:10~14〉

창조라는 행위는 특출한 소수자에 의해 이루어진다는 것, 천재의 창조성은 민중에 대한 행동으로 표출되며 그 대부분이 직접적인 계몽(啓蒙)이 아니라 사회적 교련(敎錬)이라고 하는 미메시스로 이루어진다는 것이다. 이러한 것이 문명과 개인의 관계라고 하는 문제의 기초를 이루는 것이므로 이 소사에서는 본질적으로 변함이 없는 사회와 개인의 관계로써 사회가 두 방향 가운데 어느 쪽을 향해 움직이고 있는가에 따라 겉으로 드러나는 차이를 살피는 일을 시작할 수 있는 것이다.

그 차이로서 사회가 성장을 멈추고 붕괴의 국면으로 돌입하면 지도적 지위에 있는 개인은 더 이상 창조적인 존재일 수 없는 것인가라는 의문을 떠올릴 수 있는데, 성장이 붕괴로 바뀌는 것이 지도자의 성격에 그런 변화를 일으킨다면 그것은 우리가 살피고 있는 외형적인 변화로 다룰 수 있는 것이 아니다. 실제로는 앞에서 보았듯이 성장하는 사회와 붕괴에 직면한 사회의 지도자가 나타내는 차이는 창조성의 유무에 관련된 것이 아니며 당연한 이치로서 사회적 성장으로부터 사회적 붕괴로의 변화는 원인으로서든 결과로서든 창조성의 소멸이나 창조적인 지도자의 비창조적인 존재로의 변화를 일으키는 것은 아니다. 그러면 차이는 잠재적인 창조성을 실질적으로 발현시키는 기회 중에 있는 것일까? 앞에서 보았듯이 성장하는 문명에서의 창조적인 인물은 제기된 도전에 대해 그것을 극복하는 응전을 이행할 때 지도자로서 정복자와 같은 역할을 수행하지만 붕괴하는 문명에서 활약하는 지도자는 응전에 실패하여 좌절에 빠진 사회를 구제하는 구세주의 역할을 강요받는다. 이것이 사회가 성장에서 붕괴로 이행함과 동시에 그 사회의 대중과 지도자가 맺고 있는 관계에서 나타나는 변화의 본질일 것이다. 사회가 이행하고 있는 정신적인 투쟁의 성격적 차이인 그것을 전쟁에 비유한다면 공세(攻勢)를 취하는 성장기의 사회는 정복자의 지도력을 요구하는 것이며 좌절하여 수세(守勢)를 취하는 사회는 퇴각(退却)을 효과적으로 이행함으로써 구세주의 역할을 감당하는 지도자를 소환하는 것이다.

그러므로 붕괴하는 사회에서 구세주의 역할을 이행하려고 하는 지도자는 그가 선택하는 전략과 전술에 따라 다양한 모습으로 나타난다. 첫째로는 현재에 대한 희망을 버리지 않고 형세를 돌이키기 위해 결사대를 지휘하는 지도자를 상기할 수 있는데, 붕괴하는 사회의 구세주(救世主)로 자처(自處)하는 그들의 특징은 강대한 적과의 접촉을 피하기 위한 후퇴를 고려하기는커녕 패주(敗走)를 진격(進擊)으로 전환하는 것이다. 다음으로는 앞에서 살핀 네 가지 탈출로 중의 하나에서 구원(救援)을 찾아 붕괴하는 사회에서 벗어나려고 하는 구세주를 떠올리게 된다. 네 가지 유형으로 출현하는 이들은 전략적 후퇴로 작전을 개시한다는 공통점을 가지고 있으나 같은 점은 소극적인 그 첫걸음뿐이다. 복고주의자와 미래주의자의 전략은 적을 피함으로써 패배가 확정되는 상황을 모면하려는 것인바 그에 따른 전자의 전술은 적의 공격이 미치지 않는 과거의 요새로 숨는 것이고 후자의 술책은 허공을 날아서 적의 전열(戰列) 너머에 있다고 믿는 진지(陣地)로 이동하는 것이다. 그리고 초탈과 변모의 길을 걷는 구세주를 보면 전자는 왕관을 눌러쓴 철학자로 나타나고 후자는 인간으로 태어난 신으로 출현한다.

이와 같은 사전적(事前的) 분석은 사회의 붕괴에 즈음하여 프로메테우스와 같이 다양한 모습으로 나타나는 구세주의 정체를 파악하려는 생각을 품게 한다. 그에 따라서 당면한 연구 대상을 차례대로 살피면 다음과 같다.

### (2) 칼을 가진 구세주

붕괴 중인 사회에서 구세주로 자처하는 지도자는 하나같이 칼을 들고 나타난다. 그들은 양단 간의 하나로서 칼을 휘둘러 거스르는 자들을 베어버리는 모습이나 목적을 달성하여 적을 발밑에 둔 승리자로서 칼집에 넣은 칼을 들고 보좌에 앉은 자세를 취하고 있다.[1116] 여기에 있어서 끊임없이 애를 쓰다가 도

---

1116. 델포이의 페르가몬 신전에는 칼을 휘둘러 거인들과 싸우고 있는 신들의 모습이 벽화로 그려져 있

중에 쓰러지는 다윗이나 헤라클레스 쪽이 영화를 누린 솔로몬과 명성(名聲)을 떨친 제우스보다 로맨틱한 인물일지 모르겠으나 헤라클레스의 곤란한 사업이나 다윗의 힘든 싸움도 제우스의 정온(靜穩)이나 솔로몬의 번영(繁榮)을 지향하는 것이 아니라면 뜻한 바 없는 노력에 지나지 않을 것이다. 칼을 휘두르는 것은 그로 인해 폭력이 필요치 않게 할 수 있다는 기대가 있었기 때문이지만 그렇게 생각하는 것은 하나의 미망(迷妄)일 뿐이다. 칼이 고르디우스의 매듭을 절단하는 것은 설화(說話)에나 있는 일이고 현세에 있어서는 칼을 가진 자는 칼로 망한다는 것이 불변의 법칙이다.[1117] 솔로몬은 다윗이 세울 수 없었던 성전을 건립했으나 그것은 네브카드네자르에 의해 허망하게 무너졌다. 제우스는 헤라클레스가 이 세상에 있을 때 올림포스의 정상에 오르지 못했음에 반해 그 가공스러운 산정(山頂)에 보좌를 놓았으나 종국에는 자신이 티탄족[1118]을 던져버린 나락에 떨어지는 운명을 맞이했다. 칼을 가진 자가 결정적인 승리를 얻었다고 생각하는 것은 망상에 불과한 것이다.

칼을 가진 자가 칼을 수장(收藏)하고 한시라도 빨리 폭력을 종식할 것을 바란다고 해도 끝내 붕괴하는 사회를 구제하지 못하는 것은 무엇 때문일까? 빼어든 칼을 칼집에 꽂는 행위는 당연히 보답되어야 할 자비(慈悲)의 발현이 아닌가? 그것을 사용하여 성공을 거둔 까닭에 되도록 빨리 칼의 사용을 중단하겠다고 결심하는 무장은 승리자인 동시에 정치가이며 나름의 현인임에 틀림이 없다. 수단으로서의 전쟁을 포기하는 것은 숭고하고도 현명할뿐더러 유익한 결과를 기약하는 결단이다. 그리고 그런 정책이 채택될 때에는 전도가 양양한

---

다. "그가 모든 원수를 그 발 아래에 둘 때까지 반드시 왕 노릇 하시리니" 〈고전 15:25〉

1117. 고르디우스의 매듭은 프리기아 왕 고르디우스가 아크로폴리스에 헌납한 자신의 전차(戰車)에 매어둔 매우 복잡한 매듭. 그것을 푸는 자는 아시아의 패자(霸者)가 된다는 전설이 전해져 왔는데, 알렉산더는 그것을 칼로 잘랐다고 알려져 있다. "이에 주께서 이르시되 네 칼을 도로 칼집에 꽂으라 칼을 가진 자는 다 칼로 망하느니라" 〈마 26:52〉

1118. 티탄족은 그리스 신화에 등장하는 거대하고 강력한 신의 종족, 다음 세대인 올림포스의 제신(諸神)이 세상을 지배하기 전에 이른바 황금의 시대를 다스렸다.

희망을 불러일으킨다. 호라티우스는 철의 시대가 도래했기 때문에 구원의 두 여신이 올림포스로 복귀했다고 하는 헤시오도스의 탄식을 취소하는 노래를 부르고 있는 것으로 생각된다.[1119] 이와 같이 당연한 것으로 여겨지는 기대가 아우구스투스의 평화와 마찬가지로 오래지 않아서 배반당하는 것은 무슨 까닭인가? 회개(悔改)할 기회는 없는 것일까?[1120] 정적(政敵)을 추방하는 죄를 짓고 그를 통해 이득을 취한 삼두정(參頭政)의 일원은 진정한 국부(國父)로 변모할 수 없는 것일까? 이 골치 아픈 의문에 대한 대답은 칼을 휘두른 크롬웰의 개선에 바친 호라티우스류(類)의 Ode로 주어졌다.[1121] 이 근대 서구의 칼을 가진 구세주에게 내려진 호라티우스풍의 선고에는 가시가 숨겨져 있거니와 더욱 신랄한 것은 "총검으로 이루어지지 않는 한 가지는 그 위에 가부좌를 트는 일이다"라는 경구(警句)일 것이다.[1122]

무기의 일은 죽이는 것이므로 생명을 말살하는 일에 사용된 도구는 그 뒤에 그것을 휘두른 자의 뜻대로 생명을 살리는 일에 쓰일 수 없다. 피바다를 건너

---

1119. 호라티우스는 복된 과거를 재현할 새 시대가 열리는 것을 축하한다는 세기제(世紀祭)에 "신앙, 평화, 지난날의 정숙, 등한히 했던 덕(德)이 회복되고 있으며 축복된 풍요 또한 가득한 뿔을 지녀 모습을 나타낸다"라는 세기제가(世紀祭歌)를 바쳤다. 헤시오도스는 「일과 나날」에서 구원의 두 여신인 에이도스와 네메시스가 올림포스로 돌아간 것은 칼이 난무하는 철의 시대가 도래했기 때문이라고 탄식하고 있다.

1120. "너희가 아는 바와 같이 그가 그 후에 축복을 이어받으려고 눈물을 흘리며 구하되 버린 바가 되어 회개할 기회를 얻지 못하였느니라"〈히 12:17〉

1121. 〈Oliver Cromwell, 1599~1658〉은 군주제의 전복을 주도한 후 호국경(護國卿)이 되어 잉글랜드를 통치하면서 스코틀랜드와 아일랜드를 강압적으로 병합했다. Ode는 고대 그리스에서 음악에 맞춰서 지은 시(詩)인데, 근간에는 '특정된 사람이나 사물에 부쳐서 지은 서정시'를 지칭하는 말로 쓰인다. 영국 시인인 〈Andrew Marvell, 1621~1678〉은 스코틀랜드와 아일랜드를 정복한 크롬웰에게 "그대, 전쟁과 운명의 아들이여! 지침 없는 진격을 계속하라. 칼을 겨누어라. 칼은 요괴를 물리치기에 필요할 뿐만 아니라 권세를 얻을 방책을 지키는데에도 요긴한 것이니"라는 시를 바쳤는데, "특별한 승리에 대한 찬가"라는 이 오드는 군국주의자들에게 조종(弔鐘)을 울린 것이었다.

1122. 〈Talieyrand, 탈레랑〉으로 약칭되는 〈샤를모리스 드 탈레랑 페리고르〉는 프랑스의 정치가 겸 외교관, 나폴레옹 정부의 외무장관으로서 독일과 스페인에 대한 나폴레옹의 침공을 반대한 것으로 유명하다.

왕좌에 앉는 일을 서슴지 않는 지배자는 그렇게 얻은 권력을 지키기 위해 잔인한 폭행을 지속하지 않을 수 없게 된다. 폭력에 호소하는 인간은 폭력의 굴레에 매인 것을 후회하게 되며 폭력으로 말미암은 이익은 오래도록 지속되는 것이 아니다. 칼을 가진 구세주는 모래 위에 집을 짓는 것이며[1123] 피를 부른 그가 유혈(流血)의 죄를 범하지 않은 대리자를 세워서 새집을 짓는다고 해도 그것이 영구히 지켜지는 것은 아니다. 솔로몬이 집을 지을 때 사용한 자재는 손에 피를 묻힌 자가 준비한 것이며 다윗에게 선포된 금지(禁止)[1124]는 아들이 대신 지은 집의 파멸을 뜻하는 것이다. 이처럼 칼로 구제(救濟)를 얻으려고 하는 시도가 실패로 끝나는 것은 신화나 전설 속에 포함되어 있을 뿐만 아니라 역사적인 사실로도 입증된다. 칼의 힘을 빌린 아버지의 죄는 아들에게 보응(報應)되어 3~4대에 이른다.[1125] 크롬웰이 아일랜드에 배치한 정복 이민자의 자손은 선조가 그 가톨릭교국을 제압할 때 휘두른 것과 같은 폭력에 의해 추방되었고 아편전쟁이라는 만행으로 상하이에 조계(租界)를 구축한 영국 상인들의 후예는 영국인이 자행한 폭력을 익힌 일본인과 중국인에 의해 구축되었다. 칼을 가진 구세주의 전형은 붕괴에 돌입한 문명이 동란기를 벗어날 때 세계국가를 세우려고 노력하거나 수립된 세계국가를 보전하려고 애쓰는 수령이나 군주들이었는데 그리함으로써 도탄에 빠진 민중을 구제하는 그들은 신격화되는 경향이 있다. 그러나 세계국가는 일반적으로 단명한 것이며 수명을 무리하게 늘리면

---

1123. "그러므로 누구든지 나의 이 말을 듣고 행하는 자는 그 집을 반석 위에 지은 지혜로운 사람 같으리니 비가 내리고 창수가 나고 바람이 불어 그 집에 부딪히되 무너지지 아니하나니 이는 주추를 반석 위에 놓은 까닭이요 나의 이 말을 듣고 행하지 아니하는 자는 그 집을 모래 위에 지은 어리석은 사람 같으리니 비가 내리고 창수가 나고 바람이 불어 그 집에 부딪치매 무너져 그 무너짐이 심하니라" 〈마 7:24~27〉

1124. "하나님이 내게 이르시되 너는 전쟁을 많이 한 사람이라 피를 많이 흘렸으니 내 이름을 위하여 성전을 건축하지 못하리라 하셨느니라" 〈대상 28:3〉

1125. "그것들에 절하지 말며 그것들을 섬기지 말라 나 네 하나님 여호와는 질투하는 하나님인즉 나를 미워하는 자의 죄를 갚되 아버지로부터 아들에게로 삼사 대까지 이르게 하거니와 나를 사랑하고 내 계명을 지키는 자에게는 천 대까지 은혜를 베푸느니라" 〈출 20:5~6〉

그 예외적인 장수에 대한 보복으로 앞에서 살핀 것과 같은 사회적 이상(異狀)을 초래한다.[1126]

세계국가와 칼을 가진 구세주의 생애에서 나타나는 이 결부(結付)는 폭력이 구제의 수단으로서 유용하지 않다는 것을 증명할 뿐만 아니라 이런 부류의 구세주를 식별하여 그 실체를 밝히는 일을 가능하게 한다. 여기에 있어서 처음으로 나타나는 것은 다나오스의 딸들[1127]처럼 비극적인 칼을 허망하게 휘두른 자칭의 구세주들이다. 헬레닉 사회의 동란시대 초기에 칼키디케의 그리스인 도시국가를 아테네의 압제에서 해방하려고 했던 브라시다스의 사업이 리산드로스에 의해 훼파되었고 아이고스포타모이에서 얻은 승리를 레우크트라의 패배로 돌린 그의 사업 이후로는 테베의 에파미논다스, 마케도니아의 필리포스 2세, 알렉산더 등의 칼을 가진 구세주가 같은 길을 걸어서 같은 결과를 초래했다.[1128] 그에 병행하여 시칠리아를 압제로부터 해방시키려고 했던 시라쿠사의 〈디오니소스 1세, BC 432~367〉와 그의 후계자들은 칼을 가진 구세주의 기도는 그것이 대물림된다 해도 뜻대로 달성되지 않는다는 것은 입증하고 있다.[1129] 다른 문명으로 눈을 돌리면 그 동란시대도 유사한 광경을 드러

---

1126. 세계국가 이전의 동란이나 그 이후의 사회적 공백에 못지않게 해로운 사회적 이상사태(異常事態)에 대해서는 「문명의 좌절-자기결정 능력의 상실」에서 살폈다.

1127. Danaos는 그리스 신화에 등장하는 아르고스의 왕인데, 그의 형 아이깁토스는 다나오스를 몰아내고 50명이었던 다나오스의 딸들(Danaides)을 마찬가지로 50명이었던 자기의 아들들과 결혼시켰다. 그에 위협을 느낀 다나오스는 딸들에게 남편들을 죽이라고 했는데, 아버지의 뜻에 순종한 딸들은 밑 빠진 독에 물을 채우는 형벌을 받았다.

1128. 브라시다스는 펠로폰네소스 전쟁 초기에 활약한 스파르타의 무장, 암피폴리스 전투를 승리로 이끌고 전사했다. 스파르타의 리산드로스는 아테네를 굴복시키고 펠로폰네소스 전쟁을 끝냈으나 아테네에서 탈취한 재물로 스파르타를 타락시켜 마케도니아가 헬라스 전체를 장악하는 계기를 마련했는데, 그 과정은 마케도니아의 필리포스 2세가 에파미논다스의 활약으로 헬라스에 대한 스파르타의 패권을 넘겨받은 테베를 제압하는 것으로 이루어졌다. 알렉산더의 페르시아 정복은 헬라스에 대한 마케도니아의 패권 상실과 헬레닉 사회의 내전을 격렬하게 하는 결과를 낳았다.

1129. 디오니소스의 후계자들은 플라톤을 추방한 디오니소스 2세,·시칠리아 국왕과 시라쿠사의 독재관을 겸직한 아가토클레스, 시라쿠사 참주로서 공화정 시대의 로마에 대항한 히에로 2세와 그의 손자인 히에로니무스. 무력으로 구제를 얻으려 했던 시라쿠사인의 기도는 헬레니즘의 묘상(苗

내는 것을 볼 수 있다. 수메릭 사회의 동란시대를 보면 아가데의 〈사르곤, BC 2652~2597〉은 타우루스 산맥 저쪽의 아시리아인 개척자를 구제했고 〈나람 신, BC 2572~2517〉은 시나르 평원을 구티움인의 압제에서 벗어나게 했다고 과시하고 있는데, 이후에 구티움인이 수메릭 사회를 침공하여 그 심장부를 지배한 것은 무력을 남용한 아카드 군국주의에 주어진 응분의 네메시스였다. 정교 기독교 사회에 있어서는 지칠 대로 지친 동로마 제국을 무력으로 구제하려고 했던 테오도로스 1세 다스카리스와 미카엘 1세 팔레올로고스의 시도가 헛수고로 끝났고 동란에 휩쓸린 러시아를 침략자의 손에서 구원하려고 했던 러시아 대공 알렉산드로스 넵스키와 드미트리 돈스코이의 시도는 성공이라고 말하기 어려운 것으로 끝났다.

동란기에 출현하는 이 칼을 가진 구세주들은 일을 마친 제우스가 아니라 싸우다가 죽는 헤라클레스와 같은 인물인데 그 뒤를 이은 구세주들은 제우스와 유사한 헤라클레스로서 세계국가를 세우는 자들의 선구자로 등장했다. 이들 중의 일부는 요단강을 건너지 못하고 비스가(Pisgah)에서 목적지를 바라보면서 죽은 모세[1130]와 달리 강을 건너고 산을 넘어 자기의 왕국을 세우는 이들도 있으나 그렇게 만용(蠻勇)을 부리는 자들의 부실한 세계국가는 세운 자와 함께 무너져서 그것을 재건하는 후계자를 돋보이게 하는 역할을 하게 된다. 헬레닉 사회에 있어서 율리우스의 길을 준비한 마리우스는 황야에서 생을 마감한 모세와 같은 인물들을 대표하고 있다. 극동사회의 일본 분지에서 그 역할을 감

---

床)이었던 시칠리아가 로마와 카르타고의 포에니 전쟁으로 인해 황폐화되는 것으로 끝났다.

1130. "모세가 모압 평지에서 느보산에 올라가 여리고 맞은편 비스가 산꼭대기에 이르매 여호와께서 길르앗 온 땅을 단까지 보이시고 또 온 납달리와 에브라임과 므낫세의 땅과 서해까지의 유다 온 땅과 네겝과 종려나무의 성읍 여리고 골짜기 평지를 소알까지 보이시고 여호와께서 그에게 이르시되 이는 내가 아브라함과 이삭과 야곱에게 맹세하여 그의 후손에게 주리라 한 땅이라 내가 네 눈으로 보게 하였거니와 너는 그리로 건너가지 못하리라 하시매 이에 여호와의 종 모세가 여호와의 말씀대로 모압에서 죽어 장사되었고 오늘까지 그의 묻힌 곳을 아는 이가 없느니라" 〈신 34:1~6〉

당한 인물은 노부나가였으며 파차쿠텍에 대한 안데스 사회의 잉카 비라코차와 정복자 메흐메드에 대한 정교 기독교 사회 오스만리의 바예지드 일드림도 같은 길을 걸었다. 극동사회에 있어서 쿠빌라이의 세계국가를 재건한 순치제(順治帝)에게 기반을 닦아 준 선구자는 누르하치였고 수메릭 사회에 있어서 구티족을 구축(驅逐)한 우르 엥구르의 사업은 우루크의 우투케갈이 착수한 것이다.

약속된 땅에 발을 들이지 못한 이들 선구자의 뒤를 이어 그의 발목을 붙잡은 훼방꾼을 쳐부수는 후진이 나타나는데 헬레닉 사회에 있어서 로마의 무정부 상태를 해소하는 일에 협력했던 폼페이우스와 카이사르는 칼을 상대방에게 겨누어 공동의 사업을 망가트린 죄를 나누어 가졌다. 상쟁한 두 무장은 함께 구제해야 할 사명을 짊어진 자기들의 세계를 새로운 내전의 희생으로 바치는 운명에 빠졌던 것인바 폼페이우스와 카토를 죽음으로 내몰아 승리를 취했으되 Esau(에서)와 같은 처지에 빠진 카이사르는 브루투스의 칼에 찔려 죽는 것으로 그 두 죽음을 보상하는 운명을 피하지 못했다.[1131] 카이사르와 폼페이우스가 망친 사업이 카이사르의 양자(養子)에 의해 성취된 것에는 또다시 상당한 유혈이 필요했던 것인데, 중국사회에 있어서 헬레닉 사회의 카이사르에 해당하는 진시황의 세계국가가 붕괴된 후 재건된 일에도 한고조 유방(劉邦)의 격렬한 칼부림이 수반되었다. 시리악 사회에 있어 율리우스 카이사르나 진시황에 해당하는 인물은 아시리아의 광포에 시달리던 세계에 Pax Achaemenica를 제공하려고 했던 키루스인바 칼을 휘둘러 피를 뿌린 그의 행위는 리디아의

---

1131. 포에니 전쟁 당시에 활약한 〈마르쿠스 포르키우스 카토, BC 234~149〉의 증손자여서 소 카토로 호칭된 〈Marcus Porcius Cato, BC 95~46〉는 공화정을 옹호하여 삼두체제에 대항했고, 카이사르와 싸우다가 패배한 후 자살했다고 알려져 있다. "너희가 아는 바와 같이 그가 그 후에 축복을 이어받으려고 눈물을 흘리며 구하되 버린 바가 되어 회개할 기회를 얻지 못하였느니라"〈히 12:17〉〈Marcus Junius Brutus, BC 85~AD 42〉는 카이사르를 암살한 일로 유명한 공화정 말기의 로마 정치가, 그의 어머니는 카이사르의 정부(情婦)였고 폼페이우스는 그 아버지의 죽음에 연관된 인물인 것으로 알려져 있다.

크로이소스를 관용(寬容)하는 것으로 표방된 회심(回心)에도 불구하고 그 자신과 제국을 붕괴의 늪으로 몰아넣었다.[1132]

다음으로 살피게 되는 제3의 선구자들은 자신이 성취한 것을 후계자에게 물려 주는 헤라클레스들이며 이에 해당하는 인물로는 바빌로니아에서 아시리아인의 폭행을 잠재운 〈나보폴라사르, BC 626~605〉와 인도사회에서 굽타조의 판도를 크게 늘린 〈사무드라굽타, 335~375〉를 들 수 있다. 이들의 노고는 〈네부카드네자르, BC 604~562〉의 신바빌로니아 제국과 〈찬드라굽타 2세, 375~413〉의 굽타제국으로 결실되었는데, 자기들의 성취(成就)를 고스란히 후계자에게 전한 이들은 세계국가의 창건자에 가까운 인물이다. 그리하여 마침내 세계국가를 창건한 인물로 옮겨가면 그 이름을 다음과 같이 거명(擧名)할 수 있다. 헬레닉 사회에 있어서 그 세계국가의 참된 건설자는 디비우스 율리우스가 아닌 아우구스투스였고, 수메릭 사회에서는 우르 엥구르였으며, 이집트 사회에서는 11왕조의 맨투호텝 4세와 그의 역할을 되풀이한 아모시스 1세였다. 안데스 사회를 보면 그 칭호가 의미하는 바에[1133] 따라 잉카 파차쿠텍이 그런 인물로 인정되고 있고 바빌로니아 사회와 인도사회에서는 네부카드네자르와 찬드라 굽타를 떠올리게 된다. 정교 기독교 사회에서는 콘스탄티노플을 정복한 메흐메드가, 그 러시아 분지에서는 노브고로드 공화국을 병합한 이반 3세가 세계국가의 창건자였다. 중국사회와 시리악 사회 및 힌두세계의 경우는 위와 같으며 극동사회와 그 일본 분지에 세계국가를 제공한 인물은 칭기즈칸과 이에야스였다.

이들 세계국가를 창건하여 제우스적인 자태를 드러낸 인물들은 그들의 생애와 그로 인한 결과를 비교하여 살필 수 있는 우리가 볼 때 그들의 선구자인 헤라클레스들과 다를 바 없다고 생각된다. 그러나 그들의 동시대인의 눈에는

---

1132. 키루스 2세는 마사게타이족 토미리스 여왕에 의해 죽임을 당했는데, 승리를 쟁취한 그녀는 공언한 바와 같이 키루스의 입술을 베어서 피가 담긴 포대에 넣었다고 알려져 있다.

1133. '잉카 파차쿠텍'은 '세계가 개선되었다'라는 의미이다.

그들이 헤라클레스들이 용전분투했음에도 끝내 이룰 수 없었던 것을 달성한 구세주로 보였을 것이다. 그리고 그 성공의 당위성은 제국 건설자 자신의 삶과 공과(功果)에 의해 입증될 뿐만 아니라 그의 후계자가 이룩한 번영으로 보증되는 것으로 여겨질 것이다. 그들에 있어서 솔로몬의 영화는 다윗의 무용(武勇)에 대한 가장 유력한 증거로 되어 있다. 그러므로 이 제왕으로 태어난 솔로몬들을 살피는 것은 칼을 가진 구세주를 살피는 일의 일환(一環)이다. 통례에 따라 제복(帝服)의 주름 사이에 감추어진 포르피로게니티[1134]의 칼이 칼날을 드러내는 일이 있다면 그 정체(正體)의 폭로는 필요에 의한 것이 아니라 변덕(變德)으로 말미암은 것이다. 그리고 그 변덕이 발현되지 않음으로써 칼에 의한 구제의 정당성이 후계자에 의해 증명된다면 그것은 문명이 걷는 여정(旅程)에 있어서 솔로몬들이 태어나는 시기에서일 것이며 솔로몬들의 그 시대는 세계국가의 생애에 있어 평안과 번영을 구가하는 황금기로 보여질 것이다. 그러나 그 시대가 일부를 이루는 문명의 생애 전체를 살피면 그 시기는 종말을 바라보고 있는 회춘기(回春期)임을 알 수 있는데, 이들 회춘기에 대한 경험적인 조사는 이 역사적인 현상이 성격에 있어서의 일양성과 지속기간에 있어서의 다양성을 특징으로 하고 있음을 명확히 할 것이다.

헬레닉 사회의 회춘기는 96년에 이루어진 네르바 황제의 즉위로부터 시작하여 마르쿠스 황제가 죽은 180년에 끝났는데 이 84년이라는 햇수는 Pax Romana가 지속된 기간의 1/4에도 미치지 못한다.[1135] 극동사회가 만주조(滿洲朝)의 평화로 누린 회춘은 강희제(康熙帝)가 남변(南邊)을 평정한 1682년에 시작되어 건륭제(乾隆帝)가 죽은 1796년에 끝났고 이집트 사회에서 신제국이 이룩한 회춘기는 토트메스 1세가 즉위한 때로부터 아멘호텝 3세가 죽은 기원

---

1134. 〈Porphyrogeniti, 포르피로게니티〉는 '태어남과 동시에 자색 옷을 입은 자'라는 의미.

1135. Pax Romana는 악티움 전투 직후인 31년부터 아드리아노플 전투가 발발한 378년까지 지속되었다.

전 1376년까지 이어졌다.[1136] 이 세 사회의 회춘기는 비교적 오래 지속되었으나 같은 현상이면서도 군주 1인의 이름과 동일시되는 회춘기도 있다. 예를 들면 수메릭 사회의 세계국가가 누린 회춘기는 기원전 2280~2223년에 이르는 둔기(Dungi)의 치세에 국한되었고 안데스 사회에 있어서 잉카제국의 투팍 유팡키가 조성한 1471~1493년의 회춘기는 뒤를 이은 우아이나 카팍의 시대에 소멸되기 시작했다. 인도사회의 역사에 있어서는 마우리아 왕조의 아쇼카 황제에 의한 기원전 273~232년의 회춘과 굽타조의 쿠마라 굽타 1세에 의한 413~455년의 재흥이 그것을 이룩한 손과 함께 사라졌다. 중국사회의 회춘기는 한무제(漢武帝, BC 140~87)의 치세에도 미치지 못했고 극동사회의 Pax Mongolica에 있어서 쿠빌라이가 조성한 회춘기는 그 본인의 치세기(治世期, 1259~1294)를 벗어나지 못했다. 아랍 칼리프국의 역사에 있어서 〈하룬 알 라시드, 786~809〉의 치세에 해당하는 아바스조의 회춘기는 그 이전의 격변과 뒤따른 혼돈에 비견되어 크게 돋보이고 있다. 정교 기독교 사회에서는 오토만의 평화가 장려자(壯麗者) 술레이만이 다윗의 아들에게 허용된 것에 못지않은 영화를 누린 시기에 회춘기를 이루었는데 이 후대의 솔로몬도 다윗의 아들이 자초한 저주에 걸려드는 운명을 피할 수 없었다.[1137]

회춘기(回春期)에 대한 이 개관은 솔로몬과 같은 지배자들의 생애가 칼이 구제의 수단으로 바뀔 수 있다는 주장을 결정적으로 뒤집는 것으로 여겨진다. 붕괴에 돌입한 문명의 회춘기는 일시적인 것이었고 솔로몬의 영화는 오래도록 지속되는 것이 아니다. 솔로몬의 사업이 실패로 끝이 났다면 다윗과 그의

---

1136. 이집트 최초의 세계국가인 중제국(中帝國)의 회춘기는 제12왕조가 군림한 BC 2000년경~1788년까지의 기간에 맞먹을 정도로 길게 이어졌다.

1137. '술레이만'은 '솔로몬'의 오스만식 발음이다. "여호와께서 솔로몬에게 말씀하시되 네게 이러한 일이 있었고 또 네가 내 언약과 내가 네게 명령한 법도를 지키지 아니하였으니 내가 반드시 이 나라를 네게서 빼앗아 네 신하에게 주리라"〈왕상 11:11〉 술레이만은 이슬람교도의 자제는 파디샤의 노예궁정에 들어갈 수 없다는 규정을 파기함으로써 예니체리 군단의 약체화와 라이예의 반란에 의한 오토만 제국의 분할을 초래했다.

선구자들은 허무하게 칼을 휘두른 것이며 한 번이라도 피 맛을 본 칼을 수장 (收藏)해 두는 것은 인육(人肉)을 맛본 호랑이가 죽임을 당할 때까지 식인호(食人虎)이기를 중단할 수 없는 것과 마찬가지로 어려운 일이다. 그래서 피 묻은 칼 위에 세운 평화는 폭력이라는 끈질긴 악귀(惡鬼)에 대하여 지게 되어 있는 싸움에 돌입하는 것인바 팍스 오이쿠메니카의 창도자가 주도하는 그 싸움의 양상은 외적인 것과 내적인 것으로 구분하여 살필 수 있다. 세계국가의 지배자가 외변의 이족(異族)과 싸우는 양상을 살핌에 있어서 장성(長城)을 쌓고 그것을 넘지 않겠다는 뜻을 천명한 진시황의 결의가 한무제에 의해 깨트려진 것은 제우스적인 지배자가 칼부림을 자제하는 일이 매우 어렵다는 것을 나타내고 있다.[1138] 헬레닉 사회의 역사에서는 세계국가를 창건한 아우구스투스가 제국의 국경이 엘베강을 넘지 않게 한다는 방침을 천명했는데, 그가 스스로 그 방침을 어기고 브리타니아를 정복한 것은 당대에 해를 끼치지는 않았지만 트라야누스로 대표되는 후계자들의 정복욕을 부추겨서 힘들여 이룩한 회춘기에 먹구름을 드리웠다.[1139] 이집트 사회에서는 아모시스(BC 1580~1558)와 토트메스 1세(BC 1545~1514)가 해방과 보복을 위해 휘두른 칼을 '고귀한 숙녀'라고 하는 하트셉수트 1세(BC 1501~1479)가 거두어들였으나 뒤를 이은 토트메스 3세가 풀어놓은 칼의 끈질긴 준동은 전임자들의 군국주의를 처절하게 거부한 이크나톤(BC 1350~1334)에 의해서도 잠재워지지 않았다. 인도사회가 낳은 세계국가의 역사에 있어서 전쟁을 포기한 아쇼카의 결단은 그의 조부인 찬드라 굽타가 사용한 살생의 도구에 의지한 후계자들이 마우리아조 정권을 잃는 것을

---

1138. 진시황이 북변의 여러 요새를 장성으로 연결한 것은 이후로 유라시아 유목민이라는 벌집을 건드리지 않겠다는 뜻을 천명한 것이었는데, 폭력을 지양하려 했던 그의 결의는 한무제의 북진 정책으로 무산되었다.

1139. 오현제의 한 사람인 트라야누스는 파르티아 정복 등 대대적인 원정을 단행하여 제국의 판도를 최대로 늘렸으나 그것이 초래한 재정과 인적 자원에서의 부담은 후계자인 하드리아누스의 철퇴(撤退)에도 불구하고 발레리아누스 황제가 사산조의 샤푸르 1세에게 패하여 포로로 잡히는 등의 파국을 초래했다.

예방하지 못했고 오토만 정권에 있어서는 정복자 메흐메트(1451~1481)가 가까스로 야심을 억제하여 수립한 오토만의 평화가 그의 방침을 무시한 셀림과 술레이만 때문에 사양길에 접어들었다. 오토만 정권에 있어서 메흐메트 4세(1648~1707)가 합스부르크 왕국을 침공하여 서구사회의 반격을 초래한 것은 그리스 침공과 그로 인한 헬레닉 사회의 반격으로 아케메네스조의 파멸을 예약한 크세르크세스의 행실에 비견된다. 마지막으로 힌두사회를 보면 마하라슈트라를 삼키려다가 마라타족을 격동시킨 무굴제국의 아우랑제브(1659~1707)가 크세르크세스의 전철을 밟았다.

칼을 잠재우는 능력을 알아보는 이상의 조사에 따르면 국경 밖의 이민족을 침략하지 않는다는 방침을 지키는 일에서 세계국가의 지배자가 얻은 성적은 그다지 좋지 않았음이 분명하다. 그렇다면 그들은 넓게 펼쳐진 〈팍스 오이쿠메니카〉에 포함된 이족(異族)을 관용하는 일에서 어떤 성적을 거두었을까? 이것을 위와 같은 방법으로 살펴보면 그들은 여기서도 별로 훌륭하지 못했음이 밝혀진다. 이를테면 유대교를 관용하는 방침을 정하여 그것을 준수했던 로마제국 정부는 제국의 위신과 칼을 가진 구세주의 특권에 반항하는 기독교도와 충돌하여 예수의 가르침에 따르는 자를 사형에 처한다는 극단적인 조치를 실행에 옮겼다. 로마제국은 네로가 제정한 온갖 야만적인 법령 중에서 가장 오래도록 유지된 그 방침에 따라 칼로 벨 수 없는 힘과 싸웠던 것인데, 그로 인한 순교는 기독교의 전파를 방해하기는커녕 기독교로의 개종을 촉진하는 요인이 되었다.[1140] 통치에 있어서 피지배자의 동의를 구하는 것을 원칙으로 삼았던 아케메네스조 정부는 페니키아인과 유대인의 복종을 끌어내기에는 성공했으나 비빌로니아인과 이집트인을 회유하는 일에서는 한계를 드러냈다. 캄비세스가 카르타고인과 동족상쟁을 거부한 티로스인을 용서하고 다리우스가

---

1140.  삼위일체(三位一體)라는 용어를 최초로 사용한 터툴리아누스는 이 현상을 "순교자의 피는 기독교의 씨앗이다"라고 표현했다.

스룹바벨(Zerubbabel)에 의한 유대인의 실패한 반역을 양해한 관대함은 두 민족의 충성을 유발했으나 키루스와 다리우스가 바빌론과 이집트의 신관(神官)들을 위력적으로 회유하려고 시도한 것은 미봉(彌縫)에 불과한 것이어서 끊임없이 반항하는 그들을 칼로 제압해야 하는 상황을 초래했다. 오스만리의 오토만 정부는 종속민에게 폭넓은 자치를 허용하는 것으로 라이예(Rayah)를 회유했으나 현실에서 그 본령(本領)인 관용책이 제대로 적용되지 못한 것은 라이예의 불만에 따른 반항을 불러왔다. 그리하여 라이예의 반란으로 곤란을 겪은 셀림 1세(1512~1520)의 후계자들은 그 냉혹한 술탄이 이맘파 이슬람교도를 학살했듯이 정교 기독교도를 몰살할 계획을 세우기도 했다. 인도사회의 무굴제국을 보면 악바르 대제가 〈Arcana Imperii, 통치의 비책〉로 설정한 힌두교에 대한 관용을 배척한 아우랑제브가 그로 말미암은 제국의 쇠락이라는 보응을 받았다.

우리의 이 조사는 한 번이라도 피를 맛본 후에 칼집으로 들어간 칼의 자살적인 집요함을 명백히 밝혀냈다. 구제하는 능력이 결핍된 수단이라도 형벌을 내릴 힘을 갖는 것인바 회개하여 칼집에 든 칼은 부단히 자기의 일을 찾다가 때를 얻어 목적을 달성한다. 이윽고 때가 되어 변경전(邊境戰)에서 전쟁기술을 익히고 힘을 기른 만족전투집단(蠻族戰鬪集團)이 반격을 개시하면 한동안 들리지 않았던 전쟁의 울림이 소리를 드높인다. 그것이 아니라면 길들여져 유순하게 복종하고 있다고 여겼던 속중(俗衆)이 내적 P의 봉기를 일으켜 지배적 소수자를 격동시킨다. 전쟁과 혁명이라는 요괴(妖怪)가 또다시 횡행하게 되는 것인바 이 무서운 재난은 동란을 겪은 세대가 아니라 회춘기를 누린 이들에게 달려든다.

칼을 가진 구세주가 연출하는 비극을 회고적으로 살펴보면 우리의 주인공이 실패하지 않을 수 없는 운명을 타고났음이 밝혀지지만 위와 같이 불리한 상황은 칼을 가진 구세주의 전형적인 사례를 살피는 계기를 조성한다. 동란의 재발과 동시에 제우스가 물러나고 헤라클레스가 복귀하는데 이 비극을 끝까지 살피면 막이 내릴 즈음에 우리들의 헤라클레스가 어떻게든 형세를 만회하기 위해 전례를 찾기 어려운 활약을 펼친다는 것을 확인하게 될 것이다. 헬레닉 사회의 역사에 있어 안성맞춤인 역할을 맡은 네 사람의 무인은 네수스의 피를 바른 속옷과 같은 것으로 바뀐 자색 옷을 입고 그 이례적인 출세의 정당성을 증명하려고 히드라의 머리를 자른 것과 같은 무용을 떨쳤다.[1141] 제12왕조의 멸망으로 인해 재기된 이집트 사회의 동란시대에 헤라클레스로 활약한 인물에 대해서는 자세히 알려지지 않았으나 신제국의 아멘호텝 3세의 죽음으로 동일한 고난이 재발한 시기에는 헬레닉 사회의 일리리아인에 상당하는 인물들[1142]이 맹위를 떨쳤다.

이처럼 부활한 헤라클레스들이 그 임무를 충실히 이행하면 물러났던 제우스들이 복귀하는 일이 가능하게 된다. 예를 들면 아우렐리아누스의 노고는 디오클레티아누스가 제2의 티베리우스 율리우스로 등장하고 콘스탄티누스가 디오클레티아누스의 카이사르에 대해 아우구스투스의 역할을 맡는 길을 열었다. 이 헬레닉 사회의 재건자(再建者)에 해당하는 인물을 다른 사회의 역사에서 찾는다면 엘람인의 반란으로 훼파된 수메르-아카드 제국을 재건한 바빌로니아 제1왕조의 함무라비를 떠올리게 되는바 이러한 헤라클레스들의 활약으로 회춘기에 버금가는 상태가 재현되는 일이 있다. 예를 들면 정교 기독교 사회의 러시아 분지의 〈이반 뇌제, 1533~1584〉에 의해 모스크바 제국에 조성된 회춘기는 〈표트르 대제, 1682~1725〉의 세계국가 재건에 힘입어 〈예카테리나 2세, 1762~1796〉와 〈알렉산더 1세, 1801~1825〉의 치세를 빛나게 했다. 헬레닉 사회에서는 〈유스티니아누스, 527~565〉가 솔로몬의 영화와 같은 번

<hr />

1141. 네 사람의 무인은 모두가 일리리아 출신인 Claudius, Aurelianus, Probus, Carus. 헤라클레스의 아내 데이아네이라는 남편의 정분을 돌이키려고 네수스의 피를 바른 속옷을 헤라클레스에게 입혔는데, 그것을 입은 헤라클레스는 중독의 고통을 이기지 못해 자살했다고 전해진다. 자색 옷은 로마제국 황제의 제복(帝服). 히드라(Ύδρα)는 그리스 신화에서 헤라클레스가 죽인 9개의 머리를 가진 뱀.

1142. 19왕조의 〈세티 1세〉와 그의 아들인 〈람세스 2세〉 람세스 2세의 아들인 〈메르넵타〉와 20왕조의 〈람세스 3세〉

영을 이루었는데 그것은 〈디오클레티아누스〉와 〈콘스탄티누스〉가 〈율리아누스〉와 〈아우구스투스〉에 의해 흐트러진 정체(政體)를 바로잡은 덕택이었다. 그러나 유스티니아누스가 구가(謳歌)한 솔로몬의 영화는 때늦은 호사였기 때문에 이후의 헬레닉 사회는 값비싼 대가를 치르지 않을 수 없었다. 유스티니아누스로부터 반세기가 지났을 때 사산조 페르시아의 침공이라는 청구서를 받은 헤라클리우스는 그 이름이 표방하는바 '헤라의 영광'도 마침내 힘이 다하는 최후의 장면에서 헤라클레스의 역할을 장엄하게 재현했다. 이 로마제국 황제는 다이하드의 표본으로써 자기의 부하를 그렇게 부르는 것으로 그 말을 세상에 알린 영국 군인과 어깨를 나란히 할 자격을 갖추고 있다.[1143] 헤라클리우스는 헬레닉 사회가 Pax Romana를 씌우고 있었던 시리악 사회를 탈환하려는 사산조 페르시아에 맞서서 힘겨운 승리를 쟁취했으나 이후로 그 틈을 노린 아랍인의 도전을 극복하지 못한 것에 상심하여 쓸쓸히 세상을 떠났다. 헬레닉 사회에서 다른 사회로 눈을 돌리면 그의 활약이 아더왕의 전설로 그려진 것으로 여겨지는 브리튼의 아르토리우스나 콩키스타도르에 맞서서 죽을 때까지 싸운 잉카제국의 만코에게서 또 다른 다이하드를 보게 된다.

### (3) 타임머신을 가진 구세주

타임머신은 〈Lewis Carroll〉을 필명으로 삼은 〈Charles Lutwidge Dodgson, 1832~1898〉이 「Sylvie and Bruno」에서 표방한 착안이 〈H. G. Wells, 1866~1946〉의 「Time Machine」에서 재미있게 응용된 관념인데, 루이스 캐럴의 착상을 활용하여 시간을 오르내리면서 과거나 미래의 기묘한 양상을 보여주려고 했던 웰스는 위의 흥미로운 이야기 속에서 시간을 조작하고 요지경(瑤池鏡)을 돌리는 안내자가 인도하는 시간여행을 펼치고 있다.

인도자가 있는 이 여행은 서구의 호모 메카니쿠스가 함양한 우주에 관한 지

---

1143.  "열심히 죽어라"라는 의미인 "Die hard"는 1808~1812년의 반도전쟁 당시에 영국군의 〈William Inglis〉 대령이 전멸의 위기에 빠진 병사들에게 외친 말인데, 이후로는 패배가 확실해진 상황에서도 임무에 열중하여 명예를 지키는 군인을 지칭하는 말로 쓰이고 있다.

식과 우주에 대한 지배력 증진을 비유적으로 표현한 것이다. 그런데 타임머신을 발상한 루이스 캐럴은 웰스가 스트레이커[1144]를 칭송하는 수단으로 삼은 이 착상을 재간꾼이 시간을 조작하는 장치로 할 수 있는 일에 한계가 있다는 것을 지적하는 풍자에서 호모 메카니쿠스를 경계하고 비판하는 용도로 활용하고 있다. 루이스 캐럴의 풍자는 단순한 만큼 효과적이다. 그의 기계기술자는 자연을 밀어젖히고 운명을 기만하지만 그의 속이는 짓은 허탕으로 끝난다. 「실비와 브루노」에서는 마술시계를 가진 인간이 자전거를 탄 사내가 모퉁이를 도는 순간에 마차에서 떨어진 물체에 부딪쳐서 다치는 것을 보고 시곗바늘을 뒤로 돌린다. 시간은 후퇴했고 길에 떨어진 물건을 치워버리자 자전거는 문제없이 모퉁이를 달려간다. 그리하여 요술은 성공했으나 그 순간의 외견은 뒤따르는 현실에 의해 가면이 벗겨진다. 루이스 캐럴은 루키아노스[1145]적인 이 비유에서 세상에서의 현실을 기계적인 기술로 처치할 수 있다고 믿는 것은 망상(妄想)에 불과하다는 것을 암시하고 있다. 이 자전거 시대의 우화는 자동차 시대의 경험을 바탕으로 하는 상징적인 이야기로 대체될 수 있다. 상태가 불량한 자동차를 운전하는 사람이 내리막길에서 기어를 중립에 놓고 내려가는 중에 급경사를 만나면 적합한 기어를 넣을 수 없을 뿐만 아니라 Vapor Lock으로 인해 브레이크가 작동하지 않게 된다. 그래서 당황한 운전자는 자동차를 방벽에 충돌시켜 벼랑으로 추락하는 것을 모면해야 할 것인데, 이 비유가 주는 교훈은 타임머신이라는 기계는 칼과 마찬가지로 일단 폭력이 들어가면 파탄이 일어날 때까지 그 폭거를 막을 수 없다는 것이다. 충돌을 일으켜서라도 차를 세우지 못하는 운전자는 벼랑 아래로 추락하여 뒤집힌 차 안에서 시체로

---

1144.  Straker는 〈George Bernard Shaw, 1856~1950〉의 「인간과 초인」에 등장하는 자동차 운전사. 기계의 만능을 믿고 기계에 의해 인간이 해방된다고 생각하는, 과학적 사회주의자의 하나로 그려졌다.
1145.  〈Lucianos, 125~180〉는 로마에서 활약한 그리스 문학의 대표적인 단편 작가. 익살과 풍자에 의한 공상적인 여행기로 유명하다.

바뀌었을 것이지만 운이 좋은 운전자는 내리막이 끝나는 곳에 안전하게 정차하는 행운을 만날 수도 있을 것이다.

이 비유를 거듭 살핀 역사적인 사례의 하나에 적용한다면 바르 코카바의 실패를 교훈으로 삼아 타임머신을 조작하던 중에 구원을 얻은 유대인이 재난에 봉착하지 않았으므로 폭력의 연쇄에서 벗어나는 길을 찾지 못했다는 것을 깨닫지 못하고 있는 상태를 그려볼 수 있다. 유대인 정적주의자와 60세대를 이어온 그의 자손들은 복고주의적인 동시에 미래주의적인 유토피아 속에서 살아가기에 성공할지도 모른다. 그들은 율법을 준행하고 신이 만들어 주는 나라를 대망(待望)함으로써 현실에서의 현실적인 고통을 느끼지 않게 될 수도 있을 것이다. 그러나 자기들도 열방(列邦)의 하나가 되고자 하는 소망[1146]이 그의 61대째 자손을 유혹하여 서구사회의 전투적 내셔널리즘에 편승하는 위험한 단계로 이끌지 않았다고 하더라도 타임머신에 호소한 사례로서 폭력적인 충돌을 일으킬 위험성을 안고 있는 그들의 실험이 그에 대한 여타의 예증(例證)이 제시하고 있는 결론을 뒤집을 수 있는 것은 아니다. 그 결론은 타임머신을 가지고 구세주로 자처(自處)하는 자는 자기가 부리는 기계의 복잡함으로 인해 곤란을 겪고 절망하여 스트레이커가 거들떠보지도 않은 바이야르[1147]의 칼을 주워들게 된다는 것이다. 이 통례를 경험론적인 방법으로 검토하려면 타임머신을 뒤를 향해 조종하는 복고적인 구세주를 살핀 후에 공상의 핸들을 반대로 돌려 그 기계가 앞으로 건너뛰도록 조정하는 미래주의적인 구세주를 조사하는 것이 편리하다. 그로써 우리는 위의 수단이 사용된 결과는 추방된 폭력이라는 악귀가 열린 틈으로 숨어드는 것임을 알게 될 것이다.

먼저 복고적인 구세주를 조사함에 있어서는 제2부에서 인종이론(人種理論)과

---

1146. "우리도 열방과 같이 되어 우리 왕이 우리를 다스리며 우리 앞에 나가서 우리의 싸움을 싸워야 할 것이니이다"〈삼상 8:20〉

1147. Bayard는 중세 프랑스의 기사(騎士)로서 장군(將軍)이 된 무인. 1521년에 샤를빌 메지에르를 사수한 후 칼을 도랑에 던진 일로 유명하다.

인종감정(人種感情)을 살필 때 검토한 사례로부터 시작하는 것이 좋을 것이다. 북구인종(北歐人種)이 다른 인종보다 우수하다는 주장은 고비노가 프랑스 혁명 당시에 귀족계급에게 휘두른 자코뱅파의 폭력을 비난하려고 지어낸 이설(異說)이다. "우리는 학대받은 문명인인 갈리아인의 후예지만 우리의 대적은 잔학무도한 프랑크인의 자손으로서 저주를 받아 멸망할 운명을 타고났다"라고 주장한 고비노는 지배적 소수자에게 복수할 구실을 제공하려고 했던 프롤레타리아트 지도자의 현학적(衒學的) 회고주의를 멋지게 비판했던 것이다. 이 애교스럽고도 학구적인 프랑스의 정치적 경구는 독일인에 의해 왜곡되어 독일 제2제국의 지배자에게 국제적인 각축에서 금발수(金髮獸)의 역할을 연출하려는 욕구를 주입했고 니체와 체임벌린에게 넘겨짐과 동시에 폭력을 낳기 시작했다. 그리고 3대째인 현재 플라톤류의 「인종불평등론(人種不平等論)」은 프랑스 복고주의자의 장난을 고지식하게 받아들인 독일 제3제국에 의한 유대인 학대라는 불미스러운 결과를 낳고 있다.

서구사회에서 발현된 이 불길한 복고주의가 유대인을 혐오하는 기조를 낳은 것과 유사한 사례는 붕괴에 돌입한 헬레닉 사회의 역사에서도 발견된다. 헬레닉 사회의 세계국가가 로마제국이라는 형태로 수립된 것은 악티움 해전[1148]이 반대의 결과로 끝났다면 자기들의 도시가 세계국가의 수도(首都)로 도약했을 것이라고 믿는 알렉산드리아인의 마음에 한(恨)을 남겼다. 200년 전에는 마케도니아의 압제에 대항하자고 외친 클레오메네스를 따를 생각이 없었던 그리스 출신의 알렉산드리아 시민도 자기들의 도시에 제도(帝都)가 될 자격을 부여하고 있다고 생각하는 알렉산더의 묘소(墓所)와 프톨레마이오스 도서관을 로마에 빼앗기자 본격적인 행동에 돌입하게 되었다. 알렉산드리아의 장로들은 자신들의 정치적 해방을 구하는 희망이 사라진 시대에 대를 이어 로마의

---

1148.  기원전 31년에 마르쿠스 안토니우스와 이집트 여왕 클레오파트라의 연합함대와 옥타비아누스의 함대가 싸운 해전. 옥타비아누스가 승리하여 제정(帝政)을 여는 계기가 되었다.

지배자들에게 반기를 들었던 것인바 알렉산드리아의 명예를 위해 목숨을 바친 이들은 무모함과 광포함으로는 신앙을 지키려고 목숨을 던진 기독교 순교자를 닮았다. 그들 중 순교자로 각색되어 알려진 몇 사람은 Stephen(스데반)이나 Polycarp(폴리갑)이 전적으로 멀리한 폭력에 의한 희생으로 획득한 영예를 얻지 못했다.[1149] 로마의 권력에 반항한 이들은 자기들의 피가 로마의 칼을 적시기 전에 유대인의 피를 손에 묻혔던 것인데 그것은 로마제국 정부가 반항하는 그리스인을 견제하기 위해 유대인에게 특혜를 준 것에 대한 폭력적인 반응이었다.

타임머신을 가지고 기도(企圖)한 복고주의를 유대인 학살이라는 폭력으로 망쳐버린 위의 두 사례와 유사한 운명에 빠진 복고주의자는 조부의 국제(國制)로 복귀하는 것에서 구원을 얻으려고 했던 헬레닉 사회의 개혁자들이다. 그 동란기의 제2국에서 이 역설적인 운명이 두 사람의 헤라클레이다이와 그라쿠스 형제를 사로잡았다.[1150] 이 두 정치적 비극에서 개혁의 기치를 든 두 사람은 폭력과 무법사태(無法事態)를 진심으로 두려워했다. 개혁을 이루려고 했던 그들이 그 야만적인 수단을 가볍게 여긴 정적(政敵)에 의해 살해된 것은 폭력을 혐오하는 신념에 따른 것이지만 어떤 의미로는 물질적인 것은 아니되 마찬가지로 해로운 폭력에 굴종하여 죽음을 자초한 것이다. 그들이 세워진 정치적 강령과 전래의 제도를 타파하려고 했던 것은 칼을 휘두르는 것과 다름없는 폭행이었던 것인데, 그들을 죽음에 이르게 한 그 과오는 뜻은 좋았으되 현실적인 감각

---

1149. 알렉산드리아의 그리스인이 구송(口誦)했다고 하는 람폰, 이시도러스, 안토니우스, 아피아너스 등의 일대기가 서구의 파피루스 학자에 의해 복원되었다. 기독교 역사상 최초의 부제(副祭)이자 순교자인 Stephen(스데반)은 유대인의 돌팔매로 순교한 것으로 유명하다. 폴리갑이라고 알려진 폴리카르포스는 사도 요한의 제자인 기독교 신학자로서 마르쿠스 아우렐리우스의 기독교 박해로 화형(火刑)되었다.

1150. 〈Herakleidai〉는 헤라클레스의 자손. 좁게는 데이아네이라를 통해 얻은 네 아들 중 장남인 필로스의 후손을 일컫는데, 여기서는 스파르타의 아기스와 클레오 메네스를 지칭한다. 그라쿠스 형제는 티베리우스와 가이우스.

이 부족했다고 하는 그릇된 교훈을 얻은 후임자들에게 정신적인 감화를 제공했다. 전임자들이 시작한 사업을 다시 시도하면서 칼을 휘두르는 것을 서슴지 않게 된 클레오메네스와 가이우스는 순간적인 성공 뒤에 선임들과 같은 실패와 동일한 죽음을 맞이함으로써 폭력에 의지한 죗값을 치렀다. 그리고 그들의 죽음은 두 사람의 정치가를 현세적인 성과를 얻는 일에는 무정하고도 냉혹한 실천이 필요하다는 신념에 따르게 했다. 〈술라, BC 138~78〉는 로마 시민의 절반을 추방하고 삼니움을 폐허로 만드는 희생을 통해 구제도를 복원하고 침상에서 죽는 행운을 누렸고 〈나비스, BC 207~192〉는 아기스가 주창했으되 클레오메네스에 의해 왜곡된 개혁을 혁명적으로 완성했으나 스파르타의 마지막 왕으로서 비수에 찔리는 운명을 피할 수 없었다.

헬레닉 사회로부터 서구사회로 눈을 돌리면 왕권에 의해 침탈된 의회의 전통적인 권리를 회복하려고 했던 영국의 폭력적인 내란[1151]을 주도한 크롬웰은 호국경(護國卿)의 지위에 있었던 5년 동안에 〈찰스 1세, 1625~1649〉가 재임 중에 강행한 것보다 더한 제도적인 파괴를 자행했고 오늘날 이탈리아의 독재자 무솔리니는 크롬웰의 본을 따라 Duce(최고 지배자)를 참칭하여 조합주의와 파시즘으로 이탈리아 왕국을 쇄신했다고 떠벌리고 있다. 오토만 제국의 역사에서는 헬레닉 사회에서 연출된 두 계열의 비극이 〈셀림 1세, 1789~1808〉로부터 〈마흐무드 2세, 1808~1839〉와 〈무스타파 케말, 1923~1938〉로 이어진 계열 속에 재현되어 있다. 셀림 3세는 러터전쟁에서 패배한 일로 위기에 몰렸을 때 아기스나 티베리우스 그라쿠스와 마찬가지로 새로운 제도를 시행하여 전통적인 국제(國制)를 재건한다는 개혁을 추진하다가 예니체리의 손에 걸려 비명(非命)에 갔다. 그 비극의 다음 장에서는 술라의 냉혹성과 비스마르크의 인내력을 겸비한 마흐무드 2세가 가이우스의 10년을 무색하게 하는 18년을 참고 기다린 후에 예니체리를 멸절하여 전임자의 복수를 완성했다. 그러나

---

1151.  1642~1646년과 1648~1652년에 일어난 잉글랜드 왕당파와 의회파의 전쟁.

그가 행한 미완의 서구화 개혁은 제3의 구세주를 필요로 했고 그에 부응한 무스타파 케말은 그리스인의 아나톨리아 침공으로 각성된 터키인을 이끌어 서구화를 완성한 공로로 아타튀르크(터키의 國父)의 영예를 얻었다.

타임머신을 가진 구세주에 대한 이 개관은 시간을 조작하는 기계를 버린 손으로 칼을 잡는 역전(逆轉)이 한 사람의 생애에서 일어난 두 사례를 살피는 것으로 마치는 것이 좋을 것이다. 로마제국에 있어서 기독교의 발흥으로 인해 궁지에 몰린 헬레니즘을 부흥시키려고 했던 율리아누스 황제는 정치적 강령으로 채택한 관용을 위반하여 기독교에 대한 싸움에 돌입했는데 그 배교자가 사산조 페르시아 원정 도중에 비명(非命)으로 횡사(橫死)하지 않았다면 그의 기독교 박해는 그런 죽음으로도 갚지 못할 죄를 낳았을 것이다. 헬레닉 사회의 4세기를 콘스탄티누스 이전으로 돌리려고 했던 율리아누스의 실패에 비교되는 것은 6세기의 헬레닉 사회를 콘스탄티누스의 시대로 되돌리려고 했던 유스티니아누스의 모험이다. 무너진 서로마 제국령의 회복, 라틴어의 혁신적인 부흥, 정교 기독교로의 종교적 통일 등의 영역에서 시행된 그의 복고주의는 실타래처럼 얽힌 정책들이 일으킨 충돌과 그로 인해 폭넓게 행사된 폭력으로 인해 완연한 실패로 귀결되었다. 그 내용을 본다면 헬레닉 사회의 재건자로 자처한 유스티니아누스가 서로마 제국의 구토(舊土)를 회복하려고 일으킨 전쟁은 과도한 징발(徵發)로 인한 경제적 파탄과 탈환한 지역의 황폐화를 초래했을 뿐만 아니라 롬바르드인과 아랍족의 이탈리아와 이프리키아(Ifriqyah) 침공을 초래했다. 뒤를 이어 정교 기독교를 위해 기독교 단성론을 탄압한 것은 시리아인과 이집트인이 호스로 1세의 페르시아군과 우마르의 아랍군을 해방자로 환영하는 결과를 낳았고 그리스어의 신장(伸張)을 의도하고 라틴어를 널리 퍼뜨리려고 했던 그의 언어정책은 전쟁과 인구 감소로 인한 라틴어 상용자의 급감과 종교적인 사유로 인해 완전한 실패로 귀결되었다. 더하여 아테네의 학교를 폐지하여 학예(學藝)를 위축시켰고 성소피아 사원을 건축함으로써 헬레니즘

건축에 치명타를 가했으며 기존의 법규를 시민 대법전이라고 하는 〈Code, 법전(法典)〉〈Digest, 유찬(類纂)〉〈Institute, 요강(要綱)〉 등으로 편찬함으로써 전통적인 법률의 권위를 훼손한 것은 그 실패의 핵심으로 되어 있다.

지금까지 살핀 복고주의적인 구세주는 모두가 지배적 소수자의 일원이었으나 문명의 침입으로 인해 위기에 봉착했을 때 외적 프롤레타리아트 속에서 나타나는 구세주도 타임머신을 들고 복고적인 해법을 제시하는 경우가 있다. 문명의 압도적인 힘에 맞서서 목숨을 걸고 싸우는 외적 P들은 안전하고 평온했던 조상들의 생활을 복고적으로 회고하게 되는 것이며 할 수만 있다면 그리로 복귀하는 것을 꿈꾸는 만족은 그것을 약속하는 예언자를 따르게 된다. 재난과 목숨을 거는 싸움은 이처럼 단번에 험난한 현재와 괴로운 싸움에서 벗어나 옛날과 같은 상태로 복귀하려는 운동을 유발하기 쉬운 것인바 이 외적 P의 복고적인 구세주가 일삼는 폭력적인 반응은 다음과 같이 살필 수 있다.[1152] 만족의 복고주의적인 구세주가 그들의 길을 달려감에 있어서 폭력에 의존하지 않을 수 없다는 이유가 있는 것은 아니지만 경험적인 조사는 만족의 타임머신을 가진 구세주가 칼을 쥐기를 삼가는 것은 같은 길을 걷는 문명사회의 구세주에 비해 희귀하다는 것을 보여준다. 만족의 타임머신을 가진 구세주로 식별할 수 있는 적색 인디언의 예언자들은 무저항에 의한 구원을 가르쳤으나 그들의 신봉자들도 절망을 느꼈을 때 무기를 들어 자기들의 파멸을 재촉했음을 볼 수 있다. 이 부류의 또 다른 만족 구세주는 타임머신과 도검을 나뉘어 쥐고 나타나는데, 그들의 태도는 라르스포르세나에게 대항했던 호라티우스 형제와 비슷했지만 그들이 겪은 운명은 그 전설적인 영웅의 그것에 비할 것이 못 된다.[1153] 그들은 헛된 애를 쓰다가 허망한 죽음을 맞이하게 되는바 침략자의 기

---

1152.  이 젤로트적인 반응은 팽창하는 문명에 맞서는 사회에서도 나타나는데, 그에 대해서는 제9부에서 다룬다.

1153.  라르스포르세나는 에트루리아의 전설적인 왕. 추방된 타르키니우스를 로마의 왕으로 복귀시키기 위해 로마에 전쟁을 걸었다고 알려져 있다. 알바롱가와 로마의 싸움에서 팽팽한 대치 끝에 양측

병대를 전멸시키고도 여생을 즐긴 아메리카 인디언[1154]과 같은 사례는 전우의 시체 위에서 적의 총구에 가슴을 내밀고 죽은 수단의 기수(旗手)와 같은 사례에 비해 매우 드문 일이다. 이 아프리카 만족 순교자와 같은 비극을 연출한 인물은 허다하지만 첫째로는 로마의 지배자에 맞서서 명예로운 죽음을 선택한 베르베르족 베르킨게토릭스와 동고트족 토틸라와 작센인 위두킨드를 거명하게 된다.[1155] 우리는 프랑스에 항거한 알제리의 〈아브드 알 카디르, 1808~1883〉 모로코의 리프 지방을 구제하려고 했던 〈아브드 엘 크림, 1882~1963〉 코카서스 고원지대를 구원하려고 러시아 제국에 대항한 〈샤밀, ?~1871〉 등의 장렬한 죽음을 추도할 수 있다. 이들 외에도 마찬가지로 추념할 수 있는 인물이나 만족으로는 로마의 침공에 맞서서 루시타니아를 지키려고 했던 〈비리아투스, ?~BC 139〉, 코사크의 독립을 위해 모스크바 공국에 대항한 〈스텐카 라진, 1630~1671〉과 〈푸가초프, 1742~1775〉, 앗수르 군국주의에 저항한 나이리 고지민, 러시아의 침공에 항거한 트란스 카스피아의 투르크멘인, 스페인인에 맞서 싸운 아라우카니아인 등을 떠올릴 수 있다.

타임머신을 가지고 복고주의의 길을 걸었던 구세주에 대한 이상의 조사에 이어서 같은 방법으로 미래주의의 길을 달린 구세주를 살피는 것으로 이 개관을 마치는 것이 좋을 것인바, 여기에 있어서 동일한 기제(機制)를 사용하는 양자를 엄격하게 구분하는 것은 용이(容易)한 일이 아니다. 앞에서 우리는 본의 아니게 미래주의로 빠져드는 것이 복고주의의 상투적인 행태며, 지배적 소

---

이 선발한 삼형제의 대결로 승패를 결정하기로 했을 때 로마의 호라티우스 3형제가 알바롱가의 쿠리아티우스 3형제를 꺾어 로마에 승리를 안겼다고 한다.

1154. 라코타족의 일원인 훙크파파족 추장으로서 본명의 의미에 따라 〈Sitting Bull〉로 알컫는 〈타탕카 이오타케, ~1890〉는 미국 기병대를 전멸시킨 일로 유명하다.

1155. 아르베르니족 족장 〈베르킨게토릭스〉는 율리우스 카이사르에 대한 갈리아인의 반란을 주동하다가 포로로 잡혀서 처형되었고, 동고트 왕국의 국왕이었던 〈토틸라〉는 이탈리아를 장악하려고 유스티니아누스 1세의 로마제국을 침공했으나 로마를 점령한 후 시칠리아를 공략하다가 전사했다. 작센족 지도자 〈위두킨드〉는 샤를마뉴에 대항하다가 항복했으나 이후에 샤를마뉴의 측근에 의해 죽임을 당했다.

수자 가운데서 출현하는 복고적인 구세주도 이 역사적인 통례의 예외가 아님을 확인했다. 복고주의자는 어느 사례에서도 의도한 바와 달리 폭력에 의지하는 쪽으로 방향을 전환하여 미래주의를 추종하게 되는데, 외적 P에서도 일어나는 이 변화는 복고주의의 생태적인 경향과 추력에 의해 촉진될 뿐만 아니라 사회적 발생의 역사에도 예시되어 있다. 발생 이래의 6천여 년이라는 짧은 기간 동안 지금까지 명멸한 문명이 일으킨 방사는 넓고도 빠르게 이루어졌으므로 지금까지 미개한 상태에 머물러 있는 사회도 먼 옛날부터 그 영향을 받아왔을 것이다. 그리고 그 외래 문화가 찍은 낙인은 팽창하는 문명의 외적 프롤레타리아트로 편입된 사회에 깊숙이 각인되어 있다고 단정해도 무방하다. 따라서 복고주의를 열광적으로 추구하는 외적 프롤레타리아트의 수령(首領)도 자기들의 복고주의를 극단적으로 밀고 나가는 것은 불가능하다고 생각해도 좋다. 전력을 기울여서 막을지라도 그 만족은 구세주를 자칭하는 지도자가 연(緣)을 끊으려고 노력하고 있는 문명의 특질을 얼마쯤은 지켜갈 것이며 그렇기 때문에 그 방사된 문화적 요소가 복고주의적인 구세주의 기질에 미래주의적인 기질을 주입하는 것이다.

침입하는 문명에 폭력적으로 대응하는 외적 P의 모습과 지배적 소수자 속에 뿌리박은 미래주의적인 요소가 가장 확연하게 나타나는 곳은 군사적인 기술의 분야일 것이다. 적색 인디언의 복고적인 구세주와 같이 침략자의 도구를 철저히 금지하는 것은 전례를 찾기 어려운 일인데, 문명이나 미개사회를 가릴 것 없이 궁지에 몰린 민중에게 복고적인 구제를 제시하는 지도자는 그 실행에 있어서 이 하나의 예외를 수용하는 것이 상례(常例)였다. 그러나 앞에서 보았듯이 외래의 문물을 선별적으로 받아들이는 일은 불가능한 것이므로 침략자의 무기를 예외적인 것으로 채택하는 만족은 차용(借用)한 기술을 활용하지 못해서 침략자에게 굴복하거나 적을 쓰러뜨리고 지위를 바꾸는 것 중 하나를 선택해야 할 기로(岐路)에 서게 된다. 이 양자택일은 군사적인 기술로부터 생활의 다양한 분야로 전환해야 하는 것인바 그럴 때의 외적 프롤레타리아트는 지배적 소수자에 의해 절멸되거나 대적을 타도하여 그 지위를 탈취해야 한다는 결론이 나오게 된다. 이것이 바로 패배를 의미하는 복고주의와 승리를 취하는 열쇠가 될지도 모를 미래주의 사이에서의 선택이다. 그래서 어떤 희생을 치르더라도 베르킨게토릭스의 비극적인 운명을 면하리라고 다짐한 복고적인 구세주는 고티아가 로마니아를 대신하고 아타울프가 카이사르의 보좌(寶座)에 앉는 것을 꿈꾸었던 서고트족 무장(武將)과 같은 야심을 품게 되는 것이다.

외적 프롤레타리아트 중에서는 혈기로 치달아 무모하게 날뛴 Athaulf(고귀한 늑대)가 미래주의적인 구세주의 전형이다. 헬레닉 사회의 세계국가를 습격한 이 서고트 왕은 탐욕에 빠져 겉으로는 여전한 낙원으로 보이는 문명을 침탈하려고 했던바 붕괴에 돌입한 사회의 유기된 땅에 침입한 만족 무장은 그런 부류의 돋보이는 대표들이다. 그래서 아타울프가 로마를 점령하고 약탈을 자행했을 때 처음으로 관찰자의 눈길을 끄는 것은 베르킨게토릭스의 죽음을 보수(報讐)한 만족과 카이사르의 패배한 후계자 사이에서 볼 수 있는 대조이다. 칼로 성공을 거두고 있는 무장(武將)과 세습 재산을 지키기 위해서라도 무기를 사용할 용기를 내지 못하는 황제 사이에는 무슨 공통점이 있을까? 그럼에도 불구하고 고트족에게 승리를 안겨준 군사적 기술은 로마라는 학교에서 배워 익힌 것이며 역사의 다음 장을 본다면 황제를 정복한 만족은 고상한 면이 있는 도덕적 자질을 발휘함으로써 황제의 야만성을 폭로했음이 판명된다. 헬레닉 문명의 확장에 있어서 그 정치적 제도나 사상이 주변의 만족에게 퍼져나간 것은 군사적 기술의 전파와 마찬가지로 확실한 것인데, 성장기 헬레닉 사회의 정치적 특징이었던 공화주의는 북서쪽의 여러 만족에게 전파되어 그들의 족장제나 군주제를 흔들기 시작했었다. 그렇지만 1세기가 2세기로 바뀌던 타키투스의 시대에 Ultima Thule(세상의 끝) 앞에서까지 개종자를 얻고 있었던 이 제도는 헬레닉 사회의 중심부에서 오래전부터 세력을 잃고 있었다. 헬레닉 사회의 성장이 기원전 431년의 좌절에 의해 중단된 이래로 5세기 이상이 지나 있었는데 그 불운으로 막을 내린 헬레닉 사회의 공화제는 마케도니아의 군주제와 다양한 모습으로 출현한 칼을 가진 구세주에 의해 종적을 감추게 되었다. 그리하여 공화제의 물결에 이어서 아우구스투스가 수립한 독재제(獨裁制)가 만족 진영에서 제도에 있어서의 혁명적인 변화를 일으켰다.

헬레닉 사회의 외적 프롤레타리아트로 편입된 만족의 정체(政體)에서 일어난 이 변화는 그들에 국한된 것이 아니라 붕괴에 돌입한 문명의 어느 외적 P에서도 일어날 수 있는 정치적 혁명이다. 그것으로 볼 때 펠롭스와 아트레우스[1156]의 소행을 자행(恣行)한 아타울프는 붕괴에 돌입한 어느 문명의 외적 P에서도 출현할 수 있는 미래주의적인 구세주 전형인데, 앞에서 살핀바 이 고트족 미래주의자의 범주에 드는 만족 구세주들과 베르킨게토릭스와 같은 복고적인 구세주를 명확히 분별하는 것은 쉬운 일이 아니다. 그 이유는 세계국가에 대한 싸움에 있어서 만족 지도자인 복고주의의 구세주가 미래주의적인 구세주로 대체되는 일이 서서히 이루어지기 때문인데 만족의 지도자로서 복고주의를 관철하여 생을 마치는 경우가 있거니와 미래주의로 전향하고도 파멸을 면치 못하는 외적 P의 구세주도 있다. 복고주의로 성공한 만족 지도자의 예로는 아케메네스조의 영토를 흑해 연안으로까지 넓히려고 했던 다리우스를 좌절시킨 스키타이인 무장들, 로마 제국령을 북유럽의 삼림지대(森林地帶)까지 확대하려던 아우구스투스의 계획을 무산시킨 케루스키족 지도자 아르미니우스, 이집트 오토만 제국의 멍에를 벗어던진 나지드 사우디가의 와하브파 지도자, 아카드 제국 나람신의 침공에 맞서서 고향의 요새를 사수한 후 수메릭 사회의 심장부를 지배하는 것으로 복수한 구티움인 무장들을 거명할 수 있다. 미래주

---

1156. 그리스 신화에서 탄탈로스의 아들인 펠롭스는 고향인 리디아를 떠나 그리스에서 피사의 오이노 마오스를 죽이고 왕위를 찬탈했다. 펠로폰네소스는 '펠롭스의 섬'이라는 의미. 아트레우스는 그리스 신화에서 펠롭스의 아들, 미케네의 왕. 왕위를 찬탈하려고 공모한 아내와 동생을 잔혹하게 죽인 일로 유명하다.

의를 추구하여 실패한 만족 지도자로는 헬레닉 사회의 북유럽 변경에서 5세기를 앞서서 아타울프의 꿈을 꾸고 그 시기상조로 인해 마리우스 카이사르의 응징을 받은 아리오비스투스[1157]나 킴브리족과 테우테네스족 무장들을 상기할 수 있다. 헬레닉 사회의 서아프리카 전선에서는 유구르타가 아리오비스투스보다 조금 더 나아갔고 베르베르족의 길도(Gildo)는 아타울프가 성공한 단계에서 실패했다. 그리고 그 중간 시대에 테오도릭과 같은 기질을 갖춘 데케발루스[1158]는 트라야누스의 뇌격(雷擊)을 받아 허망한 죽음을 맞이했다. 정교 기독교 사회에서는 헬레닉 사회의 유구르타와 아리오비스투스가 활약한 시기에 해당하는 동란기에 테오도릭이 성취한 것과 유사한 성공을 거둔 스테판 두샨[1159]을 들 수 있고 현대 서구사회로 시선을 돌리면 사우디아라비아의 〈압둘 아지즈 알 사우드, 1932~1953〉가 성공으로 이끈 미래주의적인 구제를 무리하게 밀어붙이다가 실패한 아프가니스탄의 〈아마눌라, 1919~1929〉를 볼 수 있다. 더하여 우리는 시켈족 지도자로서 시칠리아의 그리스인 식민자에 대하여 최후의 저항을 시도한 두케티우스를 거명하게 되는데, 일별할 때 타탕카 이오타케와 유사한 복고주의자로 여겨지는 그는 자세히 살필수록 미래주의적인 면모를 드러낸다. 그가 그리스인에 휩쓸리지 않은 시켈인 공동체를 아우르는 나라를 세우려는 야심을 품게 된 것은 그리스인 식민자들이 시칠리아에 세운 아제국(亞帝國)[1160]의 선례를 따른 것이었는데 그 시도에서 실패하여 코린토로 초

---

1157. 아리오비스투스는 게르만족의 일파인 수에비족의 족장. 내전에 돌입한 갈리아를 침공하여 로마와 가까이 지내던 하이두이족을 공격하다가 카이사르의 군대에 패하여 오지로 퇴각했다.

1158. 다키아의 마지막 왕인 데케발루스는 로마의 도미티아누스와 트라야누스에 맞서서 어렵게 독립을 지켰으나 트라야누스에게 패하여 포로로 잡히게 되었을 때 스스로 목숨을 끊었다. 다키아는 지금의 루마니아와 몰도바가 위치한 지역이다.

1159. 두샨이라고 하는 〈스테판 우로스 4세, 1331~1346〉는 '위대한 통치자'로 알려진 중세 세르비아의 국왕. 동로마 제국이 혼란에 빠진 것을 틈타 세르비아의 판도를 크게 넓혔으나 열병으로 급서했다.

1160. 시칠리아의 그리스인 식민자가 시켈인을 포섭한 후 제정(帝政)으로 건설한 국가. 테론이 아그리겐툼에 세운 것과 데이노메네스가 시라쿠사에 세운 것이 알려져 있다.

치(招致)되었던 그는 그리스인 입식자(入植者)를 이끌고 복귀하여 그리스인을 위주로 하는 시켈인의 국가를 세우려고 했으나 뜻을 이루지 못했다.

두케티우스의 사례는 외적 프롤레타리아트 가운데서 나타나는 타임머신을 가진 구세주를 복고주의자인 그룹과 미래주의자인 쪽으로 구분하는 것이 쉽지 않다는 것을 보여준다. 그러나 내적 P의 경우에는 그 정체성이 사회적 파국이라는 도전에 대해 미래주의적으로 대응한다는 것이므로 그런 문제가 대두되지 않는다. 그래서 타임머신을 가지고 내적 P 중에서 구세주로 출현하는 미래주의자에 대한 조사가 간단하리라고 생각할 수 있으나 그에 있어서 하나의 까다로운 문제는 그들 모두가 내적 P 가운데서 나오는 것이 아니라는 사실이다. 이전의 조사에서 내적 P를 미메시스 대상으로 삼는 지배적 소수자는 비속화라는 형태로 프롤레타리아트에 동화되는 경향이 있음을 지적했는데 이 개관에서는 방탕아였던 코모두스가 호사(豪奢)로 몰입한 것인바 내적 P를 지향하는 지배적 소수자의 이 퇴행적(退行的)인 전환이 가이우스 그라쿠스에 있어서는 이상이 좌절된 것으로 말미암은 것일 수 있다는 사실을 알게 되었다. 지배적 소수자의 운명에 있어서의 비극적인 역설은 그들 가운데서 나타나는 이상주의자가 낭비자와 같은 사회적 이행의 길을 걷게 된다는 것이다. 그리고 더욱 비극적인 것은 그라쿠스와 콤모두스가 고결함에 도달하지 못한 것은 그라쿠스가 끝까지 회피한 비속화를 거리낌 없이 자행한 콤모두스가 유발(誘發)한 것에 비해 막대한 파괴를 낳는다는 것이다. 콤모두스는 정신적 타락인 동시에 사회적 탈락인 행위에 의해 무너져 내렸으나 그라쿠스의 정신은 자신의 부덕(不德) 때문이 아니라 부도덕한 동류의 배척에 의해 더한층 강화된다. 그래서 콤모두스는 거리낌 없이 뒹굴던 진흙탕 속으로 빨려들지만 그라쿠스는 육친으로부터 추방되어 벗 삼게 된 프롤레타리아트의 영혼에 악마적인 에너지와 폭발적인 추진력을 불어넣는다. 사회를 버린 복고주의적인 구세주와 사회적으로 추방된 내적 프롤레타리아트의 이 혁명적인 동맹은 복고주의의 길을 걸는 구세주가 의도하거나 예견하지 못한 것이지만 어떤 의미로는 처음부터 예정된 일이었다. 그가 재건하려고 하는 파트리오트 폴리테이아의 특질과 매력은 사회적 좌절의 보응임과 사회적 붕괴로 인한 갖가지 해악으로부터의 탈출이라는 점에 있다. 그리고 그의 목적은 사회적 건강을 회복하는 것이며 프롤레타리아트를 처치하는 방책은 그들과 지배적 소수자의 지위를 바꾸는 것이 아니라 두 계급 사이의 균형을 메움으로써 양자를 동시에 폐지하는 것이다. 그러나 사회적 균열을 해소하려면 프롤레타리아트들이 빼앗긴 것을 되돌려야 하므로 프롤레타리아트 계급 자체를 없이함으로써 사회의 병을 고치려고 하는 구세주는 프롤레타리아트에 가해진 부정(不正)을 규명하는 정책을 시행해야 하는데, P들의 손실에서 이익을 얻는 지배적 소수자에 있어 그와 같은 것은 용납하기 어려운 도전이다. 그들이 볼 때 복고주의자의 개혁은 자기들의 사회적 계급에 대한 반역이며 개혁자에 있어서 그들의 반대는 공정(公正)을 외치면서도 속으로는 자기들의 이익만 생각하는 위선자임을 자백하는 것이다. 그런 판단과 이해가 양자 사이의 불화를 낳으며 긴장이 고조된 지배적 소수자가 개혁자를 추방하면 환멸을 느낀 이상가(理想家)는 혼연(渾然)히 그들과 결별하고 자기를 환영하는 프롤레타리아트의 품으로 뛰어든다. 그 프롤레타리아트는 자기들의 신뢰와 감사를 제외한 모든 것을 희생하여 자기들을 비호(庇護)하는 존재로 여겨 그를 자기들의 지도자로 받아들인다. 건축자가 버린 돌이 모퉁이의 머릿돌로 바뀐 것[1161]인바 바울은 자기를 청종하지 않는 유대인에게서 떠나 이방인에게 구원의 가르침을 전한다. 유대인이 보는 그는 바리새파의 배교자에 불과하지만 바울이 겪은 유대인은 장자의 권리를 포기한 에서와 같은 존재였다.

압제에 맞서서 필사적인 반항을 시도한 내적 프롤레타리아트를 지도했던

---

1161. "예수께서 이르시되 너희가 성경에 건축자들이 버린 돌이 모퉁이의 머릿돌이 되었나니 이것은 주로 말미암아 된 것이요 우리 눈에 기이하도다 함을 읽어 본 일이 없느냐"〈마 21:42〉

미래주의적 구세주를 살펴보면 지배적 소수자로부터의 변절자나 추방된 자가 P들과 손잡고 싸우는 모습을 보게 되는데 투쟁의 와중에서 만신창이가 된 이들의 이력을 일일이 확인하는 것은 용이(容易)한 일이 아니다. 기원전 130년대에 헬레닉 세계를 휩쓴 폭동의 물결에서 시칠리아의 시리아와 킬리기아(Cilicia)인 노예들이 시작한 운동을 아나톨리아에서 승계한 사람은 서자(庶子)라는 이유로 배척(排斥)당한 아탈로스 가문의 왕위(王位)를 요구한 인물이었다. 그 아리스토니쿠스는 동시대의 에우누스와 티베리우스 그라쿠스 중 어느 쪽에 가까운 인물일까?[1162] 에우누스는 해방 노예의 왕이라고 선언하면서 안티오쿠스를 왕호(王號)로 삼았고 시칠리아의 또 다른 노예 폭동을 주도한 살비우스는 왕을 칭하는 자신의 이름에 셀레우코스조의 왕위 찬탈인 트뤼폰을 덧붙였는데 이 두 사람이 이름에 결부시킨 안티오크와 페르가몬에서의 활약상은 판별된 것이 아니었다. 시칠리아 노예 폭동의 마지막 국면에서 또다시 안티 로마를 수립하려고 했던 인물은 노예 출신이 아니라 삼두정의 일원이었던 폼페이우스의 적자(嫡子)였다. 그 섹스투스 폼페이우스가 정한 바 없이 프롤레타리아트 진영(陣營)에 투신한 것은 제2차 삼두정이 그를 추방자 명단에 올렸기 때문이다. 그 후 그 투신자(投身者)는 시칠리아를 부친에게서 물려받은 선대(船隊)의 본거지로 삼아 로마에 대한 에우누스와 살비우스의 패배를 설욕하고 해상에서 자행한 해적질로 로마인을 괴롭게 했다. 시칠리아에 자리 잡은 그는 스페인에서 술라의 세력에 대항하여 10년을 견딘 마리우스와 손잡은 세르토리우스의 공업(功業)을 재연했던 것인데 이들이 후미진 두 속주에서 로마의 지배자에 대항한 것은 놀라운 군사적 모험으로 여겨지고 있다.[1163] 이들이 그런 일을

---

1162.  BC 135~132년의 제1차 노예 전쟁을 기획하고 지휘한 에우누스와 클레온. 아리스토니쿠스는 자신이 페르가몬 왕국 〈아탈로스 1세, BC 241~197〉의 사생아라고 주장했다.

1163.  〈루키우스 코르넬리우스 술라, BC 138~78〉는 로마의 정치가, 무인(武人). 뛰어난 술수와 군사적 재능으로 정벌전과 내전에서 두루 승리한 후 독재관이 되어 개혁을 명분으로 대대적인 숙청과 공포정치를 자행했다. 〈가이우스 마리우스, BC 157~86〉는 일곱 번이나 집정관에 당선된 공화정 로마의 정치가, 군인. 연대(聯隊)를 위주로 하는 군제(軍制)의 개혁으로 유명하며 제3의 건

할 수 있었던 이유는 세르토리우스의 성공이 비리아투스의 유지(遺志)를 받든 덕분이었던 것에서 알 수 있듯이 로마의 침공에 맞섬에 있어 지도자를 필요로 했던 외적 프롤레타리아트가 그들을 열렬히 환영했기 때문이다.[1164] 같은 시대의 이탈리아에서는 카틸리나가 도망친 검투사 스파르타쿠스의 발자국을 쫓고 있으며 근대 서구사회에서는 지배적 소수자의 일원으로서 독일의 농민폭동을 지도한 〈플로리안 가이어〉를 떠올리게 된다.[1165] 그리고 우리 시대의 서구화된 러시아에서는 스파르타쿠스와 카틸리나가 꾸었던 꿈이 푸줏간 주인이나 코사크가 아닌 천재 혁명가에 의해 실현되었다. 레닌이라는 필명으로 알려진 사회주의 혁명가에게 〈블라디미르 일리치 울리아노프〉라는 세례명을 지어준 그의 아버지는 러시아 제국의 고위 관료였다.[1166]

전환을 이루어 내적 프롤레타리아트의 혁명을 지도한 지배적 소수자들은 사회에서 추방된 자로 인퇴(引退)한 후 다른 사회적 단편에 구세주로 복귀(復歸)하는데 이들에 대한 개관은 고향에서 존경받지 못하는 예언자[1167]가 얼마나 광범위하고 중대한 영향을 끼치는 인물인지를 밝히기에 충분할 것이다. 이러한 사회적 이행자의 성격과 가치는 지배적 소수자와 내적 P의 판이한 시각이 아니라 증거를 바탕으로 하는 경험적인 조사로 규명해야 하는바 위에서 살핀 인

---

국자로 칭송되었다. 〈퀸투스 세르토리우스, ?~BC 72〉는 군사적 재능으로 명성을 떨친 공화정 로마의 무인(武人), 정치가. 술라의 내전에서 마리우스 측에 가담했다가 술라가 승리하자 스페인을 장악한 후 술라의 로마군에 맞서 싸운 것으로 유명하다.

1164.  〈비리아투스, ?~BC 139〉는 루시타니아 전쟁 당시에 로마에 대항한 루시타니아의 지도자, 게릴라 전술을 능란하게 구사한 명장으로 알려져 있다. 루시타니아는 로마의 속주였던 포르투갈의 옛 지명.

1165.  〈루키우스 세르기우스 카틸리나, BC 108~62〉는 공화정 로마의 정치가, 원로원에 맞서서 공화정을 전복하려고 했던 것으로 유명하다. 〈플로리안 가이어 폰 기벨슈타트, 1490~1525〉는 신성로마제국의 귀족, 외교관, 기사. 1524년에 시작된 독일의 농민폭동을 지도했다.

1166.  러시아의 육류 상인이었던 〈쿠즈마 미닌〉은 17세기 초에 폴란드의 침공에 맞선 일로 국가적 영웅이 된 인물. 돈 코사크의 일원인 〈예멜리안 푸가초프, 1742~1775〉는 러시아 제국 예카테리나 2세의 농민 탄압에 맞서서 표트르 3세를 자칭하고 농노제 폐지를 주장하는 봉기를 주도했다.

1167.  "예수를 배척한지라 예수께서 그들에게 말씀하시되 선지자가 자기 고향과 자기 집 외에서는 존경을 받지 않음이 없느니라 하시고" 〈마 13:57〉

물 중 도적이나 무법자에 가까운 카틸리나와 섹스투스 폼페이우스를 제외한 대부분은 사심 없이 헌신한 이상주의자로 분류해야 할 것이다. 여기에 있어서 레닌과 같은 악마주의적인 인물에 대한 평가는 역사에 맡겨야 하겠지만 여기서는 사회적 추방자가 된 구세주 모두에게 적용되는 몇 가지 사실을 단정적으로 규명할 수 있다. 그것은 그들의 고결한 영혼에 포착된 이상(理想)은 동료에 의한 추방과 내적 P가 나타내는 환영의 원인이며 그가 퍼뜨리는 것들은 그의 사후에도 쉽게 사라지지 않는다는 것이다.[1168] 미래주의의 소성(素性) 가운데서 내적 프롤레타리아트 고유의 상념에 빛을 비추는 요소들-사조, 이상, 표준, 모범-은 미래주의자의 피할 수 없었던 실패 후에도 사라지지 않는 것이다. 〈태양의 도시〉라고 믿은 것이 〈멸망의 도시〉였다는 사실이 밝혀진 후에도 한동안 그것을 휘감아 현혹을 일으킨 그 빛이 폐허와 피 묻은 땅 위에 내린 것을 엿보게 될 때 드디어 그 영광의 정체를 인식하게 되는바 그것은 신의 나라에 있는 저택에서 흘러나오는 천상의 빛이다. 타임머신의 정체는 속이는 물건이다. 그리고 이 방자(放恣)한 시한제(時限制)는 칼을 대신할 수 있는 것이 아니다. 칼은 피를 흘리고 생명을 빼앗는 것으로만 모종의 결과를 낳는다. 그래서 타임머신을 가진 구세주는 곤경에 처했을 때 그 신식 도구를 던져버리고 칼을 들게 된다는 것은 틀림없는 사실이다.

위와 같은 우리의 탐구는 칼과 시한장치(時限裝置) 속에는 구제가 없다는 것을 명확히 했다. 그러나 문명의 붕괴로 말미암은 도전에 대한 응전에 있어서 인간이 의지할 수 있는 수단은 이 두 가지만 있는 것이 아니다. 그러므로 우리는 이 탐구를 지속하지 않을 수 없다.

### (4) 왕의 가면을 쓴 철학자

헬레닉 사회가 빠져든 동란기의 첫 세대인 플라톤은 정치 권력과 철학이 한

---

1168.  원저자는 이 대목을 〈William Wordsworth〉가 지은 「Intimations of Immortality」의 한 구절에 맞춰서 "그들이 퍼지게 하는 영광의 구름은 일상의 햇빛 속에서도 사라지지 않는다"라고 서술하고 있다.

사람의 품성 속에서 통일되는 것이 사회적 재액을 제거하는 유일한 방법이라고 주장했다. 그가 사회적 재앙에 대해 이러한 구제법을 제시한 것은 초탈을 추구하는 철학이 그 신조를 저버린 행위라는 점에서 상당한 반발을 초래할 수 있을 뿐만 아니라 하나의 이해되기 어려운 역설(逆說)이다.

철학자가 볼 때 십자가에 못 박힌 그리스도와 같은 희생의 화신(化身)은 우매한 인간으로 만든 것과 다름이 없지만[1169] 그런 신념을 공공연히 표명할 용기를 지닌 철학자는 희소했고 양심에 상당한 경의(敬意)를 드러냄 없이 그 신념을 행동으로 옮긴 철학자는 더욱 드물었다. 그것은 초탈에 능숙한 철학자는 인간의 상념을 지니되 동란의 고난을 겪는 것으로 시작해야 하기 때문인데, 그런 그는 자신을 철학의 길로 몰아넣은 시대의 슬픔과 고통을 마찬가지로 짊어지고 있는 이웃을 외면하거나 초탈을 얻게 할 수 없는 인간이라고 치부하기 어렵다. 그렇다면 철학자는 초탈에서 벗어나 이웃을 구제한다는 무거운 짐을 짊어져야 할 것일까? 이 딜레마에 직면했을 때 연민이나 사랑을 악덕으로 돌리는 인도(印度)의 가르침이나 행위는 관상(觀想)[1170]이 약화(弱化)된 것이라고 하는 플로티노스의 주장으로 도망치는 것은 허사일 뿐이다. 또한 그가 플루타르코스[1171]가 스토아 학파의 사부(師父)들을 고발하고 있는 지적 도덕적 모순을 방치하고 지나간다는 것은 가능한 일이 아니다. 플루타르코스는 스토아파 철학자가 사회를 위해 봉사해야 한다고 설파하면서도 그것을 실행하지 않는 것을 비난했는데 플라톤이 초탈을 성취한 철학자에게 암흑과 죽음의 그림자에 갇혀 있는 동포를 구하기 위해 동굴로 돌아가라고 권고한 것은 그 비난을 의식했기 때문인지도 모른다. 스토아 철학자에 있어서 플라톤의 명령과 같은 권고

---

1169. "우리가 십자가에 못 박힌 그리스도를 전하니 유대인에게는 거리끼는 것이요 이방인에게는 미련한 것이로되" 〈고전 1:23〉

1170. 순수한 이성을 통해 실재(實在)나 진리를 인식하는 것.

1171. 영어로는 Plutarch라고 일컫는 〈플루타르코스, 46~119〉는 「영웅전」과 「도덕론」으로 유명한 그리스 철학자. '스토아파를 때리는 망치'로 알려진 그는 절충주의에 입각하여 스토아파를 공격했으며 철학자의 목가적인 생활을 비난도 하고 장려하기도 했던 크리시포스를 비판한 일로 유명하다.

가 에피쿠로스에 의해 유순하게 지켜진 것은 매우 인상적인 일이다. 아타락시아(부동의 경지)를 이상으로 삼은 그는 그리스도 이전의 시기에 구세주를 의미하는 소테르(σωτήρ)라는 칭호를 얻은 유일한 사인(私人)일 것인데 그의 전례가 없는 영예는 루크레티우스가 극찬하고 있는바 에피쿠로스의 헌신적인 구제행(救濟行)에 드려진 동포의 감사였다. 동포를 미망에서 벗어나게 하려고 공포에 맞선 구세주인 철학자를 신의 반열에 올리고 있는 루크레티우스의 찬가[1172]는 기독교도가 볼 때 당치 않은 망발(妄發)이겠으나 그를 추종하여 아타락시아를 찾은 이들에 있어서 그것을 희생하고 왕 같은 구세주의 역할을 감당한 이 철인에 힘입은 바는 지대한 것이었다.

에피쿠로스의 역설적인 이력은 철학자가 왕이 되는 길을 택했을 때 짊어지게 되는 짐이 얼마나 무겁고 괴로운 것인지를 말해준다. 그래서 플라톤은 그 대안(代案)으로 왕을 철학자로 만드는 방안을 제시한 후 왕이나 군주의 후예가 철학자로 태어날 가능성을 살피고 있다. 그는 그것이 가능하다는 것을 입증하기 위해 자신의 특출한 설득력을 발휘하고 있지만 은연(隱然)히 생각을 다듬는 사상가의 이론(理論)은 아틀라스[1173]의 역할을 이행(履行)할 인물을 찾지 못하면 아무런 쓸모가 없다. 그리고 철학적인 정념(情念)을 지닌 군주가 나타나는 것은 플라톤이 이 문제의 시험적인 해법에 대한 변명에서 인정하고 있는 바와 같이 지극히 희소한 일이다. 우리는 1000년 이상의 시간과 별개의 사회라는 간극을 가지고 태어나서 다른 철학자의 도움 없이 신민(臣民)의 정신적 통일을 위해 권력을 사용하는 일을 사명으로 여긴 두 사람의 군주를 살폈다. 알렉산더에 있어서 지배자에 대한 노예의 복종을 당연시했던 그의 스승은 알렉산더에게

---

1172. 에피쿠로스에 대한 루크레티우스의 찬가(讚歌)는 「사물의 본성에 관하여」의 곳곳에서 발견되는데, 그 5권에는 "그는 영지(英知)라는 삶의 이법(理法)을 최초로 발견함으로써 그 학예에 의해 인생을 격랑과 암흑에서 구출하여 이렇듯 평온함과 이처럼 찬란한 광명 속에 있다"라는 찬가가 수록되어 있다.

1173. 그리스 신화에서 티탄 중의 일인(一人)인 Atlas는 제우스에 대항한 죄로 가이아(대지)의 서쪽 끝에 서서 우라노스(하늘)를 떠받드는 형벌을 받았다.

다윗이 칭송한 것[1174]과 같은 협화를 말하지 않았는데, 거기에 비추어 볼 때 알렉산더가 정립한 사상은 경험에 의한 독창임이 분명하다. 이크나톤의 독창성을 주장하는 것에 있어서도 그것을 부정할 증거는 없는바 그의 생애와 경력은 비교적 자세히 알려져 있으므로 이집트 사회에서의 묵증(默證)[1175]은 결정적인 것이 아니다. 이크나톤과 알렉산더는 철학자로 태어나서 왕이 된 그들이 독자적으로 형성한 철학을 플라톤 왕통(王統)의 계승자로서 실행에 옮기려고 했던 인물이라고 생각할 수 있는데 이 검증의 결과는 철학적 품성과 소양을 갖춘 군주의 출현을 대망하는 철학자도 동포를 구제하는 노력을 철회할 수 없다는 것이다. 철학자로서 아틀라스의 역할을 하도록 강요받는 것을 모면(謀免)한다면 그 조언자 역할이라도 해야 한다는 것인바 스토아 철학자 크리시포스는 이 도덕적인 문제의 해법을 분명하게 제시하고 있다. 크리시포스가 말한바 철인(哲人)이 왕제(王制)를 용인하여 이용하되 스스로 왕이 되지 않더라도 늘 왕의 곁에 있게 되는 것은 그로부터 100여 년 전에 플라톤에 의해 실천되었다. 플라톤은 자청하여 시칠리아의 독재자 디오니시오스 부자(父子)에게 철학적 권고를 준 일에 큰 기대를 걸지 못했으나 디오니시오스 2세의 숙부인 디온을 가르친 것은 조카의 왕위를 찬탈한 그 학자풍의 귀공자가 정치적 무능을 드러냈을 때 시라쿠사의 전권을 장악한 티몰레온이 철학적인 군주(君主)의 역할을 이행한 결과를 낳았다.[1176] 철학자가 지배자를 만나 직접적으로 조언한 사례의 전형(典型)인 플라톤과 디온의 관계는 스파이로스의 스파르타 왕 클레오메네스 3세에 대한 관계와 티베리우스 그라쿠스나 아리스토니쿠스에 대한 블로시우스의 관계로 재현되어 있다. 이어서 다른 사회의 역사를 살피면 무굴제국을 건

---

1174. "보라 형제가 연합하여 동거함이 어찌 그리 선하고 아름다운고" 〈시 133:1〉
1175. 〈Argumentum ex Silentio〉
1176. 〈디오니시오스 1세, ?~BC 367〉는 악랄한 방법으로 참주(僭主)가 된 시라쿠사의 독재자. 스파르타의 위협 때문에 도움을 요청한 시라쿠사로 건너간 코린토스인의 지도자 〈티몰레온, BC 411~337〉은 카르타고인을 끌어들인 히케타스와 디오니시오스 2세를 제압하고 시라쿠사의 전권(全權)을 장악한 후 대대적인 개혁을 단행했다고 알려져 있다.

설한 악바르가 절충주의적인 종교를 창안하려고 시도한 것은 황제 자신과 다양한 종교를 가진 조언자들이 종교적 교분을 나눈 결과였고 프로이센 왕국의 〈프리드리히 2세, 1740~1780〉 함부르크 왕가의 〈요제프 2세, 1765~1790〉 로마노프 러시아 왕조의 〈예카테리나 2세, 1762~1796〉 등이 계몽군주로 분류되는 것은 그들이 볼테르와 같은 철학자들과 교류하여 그 영향을 받은 결과임을 인정하게 된다.

이상과 같이 철학자가 지배자를 직접적으로 감화시키는 것은 가장 효과적이지만 지배자의 요청에 대하여 대리자를 파견함으로써 철학자 자신의 노고를 덜거나 그의 사후에 대를 이은 제자들이 그 일을 준행한 사례를 볼 수 있다. 예를 들면 마케도니아 왕국을 재건한 지배자의 요청을 받은 제논은 제자(弟子)였던 페르사이오스와 필로니데스를 대리(代理)로 파견했고 마르쿠스 아우렐리우스를 가르친 섹스투스와 루스티쿠스는 스키피오 아이밀리아누스의 도움으로 로마에 스토아 철학의 싹을 틔운 파나이티오스의 뒤를 이은 철학자였다.[1177] 루스티쿠스로부터 파나이티오스로 거슬러 오르는 이 철학자인 조언자의 연쇄[1178]에 대하여 마르쿠스 아우렐리우스의 두 사부(師父)에서 파나이티오스의 제자들에게로 거슬러 오르는, 정치가를 제자로 삼은 철학자의 연쇄를 떠올릴 수 있다. 이 연쇄에 있어서 헤렌니우스 세네키오와 아룰레누스 루스티누스는 도미

---

1177. 알렉산더의 부장(副將)이자 디아도코이인 〈안티고노스 1세, BC 382~301〉는 기원전 306년에 안티고노스 왕조를 세워서 마케도니아 왕국을 재건했다. 카이로네이아의 스토아파 철학자 섹스투스는 마르쿠스 아우렐리우스에게 철학을 지도한 일로, 루스티쿠스는 법률을 가르친 일로 유명하다. 〈Publius Cornelius Scipio Aemilianus, BC 185~129〉는 로마의 정치가 겸 군인, 카르타고를 멸망시킨 일로 '아프리카누스'의 칭호를 얻었고 누만티아를 복속시킨 일로는 '누만티누스'라는 칭호를 얻었다. 폴리비우스는 그의 스승이고 그라쿠스 형제는 그의 처남이다. 〈Pnaetinus, BC 185~109〉는 플라톤주의에 가까운 스토아파 철학자, 스키피오 아이밀리아누스의 후원으로 로마에 스토파 철학을 전파한 일로 유명하다.

1178. 마르쿠스 아우렐리우스의 두 사부에서 파나이티오스로 거슬러 오르는 스토아파 조언자의 연쇄와 양립한 신플라톤파 조언자의 연쇄를 인정할 수 있는데, 율리아누스 황제의 교사였던 에페소스의 막시무스(300~371)는 얌블리코스의 제자인 Aedesius의 제자이고 학조(學祖)인 플로티노스의 뒤를 이은 포르피리오스는 얌블리코스의 스승이다.

티아누스 황제에 의해 희생되었고, 헬비디우스 프리스쿠스는 베스파시아누스에 의해 죽임을 당했으며, 세네카와 트라세아 페이투스는 네로의 희생양이 되었다. 더하여 클라우디우스 황제의 희생이 된 카에키나 파에투스와 그의 아내로서 남편에게 죽음의 본을 보인 아리아를 거치고 스토아파 최초의 순교자인 소 카토를 넘어서 파나이티오스의 제자들로 거슬러 오른다. 또한 철학파가 그 학설을 이어받은 중개자 없이 상당한 시간을 격하여 지배자나 정치가에게 감화를 미치는 경우가 있는바 그 예로는 가이우스 그라쿠스가 형의 조언자였던 블로시우스의 영향을 받은 것과 시라쿠사에서 디온의 뒤를 이은 티몰레온이 플라톤의 영향을 받은 사실을 들 수 있다. 인도사회의 고타마 싯다르타는 200년 이상의 시간적 간격을 두고 마우리아 제국의 아쇼카 황제에게 영향을 끼쳤는데 이렇듯 큰 시차를 넘어서 철학적 영향을 미친 일의 가장 놀라운 사례는 공자가 만주조(滿洲朝)의 강희제와 건륭제에게 끼친 영향일 것이다.[1179]

지배자를 가르친 철학자에 대한 이상의 개관은 교육이 성과를 낳은 몇 가지 사례[1180]를 보였으나 일반적인 결론은 복화술사(腹話術師)가 인형의 입을 통해서 말하듯이 왕의 얼을 통해 곤경에 빠진 민중을 구제하려고 하는 것은 철학자의 진보(珍寶)인 초탈을 지키면서 사회에 대한 도덕적 채무를 해결하는 문제의 해법이 아니라는 것이다. 포르피로게니티의 일인(一人)이었던 디오니시오스 2세는 폭력으로 왕좌를 탈취한 아버지와 마찬가지로 플라톤의 교육을 무위(無爲)로 돌렸으나 그 부자(父子)보다 더 크게 플라톤을 실망시킨 사람은 디온

---

1179.  공자는 BC 479년에 사망했고, 강희제는 1661년에 등극했다.

1180.  가장 현저한 사례는 고타마 싯다르타를 스승으로 모신 아쇼카와 파나이티오스의 제자 마르쿠스 아우렐리우스가 펼친 세상이며, 그것은 "사회는 지배자가 되는 것을 최고로 싫어하는 인간이 통치할 때 가장 행복하고 조화롭게 된다"는 플라톤의 주장을 뒷받침한다. 거기에는 미치지 못할지라도 상당한 계몽군주로 인정되고 있는 인물은 계승자인 아들을 애써 훈계한 마케도니아 왕국의 〈안티고노스 2세 고나타스, BC 276~239〉 상공인을 위해 헌신한 프로이센 왕국의 〈프리드리히 빌헤름, 1713~1740〉 자신을 국가 제1의 공복이라고 천명한 프로이센 왕국의 〈프리드리히, 1740~1786〉 등이다.

이었다.[1181] 그에 있어서 기대를 저버린 것은 철학자인 지배자나 철학을 배운 정치가도 마찬가지였다. 예를 들면 티몰레온은 시라쿠사를 플라톤의 이상국가로 바꾸는 일을 준행하지 못했고 뒤를 이어 아가토클레스[1182]의 독재가 발흥하는 것을 막지 못했다. 스파이로스의 제자인 클레오메네스가 활약한 뒤에 이어진 것은 나비스[1183]의 혹독한 지배와 그로 말미암은 라케다이몬 체제의 붕괴였다. 블로시우스를 추종한 티베리우스 그라쿠스가 낳은 것은 로마의 정치체를 갈가리 찢고 독재제를 묵인한다는 대가를 치른 혁명과 내전이었으며 악바르의 종교적 절충주의가 불러온 것은 아우랑제브의 힌두교 탄압과 무굴제국의 급격한 쇠퇴였다. 그리고 18세기에 중동 유럽의 궁정에 침투한 계몽사상은 부르주아를 덮친 후 대중을 짓밟고 있는 내셔널리즘이라는 정치적 바이러스를 광범위하게 퍼프렸다. 제논의 제자인 안티고노스 2세 고나타스는 사후에 〈필리포스 5세, BC 221~179〉를 후계자로 맞이했으나 그 양손(養孫)은 고나타스가 이룩한 개인적 수업의 정치적인 결과를 허망한 것으로 돌렸다. 파나이티오스의 제자 마르쿠스 아우렐리우스가 네르바 황제에 의해 개시되어 자신이 혜택을 입은 양자(養子)의 관습을 폐지한 것은 문제아(問題兒)였던 콤모두스에게 원수(元帥, Princeps)의 지위를 부여하는 결과를 초래했다. 고타마 싯다르타의 제자인 아쇼카의 고상한 덕성(德性)도 마우리아 제국이 프샤미트라의 철격(鐵擊) 하나에 쓰러지는 것을 막지 못했으며 18세기에 찬란한 빛을 발한 건륭제의 치세는 그가 죽은 지 40여 년밖에 지나지 않은 동안에 아편전쟁으로 시작된 재난과 굴욕의 시대를 불러왔다. 그리고 모방함으로써 철학자가 된 이왕들로부터 철학자로 태어난 왕에게 눈을 돌려도 상황에는 변함이 없다는 것

---

1181.  시라쿠사인의 해방자로 자처한 디온은 전제군주의 후예가 아니며 철학적 소양을 갖추었다는 이
       점(利點)에도 불구하고 개혁을 빙자한 압제를 자행함으로써 플라톤은 실망시켰다.
1182.  도공의 아들로 태어나 시라쿠사의 독재관으로서 시칠리아의 왕이 된 아가토클레스는 시켈리오트
       라고 하는 시칠리아의 그리스인을 디오니시오스 부자보다 심하게 괴롭혔다.
1183.  잔인함으로 악명을 떨친 스파르타의 참주(僭主)

을 알 수 있다. 예를 들면 이크나톤의 인류애에 의한 평화의 전망은 그 몽상가의 재세(在世) 중에 이집트 신제국의 붕괴가 시작된 것으로 상처를 입었고 아리스토텔레스의 제자 알렉산더가 자신의 이상(理想)을 위해 기울인 노력에 뒤따른 것은 〈팍스 오이쿠메니카〉가 아니라 아케메네스 제국으로부터 탈취한 영토를 놓고 다툰 디아도키와 에피고니의 싸움이었다.[1184]

이처럼 철학자인 지배자는 철학자로 태어나서 왕이 되었거나 철학자의 민감한 제자였거나 간에 붕괴하는 사회의 고난으로부터 자신의 동포를 구제할 수 없다는 것이 명백한데 이 불능(不能)은 플라톤이 철학자로 태어난 군주를 말하고 있는 「국가」의 일절(一節)에 함축되어 있다.[1185] "그런 지배자가 하나라도 있어서 피지배자의 동의를 얻을 수 있다면 불가능한 것으로 보이는 계획도 완수할 수 있을 것이다"라고 하는 플라톤의 결론은 실상(實狀)과 필연(必然)이 아니라 가정(假定)과 기대(期待)에 입각한 것이다. 그가 기대하고 있는바 피지배자의 동의를 얻는 것은 철학자의 유토피아를 실현하려는 계획에 있어서 필수 불가결한 것이지만 그것은 앞에서 살핀 미메시스 능력을 활용하지 않을 수 없다. 앞에서 보았듯이 대중을 창조적인 지도자에 맞춰서 전진시키려고 사회적 훈련의 일종인 미메시스에 호소하는 것은 파멸을 낳을 위험이 있는 지름길이다. 철학자인 지배자가 채택하는 전략에 이처럼 강제적인 요소가 포함되어 있다면 그것만으로도 그가 약속한 구제를 실현하지 못하는 이유로 설명될 것이다. 그리고 이 견지에서 그의 전략을 좀 더 면밀히 살펴보면 그가 행하는 일에는 강제의 사용이 특심(特甚)하다는 것을 알 수 있다. 철학자인 지배자에 대한 피지배자의 동의가 약해지거나 철회되면 독재자의 강제력 발동이 뒤따를 것인바 마키아벨리는 그에 대한 냉철한 분석[1186]을 통해 철학자인 왕의 전략에 내

---

1184. 후계자라는 의미의 Diadochi는 알렉산더의 부장(副將)들을 지칭하며, Epigoni는 알렉산더의 병사들이 현지에서 취한 아시아인 아내가 낳은 자식들을 일컫는다.

1185. 「The Republic」의 499 C와 50 2A–B를 참조할 것.

1186. "민중의 성질은 변하기 쉬운 것이며 민중에게 어떤 것을 믿게 하는 일은 어렵지 않으나 그것을 지

포된 사악(邪惡)을 폭로하고 있다. 철인(哲人)인 지배자는 필요하다면 마르쿠스조차 부득이하다는 것을 핑계로 삼아 폭력에 의존했듯이 제복(帝服)을 입을 때 사용하지 않겠다고 다짐했던 칼을 되는대로 휘둘러 자신의 뜻을 강요하려고 한다. 이처럼 거리낌 없이 강세력에 호소하는 짓이 힐힉지로 태어난 지배자의 실패를 설명하는 좌절이라고 한다면 플라톤이 디오니시오스 2세의 초청을 수락할 때 했던 말[1187]에 주목할 때 철학자인 왕의 가르침을 받은 지배자인 경우에는 같은 설명이 더욱 잘 통한다는 것을 알 수 있다.

이 분석적인 회상이 디오니시오스의 초빙(招聘)에 응(應)할지의 여부를 두고 고민하는 심적 동향을 충실히 설명한 것이라면 그것은 플라톤의 계획이 처음부터 실패할 것으로 정해진 것이었음을 말해준다. 왜냐하면 우리는 그 말에서 플라톤이 유토피아를 실현하는 방편으로 독재자의 권력을 이용하려는 유혹에 굴복했을 뿐만 아니라 영향력에 있어서의 독재자에 대한 학자적 열등감의 발로(發露)라고 생각되는 자존심에 붙들려 있음을 보기 때문이다. 그래서 우리는 철학자가 자기 구제의 희망을 걸고 있는 초탈의 방침에 대해서 은연중에 자신감을 잃고 있음을 인정하게 되는데 철학자인 왕이 실패하도록 운명 지워진 것은 하나의 인격 속에 두 가지의 모순된 성격을 결부시키려고 애쓰고 있기 때문이다. 철학자는 왕의 영역인 무자비한 행동의 세계를 침범함으로써, 왕은 철학자의 세계인 무념(無念)의 관조(觀照)로 침입함으로써 좌절에 빠지는 것이다. 그래서 철학자인 왕은 타임머신을 가진 구세주와 마찬가지로 언젠가는 자신의 정체가 칼을 가진 구세주임을 폭로하는 무기를 드는 것으로 실패를 자인(自認)하는 궁지에 몰리게 된다. 칼이 자기패배적(自己敗北的)인 수단이고 타임머

---

속시키는 것은 곤란하다. 그러므로 그들의 믿음이 흔들리면 힘에 의해 믿음을 강제할 수 있도록 대비해야 한다"

1187.  플라톤은 디온의 발의에 의한 디오니시오스 2세의 초청에 응한 이유로 디온이 서신을 통해 말한 바 디오니시오스가 철학적 소양을 가졌으나 그 주변의 반대자들에게 기울고 있으므로 플라톤과 같은 선생의 가르침이 시급하다는 것, 플라톤 자신도 뜻을 펼칠 기회로 여겨서 초탈을 희생하더라도 동포에 대한 의무를 준행해야 한다고 생각했다는 것 등을 들고 있다.

신이 자기기만적(自己欺瞞的)인 도구라면 철학자의 외투(外套)와 왕의 가면(假面)은 위선(僞善)의 상징이다. 위선자(僞善者)와 구세주(救世主)는 병립(竝立)할 수 없는 것이므로 붕괴하는 사회의 참된 구세주를 찾는 우리의 탐구는 계속되어야 한다.

### (5) 인간으로 화신(化身)한 신(神)

우리는 사회적 붕괴라는 도전에 대한 응전에 힘과 열정을 쏟은 창조적 천재의 세 유형을 검토했다. 그리고 칼을 가진 자칭 구세주와 타임머신을 가진 자나 철학자인 왕으로서 구세주임을 자처하는 인물들을 살핌으로써 그들이 제시하는 구제의 길은 결국 단애(斷崖)를 향하고 있다는 사실을 확인했다. 칼 속에는 구제가 없으며 무기(武器)가 그 용도와 다른 일을 행하도록 조종(操縱)하는 것은 가당치 않다. 파괴를 본능으로 하는 칼은 선한 뜻으로 교묘하게 다룬다고 해도 구제(救濟)를 낳을 수 없고 그것을 사용하는 자는 패배를 자초하게 된다. 앞에서 우리는 칼을 가진 구세주의 실패를 폭로할 때 그의 두 경쟁자도 실패한다는 것을 밝혔다. 그들은 여의치 않은 상황이 되면 자랑하던 도구를 버리고 칼에 의존하는 경향이 있다는 것도 확인했다. 결국 그들은 하나같이 칼을 가진 구세주이며 인간이 구제의 수단으로 제시할 수 있는 유일한 도구는 칼이다.

이 사실은 자칭(自稱)하는 구세주가 인간인 한 구제를 발견하고 그것을 실행하려는 모든 시도는 실패로 귀결된다는 것을 의미하는 것일까? 칼을 잡는 자는 칼로 망한다는 것은 구세주가 방금 휘두른 칼을 칼집에 넣으라고 추종자에게 명령하는 이유로 입에 담은 말이다. 중대한 시기에 칼에 의존함으로써 그 신봉자는 당시의 생각에 따라 최선을 다했으며 스승을 위해 목숨을 버리려고 했다. 그러나 스승은 그 전투적인 형태로 행해진 자기희생의 신청을 엄격하게 금지한다. 나사렛 예수는 칼을 휘두른 자칭 구세주들[1188]의 칼이 휘둘려진 방

---

1188. 원저에는 유대 하스몬가의 〈유다 마카베오〉 사파비 제국의 〈이스마일 샤 사파비〉 시크교의 〈하르 고빈드〉 등이 그 전형으로 제시되어 있다.

법에 따라 첫 일격에 대해 반격(反擊)을 개시하기는커녕 베드로의 칼이 만든 상처를 치유하고 모욕과 고통의 괴로움을 안고 자신의 신체를 내던진다. 여기에 있어 예수는 칼로 싸워서 패배할 것을 예감하여 그 고난을 감수하기로 한 것은 아니다. 그는 베드로에게 열두 군단(軍團)에 대해서 언급하고 빌라도에게는 자신의 나라가 어떤 것인지를 말한다.[1189] 예수께서 칼을 잡는 것을 거부한 것은 현실적인 계산에 의한 것이 아니다. 그는 칼로 싸워도 이길 수 있다고 확신하고 있다. 그렇게 믿으면서도 무기의 사용을 거부한 것은 칼에 의한 정복보다는 십자가 위에서 죽는 것을 원했기 때문이다. 그렇게 함으로써 예수는 우리가 살핀바 자칭하는 구세주들이 택한 노선에서 칼로 자르듯이 이탈했다. 나사렛의 구세주 예수는 어떤 영감(靈感)에 의해서 그 당치도 않은 새 길을 택했던 것일까? 이에 대한 답은 칼을 잡는 것으로 자신의 주장을 배신한 구세주들과 예수의 차이가 무엇인지를 살피는 것으로 얻을 수 있다. 앞에서 살핀 세 부류의 자칭 구세주들은 자기들이 범인(凡人)의 하나라고 생각하고 있었음에 반해 예수는 자신이 신의 아들이라는 것을 확신하고 있었다. 우리는 구원은 여호와께 있다고 하여 어떤 의미로든 신적인 존재가 아닌 구세주는 그 사명을 준행할 능력이 없다고 단정해야 할 것인가? 앞에서 우리는 자칭의 구세주들이 하나같이 함량 미달이라는 것을 확인했다. 그러므로 이제는 마지막 수단으로서 신(神)으로 자처하는 구세주에게 눈을 돌려야 한다.

구세주인 신들을 그 말과 행위를 평가하는 방식으로 살피는 것은 지금까지의 경험적인 연구에 적용하기 어려울 수도 있지만 그 출발에 있어서는 구세주인 그의 역할이 가장 임시변통적인 신에서 시작하는 것이 편리할 것이다. 우

---

1189. "너는 내가 내 아버지께 구하여 지금 열두 군단 더 되는 천사를 보내시게 할 수 없는 줄로 아느냐"〈마 26:53〉 "예수께서 대답하시되 내 나라는 이 세상에 속한 것이 아니니라 만일 내 나라가 이 세상에 속한 것이었더라면 내 종들이 싸워 나로 유대인들에게 넘겨지지 않게 하였으리라 이제 내 나라는 여기에 속한 것이 아니니라"〈요 18:36〉

리는 〈데우스 엑스 마키나〉[1190]를 살피는 것으로 시작할 것인바 인간 이하의 수준에 있는 이나마도 〈십자가에 달린 신〉의 필설로 다할 수 없는 높이로 오르는 데 도움이 될 것이다. 가상(架上)에서 죽는다는 것이 인간으로서 자신의 신성한 주장과 사명을 확증하는 방법의 극단(極端)이라고 한다면 무대에 등장하는 것은 일반인(一般人)이 인정하는 신도 구세주라는 주장에 지지를 모으기 위해 취할 수 있는 가장 쉬운 방법일 것이다. 사회적 좌절로 인해 상당한 계몽이 이루어졌음에도 불구하고 극의 소재를 전래의 신화에서 찾아야 했던 당시의 극작가에 있어 〈데우스 엑스 마키나〉는 하늘이 내린 선물이었다. 신화(神話)를 테마로 하는 극의 진행이 도덕적 딜레마나 해결하기 어려운 혼란에 빠진다면 작가는 또 하나의 약속(約束)으로써 극에서 맺은 약정(約定) 때문에 빠져든 함정에서 벗어날 수 있었다. 이것이 에우리피데스의 「히폴리토스」에 등장하는 〈아르테미스〉의 역할이며 「이온」과 「타우리스의 이피게네이아」에서 〈아테네〉가 하는 일이다. 올림포스 신을 개입시키는 방법으로 인간적인 문제를 해결하는 것은 인간의 심정에 호소하지도, 인간의 정신을 설득시키지도 않는다. 당대의 회의주의자로서 다양한 지성을 떨친 지식인이었던 그는 무슨 이유로 그와 같은 트릭을 사용했을까? 그는 아무런 생각이나 비판 없이 극에서의 전통적인 약속을 이용했거나 직업적으로 무능했던 것이 아니라 공공연히 입에 올리면 상당한 소란이 일었을 조롱(嘲弄)과 독신(瀆神)을 감추려고 그것을 사용했다. 그 〈데우스 엑스 마키나〉 사용은 완벽한 예술가의 걸작인 예술적인 곡예(曲藝)였다. 이 극에서 여신(女神)은 만족 압제자가 헬레닉 사회의 망명자를 죽이는 것을 저지하기 위해 분명한 모습으로 개입하는바 그 다행스러운 결과는 진지하게 받아들일 것이 못 된다. 이 극의 관객과 독자는 이 극이 비극(悲劇)이라는 것을 인식하도록 지도되어 있고 망명자가 박해자로부터 벗어나려고 하는

---

1190. 〈Deus ex Machina〉는 그리스 연극에서 처리하기 어려운 상황에 봉착했을 때 기계장치로 무대에 하강시켜 그 국면을 초인적으로 해결하게 했던 신(神)

것은 진심이 아니다. 그들이 벗어날 가능성이 없다는 것은 명백히 드러나 있으며 그들이 그 운명을 자초한 것은 자기들을 사로잡은 만족을 속이려고 했기 때문이었으므로 그들을 기적적으로 구출하는 것은 도덕적 가치가 있는 일이 아니다. 그렇다고 해도 만인(灣人)인 토아스와 싸우는 것은 정당한 일이 아닐까? 그리고 이들 문명의 대표자는 어떻게 하여 자신들을 그처럼 부당한 곳에 방치하게 되었을까? 또한 그들은 그것 때문에 그들을 배반하고 있는 신들에게 속은 것은 아니었을까? 오레스테스는 무엇에 현혹되어 타우리스의 아르테미스상(像)을 취하려고 했을까? 오레스테스가 훔친 것을 가져다주면 이전에 자기가 들씌운 병을 고쳐줄 수 있다고 하여 오레스테스를 부정한 사자(使者)로 몰아세운 것은 Apollo가 아니었던가? 이 비판은 「이온」의 해석에도 적용된다. 이피게네이아와 오레스테스 등의 여성 합창대가 아테네에 의해 기적적으로 구제되기는커녕 관중의 목전에서 비극적으로 살해되는 것과 마찬가지로 이온이 서출(庶出)이라는 것과 크레우사가 혼전에 부정(不貞)을 저질렀다는 사실이 아테네가 그 두 오욕(汚辱)을 향해 던지는 척하는 베일의 찢어짐을 통해 비극적으로 폭로되어 있다. 이 해석에 어떤 실체가 있다면 최초에 극에 등장한 인물을 잘못된 길로 유인하고 그 기만당한 인간이 장난친 신들을 습격하게 한 후 그것을 빌미로 그들을 처단하는 것이 에우리피데스가 말하는 신들의 상습(常習)인 것으로 생각된다. 그러나 이 부정한 신들의 궁극적 실체는 위와 같은 해석이 아니라 탐구적인 분석에 의해 규명되어야 한다. 그들은 정말로 독립된 존재일까? 아니면 그것은 현생에서 인간 출연자의 혼에 내재하는 심리적인 힘의 신비적인 외재화(外在化)는 아닐까? 이것으로 알 수 있듯이 〈데우스 엑스 마키나〉는 그 트릭이 폭로된 타임머신을 가진 구세주를 희화화한 것에 불과한 것인데, 이 사기꾼을 신의 가면을 쓰게 하여 무대에 등장시킴에 있어서 작가는 그 역(役)의 성격을 웰스와 같은 진지함이 아니라 캐럴식 풍자로 받아들여야 한다는 것을 슬며시 알리고 있다. 그리하여 그 기계장치로 드러낸 신은 통렬한 조롱이라는 것으로 귀결되는 것이며 올림포스의 신들은 무대에 출현하여 어떤 일을 행하든 도덕적이라는 평가를 받을 수 없다. 우리는 가련한 양이 도덕적 흠결에 빠져들어 그로 인한 정신적 고통에 시달릴 때까지 인간 양 떼에 대한 책무를 게을리하는 천상(天上)의 양치기를 어떻게 생각해야 할까? 우리는 도덕적 재보(財寶)로 말미암은 물질적 결과들을 돌이킬 수 없게 하고도 마술을 부려서 그것을 회복할 것처럼 행동하는 그들을 용납할 수 있는 것일까? 이 신들이 자기들의 행위가 철학자의 가르침에 따른 것이라고 주장함으로써 자신을 변호하는 것은 불가하다. 이는 앞에서 보아온 바와 같이 에피쿠로스가 자기의 언동(言動)을 자신이 가르치고 있는 수준으로 끌어내려야 할 시기가 되었음에도 그렇게 할 수 없었던 것으로 명백하다. 그리하여 인간의 현인(賢人)이 냉혹한 철학에 빠져들지 않을 정도의 양식(良識)을 갖추고 있다고 한다면 그의 제자들인 신은 보다 많은 양식을 갖추어야 한다. 또한 태만한 일상에 때때로 간섭을 덧붙이는 습관은 임시변통인 〈데우스 엑스 마키나〉의 소행을 아테네의 극장으로부터 우주로 확대하는 것으로도 비난을 면할 수 없다. 〈데우스 엑스 마키나〉는 어떤 분야에서도, 어떤 가설에 의해서도 변호될 수 없다. 또한 우리는 구세주인 신을 살피는 이 최초의 시도가 의미하는 결과 때문에 낙담할 필요가 없다. 네페로코크기아[1191]가 인간의 눈을 〈하늘의 왕국〉을 향해 뜨게 할 수 있다고 한다면 〈데우스 엑스 마키나〉는 그리스인에 있어서 마찬가지로 우매한 것[1192]이었던 십자가에 달린 예수 그리스도의 상(像)-신의 현현을 나타내는 또 하나의 항적(航跡)-으로 우리를 인도할지도 모른다.

〈데우스 엑스 마키나〉로의 출현이 〈구세주로서의 신〉이 인간에게 모습을

---

1191. 〈Nepelokokeugia〉의 문자적 의미는 '구름 속의 뻐꾸기 나라' 아리스토파네스의 「Ορνιθες, 오르니테스(새)」에서 신을 사람으로부터 격리하기 위해 새가 세운 가로(街路), 몽상국(夢想國)이라는 의미로 상용(常用)된다.

1192. "우리는 십자가에 못 박힌 그리스도를 전하니 유대인에게는 거리끼는 것이요 이방인에게는 미련한 것이로되"〈고전 1:23〉

드러내는 가장 값싼 방법이라고 한다면 다음으로 저렴한 현현은 화신(化身)이다. 일견할 때 신이 자신의 본양(本樣)을 인간의 신체와 바꿔서 종신토록 지상에 머무는 것은 신으로서의 막대한 지출인 것으로 보일지 모르지만 신의 영원성과 전능(全能)에 비추어 볼 때 그 지출은 눈에 뜨일 정도로 큰 것이 아니다. 디오니소스는 에우리피데스의 「바쿠스의 무녀(巫女)」에서 현혹된 펜테우스가 인간으로 변장한 이 신에 대해 멋대로 행하는 것을 용인하리라는 따위는 꿈에서도 생각하지 못했을 것이다. 그 신은 기회가 다가오자 펜테우스의 가족에게 마법을 걸어 주신제(酒神祭)의 희열에 찬 광포로 이 가련한 사내를 갈가리 찢게 했다. 이리하여 디오니소스는 자신의 초인적인 힘에 비열하게 의지함으로써 〈타임머신을 가진 구세주〉나 〈철학자의 외투를 벗어버리고 칼을 잡는 군주〉와 같이 자신이 정한 게임의 룰을 간단히 깨뜨린다. 그러나 이 신의 행하는 짓은 구세주를 자칭하는 인간들의 행위보다 더 비열하다. 왜냐하면 그가 숨겨둔 무기를 사용하는 구실로 삼은 위기는 그 자신이 계획적으로 만들어 낸 것이기 때문이다. 이 신의 화신은 우매한 동료를 혹독한 함정으로 끌어들이려고 자신의 초인적인 힘을 숨겼던 것인데, 극의 제1막에서 이상한 외래인으로 등장하는 그 신이 테베의 국왕(펜테우스)에게 드러내는 인내와 겸손은 성실함이 아니며 사심이 없는 것도 아니다. 디오니소스가 의도한 것은 펜테우스를 죽이는 일이며 그의 본심은 악의적이다. 그는 자신의 정체를 숨기고 생애(生涯)의 대부분을 세상을 정복하는 일에 바쳐 그 일을 수월하게 달성하는데 에도네스의 리쿠르구스 왕은 이 올림포스의 침략자를 격퇴한 죄에 대해 디오니소스를 신으로 인정하기를 거부한 일로 펜테우스가 강요당한 것과 같은 벌금을 지불한다. 위와 같은 일은 보이오티아나 트라키아에서 벌어진 것으로 되어 있으나 디오니소스가 무용을 떨친 무대는 인도(印度)였다. 디오니소스는 자기가 인도를 정복한 자임을 영예(榮譽)로 여기는바 헬레닉 사회의 그 폭력적인 신이 인도에 나타난 일에 대응하는 것은 Shiva와 Vishnu의 화신이다. 시바는 파괴의 화신에 불과하며 지켜서 보전하는 자라고 하는 비슈누도 크리슈나의 모습으로 싸울 때는 디오니소스와 같은 수준으로 격하된다.

이처럼 신의 화신이 데우스 엑스 마키나와 마찬가지로 부도덕한 존재라고 한다면 그 뒤에 나타나는 반신(半神)은 그보다는 결정적으로 자비로운 존재이다. 우리는 〈수메릭 사회의 길가메시〉 〈헬레닉 사회의 페르세우스, 아킬레우스, 오르페우스〉 〈중국사회의 요(堯), 순(舜), 우(禹)〉 등을 그런 영웅으로 거명할 수 있는바 이 육신을 가진 반신들은 화신(化身)이 남용하는 신의 특권 없이 지상에서의 삶을 살아야 한다. 헤라클레스의 노고는 디오니소스의 만행과 같은 정도로 인간에게 적용되지만 거기에 수반되는 고난은 헤라클레스가 일반인인 것과 마찬가지로 진실이다. 반신의 신성(神性)은 인체에 깃들어 있으며 그의 사명은 여자에게서 태어난 사람에게 제기되는 모든 도전에 맞서는 것이다. 또한 그의 정해진 연수(年數)는 수고로 채워져 있으며 최후의 적[1193]과 싸워야 하는 일에서조차 면제(免除)되어 있지 않다. 반신은 인간과 마찬가지로 죽음에 노출되어 있으며 그것이 곧 그의 영광이다.

우리처럼 평범한 인간에게 더 가까운 것은 반신을 부모로 하는 그들의 동료들에 의해 생산된 말 그대로의 인간이다. 에우리피데스의 극에서 아테네에 의해 이온의 아버지로 돌려진 신은 전설 속의 인물만이 아니라 우리의 귀에 그 이름이 들린 현인이나 군주에게도 주어진다. 이 이야기의 공통된 형식은 공히 인간인 영웅의 어머니가 남편의 지위를 가로채는 초인적 존재의 방문을 받는다는 것이다. 아폴로는 피타고라스와 플라톤과 아우구스투스의 아버지인 무네사르쿠스와 아리스톤과 옥타비아누스를 추방하며 제우스인 아몬은 알렉산더의 아버지인 필리포스를 쫓아낸다. 그 방문자들은 인간 동물 번개 광선 등 다양한 모습으로 나타나는바 제우스인 아몬은 번개 또는 뱀으로 알렉산더의 어머니인 올림피아스를 방문했다고 전해지고 있다. 이 이야기는 시간의 경과

---

1193. "맨 나중에 멸망 받을 원수는 사망이니라" 〈고전 15:26〉

와 함께 널리 전해졌는데 그 현저한 사례는 이탈리아에서 스키피오 아프리카누스와 아우구스투스에게 옮겨지고 중앙아시아에서 칭기즈칸과 티무르 렌크 양인(兩人)의 선조에게 옮겨진 것이다.[1194] 그리고 영적인 영역에서는 유사힌 이야기가 군주나 철학자를 능가하는 '민중의 사람'에 대해서도 회자(膾炙)되었다. 예수의 탄생에 관한 이야기를 본다면 기독교가 말하는 그 성육신(成肉身)이 플라톤의 탄생에 관한 설화와 결부되어 있다는 주장과 여호와의 선민(選民)이 고심 끝에 획득한 유일신관(唯一神觀)에서 헬레니즘 이교의 미신으로 후퇴한 것이라는 비난이 일어났으나 그 설화의 마지막 부분까지 추적해 보면 기독교에 성형된 메시아 탄생에 관한 설화는 헤라클레스의 탄생에 관한 이야기와 유사하다는 것을 알 수 있다.[1195] 이와 같이 여자에게서 태어나는 구세주의 아버지가 신이라는 것은 참된 구세주인 신과 인간의 완전한 친교(親交)를 가능케 하는 방식이다. 그러나 신이 그 주체라고 한다면 그 부성(父性)의 성질은 어떤 것으로 생각해야 할 것인가? 신이 아들에게 부성을 부여하는 방법으로 생리적 번식의 형태[1196]를 취한다고 하는 것은 저급한 리얼리즘을 노출하는 것인바 그런 해명으로는 그것을 불경스러운 넌센스로 만드는 일 없이 문자 그대로의 부성을 신에게 귀의시킬 수 없다. 영웅의 아버지인 신이 정말로 탕아(蕩兒)처럼 행동했다

---

1194. 몽골의 전설적 영웅인 〈브드훈챠〉가 한 줄기의 빛으로 〈알롱고아〉의 태내에 깃들었다고 전해지고 있는데, 알롱고아의 유명한 자손인 티무르 렌크의 묘비에 새겨진 그 이야기는 성모 마리아의 수태고지와 연관되어 있다. 그 증거는 수태고지 이야기가 수록된 성서나 코란에 있는 것이 아니라 Alongoa와 Olympias의 언어적 연관성에 있다. 티무르의 묘비에 알랑고아를 지칭하는 말로 쓰여진 아라비아어를 언어학적으로 분석한 것이 맞다면 Alangoa는 Olympias에 가까운 Alanfoa가 된다.

1195. 이 탄생설화들은 〈아폴론-암피크티오네/아리스토-플라톤〉〈제우스-알크메나스/암피트리온-헤라클레스〉로 되어 있는데, 거주지에 대해서는 마리아와 요셉이 나사렛에서 베들레헴으로 옮겼고 알크메나스와 암피트리온은 미케나에를 떠나 보이오티아의 테베에서 거주한 것으로 되어 있다. 〈Meyer. E〉는 "구세주가 처녀로부터 태어났다고 하는 기독교 신화에서의 주(主)는 유대교에서 유래된 것이 아니라 그 기원을 조로아스터교의 사오샨트에 두고 있다"라고 주장했고, 어느 유대교 학자는 〈사 7:14〉의 "처녀가 잉태하여"를 "젊은 여인이 잉태하여"로 읽어야 한다고 강변하기도 했다.

1196. 그 예는 신이 여인의 몸으로 숨어든다는 것, 신을 동물로 묘사하는 것 등이다.

면 그의 아들인 인간이 정상인 부부가 낳은 아들보다 뛰어난 자가 될 이유가 없으며 그 영웅이 초인적인 능력을 발휘하며 신이 내린 것임이 분명한 능력을 가지고 있다면 그때야말로 영웅의 아버지로 되어 있는 신의 성질은 헬레닉 사회가 낳은 신화의 기독교판(版)과 같이 비육체적인 관점에서 생각되어야 할 것이다. 신이 아들을 낳았다고 한다면 그 신의 행위는 시간 속의 사건이 아니라 영원한 진리일 것이며 신이 말씀으로 우주를 창조할 수 있다면 그는 수태고지(受胎告知)를 통해 그 아들을 보낼 수 있음이 분명하다. 이것이 구세주인 신의 출현 방법에 대한 기독교 신앙의 기초인바 이 기초는 중요한 제2의 문제를 불러일으킨다. 창조적인 수태고지는 언제, 누구에게, 어떤 상태로 행해지는 것일까?

신이 아버지로서 자신을 계시하는 방법은 수태된 순간에 아들의 어머니에게 정령(精靈)의 목소리로 알리는 것이라고 단정할 수 있는 것일까? 아니면 그 아들이 장성하여 신에게 헌신하는 것으로 아들다움을 입증했을 때 그에게 신의 은총을 제수(除授)하는 것이 신다운 방법이 아닐까? 현세에서도 생리적 번식이 자식을 얻는 유일한 수단인 것은 아니며 "신은 모든 인간의 공통된 아버지지만 그 가운데서도 가장 뛰어난 자를 택하여 아들로 삼는다"[1197]라는 말을 적용할 수 있는 양부(養父)는 세상에서도 널리 알려져 있었다. 그 자질과 기량이 확증되지 않은 친자(親子) 대신 자신을 계승할 능력이 있는 인물을 양자(養子)로 세우는 사람은 그가 선택한 아들로 인해 더 큰 안도감을 얻게 될 것이다. 이런 정신으로 2대째의 스키피오는 〈스키피오 아이밀리아누스〉를 양자로 삼았고 〈디부스 율리우스〉는 옥타비아누스를 입양했으며 〈네르바, 96~98〉는 〈트라야누스, 98~117〉〈하드리아누스, 117~138〉〈안토니누스, 138~161〉로부터 〈마르쿠스 아우렐리우스, 161~180〉로 이어지는 양자황제(養子皇帝) 시대를 열었다. 〈네르바-안토니누스〉 시대에는 입양자를 후계자로 세움으로써

---

1197. 알렉산더가 한 말로 알려져 있다.

원수(元帥)의 지위를 양도하는 것이 로마의 법률과 같은 관습으로 굳어졌다. 그 관습의 효과는 마르쿠스가 아들인 콤모두스를 위해 이 황금률을 폐지했을 때 발생한 일로 알 수 있는바 아버지가 세속의 군주일 때 양자가 친자보다 효과적이었을진대 아버지가 신이고 해야 할 일이 인류의 구제일 때에는 그 효과가 어떠할 것인가? 〈사람의 아들〉이 이런 방법으로 〈신의 아들〉로 전환된다는 신앙은 첫째로 오이쿠메네에 군림한 지배자의 신격화에 나타나 있는데 일부 세계성을 표방한 제국에서 황제가 신의 양자로 인정되는 시기는 그가 즉위할 때지만 때로는 그의 사후일 수도 있다.[1198] 양자를 세우는 신은 아들을 낳는 신과 유사한 사회사(社會史)를 가지고 있으나 신앙의 양상은 더욱 소박하다. 그것은 오이쿠메네의 지배자에게 바치는 경외심의 표현으로 나타나지만 시간이 흐름에 따라 일반인에게로 확대되는 경향이 있다. 헬레닉 사회의 붕괴에 있어서 민중에 속한 인물을 신격화한 최초의 사례는 희극에서 발견된다. 「오르니테스-새」에서 아테네의 풋내기였던 피스테타이로스는 새들을 부추겨서 네페로코크기아를 건설하고 올림포스를 굴복시키는 기행(奇行)으로 〈신 중의 신〉으로 영접되는데, 이 즉흥극에서 최고의 광상(狂想)으로 연출된 이 장면은 4세기 반 후에 요단강에서 놀랍도록 다른 배경과 상이한 정신으로 재연되었다. 복음서의 이야기에서 나사렛의 목수가 신의 아들로 인정된 것은 그가 십자가에 달린 일로 절정에 달하고 구원을 위한 신의 계획이 계시되는 것으로 제시되었다. 네 복음서 모두가 예수는 요한의 세례를 받고 물에서 나올 때 〈신의 아들〉로 불리었다고 하며 그중 마지막은 물론 가장 빠른 복음서에서도 전체의 이야기는 예수의 탄생이나 성장에 관한 이야기가 아니라 그가 양자로 세워지는 그 부분에서 시작되어 있다.[1199] 예수가 신의 아들로 인정된 복음서의 이 일화와

---

1198.  이집트 수메르 중국 안데스 등의 사회에서는 황제의 즉위와 함께 그것이 이루어졌고, 히타이트와 일본에서는 사후의 신격화가 상칙(常則)이었으며, 로마제국에서는 지역과 신료(臣僚)의 성격에 따라 두 가지가 병행되었다.

1199.  공관 복음서에서 예수를 신의 아들로 지칭한 일은 시각과 청각에 의해 이루어졌는데, 비둘기 같

앞의 두 복음서에 수록된 수태의 일화[1200] 사이에는 명백한 모순이 있다. 이 신과 인간 사이의 수태와 입양에 관한 여러 가지 미묘한 문제[1201]는 학자들을 괴롭히고 기독교를 분열시키는 비판과 신학적 주석에 관한 난제(難題)를 낳고 있다. 이에 대하여 우리는 인간으로서 답하기 어려운 문제의 대답을 억지로 구하기보다는 헬레닉 사회가 낳은 소박한 신화에서 문자 그대로의 뜻으로 쓰인 양자(養子)와 수태(受胎)가 우리의 기독교 신화에서 새롭고도 비유적인 의미를 갖게 되었다고 생각하는 것이 좋을 것이다. 기독교가 품고 있는 신비의 본질은 신이 육체적인 것이 아니라 정신적인 수단에 의해 인간으로 살다가 죽는 아들의 아버지가 되었다는 것인바, 이 신의 화신(化身)에 대한 믿음은 인간이라는 신의 매개체가 생리적 기원을 가진 물리적 실체라는 신념을 낳는다. 그리하여 이 이야기에 대한 기독교도의 해석에서 신의 아들 예수는 문자 그대로의 인간인 어머니로부터 태어났다고 생각되고 있다. 양자와 수태가 괴리되는 것은 신이 인간의 생리적 기원을 가지는지의 여부와 아버지가 되기 위해 어떤 행위를 했는지에 관한 문제가 아니다. 그래서 예수의 탄생이 입양에 의한 것인지 아니면 수태로 말미암은 것인지에 대한 이견(異見)이 있다고 해도 그것은 신의 아들 예수가 인간인 어머니로부터 태어났다고 하는 장대(壯大)한 일치에 비하면 극히 사소한 것이다.

아무튼 신의 현현(顯現) 자체가 구제의 약속을 실행에 옮기는 것은 아니다. 마키나와 화신(化身) 그리고 수태와 입양이 인간의 비극에 간섭하기 위한 수단

---

은 모양으로 내려온 '신의 영'과 예수를 사랑하는 아들로서 기뻐한다고 하시는 '신의 목소리'가 보여지고 들려진 대상은 각기 다르다. 「마가복음」에서는 예수만이 그것을 보고 들었음을 의미하는 듯이 서술되어 있으며, 「마태복음」의 기술에 따르면 형태는 예수만 보았고 소리는 그곳에 있었던 모두가 들었다고 생각할 수 있다. 「누가복음」은 「마태복음」과 반대로 생각할 수 있도록 서술되어 있으나, 「요한복음」은 음성에 관한 언급 없이 세례 요한만이 비둘기와 같은 형태를 보았다고 밝히고 있다.

1200.  성령에 의한 이 수태의 일화는 마태와 마가가 전한 복음서에 수록되어 있다.

1201.  인간이 신에게 아들을 드린다는 것, 신이 그에게 구세주가 갖추어야 할 신성(神性)을 부여하는 것, 신의 영원성과 사람인 예수의 시간적 제한 등.

이라고 하더라도 그 현현(顯現)이 고난에 대한 도움[1202]이 되기 위해서는 현현에서 수난으로 나가지 않으면 안 된다. 수난은 이해(理解)와 구제(救濟)로 나가는 열쇠이며 구원자의 수난은 극단적인 고뇌를 일으키는 것이어야 한다. 초탈을 구제의 이상(理想)으로 삼은 헬레닉 사회의 철학자조차 정의(正義)가 지상(至上)의 목표라는 것을 증명해야 할 책임이 있는 현인(賢人)에게 상당한 고난의 감수를 요구했다. 플라톤은 정의의 사람이 온갖 모욕과 매질을 당하고 찢어지는 고난을 감수함으로써 그것을 확증한다면 그 증언은 설득력이 있다고 단언했다. 그는 이타적인 목적을 위한 그 극단적인 수단을 상정하면서 소크라테스의 순교를 염두에 두고 있었음이 분명하다. 기원전 399년에 그 증거를 제출한 이 순교자는 그의 사업과 고난이 헬레니즘의 신성한 테마로 설정되어 있는 초인적인 존재를 모본(模本)으로 삼고 있다. 영웅인 아킬레우스조차 전우(戰友)의 죽음을 보수(報讐)하기 위해 지상에서의 삶을 의도적으로 중절(中絶)했다. 인간을 위해 헤라클레스는 괴로워했고 프로메테우스는 감인(堪忍)했으며 오르페우스는 자신의 목숨을 바쳤다. 그렇지만 이 반신(半身)의 죽음조차 헬레닉 사회의 세계관이 드러낸 전경(全景)에 비추어 볼 때 신이 감수하는 고난의 절정은 아니었다. 그 이유를 말한다면 살아 있는 자는 생명보다 큰 희생을 치를 수 없으나 반신의 목숨은 참신의 생명만큼 귀중하지 않기 때문이다. 그리하여 죽어가는 오르페우스의 배후에 다양한 이름으로 세상을 위해 죽는 신의 모습이 떠오른다. 이들이 바로 〈미노스 세계의 자그레우스〉〈수메릭 사회의 탐무즈〉〈히타이트 사회의 아티스〉〈스칸디나비아의 발드르〉〈시리악 세계의 아도니스〉〈이집트 사회의 오시리스〉〈시아파의 후세인〉〈기독교 세계의 그리스도 예수〉다.

다양한 모습으로 출현하여 유사한 고난의 길을 걷는 이 신들의 정체는 그들이 세상에서 연출하는 비극의 말미에서 수난을 당하고 죽어가는 것으로 밝혀진다. 그리하여 우리는 그에 대한 탐구가 제시하는 지식에 의지하여 언제

---

1202. "하나님은 우리의 피난처요 힘이시니 환난 중에 만날 큰 도움이시라"〈시 46:1〉

나 같은 형태로 반복되는 이 드라마의 기원을 밝힐 수 있다. 이사야서에 기록된 것[1203]과 같이 〈죽어가는 신〉의 가장 오래된 현현은 인간을 위해 봄에 태어나서 가을에 죽어가는 식물의 정령으로 인식된 〈해(年)의 신-에니아우토스 다이몬〉의 역할에서 볼 수 있다. 그리하여 이 자연신의 출현과 수난은 인류의 구제에 필요한 물질적 이익을 가져다주게 된다. 풀이 아궁이에 던져질 것이기에 보기 좋게 성장하지 않는다면[1204] 인가(人家)의 굴뚝에서 연기가 나지 않을 것이며 보리가 낫을 탓하여 여물지 않는다면 농부는 씨앗과 곡식을 얻지 못할 것이다. 이것이 죽어가는 신의 출현과 수난이 인류에게 제공하는 구제의 일면이지만, 외적인 성과는 그것이 아무리 훌륭하고 거기에 아무리 값비싼 희생이 따른다고 해도 비극의 핵심에 있는 신비를 명백하게 할 수 없다. 그 비밀에 있어서 신의 죽음을 통해 인간이 이익을 얻는 것에 내포된 원리를 간파하지 못하면 극이 말하는 진정한 의미를 이해할 수 없는 것이다. 죽어가는 신의 죽음은 강요와 선택 중 어느 것에 의한 것이며 그 동기는 절망과 사랑 중 어디에 있는 것일까? 이 구제가 신의 희생으로 인간이 덕을 입었다는 것에 그치는지 아니면 신에 의해 인간에게 제시된 사랑과 연민을 내 것으로 함으로써 신에게 돌려주는 영적 교분인지 아닌지를 단언하기는 쉽지 않다. 그렇다면 죽어가는 신은 어떤 정신으로 죽음에 임하는 것일까? 다시 한번 즐비하게 늘어선 비극의 가면들에 맞서면서 숨겨진 배우에게 우리가 제시한 물음의 답을 묻는다면 비극이 산양(山羊)[1205]의 분별됨 같이 신비롭게 변용하는 것을 보게 될 것이다. 아들인 오르페우스의 죽음을 애도하는 칼리오페의 애가(哀歌)와 안티파트로스

---

1203. "그는 주 앞에서 자라나기를 연한 순 같고 마른 땅에서 나온 줄기 같아서 고운 모양도 없고 풍채도 없은즉 우리가 보기에 흠모할 만한 아름다운 것이 없도다. 그는 곤욕과 심문을 당하고 끌려갔으나 그 세대 중에 누가 생각하기를 그가 살아 있는 자들의 땅에서 끊어짐은 마땅히 형벌 받을 내 백성의 허물 때문이라 하였으리요" 〈사 53:2,8〉

1204. "오늘 있다가 내일 아궁이에 던져지는 들풀도 하나님이 이렇게 입히시거든 하물며 너희일까 보냐 믿음이 작은 자들아" 〈마 6:30〉

1205. Tragedy-비극(悲劇)-의 문자적 의미는 '산양의 노래'이다.

의 비가(悲歌)[1206]에는 기독교도가 혐오감을 느낄 정도로 비통한 가락이 있다. 죽어가는 신의 이야기 속에는 무슨 교훈이 있는 것일까? 오르페우스의 어머니인 여신(女神)은 오르페우스를 잃고 싶지 않았을 것이바 제신(諸神)이 이처럼 소중한 것을 지킬 수 없다면 동일한 이별의 슬픔이 그들을 덮칠 때 나약한 존재로서 취하게 되는 태도는 체념(諦念)일 것이다. 태양을 가리는 구름과 같은 그리스 시인의 상념(想念)은 오르페우스의 죽음에서 빛을 빼앗고 있다. 그러나 그 시(詩)는 안티스토로프가 스토로프에 이어지듯이 거기에 대응하는 헬레니스트의 웅장한 걸작으로 대답되어 있다.[1207]

복음서가 비가(悲歌)에 대해 "하나님이 세상을 이처럼 사랑하사 독생자를 주셨으니 이는 그를 믿는 자마다 멸망하지 않고 영생을 얻게 하려 하심이라 하나님이 그 아들을 세상에 보내신 것은 세상을 심판하려 하심이 아니요 그로 말미암아 세상이 구원을 받게 하려 하심이라"라는 말씀으로 대답할 때 그것은 하나의 신화를 말하는 것이다. "그것만이 숨이 통하고 있으며 다른 것은 모두 그림자에 불과하다"라는 각성(覺醒)과 "하나만 남고 모든 것은 변해서 지나가 버린다"라는 헤아림[1208]이 붕괴에 돌입한 사회의 구세주에 대한 탐구의 마지막 결과인데, 이 탐구를 진행함에 따라 〈칼을 잡은 자〉〈타임머신을 가진 자〉〈왕의 가면을 쓴 철학자〉가 차례대로 탈락하여 인간인 구세주는 하나도 남지 않게 되었다. 그리고 최후의 무대에서 초인적인 능력을 뽐내며 구세주를 참칭했던 신들 가운데서도 죽음과 죽음의 극복을 통해 그 칭호(稱號)의 적격자임을 입증한 존재는 극히 드물었다. 그래서 하던 일을 멈추고 시선을 고정하여 하늘을 바라볼 때 단 한 사람의 모습이 우리의 시야를 독점한다. 이 사람이 바로

---

1206. 시돈에서 태어난 안티파트로스는 그리스어로 쓰인 가장 아름다운 시의 하나로 알려진 「오르페우스의 비가」를 남겼는데, 그 속에는 "우리는 왜 우리 아들들의 죽음을 한탄하고 슬퍼하는가? 신들도 자기들의 자식이 죽는 것을 막지 못했는데"라는 구절이 있다.

1207. 스토로프(Stoloff)는 고대 그리스 합창무용대의 왼쪽 회전, 뒤따르는 안티스토로프(Antistoloff)는 그 오른쪽 회전. 헬레니스트(Hellenist)는 그리스어를 모어(母語)로 사용하는 유대인.

1208. 전자는 호메로스의 「Odyssey」에서, 후자는 쉘리의 「Adonis」에서 인용한 구절이다.

참된 구세주이며 그것은 "또 그의 손으로 여호와께서 기뻐하시는 뜻을 성취하리로다 그가 자기 영혼의 수고한 것을 보고 만족하게 여길 것이라"라는 말씀으로 선포되어 있다.

## 2) 붕괴기에 나타나는 개인 간의 상호작용(相互作用)

### (1) 붕괴의 리듬

앞에서 우리는 사회적 붕괴가 역사에서의 그 불행한 단계에 진입한 사회의 성원(成員)에게 끼치는 영향을 살펴서 붕괴에 직면한 사회의 창조적 천재는 자신의 사회적인 활동을 구세주로써의 역할에서 찾는다는 것을 확인했다. 그리고 붕괴가 진행됨에 따른 도전에 대하여 다양한 모습으로 출현하는 자칭 구세주들을 차례대로 검토하여 그 진정한 의미에 부합(附合)되는 단 하나의 구세주는 사회 속에서 일어난 구주(救主)라는 것을 알게 되었고 사회를 구제한다고 하는 자칭의 구세주는 그 역할을 자기에게 돌린 동료들이 빠져들게 되어 있는 실패를 초래한다는 것을 밝혀냈다. 그러므로 구세주를 자칭하는 자는 〈파멸의 도시〉가 포착할 수 없는 내세(來世)를 발견하고 그것을 제시하지 못하면 자신의 사명을 준행할 수 없다.

이 장에서 우리는 파멸의 무서운 전도(前途)에 놀라 발의 먼지를 털고 멸망에서 벗어나는 순례자가 아니라 여전히 흑암과 사망의 그늘에 앉아 있는 그들의 불행한 동포를 살필 것이다.[1209] 우리의 이 당면한 과제는 비창조적인 대중과 창조적 소수자의 관계를 다루는 것이 아니라 문명의 붕괴에 휩쓸린 개개인의 상호적(相互的)인 작용을 살피는 것이다. 이것은 문명의 성장을 분석할 때 살핀 인퇴와 복귀의 운동만으로는 붕괴의 리듬을 포착하기 어렵기 때문이지만 문명의 발생과 성장에 수반되는 몇 가지 운동은 붕괴의 리듬에 적확(的確)히 적

---

1209. "누구든지 너희를 영접하지도 아니하고 너희 말을 듣지도 아니하거든 그 집이나 성에서 나가 너희 발의 먼지를 떨어 버리라" 〈마 10:14〉 "흑암에 앉은 백성이 큰 빛을 보았고 사망의 땅과 그늘에 앉은 자들에게 빛이 비치었도다" 〈마 4:16〉

용된다. 앞에서 우리는 문명의 붕괴가 그 성장과 같이 지속적이고도 누적적인 과정이며 그 과정은 반복적인 리듬을 갖는다는 것을 확인했다. 그리고 음악의 비트처럼 진행되는 그 리듬의 기초는 도전과 응전의 원리와 같다는 것을 알게 되었다. 그에 따르면 도전과 응전의 연쇄가 성장이 지어내는 리듬의 성질이며 그 연쇄에 있어서 응전이 실패로 끝나는 것은 성장의 중단과 좌절로 말미암은 붕괴가 시작되는 사회적 파국의 본질이다. 붕괴 중인 사회는 가설에 따라 제기된 도전에 응전할 수 없으며 그 도전은 적합한 응전이 일어나지 않는 한 언제까지나 거기에 멈춰 있게 마련이다. 이것은 붕괴가 일련의 도전에 순차적으로 응전하는 것이 아니라 그로써 좌절이 초래된 도전에 의해 시작된다는 것을 의미한다. 따라서 붕괴와 성장의 과정이 공통된 특질로 삼고 있는 주기성(週期性)은 같은 해석으로 설명되는 것이 아니며 붕괴 과정이 길게 이어진다면 그것은 반복된 응전의 실패가 재기(再起)된 응전을 유발했기 때문이다. 이것이 붕괴가 일으키는 리듬의 성질인데 그에 있어서 도전에 대한 응전의 실패가 결정적인 것일 경우에 뒤따르는 결과는 비트의 과정이 중단되고 붕괴를 지향하는 운동이 사후(死後)의 경직(硬直)으로 끝나는 것이다.

이리하여 붕괴의 운동은 도전과 응전을 바탕으로 한다는 점에서 성장 운동과 비슷한 것으로 판정된다. 그러나 성장의 리듬에 의한 비트는 새로운 도전에 대한 성공적인 연출에 있는 것임에 반해 붕괴가 낳는 비트는 도전과 응전에 있어서 변하지 않는 하나의 극이 반복적으로 연출되는 것에 불과하다. 이것을 도식화한다면 성장은 〈도전-새로운 응전-새로운 도전-성공적인 응전〉으로 표현되며 붕괴는 〈실패한 응전으로 인한 패주-단말마적인 재기-후퇴〉로 나타난다. 붕괴에 돌입한 사회의 각 성원이 교호적으로 행하는 이 상호작용은 〈패배로 인한 후퇴-재편성과 새로운 전투-더욱 엄중한 후퇴〉라는 군사적 비유로도 묘사할 수 있다. 러시아가 1차 세계대전의 발발(勃發)로부터 〈브레스트-리토브스크 조약〉까지의 기간에 겪은 일련의 사태는 이러한 상호작용의 비극적인 실례인바 이 사례는 사회적 붕괴가 분마성(奔馬性) 결핵(結核)과 유사하다는 것을 분명히 한다. 흥분하여 제멋대로 날뛰는 말을 제어하려는 기수(騎手)의 노력은 말에게 악마적인 추력을 가하여 위험한 질주를 더하게 할 뿐이다. 〈패주=재기〉가 이러한 리듬이고 붕괴에 돌입한 사회의 성원이 이와 같은 리듬으로 작용하는 경향이 있다면 그 리듬은 어떤 형태로 나타나는 것일까? 이 의문을 염두에 두고 붕괴가 이루어지는 과정에서 현저하게 나타나는 특색을 살핀다면 우리는 세계국가 건설에서 빈틈없는 재기의 실례(實例)를 보게 될 것이며 선행(先行)한 동란기에서는 틀림없는 패주의 사례를 찾게 될 것이다. 그리고 우리는 그 과정이 하나의 비트로 끝나지 않는다는 것을 알게 될 것이다. 그에 있어서 이야기의 하이라이트인 세계국가 수립은 늦었다손 치더라도 하나의 성공한 응전인 것이 아닐까? 이 물음에 대한 답은 확고한 부정이다. 사태의 진행으로 볼 때 폭력에 의존한다는 흠결을 지닌 세계국가가 상존(常存)의 신념을 갖는 것은 환상에 불과하다. 세계국가는 조만간 소멸되며 그 소멸은 붕괴 중인 사회를 해체시키는 것이다.

이리하여 우리는 문명이 걷는 붕괴의 여정에 있어서 적어도 한 비트 반으로 나타나는 운동의 리듬을 더듬게 되었다. 문명의 좌절로 인한 패주에 뒤따르는 것은 세계국가 수립으로 인한 재기이며 거기에 이어지는 것은 세계국가가 수립한 평화의 좌절인데 여타의 재기를 일으키지 않는 이 좌절은 저지되는 일 없이 그 뒤를 따르는 패주의 시작이다. 붕괴 운동이 드러내는 리듬의 대강(大綱)은 이처럼 명료하지만 그 비트 사이에는 동수(同數) 이상의 작은 비트들이 깃들게 된다. 예를 들면 세계국가 수립은 재기의 시작이고 그 좌절은 패주의 시작이지만 재기는 이들 두 박(拍)의 처음부터 끝까지 같은 수준으로 지속되는 것은 아니다. 앞에서 살핀 일리리아인의 일군(一群)에게 주어진 사명은 세계국가 수립에 의한 평화를 재건하는 일이었는데 그것은 그 평화가 작은 공백기에 의해 두 개의 기간으로 분할된다는 것을 의미한다.

이로써 알게 되는바 세계국가의 주기도식(週期圖式)은 〈재기=후퇴〉라는 하나의 비트가 아니라 그것이 중첩된 이중의 비트인데 자세히 분석하면 그것을 더욱 소상히 밝힐 수 있을 것이다. 헬레닉 사회의 로마제국을 보면 로마의 평화는 작은 공백기에 의해 둘로 분할된다는 것을 알 수 있다.[1210] 극동사회의 일본 분지를 보면 도쿠가와의 평화는 1600년에 벌어진 세키가하라의 싸움과 1868년에 단행된 유신(維新) 사이에 세 번의 가벼운 후퇴와 두 번의 작은 재기를 발현했다. 그리고 〈팍스 오이쿠메니카〉의 좌절로 말미암은 공백기에 표출되는 해체의 와중에서도 약간의 재기가 이루어졌는데 우리는 378년에 돌발한 팍스 로마나의 결정적 좌절로 인한 공백기였던 유스티니아누스의 치세에서 그 사례를 볼 수 있다. 인도사회의 유스티니아누스에 상당하는 〈하르샤, 527~65〉[1211]는 굽타의 평화가 좌절된 5세기의 90년대에 시작되어 그가 즉위한 해까지 지속된 쇠퇴의 조류를 일시적으로 저지했다. 하르샤가 인도의 유스티니아누스라면 〈앗 나시르, 1180~1225〉는 시리악 사회의 헤라클레스에 해당될 것인바 그는 아바스조의 쇠퇴를 일시적으로 저지함으로써 50여 년 동안 아바스의 평화를 재현시켰다. 중국사회에서는 한제국의 Pax Hanica가 결정적으로 좌절된 것으로 말미암은 공백기가 진국(晉國)이 달성한 재기에 의해 일시적으로 저지되었다. 헬레닉 사회의 경우와 마찬가지로 붕괴의 여정에 돌입한 중국사회는 그 재기가 소멸되었을 때 이전의 것보다 혹독한 재난으로 고통을 받았는데 한제국의 붕괴에 뒤따른 것은 세 개의 토착 공국(公國)이었음에 반해 진국(晉國)의 뒷자리를 만족 침입자들의 오호십육국(五胡十六國)이 차지한 것

---

1210. 둘로 나누어지는 Pax-Romana의 첫째는 악티움 전투가 벌어진 BC 3년에 시작되어 마르쿠스 아우렐리우스가 죽은 180년에 끝났고, 제2의 기간은 디오클레티아누스가 즉위한 284년에 시작되어 아드리아노플 전투가 발발한 378년에 끝났다. 더욱 세밀하게 분석한다면 그 첫 기간도 공백기의 하나인 '네 황제의 해'에 의해 양분된다.

1211. 바르다나 왕조 최후의 마하라자디라자(군주), 별칭(別稱)은 시라디티야(戒日王). 부처에 귀의한 후 불교를 전파하는 일에 공헌했고 스스로 극작(劇作)을 하는 등 문예를 크게 부흥했다고 알려져 있다. 그의 사적(事績)은 현장(玄奘)의 대당서역기(大唐西域記)에도 수록되어 있다.

은 그것을 입증하는 사실(史實)이다.

팍스 오이쿠메니카의 결정적인 좌절로 말미암은 대 공백기에서 그에 앞선 동란기로 눈을 돌리면 문명의 붕괴에 따른 이 단계도 일률적인 것이 아니라 그에 대응된 곡절(曲折)이 있음을 알 수 있다. 문명의 좌절로 인한 패주(敗走)는 세계국가 건설로 재기(再起)가 달성될 때까지 저지되는 일 없이 지속되는 것이 아니다. 세계국가에 의한 보편적인 평화가 그것을 두 개로 분할하는 작은 공백기에 의해 중단되듯이 동란으로 말미암은 무정부 상태도 거기에 개재(介在)된 회복기에 의해 둘로 나뉘어진다. 이런 점을 고려하여 문명의 좌절로부터 그 붕괴에 이르는 과정을 살피려고 한다면 패주와 재기의 운동에 의해 3비트 반으로 나타나는 리듬에 집중하게 될 것이다. 이 음계에 수반되는 주기성(週期性)은 지금까지 그랬듯이 경험주의적인 방법으로 살피는 것이 편리할 것인바 붕괴의 진행이 특이한 충격에 의해 왜곡된 사례는 이 조사에서 제외될 것이다.

## (2) 헬레닉 사회의 리듬

헬레닉 문명을 좌절시킨 도전은 대부분의 사멸(死滅)한 문명에 가해진 것과 다름없는 사회적 화근(禍根)이었다. 헬레닉 문명의 사회사(社會史)에서 명확하게 살필 수 있는 그 도전은 지방주권제(地方主權制)를 능가하는 정치적 질서를 확립해야 한다는 문제였는데 아테네-펠로폰네소스 전쟁에 말려든 세대를 좌절에 빠트린 이 문제는 헬레니즘이 입에 오르는 한 끝내 사라지지 않은 과제로 되어 있었다.

우리는 헬레닉 사회가 기원전 431년에 발발한 아테네-펠로폰네소스 전쟁으로 인해 좌절되었음을 알고 있으며 동일한 확신으로 그 사회에 보편적인 평화를 제공한 〈Pax-Romana〉는 옥타비아누스가 악티움에서 승리한 기원전 31년에 수립되었다고 단정할 수 있다. 헬레닉 사회의 이 두 연대(年代) 사이의 기간에 〈재기=후퇴〉의 운동이 있었다는 것을 확인할 수 있을까? 자세히 살피면 아우구스투스에 의해 종결된 동란기에 〈코린토스의 티몰레온과 마케도니아의 알렉산더가 주창한 협화(協和)의 이상(理想)〉〈제논과 에피쿠로스가 제창한 공화제 시민의 생활 규범〉〈도시국가를 아우르는 정치적 공동체를 건설하려고 했던 셀레우코스조와 아이톨리아 및 아카이아 동맹과 공화정 로마의 시도들〉〈조부(祖父)의 국제(國制)를 재건하려고 했던 두 스파르타인 헤라클레이다이와 로마인 그라쿠스 형제의 노력〉〈디아도코이의 전쟁 중에 발현된 인도주의적인 기조(基調)〉〈알렉산더 이후로 시행된 부녀자와 노예의 지위 향상〉 등으로 표방된 재기의 시도가 있었음을 알 수 있다. 이 재기를 위한 약속이 실행에 옮겨지기 좋았던 시기는 피로스[1212]의 죽음으로부터 한니발 전쟁이 발발한 기원전 218년까지 이어진 소강기(小康期)일 것인데 상대적으로 평온했던 이 시기는 크세르크세스를 격퇴한 때로부터 아테네-펠로폰네소스 전쟁이 발발한 해까지 이어진 번영의 시기와 비슷할 것이다. 그리고 그 두 소강기를 종식시킨 두 대전(大戰)은 아테네-펠로폰네소스 전쟁을 능가하는 재앙이었다. 헬레닉 사회의 기원전 3세기가 페리클레스 시대에 달성된 것과 같은 재기를 이루었다면 그에 뒤따른 후퇴는 페리클레스의 시대를 비극적으로 끝나게 한 좌절에 비견되는 패주였던 것이다.

우리는 그 결정적인 패배를 초래한 재기의 약점을 진단할 수 있을까? 이에 대해서 최초로 고려할 수 있는 것은 그 약점이 동란을 끌어감에 따른 물질적인 규모의 급격한 증대에서 발생했다는 것이다. 한 세기에 걸친 소모전을 통해 예리하게 벼려진 헬레닉 사회의 무기는 기원전 4세기 말에 다른 사회로 돌려졌는데, 마케도니아인과 로마인의 손에 들려진 그 무기는 허다한 만족과 네 개의 이문명을 헬레닉 사회에 복속시켰다. 그리고 이 물질적 규모의 급격한 변화는 그 해결에 헬레닉 문명의 명운이 걸려 있었던 문제-도시국가 규모를 능가하는 정치적 질서를 확립하는 것-의 해결에 막대한 곤란을 초래했다.[1213]

---

1212. 〈Pyrros, BC 319~272〉는 마케도니아, 로마 등의 강국에 대항한 에페이로스 왕국의 국왕, '패한 것보다 못한 승리'라는 의미인 '피로스의 승리'라는 말로 유명하다.

1213. 헬레닉 문명의 폭력적인 팽창은 도시국가를 초월하는 정치적 질서를 창조하려는 시도를 훼방했

전통적인 지방주의를 극복하려는 움직임은 스파르타 이후로 아테네와 테베가 시도한 바와 같이 상잔(相殘)하여 도시국가를 능가하는 규모의 대국을 건설한다는 목적에 오용되었다. 그리하여 알렉산더의 헬레스폰트[1214] 도해(渡海)로 개막된 헬레닉 사회사의 새로운 국면에 있어서 헬레닉 사회가 형성한 정체(政體)는 정치적 세계질서에 반(反)하는 것이었다. 상쟁하던 알렉산더의 후계자들이 기진(氣盡)한 것으로 인해 전진(戰塵)이 가라앉은 기원전 3세기의 40년대에 눈에 띄기 시작한 정치적 양상은 중심부의 소국들이 그들에 대한 지배권을 놓고 싸울 태세를 갖추고 있는 강대국에 포위된 모습이었다. 당시에 이루어진 지리적 확대와 도시국가 체제의 극복을 위한 전진은 패권을 장악하는 데 필요한 전력(戰力)을 징모하는 일에 이용되었는데, 그것을 선도한 강국들이 의도한 것은 방대한 물리력을 투입하여 지난날의 전쟁을 유치한 것으로 돌리는 대규모의 전쟁을 벌이는 것이었다.[1215] 그리고 그에 따른 결과는 헬레닉 사회가 기원전 5세기에 자초한 파국을 2세기 후에 되풀이하는 것이었다. 그리하여 그 도시국가들은 아테네-펠로폰네소스 전쟁 이후에 공멸로 내달리는 상쟁에 돌입했고 초도시국가(超都市國家) 수준으로 성장한 강국들도 그 싸움에서 파국을 맞이하는 일 없이 반세기 이상을 버티기 힘들게 되었다. 피로스의 죽음으로 인한 소강상태는 기원전 218년에 발발한 한니발 전쟁으로 끝났는데 당시의 재액은 그 전쟁에 동원된 물량에 비례했다. 아이고스포타모이 해전에서 아테네가 패배한 후 스파르타와 테베와 마케도니아가 아테네의 것이었던 패권을 차례대로 얻었다가 잃은 것은 기원전 404년에 끝난 전쟁의 에필로그에 불과했다. 그리고 카르타고 타도(打倒)에 뒤따른 것은 로마가 유일한 생존자로 남게 된 일련의 전쟁을 통한 세 대국의 붕괴나 전복이었다. 로마가 기원전 201년에

---

을 뿐만 아니라 다른 사회와 공존하는 세계적 질서를 확립하려는 노력을 효과적으로 방해했다.

1214. 지금은 Hellespontus라고 표기하는 Hellespont는 다르다넬스 해협을 지칭하는 용어.

1215. 헬레닉 사회의 지리적 확대는 마케도니아인과 로마인이 주도했으며 도시국가 체제를 극복하기 위한 전진은 아이톨리아, 아카이아, 셀레우코스조, 로마 등의 정치력에 의한 것이었다.

〈카르타고를 섬멸했던 Zamense(자마)〉에 뒤따른 것은 〈마케도니아가 타도된 기원전 197년의 Cynoscephalae〉〈셀레우코스조가 붕괴된 기원전 190년의 Magnesia〉〈안티고노스 왕조가 멸망한 기원전 168년의 Pydna〉였다. 헥레닉 사회는 이 반세기에 걸친 파괴적인 전쟁으로 패배자가 겪게 된 것과 다름 없는 사회적 격동의 고난을 감수하지 않을 수 없게 되었고 그로 말미암은 혼란이 Pax-Romana로 종식될 때까지 치명적으로 쇠약해져 있었다.

우리는 헬레닉 사회의 해체 과정에 있어서 기원전 431년에 발현된 최초의 좌절과 기원전 31년에 수립된 평화 사이에 하나의 재기와 눈에 띄는 퇴각이 있었음을 확인했다. 그리고 그 후퇴와 재기가 Pax-Romana의 수립과 그것이 좌절된 378년 사이에 이루어졌음을 알고 있는 우리는 사회의 역사적 붕괴가 세 비트 반으로 나타난다는 사실을 명백하게 고지(告知)할 수 있다.

### (3) 중국사(中國史)의 리듬

고대 중국사회는 주(周)나라의 후국(侯國)이었던 진(晋)과 초(楚)가 격렬하게 충돌한 기원전 634년에 좌절에 빠진 후 진(秦)이 제(齊)를 타도한 기원전 221년에 세계평화를 수립했다. 이 두 연대(年代)를 그 동란의 시작과 끝으로 삼고 조사를 진행하면 그 가운데서 중국사회가 발현한 〈후퇴=재기〉의 형적(形跡)을 찾을 수 있을까?

중국사회의 동란기에는 공자(孔子)의 세대를 전후(前後)로 하는 시대에 눈에 띄는 재기가 일어났는데 그 시발(始發)은 기원전 546년에 개최된 군축회의(軍縮會議)였다. 그 회의에서는 정치적 현안을 조심스럽게 다루기 위해 각국이 제휴하는 문제가 진지하게 의논되었는데, 중국사회는 그 단계에서 이미 헬레닉 세계가 알렉산더 이후에 빠졌던 것과 같은 정치적 상황에 놓여져 있었다. 그에 앞서서는 팽창하는 중국사회가 달성한 지리적 확대로 인해 새롭게 발흥한 강국들이 중심부의 유서 깊은 소국(小國)들을 포위하는 상황이 연출되었는데 진(晋)과 초(楚)의 충돌로 인한 파국은 그 곤혹스러운 상황을 협화(協和)로 해소하려고 했던 노력이 실패로 귀결된 것으로 말미암은 것이었다. 중심부의 소국(小國)들은 강력한 군대를 북으로 돌린 초(楚)에 맞서기 위해 동방의 강자(强者)였던 제(齊)를 맹주(盟主)로 하는 중앙동맹(中央同盟)을 결성했으나 제휴국(提携國)의 군주들이 제왕(齊王)의 소집에 따라 연례적으로 회맹(會盟)하는 식으로 운영된 그 동맹은 무력(武力)이 정세를 좌우하게 되는 것을 막을 수 없었다. 기원전 546년의 그 회의는 진초전쟁과 뒤를 이은 일련의 전쟁으로부터 사회를 구제하려는 시도였던바 고명(高名)했던 송국(宋國)은 두 쟁국(爭國)을 중앙동맹의 공동 주재(主宰)로 세우는 방책으로 동란을 소강(小康)으로 이끌기도 했다.

기원전 546년에 실행된 그 방책은 노국(魯國)에서 태어난 공구(孔丘)가 자살의 길을 걷는 사회를 구제하는 일에 헌신함으로써 성인(聖人)으로 존숭(尊崇)되는 기회를 제공했다. 공자(孔子)는 제후(諸侯)들의 생활과 규범을 복고적인 것으로 전환함으로써 사회를 구제하려고 했던 일에 헌신할 수 있었으나 그의 개인적 체험은 기원전 546년의 회의가 낳은 재기가 어떤 것이었는지를 폭로하는 것이었다. 이는 공자가 살아서 받지 못한 영예를 사후에 받은 예언자의 표본이기 때문인데 후세에 성인(聖人)으로 추존된 그는 생시에 저지하려고 했던 파국을 초래한 지배자들의 주목을 받지 못했다. 그리고 공자의 그 처방이 사회적 혼란에 대한 명약이었다는 후세의 생각이 틀리지 않았다면 그것을 복용하지 않은 세대가 선대(先代)에 비해서 더욱 비참한 지경에 이른 것은 이상한 일이 아니다. 초(楚)가 기원전 546년의 규약을 훼파한 것은 새로운 재앙의 징조였고 기원전 424년에 진(晉)이 멸망한 것은 정세를 악화시킨 원인이었던바[1216] 붕괴된 진(晉)으로부터 한(韓) 위(魏) 조(趙) 삼국이 일어난 것은 중국사회를 극심한 혼란으로 몰아가는 원인이 되었다. 북방의 대국이었던 진(晉)이 세 개의 약소국으로 분열된 것과 지리적 팽창에 의해 북변에서 연(燕)이 발흥(勃興)한 것으

---

1216. 기원전 546년에 제정된 회맹의 규약은 541년에 갱신된 후 538년에 파기되었다. 최초로 군국화되고 처음으로 분단을 겪은 진(晉)은 기원전 479년부터 붕괴되기 시작했다.

로 말미암은 변화는 더욱 격렬한 전쟁을 야기했는데 그것은 그 세 소국이 성립된 기원전 403년부터 진(秦)이 제(齊)를 제압한 기원전 221년까지의 전국시대(戰國時代)로 나타났다.[1217]

춘추전국의 싸움은 지방분권의 봉건제를 복고적으로 회복하려는 것이 아니었으며 통일 진(秦)의 멸망은 대국의 하나가 사라진 것이 아니라 옛 제도를 되살리려는 이상(理想)이 사라진 것이었다. 이로써 우리는 중국사에서도 헬레닉 사회의 경우와 마찬가지로 붕괴의 여정에서 후퇴와 재기가 반복되었음을 알게 되었는데 〈한의 평화, Pax Hanica〉가 왕망(王莽)의 발호로 이어진 공백기를 거친 후 후한의 멸망과 함께 결정적으로 좌절된 것은 중국사회가 붕괴의 와중에서 네 번의 후퇴를 나타냈음을 말해준다. 그리고 그 마지막의 총체적 붕괴는 통일 진(晉)[1218]의 실패로 끝난 재기로 인해 회복되지 못했으므로 중국사회가 발현한 〈후퇴=재기〉의 운동은 헬레닉 사회의 경우와 마찬가지로 3비트 반이었다는 것을 알 수 있다.

### (4) 정교 기독교 세계의 리듬

정교 기독교 사회는 로마-불가리아 전쟁이 벌어진 977~1019년에 좌절에 빠진 후 오토만 제국이 마케도니아를 정복한 1371~1372년에 평화를 수립했는데, 우리는 그 두 연대(年代)로 구획되는 동란기에서 〈알렉시오스 콤네노스, 1081~1118〉에 의한 재기가 뒤를 이은 두 지배자에 의한 소강기(小康期)를 초래한 것과 12세기 말에 발흥한 군국주의로 인해 후퇴가 발생한 것을 인식할

---

1217. 춘추전국시대(春秋戰國時代)는 주(周)나라가 견융족의 침공을 피해 낙읍(洛邑)으로 천도한 기원전 770년으로부터 진(秦)이 제(齊)를 제압한 기원전 221년에 이르는 기간을 말하는데, 진(晉)이 멸망한 기원전 403년을 기점으로 하여 전기(前期)는 공자(孔子)가 저술한 「춘추(春秋)」에 의거하여 춘추시대(春秋時代)라고 하며 후기(後期)는 유향(劉向)의 「전국책(戰國策)」에 따라 전국시대(戰國時代)로 칭한다.

1218. 낙양(洛陽)의 서진(西晉)과 건강(健康)의 동진(東晉)으로 나뉘는 통일 진(晉)은 국성(國姓)을 더하여 사마진(司馬晉)이라고 통칭한다.

수 있다.[1219]

정교 기독교 사회의 후퇴는 오토만의 평화에 의해 종식되었으나 그때까지 겪어야 했던 고난은 콤네노스의 재기 이전에 겪은 고통에 비할 것이 못 된다. 오토만의 마케도니아 정복으로 달성된 평화는 오토만 제국이 1768~1774년의 러시아에 대한 전쟁에서 패배한 것으로 일소(一掃)되었으나 오토만의 연대기(年代記)는 그 붕괴가 정권의 결정적 좌절을 낳은 것이 아니라 뒤따른 붕괴가 그 미약한 재기로 인해 크게 증강되었다는 것을 명증(明證)하고 있다. 그에 있어서 후퇴는 파디샤 노예궁정이 술레이만의 죽음 이후에 급격하게 타락하는 것으로 나타났고 재기는 노예궁정을 개혁하려는 훗날의 시도에 모범을 제시했다. 〈쾨프륄뤼 파지르〉의 재능(才能)에 의한 개혁은 18세기에 '튤립의 시대'로 알려진 소강기를 낳았는데, 오토만의 지배자들은 1713~1736년의 짧은 기간에 꽃과 함께 휴식을 취할 수 있었으나 당시의 소강(小康)은 이전(以前)부터 군국주의의 망령에 의해 훼방을 받고 있었다. 과대망상에 빠진 군국주의자 카라 무스타파는 쾨프륄뤼 일가(一家)가 회복시킨 국력을 서구 기독교 세계를 정복한다는 허무맹랑한 기도(企圖)로 허비했다. 그의 어리석은 행위는 마침내 1683~1699년의 전쟁[1220]을 초래했는데 그 결과는 오토만 제국이 군사적 우위(優位)를 상실한 것으로 나타났다. 쾨프륄뤼 일가의 사업은 오토만의 파멸을 일시적으로 저지했으나 무스타파의 무모함으로 발현된 네메시스는 내셔널리즘의 열풍으로 말미암아 끝까지 회피(回避)되지 않았다.

18세기 말엽에 결정적으로 좌절된 오토만의 평화에 뒤따른 것은 재기가 아니라 정교 기독교 사회 자체가 서구화된 대사회에 편입되는 것이었다. 이로써 우리는 정교 기독교 세계의 붕괴 과정에서 발현된 후퇴와 재기의 운동도 세

---

1219. 두 지배자는 콤네노스의 아들인 요안니스 2세와 손자인 마누일 1세. 동로마 제국은 제4부에서 보았듯이 불가리아의 시메온이 드러낸 과대망상적인 야심 때문에 군국주의의 길로 접어든 후 무모한 전쟁을 일삼다가 파국을 초래했다.

1220. Great Turkkish War.

비트 반을 경과했음을 알게 되었다.

### (5) 극동사회의 리듬

극동사회의 동란시대는 당제국(唐帝國)이 결정적으로 쇠퇴한 9세기의 마지막 4반세기에 시작되어 몽골인이 남송(南宋)을 제압하여 중국을 정복하는 사업을 끝낸 1280년에 종식되었다. 몽골인은 극동사회에 Pax Mogolica를 제공했던 것인데 그에 대한 중국인의 저항이 신속하게 시작된 것은 그 평화가 상당히 이른 시기에 붕괴에 돌입했음을 말해주고 있다.[1221] 그러나 중국인의 반격에 대해 주변의 만족(蠻族)이 일으킨 침공의 물결은 거기서 끝난 것이 아니다. 몽골인을 축출한 명조(明朝)에 만주족(滿洲族)의 청조(清朝)가 들이닥쳤고 그 역사적인 에피소드에 잇닿은 것은 세계화된 서구문명의 충격이었다. 이것으로 볼 때 극동사회가 발현한 붕괴의 리듬은 앞에서 살핀 사례와 같은 비트로 이루어진 것이 아니라 후퇴와 재기의 운동이 두 개의 비트로 이루어졌음을 알 수 있다.

당조(唐朝)의 결정적인 쇠퇴와 몽골인의 정복으로 구분되는 동란기(動亂期)에 나타난 회복의 흔적은 다음과 같이 포착된다. 정치에 있어서는 960년에 북송(北宋)의 건립으로 나타났고, 예술에 있어서는 다양한 화파(畫派)의 번성으로 표출되었으며, 사상의 분야에서는 마야하나를 본떠 유교(儒敎)를 새롭게 해석하는 철학자들의 저술(著述)로 표방되었다.[1222] 그리고 그 뒤를 따른 악화(惡化)는 미술품 수집에 몰입했던 휘종(徽宗, 1100~1126)의 비극적인 생애에 나타나 있는 바 그 불행한 수집가는 개봉(開封)에 늘어놓은 수집품이 여진족의 침탈로 인해 산실(散失)되는 것을 목격해야 했다. 휘종에 대한 그 도전은 대처할 준비가 전무(全無)한 것이었으며 그래서 그는 25년 동안 치자(治者)의 의무를 게을리한 죗

---

1221. 1351년에 시작된 홍건적의 난은 〈팍스 몽골리카〉에 대해 중국인이 드러낸 반항의 대표적인 사례다.

1222. 주자(朱子)로 존숭된 주희(朱熹, 1130~1200)는 공맹(孔孟)의 도(道)를 성리(性理) 의리(義理) 이기(理氣) 등 형이상학으로 전개한 주렴계(朱濂溪) 장횡거(張橫渠) 정명도(程明道) 정이천(程伊川) 등을 계승하여 성명의리지학(性命義理之學)이라고 하는 성리학(性理學)을 체계화했는데, 그 뒤로는 학통(學統)에 따라 주자학(朱子學) 정주학(程朱學) 신유학(新儒學) 등으로 불리고 있다.

값으로 거란족의 천막에서 포로로서의 10년을 살아야 했다. 그렇게 생활한 그가 막아내지 못한 만족(蠻族)은 송(宋)의 북부를 정복했고 회하(淮河) 일대와 강하(江河)의 분수계(分水界)에 도달하기까지 멈춤이 없었던 여진족의 정복전은 극동사회에 두 번째의 후퇴를 강요했다.[1223] 그리고 그 후퇴는 거란족의 역할을 빼앗은 몽골인이 남송(南宋)을 쓰러뜨릴 때까지 회복되지 않았다. 이로써 우리는 극동사회의 동란시대가 현저한 재기에 의해 둘로 나뉜 발작(發作)의 시기로 이루어졌음을 알게 되었다.

### (6) 서구사(西區史)의 리듬

붕괴하는 문명이 낳는 리듬에 대한 이상의 조사는 몇몇 예외적인 사례가 있기는 해도 그 일반적인 리듬은 세 비트 반으로 나타났다는 것을 말해주고 있다. 그런데 사료(使料)가 부족하거나 돌발적인 요인으로 역사의 흐름이 왜곡되어 세 비트 반이라는 통상적인 흐름을 이루지 못한 사례들[1224]은 우리 사회가 성장과 좌절 및 붕괴로 나가는 행로의 어디를 지나고 있는지를 밝히는 것으로 이 탐구를 끝내려고 하는 우리에게 몇 가지 의문을 제기한다.

우리는 현재 진행형이고 우리가 거기에 속해 있는 서구사회가 지나온 경로를 역(逆)으로 추적함으로써 우리 사회의 현상(現狀)을 진단할 수 있을까? 그리고 그것을 앞에서 살핀 붕괴의 리듬에 대비한다면 서구문명의 붕괴에 대한 단서를 포착할 수 있을까? 세계화된 서구사회가 지금까지 Pax Oecumenica 단계에 진입하지 않은 것은 서구문명이 제2의 회복을 체험하지 않았음을 의미하는데, 그럼에도 불구하고 그 붕괴가 예민하게 의식(意識)되고 있는 것은 우리 세대가 주권을 고집하여 전쟁을 일삼고 있는 방국(邦國)으로 분할되어 있는 현실을 심각하게 받아들이고 있기 때문이다. 우리 세대는 팍스 오이쿠메니카

---

1223.  극동사회가 처음으로 후퇴하게 된 것은 여진족이 북송(北宋)의 북부 제주(諸州)를 정복한 것으로 말미암은 것이다. 강하(江河)는 양자강(揚子江)과 황하(黃河)를 통칭(通稱)하는 말이다.

1224.  사료가 부족한 미노스 문명, 현재까지 그 진행이 종결되지 않은 힌두사회, 외세의 개입으로 마지막 비트가 왜곡된 정교 기독교 사회의 러시아 분지와 극동사회의 일본 분지.

의 수립이 시급하다고 생각하고 있으며 그것이 지연되면 엄청난 파국이 밀어닥치리라는 것을 일상적으로 의식하고 있다. 우리의 앞길에 놓여 있는 이 공포의 그림자는 우리의 정신을 혼란에 빠뜨리고 있다고 해도 과언이 아닐 것인데 멀지 않은 과거에 무서운 일을 겪은 우리는 그것을 근거 없는 공포증으로 치부해 버릴 수 없다. 1차 세계대전을 체험한 우리는 그 두려움으로 인한 고통으로 이 시대의 전쟁은 여전히 실효적인 수단일 뿐만 아니라 그 물질적 능력의 증대로 인해 공멸적인 것으로 바뀌었다는 것을 확인했다. 그러나 전쟁이 자아내는 최고의 불길함은 그것이 유례(類例)가 없는 재앙이 아니라 유사한 여러 전쟁 중의 하나라는 점이다. 그리고 그 일련의 전쟁은 단순한 과거의 일이 아니라 앞을 향해 전진하는 일련의 사태임을 알 수 있는바, 하나의 전쟁에 잇달아 더욱 격렬한 전쟁이 일어나는 사태가 지속된다면 그것을 감행하는 사회는 자기를 말살하는 파국에 봉착할 것이다.

우리는 서구사회가 일으키는 전쟁의 이 전진적 연쇄가 앞에서 살핀 두 역사적 국면의 하나임을 상기하게 되는데[1225] 근대 서구의 전쟁사(戰爭史)는 앞에서 본대로 그 사이에 있는 소강기(小康期)와 전쟁의 목적에 따라 두 가지로 식별된다. 그 제1기는 16세기에 비롯되어 17세기에 끝난 종교 전쟁이고 제2기는 18세기로부터 지금에 이르기까지 자행되고 있는 국가주의의 전쟁이다. 이 두 부류의 잔인한 전쟁은 이른바 국왕들의 유희라는 전쟁으로 격리되어 있는바 가톨릭과 프로테스탄트의 대립으로 인한 30년 전쟁과 영국의 왕정복고(王政復古)로 종식된 그 막간극이 낳은 온건했던 시기는 1732년에서 1775년까지로 특정(特定)된다.[1226] 세 개의 막으로 나뉘어서 동일한 순서로 연출되는 이 막간극의 저변에 깔려 있는 줄거리는 우리의 당면한 목적에 있어서 상당히 흥미로운

---

1225. 제4부, '문명 좌절의 원인'-'자기결정 능력의 상실'-'유연성이 없는 제도들' 부분을 참조할 것.
1226. 1732년은 잘츠부르크 가톨릭 교국의 신교도가 추방된 연도인데, 그 사건은 적극적인 종교 박해의 마지막 사례로 인식되고 있다. 북미의 아카디아에 자리 잡은 프랑스인은 1775년에 해외로 추방되었는데, 이는 국가주의에 의한 박해의 첫 사례로 꼽히고 있다.

특징이다. 우리는 그 줄거리를 동란시대의 증거로 여긴 형상(形狀)-소강기에 의해 구분되는 두 발작기(發作期)-과 동일시할 수 없는 것일까?

종교 전쟁의 발발이 사회적 좌절의 징조라고 한다면 그 이래로 붕괴의 길에 들어선 서구사회 최초의 회복은 17세기에 흥왕하여 종교 전쟁을 말소(抹消)한 종교적 관용주의(寬容主義)에서 볼 수 있다. 종교적 관용주의의 이 승리는 무서운 두 개의 발작 사이에 환영할 만한 소강기를 제공한 막간극을 실현시켰다. 그리고 이 구제가 일시적인 것에 불과했음을 관찰하고 그 이유를 탐구할 때 그것은 다시금 우리의 패턴에 합치한다는 것을 발견하게 된다. 그 이유는 붕괴 과정에 대한 우리의 경험론적인 탐구가 회복에는 후퇴가 뒤따른다는 것을 암시하기 때문이다. 단조롭게 반복되는 그 패턴은 실패하는 회복은 그것이 가지고 있는 특정한 약점에 의해 증명된다는 것을 예상하게 했는데 이 예상은 서구문명의 사례에도 충족되었던 것일까? 우리는 여기에 있어서도 회복이 실패로 끝난 이유는 그 사실이 현저한 것과 마찬가지로 명백하다고 답하지 않을 수 없다. 근대 서구의 관용주의는 건강한 것이 아니었기에 구원을 낳지 못했다고 고백하지 않을 수 없는 것이다. 왜냐하면 그 발현이 기독교적인 믿음과 소망에 의한 것이 아니라 불안으로 말미암은 환멸에 의한 것이었고 그 소극적 충동이 뿌리를 내린 곳은 메마른 토양이었기 때문이다.[1227] 종교적 광신의 불길이 잿더미로 바뀌었을 때 서구 기독교 세계의 싸늘히 식은 마음을 홀연히 피어난 신록(新綠)으로 무심히 감싼 관용주의는 국가적 광신의 더욱 맹렬한 불길이 타오르자 마찬가지로 급격히 사라져 갔다. 우리는 17세기 서구사회의 관용이 광포한 공세를 펼친 국가주의의 악귀에게 맥없이 항복하는 것을 보았는데 이 불행한 사태는 정신적 진공(眞空)을 참지 못하는 인성(人性)이 신앙을 근거로 하지 않은 관용을 배척한 것으로 말미암은 것이다.

---

1227. "더러는 흙이 얕은 돌밭에 떨어지매 흙이 깊지 아니하므로 곧 싹이 나오나 해가 돋은 후에 타서 뿌리가 없으므로 말랐고"〈마 13:5, 6〉

우리는 붕괴의 진행에 있어서 소강(小康)에 잇닿은 발작은 이전의 발작보다 격렬하다는 것을 확인했는데 종교 전쟁과 국가주의의 전쟁이 그 첫째와 두 번째의 것이라면 이 양상은 서구사회의 사례에서도 확연히 예증(例證)된다. 우리 조상은 파괴를 자행하려는 태도에 있어서는 우리 세대에 뒤지지 않았을지라도 우리가 전쟁을 위해 확보한 물질적 자원과 기술적 능력을 갖추지 못했다. 서구의 종교 전쟁은 상대방에 대한 적개심과 자원을 이용하는 능력에 있어 그 이전의 전쟁에 비해 좋지 않은 형편에 놓여 있었다. 종교 전쟁에 즈음하여 화약의 실질적인 무기화(武器化)와 세계적인 항해(航海)가 이루어졌고 테노치티틀란과 쿠스코의 금과 은은 서구로 옮겨져서 용병(傭兵)을 동원하는 전비(戰費)로 소모되었다. 그로 인해 더 많은 인원이 더욱 강력한 무장(武裝)을 갖추게 되었는데 그보다 나빴던 것은 그렇게 동원된 전투원들이 싸우는 대적(對敵)만이 아니라 종교적인 반대자에게도 흉악한 적개심을 드러내게 된 것이다. 당대의 종교 전쟁은 이러한 요인들의 복합적인 작용으로 인해 흉포성을 증발(增發)했던 것인바 전술(前述)한 소강기를 지나 20세기 중엽까지 지속되고 있는 잔인한 전쟁은 악마적인 힘으로 거기에 침입한 민주주의와 산업주의의 막대한 추력에 의해 전례 없는 흉포성을 띠게 되었다. 우리의 근황이 이처럼 크게 악화된 것은 전 지구적으로 확대된 우리 사회에 16~17세기의 우리 조상을 괴롭힌 마귀보다 지독한 악마가 상주(常住)하고 있기 때문일 것이다.

이 악마는 그 사악함으로 우리가 청소하고 단장(丹粧)해 둔 집에서 살고 있는 것일까? 서구문명의 근대사와 다른 문명이 겪은 동란시대의 유비(類比)가 연대기(年代記)에도 적용되는 것이라면 16세기의 어느 시기에 시작된 것으로 보여지는 서구사회의 동란시대는 20세기의 어떤 때에 끝나리라고 예상될지도 모른다. 그리고 동란의 종결이 사회에 결정적 타격을 가하여 세계국가를 세우는 것임을 알고 있는 우리는 전율을 느끼지 않을 수 없다. 우리도 이 무서운 대가(代價)를 지불하고 Pax Oecumenica를 구입해야 하는 것일까? 현재 진행형인 서구문명의 일원이기 때문에 우리의 미래가 어떠하리라고 예측할 수 없는 우리는 이 질문에 답을 제시하기 어렵다. 이 미지(味知)는 우리가 회피할 수 없는 도전이며 서구문명은 그에 대한 우리의 응전에 달려 있는 것이다.

〈John Bunyan, 1628~1688〉의 〈Christian〉이 극단적 고뇌를 느낀 것에는 그에 합당한 이유가 없는 것도 아니었다.[1228] 이 도전에 대한 그의 반응은 Bunyan의 천재(天才)에 의해 순례자(巡禮者)의 모습으로 그려졌으나 그가 고뇌해야 했던 상황과 다를 것 없는 형편에 처한 우리는 우리에게 다가온 도전에 어떤 방법으로 응전하게 될 것일까? 우리는 고뇌에 빠진 Bunyan의 Christian에게 엄습(掩襲)한 운명은 영원한 생명이 아니라 죽음의 파멸이라고 예상하게 될지도 모른다. 그러나 우리는 신화적(神話的)인 전거(典據)에 있어서 인간은 결정적인 순간에 자신의 재간 외의 어떤 것에 의지하게 된다는 것을 알고 있다. Bunyan에 따르면 그의 크리스찬은 Evangelist(전도자)와의 만남을 통해 구원을 얻었다. 위와 같은 형편에 놓인 우리는 신이 우리에게 내린 집행유예(執行猶豫)는 상하여 통회(痛悔)하는 마음[1229]으로 간구하면 반드시 철회된다는 확신을 가지고 간절히 기도하지 않을 수 없다.

## 3. 붕괴를 통한 규격화

이로써 우리는 문명의 붕괴가 거치는 과정에 관한 실질적인 탐구를 마쳤다. 그러나 그 과정의 전체를 돌아볼 수 있게 된 여기서 이 작업을 끝내려면 지금까지 유보(留保)해 온 하나의 의문에 대한 답을 찾아야 할 것인바 우리가 살핀

---

1228. "우리들의 도시가 하늘에서 내린 불로 소진(燒盡)된다는 통보를 받았습니다. 그 무서운 파멸 속에서 나와 내 처자는 멸망할 테지요. 우리가 구원을 받을지도 모르는 도망길을 찾아내지 못한다면"「천로역정(天路歷程)」에서의 인용.

1229. "여호와는 마음이 상한 자를 가까이 하시고 충심으로 통회하는 자를 구원하시는도다"〈시 34:18〉 "하나님께서 구하시는 제사는 상한 심령이라 하나님이여 상하고 통회하는 마음을 주께서 멸시하지 아니하시리이다"〈시 51:17〉

붕괴의 과정을 회고하는 것은 그 의문에 빛을 비출 것이다.

우리가 이 탐구의 여정에서 길을 찾으려고 애썼을 때 우리를 여기까지 인도 (引導)한 실마리는 무엇이었을까? 우리는 고심 끝에 문명의 붕괴가 거치는 과정을 살핀 것이지만 그 모든 과정이 우리가 생각한 것과 같은 경향성(傾向性)을 갖는다는 것은 사실(事實)로 입증되는 것일까? 이로써 우리가 이 결론적인 문제에 착수하는 것이라면 우리는 앞에서 살핀 내용[1230] 가운데서 그 대답의 실마리를 찾을 수 있다. 우리는 붕괴하는 문명에 소속된 개개인의 상호적(相互的)인 작용을 조사하면서 붕괴 과정이 일으키는 리듬을 살피는 일로 이끌렸던 것인데, 그것은 우리로 하여금 후퇴와 회복이 자아내는 세 비트 반의 리듬을 준거(準據)로 하여 현재 진행형인 서구문명의 행로(行路)를 가늠하는 일에서 상당한 성과를 올리게 했다. 이것을 단서로 삼아 지난날을 돌아볼 때 일양성(一樣性)의 경향은 문명의 붕괴에 휩쓸린 개인 간의 상호적인 작용만이 아니라 붕괴의 흐름 전체에 적용되는 기조(基調)라는 사실을 확인하게 될 것이다. 그 한결같은 리듬에 있어서의 일양성은 표면적으로 드러난 것임에 불과한데 우리는 붕괴에 직면한 사회적 계급의 일양적인 분열[1231]과 그들이 준행하는 사업에서 나타나는 일양성을 살핀 바 있다. 앞에서 우리는 셋으로 분리된 사회적 계급이 동일한 양상으로 자기들의 사업[1232]을 수행하는 모습을 살펴보았다. 그러한 제도 (制度)들이 붕괴에 돌입한 사회체에 현현(顯現)하는 일양성은 매우 현저하지만 그중에서도 가장 계발적(啓發的)인 것은 영혼의 분열에 대한 고찰에서 밝혀진 행동과 감정 및 생활양식에 있어서의 일양성이다.

이 회고적인 고찰(考察)이 제시하는 결론은 분화(分化)가 문명의 성장에 수반 (隨伴)되는 일반적인 경향임에 반해 문명의 붕괴에 따르는 지배적인 기조는 규

---

1230.　623 page의 〈붕괴기에 나타나는 개인 간의 상호작용〉
1231.　지배적 소수자와 내·외적 P의 분리로 인한 사회체의 분열.
1232.　지배적 소수자의 세계국가 수립, 내적 P의 고등종교 창안, 만족전단(蠻族戰團)을 형성한 외적 P 의 활약.

격화(規格化)라는 사실이다. 그리고 이 결론은 분화가 일련의 도전에 대한 성공적인 응전의 결과라면 규격화는 거기에 합당한 응전이 주어지지 않는 한 사라지지 않을 도전에 주어진 실패한 응전의 불가피한 귀결이라는 점에서 선험적으로 예상할 수 있었던 사항이다. 붕괴와 성장 과정에서의 이 상위(相違)는 베를 짜는 페넬로페의 이야기로 납득(納得)할 수 있다. 귀찮게 구는 청혼자들을 따돌리려고 낮에 짠 베를 밤에 풀기를 반복한 페넬로페는 베를 짤 때 문양(文樣)을 바꾸는 방법으로 무료함을 달랠 수 있었으나 밤늦도록 그것을 풀어내는 그 작업은 한결같이 단조로운 일이었다. 다양한 무늬의 베를 짜는 일로 아무리 복잡하게 움직였을지라도 낮에 한 일을 되돌리는 밤일에는 실을 당긴다는 단순한 동작이 필요했을 뿐이다. 그와 같은 단조로움과 지루함을 감수하는 것은 애처로운 일이며 낮에 한 일을 밤늦도록 되돌리는 것은 고문과 다름없는 고생이다. 그녀로하여금 어려움과 고난을 자초하여 감수하게 한 것은 무엇이었을까? 페넬로페가 그 고생스러운 일을 지속할 수 있도록 북돋운 것은 오디세우스의 귀환을 믿고 다짐하는 심령(心靈)의 노래였다. 페넬로페는 무의미한 노동을 허망하게 반복한 것이 아니다. 오디세우스의 복귀를 기원하고 기다리는 것을 훼방하는 자들을 떨쳐내려고 감수한 3년의 고난은 남편을 기다린 10년의 마지막 한 해를 무사히 넘기는 수단이 되었다. 영웅이 돌아왔을 때 페넬로페는 여전히 오디세우스의 소유였고 서사(敍事)의 이야기는 기회주의적인 구혼자들을 따돌린 아내와 칼립소의 유혹을 극복한 남편의 재결합으로 순조롭게 끝이 났다.

그러한 페넬로페조차 헛되이 베를 짜고 허망하게 풀기를 반복한 것이 아닐진대 그 사업이 우리의 연구 대상이고 우리가 그 노래를 들은 강대한 직공(織工)에 대해서는 어떠할 것인가?[1233] 시간이라는 베틀로 천을 짜고 푸는 일을 지

---

1233. "목숨의 조류와 행업의 격랑에 몸을 맡겨 넘실거려 오르고 넘실넘실 오르며, 저리로 내달리고 이리로 달려온다. 태어남과 무덤, 영원한 바다 벌판, 구르고 뒤바뀌는 생동, 확확거리며 달아오르는 숨결. 이리하여 나는 때(時)가 웅성거리는 길쌈에 골몰하여 신의 살아 있는 옷감을 짜고 있다" 「파우스트」 501~509행.

속하는 정령(精靈)의 사업은 그것으로 인세(人世)의 발생과 성장 및 좌절과 붕괴에 자기를 드러내는 현세(現世)의 역사다. 우리는 모든 생명의 혼란과 그로 인한 격랑 속에서 〈인퇴와 복귀〉〈후퇴와 회복〉〈문명의 모자관계〉〈분열과 재생〉 등으로 인식한 리듬의 비트를 들을 수 있는데 그것의 기본적인 리듬은 음(陰)과 양(陽)이 교체(交替)를 이루는 박(拍)이다. 그 리듬에 있어서 스트로프가 안티스트로프로 응답 되듯이 창조와 탄생과 승리가 파괴와 죽음과 패배로 대응되기는 해도 그것이 만들어 내는 운동은 미결판(未決判)인 전투의 변동이 아니거니와 허공에서 돌고 있는 바퀴가 짓는 것과 같은 무의미한 회전도 아니다. 수레에 달린 바퀴의 회전은 그것이 목적지를 향하는 것이라면 부질없는 일이 아니며, 재생이 살고 죽기를 반복한 것의 환생이 아니라 새로운 무엇의 탄생을 의미하는 것이라면 생존의 윤회는 제우스가 익시온을 멈추지 않는 바퀴에 달려고 꾸민 간계처럼 악마적인 것은 아니다. 이로써 판명되듯이 음과 양이 지어내는 곡조는 창조의 노래인바 우리의 귀에 창조의 가락을 밀어내는 파괴의 울림이 들린다 해도 그것이 잘못된 것이라고 생각하면 안 된다. 그 노래의 본질은 이중(二重)의 가락이며 주의 깊게 듣는다면 두 가락이 충돌할 때 나는 소리는 불협화음이 아니라 화음을 지어내는 울림이라는 것을 알 수 있다. 창조가 자체의 대상(對象)을 비롯하여 하늘과 땅의 온갖 것을 아우르지 않는다면 창조적일 수 없는 것이다.

그런데 지상(地上)의 정령(精靈)이 짜는 살아 있는 옷감이란 무엇일까? 그것은 완성되면 곧바로 천상으로 올려져야되는 것일까? 아니라면 땅을 밟고 있는 우리가 그 영성적(靈性的)인 질문의 단편이나마 엿볼 수 있는 것일까? 직공(織工)이 맹렬한 기세로 그것을 풀고 있을 때 베틀 아래에 널브러진 실은 어떤 의미를 갖는 것일까? 문명의 붕괴가 연출하는 드라마의 실체를 간파할 수 없을지도 모르지만 우리는 그 극(劇)이 아무런 흔적도 남기는 일 없이 막을 내리지 않는다는 것을 알고 있다. 문명이 좌절과 붕괴를 통해 스러질 때 그것은 배후에 세계국가와 세계교회와 만족전단(蠻族戰團)이라는 퇴적물(堆積物)을 남긴다. 그것들은 어떻게 정의(定義)되어야 할까? 그것들은 문명의 붕괴가 낳은 부산물에 불과한 것일까? 그것은 속내를 알 수 없는 직공이 직조(織造)한 것을 후회하여 도중에 풀어헤친 Tapestry의 허접한 실뭉치에 불과한 것일까? 아니면 헤쳐진 그것들은 신비로운 재주를 가진 직공이 더욱 영성적인 도구로 짜낸 걸작일까?

이 의문들을 염두에 두고 지금까지 살핀 것들을 돌아보면 그것들이 붕괴의 단순한 부산물 이상의 것이라고 단정할 이유를 찾을 수 있을 것이다. 그것은 우리가 이미 문명의 모자관계(母子關係)를 판명하는 증거로서 그것들을 살폈기 때문인바 두 문명이 이루는 모자관계와 마찬가지로 하나의 문명과 다른 문명의 관계에서 비롯된 그것들은 하나의 문명이 펼친 역사만으로는 설명되지 않는다. 아무튼 그것들은 이 단계까지 살펴지기를 요구하는 독립적인 실체다. 그러나 그 존재적 독립성은 어디까지 지켜질 것일까? 우리는 이 질문에 대답할 수 있는 형편(形便)에 놓여 있지 않으나 우리가 그것을 무시하고 지나칠 수 없다는 것은 분명한 사실이다. 문명의 직공(織工)이 행하는 일의 의미를 파악하려고 했던 지금까지의 노력이 헛된 것은 아니지만 'Tantus Lavor non sit Cassus'[1234]의 갈망은 이 의문을 방치(放置)하고 쉬는 것을 용납하지 않을 것이다. 그러므로 우리는 우리가 설정한 연구의 종점에 도달한 여기에서도 우리의 탐구를 중단할 수 없다는 것을 절감(切感)하게 된다.

---

1234. 모짜르트가 지은 「Requiem(진혼곡)」의 "그 모든 수고가 헛되지 않게 하소서"라는 일절(一節)

# 역사의 연구

## A STUDY OF HISTORY

Volume Two

초판 1쇄 발행  2023. 3. 27.

**지은이**  아놀드 토인비
**엮은이**  김진원
**펴낸이**  김병호
**펴낸곳**  주식회사 바른북스

**편집진행**  원석희
**디자인**  양헌경

**등록**  2019년 4월 3일 제2019-000040호
**주소**  서울시 성동구 연무장5길 9-16, 301호 (성수동2가, 블루스톤타워)
**대표전화**  070-7857-9719 | **경영지원**  02-3409-9719 | **팩스**  070-7610-9820

•바른북스는 여러분의 다양한 아이디어와 원고 투고를 설레는 마음으로 기다리고 있습니다.

**이메일**  barunbooks21@naver.com | **원고투고**  barunbooks21@naver.com
**홈페이지**  www.barunbooks.com | **공식 블로그**  blog.naver.com/barunbooks7
**공식 포스트**  post.naver.com/barunbooks7 | **페이스북**  facebook.com/barunbooks7